国家社会科学基金重大项目「中国近代日记文献叙录、整理与研究」（项目编号：18ZDA259）阶段性研究成果

江苏省「十四五」时期重点出版物出版专项规划项目

中国近现代稀见史料丛刊 【第十一辑】

张剑 徐雁平 彭国忠 主编

南京博物院 编

陈名生 著

南京博物院藏翁氏家书考释（上）

本辑执行主编 徐雁平

凤凰出版社

图书在版编目（CIP）数据

　　南京博物院藏翁氏家书考释／南京博物院编；陈名生著. -- 南京：凤凰出版社，2024. 12. --（中国近现代稀见史料丛刊）. -- ISBN 978-7-5506-4463-2

　　Ⅰ. K820.52

　　中国国家版本馆CIP数据核字第2024Q69H59号

书　　　　名	南京博物院藏翁氏家书考释
编　　　　者	南京博物院
著　　　　者	陈名生
责 任 编 辑	孟　清
装 帧 设 计	姜　嵩
责 任 监 制	程明娇
出 版 发 行	凤凰出版社(原江苏古籍出版社)
	发行部电话 025-83223462
出 版 社 地 址	江苏省南京市中央路165号,邮编:210009
照　　　　排	南京凯建文化发展有限公司
印　　　　刷	江苏凤凰通达印刷有限公司
	江苏省南京市六合区冶山镇,邮编:211523
开　　　　本	880毫米×1230毫米　1/32
印　　　　张	22.625
字　　　　数	588千字
版　　　　次	2024年12月第1版
印　　　　次	2024年12月第1次印刷
标 准 书 号	ISBN 978-7-5506-4463-2
定　　　　价	198.00元(全二册)

（本书凡印装错误可向承印厂调换,电话:025-57572508）

存史鑑今

袁行霈題

袁行霈先生题辞

「音实难知，知实难逢，逢其
知音，千载其一乎！」（《文心雕龙·
知音》）今读新编稀见史料竹
刊，真有忽逢知音之感大。

傅璇琮谨书
二〇一三年

傅璇琮先生题辞

殚精竭虑旁搜远绍

重新打造中华文史资

料库

王水照 二〇一三年一月

王水照先生题辞

翁同龢致翁斌孙家书

翁同龢致翁斌孙家书

内安要信煩

貴局速寄京都內城東單二巷

戶部正堂翁平安家信

本宅查收勿誤

酒資例給

瓶居士緘

九月初八日滬上寄

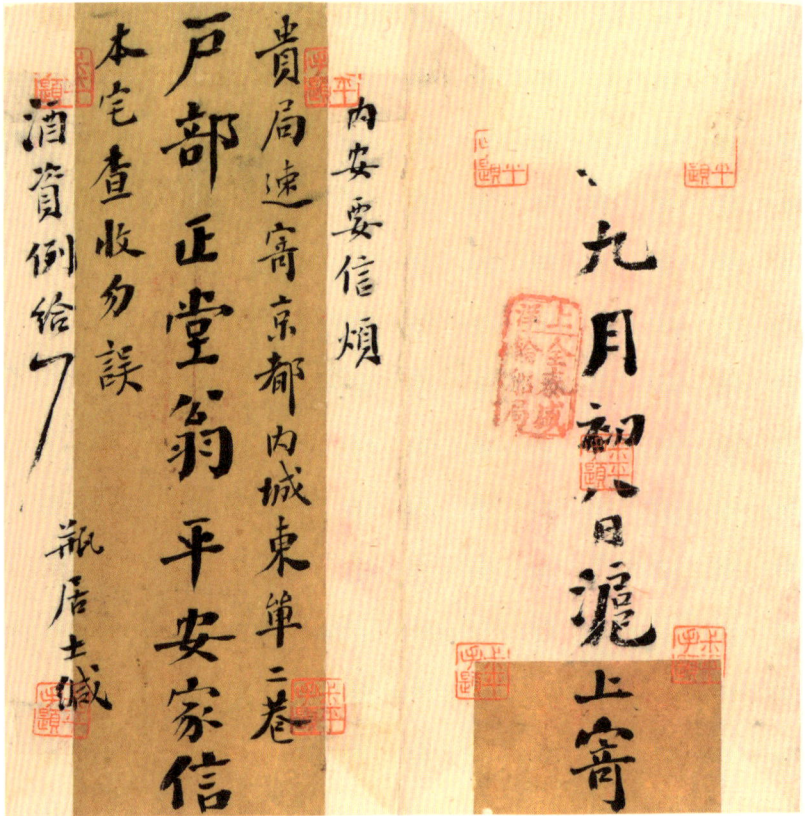

翁同龢手书信封

《中国近现代稀见史料丛刊》总序

在世界所有的文明中,中华文明也许可说是"唯一从古代存留至今的文明"(罗素《中国问题》)。她绵延不绝、永葆生机的秘诀何在?袁行霈先生做过很好的总结:"和平、和谐、包容、开明、革新、开放,就是回顾中华文明史所得到的主要启示。凡是大体上处于这种状况的时候,文明就繁荣发展,而当与之背离的时候,文明就会减慢发展的速度甚至停滞不前。"(《中华文明的历史启示》,《北京大学学报》2007年第1期)

但我们也要清醒看到,数千年的中华文明带给我们的并不全是积极遗产,其长时段积累而成的生活方式与价值观具有强大的稳定性,使她在应对挑战时所做的必要革新与转变,相比他者往往显得迟缓和沉重。即使是面对佛教这种柔性的文化进入,也是历经数百年之久才使之彻底完成中国化,成为中华文明的一部分;更不用说遭逢"数千年来未有之变局""数千年未有之强敌"(李鸿章《筹议海防折》),"数千年未有之巨劫奇变"(陈寅恪《王观堂先生挽词序》)的中国近现代。晚清至今虽历一百六十余年,但是,足以应对当今世界全方位挑战的新型中华文明还没能最终形成,变动和融合仍在进行。1998年6月17日,美国三位前总统(布什、卡特、福特)和二十四位前国务卿、前财政部长、前国防部长、前国家安全顾问致信国会称:"中国注定要在21世纪中成为一个伟大的经济和政治强国。"(徐中约《中国近代史》上册第六版英文版序,香港中文大学2002年版)即便如此,我们也不能盲目乐观,认为中华文明已经转型成功,相反,中华文明今天面对的挑战更为复杂和严峻。新型的中华文明到底会怎样呈现，又怎样具体表现或作用于政治、经济、文化等层面，人们还在不断探索。这个问题，我们这一代恐怕无法给出答案。但我们坚信，在历史上曾经灿烂辉煌的中华文明必将凤凰浴火，涅槃重生。这既是数千年已经存在的中华文明发展史告诉我们的经验事实，也是所有为中国文化所化之人应有的信念和责任。

不过，对于近现代这一涉及当代中国合法性的重要历史阶段，我们了解得还过于粗线条。她所遗存下来的史料范围广阔，内容复杂，且有数量庞大且富有价值的稀见史料未被发掘和利用，这不仅会影响到我们对这段历史的全面了解和规律性认识，也会影响到今天中国新型文明和现代化建设对其的科学借鉴。有一则印度谚语如是说："骑在树枝上锯树枝的时候，千万不要锯自己骑着的那一根。"那么，就让我们用自己的专业知识与能力，为承载和养育我们的中华文明做一点有益的事情——这是我们编纂这套《中国近现代稀见史料丛刊》的初衷。

书名中的"近现代"，主要指 1840—1949 年这一时段，但上限并非以一标志性的事件一刀切割，可以适当向前延展，然与所指较为宽泛的包含整个清朝的"近代中国""晚期中华帝国"又有所区分。将近现代连为一体，并有意淡化起始的界限，是想表达一种历史的整体观。我们观看社会发展变革的波澜，当然要回看波澜如何生，风从何处来；也要看波澜如何扩散，或为涟漪，或为浪涛。个人的生活记录，与大历史相比，更多地显现出生活的连续。变局中的个体，经历的可能是渐变。《丛刊》期望通过整合多种稀见史料，以个体陈述的方式，从生活、文化、风习、人情等多个层面，重现具有连续性的近现代中国社会。

书名中的"稀见"，只是相对而言。因为随着时代与科技的进步，越来越多的珍本秘籍经影印或数字化方式处理后，真身虽仍"稀见"，化身却成为"可见"。但是，高昂的定价、难辨的字迹、未经标点的文本，仍使其处于专业研究的小众阅读状态。况且尚有大量未被影印或数字化的文献，或流传较少，或未被整合，也造成阅读和利用的不便。因此，《丛刊》侧重选择未被纳入电子数据库的文献，尤欢迎整理那些辨识困难、断句费力、裒合不易或是其他具有难度和挑战性的文献，也欢迎整理那些确有价值但被人们习见思维与眼光所遮蔽的文献，在我们看来，这些文献都可属于"稀见"。

书名中的"史料"，不局限于严格意义上的历史学范畴，举凡日记、书信、奏牍、笔记、诗文集、诗话、词话乃至序跋汇编等，只要是某方面能够反映时代政治、经济、文化特色以及人物生平、思想、性情的文献，都在考虑之列。我们的目的，是想以切实的工作，促进处于秘藏、边缘、零散等状态的史料转化为新型的文献，通过一辑、二辑、三辑……这样的累积性整理，自然地呈现出一种规模与气象，与其他已经整理出版的文献相互关联，形成一个丰茂的文献群，从而揭示在宏大的中国近现代叙事背后，还有很多未被打量过的局部、日常与细节；在主流周边或更远处，还有富于变化的细小溪流；甚至在主流中，还有漩涡，在边缘，还有静止之水。近现代中国是大变革、大痛苦的时代，身处变局中的个体接物处事的伸屈、所思所想的起落，借纸墨得以留存，这是一个时代的个人记录。此中有文学、文化、生活；也时有动乱、战争、革命。我们整理史料，是提供一种俯首细看的方式，或者一种贴近近现代社会和文化的文本。当然，对这些个人印记明显的史料，也要客观地看待其价值，需要与其他史料联系和比照阅读，减少因个人视角、立场或叙述体裁带来的偏差。

知识皆有其价值和魅力，知识分子也应具有价值关怀和理想追求。清人舒位诗云"名士十年无赖贼"（《金谷园故址》），我们警惕袖手空谈，傲慢指点江山；鲁迅先生诗云"我以我血荐轩辕"（《自题小像》），我们愿意埋头苦干，逐步趋近理想。我们没有奢望这套《丛刊》产生宏大的效果，只是盼望所做的一切，能融合于前贤时彦所做的贡献之中，共同为中华文明的成功转型，适当"缩短和减轻分娩的痛苦"（马克思《资本论》第一卷第一版序言）。

《丛刊》的编纂，得到了诸多前辈、时贤和出版社的大力扶植。袁行霈先生、傅璇琮先生、王水照先生题辞勖勉，周勋初先生来信鼓励，凤凰出版社姜小青总编辑赋予信任，刘跃进先生还慷慨同意将其列入"中华文学史史料学会"重大规划项目，学界其他友好也多有不同形式的帮助……这些，都增添了我们做好这套《丛刊》的信心。必须一提的是，《丛刊》原拟主编四人（张剑、张晖、徐雁平、彭国忠），每位主编负责一辑，周而复始，滚动发展，原计划由张晖负责第四辑，但他尚未正式投入工作即于 2013 年 3 月 15 日赍志而殁，令人抱恨终天，我们将以兢兢业业的工作表达对他的怀念。

《丛刊》的基本整理方式为简体横排和标点（鼓励必要的校释），以期更广泛地传播知识、更好地服务社会。希望我们的工作，得到更多朋友的理解和支持。

2013 年 4 月 15 日

目　录

上编　翁同龢往来家书考释

下编 翁同爵父子往来家书考释

前　言

　　翁同龢(1830—1904)是晚清著名的政治家、书法家和藏书家。他有着优越的家庭出身,更以不懈的努力考取状元,为常熟翁氏家族锦上添花。他在父亲翁心存(1791—1862)去世后继父述志,先后授读同治、光绪两位皇帝,被世人誉为"两代帝师"。翁同龢历任翰林院修撰、国子监祭酒、太仆寺卿、内阁学士、署理刑部右侍郎、户部右侍郎、都察院左右御史、刑部尚书、工部尚书、户部尚书、协办大学士等职,出任户部尚书更达十余年之久,还两入军机,兼总理各国事务衙门大臣,无疑是晚清的重臣之一。他一生有数十载参与或主持科举考试,可谓"桃李满天下"。

　　南京博物院珍藏有翁同龢本人及其家庭成员乃至家族成员之间往还的家书三百八十四通,由前"苏南文管会""江苏省博物馆"归入南京博物院,写作时间跨度大,自咸丰三年(1853)至光绪二十五年(1899),所涉翁氏家族成员(作书人或受书人)至少包括翁同爵、翁同龢、翁曾文、翁曾纯、翁曾荣、翁曾翰、翁曾桂、翁曾禧、翁曾绍、翁斌孙、翁安孙、翁德孙等十二人,内容丰富且真实可靠,是研究翁同龢、翁同爵、翁曾翰、翁斌孙等个案和常熟翁氏家族的不可多得的第一手资料。

　　在这批翁氏家书中,翁同龢亲笔家书有一百〇八通,分别致翁同爵、翁曾荣、翁曾翰、翁曾桂、翁曾禧、翁曾绍和翁斌孙,从中可窥翁同龢的古籍、碑帖和书画鉴藏,翁同爵、翁同龢为整饬家族形象所做的努力,翁同龢日常面临的笔墨应酬,对农事、民生的关心,对子侄、侄孙及侄曾孙的教育与关怀,翁同龢秉持的廉洁自律的平生之志,他的中医知识和中医养生,翁同龢租房、买房、卖房乃至建房的记录,翁同龢晚年的乡居生活,翁同龢书法风格的嬗变,等等。另外,在这批翁氏家书中,还有翁同龢收到的家书四十通,分别来自翁同爵、翁曾荣和翁曾翰,从中可窥翁同爵与翁同龢的兄弟情义,翁同龢与翁曾荣、翁曾翰的叔侄情义,等等。

　　而剩余的二百三十六通翁氏家书,以翁同爵父子家书(一百七十一通)为主,以翁曾纯、翁曾荣、翁曾翰兄弟家书(五十九通)为辅,另有少量的翁同爵叔侄家书(两通)及翁曾翰父子家书(四通)作为点缀。值得一提的是,这些翁氏家书中都或多或少地提到了"叔弟"或"叔父"翁同龢,几乎每札必提,从中亦可窥翁同龢、翁同爵、翁曾翰、翁曾荣、翁曾纯等人生平的点点滴滴。另外,从数量巨大的翁同爵父子家书中,还可管窥作为晚清官员之一的翁同爵的私人经济状况、业余爱好、为官之道、处世之道等,亦可管窥翁曾翰、翁曾荣、翁曾纯等人的个性特征、办事能力、家庭分工等方方面面。

　　本书全面辑录、详加考释南京博物院藏翁氏家书,重点考证每通家书之系年,深入阐释每通家书之背景、人物和事件,爬梳有用的细枝末节,捕捉关键的史料信息,补充翁同龢、翁同爵、翁曾翰、翁曾荣、翁斌孙等人的生平细节,与国家图书馆珍藏的翁氏家书合璧,共同为《翁同龢日记》《翁曾翰日记》作一佐证或补充,以期为翁同龢、翁同爵、翁曾翰、翁曾荣、翁曾禧、翁斌孙等人的个案研究提供一些新材料,乃至有裨于常熟翁氏家族群像、晚清官员私人经济状况以及生存状态等相关专题的研究。

鉴藏·癖好

　　同治八年(1869)四月十八日,翁曾翰在写给乃父翁同爵的家书中,真实地描述了国子监祭酒、同治帝师翁同龢忙碌的工作和生活状态:"叔父入直,夏来渐觉劳苦,圣学虽云日新,而辅导匪易,兰翁通达,最契合,余则各存畛域,煞费调停,申酉间退直归来,尚有待理之事,精力实觉不支,惟偷闲鉴玩古刻,尚可自怡悦耳。"①光绪二年(1876)正月十九日,翁同爵在写给幼子翁曾翰的家书中,间接地叮嘱当时刚刚担任光绪帝师的翁同龢:"退直后宜陶养性情,或阅看善本书籍及法书名画,或觅二三知己纵谈古今,使胸襟每日必有一二时开放,方是调养之法,盖保身即所以报国也。若终日孳孳矻矻,既劳其力复劳其心,未免太苦。"②由此可见,"鉴玩古刻""阅看善本书籍及法书名画"和"觅二三知己纵谈古今"皆是翁同龢忙里偷闲、开放胸襟、陶养性情的重要方式。

不管是鉴玩,还是阅看,都建立在收藏的基础之上。翁同龢之所以能实现鉴玩、阅看的自由,是因为他本身就是晚清顶级的藏书家。翁同龢出身于常熟的名门望族、文化世家,其家族素有鉴赏、收藏之好。据翁同龢回忆,其七世祖翁长庸(蓼野公)就曾收获古拓《汝帖》于汤阴。③ 翁同龢的祖父翁咸封,虽无史料明确记载,但身为海州学正,当有一定数量的藏书。翁同龢的父亲翁心存、三兄(实为伯兄)翁同书,更是有清著名的藏书家。从本书辑录的部分家书来看,翁同龢的五兄(实为仲兄)翁同爵同样有着鉴藏的爱好。同治十年三月十八日,翁曾翰致翁同爵家书透露,书画金石是翁同爵惯用的娱情方式之一:"书画金石借以娱情,公余坐赏亦不可少,惜关中兵燹之余,未易罗致耳。"④同治十一年正月十五日,准备回京奔丧的翁同爵,在致幼子翁曾翰家书中感叹道:"吾到此三年,稍买书籍、字画及铜器,此时携之远行皆成累事,可见作宦之人即此嗜好亦不宜有。"⑤同年二月

---

① 南京博物院藏同治八年四月十八日翁曾翰致翁同爵家书。

② 南京博物院藏光绪二年正月十九日翁同爵致翁曾翰家书。

③ (清)翁同龢著,翁万戈编,翁以钧校订《翁同龢日记》,上海辞书出版社2019年版,第778页。

④ 南京博物院藏同治十年三月十八日翁曾翰致翁同爵家书。

⑤ 南京博物院藏同治十一年正月十五日翁同爵致翁曾翰家书。

廿八日酉刻,翁同爵在致幼子翁曾翰家书中提及自己的书箱:"吾此行行李虽从简省,然书箱已有十八只……"①足见翁同爵藏书之丰。光绪元年十月廿九日,兼署湖广总督、湖北巡抚的翁同爵,在致幼子翁曾翰家书中提及受赠书籍和近得拓片:"'皇朝三通''廿四史'皆吾家所无,先公屡欲购之而力不逮,吾服官各省,亦有意购买,迄未能得。今有湖南观察唐伯泉为左相购书于粤东、江西,忽自湘省专使送吾粤板'廿四史'、新板'三通'、新板《通志堂经解》,吾得之如贫见暴富,不胜欣喜,但愿他日子孙能有读是书者耳。近拓得怡亭铭二十分,以十分寄汝叔,为吾致之。"②同年十二月初七日,翁同爵在写给幼子翁曾翰的家书中又感叹道:"吾素日尚有字画、花木之好,今则无暇赏玩,遂亦弃置不观。"③光绪二年十一月廿七日,翁同爵在写给幼子翁曾翰的家书中提及:"此次汝叔父处不及另函,可为吾达意。新得陕中魏碑十四种寄去,可为吾转致。"④可知,翁同爵的鉴藏领域主要是书籍、字画、铜器、魏碑、花木等。值得一提的是,早在同治五年,由翁同爵汇寄、翁曾翰打理的京寓款项中,就有涉及"鉴古斋"的款项,专门用于购买翡翠佛头、玼牙、背云等文玩物件。⑤受家学尤其是父兄的深刻影响,翁同龢可谓毕生都遨游在鉴藏的海洋中。翁同龢的鉴藏领域主要是古籍、书画、碑帖等,亦即翁同爵所概括的"善本书籍"和"法书名画"。

首先,翁同龢是一位士大夫藏书家,久居高位,长住京华,在长期的鉴赏、收藏实践中积累了丰富的版本学知识,熟谙古籍版本的鉴定方法,所鉴、所藏之古籍多为善本、珍籍。翁同龢藏书的主要来源是

---

① 南京博物院藏同治十一年二月廿八日酉刻翁同爵致翁曾翰家书。
② 南京博物院藏光绪元年十月廿九日翁同爵致翁曾翰家书。
③ 南京博物院藏光绪元年十二月初七日翁同爵致翁曾翰家书。
④ 南京博物院藏光绪二年十一月廿七日翁同爵致翁曾翰家书。
⑤ 南京博物院藏同治五年十二月初四日翁曾翰致翁同爵家书。

家传、购买、收受、抄录和交换，主要特点是好宋元本、多抄本、重稿本、多批校注本和重乡邦文献。① 在南京博物院珍藏的这批翁氏家书中，尤其在翁同龢晚年写给侄孙翁斌孙的家书中，不乏翁同龢购书、校书、读书、抄书、借书、受书、捡书、记录书林资料、与文献家交往等书籍相关活动的记录。

关于购书。例如，光绪二十五年八月十五日午，翁同龢致翁斌孙家书云："烧残《董评》两小册竟去卅元，余只买庄刻《淮南》校本，五元耳。"② 又如，同年九月初二日午前，翁同龢致翁斌孙家书云："吾头眩，夜作热，委顿不支，炳华携书箧来，未见，书亦未能细捡。今暂留数种，另有单。其余仍装原箱，并金冬心画册，由炳华带还。"③ 再如，针对蒋凤藻（1845—1908）的"铁华馆"藏书，光绪二十五年九月十一日，翁同龢致翁斌孙家书云："蒋书仍听要价，否则完璧。曲江册亦无意致之。"④ 稍后，同年九月十三日晚，翁同龢致翁斌孙家书云："《铁华》书值单已悉。此时无从批价，拟交仆辈于廿三四带回还印。"⑤

关于校书、读书、抄书、借书。例如，光绪二十五年八月初四日，翁同龢致翁斌孙家书云："初二还山，沉酣于《淮南》，百事俱置。《太玄》粗读，尚思得佳本勘之耳。"⑥ 又如，同年八月初八日，翁同龢致翁斌孙家书云："此十日浸淫于《鸿烈》，细字累累，目倦神疲，今卒业矣。以后不再临写评校之本，炳烛之明，不可妄用也。"⑦ 又如，同年八月

---

① 曹培根《翁同龢藏书概论》，《常熟高专学报》2002 年第 1 期，第 119—124 页；戴婷婷《晚清翁同龢艺术品收藏活动研究》，《中国美术》2022 年第 3 期，第 50—55 页。
② 南京博物院藏光绪二十五年八月十五日午翁同龢致翁斌孙家书。
③ 南京博物院藏光绪二十五年九月初二日午前翁同龢致翁斌孙家书。
④ 南京博物院藏光绪二十五年九月十一日翁同龢致翁斌孙家书。
⑤ 南京博物院藏光绪二十五年九月十三日晚翁同龢致翁斌孙家书。
⑥ 南京博物院藏光绪二十五年八月初四日翁同龢致翁斌孙家书。
⑦ 南京博物院藏光绪二十五年八月初八日翁同龢致翁斌孙家书。

初十日，翁同龢致翁斌孙家书云："《淮南》乃惠松崖校，故锐意迻写，今已毕。《太玄》得旧本否？"①翁同龢校抄的《鸿烈》或《淮南》即惠栋（1697—1758）校本《淮南子》，粗读欲校的《太玄》即《太玄经》。再如，光绪二十五年九月初六日晚，翁同龢致翁斌孙家书云："印处书如价贵，可否借钞数种？"②

关于受书、捡书。例如，光绪元年九月廿三日，翁同爵在致翁曾翰家书中附赠书籍给翁同龢和翁安孙："又木板书箱一只，内《张江陵集》一部，送叔弟。袖珍板《经世文编》一部，《曾文正公集》无'求阙斋'本。及所选古文，送叔弟。又王板《史记》一部，给安孙。托朱西山带交，汝可查收。"③又如，光绪二十五年九月十八日申刻，翁同龢在致翁斌孙家书中分享藏书家费念慈（1855—1905）寄诗、赠书云："顷屺寄《九日游剑门长古风》，极遒紧，又寄墨口《欧集》，与吾藏约略可配合也。"④再如，同年六月初五日，翁同龢在致翁斌孙家书中提及捡书云："携归书籍懒未捡，捡亦气闷，恐大部书不全者不少，字画可弃者十之六七。"⑤

其次，翁同龢是一位善书能画的书画家，对"法书名画"的热衷丝毫不亚于对"善本书籍"的热衷。翁同龢的法书鉴藏围绕着刻帖精品和汉碑名品而展开，兼及董其昌（1555—1636）、刘墉（1719—1804）等明清名家的书作。翁同龢绘画鉴藏的重点在"南宗"的董其昌和"清六家"——"四王吴恽"，尤以"四王"之王翚（1632—1717）、王原祁（1642—1715）为重中之重。王翚是常熟人，王原祁是太仓人，分别是"虞山画派""娄东画派"的灵魂人物，从广义上说，都算是翁同龢的

① 南京博物院藏光绪二十五年八月初十日翁同龢致翁斌孙家书。
② 南京博物院藏光绪二十五年九月初六日晚翁同龢致翁斌孙家书。
③ 南京博物院藏光绪元年九月廿三日翁同爵致翁曾翰家书。
④ 南京博物院藏光绪二十五年九月十八日申刻翁同龢致翁斌孙家书。
⑤ 南京博物院藏光绪二十五年六月初五日翁同龢致翁斌孙家书。

"同乡"，故而备受翁同龢的推崇。这一鉴藏偏好在翁同爵、翁曾翰等人的身上也有所体现。三者趋同的鉴藏趣味，都如实地体现在南京博物院珍藏的这批翁氏家书中。

关于刻帖精品和汉碑名品。翁同龢在致翁斌孙家书中曾反复提到《嵩山启母庙碑》《淳化阁帖》和《岳麓寺碑》。例如，光绪二十五年八月初二日巳刻，翁同龢致翁斌孙家书云："《启母碑》付景子，若不售，即寄去。均初有《阁帖》一本，松下清斋物，第六卷。便中一询。冬心册倘得寓目，亦快事焉。"①又如，光绪二十五年八月初四日，翁同龢致翁斌孙家书云："《启母》已付景子，待信即还。"②又如，光绪二十五年八月初八日，翁同龢致翁斌孙家书云："《启母》廿元，极便宜，旧拓模糊而神韵自胜。冬心画或可借看，《阁帖》不过偶闻及之耳。"③再如，光绪二十五年八月初十日，翁同龢致翁斌孙家书云："《启母碑》是否印若物？此间《岳麓》价高，已还之，蠹余不能触手。"④

翁同龢在写给翁斌孙的家书中，还反复提到了《礼器碑》和《张迁碑》。

一是翁同龢藏《礼器碑》疑似遗失事件。光绪二十五年七月十一日，翁同龢致翁斌孙家书云："今日归，躬自检寻不得，乃真失去矣。奇缘都断，岂复愈此蠹余，所惜未题一字耳。旧仆吾不疑，粗作谅不识，置之勿复道也。"⑤光绪二十五年七月十三日晚，翁同龢致翁斌孙家书云："帖被窃，意左右小子所为，悬赏购之，可发一笑。"⑥光绪二十五年七月廿五日晚，翁同龢致翁斌孙家书云："《韩敕》既归，亡书之

① 南京博物院藏光绪二十五年八月初二日巳刻翁同龢致翁斌孙家书。
② 南京博物院藏光绪二十五年八月初四日翁同龢致翁斌孙家书。
③ 南京博物院藏光绪二十五年八月初八日翁同龢致翁斌孙家书。
④ 南京博物院藏光绪二十五年八月初十日翁同龢致翁斌孙家书。
⑤ 南京博物院藏光绪二十五年七月十一日翁同龢致翁斌孙家书。
⑥ 南京博物院藏光绪二十五年七月十三日翁同龢致翁斌孙家书。

忆、窃钛之疑皆释然矣。"①

　　二是翁同龢借阅祝本《张迁碑》钩摹一事。光绪二十五年九月初一日,翁同龢致翁斌孙家书云:"《公方颂》亦古帖,惜稍涂损,固胜苏斋所藏,亦较吾钩本为胜。"②光绪二十五年九月初二日午前,翁同龢致翁斌孙家书云:"《张迁碑》尚思留看半月,商诸祝君,肯见许否? 金石癖未除,殊自笑耳。"③光绪二十五年九月初六日晚,翁同龢致翁斌孙家书云:"《张君碑》借到,意欲自钩而不得,为此忙了两日。"④光绪二十五年九月初八日申时,翁同龢致翁斌孙家书云:"金画、张碑留此,苦无便寄。张碑拟钩,非月底不能了,不知前途,肯假我累旬否? 如不能即速告我,当速寄还。杨调甫出月初行,此妥便也。"⑤光绪二十五年九月初十日辰正,翁同龢致翁斌孙家书云:"《张迁》肯借数旬,真大惠! 不能自钩,当付之缮为之,他人则意不在此。"⑥光绪二十五年九月十三日晚,翁同龢致翁斌孙家书云:"《公方》可借,甚感! 印之居间,惟珍重,刻不离身耳。"⑦可见,翁同龢最终延长了祝本《张迁碑》的借阅时间,并安排侄曾孙翁之缮(1874—?)进行了钩摹,可谓如愿以偿。

　　关于董其昌的书作。同治六年(1867)正月十八日,翁曾翰致翁同爵家书云:"叔父新得董字手卷一个,即交折弁携呈,祈捡收。"⑧翁同龢将新收藏的董其昌书法手卷赠予五兄翁同爵。同治八年五月初七日,翁曾翰致翁同爵家书云:"董卷空灵超妙,叔父亦谓出《天马赋》

① 南京博物院藏光绪二十五年七月廿五日翁同龢致翁斌孙家书。
② 南京博物院藏光绪二十五年九月初一日翁同龢致翁斌孙家书。
③ 南京博物院藏光绪二十五年九月初二日午前翁同龢致翁斌孙家书。
④ 南京博物院藏光绪二十五年九月初六日晚翁同龢致翁斌孙家书。
⑤ 南京博物院藏光绪二十五年九月初八日申时翁同龢致翁斌孙家书。
⑥ 南京博物院藏光绪二十五年九月初十日辰正翁同龢致翁斌孙家书。
⑦ 南京博物院藏光绪二十五年九月十三日晚翁同龢致翁斌孙家书。
⑧ 南京博物院藏同治六年正月十八日翁曾翰致翁同爵家书。

右。极尽能事,文迹亦极简洁,俱可宝贵,谨已什袭藏之。"①翁同爵将新收藏的董其昌书法手卷赠予幼子翁曾翰。翁同龢认为这个手卷甚至比董其昌的《天马赋》卷还要好。光绪二年九月十四日,翁同爵致翁曾翰家书云:"今寄汝董临《自叙帖》手卷一个……"②翁同爵又将董其昌临摹的《自叙帖》卷赠予幼子翁曾翰。由上可见,翁同龢、翁同爵和翁曾翰有着相近的书法鉴藏偏好,都爱好董其昌的书法,并将董字作为珍贵的礼物相互赠送。

关于王翚、王原祁的画作。同治十年四月十六日,翁曾翰致翁同爵家书云:"兹将石谷画一幅,搭连、荷包二个,各一匣,托其携呈。画系叔父新得者,笔墨无多,神韵颇好,日前方始送来,匆促不及装潢,特命致意。"③光绪二年九月十四日,翁同爵致翁曾翰家书云:"今寄汝……王石谷《渔村待渡图》手卷一个……"④"石谷"即王翚。光绪三年三月廿七日,翁曾荣致翁曾翰家书云:"今有本辕杨巡捕……令其带去麓台画一轴、上林宫铜壶一匣,收明转呈叔父为要。"⑤"麓台"即王原祁。翁同龢晚年对"四王"(尤其是王鉴)画作的兴趣有所减弱,在光绪二十五年九月十八日申刻致翁斌孙家书中说道:"圆照巨幅《两峰猿猱》洵是奇迹,吾久无意于此。"⑥"圆照"即王鉴。翁同龢此时无意于王鉴画作,主要是因为他开缺回籍后没有收入,故经济拮据,生活困苦,相对而言,书籍或碑帖的性价比更高一些。

此外,光绪二十五年八月初八日夜,翁同龢在致翁斌孙的家书中说:"至石田《东庄》,当与伯羲之《吴门送别卷》并峙天壤,古贤会合,

---

①　南京博物院藏同治八年五月初七日翁曾翰致翁同爵家书。

②④　南京博物院藏光绪二年九月十四日翁同爵致翁曾翰家书。

③　南京博物院藏同治十年四月十六日翁曾翰致翁同爵家书。

⑤　南京博物院藏光绪三年三月廿七日翁曾荣致翁曾翰家书。

⑥　南京博物院藏光绪二十五年九月十八日申刻翁同龢致翁斌孙家书。

别有神明护持也。"①这表明,翁同龢当年也鉴赏过如今珍藏于南京博物院的沈周名作《东庄图》册。

应酬·畏途

同治十年四月十六日,翁曾荣在写给长兄翁曾纯的家书中,对叔父翁同龢的工作和生活状态如此描述道:"叔父日日趋直,加之车马驰驱,笔墨酬应,精神近形疲倦。"②可见,笔墨酬应和车马驰驱一样,都是翁同龢日常生活中极耗精神之事。光绪十九年四月十二日,翁同龢在写给侄子翁曾荣的家书中,对一日的生活状态、心理状态作了一番总结,曰:"总计一日趋朝则劳力,看书则劳神,官事则筹措为难,应酬则繁琐杂逐,加以求请告贷,或以私事纠绕,或以闲话耽阁,故一日之中汲汲不遑,卧则如死,起则如病,长自恨劳碌命,无一休息之时也。"③可知,繁琐杂逐的应酬是造成翁同龢终日忙碌的重要原因之一。光绪二十五年八月初十日,翁同龢在写给侄孙翁斌孙的家书中,甚至将"写对"视为"畏途",云:"吾腕时健时弱,写对则胁必痛,故视为畏途。"④其实,翁同龢眼中的"畏途"又岂止是"写对"? 笔墨应酬乃至一切应酬,都是翁同龢眼中的"畏途"。

同治十一年六月廿二日至同治十三年四月初七日,翁同龢和翁同爵因丁母忧而居住在家乡常熟。虽然去职后的翁同龢不再公务缠身了,但是作为未来一片光明的"状元"和"帝师",翁同龢身上的笔墨应酬一点也不少。对此,翁同龢颇感烦恼。同治十一年十二月十六日,翁同龢在致嗣子翁曾翰的家书中,清晰地意识到笔墨应酬其实没

① 南京博物院藏光绪二十五年八月初八日夜翁同龢致翁斌孙家书。
② 南京博物院藏同治十年四月十六日翁曾荣致翁曾纯家书。
③ 南京博物院藏光绪十九年四月十二日翁同龢致翁曾荣家书。
④ 南京博物院藏光绪二十五年八月初十日翁同龢致翁斌孙家书。

有意义："吾终年伏案，或为人驱遣作书，真觉无谓。"①同治十二年六月初五日，翁同龢又在致嗣子翁曾翰的家书中，吐槽家乡求字者的贪婪与无知："应酬笔墨，虽磨墨一斗，未足厌人意。乡里中人以谓，只求汝笔迹而骄吝若此，非敬共桑梓之义也。"②同治十二年十二月初五日，翁同龢又在致嗣子翁曾翰的家书中，对家乡人每云"只要随便几句"的笔墨索求深表无奈和苦恼："笔墨堆积，题图作传，推却不去，只得应酬。来者每云只要随便几句，不知此几句已费思索矣，真不了之局也。"③同治十三年三月廿九日，翁同龢即将服满北上，等待朝廷的重新任用，但随之而来的是源源不断的推荐和说项，故他又于当日致嗣子翁曾翰的家书中抱怨道："朋友、长随百方求荐者约十数人，烦极极，笔墨至今未了。"④

　　虽然翁同龢身居高位，长住京华，但是仍然无法避免要为外地的亲朋好友，家乡的公共建筑，乃至宫里的太监写对、书扇或题匾。翁同爵长期在湖南、四川、陕西、湖北等地为官，但是其幕僚、友人还是通过翁曾纯、翁曾荣，在家书中向翁同龢索书。例如，光绪三年四月廿八日，翁曾荣致翁曾翰家书云："外附对纸四副，系署中友人子京交来。嘱求叔父书者，遇便寄下。"⑤翁同龢作为常熟翁氏家族的骄傲和希望，有一次受邀为家乡的义庄题匾，仅因臂痛稍稍耽搁了时日便遭到责怪，他颇感委屈，又有苦难言，只能在致侄子翁曾荣的家书吐槽吐槽："义庄今冬必开矣，我忙极累极，即如义庄扁未写，乃我之咎，然臂实痛，写不成矣。"⑥"阎王好见，小鬼难缠"，翁同龢长期担任"帝

---

①　南京博物院藏同治十一年十二月十六日翁同龢致翁曾翰家书。
②　南京博物院藏同治十二年六月初五日翁同龢致翁曾翰家书。
③　南京博物院藏同治十二年十二月初五日翁同龢致翁曾翰家书。
④　南京博物院藏同治十三年三月廿九日翁同龢致翁曾翰家书。
⑤　南京博物院藏光绪三年四月廿八日翁曾荣致翁曾翰家书。
⑥　南京博物院藏光绪十八年八月廿四日至九月十二日间某日翁同龢致翁曾荣家书。

师"一职,频繁出入大内,自然避免不了要为宫内的太监书写扇面,而且每次的数量还不少。光绪二十年五月廿九日前后某日,翁同龢致翁曾荣家书就曾提及这一情况,云:"内监求写扇日日有之,甚者五七柄。"①

光绪二十四年五月,翁同龢开缺回籍后,以为工作上的应酬少了,生活就会悠哉一点,但没想到的是,笔墨应酬却一点也未少。例如,光绪二十四年七月初六日早,翁同龢致翁斌孙家书云:"体中安适,俗事夥颐,极不耐,往来短札必十余也。"②可知,翁同龢与常熟友人鱼雁不绝,一日书写的短札多达十余通,特别是与耳聋的吴鸿纶(1807—1902)。又如,光绪二十五年七月十三日晚,翁同龢致翁斌孙家书云:"锡如三对一条,皞一对并寄。尚有扇二未写。前有数件交景子,想已携致矣。"③可知,翁同龢经常为侄孙翁斌孙书写对联、条幅和扇面,大概率是供其经营人际关系之用。又如,同样是光绪二十五年七月十三日晚,翁同龢致翁斌孙家书还提到:"匡庐归艎不远,兹写联去,深叹颓唐,惟颓唐乃真耳。"④可知,翁同龢给翁斌孙写信的那一日,还为翁斌孙的岳父蔡义臣(?—1899)书写了一副挽联,语曰:"下马寻碑,代我山中亲畚锸;停舟话雨,与君江山叹琵琶。"⑤再如,光绪二十五年八月廿一日晚,翁同龢致翁斌孙家书云:"手腕提不起,观信即知吾之衰,而求者纷纷,真是苦事。'之园'字,因待草笔,至今未写也。……终日伏案则头眩腰痛,舍此无以为乐。"⑥可见,翁同龢在"手腕提不起""头眩腰痛"的情况下,仍要为侄子翁曾桂营造的"之园"捧场——题字作匾,确实很不容易。正如翁同龢自言,应酬笔墨

---

① 南京博物院藏光绪二十年五月廿九日前后翁同龢致翁曾荣家书。
② 南京博物院藏光绪二十四年七月初六日早翁同龢致翁斌孙家书。
③④ 南京博物院藏光绪二十五年七月十三日晚翁同龢致翁斌孙家书。
⑤ 《翁同龢日记》,第3269页。
⑥ 南京博物院藏光绪二十五年八月廿一日晚翁同龢致翁斌孙家书。

"求者纷纷，真是苦事"。一方面，翁同龢对需终日伏案的笔墨应酬感到身心俱疲；另一方面，开缺回籍后的翁同龢，又不得不以此来消磨光阴、苦中作乐。一言以蔽之，繁重的笔墨应酬几乎伴随了翁同龢的一生。

收支·角色

随着近现代稀见史料的逐步公开，晚清官员的经济状况逐渐进入学者的研究视野，正在成为一个新的研究热点。20世纪，学界出现了张仲礼的《中国绅士的收入》、张德昌的《清季一个京官的收入》等代表性著作，但因语言、发行等原因而没有第一时间在内地形成广泛传播。近十年来，学界又涌现了张宏杰的《给曾国藩算算账：一个清代高官的收与支（京官时期）（湘军暨总督时期）》（两部：一部为京官时期，一部为湘军暨总督时期）、白谦慎的《晚清官员收藏活动研究——以吴大澂及其友人为中心》、过旭明的《他助与天助：晚清官员私人经济状况研究》等代表性著作及其他学者的优秀论文，因处在新时代而得到最广泛的传播。总体趋势是，这项研究在走向具体深入，为之奋斗者也在稳步增加。

本书下编的中心人物——翁同爵（1814—1877），历任湖南盐法长宝道、署湖南按察使、署湖南布政使、四川按察使、陕西布政使、陕西巡抚、湖北巡抚，还曾一度兼署湖广总督，与上述著作所聚焦的研究对象——曾国藩（1811—1872）、吴大澂（1835—1902）、王文韶（1830—1908）等人几乎同处一个时代，且都是威震一方的封疆大吏，具有极高的相似性。翁同爵私人的经济状况，同样能说明晚清官员的很多问题，值得学界予以更多的关注。南京博物院珍藏的翁同爵父子家书接近两百三十通，写作时间从同治三年到光绪三年，蕴含的信息量巨大，从中可窥翁同爵收入与支出的很多细节。

首先是翁同爵的收入。一、关于养廉银。光绪元年正月廿三日，上任未满两月的湖北巡抚翁同爵，在写给幼子翁曾翰的家书中自述:"吾此间进款无多,每月除用度外只可余五百余金。通年筹度,大约能将养廉盈余,已属万分节省矣。故此时尚不能将上年借用银号之款筹画归还,且俟三四月间再行设法,第恐一时总难措此巨款耳。"①同年五月十八日,翁同爵在写给翁曾翰的家书中又自述:"吾署中上下均平安,廉俸虽少,每年六千四百八十两。吾以节俭处之,尚可敷衍。此地为水陆码头,游客络绎,吾则翰林仅送十二两,部属仅送八两,然每月总计已在百金左右,兼之年亲故旧来告帮者不能不略为资助,如吴年伯母,吾先已送分五十金,今灵枢过此,复送绋敬五十金;宋惠人分以庞宝生有专书来托,亦送三十金;姚延之子、游击文焕来此,亦送二十金。真有应接不暇之势,殊可笑也。"②同年五月廿九日,翁同爵在写给翁曾翰的家书中又述及:"幕中书启本不得力,但此间笔墨佳者固鲜其人,且廉俸所入每年才六千余金,实难广召贤宾,言之可笑。"③由上可见,翁同爵所任的湖北巡抚,每年所得的养廉银是六千四百八十两,平均到每个月就是五百四十两;但这个数目的养廉银,使他很难从容应对络绎不绝的游客造访、求帮告贷的年亲故旧和笔墨俱佳的幕僚招聘。

　　湖广总督的收入远远高于湖北巡抚的收入。首先,湖广总督的养廉银就远远高于湖北巡抚的养廉银。光绪元年七月廿九日,刚刚兼署湖广总督一个半月的湖北巡抚翁同爵,在写给翁曾翰的家书中满怀信心地说:"督署廉俸所入较优,吾上年出京时所举之债似可还清,惟本年年底应酬之款亦须筹画,当于九十月间陆续寄都也。"④须知,翁同爵于同治十三年出京时所举之债超过了一万两,后文述及。光绪元年年底的应酬之款也不是一笔小数目。当然,这主要是因为

---

① 南京博物院藏光绪元年正月廿三日翁同爵致翁曾翰家书。
② 南京博物院藏光绪元年五月十八日翁同爵致翁曾翰家书。
③ 南京博物院藏光绪元年五月廿九日翁同爵致翁曾翰家书。
④ 南京博物院藏光绪元年七月廿九日翁同爵致翁曾翰家书。

翁同爵兼署湖广总督后,理应得到两份养廉银。但这其中,还有一个重要原因:原湖广总督李瀚章离任之后,凡督署所入之款,全数归翁同爵支配。① 从此,翁同爵面对酬应时,就从容了很多。他在写给翁曾翰的家书中不止一次地提到这一点。例如,光绪元年十一月初八日,翁同爵致翁曾翰家书云:"吾本任巡抚,真有入不敷出之势,此时兼署督篆,廉俸较优,故酬应尚可少从丰厚也。"② 又如,光绪元年十一月廿七日,翁同爵致翁曾翰家书又说了同样的话:"第吾此时因兼署督篆,廉俸较优,故可宽为筹备,若巡抚本任,则有入不敷出之虑,即应酬亦不能如今矣。"③ 光绪二年四月廿三日,翁同爵致翁曾翰家书再次提及兼署督篆后廉俸较优:"吾现在兼署督篆,廉俸较优,今从乾裕会寄阜康库平足纹无票据。贰千两,以千金分润家中上下,另有一单。以千金为添补日用所须……"④ 由此可见,翁同爵兼署湖广总督以后,收入确实比湖北巡抚本任高出很多。

　　二、关于汇款。从翁同爵的汇款记录或可管窥其收入之一斑。翁同爵汇款的大宗是给京寓。关于翁同爵寄回京寓的资金,过旭明先生在其大作《他助与天助:晚清官员私人经济状况研究》中曾作详细统计:"同治四年(1865)翁同爵寄回京城家中 5200 两、五年寄回4250 两、六年寄回 6200 两、八年寄回 4200 两、九年寄回 1 万两,光绪二年寄回京中 1.1 万两。"⑤ 这一统计大体不误,但其只依据李红英的《翁同爵家书系年考》,显然还不够全面。南京博物院藏翁氏家

① 南京博物院藏光绪元年七月廿一日翁同爵致翁曾翰家书:"李筱翁前次进京,凡督署入款皆与署事者平分,此次则竟全数相让,不肯复照前样,可谓爱吾深矣。"

② 南京博物院藏光绪元年十一月初八日翁同爵致翁曾翰家书。

③ 南京博物院藏光绪元年十一月廿七日翁同爵致翁曾翰家书。

④ 南京博物院藏光绪二年四月廿三日翁同爵致翁曾翰家书。

⑤ 过旭明《他助与天助:晚清官员私人经济状况研究》,广陵书社 2022 年版,第 89 页。

书,正好可与国家图书馆藏翁氏家书合璧,特别是翁同爵、翁曾翰父子于光绪年间往来的家书,基本都收藏在南京博物院。南京博物院藏翁曾翰于同治年间写给翁同爵的家书,或许可以稍微修正一下过先生的统计:比如同治五年,翁同爵在 4250 两的基础上,至少还向京寓寄回 1630 两,那总数就多达 5880 两;① 又如同治六年,翁同爵在 6200 两的基础上,至少还向京寓寄回 700 两,那总数就多达 6900 两;② 再如同治八年,翁同爵寄回京寓的资金远远不止 4200 两,而至少寄回了 10000 两之多。③ 此外,根据这部分家书还可知,同治十年,翁同爵寄回京寓的资金有 11000 两之多。④ 南京博物院藏翁同爵、翁曾翰父子于光绪年间往来的家书,则可对过先生的统计作一补充:光绪元年,翁同爵至少向京寓寄回了 8300 两;⑤ 光绪二年,翁同爵则至少向京寓寄回了 15200 两,而远远不止 11000 两;⑥ 光绪三年七月十五日,翁同爵在人生的最后关头还让翁曾荣向京寓寄回了 5200 两。⑦

　　除京寓外,翁同爵还要汇款给常熟老家。翁同爵寄回常熟老家的资金主要给次子翁曾荣,但因为时间和空间的关系,在南京博物院收藏的这部分翁氏家书中较少被提及。为数不多的有以下三次:

---

　　①　南京博物院藏同治五年十一月初一日、十二月十六日翁曾翰致翁同爵家书。

　　②　南京博物院藏同治六年十月初三日翁曾翰致翁同爵家书。

　　③　南京博物院藏同治八年五月初七日翁曾翰致翁同爵家书。

　　④　南京博物院藏同治十年三月十八日、四月三十日、十一月十二日翁曾翰致翁同爵家书。

　　⑤　南京博物院藏光绪元年正月廿三日、五月初六日、九月初一日、十一月初八日、十一月廿七日翁同爵致翁曾翰家书。

　　⑥　南京博物院藏光绪二年四月廿八日、七月三十日、九月初一日、九月廿八日、十一月廿七日翁同爵致翁曾翰家书。

　　⑦　南京博物院藏光绪三年七月十五日翁同爵致翁曾翰家书。

一、同治五年八月十六日，翁曾荣在致翁同爵家书中提到："并寄到库纹足漕平陆百两……遵谕将各项逐一核准，分致分给。男等应领壹百，亦叩头祗领收藏。"①二、同治十年三月十八日，翁曾翰在致翁同爵家书中提到："此次袁处汇到库平足银一千两，遵即分致叩领，其给四哥者暂存男处，俟抵京日交用。"②翁同爵将本该寄回常熟给翁曾荣的几百两一起寄往了北京，因为翁曾荣当时即将前往北京捐官学习。三、光绪元年十一月廿七日，翁同爵在致翁曾翰家书中提到："家乡吾于前月寄八百金去，除给汝三、四两嫂及奎孙、汝大嫂、二哥共分四百两外，其余四百两换洋，分给近房族众九崖、瑾甫皆有。及至亲中之穷乏者，并家人分项。"③

此外，翁同爵时不时还要汇款给长子翁曾纯。虽然翁曾纯离开翁同爵后，有相对稳定的差使和报酬，但是仍然向乃父翁同爵寻求接济。例如，光绪元年七月廿一日，翁同爵致翁曾翰家书云："汝祥哥到浙后吾仅接其二书，其一则前日所来，要吾寄银接济，方有此信，否则恐难得其只字，吾却于接信后即寄银二百两往矣，所谓舐犊之爱也。"④又如，光绪元年十一月廿七日，翁同爵致翁曾翰家书："汝祥哥到浙后，吾仅接其三信……此次复令李福持书来，云年底必须三百金方能敷衍过去。吾于七月内已寄过二百两。吾已照数给之，于冬至日仍令李福回浙矣。"⑤

其次是翁同爵的支出。从南京博物院藏翁氏家书看，翁同爵的支出主要分为以下几大宗：一是酬应支出，指各类礼金，包括送给督抚及署僚的"节敬""寿敬"，送给乡试主考官及过路、造访官员的"程

①　南京博物院藏同治五年八月十六日翁曾荣致翁同爵家书。
②　南京博物院藏同治十年三月十八日翁曾翰致翁同爵家书。
③　南京博物院藏光绪元年十一月廿七日翁同爵致翁曾翰家书。
④　南京博物院藏光绪元年七月廿一日翁同爵致翁曾翰家书。
⑤　南京博物院藏光绪元年十一月廿七日翁同爵致翁曾翰家书。

仪",婚丧嫁娶的份子钱——"分金",送给京官的"炭敬""别敬""年
敬""秋审费"等。二是家族义务支出,包括购买义田、筹建义庄、购买
墓地、修建陵墓、归葬路费、刻印族谱及父兄书籍等。三是生活日用
及家人分项支出,包括自己的官署、翁曾翰打理的京寓、翁同龢的"小
寓"等多处支出。四是馈赠、接济亲友支出,包括馈赠、接济家庭至
亲、家乡亲族、幕僚友人等。五是各类捐款支出,包括赈灾捐款、会馆
捐款、粥厂捐款,等等。

酬应支出(礼金),是翁同爵乃至晚清官员最大宗也是最重要的
支出。翁同爵自言,应酬从丰是为了"吾家门面"。① 同治七年十一
月十五日,翁曾翰在致翁同爵的家书中间接透露,虽然翁同爵时任的
四川按察使,在收入上没有四川布政使高,但是在应酬上却一点儿也
不比四川布政使少,仅应送督署的"节敬""寿敬"及送往京城的"秋审
费"就超过了一万两:"前晤修伯,伊闻江达川云,川省藩、臬缺分迥
异,应酬则同,即督署节、寿及秋审费等项,大约已逾万金,余可知
也。"② 如果遇到乡试年份,督抚还要给乡试的正副考官筹措大额的
礼金作为往返路费,美其名曰"程仪"。光绪元年九月廿三日,兼署湖
广总督、时任湖北巡抚的翁同爵,就在致幼子翁曾翰的家书中介绍了
湖北致送主试"程仪"的规矩和情况:"二主试皆吾同乡世交,酬应稍
厚,每位各送程仪肆百金,向例总督二百,巡抚一百,有年世谊者酌加。今
吾兼署督篆,由均有世谊,故三百外加一百。又送书籍《史记》《汉书》、荆缎
袍褂一付、被面二个等,稍尽地主之谊。饭单四方,璧还官燕、银耳。"③甚
至,路过湖北的外省主考官、翰林、部属、年亲、故旧、孝廉等,身为督

---

① 南京博物院藏光绪二年正月廿六日翁同爵致翁曾翰家书云:"汝主持
家务吾甚放心,城外应酬等事不可太简,盖此时吾家门面在此,不得不稍从丰,
汝宜体此意也。"

② 南京博物院藏同治七年十一月十五日翁曾翰致翁同爵家书。

③ 南京博物院藏光绪元年九月廿三日翁同爵致翁曾翰家书。

抚的翁同爵也都要致送"程仪"或礼金。例如,光绪元年十一月初八日,翁同爵致翁曾翰家书云:"文闱中式来认老师者,吾均送以元卷四金,有年世交者加丰。湖南二主试梁、尹皆有年谊,广西主考廖仲山又是熟人,其过鄂时吾均送程仪百金,廖并留伊一饭也。"①又如,光绪元年五月十八日,翁同爵在致翁曾翰家书中极言酬应之苦:"此地为水陆码头,游客络绎,吾则翰林仅送十二两,部属仅送八两,然每月总计已在百金左右,兼之年亲故旧来告帮者不能不略为资助,如吴年伯母,吾先已送分五十金,今灵柩过此,复送绋敬五十金;宋惠人分以庞宝生有专书来托,亦送三十金;姚延之子、游击文焕来此,亦送二十金。真有应接不暇之势,殊可笑也。"②又如,光绪元年十一月廿七日,翁同爵致翁曾翰家书又云酬应之苦:"游客则因上海轮船往来甚易,于是络绎不绝,庶常部属固道必经此,即江南之新孝廉亦至此一游,广送朱卷,殊觉可笑。吾虽均应酬,然却不能从丰也。孝廉送元卷四金。"③再如,光绪二年十月廿九日,翁同爵致翁曾翰家书云:"此间轺车过境者,吾均送以百金,亦可谓从丰矣。"④同样能说明这个问题。

　　清代社会无疑是人情社会,京官、外官乃至一名普通百姓,都很难逃避婚丧嫁娶、人情酬酢的"份子钱"。翁同爵父子在家书中最常提及的资金就是"分金"。例如,同治五年十二月初四日,翁曾翰在致乃父翁同爵的家书中提及致送李鸿藻、祁寯藻两家分金:"送李兰翁分伍拾两即在此内提用。……祁处拟送三十金,前曾屡求书铭而未允,盖以手颤目眩,不能勉强也。"⑤又如,同治十年七月初七日,翁曾翰在致翁同爵家书中汇报,拟致送倭仁(1804—1871)家分金:"倭处

①　南京博物院藏光绪元年十一月初八日翁同爵致翁曾翰家书。
②　南京博物院藏光绪元年五月十八日翁同爵致翁曾翰家书。
③　南京博物院藏光绪元年十一月廿七日翁同爵致翁曾翰家书。
④　南京博物院藏光绪二年十月廿九日翁同爵致翁曾翰家书。
⑤　南京博物院藏同治五年十二月初四日翁曾翰致翁同爵家书。

当送分五十金,禀商叔父酌定。与伊礼翁家告帮者有间也。"①又如,光绪元年二月廿六日,翁同爵在家书中交代翁曾翰应致送成孚(1834—1895)、孙毓汶(1833—1899)两家赙金:"天津运使成子和孚丁母忧,日前有讣来。从前吾母丧事,伊曾送分百两,此次伊处有事,吾家必须亦送一分,或三十金,或廿四金,签书吾兄弟二人出名,同吾唁信送去为嘱,切勿遗忘。孙莱衫太夫人之丧,昨日亦有讣来,吾兄弟似亦应出三十金一分,可酌之。"②再如,光绪二年七月十六日,翁同爵致翁曾翰家书云:"文相分吾拟送二百金,庞宝生分已送百金寄去矣。"③由此可见,各色"分金"也是翁同爵支出的重要内容。值得注意的是,翁同爵在出"分金"具名之时,往往带上翁同龢的名字,为其节省了不少开支。

"别敬"和"炭敬"则是翁同爵酬应支出(礼金)中最集中、最大额的部分。翁同爵向京官致送"别敬",最集中的一次在同治十三年底,赴湖北巡抚任而将离京之前。光绪元年三月廿五日,翁同爵在致翁曾翰家书中提到:"吾上年在京向阜康银号所借之五千金……"④光绪元年五月初六日,翁同爵在致翁曾翰家书中又提到:"至借彭芍亭处之壹千金及用天成亨之六七千金,俟吾有盈余时再行续寄也。"⑤由此不难反推,同治十三年底,翁同爵共向阜康、天成亨等银号及彭祖贤(1819—1885)处借了一万二千至一万三千两,主要用于致送"别敬"和其他应酬。

向京官致送"别敬"不是年年有之,但对长期担任外官的翁同爵而言,向京官致送"炭敬"则几乎年年有之。早在同治五年五月廿四

①　南京博物院藏同治十年七月初七日翁曾翰致翁同爵家书。
②　南京博物院藏光绪元年二月廿六日翁同爵致翁曾翰家书。
③　南京博物院藏光绪二年七月十六日翁同爵致翁曾翰家书。
④　南京博物院藏光绪元年三月廿五日翁同爵致翁曾翰家书。
⑤　南京博物院藏光绪元年五月初六日翁同爵致翁曾翰家书。

日,翁曾翰致翁同爵家书就已提及向文祥(1818—1876)补送上年的
"炭敬":"文百翁已回京,将去年馈岁者百韵诗并原信送去,商之叔父,
并未改信,将夹单撤去。均照收矣。"①"百韵诗"就是一百两"炭敬"的雅
称。同治九年十二月廿一日,翁曾翰在致翁同爵家书中提及已代致
送的"炭敬":"馈岁函件已一一分送……兰翁处梅花二百韵屡推不
受,复叔父一字附呈。未便固送。朱、许两领班及潘、庞二公均改为四
十金,其余添送者徐李侯、宋惠人外,又送赵朗甫十六金,文秋山先生
仍按二十致送,恐遂为年例也。"②同治十年九月初九日,翁曾翰致翁
同爵家书云:"九年……十二月会到三千:炭金用一千八百两,送杨濒
舅处赙分一百,杨思赞借一百,捐会馆五十,选司团拜分五十,毕、张
二处奠分五十两,年底给安孙等一百,分家人一百,捐粥厂一百,伊礼
堂分一百,倭中堂分五十,添付房价四百。"③由此可见,同治九年岁
末,翁同爵向京官和亲友致送的"炭敬"是一千八百两。翁同爵当时
正担任陕西布政使。李鸿藻当时是户部右侍郎,兼署礼部左侍郎,在
弘德殿、军机大臣上行走,与翁同龢最契合。"梅花二百韵"即二百两
"炭敬"的雅称。李鸿藻高风亮节,推却了翁同爵致送的"炭敬"。

同治十三年末,翁同爵接印湖北巡抚后,尤其是于光绪元年六月
十三日,翁同爵兼署湖广总督后,向京官和亲友致送"炭敬"的数目有
所增加,范围也有所扩大。光绪元年十一月初八日,翁同爵在家书中
交代翁曾翰:"今从天成亨会寄足库纹肆千贰百两,内三竿则专送各
处炭金,尚恐不敷。"④光绪二年九月初一日,翁同爵致翁曾翰家书
云:"今从乾裕复汇去足色库平纹银三千两,以为年底致送各处炭金

---

① 南京博物院藏同治五年五月廿四日翁曾翰致翁同爵家书。
② 南京博物院藏同治九年十二月廿一日翁曾翰致翁同爵家书。
③ 南京博物院藏同治十年九月初九日翁曾翰致翁同爵家书。
④ 南京博物院藏光绪元年十一月初八日翁同爵致翁曾翰家书。

之用,汝可查收。"①可见,翁同爵于光绪元年岁末、光绪二年岁末向京官和亲友致送"炭敬"的总数都在三千两以上,远高于同治九年岁末的一千八百两。极为难得的是,在南京博物院珍藏的这批翁氏家书中,保有翁同爵亲笔书写的两份"炭敬"单,分别作于光绪元年十一月廿七日、光绪二年十一月十八日前后,颇值玩味。

光绪元年岁末的"炭敬"单,内容如下:

> 枢堂:文百川二百,宝佩蘅二百,沈经笙二百,李兰生二百。
>
> 军机章京:朱敏生一百,周鉴湖六十,其余通班各三十,帮领班酌加。
>
> 老夫子:载鹤峰一百,万藕舲一百,桑朴斋一百,毕东河一百[五十],文秋山四十。
>
> 湖北京官:彭味之五十,贺云甫一百,陈小舫五[四]十,王晓凤五[四]十,欧阳用甫四十,黄泽臣四十,胡介卿四十。
>
> 部院各堂:英中堂一百,上年未送别敬,今思伊官吏部,督抚公事与吏部交涉者颇多,似炭金必不可少也。毛旭初一百,灵香生一百,董酝卿一百,广绍彭一百,皂荫舫五十,恩禄普上年未送别敬。五十,崇文山五十,殷谱经五十,荣仲华五十,温明叔五十,徐荫轩五十,黄恕皆五十,黄孝侯五十,延树南五十,童薇研五十,潘伯英五十。外,魁华峰、上年未送别敬。夏子松四十。两君似亦宜送,请汝叔斟酌之。
>
> 亲友:徐李侯上年托送别敬。五十,张家王姨太太祝官终年在彼,断不可少。五十,程覃叔四十,钱犀庵四十,吴春海近有书来。三十,余绂臣上年托送别敬。五十,谢梦渔光景可怜。三十。南斋孙子受、张子腾,正詹周荇农上年酬应颇殷。及程容伯,可添作一函。吾意皆须送炭金,可请汝叔父斟酌之,如送则周须五十金,

---

①　南京博物院藏光绪二年九月初一日翁同爵致翁曾翰家书。

　　孙、张、程须三十金，切嘱，切嘱！
　　　骑缝章　玉甫手缄（朱文方印）①

　　这份"炭敬"单显示，翁同爵于光绪元年岁末拟送"炭敬"的数目已经远远超出三千两，印证了翁同爵前信中三竿尚恐不敷的说法。这份"炭敬"单把当年拟致送"炭敬"的对象分为六大类：一是枢堂，即军机大臣。包括文祥（1818—1876）、宝鋆（1808—1891）、沈桂芬（1818—1881）和李鸿藻（1820—1897）四人，统一为二百金；二是军机章京，俗称"小军机"。如朱智（1827—1899）、周瑞清（1833—？）等人，一百、六十、三十金不等；三是老夫子。如载龄（1812—1883）、万青藜（1821—1883）、桑春荣（1801—1882）、毕道远（1810—1889）、文俊（生卒年未详）等人，一百、五十、四十金不等；四是湖北京官。如彭久余（生卒年未详）、贺寿慈（1810—1891）、黄毓恩（1832—1897）、胡毓筠（1829—1892）等人，一百、五十、四十金不等；五是部院各堂，即中央六部、都察院及理藩院的堂官。如吏部满尚书英桂（1821—1879）、吏部汉尚书毛昶熙（1817—1882）、礼部满尚书灵桂（1815—1885）、户部汉尚书董恂（1807—1892）、兵部满尚书广寿（？—1884）、理藩院尚书皂保（？—1882）、户部右侍郎温葆深（1800—1888）、刑部左侍郎黄钰（？—1881）等人，一百、五十、四十金不等；五是亲友。如徐李侯（生卒年未详）、钱桂森（1827—1899）、吴鸿恩（1829—1903）、谢增（1813—1880）等人。此外，翁同爵认为，入直南书房的孙诒经（1826—1890）、张家骧（1831—1884）、詹事府詹事周寿昌（1814—1884）和程恭寿（生卒年未详）也应致送"炭敬"，五十、四十、三十金不等。

　　由这份"炭敬"单原迹可见，翁曾翰在禀商叔父翁同龢后，对致送"炭敬"的数目做了三处改动：一是将毕东河的一百减为五十，二是将

　　①　南京博物院藏光绪元年十一月廿七日翁同爵手书炭敬单。

陈小舫的五十减为四十,三是将王晓凤的五十减为四十。后两处改动影响不大,但第一处改动引起了翁同爵的关注,有待后文述及。做事细致入微的翁同爵,还在一部分人名下对为何要送其"炭敬"作了说明,使人一目了然。例如吏部满尚书英桂,翁同爵之所以要送他"炭敬",是因为湖北"督抚公事与吏部交涉者颇多。"又如张家王姨太太,翁同爵之所以要送她"炭敬",是因为孙女祝官"终年在彼"。再如谢梦渔,翁同爵之所以要送他"炭敬",是因为他"光景可怜"。这些人名和数目,都是翁同爵出于公务、人情等实际的考量。

光绪二年二月初六日至二月十四日间某日,翁曾翰致翁同爵家书提及光绪元年添送"炭敬"明细云:"去冬添送炭敬,小军机四人:前已将住址名号单寄呈,每位送三十金。余联沅、谢谦亨、萧韶、庄予桢。湖北侍御四人:每位送二十金。李廷箫、小轩。张盛藻、春陔。王立清、鉴亭。刘国光,宾臣。余若夏子松、四十。周荇农、五十。程容伯、三十。孙子受、三十。张子腾,三十。亦均致送。京官穷极无聊,盼炭敬如饥渴,今年如得升授实缺总督,则应添送者正不少耳。"[1]翁曾翰的最后一句话道出了当时京官真实的生存状态:"穷极无聊,盼炭敬如饥渴。"

光绪二年岁末的"炭敬"单,内容如下:

> 枢堂:宝中堂二百,沈中堂二百,李兰生二百,景秋坪二百。领班朱茗生一百,周鉴湖一百,其余章京每位四十,帮领班须加添,五十、六十均可。
>
> 载鹤峰一百,万藕舲一百,桑朴斋一百,毕东河因有采买交涉,不可减。一百。英香岩一百,毛旭初一百,董酝卿一百,贺云甫一百,广绍彭一百,荣仲华一百。

---

[1] 南京博物院藏光绪二年二月初六日至二月十四日间某日翁曾翰致翁同爵家书。

彭味之五十,恩禄普五十,崇文山五十,殷谱经五十,灵香生五十,徐荫轩五十,皂荫舫五十,延树南五十,童薇研五十,周荇农五十,潘伯寅五十,彭芍亭五十,夏子松五十,徐李侯五十,余绂臣五十。

张子腾三十,李仲渊三十,谢梦渔三十,吴春海三十,程容伯三十,龚叔雨五十,袁筱午五十,程罩叔三十,张家王姨太太五十。

陈小舫四十,王晓凤四十,黄泽臣四十,胡介臣四十,李小轩三十,张春陔三十,王鉴亭三十,刘宾臣三十。以上皆湖北京官,不可减。

苏菊生前年酬应颇多。三十,胡铁盦同上。三十,乐映川近寄丸药来。三十,张老三二十,汪苇村三十。

同乡中如管近仁、俞幼兰现均在吾家教读,每人可送以十二金,似觉热闹。其余二曾一赵,亦皆年世交,亦可送十二金也。如汤伯述尚未出京,亦可送以廿四金。绵(宜。)佩卿、长(叙。)彝亭皆有书来告贷,故一则送百金,一则送卅金也。[1]

这份"炭敬"单基本遵循上年的分类,但不像上年那么明确,而是根据拟致送"炭敬"的数目把致送对象大体分成了二百、一百、五十、四十、三十、二十、十二等数档。"枢堂"——军机大臣的名单中,出现了景廉(1824—1885)的名字,而没有文祥(1818—1876)的名字,表明了"炭敬"单的系年,是因为景廉自光绪二年三月十五日起在军机大臣上学习行走,[2]而军机大臣文祥则于光绪二年五月初四日申时去世。[3]

---

①　南京博物院藏光绪二年十一月十八日前后翁同爵手书炭敬单。

②　《翁同龢日记》,第 1232 页。

③　《翁同龢日记》,第 1243 页。

　　光绪元年十二月廿一日，欧阳保极（生卒年未详）由翰林院侍讲调任广西学政。光绪二年正月，温葆深（1800—1888）因病辞去户部右侍郎。光绪二年四月初八日，"黄孝侯以病奏请开缺，蒙允准"。[①] 光绪二年八月初一日，黄倬（？—1885）授浙江学政，孙诒经（1826—1890）授福建学政。[②] 光绪元年八月，钱桂森（1827—1899）丁母忧，[③]此时正里居守孝。因此，本年的"炭敬"单和上年相比，除少了文祥的名字外，还少了文俊、欧阳保极、温葆深、黄倬、黄钰、钱桂森、孙诒经等人的名字。

　　有减就有增，本年的"炭敬"单和上年相比，除增加了景廉外，还增加了彭祖贤（1819—1885）、龚自闳（1819—1879）、袁保恒（1826—1878）、张盛藻（1819—1896）、刘国光（1828—？）、胡义质（生卒年未详）、管辰熙（生卒年未详）、俞钟颖（1850—？）、"二曾一赵"、汤纪尚（生卒年未详）、绵宜（？—1898）、长叙（1837—？）等二十一人。

　　前份"炭敬"单中，翁曾翰和翁同龢将致送毕道远（号东河）的"炭敬"从一百减为五十，翁同爵曾于光绪二年正月廿六日致翁曾翰家书中曾直言此举不妥："上年炭金……惟毕东河处减去五十，未免菲薄，缘仓场有海运交涉事件也。"[④]因此，翁同爵这次吸取教训，特地在毕东河的"炭敬"数目下作了文字备注："因有采买交涉，不可减！"可见翁同爵细心和世故的一面。在稍后的一封家书中，翁同爵又补充了四位应添送"炭敬"的京官：全庆（1802—1882）、桂清（？—1879）、文俊（生卒年未详）和钱振常（1825—1899）。[⑤]

---

　　① 《翁同龢日记》，第1236页，光绪二年四月初八日："黄孝侯以病奏请开缺，蒙允准，以袁保恒为刑部左侍郎，调殷兆镛为户部左侍郎，调徐桐为吏部右侍郎，擢潘祖荫为礼部右侍郎，仍兼署刑部右侍郎。"

　　② 《翁同龢日记》，第1266—1267页。

　　③ 《翁同龢日记》，第1187页。

　　④ 南京博物院藏光绪二年正月廿六日翁同爵致翁曾翰家书。

　　⑤ 南京博物院藏光绪二年十一月廿七日翁同爵致翁曾翰家书。

家族义务支出也是翁同爵乃至晚清官员的大宗支出之一。翁同爵在父亲翁心存、长兄翁同书去世后，主动承担起了大家庭乃至大家族的各类义务支出，颇有一族之长的风范。这项支出包括筹建义庄、购买墓地、修建陵墓、归葬安葬、刻印族谱、刻印父兄文集等方面。光绪二年四月廿八日，翁同爵在致翁曾翰家书中提及已寄数千金回家乡为筹建义庄做准备："家乡吾欲置田千亩立一义庄，然经理无人，为之浩叹，现虽寄数千金嘱篯生逐渐购买，但恐有掣其肘者，则伊亦不能为力也。"①同治十三年三月廿九日，丁母忧的翁同龢在致嗣子翁曾翰的家书中提及，翁同爵独自承担了修建母亲陵墓的费用："北山费用，几及千金，一切石工在内。皆汝父独任。"②同治七年十月初四日，翁曾翰在致翁同爵的家书中透露，翁同龢该年归葬父兄的费用也大部分由翁同爵承担："此次费用一千二百余金仅能敷衍路费，到家后一切开销先由四哥处筹措，盖此时汇付亦来不及。今奉来谕提款备用，男拟俟叔父回时，知所用若干，再由京划寄酌剂，庶不至两误耳。"③光绪元年八月二十日前后，翁同爵在致翁同龢家书中表示，翁心存的文集和翁同书的《瘗斋杂志》都可在湖北刊刻，并由其独自承担刻资："先公文集拟在鄂省刊刻，甚好！此间写工、刻手皆比他处为佳且价不贵，可令人写一清本，作速寄来为嘱。……《瘗斋杂志》乃伯兄一生精力所萃，必须刊刻以免散失，兄从前寄有刻资，此时不必再说，但令人写一清本寄来，兄当即刊刻也。"④

馈赠、接济亲友支出也是翁同爵的一大支出。翁同爵对叔弟翁同龢、二妹翁端恩、幼子翁曾翰、次子翁曾荣、侄子翁曾桂等人的财物馈赠时时有之。例如，仅翁同龢喜爱的汉砖砚，翁同爵两年内就给他

① 南京博物院藏光绪二年四月廿八日翁同爵致翁曾翰家书。
② 南京博物院藏同治十三年三月廿九日翁同龢致翁曾翰家书。
③ 南京博物院藏同治七年十月初四日翁曾翰致翁同爵家书。
④ 南京博物院藏光绪元年八月二十日前后翁同爵致翁同龢家书。

寄了不下四方，①衣料、茶叶、土特产更是不一而足。又如，翁同爵对扬州的二妹翁端恩也不乏财物馈赠。光绪二年六月廿五日，翁同爵致翁曾翰家书提及："扬州汝二姑母处上月吾曾寄一书去年屡通书并寄过二百金。并纹银贰百、金镯、衣料、锡器、瓷器等……"②再如，同治十年四月廿日，翁曾翰在致翁同爵家书中透露，翁曾荣捐官到部学习亦事，仅"印结费"就花了五百余两，而验看"部费"又花了四十两。③这一支出也可看作是翁同爵对翁曾荣的一种接济或投资。此外，翁同爵对家乡亲族还常有馈赠或接济，在南京博物院藏光绪年间的翁氏家书中频繁体现。例如，光绪元年十一月初八日，翁同爵致翁同龢家书云："家中近族，兄于上月各有所赠，厚斋兄、士吉侄每人皆四十番，似可略助薪水矣。"④又如，光绪元年十一月廿七日，翁同爵致翁曾翰家书云："家乡吾于前月寄八百金去……其余四百两换洋，分给近房族众九崖、瑾甫皆有。及至亲中之穷乏者，并家人分项。如厚斋、士吉、士复等，皆每人四十元，似可略助薪水。至李伯两家，亦助以二

------

①　南京博物院藏光绪元年正月三十日翁同爵致翁曾翰家书云："今因诸肖菊可权，浙江人。大令解饷进京之便，寄去汉砖研一方、铜香合三个，汝可收明。砚则吾család汝叔父者，香合分用汝叔父亦曾托购买。可也。"南京博物院藏光绪元年三月廿二日翁同爵致翁曾翰家书："以所做木匣稍大，复寄去荆缎袍褂料送子馨。一副、贵州绌给汝妇。两匹、通城葛袍料每匹二两，给安、寿、德三孙。三件、汉砖研送汝叔。一方、本年时宪书卅本，汝可收明为要。"南京博物院藏光绪二年三月初十日翁同爵致翁曾翰家书："兹乘贡差千总李清泉。之便，寄去汉砖研二方，系陆星农所持赠者，给汝父子分用，可收明。"

②　南京博物院藏光绪二年六月廿五日翁同爵致翁曾翰家书。

③　南京博物院藏同治十年四月廿日翁曾翰致翁同爵家书云："四哥到部事已办妥，廿八可赴验看，印结费局中毫无通融，上年用文注册，今仍补一结。五百余金，验看部费四十金，是否回避刑部一层亦于呈内声明，不知掣签时如何办理耳。"

④　南京博物院藏光绪元年十一月初八日翁同爵致翁同龢家书。

十元,践上年赵价人之约也。"①又如,光绪二年二月十七日,翁同爵致翁曾翰家书云:"士吉自家乡来此二月初四到鄂。……赠以百金,又助伊父子本年乡试费四十金、此次来回盘川二十金,并许伊他日若捐教官大八成时,吾再助以百金也。"②再如,光绪二年闰五月廿三日,翁同爵致翁同龢家书云:"家乡亲族,此次荣儿回,吾均薄有寄赠,如大侄媳及仲渊,皆寄以五十金;厚斋兄、士复侄族中诸人均遍寄。又寄以三十元也。"③

翁同爵对家族优秀子弟是分外照顾的。比如堂侄翁曾禧,翁同爵对其夸赞有加,每次馈赠都少不了他。甚至,翁同爵还答应赞助他捐教官。光绪二年十一月十五日,翁同爵在致翁曾翰家书中又提到了此事:"士吉今春到鄂,意欲捐教职,大四成实银可以即选,当时吾即许助伊百金。今场后复有书来云,捐此需银八百,而各处张罗仅有六百之数,求吾帮贰百金可成此事,吾已覆书许之。伊来书云,捐项托汝在京上兑,故吾作书与汝知之,俟其汇银到京,即在吾名下帮伊贰百代为上兑,以早为妙,勿迟。第恐伊所张罗六百者犹不足数,尚须汝叔父帮伊数十金也。"④翁同爵对长兄翁同书的长孙翁斌孙视如己出,在教育和生活上都将他和亲孙子翁安孙一样对待。例如,同治十三年十二月廿七日,翁同爵致翁同龢家书云:"兄意自明年正月起,令筹儿每月每人给以贰金,以为添补笔墨之用,否则安孙伊父母均在京,取携尚便,寿孙则有许多为难之处也。至嘱,至嘱!"⑤又如,光绪二年九月下旬,翁斌孙乡试中举的消息传到湖北,翁同爵着实高兴坏了,第一时间就请仆人徐贵带去了三百两纹银,供翁斌孙喜用开销及

①　南京博物院藏光绪元年十一月廿七日翁同爵致翁曾翰家书。
②　南京博物院藏光绪二年二月十七日翁同爵致翁曾翰家书。
③　南京博物院藏光绪二年闰五月廿三日翁同爵致翁同龢家书。
④　南京博物院藏光绪二年十一月十五日翁同爵致翁曾翰家书。
⑤　南京博物院藏同治十三年十二月廿七日翁同爵致翁同龢家书。

会试盘费。① 再如，光绪三年四月廿七日，翁曾荣致翁曾翰家书透露，翁同爵又赞助翁斌孙中进士后的喜用开销："父亲于贵等叩辞已早为料及，奉命传知四媳：俟得喜音，即令拨给银钱五百千文以助其开销各项之用。"②翁同爵时不时还接济身边的幕僚、友人，例如光绪二年正月初十日，翁同爵致翁曾翰家书云："杨葆初在此与吾主宾甚相得，今公车北上，吾赠以白金百两。"③

　　翁曾翰是一名小京官，收入甚微。由其打理之京寓的生活日用和家人分项支出都是由翁同爵承担的。同治七年九月十二日，翁曾翰致翁同爵家书道明了这一点："京寓用度年来已觉节省，男性喜俭约，司其出入尤为谨严，重闱修醮之资、叔父差事所需，诚如严谕，不可惜费，余则乌容奢侈耶？食指繁多，大厨粥饭有增无减，故每月米石、煤火、工食、喂养等项已不少，加之红白应酬应接不暇，亦一巨款。前禀所陈月需百五十金者，此无事至省之说也。大人宦辙辛劳，养亲自不惜费，无如家累太重，清俸几何，焉能遍给？"④光绪元年七月廿九日，翁同爵致翁曾翰家书云："京寓日用所需，每月用两百金，自然不能再减，吾分当接济，毋待汝言之。"⑤光绪元年九月初一日，翁同爵致翁曾翰家书云："此项银两，整数千金为吾寄京寓日用所需，其二百金则家人辈累节分项，汝可酌其差使轻重尽数分给之，连女使及粗人皆须均给。"⑥甚至，翁同龢之"小寓"（或称"城寓"）的生活日用和家人分项支出，也是由翁同爵全力贴补的。同治十年七月初七日，翁曾翰致翁同爵家书云："日用一切丰啬适中，此后添城寓一项，每月亦

---

①　南京博物院藏光绪二年九月廿八日翁同爵致翁曾翰家书。
②　南京博物院藏光绪三年四月廿七日翁曾荣致翁曾翰家书。
③　南京博物院藏光绪二年正月初十日翁同爵致翁曾翰家书。
④　南京博物院藏同治七年九月十二日翁曾翰致翁同爵家书。
⑤　南京博物院藏光绪元年七月廿九日翁同爵致翁曾翰家书。
⑥　南京博物院藏光绪元年九月初一日翁同爵致翁曾翰家书。

须数十金。"①同年九月初九日,翁曾翰致翁同爵家书显示,翁同龢购置大甜水井房屋城寓时,翁曾翰曾代表翁同爵为其添付了四百两的房款。②同年十一月十二日,翁曾翰致翁同爵家书云:"京寓日用撙节有度,此后添城内一项,每岁须增数百金,亦赖大人筹寄接济,倘叔父能得部院之缺,则所入必稍宽裕耳。"③光绪二年正月廿六日,翁同爵在家书中又认真嘱咐翁曾翰:"汝叔父城寓家人固须添用,则叫早等事方有专司,即打杂、打更亦须添用一二人,庶门户等可以照应,切勿惜费将就为嘱。汝叔父衣服有须添者亦须酌添,内廷当差应候,更换不可缺少,非讲究也。骒马,城寓亦须豢养四头方能敷用,不宜太减。盖此等事汝叔父不甚经意,以为诸事可以将就,汝宜随时婉商为嘱。"④家人添用、新衣增添、骒马豢养,每项都需要不少开支,而翁同龢都没怎么操过心,显然是因为翁同爵在背后兜底、接济。

　　翁同爵身为地方主官、朝廷高官,一直积极参与各类慈善活动,如捐款赈灾、捐会馆费、捐粥厂费等。光绪二年闰五月廿三日,翁同爵在致翁同龢家书中明确记录了他在湖北倡议的一次赈灾捐款,其云:"京师亢旱,灾象已形。……兄思京师为根本重地,今年旱灾较重,需费必巨,因与司道筹商,拟捐输赈济银三万两以助赈恤,诸君皆欣然乐从。兄今捐廉五千两以为倡,其余大小各官共凑二万五千两,即令此次解京饷委员搭解,今改由银号汇京交纳。径交顺天府备赈,业经具奏在案。此虽细壤涓流,所裨无几,然鄂省力量仅能如此,不邀恩,不沽誉也。"⑤翁同爵作为江苏名人、常熟乡贤,还经常让翁曾翰

　　①　南京博物院藏同治十年七月初七日翁曾翰致翁同爵家书。

　　②　南京博物院藏同治十年九月初九日翁曾翰致翁同爵家书云:"九年……十二月会到三千……添付房价四百。"

　　③　南京博物院藏同治十年十一月十二日翁曾翰致翁同爵家书。

　　④　南京博物院藏光绪二年正月廿六日翁同爵致翁曾翰家书。

　　⑤　南京博物院藏光绪二年闰五月廿三日翁同爵致翁同龢家书。

给来京参加会试的同乡士子致送"元卷"银两,并向京城的常昭会馆捐款,用于会馆的修葺、桌凳的置买等支出。例如,光绪二年三月廿六日,翁同爵致翁曾翰家书云:"同乡公车有二十人自南来,可谓极甚,概送元卷,甚是! 修葺会馆,吾捐数十金不为多,以后如再有工作尚可续捐,汝可酌定。"①作为地方主官、文人士大夫,翁同爵有着"达则兼济天下"的胸怀,时常通过翁曾翰向京城乃至周边的粥厂捐款,以接济贫民、难民,即所谓的"粥捐"。② 例如,同治十年九月初九日,翁曾翰致翁同爵家书就提到"捐会馆五十"和"捐粥厂一百"。③

　　通过对翁同爵个人收支状况的梳理和分析,我们基本可以明确:在家庭层面,当父亲翁心存、长兄翁同书相继去世后,翁同爵这个次子扛起了原本属于"长子"的责任,二兄变"长兄",逐渐支撑起了整个家庭,在包含翁同龢、翁曾纯、翁曾荣、翁曾翰等人"小家庭"的"大家庭"中扮演着"大家长"的角色,凭借长期担任地方高官的优势和便利,成为整个"大家庭"的经济支柱。在家族层面,翁同爵一直在践行父亲翁心存的遗命,出资置祠墓,出资置祭田,出资筹建义庄,出资重刊族谱,出资馈赠、接济家乡亲族,甚至出资刊刻父兄文集,扮演着"达则兼济天下"的"族长"角色。而翁同龢、翁曾翰作为京官,自然而然地成为翁同爵的坐京人员。翁同龢"状元"出身,又贵为"帝师",且渐为高官,对翁同爵的帮助更多在上层人脉、信息传递、咨询参谋、文字润色等方面。翁曾翰则是翁同爵在京一切事务的实际打理人,长

---

　　①　南京博物院藏光绪二年三月廿六日翁同爵致翁曾翰家书。

　　②　南京博物院藏同治八年五月初七日翁曾翰致翁同爵家书、南京博物院藏同治八年八月初六日翁曾翰致翁同爵家书和南京博物院藏光绪三年十一月十九日翁曾翰致翁安孙、翁德孙家书,都提到了"粥捐"。

　　③　南京博物院藏同治十年九月初九日翁曾翰致翁同爵家书云:"九年……十二月会到三千:炭金用一千八百两,送杨濒舅处赙分一百,杨思赞借一百,捐会馆五十,选司团拜分五十,毕、张二处奠分五十两,年底给安孙等一百,分家人一百,捐粥厂一百,伊礼堂分一百,倭中堂分五十,添付房价四百。"

年替翁同爵处理京城的馈赠庆吊等琐事，不仅岁末替翁同爵向京官和亲友致送"炭敬"，在特殊或紧急的情况下，还要替翁同爵去疏通和打点关系。总之，翁曾翰要代表翁同爵去经营朝中一切人际关系。

综上所述，本文抛砖引玉，谨从"鉴藏·癖好""应酬·畏途"和"收支·角色"三个角度切入，对翁同龢毕生"未除"的"金石癖"——古籍、碑帖和书画鉴藏，翁同龢直呼"手腕提不起"却仍要走完的"畏途"——笔墨应酬，翁同爵的收入与支出状况以及由此体现其在家庭、家族中扮演的角色等方面，略作一番考察和论述，以管窥豹，以小见大，旨在凸显南京博物院珍藏的这批翁氏家书在社会学层面的意义和价值。至于这批翁氏家书透露的其他信息，仍有待方家、读者去书中品味和挖掘。最后，我要特别感谢万新华老师对本人的指导与帮助，也要衷心感谢欧阳宗俊、庞鸥、巢臻、奚可桢、李诗萱、刘爽、石慧、吴彤、王磊等老师对本书的资料搜集提供了巨大的帮助。当然，我更要感谢我的工作单位南京博物院，为我提供了绝佳的研究平台和学习机会。

凡　例

一、南京博物院藏有翁同龢及其家庭成员往还家书三百余通。此次整理，辑录家书内容并考释，故名《南京博物院藏翁氏家书考释》。

二、本书分为上、下编。上编以"翁同龢"为中心，辑录、考释翁同龢亲笔家书一百〇八通、翁同龢上款家书四十通，合计一百四十八通；下编以"翁同爵父子"为中心，辑录、考释翁同爵父子往来家书一百七十一通，翁曾纯、翁曾荣、翁曾翰兄弟之间往来家书五十九通，侄子写给翁同爵的家书两通，翁曾翰写给二子的家书四通，合计二百三十六通。

三、家书原则上以写作时间先后及与翁同龢、翁同爵之关系亲疏为序，综合考虑作书人、受书人的长幼、辈分等因素。同一组或同一人之下多通书札者，以时间先后为序，同一日之下多通书札者，以时辰先后为序。没有记载时辰的家书，根据书札内容或《翁同龢日记》《翁曾翰日记》作具体判断。

四、根据家书内容和时间，对部分家书还原为一通，或拆分至两处乃至多处，并在按语中列出考证。故本书所列家书的通数，与院藏记录数量有少许出入。

五、原稿中补充说明的夹行小字，移入正文相应位置，并用小字标示。表示自谦的小字如"弟""龢""男"等，用正文字号。表示尊称而换行另起的文字，如"圣恩""慈亲""祖母"等，整理时不再换行，文字接排。

六、原稿虫蛀或残缺的文字，约略可计数者，以"□"表示；不可计数者,以"……"表示。

七、每通家书以家书最后日期作为小标题,并在其后增加公元纪年,以圆括号标示。

八、引文有误字、断句有误,酌情修改,不另做说明。

九、本次整理,根据丛刊体例,除特殊人名、地名、书名等专有名词外,一律使用规范简体字。

上　编
翁同龢往来家书考释

一、翁同龢致翁同爵

　　翁同爵(1814—1877)，字玉甫，翁心存(1791—1862)次子，在堂兄弟中排行第五，故翁同龢称其为"五兄"。他在族谱中被过继给叔祖翁颖封(生卒年未详)为嗣孙，故在本生父翁心存的讣闻中称"降服子"。虽然没有走常规的科举路线，但是翁同爵很努力奋进，这从其考荫一等第二名、京察一等之佳绩不难看出。凭借着得天独厚的祖荫和持之以恒的努力，同治三年(1864)九月，翁同爵被授湖南盐法长宝道，不久便加湖南盐运使衔，开启了其不凡乃至璀璨的外官生涯。

　　同治四年初和同治五年初，翁同爵两次署理湖南按察使。同治五年十一月十一日，翁同爵升署湖南布政使，持续相当一段时间。同治六年底，翁同爵接到恩命，于同治七年春抵川接任四川按察使。同年十二月廿三日，翁同爵升任陕西布政使，并于次年春天抵陕接任。同治十年十一月廿二日，翁同爵擢任陕西巡抚。但十二月廿四日翁母去世，翁同爵很快离任了。他接到报丧之信后悲痛万分，立刻请旨并整理归装，待完成交接之后，于次年二月初二日起程回京，与翁同龢一起护扶母亲灵柩回乡安葬并居家守孝。

　　翁同爵因为出嗣，原本只要守孝一年，但最后还是和翁同龢一样守了二十七个月。同治十三年四月初七日，翁同爵、翁同龢兄弟起程回京。九月，翁同爵补授湖北巡抚，兼兵部侍郎、都察院右副都御史。光绪元年(1875)五月，因李瀚章赴云南处理马嘉理事件，故翁同爵兼署湖广总督，于六月十三日接印。光绪三年八月初一日，六十四岁的翁同爵卒于湖北巡抚任上。

南京博物院藏有翁同龢致翁同爵家书十六通,全部作于陕西时期,并有翁同爵致翁同龢家书二十三通,全部作于湖北时期。这两组信札,一前一后,一往一还,连接了翁同爵一生最辉煌的两个时期。

(一) 同治七年十一月廿八日(1869 年 1 月 10 日)或稍后

读累次来函,思亲爱弟之诚溢于楮墨。此行仰赖先人福庇,湖江无波,风雨不值,邑人称愿,父老叹嗟。至家中长幼,皆循循规矩之中,日用饮食,至为简啬。荣侄天性甚厚,总之被人愚弄,毫无主意。环秀为丁麟亭购去,南泾堂屋弟亦未看。伯伟表表,然好利,不协众论,其言亦不可用。荣之身体羸弱过甚,久留在家亦甚无益,若改一京官,可以随时开益之。

家乡人所见小且责备无已,诚难人人悦之,然吾宗无甚无赖之人,何至疏慢不相过问? 至乱后应酬较前丰富,风俗如此,亦是实情,逋累既多,借贷无法,左支右绌,在所不免,细问亲友,却无管闲事,反狃游、浪费等弊,不过一"糟"字而已。中鲁尚有出山之意;昆圃工心计;儒卿更聋,升兰、望之同主书院;杨氏群从,鹤峰最良;谷生两子皆秀,长者尤佳;钱氏诸子,绥卿其尤也。

弟到京后,休沐一日,即便趋直,凡百平顺。司成之除,仰蒙特简,仰瞻俎豆,俯视堂阶,何一非先人遗泽? 恐惧儆省,惟失坠是虑。六馆之士日就凋零,非急切所能兴起。日来气体稍复,东华小寓,拟住破寺中。侍妾拜金钏之赐,叩头祗谢,毋乃过优乎? 弟龢又启。

按,札首无称谓,札末"弟龢又启",说明本札是副札,而主札尚未见,或已佚。"此行"即翁同龢于同治七年八月初至十一月下旬回籍葬亲之行。由札"弟到京后,休沐一日,即便趋直,凡百平顺",根据札中"日来气体稍复"的自述,可判断本札作于同治七年十一月廿八日或稍后。①"累次来函"包括十月三十蜀中信②及此前翁同爵致翁曾翰、翁同龢的一系列信札。③

又，同月廿五日，翁曾翰致翁同爵的家书提到："叔父命笔请安贺喜！昨征车甫卸，客来络绎，今日备折及访兰翁等事，未及作函，日内缮出再寄。"④这说明，翁同龢得空会第一时间回复翁同爵，不会拖太长时间。从内容上看，本札如此深切地汇报回乡葬亲的见闻感受，很符合翁同龢回京后第一次给翁同爵回信的情境特征，写作时间当在同治七年十二月廿五日翁同龢致翁同爵札之前，否则于逻辑不通。

翁同龢的回乡见闻主要包括：翁曾荣（1837—1902）与翁同爵向往的环秀屋失之交臂，最终只能买下南泾堂浦姓房屋来弥补；⑤曾观文（生卒年未详）、庞钟琳（生卒年未详）等人的为人；杨泗孙（1823—1889）、吴鸿纶（1817—1902）、李芝绶（1813—1893）等友辈的近状；几个看好的世家子弟，如杨鹤峰（生卒年未详）、钱绥卿（生卒年未详）等；以及太平天国运动后日渐糟糕的风俗民情。翁同龢还提议为翁曾荣捐一京官，以方便引导他。

"司成之除"指翁同龢于同治七年十月廿六日得授国子祭酒。⑥但翁同龢当时还在回京途中，故至十一月廿三日到京时方得此讯。⑦翁同龢正式到任是在同治七年十一月廿八日午时，《翁同龢日记》有详细记载："午初至署，印钥未来，坐待良久，更朝衣，赞礼生引至大成

---

① 《翁同龢日记》，第 693 页，同治七年十一月廿五日："终日昏昏，咳嗽不止。"十一月廿八日："肺气未清，不得休息，殊觉不支。"第 696 页，十二月十三日："冒风，殊不适，头作疼。"

② 《翁同龢日记》，第 692 页，同治七年十一月廿四日："得十月三十蜀中信。"

③⑥　参见南京博物院藏同治七年十一月十五日翁曾翰致翁同爵家书。

④　南京博物院藏同治七年十一月廿五日翁曾翰致翁同爵家书。

⑤　参见南京博物院藏同治七年十月初四日翁曾翰致翁曾纯家书。

⑦　《翁同龢日记》，第 692 页。

殿阶下行三跪九叩礼,至崇圣殿亦如之,文公祠一跪三叩礼,拜印三跪礼。升公坐,四厅六堂参见,出位三揖。入敬思堂,题扁两署先公名,瞻仰兴慕。"①刚刚经历如此繁复的洗礼,故翁同龢于本札有"司成之除,仰蒙特简,仰瞻俎豆,俯视堂阶,何一非先人遗泽"之感。

(二) 同治七年十二月廿五日(1869 年 2 月 6 日)晚

五兄大人尊前:

折弁一函②及天成两函③均收到,敬悉一是。

本月廿三,慈寿之辰,适闻超擢之命,圣恩宏大,举室欣然。④ 惟关中需饷孔亟,且庆阳粮台久归陕藩办理,西师不能饱食,转饷又无良法,至于防务之殷、吏治之驰,何一不烦经画?较之蜀中安谧之地,何啻天渊!事有次第,不遇盘错,不见利器,以兄谨慎之志,推而行之,何事不举哉!谢折例请陛见,即可迎折北上,若准来见,尤所欣幸。左帅驻师西安,催饷之折狎至,责司农以空款搪塞,洋洋万言。中丞与左有连,似亦无甚设施,周旋两大,即非易易。

弟到都才一日休息,奔驰至今,精神尚好。宅内均安,老亲康健,胜于昔年,眠食均适。子侄皆安分,筹儿处家庭事能平心静气,各处信件稍节一二分,详筹禀中。家用宽然,弟借赐得免送穷之作,并以其余波及络秀,为幸多矣。同僚和洽,艮老推许特甚,二公亦相视如弟舅。圣学有日新之功,读书至《礼记·礼运》,作五言绝句诗,明年试作论矣。湘乡来往未晤,屡致意欲一谈,稍暇当往拜。

① 《翁同龢日记》,第 693 页。

② 《翁同龢日记》,第 692 页,同治七年十一月廿四日:"得十月三十蜀中信。"

③ 《翁同龢日记》,第 697 页,同治七年十二月廿四日:"得五兄信两函。"

④ 《翁同龢日记》,第 697 页,同治七年十二月廿三日:"母亲寿辰,合家叩祝……午时闻五兄升任陕西藩司之命,且感且惧,此林颖叔告养之缺,担荷匪轻也。"

太学之职本不易副,明春校士当稍稍认真,此外不敢有所变置。京师无雪而暖,发泄太甚,入春尤须慎摄。归绥报获胜,似可杜其窥河之计矣。敬贺大喜,不一一。弟龢顿首谨启。十二月廿五日灯下。明日尚须入直,故不多写。

　　按,同治七年十二月廿三日(1869年2月4日),恰逢翁母许老夫人生日,朝中传来翁同爵升任陕西布政使的好消息,翁家"举室欣然"。翁同龢头脑清醒,"且感且惧",认识到陕藩一职"担荷匪轻",如筹饷、转饷之难题,防务、吏治之重任,且要周旋于陕甘总督左宗棠(1812—1885)和陕西巡抚刘典(1820—1879)两位上级之间。但翁同龢认为事有先后,"不遇盘错,不见利器",机遇正与挑战并存。
　　"弟到都才一日休息"指翁同龢归葬父兄后回京就迅速投入工作中。翁同龢还向兄长汇报了母亲、子侄的近况和授皇帝读的情况。"艮老"指倭仁(1804—1871),字艮峰,乌齐格里氏,蒙古正红旗人。"湘乡"指曾国藩(1811—1872),字伯涵,号涤生,湖南湘乡人。从《翁同龢日记》看,翁同龢于四日之后的十二月廿九日"晤湘乡相国,无一语及前事"①。"前事"即曾国藩参劾翁同书(1810—1865)一事。由本札知,曾国藩"屡致意欲一谈",翁同龢随后登门拜访,可谓各让了一步。"太学之职"即前揭翁同龢得授国子祭酒一职。②

(三) 同治八年四月十七日(1869年5月28日)晚

五兄大人尊前:
　　月初已闻履新之信,折弁至,备悉途次安平,接篆视事,欣慰之极。西师一再告捷,粗慰悬悬。彼中人云,陇上虽通,然北至银州,南

① 《翁同龢日记》,第698页。
② 《翁同龢日记》,第692页,同治七年十一月廿三日:"知合宅平安,并闻授祭酒之命。"参见南京博物院藏同治七年十一月十五日翁曾翰致翁同爵家书。

抵狄道，皆种人所聚，贼亦疲苶，不乐久战，所贵剿抚合宜耳。左帅爽朗，自是一时豪杰，微恃气而喜张大，终是短处，推诚相与，必可感乎。筱坞疏中以转饷自任，则后路粮台归并，自所乐从耳。兄此擢乃开府先声，察吏安民，调和诸将，胥于是乎在。天下事有可以对付者，有不可对付者，此视乎力量，第须默为转移，不必太露圭角耳。

慈亲康健，合宅皆安。弟侍直如常，与兰孙最投契，此人机警，教法最佳。上于前月开笔作论，文义明畅，讲贯专以属龢，余事亦承其乏，故较前吃重。大婚典礼綦重而左藏空虚，内府借拨无艺，势将不支。艮老抗疏，仰蒙优答，然群小侧目矣。

一春无雨，麦已就稿，黍稷未播，河以北同之，万一大歉，振将安出？疆吏来者络绎，俱尝晤识。南丰到任，举劾厘然。其他所识，以刘岘庄为最。南中屡得问，曾荣固庸下，然绝不与公事，差可慰。专请近安，不具。四月十七日灯下，弟龢顿首启。

　　按，同治八年四月初九日，朱修伯告翁同龢云，翁同爵于三月廿六日到陕接印。① 故本札首句曰"月初已闻履新之信"。四月十七日，翁同龢"得五兄前月函，于廿六日接印，途次平安"，②晚间遂作此回信。翁同龢认为左宗棠性格爽朗，但缺点是"微恃气而喜张大"，与之相处，须以诚相待；袁保恒（1826—1878）以运送军粮为主业，自然乐意看到后路粮台合并。翁同龢建议翁同爵凡事量力而行，"第须默为转移，不必太露圭角耳"。

　　兰孙即帝师"仙班"成员李鸿藻（1820—1897），翁同龢对其评价颇高。札曰"上于前月开笔作论"，与前札"明年试作论矣"相呼应。是年，同治皇帝大婚典礼筹备工作陆续展开，必将耗费巨资，对于国库空虚的清朝而言，无疑是雪上加霜。倭仁（艮老）直言进谏，虽然得

---

　　① 《翁同龢日记》，第719页。
　　② 《翁同龢日记》，第720—721页。

到优诏答复，①但是得罪了一批小人。

南丰者谁，仍有待考证；刘岘庄，即时任江西巡抚的刘坤一
(1830—1902)。

(四) 同治八年六月廿八日(1869 年 8 月 5 日)

五兄大人尊前：

得本月六日函，甚慰。邮程较近，恍如晤语，真快事也。欲图甘，
先固陕，乃是名论。库款支绌如此，非早为论列不可，虽未必即能接
济，庶几稍知其难耳。秋高野净，狂氛回窜与否，尚未可知，湘营散
勇，结会横行，所在皆是，隐忧匪细。曩者霞仙有兴屯之举，修郑白诸
渠，募村武者开垦回民叛产，事虽迂缓，不可谓非本图。若卧雪为之，
恐只被旁人蒙蔽，此君行事素来如此也。

秋闱伊迩，诸务丛杂，第一供给似可裁减，徒饱买办者私橐耳。
秦中士气不伸久矣，得此科举，亦足维其志气，但捐输经费之举，恐难
应手。城濠引水，实是要着，所谓入其国而知其政之美者也。

读《云栈纪程》，恍置身凤岭蚕丛之际，先公当日乘险舆踣，几堕
崖下，亦即此地。纪中所载《阅题名》一节，孝弟之念溢乎楮墨矣。

京寓上下平安，慈亲入夏饮食更好，日内尚拟至十刹海观荷。弟
趋直如常，三伏半工，故不觉其苦。自去冬到今，惟此月得少休息，臂
肉稍生，面目亦不甚枯槁。一昨武英殿灾，图书毁尽，因建言修省，以
答天戒，尤招土木为言，倭、徐两公以为然，遂具名同上。优旨嘉纳，
下忱稍慰。

诸孙读书尚好，奎保此时急须向学，千万勿令放荡，若先生一时
难请，祥侄可自督之。荣好报捐极好，徐贵新到，称其稍改前非。仲

---

① 《翁同龢日记》，第 717 页，同治八年三月廿八日："倭相请大婚典礼宜从
省俭，奉明发一道，言所奏与现在所办适相吻合。"

氏屋事尚非大谬,惟房帷中屡有勃谿之事,何其隘,两无识也。已谕筹儿不必告其兄捐官事,先令部署来京,否则恐伊高兴。曾伯伟来京暂住,过夏即归。宝生调部。戚友中亦无事。

秦中官吏如谢质卿、杨△△首府,皆与弟熟,谢则蕴生先生之孙,是名士;杨为乾州时当过提调也。有崔书办者,此人荒唐,到时或谕以无差可派。学使文案房也,今捐职到京,求回陕时谒见,派厘局差使,今将名条附呈。即请日安,不一一。六月廿八日,弟龢谨启。

按,同治八年六月廿七日,翁同龢"得五兄六月初六函,并《栈道纪行》日记,置身陈仓、凤岭间矣"[1]。此《栈道纪行》即本札所谓的《云栈纪程》。这让翁同龢想起了在凤岭这地方差点遇险的父亲翁心存。

因翁同爵时任陕西布政使,故翁同龢对陕西的钱粮政务提出见解。他认为兄长所提"欲图甘,先固陕"之观点乃是名论,鼓励陕西继续请部拨款,不管结果如何,至少要让朝廷知道陕西的处境之难。他认为横行霸道的湘军游勇是一个很大的隐患。他还列举刘蓉(1816—1873)署陕西巡抚期间任用凤邠道黄辅辰(1798—1866)经理回民叛产的成功案例以供参考。针对陕西即将举办的乡试,翁同龢认为最重要的是裁减科场供应,减省开支,但对科举经费依靠士绅捐输的做法表示担忧。

翁同龢还向兄长汇报了母亲、自己、侄子、侄孙及曾观文、庞钟璐(1822—1876)等戚友的近况。他为自己在武英殿火灾后草拟的一份高质量建言得到同僚认可和皇帝采纳而感到高兴。除此之外,翁同龢还介绍熟识的秦中官吏谢质卿和杨某给翁同爵认识以拓展其在陕的交游圈,但他对崔书办这样的俗吏态度则非常不屑,建议翁同爵"到时或谕以无差可派"。

---

[1]　《翁同龢日记》,第733页。

（五）同治八年八月初四日(1869 年 9 月 9 日)

五兄大人尊前：

此次折弁到迟，望秦信几于眼穿矣。顷得七月十六、十八两函，如慰饥渴。军事方棘，转饷益艰。在事者多以气概争短长，兄乃以和平光大处之，知所全多矣。全捐归甘，可征卓识，六省分局恐只涓滴，何济于事？而弊孔大开。京朝官议论，大率谓西师逍遥，奏报多不实。北地等郡贼踪往来，而阿拉善王飞章告急，坚城难保，有纪侯大去之虑，则边外之驿骚可知矣。

京寓平安，南中时有书问，老亲入秋益健，拈针线则欣然忘疲。弟入讲如常，毫无疾病。单尚书北池子屋曲意相让，遂拟于此月杪移住，计每月须廿金，然筋力可以稍省，且数年中购书又多，亦可分储插架，未始非计之得也。

成均诸事弛怀，欲有举措而格于同官，一月到署才三四次，实亦未能得其要领。外照解费统归户部，此事必须改归旧章，前信既详，伏望留意，并告筱坞学士慎其初基可也。弟年来稍自刻厉，遇事从不争意气，故到处相安。至于利害所在，侃侃落落，亦不随俗低昂，念念以君亲为重。此外私意之萌，随时觉察屏绝，胸中尚无蔽溺耳。

前者弟四十生辰，远赐白金，此东坡之寿卯君，不敢不领，然坐念齿发已衰，修名未立，徒自惭汗而已。安孙定姻恽氏，将于此月十八日过礼。专肃，敬请近安，不一一。八月四日，弟龢谨启。

按，同治八年八月初四日，翁同龢"归得五兄七月十六、十八函，一由袁处，一由折弁来，秦中雨水甚调，西师驻泾州"。[1] 于是，他"草秦中家信"，[2]即本札。

---

①② 《翁同龢日记》，第 740 页。

　　虽然陕甘总督左宗棠和陕西巡抚刘典同为湘军将领，但也经常有摩擦，或意见相左，或意气用事，经过翁同爵和袁保恒的极力调停，效果明显，二人冰释前嫌，和衷共济，故翁同龢对兄长和平光大的处事方式表示赞许。八月初一日，翁曾翰"晤辛芝，见刘典折，将各省陕捐分局全数归甘饷应用矣"。① 即本札所谓的"全捐归甘"。翁同龢认为，刘典此举虽然高明，但是恐怕无济于事，还会留下后患。

　　"单尚书"即单懋谦(1802—1879)，字仲亨，号地山，湖北襄阳人，时任吏部尚书。是年七月廿九日，"宝生云单地山之屋已让我，其戚住襄阳馆矣，皆地翁之力也"。② 由札知，单懋谦的北池子屋是有意相让，每月租金二十两，翁同龢准备于八月底搬进去。

　　翁同龢还与翁同爵分享了个人近年来处世心态的变化与成长，总之更加自律，遇事更加平和，不以物喜，不以己悲，摒绝私心，以事君亲为重。札末还谈到翁同爵寄银贺翁同龢四十岁生日一事，及翁安孙定姻恽氏一事。

（六）同治八年九月廿七日（1869 年 10 月 31 日）

五兄大人尊前：

　　连接两函，甚慰甚慰。昨在署中偶闻长安回事，夜不能寐，得此乃释然矣。试事已竣，放榜当在十月中旬，回首旧游，风景在目。

　　西事未见起色，第一饷需难继，虽部臣硁硁有掣瓶之习，然军兴来以千万供一军，亦所未闻，筱坞所请之款恐未能如愿耳。兄事事求实济，无一矜张夸大之语，所谓"日计不足，月计有余"者，以精核救操切，以廉静镇躁进，譬之于药，其耆苓之俦乎？彼族实逼，感乎甚难，

　　① （清）翁曾翰著，张方整理《翁曾翰日记》，凤凰出版社 2014 年版，第130 页。

　　② 《翁同龢日记》，第 739 页。

密伺其动静而推赤舆之,此弭乱之术也。谵谵訾訾,为鬼为蜮,庸流无识,嘻!可虑哉!

弟趋直如常,数日来,西宫起居违豫,颇进医药。文冢宰病甚重,今稍瘳。书斋功课平平,添诵《左氏》。太学规制废弛特甚,略略整齐之,满助教乃有蚀公项巨款者,弟总以和平处之。解款以陕西所到者最巨,从此定当堂给批之例,庶可招徕矣。

慈亲入秋甚健,天旱,多饮润下之品,梨藕汁是也。余皆平安。得南音,云亭长子亦入泮,秀才多,族将大矣。去年今日尚得展拜松楸,今乃见之梦寐,羁孤之感,想亦同之。草草,敬请近安,问合署好。弟龢谨启,九月廿七日。

按,同治八年九月廿七日,翁同龢"得五兄八月廿三、九月初三两函"①,故作本札以回复。是时,陕西乡试已结束,等待十月中旬放榜,这让翁同龢想起了咸丰八年(1858)他奉派陕西乡试副考官的经历。

翁同龢认为,西事进展缓慢主要因为军饷难以为继,这固然与各部长官浅薄固执、小智小见有关,但以千万经费供养一支军队确实史无前例。而本札字里行间都是翁同龢对其兄长的夸赞,可以概括为三个词:务实、精核、廉静。翁同龢结合这三种品质,将翁同爵比作中药之耆苓,足见爱兄之心。

"西宫起居违豫",指慈禧太后欠安。文冢宰即文祥(1818—1876),瓜尔佳氏,字博川,号文山,满洲正红旗人。太学即国子监,翁同龢在规章制度方面稍加整顿。

云亭即翁同祐(1814—1874),字伴石,号云亭,为翁同龢堂兄。其长子为翁曾焕(1838—1887),字士章,此时入县学,成为生员,俗称"秀才"。

---

①　《翁同龢日记》,第751页。

同治七年九月廿六日，翁同龢于故里重新安葬了翁心存，距此正好一年。故而，翁同龢颇为伤感，于本札末曰："去年今日尚得展拜松楸，今乃见之梦寐，羁孤之感，想亦同之。"

（七）同治九年五月廿九日（1870 年 6 月 27 日）晚

长安一雨，巷舞衢讴，晚谷尚可插种。昨日致祷之际，檐溜如缒，从者□盖，上顾而却之，御衣沾濡，喜形于色，即此可见吾皇昭假之诚矣。圣性宽仁，每道及民间疾苦，则咨嗟不已，举动端凝，无复昔时之态。三、八作论，五、十作诗，属稿时诸臣皆退，数刻必就，词意有可观者，此近来进境也。

津门教案，始于迷拐幼孩被获，置于法，语连法国人王姓者，有司求之不与，继而领事诣崇大臣，一见咆然，即出火器向击，而尽毁什物以出，于是观者数千人奋刀格之，立毙，并伤其类数人，而教堂随亦焚拆矣。朝旨饬湘乡往勘，而通商大臣往造法国大领事罗斯雅处商论，语秘，不得而详。窃料种人必桀骜呵喝我大官，而阴忌津人之豪健且护其马头，未必敢逞。要之，此事棘手，从此必生波澜耳。

按，本札附于南京博物院藏翁曾翰致翁同爵的一封家书中。其中，翁曾翰主札作于同治九年五月三十日酉刻，并有"外二纸系叔父昨夕书就者"之交代，故可知翁同龢本札作于此前一日——五月廿九日晚。

"昨日"泛指五月廿六日，"上诣大高殿拈香，三坛祈雨。是日大雨自晨达未申间不止，凡五寸余。上行礼时从官进盖，却之，衣帽沾濡"。[1] 这与翁同龢本札对同治皇帝致祷情形的描述几乎完全一致。但本札更加细致（如"喜形于色"的表情描述）、深入，带有翁同龢的高

---

[1] 《翁同龢日记》，第 806—807 页。

度评价和深切感受。翁同龢认为,皇帝求雨时拒绝打伞,更加体现了他的诚心。翁同龢身为帝师,能真切地感受到同治皇帝的很多改变,比如能与民间疾苦共情,又如举止更加端凝,再如作论、作诗皆有精进,等等。

"津门教案"即发生于同治九年震惊中外的"天津教案"。本札详细记录了该事件的缘起、经过及清政府的初步应对措施。札中,翁同龢还发表了个人看法并做出了准确的走势预判。

(八) 同治九年六月初九日(1870 年 7 月 7 日)

五兄大人尊前:

得五月廿一日函,备悉一是。节相入关,诸军云集,大局自有起色,金积之捷已可克期,亦陇西一大关键。延绥游匪啸聚日多,一时难于铲除,终恐为患,前明流贼何尝不从此起? 故尝窃论哥老会之患,不在发、捻下也。

津门教案轩然大波,当轴者隐忍图维,几于俯出胯下。明谕再下,一视同仁,而措词低昂,似足以恤远夷而未足振民气。博望浮槎,尤出意外,然事甚秘,未能悉其颠末也。目前无足虑,总在来春。湘乡当于此数日到彼,先有奏到,大氏谓此案曲直,细审方明,即曲在远人,而公牍文字亦须浑沦,留为转圜之地,至如何说合,则委诸典属国,不着一字矣。

弟入直如常,小恙已愈,分日于酒肆小憩,精神渐次来复,分外事缄默不言,实无可言者。堂上康健,迩日做绷子转不带花镜,齯齿之兆,欣庆无涯。兄近体如何? 耆参常服得力,惟子刻以前必须安睡。各自努力,以慰亲心。专问合署近好,不一一。全姨病体得痊否? 弟龢谨启,六月九日。

按,同治九年六月初九日,翁同龢接翁同爵五月廿一日函,知"李节相于十六日驻潼关,采办米石甚多,米价顿昂,每石八两"。^① 是日,他"寄陕信",即本札。李节相即李鸿章(1823—1901)。稍前,"有旨命李鸿章驰赴陕西,督办援剿事宜,俟陕西肃清,仍赴贵州"。^② 淮军联手湘军共同镇压回乱,让翁同龢看到了陇西军务的希望,可以预见金积大捷。但他对延绥镇聚集的游匪散勇表示担忧,当年李自成(1606—1645)就成长于此。他还列举了哥老会的例子,认为其隐患不在太平天国与北方农民起义军之下。

本札再提"津门教案",翁同龢认为决策者太过隐忍,乃至姿态低下。虽有旨要求一视同仁,但是措辞低昂,翁同龢认为这可以安抚外国人,却不足以提振本国民气。因为家书是私密场合,且对方是信任的兄长,所以翁同龢才敢如此大胆地议论时事。"博望浮槎"借张骞出使西域之典,暗指朝廷派崇厚赴法国议事。翁同龢对此举颇感意外。"湘乡"乃曾国藩,奉命赴天津查办教案,六月初一日先有奏到,称"衅不可开,案不可不办。略言若有据则曲在洋人,若无据则曲在百姓。然果使曲在洋人,公牍文字上亦须浑论,庶在彼有转圜之机,在我得鼓舞之道"。^③ 与本札所述基本一致。

(九) 同治十年二月三十日(1871 年 4 月 19 日)

五兄大人尊前:

弁至,得家言,极慰盼望。体中虽愈,究未得好将息,勉强奔驰,尤属非计,还须调摄为要,数千里外转悬悬也。

开渠之议,归功袁赵,已下所司,未审经费亦粮台所拨否? 金积、王疃一旦扫尽,秦中稍得安枕。黑头之变,此间所闻略同。范明非倡乱者,今尚匿土司处,措置失当,树之敌矣。

---

① 《翁同龢日记》,第 810 页。
② 《翁曾翰日记》,第 155 页。
③ 《翁同龢日记》,第 808 页。

游客甚多,有应接不暇之势。贾湛田选滇中,欲取道秦蜀,图一
奏留,正月晤言如是。杨庆伯亦拟在秦勾留一两月,安顿家眷,言及
安岳一案,云全赖兄主持,得不反覆,极为感激,其人深不可测也。

京寓平安,荣侄于廿七日到京,海舶顶风,此行辛苦,老人见之极
喜。弟近买甜水屋一区,详别纸。计殊草草,或因此得息劳筋,于身
体不为无益耳。

博川入相,大僚中皆有更调。荣君白面郎君,而文通武达如此,
洵奇材耶!闱期切近,筹儿尚能静养。昨日紫坛虔祷,夜雨杂雪约二
寸许。顷退直后独游崇效寺,好花如沐,登高西望,云日万态。灯下
写此数行,忙中不及缕缕。敬请近安,问合署好。二月三十日,弟同
龢顿首谨启。李稚和其人如何?闻行事,近荒唐者。

按,同治十年二月三十日,翁同龢"得五兄二月望日函,小恙已
愈。策骑至崇效寺看海棠,后到龙树寺与老僧谈"。[1] 故本札开头
曰:"体中虽愈,究未得好将息……还须调摄为要……"后又曰:"顷退
直后独游崇效寺,好花如沐,登高西望,云日万态。"

"金积"指金积堡,"王疃"指王家疃,是当时回民军的主要据点。
"黑头"指当时的农民起义军黑旗军头目宋景诗(1842—1871),此时
被时任安徽巡抚的英翰(1828—1876)拿获,奉旨即行正法。由《翁同
龢日记》知,范明在安徽时曾救过翁同书,并与安徽人熟悉,故左宗棠
"请派林之望或藩司翁往查"。[2]翁同龢认为范明并非造反者,但是至
今藏匿土司处,实属不应该。

本札还传达出若干信息:例如,将有两位游陕之客——贾湛田和
杨庆伯,前者赴滇,后者赴甘;又如,翁曾荣为会试和捐官已到京,翁
同龢已买甜水井房屋;再如,朝廷最新的人事更调——文祥(1818—
1876)拜大学士,荣禄(1836—1803)升任工部右侍郎,等等。[3]由札可

---

①②③　《翁同龢日记》,第 871 页。

知,翁同龢与荣禄此时关系密切,对其颇多赞美之词。

(十) 同治十年三月十六日(1871 年 5 月 5 日)晚

五兄大人尊前:

数日前,由天成亨寄一函,想早晚得达。旬日来,慈体安和,每晨诵经,午后刺绣,饮食亦复元。左脉前有歇至情形,仅有两日,自初九两手皆和缓调适。覆检脉书,歇至本老人所不忌也。前信冒昧写去,深恐悬系,此后断可放怀。

荣、筹场作,小者差胜,总嫌不结实,大段去得。身体皆好,移居尚未定期,四月恐未必出屋,亦姑听之。

昨以陈情事商之同官,皆力阻以为不可,且云失近臣体,倘请而不允,进退维谷,何以自处?亦且缓图矣。自念内直后,于晨昏之职毫发未尽,到家不过得两时之暇,而一切杂务皆在其中,惟晚饭一饷及临卧片刻在上房耳。至趋直情形,只有自知,笔不能罄。兄声华日起,须善努力为民造福,即以博堂上欢。引退非老人之意,愿深体之。

安孙、寿官皆可读书,奈无名师教督,弟意若移居就绪,或延师课此二子,而弟更与稍稍讲贯,必有益处,但恐做不到耳。

京师得微雨二次,仅仅布种。万寿节近,例须撤坛。郑尚书引疾,给二十日假,非久,得请。齐抚请假一月,未审云何。日本换约,已调应敏斋来津督办,余详邸抄。敬请日安,不具。弟龢谨启,三月望灯下。日内定有折差来,故先草此数语。

按,同治十年三月十六日,翁同龢"得五兄三月初五函,贺折差来"。① "数日前"即三月初七日,"慈亲虽愈,而左尺脉甚弱,且饮食无味,私衷喜惧交并。夜作陕西函"。② 此函中,翁同龢向兄长汇报

---

① 《翁同龢日记》,第 875 页。
② 《翁同龢日记》,第 873 页。

母亲有"歇至脉"情形。

是年，翁曾翰和翁曾荣都参加了会试，三月十三日出场。翁同龢认为翁曾翰的场作略微好一点，但也不结实。此时，大甜水井房屋仍未腾出，翁同龢尚未移居。

翁同龢自述，入直弘德殿以来，工作十分繁忙，每日到家后只有两个小时的时间，期间还要处理一堆杂事，仅有晚饭和临睡的片刻才能在上房。其言下之意是对母亲的陪伴不足、照顾不周。因此，他萌生了引退的想法，但遭到了同事的劝阻。

安孙是翁曾翰的长子，寿官是翁曾源的长子，翁同龢准备等搬家之后请家庭教师教他们读书，自己有空时也给他们讲贯。由此可见，翁同龢对侄孙的教育十分重视。

"郑尚书"指当时的刑部尚书郑敦谨（1803—1885）；"齐抚"指当时的山东巡抚丁宝桢（1820—1886）。本札谈及二者请假一事。应敏斋即应宝时（1821—1890），字心易，号可帆、敏斋，浙江永康人，此时奉命赴津督办日本换约之事。

（十一）同治十年四月十六日（1871 年 6 月 3 日）

奎孙资性甚好而跳荡太甚，闻每日抽空骑马出署，各处闲游，合署之人为之隐瞒。杂务门上艾姓者，未的，或音扣近。屡屡牵引奎保出门，久之，必生弊孔，能访实，逐之为妙。

阅后火之。此言非妄者，故敢以闻。

按，翁曾翰于同治十年四月十六日致翁同爵家书的末尾云："又叔父书一纸呈阅，祈勿以此生怒，亦防微杜渐之意也。"翁曾翰祈翁同爵"勿以此生怒"的一纸即翁同龢此纸。翁同龢于札中谈论翁奎孙出署闲游之事，还让翁同爵"阅后火之"。查《翁同龢日记》可知，如此可靠的消息来自会试结束后来拜访翁同龢的陕西门人王思庵。名勤，生卒年未详。正如《翁同龢日记》所云："思庵在五兄署教奎孙读，方正诚悬。询奎孙近状，则云每日骑马出署，第一当戒。又云有艾姓家人牵引，可恶。"①翁同龢对此表示担忧，故书一纸附在翁曾翰四月十六日寄给翁同爵的家书中，请翁同爵查实后将艾姓仆人驱逐出署，以确保翁奎孙此后能静心读书。

（十二）同治十年四月廿九日（1871 年 6 月 16 日）

五兄大人尊前：

折弁来，得四月十四日一函，敬悉一切。近体大安，甚以为慰。出处一节承谕甚正，不复游移。

堂上颇健如常，诵经、刺绣，功课加密，补剂即频年所服之膏子药，顾肯堂海运来京，当请伊诊脉也。大甜水新居五六月方能腾出，亦须稍稍修葺，上房高大修洁，胜城外远矣。惟客座甚窄，不过两三小间耳。荣、筹皆荐，筹乃堂备而竟不售，其英气销磨已甚，过此恐无望矣。然只望其读书立品，何必甲科哉！吾乡新中蒋君，博洽能文，口吃特甚，已作归班计，落第者纷纷南归。

弟近体稍可支持，差使日难一日。艮翁，当代正人，山颓木坏，国家之不幸。津事稍有蠢动，大约复理前议，甚秘，故不能详。京师昨日真得透雨，大秋可望。荣侄昨日验看，端五日掣签，近颇沉静好善，当勉以加一段切实功夫。

王孝廉贤辅为源侄治病，虽无大效，发时稍减。伊挑得二等，晋省谒见时稍为照应，以酬其劳。长安出鼎甲，可喜！伊理堂分当照数送去，所谓施于不报之地，今人所难能者矣。敬请日安，不次。四月廿九日，弟龢谨启。问侄辈好、全姑吉。

按，同治十年四月廿九日，翁同龢"得五兄四月十四函"。② 翁同

---

① 《翁同龢日记》，第 877 页。

② 《翁同龢日记》，第 886 页。

爵在来信中对萌生引退侍亲之意的翁同龢进行了劝阻和安慰，大体是"移孝为忠"之语，让翁同龢"不复游移"。

翁同龢于本札中首先向兄长汇报了母亲的身体近况，其次介绍了大甜水井新居的概况，再次汇报了会试的结果及翁曾荣捐官的进展，最后谈及倭仁去世、日本换约等时事。

此外，翁同龢还提到为翁曾源治病的中医王贤辅（生卒年未详）。他编有《成方集验》，在是年大挑中得二等，回陕西时将谒见翁同爵。翁同龢嘱翁同爵"稍为照应，以酬其劳"。这反映了他人情世故的一面。

（十三）同治十年七月初四日（1871 年 8 月 19 日）

五兄大人尊前：

贺折至，当有家言，日来盼此甚切。朴山将军云，四月到西安，与兄盘桓累日，精神极好，甚慰甚慰！

弟顷蒙恩授阁学，不材忝窃，皆祖考余荫，敢不祗惧？凡事竭尽中悃，当为而为，持是以仰答知遇耳！书斋日课照常，两宫督责甚严，饬厉侍学诸臣，语极周挚。见在伏暑，半功退时尚在未初，整功非申正不能毕也。

慈亲体气安和，长夏以观书消遣，昨顾肯堂来京曾一诊脉，云不减曩时。甜井屋七月中必可腾出，拟先住一两月，如一切合宜，当奉安舆移住，或一半月出城一行，似为妥适。此屋客房极陋，无地可以增葺，若延塾师，大费布置，然弟意以此为急，俟移屋后再相度耳。

京师苦雨，近年所无，畿东州县皆成巨浸，津门成灾，桑乾决口，来年有饥馑之虑。海舶来往极多，于高勾骊不能逞志，则怒气未泄。我使臣奉国书者羁留不遣，尚欲挟制要求，事秘，亦不得备闻也。盲史于南路竟无下手处，仅痛惜公瑾之卒。卧雪上书当路，请开金积屯田，更生日揾摭西事，皆不得谓无私。再支一年，有岌岌之势，如何如何！草此，敬请近安，问合署安好。弟龢谨启，七月初四日，东华酒寓。

　　按，同治十年七月初四日，翁同龢"晤崇朴山实，十年前风采映发，今成一翁"。① 从完颜崇实（1820—1876）的口中，翁同龢得知兄长翁同爵近来精神极好，颇感欣慰。本札即作于此日，翁同龢见过完颜崇实之后。

　　写信前一日（七月初三日），"荫轩遣人候于酒舍，以桂侍郎函示我，知昨日阁学两缺同日题上，蒙恩放徐桐及臣龢"。② 可知，翁同龢七月初二日被授内阁大学士，故于七月初四日主动给兄长写信报喜，当日并无陕西来信。报喜之后，翁同龢向兄长汇报了母亲的身体情况和自己的移居计划。

　　除此，翁同龢还谈及北方的水灾、海防的形势、外交的压力、西事的进展等民生国事，表现出了高度的关切和极度的担忧。

（十四）同治十年七月初七日（1871 年 8 月 22 日）

　　麦秋丰登，市价顿平，最是可喜。暑威可畏，兼之终日衣冠，尤苦，此味尝之熟矣。包头等处贼踪一过，昨日北路带兵之壮噶尔报获胜仗，歼贼二百余，得驼一百余、马四十，为此贼入草地后第一次受创。其接仗处在蒙古部内，大约与归绥南北相直耳。摩伦乌科动辄言有贼，又不知何股，征兵征饷，羽书络绎，实则内地之兵万不愿往，饷又不足，真难措手也。

　　杨庆伯深沉而热，议论咄咄，然南路翼长，断不能得。闻吕定子、林远村皆与刘不合而去。定子此行，本来不必，其人亦"常州派"太重，老湘营纷纷告归休息，左营所恃全是此辈。此辈既去，秋冬恐成坐守之局矣。湖南土匪已报肃清，当事非不知白水之废弛，而因仍不变，将来寇盗必自湘起。天津、烟台等处不乏海舶往来，要挟与否尚在未定。法国留使臣不遣，日本来者闻每事皆欲照四大国，应敏斋在

―――――――――

　　①② 《翁同龢日记》，第 899 页。

津专办此事，尚无眉目。近畿皆潦，东八县尤甚，前数日竟无车路，甚得策骑之力。

荣倳四川兼广东司行走，新到无事，入署甚稀。筹儿馆叙除侍读外无可保，何时保尚无消息。弟此升实觉过分，若再擢便无读书之暇，而于书房差使亦不宜，侍学之臣固不以吏事见长也。方经营归计而买屋移居，与初志似谬，然并行不悖处可偶思而得之。安孙尚好而淘气不免，亦不甚好学，德孙笨极，现在西席请张哲卿，陆二姐姐之子。虽尚尽职，然制伏不住，先生面不尽职，难于为先生矣。

按，此札与南京博物院藏同治十年七月初七日翁曾翰致翁同爵札封为一函（辛字第八号）发出，故开头未写上款，结尾也未落款。但从"荣倳""筹儿""弟"等称呼可知，此札乃翁同龢为翁同爵而作，作于同治十年七月初七日，是对其前一日收到的"五兄六月函"的回信。①

杨庆伯，即杨重雅（？—1879），原名元白，字庆伯，江西德兴人，时任甘肃按察使。吕定子，即吕耀斗（1828—1895），字庭芝，号定子，江苏阳湖（今常州）人。林远村，即林之望（1811—1884），字伯颖，又字远村，安徽怀远人。据札，吕耀斗、林之望均与刘铭传不合。

"弟此升实觉过分"指同治十年七月初二日，翁同龢被朝廷擢升为内阁学士。②"买屋移居"指翁同龢买大甜水井房屋。

（十五）同治十年十一月廿一日（1872年1月1日）

五兄大人尊前：

折弁携去两函，未知达否？慈亲福体向安，惟高年虚弱，补剂又

---

① 《翁同龢日记》，第899页。

② 《翁同龢日记》，第899页，同治十年七月初三日："荫轩遣人候于酒舍，以桂侍郎函示我，知昨日阁学两缺同日题上，蒙恩放徐桐及臣龢。"

不能投,调理颇为不易。前此,脉象和平而饮食不进,今胃口略开,又虑余热复炽。医者元君,极细心,必能奏效也。弟请假已一月,届时如未能出,即陈情乞养。外官有乞暂假省亲之例否? 西望长安,不能无耿耿耳。敬请日安。十一月廿一日,弟龢谨启。

　　按,折弁携去两函,当指翁同龢于同治十年十一月初七日夜里所作的家书。① 是年十月廿九日,八十多岁的翁母许氏生病,"喉间作声,气微促,神倦而脉数"。② 次日,"慈亲甚倦,懒于言语,惫不可支"。③于是,翁同龢于十一月初二日"缮请假五日折,交赵苏拉递"。④十一月初八日,"续假十日。陈明母病"。⑤ 十一月十八日,"递续假折,赏假十五日"。⑥ 本札作于三日之后——同治十年十一月廿一日,是日翁母"夜卧稍安",故翁同龢曰:"慈亲福体向安……弟请假已一月,届时如未能出,即陈情乞养。""外官有乞暂假省亲之例否?"是针对翁同爵说的。高龄又生病的翁母很希望见到在外为官的翁同爵。无论是翁母,还是翁同龢,"西望长安",都"不能无耿耿耳"。

(十六) 同治十年十二月初二日(1872 年 1 月 11 日)

五兄大人尊前:

　　半月中屡有信去,计次第得达。奉到恩命,必在月杪,谢折请觐,封印前亦必抵京,上元前后即可严装待发矣。欣幸欣幸!

　　母亲慈体渐安,始服元君药,虽有小效,而脉证进退无恒,屡次攻

---

① 《翁同龢日记》,第 919 页,同治十年十一月初七日:"得五兄十月十五日函,夜作家书,交原折差去。"
②③ 《翁同龢日记》,第 917 页。
④ 《翁同龢日记》,第 918 页。
⑤ 《翁同龢日记》,第 920 页。
⑥ 《翁同龢日记》,第 922 页。

下,固是中病,然岂高年所宜? 今请周荇翁学士来诊,据云证系燥温,今已欲解,只须认定养阴补气,半月必可全愈。现在元气精神日好一日,饮食不敢遽进,胃口亦尚未开,所重者在本原上培补,不可责以速效也。假期屡展,欲请开缺而同人力阻,以为非体,今拟更续数日,便可销假矣。

此次来书,正在忙遽之中,粗悉一二,惟云感冒发热,颇切驰系。履新之始,万事待理,两司想是递署,首府又新易人,恐公事未必得力。前政折奏似多拖沓,不知出自何手? 古来幕客必以翩翩书记为长,切宜慎此一席,果得其人,可省心力数倍也。

谭文卿仅一晤面,早一日到,即可早一日来,已屡趣之。途中车骑以少为贵,署中事有祥倅照料,自可放心。折差明日即行,草草,敬请近安,问合署好。十二月二日,弟龢谨启。

按,同治十年十一月廿二日(1872 年 1 月 2 日),翁同龢"闻五兄擢任陕西巡抚之命,慈亲甚喜"。[①] 按照翁同龢的习惯,他必定第一时间给翁同爵写信报喜,加上当时翁母又在病中,故"半月中屡有信去"。在这些信中,翁氏兄弟达成了一个默契,那就是借此次擢官恰逢春节的良机,于谢恩折中附呈请觐折。如果得请,翁同爵便可以请觐的名义回家省亲,一箭双雕。故而,翁同龢于本札曰:"奉到恩命,必在月杪,谢折请觐,封印前亦必抵京,上元前后即可严装待发矣。"这与前札"外官有乞暂假省亲之例否"相呼应。

翁母自本年十月廿九日生病以来,病情时好时坏。据札,翁母此时身体渐安,但更换了医生,由原来的元氏改为周氏(周荇农),治疗方案也随之改变,侧重点由原来的攻下改为培补。翁同龢已请假一月,准备过几天就销假入值。

同治十年十二月朔日(1872 年 1 月 10 日),翁同龢"得五兄前月

---

① 《翁同龢日记》,第 923 页。

十六函",当日"正在忙遽之中",故于次日(初二日)夜里作此回信,而《翁同龢日记》十二月朔日载:"折差明日行,夜作数纸带去。"①当为后来补记,故出现一日偏差。

　　翁同龢还向即将上任陕西巡抚的兄长提出聘用得力书启的建议。谭文卿即谭钟麟(1822—1905),于同治十年十一月廿二日(1872年1月2日)"放陕西藩司"②,接翁同爵任。故而,翁同龢多次催促在京的谭钟麟,因为他早一日到任,翁同爵就可以早一日来京。

---

①　《翁同龢日记》,第 925 页。
②　《翁同龢日记》,第 923 页。

二、翁同龢致翁曾翰

翁曾翰(1837—1878)是翁同爵幼子、翁同龢嗣子,在叔伯兄弟中排行第六,举人,恩赐内阁中书,历任委署侍读、玉牒馆校对、内阁典籍、内阁侍读等职,为人谦和,处事稳重,与翁同龢关系亲近。

翁曾翰出生于江苏常熟,于道光二十九年(1849)随侍乃父北上,此后读书、中举、做官,长年生活在北京,直至光绪三年因翁同爵去世而离京。翁同龢出生于北京,虽然随母亲在常熟成长、读书,但是自道光二十九年腊月抵都之后,特别是咸丰六年(1856)考中状元之后,除因典试、督学、归葬、丁忧、修墓等事短暂离京外,绝大多数时间都在北京。从行迹上看,翁氏叔侄离少聚多,并无太多机会写信。加上翁曾翰英年早逝,叔侄二人往还家书的存世量十分有限,南京博物院藏翁同龢与翁曾翰往还家书就显得尤为珍贵。其中,翁同龢致翁曾翰家书八通,皆翁同龢丁母忧期间所作,记录了翁同龢与五兄翁同爵编先集、盖先祠、相墓地、建丙舍、辑家谱等系列大事,也记录了其教导子孙、笔墨应酬等一些小事,还有部分重要时事,内容翔实而有延续性,颇有史料价值。翁曾翰致翁同龢家书两通,乃翁曾翰奔父丧期间所作,记录了翁同爵去世后归葬、讣告、吊唁等细节,具有一定的参考价值。

值得一提的是,此八通家书从未公开发表,故亦未被谢俊美先生编辑的《翁同龢集》所收录。本书辑此八通家书之文字,考其系年,释其所涉人与事,着重考察翁同龢的丁忧生活,并探索其心境和观念,以期对《翁同龢日记》《翁曾翰日记》略有补充,乃至对翁同龢、翁曾翰个案研究略有裨益。

（一）同治十一年八月廿六日（1872 年 9 月 28 日）

付筹儿：

八月朔函于前数日已到，甚慰驰系。北方阴雨连绵，桑乾又决，小民有其鱼之叹，闻之增感。庞母遽至于此，摧恸呜咽，不能自止。噫！命之衰矣。置椑一事，虽近于专，然推吾母之爱及之，亦义不得辞，且有以慰仁孝之心，亦权而得中者也。置价七百，可明告之。

御史台铮铮作声，吾辈中亦觥觥正论，稍慰人意。总之，大局要维持耳。近事审问而博采之，尺素中可述一二。校雠甄叙，随众而已，安命立身，则志气闲定，一有歆羡，举动必乖，此吾阅历有得之言也。自遭大故，益知吾身之脆薄，触物遇时，凄然作身后之计，此非衰兆，乃实实进境，决非诬言。

仲渊屡发，医者亦云：只治得标，不能治本。吾诊其脉，肝肾大亏，又非前数年光景。仲渊妇归杭匝月，今已言旋。寿官腹泄四十日，殊黄瘦，昨服徐医药顿止，每饭一盂，甚恶油腻。安官尚服水土，饭食略减耳。塾师延定吴雅庭，从前在俞荔峰家课读，甚勤，太仓人，年五十余矣。九月十日可到馆一次，仍须代馆者，明岁乃坐此席。两孙书皆极生，所喜不甚跳荡，吾亦因此不敢久离，饮食寒暖，时时调护之。

先集现在校勘，此月末发誊，上板须十月中旬矣。草草，问汝妇及诸孙好。八月廿六日，叔平。

　　按，此札作于同治十一年八月廿六日，于次日发出，并于九月十七日送达翁曾翰手中。[1] 八月廿一日，翁同龢曾得翁曾翰八月初一日京信，知御史边宝泉弹劾李鸿章献"瑞麦"，并以永定河又开口请求

---

[1] 《翁同龢日记》，第 971 页，同治十一年八月廿七日："发京信，航船寄苏。"《翁曾翰日记》，第 214 页，同治十一年九月十七日："得八月廿七日家信，知父亲以次均平安。"

撤销李氏所上的河工保举方案。① 故本札曰"八月朔函于前数日已
到";"桑乾又决,小民有其鱼之叹";"御史台铮铮作声,吾辈中亦觥觥
正论,稍慰人意"。显然,翁同龢是支持边宝泉的,并言"大局要维
持"。

　　翁同龢认为,家书中亦可略谈时事,但对时事要持审慎、兼听的
态度,即"审问而博采之"。他以遭遇母丧"大故"后的人生感悟宽慰
暂不得志的翁曾翰,劝其安命立身,"校雠甄叙,随众而已",其言下之
意是不要太在意升迁。

　　"庞母"即庞钟璐(1822—1876)的母亲,于本年八月初九日疾终
京邸。② 翁、庞两家乃世交,庞母与翁母为闺密,庞钟璐还是翁心存
的门生,故庞钟璐在丧乱之际委托翁家在常熟帮其母亲购置棺木。
翁曾翰当面应允了此事,但怕未与叔父商量而遭到责怪。仅从此信
看,翁曾翰的举动得到了叔父翁同龢的理解。

　　"先集"即翁心存的《知止斋诗集》十六卷。据札,《知止斋诗集》
此时正在校勘,八月末发誊,预估在十月中旬上板。

　　此札还旁及翁曾源、翁斌孙、翁安孙等人的近况,与翁同龢八月
廿三日③、廿六日④的日记及翁曾翰九月十七日⑤的记载一致。

---

　　① 《翁同龢日记》,第970页,同治十一年八月廿一日:"得八月初一日京
信,御史边宝璟劾李节相献'瑞麦',旨责彼相有导谀贡媚语。永定河开口,撤销
河工保举。"

　　② 《翁同龢日记》,第971页,同治十一年八月廿五日:"庞年伯母于八月初
九日疾终京邸。"

　　③ 《翁同龢日记》,第970页,同治十一年八月廿三日:"寿官则四十日来腹
病泄泻。"

　　④ 《翁同龢日记》,第971页,同治十一年八月廿六日:"仲渊发病模蝴。"

　　⑤ 《翁曾翰日记》,第214页,同治十一年九月十七日:"得八月廿七日家
信,知父亲以次均平安。先集甫写样本,住屋渐次整理,彩衣堂最后一层作念厅
矣。寿、安两孙均不甚服水土,塾师吴君已订定,明春方能开学。庞宅(转下页)"

（二）同治十一年十二月十六日（1873 年 1 月 14 日）

付海珊：

轮船不通，邮递甚迟，昨始得前月二函，①大慰大慰。

《明纪》近亦买一部，惜未能读，汝能读之，极有用处。来函称措置各事，斟酌情理，亦颇的当。惟勤惟俭，持家之则；惟公惟恕，处事之箴，善守之而已。亲政在迩，四海望治，必有一二事震耸耳目者。人材之敝，仕途之滥，利权之下移，正学之陵替，吁亦甚矣。不知当轴孰能披肝沥胆，一达于九重否耳。

阁签谬讹，部本诸公何以为颜？汝跻此席，尚益加谨。沅青放后，谁补侍读，杳无所闻，何也？

吾日写《法华经》二千字，近数日来写毕。此数便茹羔豚，于戒律可谓疏简，然所以为此者，特以寄其无穷之悲而已，非于彼法果有所悟。汝父所患渐平，食新米稍减于前，终日督率工匠，指麾一切，虽稍劳而气血因之渐和。吾终年伏案，或为人驱遣作书，真觉无谓。

先集诗稿初缮副本，尚须校雠。家谱当于正、二月内闭阁成之。鸽峰旁地无可意者，山主周姓，涉讼数月，恐难再问，周奎香无后，从前所立祭田四十亩，彼此相争。亦尝寻访数处，阜康所寄二百金早经收到。②迄无成说，难矣哉！石梅先祠已盖两层，尚欲稍复旧规，为费甚巨。汝父之意，以谓不可因循，当办即办，所见者大且远。鸽峰丙舍，春融再举。此间入冬至奇暖，近乃连得雨雪，北风萧条。

（接上页）事已得信，建板一事，尚不深责，差可放心。"

　　①　《翁同龢日记》，第 988 页，同治十一年十二月十四日："得筹儿函一，前月初八日一千二百，京中无事。"此为其一。

　　②　《翁同龢日记》，第 971 页，同治十一年八月廿九日："得八月十八日京信，汇银二百两来。"

前月廿七日为奎保定姻屈氏，亲家名兆鳌，号一峰。系汝兄吉卿主之。① 安、寿从我，无甚进境，却无习气，虚中受养，此两儿好处，吾亦以此稍慰。目前小祥切近，万事摧弃。问汝夫妇近好。秀姑何如？便中告我，并问其近状，不一一。叔平字，腊月十六日。朱墨三定，便中觅寄。又白高丽参二斤，枣儿、槟榔半斤，缓寄可也。

按，此札作于同治十一年十二月十六日，于当日寄出，并于同治十二年正月初十日送达翁曾翰手中。②

《明纪》是陈鹤（约 1810 年前后逝世）编写的编年体明史，同治十年由江苏书局刊行。翁同龢于本札中称赞翁曾翰当家处事合理得当，恪守勤俭的持家之则、公恕的处事之箴。"亲政在迩"指同治皇帝亲政在即。此时，社会各界对解决"人材之敝、仕途之滥、利权之下移、正学之陵替"等时弊的呼声越来越强烈。

"阁签谬讹"指该年礼部进冬至礼节本缮写签支时将"奉皇太后懿旨"误写成"奉皇后懿旨"，引起轩然大波。③ 缘于此，翁同龢提醒翁曾翰要更加谨慎。"沅青"即徐士銮（1833—1915），字苑卿，号沅

---

① 《翁同龢日记》，第 986 页，同治十一年十一月廿七日："是日奎孙定姻屈氏，新亲名兆鳌，号一峰，住见星桥。大媒俞寿卿、屈吉士。兰坡之子。客来者坐五桌，女客不多。"

② 《翁曾翰日记》，第 228 页，同治十二年正月初十日："得十二月十六日家信。父亲……叔父写《法华经》已毕。先集尚须校雠，《家谱》未动手。源哥病益加瘦，服药鲜效。奎侄于十一月廿七订姻于屈氏。亲家名兆鳌，号一峰。安、寿无习气，此次寄六韵诗各一首，意致清澈。安儿有禀，文字尚顺，不知有润色者否，甚慰吾念。"

③ 《翁曾翰日记》，第 219 页，同治十一年十月廿一日："闻昨礼部进冬至礼节本缮写签支中'奉皇太后懿旨'误书'皇后'字样，今早有旨将大学士侍读中书交部严加议处。查昨系杨定斋、黄济川覆本，田厚坤写签，似不应有此非寻常疏忽也，可不慎哉！"

青,时任内阁侍读。

《法华经》全称《妙法莲华经》,八万余字。翁同龢于该年十月晦即发愿书之,自十一月朔始,每日千余至两千余字不等,至此时已写完,借以寄无穷之悲。① 从光绪二十六年十二月廿七日(1901 年 2 月 15 日)翁同龢《手书〈法华经〉后》可知,翁同龢"乃借写经以谢宾客,断酒食"。②

此札又提及翁心存《知止斋诗集》的编辑进度:"初缮副本,尚须校雠。"信札还透露家谱尚未动手、相地迄无成说、石梅先祠已盖两层、鸽峰丙舍春融再举、奎保定姻屈氏等重要信息。石梅先祠即位于石梅之麓的翁氏世恩祠,始建于明代,毁于太平天国之战火。翁同爵丁母忧期间"以兴复自任,经营两载,次第落成"。③

(三) 同治十二年四月十六日(1873 年 5 月 12 日)

付筹儿:

筱珊补官,必有京报,而迟迟不至,何也?半月来料理喜事,汝父躬亲其劳,嘉礼告成,新人庄雅,可喜也。吾避客深居,倏然一鹤,俗礼繁缛,性所不耐,姑用吾法而已。

先集校勘两过,拟俟宝生一寓目即写样,大约十六卷,刊成装四本。家谱日课三叶,颇费考核,悬腕细书,诘屈不辨,此月亦当粗毕。

---

① 《翁同龢日记》,第 983 页,同治十一年十月三十日:"去年今日母与儿嬉,今年此日母弃儿去久矣,天乎天乎,发愿写《法华经》一部,自明日始。"《翁同龢日记》,第 983 页,同治十一年十一月初一日:"是日始写经千余字。"《翁曾翰日记》,第 225 页,同治十一年十二月十四日:"得十一月十六家信,大小平安……先祠已上梁,鸽峰丙舍已得地,尚未兴工。《先集》甫抄副本。叔父发愿书《法华经》,每日两千余字。安儿诗稍清通。"
② 翁同龢《手书〈法华经〉书后》,见谢俊美编《翁同龢集》(增订本),中华书局 2021 年版,第 1607 页。
③ 翁同龢《石梅先祠记》,见《翁同龢集》(增订本),第 1638 页。

乡居者，非执卷亲询不可。尚惮此行也，天已渐热，山行不易。相得北山一垄，特中下，可备用，故未定。兴福之颠有阜隆，然特太高耳。

吾三月中忽欧血半杯，[①]乃肺胃郁热，服清散药得安。药物茶浆，鹿卿夫妇为之料量，可感。而汝父煦妪携持之不啻婴儿，庭除和气，万事吉祥。盖家庭之患起于私而成于偏，寻至于不可究诘。吾日以此训率子姓，冀其默化而已。欲往扬州省吾姊，自揣辛苦不得。姊来信欲办后事，苦极矣。[②]

镇江水浅，宝生于初二日过清江，尚无渡江消息，顷闻十九日必到。到日自有数日酬应。中鲁封殖，不厌人望，然于我甚厚，吾日夜望其归来消摇适养，倘再销假，则进退之际未免草草矣。曾君麟偕丁氏子同行。[③] 赵老四将行，忽有鼓盆之戚，三日而产不能下，血流于鼻。[④]价人主意无定，觅屋未成，牢愁吁叹。叔文到京，[⑤]可询吾家近状，惟其言语往往过当，亦须分别听之。吴雅庭前月放学办喜事者半月，今又七日矣，如何如何！[⑥] 端方，所惜太宽。两稚子平平，进境尚少，安孙喜抄撮而言不能信，斌孙少沉静，皆根本上病，当力矫之。

吾束书久矣，近服天王补心丹，稍可构思，否则竟如枯井，至眠食

---

① 《翁同龢日记》，第1006页，同治十二年三月十八日：“清晨食粥及面，忽胸次不舒，因大呕吐，先面后血，色紫而散，约半盂。可骇也。”

② 《翁曾翰日记》，第240页，同治十二年四月十二日：“得三月廿三日家信，一切平安……钱姑母之子闻以微疾下世，实可闵伤。”

③ 《翁曾翰日记》，第242页，同治十二年五月初一日：“得四哥四月十二日函，曾君麟、丁炳卿携来。旨：五月十二日考试试差人员。”

④ 《翁同龢日记》，第1010页，同治十二年四月十五日：“价人次子媳夏氏难产致殒，才三日耳。”

⑤ 《翁曾翰日记》，第238页，同治十二年三月廿七日：“陆涑文到津，先将家信寄来，尚有食物等未到。”第246页，同治十二年六月初五日：“拜陆涑文，前日到。谈良久。”

⑥ 《翁同龢日记》，第1006页，同治十二年三月十九日：“吴雅庭假馆回太仓去。”

如旧,勿悬念也。四月望,叔平字。

　　按,此札作于同治十二年四月十六日,于次日寄出,并于五月初七日送达翁曾翰手中。① "筱珊补官"指翁同书三子、翁同龢五侄翁曾桂(1837—1905)于同治十二年四月初二日补湖广司郎中。② "喜事"指翁同爵长孙、翁曾纯长子翁奎孙于同治十二年四月十三日结婚,是上年冬月廿七日定姻屈氏的后续。③

　　此札又提及翁心存《知止斋诗集》的编辑进度:校勘两过,待就正于庞钟璐后即写样,大约十六卷,刊成装四本。今日可见翁心存《知止斋诗集》(光绪三年常熟毛文彬刻本)正是十六卷,装四本,说明"先集"从校勘到刻印经过了漫长的过程。前札曾提"家谱当于正、二月内阁成之",而此时四月中旬仍在编辑中,说明家谱确实"颇费考核",将于当月粗略完成。

　　翁同龢还表达了对家庭矛盾的看法,认为"盖家庭之患起于私而

---

　　① 《翁同龢日记》,第1010页,同治十二年四月十七日:"写对,撰庞年伯母挽联。士吉来谈。终日未动笔,检家谱,惯惯而已。发第七号京信。"《翁曾翰日记》,第243页,同治十二年五月初七日:"得四月十七日信,知父亲起居安适,叔父自浙中归,三月十八九忽患吐血,半杯。医者云是……《先集》编次约得十六卷,拟就正于宝翁。家中喜事已毕,新人端庄。米价二千三四百文,插秧正盼雨也。庞宅十九可到家。徐沅青处信件均带到。"

　　② 《翁曾翰日记》,第239页,同治十二年四月初二日:"丑正起,送五哥补缺湖广司郎中。"《翁同龢日记》,第1011页,同治十二年四月廿一日:"得京信,四月初五日发第十号,知松侄已于初二日引见,补湖广司郎中矣,并得宝生携归家信及伯寅信。"

　　③ 《翁同龢日记》,第1009页,同治十二年四月十三日:"贺客如云,余居一室避之。饭后坐帐房,人语喧聒不可耐。未正行交拜礼,俗礼甚多,不能记。戌初行庙见礼,遂遍见诸父诸舅,余以素冠辞焉。客退时亥正矣。"《翁曾翰日记》,第237页,同治十二年三月二十日:"得三月初七日家信,一切平安。……奎孙定于四月十三日完姻。祠宇已落成,鸽峰丙舍尚未筑。"

成于偏,寻至于不可究诘"。他认为,像翁同爵这样不私不偏,自然庭除和气,万事吉祥。"中鲁"指翁曾翰的堂舅杨泗孙(1823—1889),"正月三日……因凤恙增剧,请假半月调治未瘳,十九日递折陈情开缺。奉旨允准"。[①] 翁同龢由衷建议其勿再销假趋直,盼其早日回里休养。除此之外,本札还谈及庞钟璐、曾君麟、赵价人、陆涑文等人近状,以及安孙、斌孙的学习情况。

(四) 同治十二年六月初五日(1873 年 6 月 29 日)

付海珊:

旬日未发信,知又悬盼,京师已得透雨,闻之甚慰。趋公黾勉,暑雨将至,要宜慎摄。邸抄仅见除目,其余意揣而已。起复事以咨部为正办,黄螺辈只须略绰询及。河议已有就绪否?此举关系不小。或云北河复涨决,殆讹传也。

吾服补心丹后,气略充,神略定。汝父煦妪吾如婴儿,吾用是不敢自弃。家谱将脱稿,[②]循前人之迹而其难犹若是,盖两月来无日不寻检也。朔州稽勋两墓得于榛莽之中,粗足自慰。各房支派亦有勤问辗转而始出者,疑者缺之。兴福之地,于出月初三日定议,腴田十亩,领缘百千,将来不虑无藏骨之所矣。早晨可夹衣,即正午亦无须疏葛,云向来所无,大抵不患受暑,只虑招凉。应酬笔墨,虽磨墨一斗,未足厌人意。乡里中人以谓,只求汝笔迹而骄吝若此,非敬共桑梓之义也。

迩日讹言上海夷事蠢动,又无锡有欧伤教师之案,不甚恬静。峨国世子周历各口,则吾亲得之上洋,非虚言也。宝生亦不数见,二赵

---

①　张剑《清代杨沂孙家族研究》,中国社会科学出版社 2010 年版,第 209 页。

②　《翁同龢日记》,第 1017 页,同治十二年六月初二日:"家谱粗毕。"同治十二年六月初五日:"发第十二号京信。"

尤远。价人之子与杨映梅同坐轮船入都，因两家均有病者，稍迟再发。① 吾族人中无出色者，士吉铮铮，或觊一当。杨纬堂、研芬先生② 长孙，新拔贡。俞钟碌亦佳士。钱伟人，此人曾为乡官。一薰一莸而同是俊物，余未敢知。

新得之地已在山额，隔江烟岚，了了在目，妙在龙真穴的。汝父谓余，他日题墓门之石曰"两翁公之墓"，何如哉？扬州两三次来信，并托鹿卿置一朝云，大是难事。鹿卿足疾渐愈，体气太弱。吉卿体气非不足者，而疏懒特甚。余皆平平。草此，问合宅近好，不一一。六月五日，叔平字。

按，此札作于同治十二年六月初五日，于次日寄出，并于六月十八日送达翁曾翰手中。③ 翁同龢苦心寻检两个多月的家谱即将脱稿。他感叹编撰家谱过程之艰辛，也欣喜地发现朔州稽勋公之墓④ 和各房散佚的支派。

前数札言及，翁同龢与翁同爵曾多次入山相地。此时，他们以置换的方式得到了兴福寺附近的一块风水宝地，拟作兄弟二人将来的

---

① 《翁曾翰日记》，第 249 页，同治十二年闰六月朔："得四哥六月初五日函。杨、赵携来，外有夏布衣边，茶、笋等。"

② 杨希铨，字仲衡，号砚芬，常熟恬庄（今属江苏张家港）人，乃杨景仁次子，张燮、方维甸婿，翁同爵岳父，嘉庆十六年进士。

③ 《翁曾翰日记》，第 247 页，同治十二年六月十八日："得六月初六日家信，知两大人以次均安，唯全姑娘五月杪忽患吐血未愈。兴福寺山上得吉地一段，以腴田十亩、制钱百千易之。七月初三定议。鸽峰丙舍八间将竣工，柏古轩庭中挺灵芝一本，吉兆可喜。叔父怕招凉，早晚尚夹衣，笔墨极忙，《家谱》将脱稿。安儿已愈，诗能八韵，文则破承尚为难。寿官能作小讲，读书亦有悟性。"

④ 《翁同龢集》（增订本），第 1661 页："（同治十二年）六月，丙舍成，即居焉。……编次先人诗集成，并修族谱，盖一年来萃力于此。又徒步访族中古墓，得朔州稽勋公墓，盖若有启之者。"

墓地,将于七月初三日定议。据札,此地"已在山额,隔江烟岚,了了在目,妙在龙真穴的"。翁同爵打算将来题两兄弟墓门之石曰:"两翁公之墓。"但是,此愿望终究没有实现,因为翁同龢最终没有安葬在这里。

翁同龢还谈及对笔墨应酬的烦恼,认为即使磨墨一斗,也很难满足乡里人的欲望。而乡里人则认为,仅向翁同龢索字就"骄吝若此","非敬共桑梓之义也"。

(五) 同治十二年六月廿一日(1873 年 7 月 15 日)

付小山、海珊:

叠得家函,快若对面。海珊小恙已瘳,大暑最宜静摄,即不能静,耐烦为要。南中苦旱,未尝闻雷而炎风日日不已,偏灾已成,倘再不雨,忧未可届。

吾兄弟体中各佳,兄体慢肤多汗,微易袭风;吾则畏热,兼畏气郁,恨不于深山中逃避耳。丙舍行将告成。兴福地,前信详之矣。家谱即日写样。两学童恂谨无过,亦闻开革,试作起讲。安官尤枯窘,每日令看理学书数句,必讲贯通彻乃已。天资不高者,此为要药矣。里中录录,鲜可谈者。苦热,益复束书,遂尔愦愦终日。宝生近来稍健,时晤之。吴修来暂归即去,[①]七十四矣,书趣不改。咏春欲归不归,借修《安徽志》以自给,其郎君可署缺矣。

近事往往见于《申报》,即新闻纸。或信或否,惟邸抄则不敢捏造。《职贡图》平平过去,细思更有何法,但言者亦有一番正论,宜并收之。云贵差已见,云生必得要宜近省。曾印若想常晤,其庶母家中都称太太。危病,近始安也。杨、赵两秀才十八日展轮,此二十外必到,可问

---

① 《翁同龢日记》,第 1018 页,同治十二年六月十二日:"吴修来又赴沭阳,遣人往送。"

一切,余不赘。^①　六月廿一日,叔平字。

　　按,此札作于同治十二年六月廿一日,于次日发出,并于七月十六日送达翁曾桂和翁曾翰手中。^②　此前,同治十二年六月十八日,翁同龢"得五月廿七日十四号京信,一切平安,筹儿感冒已愈"。^③　六月二十日,翁同龢"得六月六日第十五号家信,言夷使入觐事"。^④　故本札首句曰:"叠得家函,快若对面。海珊小恙已瘳。"鸽峰丙舍此时行将告成,前札云"将脱稿"的家谱也即日写样。

　　翁同龢还于本札向翁曾桂、翁曾翰介绍了翁斌孙、翁安孙两侄孙的近况,并令"天资不高"的翁安孙多看理学书以矫正其作文"枯窘"之病。咏春,即杨沂孙(1812—1884),翁曾翰的堂舅,官至凤阳知府。此时,他正寓居皖城,借修《安徽志》以自给,对何时归里持随缘态度,"缘至自当归,迟速任如如",最终于同治十三年二月初二日归里。^⑤

　　翁同龢对《申报》所登时事(如云贵主考名单)半信半疑。^⑥　报纸、邸抄上的"职贡图"描绘的是同治十二年六月初五日同治皇帝在

---

　　①　《翁曾翰日记》,第249页,同治十二年闰六月朔:"得四哥六月初五日函。杨、赵携来,外有夏布衣边,茶、笋等。"

　　②　《翁同龢日记》,第1019页,同治十二年六月廿二日:"发第十三号京信。"《翁曾翰日记》,第250页,同治十二年七月十六日:"得六月十二日家信,合家均吉,盼雨极切,旱灾已成。父亲行期约在九秋,祥哥拟随行也。"

　　③　《翁同龢日记》,第1018页。

　　④　《翁同龢日记》,第1019页。

　　⑤　《翁同龢日记》,第1060页,同治十三年二月初二日:"又闻杨咏翁已到。"二月初三日:"闻杨咏春自皖归。……咏春同饭,精神迥不如前矣。"

　　⑥　《翁同龢日记》,第1018页,同治十二年六月十八日:"阅《申报》,云南昆寿、黄体芳;贵州许庚身、王文在。又知本月初五日于紫光阁召见各国驻京使臣各递国书礼成。夜辗转不寐。"《翁曾翰日记》,第245页,同治十二年六月朔:"云南主考昆冈、王文在,贵州许庚身、黄体芳。"

紫光阁以西礼接见英、法、美等国公使的场景："使臣六,通事三,免冠,五点首,鞠躬,侍立而已,亦带刀剑。"①这打破了清廷"天朝上国"的外交礼仪优势,翁同龢为此彻夜难眠,但也无可奈何,因为从根本上决定一国外交地位的是综合国力。云生指陆懋宗(生卒年未详),字云生,江苏常熟人,为翁同龢的同乡兼门生。曾印若即曾金章(生卒年未详),曾观文子,"甲子举人,内阁中书,以校对方略加五品衔,性沉静,寡交游,居官后以耿介称"。②

(六) 同治十二年十二月初五日(1874 年 1 月 22 日)

付海珊:

正盼信矣,得前月十日函,慰极。阜康款③早收到。日前冰冻不能寄信,比通则投者,未送阜康,仍交信局,不知何时方到也。④ 部本务殷,期以称职为重,升转听诸时运,不必着想。春闱必当一战,此非妄想,乃事理所当然。至用功之法,多读不如多做,即不能多临场,每种题皆试一篇,期其细腻熨贴。久荒之后,往往遁入轻滑一途,看似流丽,实则不经推敲,到底吃亏,须深体之。

时事略见一斑,要看如何旋转。胡、刘互诋,胡太促,刘则虐矣。识量如此,天下事可知。左相旧劳于外,天下钦服,其细节意气,不足为累。关外事难矣,西师进图可念也。

---

① 《翁同龢日记》,第 1019 页,同治十二年六月二十日:"得六月六日第十五号家信,言夷使入觐事。使臣六,通事三,免冠,五点首,鞠躬,侍立而已,亦带刀剑。"

② (清)郑钟祥等修、(清)庞鸿文纂《重修常昭合志》卷第二十七,清光绪三十年刊本,叶四九(下)。

③ 《翁曾翰日记》,第 263—264 页,同治十二年十月廿五日:"午后至阜康晤严小舫,寄家信一函,汇银贰佰两。苏漕比京平大四两四千。叔父来信所需也。"

④ 《翁曾翰日记》,第 272 页,同治十三年正月初三日:"竟日拜年,得叔父十一月廿四日寄谕,知阜康汇款已到,家乡严寒,河水尽合,家中均安好。"

　　家中平安，隶卿牙疼特甚，几十日矣。此月十一日启吾妻厝室，置之丙舍，安葬之期或正月，或三月，尚未择定。佳壤兴工，山形秀美，汝父相度称意，筑一罗城，而寿藏分左右，如昭穆，此非吾所能参赞，一切惟命之从也。

　　吾体中之疾不能自喻，第一怕用心，又怕饮食不节，从前怔忡，今则枯竭，此心气也。从前每吃即饱，近则食后躁扰一阵，如蟹将糖，极难描画。笔墨堆积，题图作传，推却不去，只得应酬。来者每云只要随便几句，不知此几句已费思索矣，真不了之局也。家事不免纷纭，惟有忍耐，不敢失言失色，以期好恶之平。

　　庞宅费多，冰胶改陆之故。① 云生留翰苑②大好，叔文又派海运，亦吾说项。其写作本胜人，可望大考，此言虽陋，然亦众人所期也，晤时为我致意。滨石不归，疾得减未？吾取其俭而病其吝也。里中无友，绝少往来，各有所营，殊少情话。

　　谱及诗集，均未及半。③ 乡人云，宁带勇，无刻书。信哉！两稚子稍有进境，寿官勉强一篇，安官亦能半篇，在外则起讲而已。时将封篆，日日趋公，念汝不置。此问合宅好，不一一。叔字，十二月五日二鼓。明日赴西山丙舍。

---

　　① 《翁同龢日记》，第 1044 页，同治十二年十一月二十日："凌晨起陆行，会庞氏葬。"

　　② 陆懋宗，字云生，江苏常熟人，翁同龢门生。《翁曾翰日记》，第 265 页，同治十二年十一月初九日："访芥凡、云生谈，云生以取卷被磨勘部议，将本生斥革，伊因卷中尚有他疵未经抹出，议以降一级留任。"

　　③ 《翁同龢日记》，第 1047 页，同治十二年十二月初九日："看诗，写信与士吉，以第十二卷寄之。"初十日："是日有无锡翁家桥族人某某来，持亭山翁氏谱刊本来。亭山者武进乡名，洪武中达一者始居之，达一墓志称其父居常熟，葬常熟清明山麓，达一幼贫落魄，以铁冶致富，人呼为翁打钉，颇得其实。谱中援引拉杂，不足征信。"

　　按，此札作于同治十二年十二月初五日，①是对翁曾翰十一月初十日所寄廿七号家书的回信。② 翁同龢期望翁曾翰工作称职，不要在意升转，而听时运安排；要奋力迎战来年的会试，并传授其用功之法——"多读不如多做""每种题皆试一篇"，正如当下之"题海战术"。

　　家书谈及两则时事：一是刘坤一（1830—1902）和胡家玉（1810—1886）互劾事件，翁同龢认为胡家玉稍急促，刘坤一太尖刻；③二是肃州克复，左宗棠（1812—1885）晋协办大学士，赏加一等轻车都尉世职。④

　　翁同龢决定于此月十一日起攒其亡妻汤夫人的灵柩，拟于次年春间重新安葬。⑤ 兴福寺旁的墓地工程也已动工。翁同龢在家书中再次表达了对题图作传等笔墨应酬的烦恼，吐槽"来者每云只要随便几句，不知此几句已费思索矣"。但这也说明，翁同龢对应酬笔墨同样持认真负责的态度。

　　云生指陆懋宗，此时因房考取卷被磨勘部议，降一级留任翰林

---

　　① 《翁同龢日记》，第 1046 页，同治十二年十二月初五日："作家书交荣侄缄发。"

　　② 《翁同龢日记》，第 1045 页，同治十二年十二月初三日："得筹儿十一月十日函，一切平善，陆云生以房考被议，降一级留。"《翁曾翰日记》，第 265 页，同治十二年十一月初十日："寄廿七号家信。"

　　③ 《翁同龢日记》，第 1045 页，同治十二年十二月初三日："见刘、胡互劾原折，刘折太尖刻，失体矣。"《翁曾翰日记》，第 263 页，同治十二年十月廿二日："阅邸抄：胡家玉递回奏，历年未完田租，实因灾歉，其来往信函皆因公起见，然究有不合，交部照例议处，仍命刘坤一查明，是否该抚先致信函，据实具奏。"

　　④ 《大清穆宗毅皇帝实录》卷三五八，叶二一（上、下），同治十二年十月廿五日："庚子，谕内阁：昨因肃州克复……左宗棠着以陕甘总督协办大学士……着改为一等轻车都尉世职。"

　　⑤ 《翁曾翰日记》，第 272 页，同治十三年正月初五日："午后又拜年，得去腊九日家信，叔父函中有家事纷纭，惟有忍耐之语，恐未能沉潊耳。叔母灵柩于去腊十一日起攒。"

院。翁同龢认为他写作胜人,劝其继续参加科考。滨石指杨泗孙,翁曾翰的堂舅,翁同龢曾言日夜盼其归来,但此时仍然未归。据《滨石府君年状》记载,杨泗孙终于同治十三年十一月抵里休养。①

此前家书曾提及,《知止斋诗集》拟就正于庞钟璐后即写样,家谱也已脱稿,即日写样,而翁同龢此处却云:"谱及诗集,均未及半。"这是相对刻书全程而言的,写样、刻样的校对工作尚未及半,到最终成书尚有很长的距离。故而,翁同龢十分认同乡人所云,"宁带勇,无刻书"。另,信中提及,翁斌孙和翁安孙在翁同龢的指导下,八股文写作能力都有很大程度的提高。

(七) 同治十三年三月廿九日(1874 年 5 月 14 日)

付海珊:

入春来,在西山日多,故每无字。斯地虽远城市,宾客仍来。月之廿三日,宅兆既安,封筑孔固,余亲任其事。是夕神灯数十,见于左近,前后皆雨,其日独暗和,亦天幸矣。

体中尚佳,惟迫辞墓,此中如割。北山费用,几及千金,一切石工在内。皆汝父独任。田园分拨,②汝父意如此,吾亦谓然。日昨从西山归,汝父手写数百言见示,余敬应曰诺而已。惟勤惟俭,立家之基也,无限制而分畛域,则亦拙于持家矣。故尝以之警喻子侄,亦以自警。

汝今年当可望略有梦征,杨君其亚也。倘得侥幸,须谨慎,勿送卷字以避嫌疑,对策须切亲政后起,其格式一遵旧样可也。

吾与汝父定出月初七日登舟,苏、扬耽阁极少,六日到清江换船,

---

① 见《清代杨沂孙家族研究》,第 210 页。

② 《翁同龢日记》,第 1066 页,同治十三年三月初四日:"五兄定议遵先公遗命,于遗产中拨二百亩列为石梅祠、顶山、鸽峰祭田,余田悉归先兄文勤一房管业,深合小子凤昔之志矣。"

溯流而上,至远须五月杪抵都。汝三兄湿病几一月,近虽全愈,尚未出房门。全姨奶奶昨又发寒热,途中亦须调理。汝父六秩而得曾孙,为门庭上瑞,但愿他日长成,肯读书耳。

朋友、长随百方求荐者约十数人,烦极极,笔墨至今未了。灯下草此数语,问汝近好。三月廿九日,叔字。

按,此札作于同治十三年三月廿九日,并于四月十四日送达翁曾翰手中,①是对翁曾翰三月十七日函的回信。② 该年三月廿三日,其日暄和,翁同龢在兴福寺旁的墓地重新安葬了其亡妻汤夫人的灵柩。③

翁同龢服满,即将北上,有感于翁同爵手写的数百字教言,特于此札重申勤俭乃立家之基,无限制而分畛域不是持家之道,以警喻子侄并自警。

此时,翁曾翰刚参加完本科会试。翁同龢很期待本次会试的结果,预感翁曾翰"今年当可望略有梦征",并传授其殿试环节的注意事项和对策技巧。只可惜,翁曾翰最终没有如愿以偿。

本月(三月)十六日,翁奎孙得一子,即翁之缮(1874—?),小名大保,即翁同爵的曾孙。④ 翁同龢只希望他长大后愿意好好读书。

---

① 《翁曾翰日记》,第 284 页,同治十三年四月十四日:"得三月廿八日家信,知行期已定,四月初七,祥哥与安、寿二子决计侍行,全姑娘亦同来。奎侄于三月十六日卯时。得一子,命名曰之善,小名宝官。余均平安。"

② 《翁同龢日记》,第 1070 页,同治十三年三月廿九日:"得寿儿三月十七日函,场中安静,试作未寄来。"

③ 《翁同龢日记》,第 1070 页,同治十三年三月廿三日:"二更后神灯见,略如萤火而大如萤烛,且有光焰,高者乃入云际。"

④ 《翁同龢日记》,第 1068 页,同治十三年三月十六日:"晨起闻喜语,五兄得曾孙矣,即谒墓次告,又不能无感怆也。"《翁曾翰日记》,第 282 页,(转下页)

本月廿四日，翁同龢和翁同爵守孝期满，定于四月初七日由水路返京，预估五月底到京。朋友、长随中有十数人等着翁同龢举荐，应酬笔墨堆积如山，使翁同龢十分烦恼。

（八）同治十三年四月廿一日(1874 年 6 月 5 日)

付海珊：

初七登舟，初九抵郡，留五日而发无锡、毗陵，并留一日，今泊舟京口，风不甚利，又留三日矣。两岸极高，舟中苦热，幸上下皆安，且以其闲得游金、焦，有登临之乐，惟未得榜信，梦寐颠倒，可笑也。鹿卿于惠山别去。① 过毗陵，畹香留饮。

邸钞久未见，友朋投赠一概却之，惟长途巨费，来日甚长，能支与否不能逆料耳。两孺子稍稍弄笔，总未能静。余亦如风中之旌，仆辈无得力者而来依者不少，计到京必在六月中旬矣。

身体善摄，若得隽，应酬当省；若不得，亦见惯，勿牢落。余不多嘱，见人时但云已在途，早晚可到。四月廿一日，京口舟中，叔字。

按，此札作于同治十三年四月廿一日，当日寄出，并于五月初四日送达翁曾翰手中。② 四月初七日，服阕后的翁同龢与翁同爵如期登船返京，于初九日到达苏州，停留五日；于十四日前往无锡，停留一

（接上页）同治十三年三月三十：“得家书，一切平安，奎郎于十六日举一男，可喜也。”按：翁之缮，即大保或大宝。

① 《翁同龢日记》，第 1075 页，同治十三年四月十五日：“五兄亦来，遂同游惠山……荣侄送至此将归矣，中怀如结。夜辞去，手书数十字付之，并以旧藏黄花老人《金刚经》畀。月不朗，风极大。”

② 《翁同龢日记》，第 1077 页，同治十三年四月廿一日：“寄京师函，由轮船去。”《翁曾翰日记》，第 286 页，同治十三年五月初四日：“得叔父四月廿一日函，尚在京口守风，征帆迟滞，计到京总在出月矣。”

日;于十六日前往常州,停留半日;并于二十日泊舟京口避风。① 泊
舟京口期间,翁同龢"偕朗生挈两孺子泛小船游金山","觅救生红船
径谒焦山","晚棹小舟再游金山",确有"登临之乐"。② 再游金山归
来后,翁同龢寄出此信。

　　虽然此次回京长途巨费,但是翁同龢谢绝了一路友朋投赠的财
物,可谓清廉之至。此时,翁同龢仍未得京中榜信,为此梦寐颠倒,盼
望颇切。他告诫翁曾翰多保养身体,做两手准备:如果得中进士,则
当减少应酬;如果未中进士,也勿气馁零落。翁同龢判断,他和兄长
抵京的时间必在六月中旬,已非此前估计的五月杪。

　　由翁同龢于同治十三年二月所作《族谱后序》可知,翁心存在去
世当年(同治元年)的一日盛暑,曾顾翁同龢而叹曰:"吾老矣,南纪之
乱未已,他日事定,置祠墓、祭田,修族谱,汝兄弟其勖哉!"③翁同龢
流涕承命。是年冬,翁心存去世,这句叮嘱便成为一句沉重的遗嘱。

　　结合上述八通家书及后录翁曾翰致翁同龢的两通家书,可知翁
同爵、翁同龢两兄弟一直在践行翁心存的这份遗命。丁母忧期间,翁
氏兄弟分工明确:翁同爵负责置祠墓、祭田,翁同龢则负责修族谱。

----

　　① 《翁同龢日记》,第1073页,同治十三年四月初七日:"随从五兄,挈安、
寿两孙及祥侄入舟,舟凡三,皆蒲鞋头也。"第1073页,同治十三年四月初九日:
"午未间抵苏州……"第1075页,同治十三年四月十四日:"清晨解维……初更
抵无锡西门泊……"第1075页,同治十三年四月十六日:"晚泊常州西门马头,
两令来见,登岸答两令及署太守,并拜新亲恽畹香,皆未晤。归晤畹香于舟中,
固留明日饭。"同治十三年四月十七日:"巳刻诣畹香处饭,余兄弟同往,陪者王
小平观察也。"

　　② 《翁同龢日记》,第1076页,同治十三年四月十九日:"偕朗生挈二孺子
泛小船游金山,楼阁已还旧观,金碧夺目,惟塔不可登耳。"同治十三年四月二十
日:"晨独诣江干,觅救生红船径诣焦山,顺风顺流,顷刻而达。"第1077页,同治
十三年四月廿一日:"晚棹舟再游金山……"

　　③ 《翁同龢集》(增订本),第1572页。

祠墓包括祠与墓。祠即前提石梅先祠（翁氏世恩祠），在翁同爵的苦心经营下，终于在同治十二年春间落成。此后，翁同爵"定议遵先公遗命，于遗产中拨二百亩列为石梅祠、顶山、鸽峰祭田"。[①] 墓与祠并提，当指家族墓地。在翁同爵、翁同龢兄弟的共同努力下，家族墓地也以置换的形式获得，即兴福寺山上的那块吉地。族谱，即上述家书中反复提到之家谱——《海虞翁氏族谱》，乃展翁心存手定之编，由简而繁，补辑完备，由文笔、书法俱佳的翁同龢完成。经过翁心存、翁同爵、翁同龢两代三人的努力，从祠墓到祭田，再到族谱，翁心存的遗愿几乎全部实现。其遗愿不为私人，而为整个翁氏家族，可见封建士大夫身上神圣的家族使命感。

---

① 《翁同龢日记》，第1066页，同治十三年三月初四日："五兄定议遵先公遗命，于遗产中拨二百亩列为石梅祠、顶山、鸽峰祭田，余田悉归先兄文勤一房管业，深合小子夙昔之志矣。"

三、翁同龢致翁曾荣

　　翁同龢出身显赫,并凭借努力锦上添花(状元及第),且继父述志,成为"两代帝师",毕生兢兢业业,一步步位极人臣。抛开"晚清重臣""两代帝师"等华丽的"外衣",他更是一位传统的家族长者,深受儒家文化的滋养,有着浓重的"齐家"意识和神圣的家族使命感。然而,翁同龢并无子嗣,故其一生视诸侄、诸侄孙如己出。翁曾荣(1837—1902)就是与其关系最亲近的侄子之一。

　　翁曾荣,字菉卿(一作鹿卿),乃翁同爵次子,在叔伯兄弟中排行第四,是翁同龢口中的"四侄"、翁曾翰口中的"四哥",在族谱上被过继给翁同爵的堂兄音保(殇)为嗣子。翁曾荣蒙祖荫而得举人,但参加会试屡试不中,长期不得一官半职。正是这个原因,加上体弱多病,又非长子,使翁曾荣成为翁同爵、翁同龢兄弟在家乡事务的代理人,因家族事务的羁绊而长期留守常熟。出于对家乡的牵挂,翁同龢经常给翁曾荣寄去家书。这些家书指向明确,经常不写抬头,在《翁同龢日记》中一般被记为"菉信"或"荣侄函",有时被直接记为"南信"。

　　同治元年(1862)冬,翁心存病逝。当时南方正陷于太平天国的战火中,其灵柩无法及时运回故里安葬。翁曾荣奉父、叔之命留守南方,等待有朝一日时局稳定,迎接祖父的灵柩归葬故里,而这一等就是很多年。当同治七年底翁心存、翁同书等人的灵柩顺利归葬常熟后,在翁曾荣本人的恳求下,在翁同龢的提议下,翁同爵花费了一千数百金在陕西捐米局为翁曾荣报捐郎中。翁曾荣遂于同治十年二月底抵京,五月分发户部(后来因翁同龢任户部尚书而改至工部)为学习郎中。但同年九月初，翁曾荣就告假回里了，本来有望于短期之内回京，但不巧的是，其祖母于该年底去世，他不得不再次留守家乡张罗祖母的葬礼，并和父、叔一起居家守孝。直至光绪元年（1875）正月，翁曾荣才奉命赴湖北接替长兄翁曾纯（1834—1895）而侍奉补授湖北巡抚的父亲翁同爵。但好景不长，光绪三年八月初一日，翁同爵去世，翁曾荣又与叔父翁同龢护送其父灵柩回常熟安葬并守孝。不久，弟弟翁曾翰又不幸离世，翁曾荣只好再次留下，筹备并主持丧事。此后，更多是身体原因，翁曾荣除偶尔到过北京或赴孟河等地求医外，很少离开常熟，直至光绪二十八年去世。

翁曾荣"素性忠厚"，处事智慧略显不足，翁同龢对其有过多次评价。例如同治四年四月廿四日，翁同龢面对落第后匆匆离去的翁曾荣，在日记中感叹道："此子天性厚而作事疏略，期其削华崇实，当有所成。"① 又如同治七年十一月廿八日，翁同龢致翁同爵家书云："荣侄天性甚厚，总之被人愚弄，毫无主意。"② 再如同治八年六月廿八日，翁同龢致翁同爵家书云："荣好报捐极好，徐贵新到，称其稍改前非。仲氏屋事尚非大谬，惟房帏中屡有勃谿之事，何其隘，两无识也。"③ 而当翁同爵、翁曾翰相继离世后，翁曾荣成为翁同龢最牵挂的亲人之一。一方面，翁曾荣年龄渐长，变得更加成熟稳重；另一方面，翁同龢对翁曾荣不再像从前那般苛刻，叔侄二人颇有相互寄托、相依为命之感。光绪十八年二月十七日，翁同龢致翁曾荣家书云："横街屋固老，亦不免糟蹋，汝若来，尚可整理，且吾望汝来，亦不独为此屋也。"④ 光绪二十八年八月十一日，翁曾荣去世，翁同龢曾撰《挽翁菉卿联》曰："垂绝呼予，只道山中有修竹；平生学佛，固知世上是空花。"

① 《翁同龢日记》，第421页。
② 南京博物院藏同治七年十一月廿八日翁同龢致翁同爵家书。
③ 南京博物院藏同治八年六月廿八日翁同龢致翁同爵家书。
④ 南京博物院藏光绪十八年二月十七日翁同龢致翁曾荣家书。

同年十月廿日,翁同龢致蒯光典的信札云:"龢暑病几殆,兄子曾荣,同居相依,忽尔殂谢,老怀难堪。"①这些言语,都能反映翁同龢、翁曾荣叔侄感情之深、之切。

南京博物院藏有翁同龢致翁曾荣家书十一通,写作时间较晚,从光绪五年到光绪二十年,时间跨度很大。南京博物院还藏有翁曾荣致翁同龢家书十五通,写作时间较早,集中于翁曾荣在湖北侍奉翁同爵期间(1875—1877),多与翁同爵寄翁同龢、翁曾翰的家书一起发出。此二十六通家书为谢俊美先生编《翁同龢集》所未收,是研究翁同龢与翁曾荣叔侄关系的不可多得的第一手资料。

(一) 光绪五年九月廿五日(1879 年 11 月 8 日)晚

鹿卿览:

昨信想达,轮船将停,甚盼南音之续至。同邑诸子皆陆续出京,惟维之在此,亦于月内荣归。

奎保胆怯,余亦不愿涉险,今拟从陆路偕王补帆之子同行,大约总在出月初五六登程也。伊云到京后,止汇到三百金,多已用尽,要在余处挪二百金。余值窘乡,拟筹一半界之。此子于稼穑艰难全未经历,如何! 天寒晷短,行路亦难,未知能受辛苦否?②

安孙服马君药尚无弊,今日立冬竟未发吐红,惟咳未止。同人议论,金云马方重用生地一两、麦冬六分,过于寒凉,医书所忌。然既有小效,姑且守定。余于此事惊弓坠鸟,不复置喙矣。

顷得江南题名,邑中得六人,而吾亲族无一与者,嗟叹久之。吾非专重科名者,不免闵吾宗之衰,并一二笃行好学之士无从吐气耳。

连日出城,奔驰过甚,万事懒惰。今日大风寒凝,明早必见冰矣。

①　南京博物院藏光绪二十八年十月廿日翁同龢致蒯光典札。

②　《翁同龢日记》,第 1489 页,光绪五年十月初七日:"奎孙来辞行,初九日由旱路南行,晷短途长,深以为虑。"

脚气尚发痒,苦甚! 草草拈笔,几于呵冻。此问合宅安好。九月廿五日灯下,叔字。

　　按,本札作于光绪五年九月廿五日晚,当日为立冬。① 所谓"昨信"指翁同龢九月廿一日作、九月廿二日发的第廿五号南信。② 此时,顺天乡试已结束,来应试的常熟士子除中隽的周维之(廷桢)外皆已陆续离京。

　　光绪五年四月廿日抵京③考荫生④的翁奎孙(1856—1920)拟于十月初五日、六日和王凯泰(1823—1875)之子一起从陆路回常熟,想请翁同龢资助其路费二百金。翁同龢当时并不富裕,只好减半,于十月初四日"以百金畀奎孙作归资"。⑤

　　翁安孙(1858—1881)常咯血,疑患肝病,此时正服孟河马翊庭(翰)所开方药,写信当日未吐血,稍有小效。本年江南乡试,常熟共中六人,但翁氏亲族无一人在列。翁同龢深叹宗族之衰落,并同情个别勤学好问之人。但是,翁同龢于本札云"吾非专重科名者",就有些口是心非了。

　　需要说明的是,《翁同龢集》所收的另一通被认为是光绪五年九月廿五日的《致翁曾荣函》,⑥实作于光绪六年十月二十五日戌初。

------

　　① 《翁同龢日记》,第1486页,光绪五年九月廿五日:"出城,安孙未吐血,昨药略凉……到寓已黑,写南信。廿六号。"

　　② 《翁同龢日记》,第1486页,光绪五年九月廿一日:"写南信,明日发。第廿五号。"

　　③ 《翁同龢日记》,第1460页,光绪五年四月二十日:"奎孙由旱路来抵京,士吉侄由津来京,均在横街,尚未晤也。"

　　④ 《翁同龢日记》,第1477页,光绪五年八月朔:"奎孙今日考荫生。"

　　⑤ 《翁同龢日记》,第1489页,光绪五年十月初四日:"以百金畀奎孙作归资。"

　　⑥ 《翁同龢集》(增订本),第392页。

其时,翁斌孙已南归,翁同龢当日"得斌孙十四日函,知是日抵家,菉卿亦愈,皆可喜。作南信,明日发二十号"。①

(二) 光绪五年九月廿九日(1879 年 11 月 12 日)

　　谭序初来此叙谈一次,风节淳然,虽涉世少疏而大体已立。② 漕事恐有翻腾,一查实在荒熟,一清丈,一责串票,一查包揽等弊。吾家须格外谨慎,完粮后收齐串票,不可大意。兼查亲族之冒名者,先告两县,无代完之户也。禁小钱、禁烟馆两事,踵前行之,大约要廓充。

　　许臬使何如? 恐已耄矣,沈福当面收用,忽已忘却,精神可知。勒少仲本已将吾邑漕弊切切言之。新藩意在斗击,乡人无知者勿撄其锋也。曹庆之子曹福,曾与顾竹城言之,伊已首肯,令其到青浦去见再定。

　　马翊庭系吾与兰孙请来治李处病,无验,伊又急欲南归,看来十月朔即当南去。吾与李处共送百金,来京十日。犒其仆廿八两,另拟送程仪三十金。此时力量不济,只得敷衍,但求服其方无弊耳。马亦江湖习气,想做官者。斌信,致大少奶奶,即送。

　　按,此三纸信笺相同,书风相近,当合为一通,且与前札信笺一致,当与之作于相近的时间段。再根据内容,比对《翁同龢日记》,可知本札亦致翁曾荣,稍晚于前札,疑作于光绪五年九月廿九日。尤其是第三纸中,翁同龢向翁曾荣介绍他和李鸿藻(1820—1897)共请孟河名医马培之(1820—1903)之子马翊庭(生卒年未详)来给翁安孙和李家女治病的情况,其中"十月朔"、(马氏)"来京十日"等字眼带有很明确的

---

　　① 《翁同龢日记》,第 1561 页。

　　② 《翁同龢日记》,第 1484 页,光绪五年九月初十日:"访苏藩谭叙初(钧培),未晤,并湘臬孙翘泽。同住一庙。"《翁同龢日记》,第 1486 页,光绪五年九月廿四日:"访谭叙初方伯不值。"

时间指向。由《翁同龢日记》知，马翊庭当年九月十九日抵京，①至九月廿九日恰好十日。且九月廿九日，翁同龢"访兰孙，极言马方无效而增病，拟两家共送百金，赏其仆廿四金而已"。② 这与本札的记载高度一致，仅犒赏仆人的银两数略有出入。至于本札提及的程仪，翁同龢早在九月廿四日就已与李鸿藻商定。③

此外，第一纸，翁同龢向翁曾荣透露和新任江苏布政使谭钧培（1828—1894）面谈而得其欲除漕弊、禁小钱、禁烟馆等一手消息，提醒亲族小心，抓紧自查自纠；第二纸，翁同龢向翁曾荣提及向江苏按察使许应鑅（1820—1891）荐沈福而被遗忘，向昭文县令顾国浩（生卒年未详）④荐曹福而得首肯二事，并再提新任布政使谭钧培有意整顿漕弊，暗示翁曾荣提醒乡人莫以身试法。

（三）光绪十一年正月三十日（1885 年 3 月 16 日）

菉卿览：

得人日函，知吉卿渐安，惟卧床疲倦，何也？仍悬悬。余皆悉。

吾乡劫盗极可忧，长官以柔道处薄俗，恐非计矣。所论时事亦当，各路消息不佳，讲事在渺茫之际，镇海一口与沪相倚，彼正岌岌，吾可知矣。⑤ 倭之隐衷，路人皆知，当轴或未了了，使来必饶舌，海波

---

① 《翁同龢日记》，第 1485 页，光绪五年九月十九日："马翊亭由津到京，住小安南营马松圃家，访之未遇，遇于兰孙处，日已暮，不及陪伊到家，听其言颇高而有决断。"

② 《翁同龢日记》，第 1488 页。

③ 《翁同龢日记》，第 1486 页，光绪五年九月廿四日："诣兰孙处，马医治其女病不能奏效，商送程仪。"

④ 《翁同龢日记》，第 1483 页，光绪五年九月初六日："顾竹城国浩世兄来长谈，廿年故人，颇喜，然已老矣。六十一，久任江苏知县，戊辰回南，伊任昭文。"

⑤ 《翁同龢日记》，第 1952 页，光绪十一年正月廿四日："赫处回信……意在窥镇海口。镇海十五、十七二次战后，十九小捷，覆其三小舢板。"（转下页）

方起，自叹不能提戈奋骊耳。

昨雪半尺，融润可喜。寓中皆安，汝喜侄将免身；姑爷之兄国阁读学乃剧病，屋窄家贫，极费筹画；斌缘俗事不能用功；杨伟堂明日入馆，此人必发。

汝体健，甚慰。百业精进否？万事从心地作去，此紫柏捷诀也。盆花落矣，春物渐繁，奶饼觅寄，索重资，姑寄一匣。此问汝夫妇好，并为我告吉卿相念也。正月晦，瓶生。

按，本札作于光绪十一年正月三十日。是日，翁同龢得翁曾荣正月初七日作、正月初八日寄函，知家乡"盗劫之多，民生之苦"，又知吉卿翁曾纯"虽愈，尚卧床，少精神，可虑也"。[①] 翁同龢认为，家乡父母官处理盗劫事件的态度过于软弱，恐非长久之计；翁曾荣对时事的评论比较得当，当时宁波等地正面临着巨大的海防压力，岌岌可危。

"国阁读学"指翁家"姑爷"国裕（生卒年未详）的三兄国炳（？—1885），[②]字星垣，此时病重。虽然翁同龢曾请徐郙（1838—1907）为其诊治，据说还有一线生机，[③]但是国炳很快就去世了。"斌"即翁斌

（接上页）《翁同龢日记》，第 1954 页，光绪十一年正月廿九日："镇海口外有港，为法所占。日本勾法……"

① 《翁同龢日记》，第 1954 页，光绪十一年正月三十日："得菉卿八日函，极言盗劫之多，民生之苦。又云吉卿虽愈，尚卧床，少精神，可虑也。夜梦比邻一极大园，有石飞空如龙，高数十丈，得一大玉印如斗，文曰'祥唐大生大省驸马都尉之印'。写南信，并奶饼一匣寄去。"

② 《翁同龢日记》，第 1868 页，光绪十年四月十三日："国氏，京口驻防正蒙古……五子，长某……殉难。其弟并殉，行五。次国璋，四川巴县知县；次国炳；次国裕……"

③ 《翁同龢日记》，第 1957 页，光绪十一年二月十四日："谒徐寿蘅师，请其看国星垣病，据云微有一线可挽回也。"

孙(1860—1922),正月廿四日得一女儿,故"缘俗事不能用功";①杨伟堂(生卒年未详)是翁同爵的岳父杨希铨(? —1855)之孙,翁同龢请其为留官翁之润(1879—1905)课读,认为其前途无量。②

(四)光绪十三年九月初三日(1887年10月19日)

汝体尚耐奔走,不至甚亏,烟可渐减,不可再加,万事自立,即佛法入门,亦须勇猛方精进,奈何自恕乎! 此第一等好话,识之。九月初三晨起写。

屋事彼尚迟疑,只得听之,钱借到,已还矣。河工□□估多少款? 连日焦急无措,丹老在假,却拟条款,一:海防捐改河工捐;一:京官一二品捐输;一:当铺每铺捐一百两(免廿年当税)。尚未集议也。

仲渊暂厝,宜在鸽峰西首罗城外,但今年□向不宜,须明春□月,此事已与斌商酌矣。初二晚大风稍止,初三五更风可动地,③不知同邑叶卫死海中否也? 斌体耐劳,此行可放心,但到家后须令少应酬,即在家与客谈,已极耗神。尤须嘱其循礼,盖丧礼不行久矣。恩、虎辈,可以吾语告之。

按,光绪十三年七月十三日寅刻,翁家"小状元"翁曾源(1834—

---

① 《翁同龢日记》,第1952页,光绪十一年正月廿四日:"是日午初,斌孙举一女,皆平安。"

② 《翁同龢日记》,第1953页,光绪十一年正月廿九日:"拜杨伟堂比部,请其为留官课读也。"

③ 《翁同龢日记》,第2182页,光绪十三年九月初二日:"晴,颇凉,未初云从西来,大风随之,惊鸟噪空,轻雷微雨。"《翁同龢日记》,第2183页,光绪十三年九月初三日:"昨夕半夜风又起,万窍皆号,东院折一柳,卧不能稳也。晨起发南信。"

1887)去世。① 翁曾荣于一月之后的八月十三日先行回南准备翁曾源的丧事。翁斌孙此时吐血未愈，故于九月初六日起行，回常熟料理本生父的丧事。翁同龢本札作于光绪十三年九月初三日，翁曾荣抵南后，翁斌孙离京前。

第一纸字迹相对工整，翁同龢劝翁曾荣酌量减烟，认为身体是学佛的本钱，身体勇猛方能佛法精进；第二纸字迹相对潦草，翁同龢与翁曾荣漫谈暂缓买屋和河工筹款二事；第三纸字迹最为潦草，近于荒率，翁同龢向翁曾荣交代翁曾源葬礼需要注意的细节，并嘱其劝翁斌孙少应酬，且在礼节方面多多提点翁斌孙及其兄弟。"恩"即翁曾源次子翁熙孙(1862—？)；"虎"即翁曾源三子翁顺孙(1866—1918)。

"丹老"指有"救时宰相"之称的前户部尚书——阎敬铭(1817—1892)，字丹初，陕西朝邑人，当时称病告假在家。由札可知，翁同龢遇到棘手的河工筹款问题仍虚心地向阎敬铭请教。据札，阎氏给翁氏草拟了三个条款：一是"海防捐"改"河工捐"；二是一二品京官捐输；三是当铺每铺捐一百两(免廿年当税)。虽然此三条在翁同龢写此信时尚未经过集体评议，但是根据后来的史实可知至少第一条是被付诸实践的。

(五) 光绪十六年三月初一日(1890 年 4 月 19 日)早

顶山石工雨后究竟如何？涧水大溜归西边涧坑。细流由东边涧形即新修路。直下，即妥。鸽峰故丁范二姝耕大之子。极不好，去年在吾家东边开山，我望见之，中山路即见，在湖中尤分明。严饬若再开定送官。今闻仍做此买卖，可叫来吓之，并请邑尊严禁，着地保有

---

① 《翁同龢日记》，第 2173 页，光绪十三年七月二十日："斌孙得家信，初十发，知仲侄初四夜抵，次早连发病九次，两月不发。大委顿，两医治之，不能进补剂，现食粥云云。正切忧危，忽荣侄由城外信来，仲侄竟于十三日寅刻长逝矣，斌在旁一恸几绝，余亦……"

犯必惩。初一早。

按，由书风判断，翁同龢本札属于晚年之作。再结合翁同龢"去年"曾望见鸽峰故丁范二妹在"吾家"东边开山的自述，可以锁定本札的创作年份——光绪十六年。因为前一年的七月十八日至九月廿四日，翁同龢曾经请假两月回籍修墓，①所以才有可能望见范二妹偷偷开山并严饬之。再查《翁同龢日记》，知光绪十六年闰二月廿九日，翁同龢"得菉卿函，未全愈，春又多雨"。② 故，翁同龢于次日（三月初一日）早晨提笔回信，即本札。翁同龢于首句便问："顶山石工雨后究竟如何？""顶山石工"或为翁同龢上一年回籍对族墓所做的加固工程之一，此时正面临着雨季的考验。翁同龢认为，只要坚持既定的排水方案，就不会出大问题。

（六）光绪十八年二月十七日（1892 年 3 月 15 日）

前日作函阁案头，又忘之。伯述在此，不免应酬，又笔墨忙不了，亦自欲寻笔墨自缠扰耳。两孙身体好，覆试约在廿三。叶茂如三月初决计南归，闻初七日动身。曹小卿事自是确信，伊子早出京矣。横街屋固老，亦不免糟蹋，汝若来，尚可整理，且吾望汝来，亦不独为此屋也。十七日，连日大风，寒。

按，本札作于光绪十八年二月十七日，为翁同龢当年所发第四号南信。③《翁同龢日记》记载，是年二月十四日、十五日两日大风大寒，

---

① 《翁同龢日记》，第 2340—2357 页。

② 《翁同龢日记》，第 2396 页。

③ 《翁同龢日记》，第 2552 页，光绪十八年二月十七日："晴，午刻又有风矣，夜止。晏起，发第四号南信，写对。"

十六日午后又起风，与札末"连日大风"的描述相契合。① "伯述"是翁同龢的内弟汤伯述（生卒年未详），字纪尚。翁同龢本札所谓忙不了的笔墨应酬主要是给人写对联。② 札中"两孙"是翁顺孙和翁炯孙（炳孙），他们来不及参加复试，故参加本月廿四日在保和殿举行的初次补复试。③ 叶茂如（生卒年未详）是翁曾禧（？—1885）的女婿，拟于本年三月初七日南归，翁同龢三月初五日曾往送而不遇。④ 曹小卿病卒，其子曹慎之早已出京。⑤ 札末，翁同龢借横街老屋无人打理之由，盼望翁曾荣早日来京，当然不只是为了房子，更多是为了表达对四侄的思念。

（七）光绪十八年八月十七日（1892 年 10 月 7 日）

天生磺炖鸭，每用数分。未知试过否？亦须问子备。人参难得好者，若要，再觅。义庄额必当写，特矜持，官尺是否木尺？决不能佳耳。本家亦泉之子印若，能画，讲考订，举业亦好，它日当是翰林之选。同邑周铭斋来京未见，分发部司务，有何意味？十香暖脐膏治腹泄有效，寄两帖去。

---

① 《翁同龢日记》，第 2552 页，光绪十八年二月十五日："晴，大风大寒与昨等，午晴而蒙。"光绪十八年二月十六日："晴，两日大风，寒威凛冽，至是始稍回暖，而午后又萧条作声，入夜止，月好。"

② 《翁同龢日记》，第 2552 页，光绪十八年二月十七日："……写对。入署归再写对，与伯述谈。"

③ 《翁同龢日记》，第 2554 页，光绪十八年二月廿四日："是日初次补复试，在保和殿。顺、炯两孙入试，寅正起同饭，卯初同登车。"

④ 《翁同龢日记》，第 2557 页，光绪十八年三月初五日："送叶茂如行，亦未晤。"

⑤ 《翁同龢日记》，第 2543 页，光绪十八年正月初五日："曹慎之，小卿子。今小卿病卒，伊尚未知也。"

按,本札作于光绪十八年八月十七日,是对翁曾荣八月八日所发南信的回信。① 天生礑,又名气礑,是一种地方特产中药,可用于治疗腹泻,与札尾的十香暖脐膏相呼应。

常熟翁氏义庄是翁同爵生前一心想要筹建的,此时即将建成并投入使用,请翁同龢题写匾额。

是年中秋,苏州本家翁绶祺(生卒年未详,字印若)来向翁同龢辞行。翁同龢对他赞赏有加,认为他将来必入翰林。② 次年,他考章京,备取第一。翁同龢评价他:"此子聪敏友爱,即可取,但勿沾苏州浮动之习,当有成。"③这与本札之评有异曲同工之妙。同邑周明斋即周大澂(生卒年未详),是翁曾荣的内弟,来京捐司务,此时尚未来见翁同龢。④

(八) 光绪十八年八月廿四日至九月十二日
(1892 年 10 月 14 日至 11 月 1 日)

近日有审案之役,极烦难。抛律例已十年,又承审者皆户曹,不习听断,须一月方有眉目也。

副将刘仲恒长春、都司曾秉麟广[斌]皆来见,请伊一饭。刘送礼,璧;曾受食物。刘乃芝田之弟,甚温雅;曾尚朴实,从前有战功,好将官也。冬防要紧,惜无兵耳。乾之六爻似已被弹,秘之。

---

① 《翁同龢日记》,第 2593 页,光绪十八年八月十七日:"得荔侄函,八月八日发。写南信。"

② 《翁同龢日记》,第 2593 页,光绪十八年八月十五日:"午祀先,本家印若绶祺来辞行,饭而去。此子书画俱可,好聚金石,治经史,美才也。"

③ (清)翁同龢著,赵平整理《翁同龢家书诠释》,凤凰出版社 2017 年版,第 141 页。

④ 《翁同龢日记》,第 2594 页,光绪十八年八月廿二日:"又答同邑周明斋,大澂,捐司务,住俞又兰处,荔卿之内弟也。"

江西许表侄联桂随其姨表兄张绍箕解饷来都，仪状尚好，惟读书万万不能。我初见甚喜，欲为伊捐从九衔，托江西官安置一事。伊昨忽欲捐同通，就厘差，所谓狮子大张口矣，斥之。此数日未来，拟遣令即归也。

庞纲堂之女以本月八日化去。叶已定温味秋女。周明斋分兵部司务，其人非乡人也，恐亦管事。徐、黄两人何如？孙君培不来，令我对不起李若农。义庄今冬必开矣，我忙极累极，即如义庄扁未写，乃我之咎，然臂实痛，写不成矣。

按，本组信札共四纸，所用信笺一致，但书法风格略有差异。第一纸的风格迥异于另三纸，第二纸的风格也相对独立，第三、第四纸的风格、笔迹则接近。结合信札内容，可知四纸陆续作于光绪十八年八月廿四日至九月十二日之间。

第一纸所谓"审案之役"指是年八月廿四日，翁同龢作为钦差大臣，"奉派与怀君(塔布)将朝审内永氏一案提集人证，详加复讯，妥拟具奏，因给事中洪良品奏此案疑窦甚多也"。[1] 即永氏案。因为翁同龢离开刑部尚书之位已久，律例难免生疏，加上本次承审四君(葛宝华、那桐、延祉和王用钦)缺乏刑部审案经验，所以翁同龢认为此案"须一月方有眉目也"。可知第一纸的时间上限是光绪十八年八月廿四日，或为《翁同龢日记》所载八月三十日所写、九月朔日所发荄信。[2]

第二纸主要讲两位武官：福山淞北营副将刘长春和常熟城守都司曾广斌来见翁同龢之事。查《翁同龢日记》，知曾广斌第一次来见

---

① 《翁同龢日记》，第 2595 页。
② 《翁同龢日记》，第 2596 页，光绪十八年八月三十日："写荄信，明日发。"

翁同龢是光绪十八年八月廿二日,翁斌孙接待他并受食物;①刘长春是刘瑞芬(1827—1892)之弟,第一次来见翁同龢则是光绪十八年九月初三日,与曾广斌(第二次)同来见。② 综合二者来见时间,可知第二纸的时间上限是光绪十八年九月初三日。

第三纸主要讲江西表侄许联桂来京见翁同龢之事。查《翁同龢日记》,许联桂到京第一次来见翁同龢是光绪十八年九月初五日;③但许联桂因"欲捐同通就厘差"而被翁同龢怒斥为"狮子大张口"则发生在该年九月初十。④ 再结合"昨"字可判断,第三纸的时间上限是光绪十八年九月十一日。

第四纸主要介绍部分在京同乡的近状。光绪十八年八月廿七日,《翁同龢日记》载:"访晤李兰孙,又访庞绸堂兄弟,绸堂之女剧病。"⑤由此纸可知,庞绸堂之女于九月初八日去世。"叶"为叶茂如,与温味秋——温忠翰(1835—?)定儿女亲家。周明斋即前揭周大澂,此时已确定分兵部司务。徐、黄两人待考。孙君培即孙同康(1866或1867—1935),又名孙雄,字君培、师郑,号师郑堂,光绪二十年进士,庶吉士,吏部主事。翁同龢曾于光绪十八年荐其入李文田幕阅

---

① 《翁同龢日记》,第2594页,光绪十八年八月廿二日:"福山都司曾广斌号炳麟,湖南邵阳人。来,斌孙之,送食物,并带菉卿寄茶叶、酱瓜、虾子鲞、粉花。"

② 《翁同龢日记》,第2597页,光绪十八年九月初三日:"福山淞北营副将刘长春、池州人,仲恒,三……常熟城守都司曾广斌邵阳人,炳麟。同来见。"

③ 《翁同龢日记》,第2597页,光绪十八年九月初五日:"江西候补县张伯裘绍箕解饷来,携诚甫之子联桂来,年十八矣,貌敦笃,谓余召之来,余实无此言也。"

④ 《翁同龢日记》,第2598—2599页,光绪十八年九月初十日:"许表侄来,欲捐同通,就厘卡,可谓妄人,怒斥之。"

⑤ 《翁同龢日记》,第2596页。

文。① 同年七月初二日,"李若农告以孙君培须八月来"。② 从此札来看,孙君培九月仍未来或者不来了,故翁同龢说:"令我对不起李若农。"是年九月十二日,翁同龢得翁曾荣九月初三日信云:"八月廿九开义庄,两邑尊来主祭,一切如礼,为之大慰。"③而第四纸云"义庄今冬必开矣",略有矛盾。这只能说明:第四纸写在收到翁曾荣九月初三日来信(即九月十二日)之前。

　　一言以蔽之,本组四纸信札陆续作于光绪十八年八月廿四日至九月十二日这一段时间,最终有可能合为一封,于九月十二日寄发翁曾荣。④

(九) 光绪十九年四月十二日(1893 年 5 月 27 日)

　　每日四钟起即入内,携《会典》一本,得暇即看,退后入署治事,归后写对及应酬字,或来客,则数客即晚矣。昨日西城拜德小峰,北城贺志馨山,归而写字,晚出南城送杨艺芳,自朝至暮,奔驰三十里,说话数百句,灯下写家信,如梦中也。若有应酬,则不定何时归寓。总计一日,趋朝则劳力,看书则劳神,官事则筹措为难,应酬则繁琐杂逐,加以求请告贷,或以私事纠绕,或以闲话耽阁,故一日之中汲汲不遑,卧则如死,起则如病,长自恨劳碌命,无一休息之时也。十二日,直庐。

　　按,光绪十九年四月十一日,《翁同龢日记》载:"出后门,绕苑墙西安门拜德小峰中丞馨,未晤。贺志馨山嫁妹颜,其妹嫁怡王,小坐即归,肩舆疲乏。归后德小峰来晤。晚访芝荪,未值。得荣侄信,伊肩

　　① 《翁同龢日记》,第 2579 页,光绪十八年六月廿八日:"晚若农来,点心而去,荐同里孙君培同康入幕阅文。"
　　② 《翁同龢日记》,第 2585 页。
　　③ 《翁同龢日记》,第 2599 页。
　　④ 《翁同龢日记》,第 2599 页,光绪十八年九月十二日:"发菉信,写湘信。"

疼未痊。"①四月十二日,《翁同龢日记》载:"照常入退,出西长安门,
出城送杨艺芳,不觉久坐,吃点心。……归后写字,又写大字,坐荒半
日。……发南信。"②由此可知,本札为附札,致翁曾荣,作于光绪十
九年四月十二日。四月十一日夜里,翁同龢还写有一通致翁曾荣的
正信:

隶卿览:

　　汇去赈款由源丰润寄,是三月十九日发,今日已收讫。未知汇到
否? 此铺为摇动之意,急取为要。汝臂疾当愈,此不过寒湿凝滞,无
大妨碍。杨艺芳云见汝甚好,即应酬亦甚周到,伊见汝时汝送昭文县
行,颇早起,即此知汝不废事也。又云汝述及万里楼前送我不觉流
涕,子弟中能如此者亦稀,吾闻之亦怅然者良久,因此颇欲汝勉强北
行,期握手欢笑耳! 艺芳明日行,十三日挈其如夫人、少子。其长子
留京师,当内阁差也。此间事,笔所难罄。春夏之间多雨少风,为近
年所稀,麦秋可卜。此问近好,并合宅安吉。四月十一日,直庐,
叔字。③

　　将正信和附札对照看,可知杨艺芳于当年四月十二日离京,而非
本附札所言的四月十一日,翁同龢出城送其行也在四月十二日。可
见翁同龢为了诉说自己的奔波劳碌,有意无意地将四月十二日送杨
艺芳的行程杂糅至四月十一日拜德馨、贺志颜的行程中,从而形成自
朝至暮,从西城到北城,再到南城的长达三十里的行动轨迹。翁同龢
极诉劳碌之苦,认为趋朝、看书、官事、应酬皆苦,甚至直言"卧则如
死,起则如病"。字里行间,带有浓重的倾诉色彩。

---

①②　《翁同龢日记》,第2647页。
③　李红英《翁同龢书札系年考》,黄山书社2014年版,第217页。

(十) 光绪二十年三月廿日(1894年4月25日)戌正

荣卿览:

闻与次公同往杭州,来往廿日,计此时当归矣。齿痛愈否? 肝气不发否? 北来不敢望,但望安居无病耳。

虎侯其兄出闱,诸君场作多未见,余亦懒与周旋。君培却好,闻孙君修亦甚好。此人沉静必发,余曾舣同邑于江苏馆一见,未陪后到三君,犹未面。

吾近似健,新派捡天禄琳琅所藏书,南斋为主,余与孙君会之。每日迟散一时,稍觉劳顿。

廿六日大考翰詹,未知庞、徐何如? 余以赵伯远回避不阅卷,极妙! 斌免此试,亦未尝不妙也。

奎到两日,始来一面,问义庄事,诟责之,嘿嘿无语。[1] 炯外感甚重,今日热始退净。[2] 老夫趋直入署、对客写字,不胜其忙也。三月廿日戌正,叔字。

按,光绪二十年三月十七日,翁同龢"奉谕偕孙家鼐同至昭仁殿检点天禄琳琅藏书"。[3] 此次检书以南书房诸臣为主。本札即作于三日后的三月廿日晚八点。

"虎"即虎官翁顺孙,其兄即恩官翁熙孙。由札可知,翁熙孙参加了本年的会试。另外,参加本年会试的同邑诸子中,孙君培(同康)考

---

① 《翁同龢日记》,第2730页,光绪二十年三月二十日:"奎孙始来,询以义庄事,云归其母经理。"

② 《翁同龢日记》,第2730页,光绪二十年三月十九日:"炯孙尚未全愈,延陆姓竹君来诊,方甚妥。"

③ 《翁同龢日记》,第2729页。

得很好,翁同龢在日记中记载道:"孙师郑完场晤之,颇得意。"①历史证明,孙君培确于本年考中三甲第三十一名进士。札中"孙君修"则不知为何人,疑为翁同龢笔误,实际上是"赵君修"。翁同龢于本年二月三十日午"邀同邑公车七人饮",七人中就有这位赵君修。②据札,翁同龢对这位赵君修的印象颇佳,期望颇高,并听闻他此次会试考得也很好。但是,光绪二十年甲午恩科贡士、进士的名单中并没有他。而"同邑公车七人"中考得最好的无疑是二甲第一百三十名的沈鹏(1870—1909)——沈颂棠。

本月廿六日,朝廷举行"翰詹大考",③庞、徐、赵等家子弟皆与其中。翁同龢因赵伯远而回避,不参与阅卷,翁斌孙也幸免此试。这对翁同龢和翁斌孙二人而言,都未尝不是一件好事。可见,"翰林怕大考"并非清代官场间流行的一句虚言。

此时,翁奎孙(1856—1920)再次来京。翁同龢问他义庄事,结果一问三不知,还推托说其母亲经理,遭到了翁同龢的严厉斥责。"炯"是翁炯孙(炳孙),外感尚未痊愈。信末,翁同龢再次向翁曾荣诉说劳碌之苦:终日趋直、入署、对客、写字,同样带有浓重的倾诉色彩。

(十一) 光绪二十年五月廿九日(1894 年 7 月 2 日)前后

宫内直庐,廿年来旧巢也。今与孙兄分占一屋,窄而黑。可以写家信。内监求写扇日日有之,甚者五七柄。与满书分直,彼在办事前,汉书则办事后也,亦不过四五刻。教洋文者两人,随满书上,与吾不见面。西苑直庐则

---

① 《翁同龢日记》,第 2729 页。
② 《翁同龢日记》,第 2725 页,光绪二十年二月三十日:"午邀同邑公车七人饮,余不能陪,令斌兄弟陪。……周维之、赵君修、孙君培、殷君衡、张隐南、沈颂棠、曾孟朴。"
③ 《翁同龢日记》,第 2731 页,光绪二十年三月廿六日:"是日翰詹大考,点名尚早,共实到二百零八人。"

高处向东,早间日晒,孙兄怕风,不开窗,夏如蒸笼也。

今年三月初八,太后幸颐和园,上即日还宫,此月十八日又还西苑,秋间再还大内,屡次迁移,笔墨、书卷皆无定所。颐和园尚未落成,它处亦颇有兴造,工作不断也。

按,本札疑作于光绪二十年五月廿九日前后。五月十九日,《翁同龢日记》载:"余等直庐命移于东楼下,规制与西楼下等。厨茶亦移于东偏。"①札中"廿年来旧巢"——"宫内直庐"当指西楼下直庐。翁同龢此时搬到东楼下,与孙家鼐"分占一屋,窄而黑"。本札云"内监求写扇日日有之,甚者五七柄",与《翁同龢日记》五月二十日条中"中官求写扇丛集"②的记载一致,都说明翁同龢笔墨应酬繁重。是年三月初八日,"上诣颐和园,无书房"。③ 符合本札所言。次日(三月初九日),《翁同龢日记》记载:"卯初二刻,上中和殿阅祝版,并视农器,余等前四刻到齐,蓝袍补褂。站班,在殿内东壁下,少顷毕。"④正好印证了本札所云:"上即日还宫。"再查《翁同龢日记》,可知该年五月十八日,光绪皇帝确实在西苑;⑤该年秋间,光绪皇帝也确实重回大内,与本札所记大体一致。⑥ 另外,颐和园重建工程此时确未落成,也符合本札末句所言。翁曾荣此时正在来京途中,此信或于本年五月廿九日发出。⑦

综上所述,翁同龢与翁曾荣叔侄关系非常亲近,往来家书的内容相对生活化,主要是北京和常熟两地消息的互通。翁同龢长年在家

①② 《翁同龢日记》,第 2746 页。

③④ 《翁同龢日记》,第 2727 页。

⑤ 《翁同龢日记》,第 2746 页,光绪二十年五月十八日:"日内安维峻、准良皆有封事,为西苑工作也。"

⑥ 《翁同龢日记》,第 2761—2773 页。

⑦ 《翁同龢日记》,第 2749 页,光绪二十年五月廿九日:"发南信。"

书中与翁曾荣分享身边发生的大事小事,关键节点也向其传递有利于亲族或家乡的第一手消息,但更多时候是向其倾诉遭受的劳碌之苦,以寻求某种程度上的心灵慰藉。因为翁曾荣长年在家乡,所以一封封寄往南方的家书,实际上成了维系翁同龢与家乡的精神纽带和沟通南方与北方的稳固桥梁。

四、翁同龢致翁曾禧

翁曾禧(？—1885)，字士吉，为翁同龢堂兄翁同福(？—1862)的长子，翁同龢伯父翁人镜(1774—1844)的长孙，在族谱上被过继给翁同福的长兄翁佛保(殇)为嗣子。翁曾禧为廪贡生，多次应乡试不中。但翁同龢对他的评价很高，字里行间充满了肯定和鼓励。例如，同治三年(1864)二月初八日翁同龢致翁曾禧家书云："吾侄天性最厚，沉潜笃实，恪守素风，良骥千里，在乎异日，勿以目前困顿自沮。"又如，同治三年七月初十日翁同龢致翁曾禧家书云："同乡诸君来，皆称吾侄遇变而能安，耐贫而有守。菉卿至，益得其详，真吾家麟凤，愿随时努力！"再如，同治十二年六月初五日翁同龢致翁曾翰家书云："吾族人中无出色者，士吉铮铮，或觊一当。"①

翁同龢以实际行动为翁曾禧谋各种差使：同治三年二月，翁同龢请新任苏州府海防同知马金镗(生卒年未详)为翁曾禧谋一笔墨馆席；②同治六年十一月，翁同龢致书时任江苏按察使的李鸿裔(1831—1885)，为翁曾禧谋一阅卷地；③同治七年端午，翁同龢为翁曾禧求荐阅文馆一事得到李铭皖的当面应允；④同治十一年(1872)十二月廿三日，翁同龢致书署理江苏布政使的应宝时(1821—1890)，

---

① 以上所举三通家书均为南京博物院藏品。
② 南京博物院藏同治三年二月初八日翁同龢致翁曾禧家书。
③ 南京博物院藏同治六年十一月三十日翁同龢致翁曾禧家书。
④ 《翁同龢日记》，第641页。

为翁曾禧销假一事,使他次年初得以奉署娄县教谕;①同治十二年七月,翁同龢再次致书应宝时,使翁曾禧得以重返苏州书局工作,直至光绪六年(1880)苏州书局裁员;②光绪元年十月十二日,翁同龢又"答士吉、土复函,以士吉荐英茂文,嘱留沪局海运差使"。③ 光绪四年十一月初八日,翁同龢"灯下作徐雨之、英茂文、刘芝田书,为士吉说项,此等真乞食之文矣"。④ 此外,至晚从同治八年十二月起,翁曾禧便在江苏官书局(苏州书局)当差,这完全归功于翁同龢向李铭皖、应宝时等人的大力举荐。⑤

　　翁曾禧经常帮助翁同龢处理一些琐碎的家族事务作为报答,尤其当翁同龢的四侄翁曾荣不在老家之时。例如,同治三年七月初十日,翁同龢致书翁曾禧,请其和翁宗元(生卒年未详)一起前往陈家山祖墓勘定边界并妥善修治,此时翁曾荣正在北京;⑥又如,光绪三年八月初一日翁同爵去世,翁同龢在随后赶往湖北的轮船中致书翁曾禧,交办三件事:主持丧礼期间账房事、写一份讣闻底子寄翁曾翰和代为感谢亲朋好友,此时翁曾荣正在湖北。⑦ 更能说明问题的是,光绪四年五月十四日翁曾翰英年早逝,其灵柩后来更是由翁曾禧亲自护送回里安葬的。⑧

------

① 　南京博物院藏同治十一年十二月廿三日翁同龢致翁曾禧家书。

② 　根据南京博物院藏同治十二年七月十六日翁同龢致翁曾禧家书和《翁同龢日记》后续记载推得。《翁同龢日记》,第 1037 页,同治十二年十月初八日:"致应敏斋,谢士吉书局事。"第 1540 页,光绪六年七月廿九日:"得士吉函,苏州书局撤去廿余人,伊亦在内。"

③ 　《翁同龢日记》,第 1199 页。

④ 　《翁同龢日记》,第 1424 页。

⑤ 　南京博物院藏同治九年正月廿三日翁同龢致翁曾禧家书。

⑥ 　南京博物院藏同治三年七月初十日翁同龢致翁曾禧家书。

⑦ 　南京博物院藏光绪三年八月十二日翁同龢致翁曾禧家书。

⑧ 　《翁同龢日记》,第 1465—1466 页。

南京博物院藏翁同龢致翁曾禧家书共计十五通（其中少数为便条），从同治三年二月到光绪四年六月，跨越近十五年的时间，内容丰富，资料翔实，价值颇高，是研究翁同龢与翁曾禧叔侄关系、翁曾禧个案不可多得的第一手资料。本书通过对这些第一手资料的考证和诠释，试图勾勒翁同龢与堂侄翁曾禧之间的联系和互动，展现一颗冉冉升起的官场新星——翁同龢对同族晚辈的关心、爱护和提携，而这些恰恰又体现翁同龢于朝堂之外的另一个侧面，定将有益于翁同龢形象的立体和丰满，乃至对翁同龢的个案研究略有裨益。

（一）同治三年二月初八日（1864 年 3 月 15 日）

士吉二侄足下：

南北契阔，觌面为难。兵燹流离，羁孤可念。耿耿之怀，不能一日释也。

先庐尚有数椽否？汝父灵柩已经安葬否？此后将何以为生，诸弟及妹何以仰食，皆吾侄身任之，愿益努力而已。吾侄天性最厚，沉潜笃实，恪守素风，良骥千里，在乎异日，勿以目前困顿自沮。

吾家羁留都下，欲归不得。俟道路得通，家乡安堵，两三年内，当遵先公遗命，归葬邱垄。汝三叔蒙恩出狱，万里荷戈，旅资一无所出，尚未成行。

兹乘马君金铠，号雅琴，行一，海防同知，先公门下士。赴任之便，[①]聊布一一，并属马君为吾侄推荐一笔墨馆席，便中可往一谒。此问近好，不次。叔平手书，二月八日。

按，翁曾禧生父即翁同龢的二堂兄翁同福（？—1862），于同治元

① 《翁同龢日记》，第 342 页，同治三年二月初六日："访马雅琴世兄。行一，金铠，新选海防同知，癸丑考取学正，己酉举。始见京察人员圈出名单，引见自初二日起，至今日始毕。"

年六月廿四日殇于南乡罗家浜。① 当时南方动荡,常熟正被太平天国政权所占领,战火纷飞,翁同福的灵柩未得及时安葬,故翁同龢于札中问道:"先庐尚有数椽否? 汝父灵柩已经安葬否?"这是翁同龢对家乡和堂兄后事的高度关切。同时,他对子侄未来的关心也溢于纸表。翁同龢认为翁曾禧作为长子任重而道远,担负着诸弟妹的未来生计。翁同龢勉励他要更加努力,勿以目前困顿自沮。

翁同龢提及自家情况时发愿:等道路畅通、家乡安定后,定当遵照父亲翁心存的遗愿将其灵柩运回常熟老家安葬。此愿终于同治七年得偿。翁曾禧的三叔,即翁同龢的三兄翁同书(1810—1865)曾任安徽巡抚,因处理团练仇杀不善而被部议处,②后遭曾国藩弹劾而被羁押,③直到翁心存临终前才得暂释,④之后又回到狱中。⑤ 同治二年八月十二日,翁同书接受朝审过堂;⑥同年腊月廿五日,翁同书被加恩发往新疆效力赎罪。翁同龢于当日的日记中这样写道:"凌晨朱敏生送谕旨来,翁某加恩发往新疆效力赎罪等因。……余偕两侄驰往,偕三兄归。……白发孤臣,荷戈万里,此情此状,其何以堪,恨不沥血

---

① 《翁同龢日记》,第 264 页,同治元年九月十七日:"得南中信,知云樵二兄于六月廿四日殇于南乡罗家浜,伤哉! 一生憔悴,竟至于此。"

② 《翁同龢日记》,第 152 页,咸丰十一年六月十三日:"奉上谕:……前任安徽巡抚翁同书于团练仇杀未能速为讯断,实属办理不善,着一并交部议处。"

③ 《翁同龢日记》,第 212 页,同治元年正月廿六日:"发家函,始知三兄为曾国藩所劾,有旨拿问,交王大臣议罪。饭后疾驰,申初抵家,三兄谈笑自若,但言局外人不知其难耳。……傍晚北城兵马司指挥张鸿来,持刑部安徽司票,令即日赴部。"

④ 《翁同龢日记》,第 278 页,同治元年十一月初六日:"闻有暂释三兄恩旨。"

⑤ 《翁同龢日记》,第 287 页,同治二年二月十九日:"午后三兄遵旨赴狱具呈投到。"

⑥ 《翁同龢日记》,第 316 页,同治二年八月十二日:"朝审过堂。"

抒词,叩九阍而上诉也。"①作于稍后——同治三年二月初八日的本
札曰:"汝三叔蒙恩出狱,万里荷戈,旅资一无所出,尚未成行。"与《翁
同龢日记》记载的情状高度一致。

此时,翁心存的门生马金镗正要赴苏州府海防同知任,翁同龢特
写此信托其带呈翁曾禧,并嘱其为翁曾禧推荐一个笔墨差使以为
生计。

(二) 同治三年七月初十日(1864 年 8 月 11 日)

士吉二侄:

同乡诸君来,皆称吾侄遇变而能安,耐贫而有守。萧卿至,益得
其详,真吾家麟凤,愿随时努力!

马君尚自不给,无暇为谋,且缓图之。倘得兼一书启馆席,去家
甚近,乃有益耳。厚斋、云亭困厄,可念! 族郳中何一不可闵? 令人
凄恻。

先陇安固,惟陈家山门为屯营之地,封树几不能识。呜呼! 此吾
文安公兆域所在,且吾诸兄之殇者附焉。此地若夷,吾子孙何以一日
安也? 已驰书宗伯,即日往度界址,吾侄亦宜随往展拜,量为修治,万
勿延缓。

六月中,曾翰危疾,得瘳。京寓粗遣,惟无以供晨夕。金陵既复,
归期不远。此问近佳。叔平手泐,七月十日。

按,此札接续前札,作于同治三年七月初十日。② 同乡诸君及翁
曾荣来参加顺天乡试,都对翁曾禧有很高评价,认为其"遇变而能安,
耐贫而有守"。这很符合翁同龢对翁曾禧的一贯评价,正如前札所

---

① 《翁同龢日记》,第 334 页。

② 《翁同龢日记》,第 368 页,同治三年七月初九:"晴,热。致厚斋兄、士
吉侄书。"

云:"吾侄天性最厚,沉潜笃实,恪守素风。"

"马君"即前札所提之马金镗,乃翁心存的门生,新任苏州府海防同知。翁同龢前札托其为翁曾禧推荐一笔墨馆席,但此事因马氏自顾不暇而暂缓。厚斋即翁宗元(生卒年未详),翁同龢称之"宗兄",亦即翁曾禧的"宗伯"。云亭即翁同祜(1814—1874),字伴石,工书善画,以篆刻名世,乃翁心传(生卒年未详)子、翁同龢堂兄。翁同龢写此信的主要目的是:请翁曾禧和翁宗元一起去勘定一下陈家山祖墓的边界,并妥善修治,以免被附近驻扎的军队夷平了。

本年五月底至六月间,翁曾翰大病一场,至六月底慢慢恢复,故札曰:"六月中,曾翰危疾,得瘳。"《翁同龢日记》记载,同治三年六月廿九日"巳刻,曾国藩六百里加紧红旗报,金陵攻拔,洪逆前死,其子等阖门自焚"。① 故此札曰:"金陵既复,归期不远。"翁同龢札中云无以"供晨夕"的很可能是香火,其言外之意是翁心存的灵柩尚未归葬故里。

（三）同治六年十一月三十日(1867 年 12 月 25 日)

士吉二侄省览:

阅江南题名,怊怅失望,既而思穷通有命,即贫贱何伤? 得书,具悉近状,最喜其词意真切,知吾侄之能安命也。家乡风气,乱后不知惩惧,反以豪侈相尚,士窕而工窳,甚可忧虑。吾侄支持门户,料理婚嫁,想见竭蹶之况。厚斋、云亭及诸父诸子皆平安否? 甚以为念。

吾昨夕入直,自问无所裨益,徒以承乏,未能即去,明岁冬间计得请归葬。数年来负罪就列者,亦缘责任綦重且先志未竟,予小子不敢不自策厉,固未尝有怀禄干进之情也。堂上步履轻健,耳目聪明。汝

---

① 《翁同龢日记》,第 366 页。

源弟旧疾未除，今秋乃益剧，百计治之无效，可忧也。汝五叔升任川
臬，①到任须来春，蜀中虽好，去家益远。

　　来书欲谋一阅卷地，已赆书李眉生臬使。鸿裔。臬使，吾同年
也，汝到苏州具年世愚侄帖一谒，或可得此席。若蔡观察者，虽戚友，
吾薄其人也。百忙中草问近好，见诸尊长时，均道吾意。叔平手笺，
十一月晦。

　　按，翁曾禧的科考之路十分坎坷。同治六年七月，翁曾禧再次
参加南京乡试，仍不获隽。本次乡试，常熟中者十一人，有宗月锄、
钱绥卿等人，②惜无翁家子弟之身影，更无翁曾禧之名。故而，在京
的翁同龢"闻江南题名，怊怅失望"。但惆怅之余，翁同龢仍安慰翁
曾禧"穷通有命，即贫贱何伤"。本年十一月十四日，翁同龢得翁曾
禧函。③故十一月三十日，翁同龢"作书寄李梅生，并寄士吉、鹿卿
侄"。④其中寄士吉侄的即本札，乃对十一月十四日得翁曾禧函的
复信。

　　由此札知，翁曾禧在来函中除了向叔父汇报家乡近况和个人近
状外，还请叔父为其谋一阅卷地，即一份审读案卷的工作。翁曾禧来
函词意真切，其表现出的乐安天命的心态让翁同龢感到很欣慰。翁
同龢作书寄李眉生，即为翁曾禧所求工作事。李眉生，即李鸿裔，同

---

　　①　《翁同龢日记》，第581页，同治六年八月初二日："闻五兄简放四川按察
使，不胜雀跃。"《翁同龢日记》，第589页，同治六年九月廿七日："得五兄八月
函，尚未知升擢信。"

　　②　《翁同龢日记》，第591页，同治六年十月初六日："闻江南榜信，吾邑中
者十一人：宗廷辅月锄，六。曾云章士庭，廿六。管高福少溪，卅五。……钱禄
泰绥卿，二百六十七。"

　　③　《翁同龢日记》，第598页，同治六年十一月十四日："得士吉侄函。源侄
终日喃喃语而神不清，转为险象，可忧之至！"

　　④　《翁同龢日记》，第602页。

治六年二月十六日新任江苏按察使。① 据翁同龢札中自述，李鸿裔为其同年，若翁曾禧具帖拜访，找工作之事或可如愿。

此外，翁同龢在回信中表达了对家乡战后出现的崇尚豪侈的不正之风的忧虑；翁同龢还向堂侄表明：入直弘德殿乃继父述志，而非怀禄干进之举；拟于次年冬天归葬翁心存的灵柩。与其说翁同龢向翁曾禧表明心志，不如说翁同龢借翁曾禧之口向族人表明心志。信中还有一条关键信息，即翁同爵升任四川按察使，揭示了本札的写作时间——同治六年十一月三十日。

（四）同治九年正月廿三日（1870 年 2 月 22 日）前

士吉二侄：

屡得问，甚慰。书局事繁，数往还于吴门，兼考书院，文字之乐于计亦得。校官验到，能得署缺否？恐此时需次者不少，必须轮委耳。万先生学术纯粹，夙所企慕。吾吴风俗，大半以词章、考据为长，果能闻正学而兴起否？与善人居，当观其心得者何处，久久必获益。近来子弟往往以末迹指摘人，所谓浮薄不知轻重耳。

先茔应修处闻已毕工，一切坚实否？从前我先公曾辑家谱一册，写本在此，吾意欲刻一简明者以垂久远。廿余年来，子姓日繁，吾离乡久，不能深考，吾侄可将此廿年中所添人丁详开一单，并其行号著之，以便采取。

吾日侍讲帷，休暇之时极少，故百事皆废，每一念及则歉然于中。汝诸弟能敦笃自立否？大保、李甥皆美质可造就，督其向学至要。草草问近好，不一。叔平字。

按，同治九年正月廿三日，《翁曾翰日记》记载："得士吉兄函，知

---

① 《翁同龢日记》，第 549 页，同治六年二月十六日："李鸿裔放江苏臬司。"

其教职已验到，现派与潘子昭兴修文庙……"①而翁同龢本札言："校官验到，能得署缺否？恐此时需次者不少，必须轮委耳。"显然，本札作于同治九年正月廿三日之前。查《翁同龢日记》和《翁曾翰日记》，可知翁曾禧最近的一次来信是同治八年十二月十八日。②本札或许就是对翁曾禧此次来信的回复，作于同治八年十二月十八日或稍后数日。

"我先公曾辑家谱一册"即翁心存所辑《海虞翁氏族谱》写本，成于翁心存家居十年期间，截止时间是道光二十八年（1848）或道光二十九年，距离本札写作时间正好是二十来年，符合札中"廿余年来""廿年中"的说法。翁同龢请翁曾禧为其开列新添人丁名单、行号，以便其续写家谱之用。但翁同龢的续谱工作一直到其丁母忧期间才得以展开并顺利完成。

"书局事"表明，翁曾禧此时已在江苏官书局工作。"万先生"应该是某书院的山长，具体是谁尚有待考证。"大保"当指翁曾禧的长子翁宜孙咏春，是翁同龢比较看好的一个侄孙，后来与翁同龢的关系非常密切。"李甥"当为李章甫（？—1878），翁同福的外甥之一。

（五）同治九年五月初五日（1870 年 6 月 3 日）

士吉二侄：

屡得书，知近状，甚慰。书局事，劳顿否？长住郡城，则家务如何兼顾？想亦往来其间耳。

县学兴工，栋桶陶甓，为材几许，为工几许，皆非吾辈所习，而巧拙良窳，又不能举目即辨，甚费咨度，不知子昭与侄胸中有定见否？借款一万，足敷用否？丁中丞若不迁徙，则此款尚不至捐还，脱或不

---

①② 《翁曾翰日记》，第 151 页。

然，更难逆料。吾故请中丞集邑中绅士公议，勿留罅隙也。

秋试甚近，侄与诸子谅必偕往，文字要清新流丽，诗须合式，此逢时之陋语，要之，尽其在我者而已。草草不次。叔平手泐，端午日。

　　按，"书局事"再次表明，翁曾禧此时已在江苏官书局工作。"县学"即常熟文庙。江南经过太平天国运动后百废待兴，尤其是文化教育事业，常熟士绅们迫切希望复建文庙以重振旗鼓。翁曾禧在致翁同龢的信札中曾多次提到文庙兴工。例如，同治九年正月廿三日，《翁同龢日记》记载："士吉信来，言文庙将开工，中丞一力担承不派捐，并委士吉与潘子昭同办，子昭名欲仁，余荐之于中丞也。"①又如，同治九年三月初九日，《翁同龢日记》记载："得士吉侄信，言吾邑文庙工程需钱二万串，而中丞借提钱万串尚须捐还，恐非易集事也。"②由此可知，本札是对此二札的复信，其写作时间是同治九年端午之日。

　　几乎同时，翁曾荣致翁同龢的一封家书中也提及文庙兴工事，《翁同龢日记》同治九年三月廿一日条记载："得荣侄二月廿四日函，仍言文庙工程事。"③亦为本札系年之旁证。再查《翁同龢日记》，该年五月初四日，翁同龢"料理节务，写南中族戚信"。④ 其致翁曾禧札当亦书于此时或次日，和其他族戚信一批发出。

　　丁中丞即丁日昌（1823—1882），字持静，小名雨生，时任江苏巡抚（1867—1870）。丁氏借提一万工程款资助常熟重修文庙，但他此时被朝廷派往天津协助曾国藩处理"天津教案"，故此一万工程款必须捐还政府。翁同龢从中疏通，希望丁日昌召集邑中绅士公议此事，圆满解决此事，避免因此而生嫌隙。

　　①　《翁同龢日记》，第 779 页。
　　②　《翁同龢日记》，第 791 页。
　　③　《翁同龢日记》，第 793 页。
　　④　《翁同龢日记》，第 802 页。

（六）同治十一年七月廿七日（1872 年 8 月 30 日）

　　得问具悉，刻手尚佳，惟此时正与刘博文议价，亦如之。若刘能办此，较苏州往返为便，黄处暂缓与说，如何？
士吉

叔平，七月廿七日

　　按，此札与后札存在明显的人物和内容关联，很明显作于同一年。而后札的系年是确切的，故本札作于同治十一年七月廿七日。本年六月廿二日，翁同龢和翁同爵刚把母亲灵柩护送回常熟老家安葬。翁同龢写此便条时，正在考虑刻墓碑之事，并且正与刻工刘博文议价。黄姓者为苏州的一名刻工，是翁曾禧介绍的，翁曾禧当时在江苏官书局工作；刘博文则是常熟本地的一名刻工。如果二者都能成事的话，那么翁同龢更倾向于请刘博文刻，因为他相对于苏州的黄某距离更近，往返、沟通起来都更加便利。

（七）同治十一年九月十五日（1872 年 10 月 16 日）后

　　缓叔先生字卷漫题数语，扇面二并送去。昨士复来，未晤，适午卧未起也。墓碑改题，须问刘博文否？
士吉

　　按，查《翁同龢日记》，翁同龢题《汤缓叔阄作及家书卷》的时间是同治十一年九月十五日。① 此为本便条的时间上限。再查本年九月十四日《翁同龢日记》所记内容，可知当日士吉、雨峰两伻来过，但只

---

　　① 《翁同龢日记》，第 973 页，同治十一年九月十五日："题汤缓叔先生阄作及家书卷。卷中题咏大半名人，今藏其族孙銮卿家。"

字未提士复来过,与便条"昨士复来,未晤,适午卧未起也"的说法相悖,可排除本札作于九月十五当日的可能,知此便条作于同治十一年九月十五日之后。又,本年九月十九日,《翁同龢日记》有"敬书墓碑字样……"之记载,[1]与"墓碑改题"相呼应,在某种程度上印证了笔者以上的判断。

汤缓叔(1714—1765),名愈,字文起,缓叔为号,昭文(今属江苏常熟)之吴市人,乾隆二十八年(1763)进士,闱墨传诵都下,南旋后任娄东书院讲席,乾隆三十年(1765)十月初一日病殁于家。《汤缓叔闱作及家书卷》乃"先生应乾隆癸未会试所录宁武子篇草稿,附书寄致其家尊者",后有董诰、朱珪、姚文田、姚鼐、席煜、翁同龢等二十多位名家诗文题跋。[2]

士复,即翁同龢堂侄翁曾绍(1833—1879),翁曾禧之弟,亦为翁同福子、翁人镜孙。由《翁同龢日记》可知,翁同龢母亲的墓碑最终是由刻工吴和尚刻就,而非先前议价的刘博文或苏州黄某所刻。[3]

(八) 同治十一年十二月廿三日(1873 年 1 月 21 日)

项到墓次,归已初更。应方伯一函送去,倘需用即寄去,否则交还可耳。[4] 钱七百买书,找欠即收入。

---

① 《翁同龢日记》,第 974 页。

② 朱轶尘《汤缓叔先生闱稿长卷考证》,《虞社》1937 年第 226 期,第 43—52 页;1937 年第 227 期,第 43—50 页。

③ 《翁同龢日记》,第 977 页,同治十一年十月初一日:"先哭于墓,敬树碑石。刻工吴和尚,每字十六钱。"

④ 《翁同龢日记》,第 986 页,同治十一年十二月初三日:"饭后士吉自苏州归,来坐良久,欲求书予应敏斋,为其销假事,辞之。向例,告假人员销假后须一月后方能轮委,伊现甫销假,而华亭有缺,欲设方法。"第 988 页,同治十一年十二月廿三日:"先母诞辰,设奠。午后从兄诣墓次,但觉……致应敏斋函,为士吉销假事。"第 1037 页,同治十二年十月初八日:"致应敏斋,谢士吉书局事。"

士吉侄

　　　　　　　　　　　　　　　　叔平

　　按,同治十一年十二月廿三日,翁母冥诞,翁同龢与翁同爵一同去翁母墓地祭奠,初更左右归家。翁同龢于灯下先写了"致应敏斋函,为士吉销假事"。① 接着,他又写了这张便条,和致应敏斋函一起给翁曾禧送去。信中的应方伯即应宝时(1821—1890),时任江苏按察使、署布政使。其实,早在二十天前,翁曾禧从苏州回来,就请翁同龢致书应敏斋,为其销假事,但被翁同龢拒绝了。② 因为根据惯例,告假人员销假后必须等一个月才能依次补缺,当时翁曾禧才销假,就想补华亭缺,显然不太合适,故翁同龢未应允,可谓坚持原则。而翁同龢作此札时,翁曾禧销假已逾二十天,翁同龢为其致书应敏斋争取,可谓顾念亲情。最终,水到渠成,同治十二年初,翁曾禧奉署娄县教谕。

(九) 同治十二年七月十六日(1873 年 9 月 7 日)

　　明日舟诣吴门否? 应方伯函,即携致《天玺碑》粘本附还,其一册已留之,原直十一。饼送去,即检入。

士吉

　　　　　　　　　　　　　　　叔平,七月十六日

　　按,此为便条而非长信,说明写者和收者当时相隔不远。再从

----

　　① 《翁同龢日记》,第988页,同治十一年十二月廿三日:"先母诞辰,设奠。午后从兄诣墓次,但觉……致应敏斋函,为士吉销假事。"
　　② 《翁同龢日记》,第986页,同治十一年十二月初三日:"饭后士吉自苏州归,来坐良久,欲求书予应敏斋,为其销假事,辞之。向例,告假人员销假后须一月后方能轮委,伊现甫销假,而华亭有缺,欲设方法。"

"明日舟诣吴门否?"可知翁同龢和翁曾禧当日都在常熟,而后者次日可能造访吴门。"应方伯"即应宝时,其署江苏布政使是同治十一年二月,恩锡(约1817—1876)调任之后。与此对应的时间段,是翁同龢丁母忧而居常熟期间:同治十一年六月廿二日至同治十三年(1874)四月初七日。便条末署"七月十六日",可排除同治十三年,故本札的写作时间只能是同治十一年或同治十二年的七月十六日。

再比对《翁同龢日记》,可知此札作于同治十二年七月十六日的可能性更大一些。因为同治十一年七月十六日,《翁同龢日记》曾记载:"士吉以先世手迹见视,敬孝之心油然而生。"[1]叔侄二人当日见面有很长时间,如果翁同龢要让翁曾禧携带致应敏斋函及《天玺碑》粘本,根本不需要写此便条,饼也不用专门再送一趟,这些都可以当面交代和解决。因此,可排除同治十一年七月十六日的可能,那就只剩下同治十二年七月十六日了。当时的情形是:翁曾禧准备于七月十七日前往金陵送考并应乡试,将途经苏州,翁同龢准备好致应敏斋函及《天玺碑》粘本请翁曾禧带去,故作此便条。翁同龢致书应敏斋,为的是让翁曾禧重回江苏官书局接回吴鸿纶工作一事。

(十) 同治十二年九月十五日(1873 年 11 月 4 日)

秋风甂甂,亦既听之矣。儒卿来信云委札已下,须往谢,不可迟也。原信送看,不一一。
士吉侄

叔平

按,经翁同龢说项,同治十二年春,翁曾禧奉署娄县教谕。几乎

---

① 《翁同龢日记》,第965页。

同时，翁同龢致书应敏斋，请好友吴鸿纶(1817—1902)补翁曾禧书局之缺。[①] 从稍后翁同龢的一则日记可知，吴鸿纶确实去了苏州书局。[②] 但仅数月之后，不知何故，或许因为吴鸿纶要离开苏州书局，[③]故来南京送考兼应乡试的翁曾禧[④]又想回苏州书局工作。于是，翁同龢又为其说项。本年九月十二日，翁同龢收到吴鸿纶来信，[⑤]极有可能就是本札提到的"儒卿来信"，主要内容是：翁曾禧接替他回书局工作的委札已下。查《翁同龢日记》，该年九月十二日之后几日，只有九月十五日的天气(阴，南风，燥热)最接近本札(秋风毷氉)。[⑥]同年十月初八日，翁同龢致书应敏斋，谢士吉书局事，说明此事已成；[⑦]光绪六年(1880)七月廿九日，苏州书局撤去的廿余人中包括翁曾禧。[⑧] 这些都能说明翁曾禧在任娄县教谕之后确实又回到了苏州书局工作。

---

① 《翁同龢日记》，第 994 页，同治十二年正月廿七日："致书应方伯，欲留士吉书局差与吴儒卿。士吉奉委署娄县教谕。"

② 《翁同龢日记》，第 1004 页，同治十二年三月初十日："吴儒卿来，甫从书局归也。"

③ 《翁同龢日记》，第 1030 页，同治十二年八月廿四日："访吴儒卿，明日赴都。同儒卿访宝生，小坐归。"

④ 《翁同龢日记》，第 1023 页，同治十二年六月廿六日："士吉侄归自娄县。送考兼应乡试。"第 1031 页，同治十二年八月廿五日："士吉金陵归，试作平正。"

⑤ 《翁同龢日记》，第 1033 页，同治十二年九月十二日："得儒卿信，即复之。"

⑥ 《翁同龢日记》，第 1033 页。

⑦ 《翁同龢日记》，第 1037 页，同治十二年十月初八日："致应敏斋，谢士吉书局事。"

⑧ 《翁同龢日记》，第 1540 页，光绪六年七月廿九日："得士吉函，苏州书局撤去廿余人，伊亦在内。"

（十一）同治十二年十一月十七日(1874 年 1 月 5 日)

大风严寒,郡行盍止? 昨从彼归,舟几胶矣。如即赴郡,晤月锄,可恳其催写字人柏璨明者速写家谱,并欲得昆弟其兄子久写诗六卷,期以三月,即吾侄亦可为我成之,千万。讲定后,诗稿两卷当于廿三四寄付发写也。

士吉侄览

叔平,十七日

鉴藏印　默斋审定(朱文方印)

按,此便条作于同治十二年十一月十七日。前一日,翁同龢刚从苏州归来。① 翁同龢写此便条给翁曾禧的主要目的是交代翁曾禧:如果见到宗月锄,一定请其催写字人柏椒(璨明)速写家谱的宋字,并请其和柏椒之兄柏子久讲定写《知止斋诗集》六卷的宋字。因翁同龢本月十四日、十五日亲自到苏州时,只见到宗月锄,而未见到写字人柏椒,故对翁曾禧有此转托。② 本月廿四日,翁同龢"得宗月锄函,言写宋字柏子久可承办,写样"。③ 同月廿五日,"士吉来,以诗稿付之,明日赴苏也"。④这说明翁同龢本札转托翁曾禧之事最终办成了。

---

① 《翁同龢日记》,第 1042 页,同治十二年十一月十六日:"日出,呼舟人起打冰,移泊城下,步行回家……入夜风威特甚。"

② 《翁同龢日记》,第 1042 页,同治十二年十一月十五日:"先抵书局,晤宗月锄,托其寻写字人柏椒未晤,又访潘子昭,即赴……再访月锄,未晤,回舟而月锄人来,作函切恳。不及待柏姓来,移舟出阊门买物……"

③④ 《翁同龢日记》,第 1044 页。

(十二)光绪二年闰五月十六日(1876年6月27日)二鼓

士吉侄:

前两纸未知何时所书,久久未寄。昨得来函,甚慰,譬如归梦一到家山耳。时事大难,负此近职,愧惧交集。近状如何?北方大旱而南中多雨,能不害稼方好。米价当有起色,又虑佃主喜而小民愁也。吾体日羸,畏暑减食。叶郎英伟真率,吾颇爱之,招来下榻,伊不甚愿,嫌城寓太远,与师友隔绝,势不能强,亦姑听之,今与君表同寓,断不至有少年之过,可勿挂念。京寓皆安,苏印如病当已,老宅想皆平安,懒散,不复能致函,为我道念。闰月十六日二鼓,叔平手字。

按,从"畏暑减食"四字可知翁同龢写信时是夏天。查《翁同龢日记》,综合闰月、北方大旱而南中多雨、叶郎来京、曾君表(曾之撰)在京等多重信息,可以判定:此札作于光绪二年闰五月十六日二鼓,并于闰五月十八日寄出。[①] 叶郎,即叶茂如寿松,为翁曾禧之婿,于光绪二年正月到京。[②] 翁同龢于正月十二日和五月十六日[③]两次见过他。叶茂如于上年考中乡试,[④]故翁同龢于日记中称之为"孝廉"。他此次进京就是参加会试,但最终未能如愿得中进士。

---

① 《翁同龢日记》,第1252页,光绪二年闰五月十八日:"寄南中信。"

② 《翁同龢日记》,第1219页,光绪二年正月十二日:"散后访杨振甫同桂、叶茂如,寿松,士吉之婿,皆从南中来。晤之。"

③ 《翁同龢日记》,第1245页,光绪二年五月十六日:"饭后到署,叶茂如孝廉来晤。"

④ 《翁同龢日记》,第1198页,光绪元年十月初九日:"得士吉侄函,未及新宅事,其女婿叶寿松中式,可喜也。"

（十三）光绪三年八月十二日(1877 年 9 月 18 日)巳初

士吉侄：

别后一昔达昌门，一日抵沪，从此入飞舶，三日抵汉口矣。江山黯然，风月凄恻，奈何！入舟强食饮，一概支持。帐房事一烦主持，其大者乃在门户火烛，佛事循俗为之，余则浮费，当减。讣闻底子可写一分，即日寄海珊，千万，千万！亲友处均致意，道费心，不一一。舟行九江①，预写此纸，到汉口再寄。十二日巳初，叔字。

按，光绪三年八月初一日，翁同爵逝世于湖北巡抚任上。翁同龢于八月初七日得闻噩耗，即于次日夜里携翁同爵长孙翁奎孙赴苏，到上海乘坐轮船，溯江而上，前往武昌。而翁曾禧则在老家协助翁曾纯等人准备翁同爵的后事。

八月十二日巳初，翁同龢抵达江西九江附近时，给翁曾禧预写了本札，等到汉口再寄回常熟老家。"江山黯然，风月凄恻。"可以想见翁同龢丧兄时的心境之悲。翁同龢在札中向翁曾禧交代了三件事：第一是请其主持账房事，第二是请其写一份讣闻底子寄给翁曾翰，第三是请其代为问候、感谢亲朋好友。

（十四）光绪四年五月廿八日(1878 年 6 月 28 日)晚

士吉览：

士申来，②得手笺，忙中未答。未几，遂有筹儿之变，③老境睹此，

---

①　《翁同龢日记》，第 1343 页，光绪三年八月十三日："丑初二刻，泊九江西门外。"

②　《翁同龢日记》，第 1395 页，光绪四年五月朔："士申侄押海运到京。"

③　《翁同龢日记》，第 1398 页，光绪四年五月十四日："（曾翰）酉初二刻再请余告遗言……戌初一刻气息益微，溘然而逝。"

不能堪矣。门祚衰薄，乃吾不德、负咎所致，尚复何言？它日乃遂无税驾之所，此真命也。

士申才谞尚好，其志愿未易酬，到京即患下利，累月未愈。吾屡令其移来横街，一切较便，而伊以为店中萧散，今日始来下榻，望其早愈还南，以免悬望。①

吾于惨切中忽被台端之命，②自顾弗类，此后乞身更难，相见何日？惟有嗟叹。日来趋直不敢忘，退处一室，颓然而已。鹿卿如何？惟日夕安慰之，不一一。五月廿八日灯下，叔字。

按，本札作于光绪四年五月廿八日晚。翁曾祐（1845—1878），字士申，乃翁曾禧弟、翁同福子、翁人镜孙。他于光绪四年五月朔日押海运到京，不幸患上了痢疾，在翁同龢的反复劝说下，才于写信当日（五月廿八日）移来横街京寓暂住。此后数日，其痢疾渐有好转。六月初九日，翁同龢赠其五十金送其还南。③ 但令翁同龢没有想到的是，南返之后的翁曾祐竟于十月廿一日因久痢而去世了。④

翁曾祐在京的那段时间，是翁同龢非常艰难的一段时间。翁同龢刚刚遭遇了丧兄之后的又一次重大变故，那就是嗣子翁曾翰（1837—1878）病逝。这对他的打击巨大，正如本札曰："老境睹此，不能堪矣。"他为此感到内疚、自责，认为是其不德、负咎导致了如今门祚衰薄的局面。在丧乱之中，翁同龢于五月十九日被朝廷升任为都察院左都御史，即本札所谓的"忽被台端之命"。他百感交集，既感恩又忧惧。

---

① 《翁同龢日记》，第1399页，光绪四年五月廿八日："士申俚下利不止，委顿，今日移来，便于照料也。"

② 《翁同龢日记》，第1398页，光绪四年五月十九日："辰正闻有擢任台端之命，忧惧感触，方食而咽，终日忡忡。"

③ 《翁同龢日记》，第1401页。

④ 《翁同龢日记》，第1424页，光绪四年十一月初五日："得鹿俚十月廿三日函，皆安，士申俚竟以久痢于廿一日逝世，可悲可叹，奈何哉！"

（十五）光绪四年六月初一日（1878 年 6 月 30 日）

　　阅与士申函，知侄妇体中未平，当调理向健。大八成事非吾所能任，然侄舍此亦别无法，好自料理，吾亦少助绵薄也。士申利渐止，南行有日，再当函知。六月朔。

　　按，本札接续前札，作于光绪四年六月初一日。此时，士申侄翁曾祐在京，且已移来横街京寓暂住，在亲人的悉心照料下，所患痢疾渐止，南行之日可期。翁同龢读完翁曾禧给翁曾祐的来信后，提笔作此简短回信，主要针对翁曾禧欲捐教官一事。

　　其实，早在光绪二年春，翁曾禧造访湖北时就向翁同爵表露了欲捐教官的想法，当时只要大四成实银，后者承诺助其一百金。而时至光绪二年冬月，翁同爵再接翁曾禧来信时，得知捐此已需八百实银，而翁曾禧四处张罗仅得六百，尚缺二百需要翁同爵帮助。翁同爵第一时间复信应允，并给翁曾翰写家书请其在京兑付。翁同爵还担心翁曾禧张罗的六百金未凑足，特在致翁曾翰家书中交代，请翁同龢帮助其数十金共成此事。

　　但随着光绪三年翁同爵、光绪四年翁曾翰的相继离世，翁曾禧欲捐教官一事不得不搁浅。此札所谓"大八成事"即翁曾禧欲捐教官事，翁同龢札中表示虽"非吾所能任"，但会"少助绵薄也"。翁同爵、翁同龢兄弟对翁曾禧的关心照顾由此可见一斑。

　　从《翁同龢日记》看，光绪八年七月，翁曾禧参加了录科考试，取第五十名；[①]光绪九年十月，翁曾禧选金山县训导。[②] 可见，翁曾禧最终还是重启了捐教官之事，并得偿所愿。只可惜好景不长，光绪十一年，翁曾禧就与世长辞了。

---

　　① 《翁同龢日记》，第 1713 页。

　　② 《翁同龢日记》，第 1824 页。

　　综上所述,翁同爵、翁同龢兄弟都有强烈的家族使命感和家族责任感,都很关心翁曾禧这个堂侄,且都付诸行动。因为翁曾禧是翁同福的长子,承担着照顾诸弟妹的重担,所以翁同爵、翁同龢兄弟全力帮助他,其实就是全力帮助翁人镜一支。从分工看,长期担任外官的翁同爵多在经济上帮助和支持翁曾禧,而长期担任京官的翁同龢则多以强大的人脉处处为翁曾禧说项找工作,同时给予其巨大的精神鼓励和强大的精神支撑。对于没有功名的翁曾禧而言,有工作就意味着有收入。因此,虽然翁同爵、翁同龢兄弟对翁曾禧的帮助在形式上不同,但是在本质上是相同的,目的都是为了改善翁曾禧一家的生活状况,但绝不违背原则底线。而作为家族一员和受帮助对象的翁曾禧也知恩图报,经常代替不在家的翁同爵、翁同龢兄弟处理如修墓、归葬、举殡、祭祀等重要的家族事务,还为翁同龢守孝期间编辑《海虞翁氏族谱》《翁心存诗文集》及修墓、改葬等大事做一些如提供信息、联系刻工、联系写手等基础性工作。总体上看,翁同爵、翁同龢兄弟与翁曾禧之间是一种非常良性的叔侄关系,值得今人借鉴和思考。

五、翁同龢致翁曾绍

　　翁曾绍(1833—1879),乃翁曾禧二弟,亦为翁同福子、翁人镜孙,翁同龢称其为"士复三侄"或"士复侄"。翁曾绍共有三子:翁梓孙、翁苣孙和翁锦孙。其中,翁苣孙即于光绪二十五年(1899)六月十六日去世的天官坊莘田侄孙;[①]翁锦孙即绣庄,在翁同龢晚年的日记中偶有提及。因翁曾绍无功名,故与其相关的史料甚少。本书对其不作多考,仅就南京博物院藏翁同龢致翁曾绍家书略作考释。

(一) 光绪三年二月初六日(1877 年 3 月 20 日)

士复三侄览:

　　寿官来,得手函,具悉近况。侄妇羸瘦,当缘境地不佳,然亦自宽为要。起屋不易,且置之,小楼虽小,亦吾家乔木之余,且张太夫人居此二十年,吾母尝堕梯伤脊,是皆吉祥福德之所钟,今贞节居之,称此楼矣。安贫自立,千万勿忘。祠屋已成,其司寇公专祠万无再建之理,若后门出路,既能公共,即无事端矣。吾此皆安,侄辈好将息,不次。叔平。

　　按,光绪三年二月初六日,"寿官携来士吉、士复、瑾甫、调卿、金

---

　　① 《翁同龢日记》,第 3265 页,光绪二十五年六月十七日:"天官坊莘田侄孙竟于十六日申刻殂逝,病不及廿日,神昏无良医,可伤也,子尚幼,此士复之次子,秀庄之兄也,无能而无大过。赙以四十元。"

门各函"。① 故而,本札首句曰:"寿官来,得手函,具悉近况。"翁同龢
认为翁曾绍之妻身体瘦弱,固然与境况不佳有关,但同时也要宽慰自
己,真正做到安贫自立。翁同龢认为,建造房屋并不容易,劝翁曾绍
先放一放,并告诉他祖屋虽小,但风水好。张太夫人——翁同龢之祖
母,许老夫人——翁同龢之母,都曾居住于此。此时,翁曾绍之母居
住于此,也非常相称。"祠屋"指石梅先祠。"司寇公专祠"指康熙年
间的刑部尚书翁叔元(1633—1701)的专祠。翁同龢认为,翁氏家族
的石梅先祠已经建成,翁叔元专祠就没有再建的必要,但为了避免与
他房产生矛盾冲突,建议后门出路留做公用。

_____

① 《翁同龢日记》,第 1305 页。

六、翁同龢致翁斌孙

　　翁斌孙(1860—1922),小名寿官,字弢夫,又作弢甫、韬夫,号笏斋,一作笏庵,晚号冰楞、笏居士。他是翁家"小状元"翁曾源之长子、翁同书(1810—1865)之孙,在族谱上被过继给翁同书的长子翁曾文(1830—1853)为嗣子。翁斌孙于光绪元年(1875)首次观场,光绪二年即中举人,光绪三年便中进士,可谓联捷登第。他十八岁进士及第,比曾祖翁心存、祖父翁同书、叔祖翁同龢、本生父翁曾源都要早,可谓少年得志。翁斌孙读书、备考、乡试、会试、殿试、朝考等细节,尤其是中举人和中进士后家族长辈之心情和反应,在翁同龢、翁同爵、翁曾荣、翁曾翰等人的往还家书中多有体现,不胜枚举。

　　因为祖父翁同书去世得早,本生父翁曾源又经常发病,所以翁斌孙的教育问题主要由其叔祖翁同龢负责。翁同龢一视同仁,并未因为翁安孙是嗣孙,翁斌孙是侄孙,就厚此薄彼,而是让翁斌孙和翁安孙一起读书,为他们聘请家庭教师,有时还亲自上阵,为其讲贯课业。翁同爵也很关心翁斌孙的培养,在给翁同龢、翁曾翰等人的家书中时常问及翁斌孙的学习情况。虽然翁同爵远官在外,不能直接出力,但是他经常出钱,资助翁斌孙的笔墨费用。如同治十三年十二月廿七日(1875年2月3日),翁同爵致翁同龢家书云:"兄意自明年正月起,令筹儿每月每人给以贰金,以为添补笔墨之用,否则安孙伊父母均在京,取携尚便,寿孙则有许多为难之处也。至嘱,至嘱!"叔祖翁同爵之公心跃然纸上。

　　翁同龢在少年得志的翁斌孙身上看到了自己的影子,更看到了翁氏家族的未来和希望,在其身上倾注了极大的心血。翁斌孙回南参加乡试以前，及进士及第之后，绝大多数时间都在京城，和如日中天的翁同龢在一起。随着翁同爵、翁曾翰的相继离世，翁安孙、翁德孙的相继早逝，翁同龢的心境趋于悲凉。而在翁同龢最艰难的时候，翁曾荣远在故乡，翁曾桂又外放湖南，翁斌孙自然成为他最亲近之人。翁同龢有意培养翁斌孙，经常带其与同僚们应酬，与之共享庞大的社交网络，当自己忙碌或者外出时，就让翁斌孙接待来访官员。翁曾翰在世时经常帮助翁同龢草拟重要奏折，而其去世之后，这项工作落在了翁斌孙身上。翁同龢还潜移默化地影响翁斌孙的兴趣和爱好。翁同龢闲暇时会带翁斌孙逛琉璃厂等处古书铺、古玩店，并于各种场合品鉴书画。翁斌孙不仅得益于祖父翁同书、父亲翁曾源的藏书基础，还受益于叔祖翁同龢的学识涵养，日积月累，终于也成为一代藏书大家，并影响其后世子孙。

翁同龢视翁斌孙如亲孙，翁斌孙以翁同龢为榜样，二者感情颇深，只要异地就鱼雁不绝。众所周知，19 世纪 60 年代兴起的“洋务运动”使中国的海运事业得到空前发展，往返于天津和上海之间的轮船加速了南北的沟通和交流。19 世纪末期，翁斌孙曾经数次往返于常熟与北京之间，正得益于海运。例如，光绪十三年九月初六日，翁斌孙回常熟料理本生父翁曾源的丧事并守孝一年；次如，光绪二十三年五月十三日，翁斌孙扶嗣母——翁曾文妇之灵柩回常熟安葬；又如，光绪二十四年十月十二日，翁斌孙离京，经上海前往江西，接祖母灵柩回常安葬，抵常后又因本生母病危而赴上海，十二月十五日其母病逝，他又往返于常熟、上海间，并于次年二月廿八日抵京；再如，一个多月后——光绪二十五年四月十六日，翁斌孙又回到了上海，送其长子翁之润(1879—1905)赴常州完婚，随后遭遇岳父去世等变故，仍在其丁母忧期间。翁同龢致翁斌孙家书多作于这些分离的日子，或翁同龢在北京，翁斌孙在常熟；或翁同龢在常熟，翁斌孙在北京；或翁同龢在常熟，翁斌孙在上海，尤其是邮程较短的时候，翁同龢几乎每日写一札或一便条给翁斌孙，真可谓“邮简如织”。

南京博物院藏翁同龢致翁斌孙家书五十七通,集中于三个时期:
一是光绪十四年翁斌孙丁父忧期间,翁同龢致其家书两通;二是光绪
二十四年翁同龢开缺回籍后,翁斌孙仍在北京期间,翁同龢致其家书
六通;三是光绪二十五年翁斌孙丁母忧期间,翁同龢致其家书四十
九通。

(一) 光绪十四年七月初二日(1888 年 8 月 9 日)

弢览:

前数日一织,当达。屋事已成,中金未论,并未诣麓泉一谢,极疏
慢也。

归政有期,圣功未粹,日夕悬虑,惟二三臣有此心耳。郑州停工
二日,令保已成之工,此事颇难。洪湖、邗沟水尚未增,伏秋泗临必有
所归,流民殆哉! 六月杪日日得雨,廿九夜雷电,南海含元殿即上寝
宫。凉篷揭去,篷竿截数段,并及鸱吻。噫! 可怕矣。

吾体劳乏,不如去年。汝七月望后起身,当渐凉爽,倘余暑则缓
之,不必克期。起复当于九月,文字届期方能上详,所费谅不多,京官
不比外官也,亦须托人妥办,千万,千万! 长沙有信,陋规裁尽,极好,
极好! 宅中均安,途次格外保重! 七月二日,瓶叟。

按,光绪十三年七月十三日寅刻,翁家"小状元"翁曾源病发去
世。① 其子翁斌孙于本年九月初六日南归料理后事,于九月廿二日
抵达常熟老家。② 因为翁斌孙已被过继给大伯翁曾文为嗣,所以他
为本生父翁曾源守孝的时间只要一年。光绪十四年七月,翁斌孙

---

① 《翁同龢日记》,第 2173 页,光绪十三年七月二十日:"正切忧危,忽荣侄
由城外信来,仲侄竟于十三日寅刻长逝矣……"
② 《翁同龢日记》,第 2183 页,光绪十三年九月初六日:"是日斌孙南归……"
第 2190 页,光绪十三年十月初五日:"得斌信,廿二到家……"

为父守孝期将满,着手准备回京,翁同龢给其连发了数信,此信即其一。"前数日一织"当指六月廿八日,翁同龢收到翁斌孙来函后,作一回信,谈及房屋成交事。① 即本札所谓"屋事"。麓泉是本次交易的中间人之一,即黄膺(生卒年未详),字麓泉,晚号蓼园,湖南长沙人。

"归政有期"指两宫皇太后交还政权而让光绪皇帝亲政的日子近了。"郑州停工二日"指该年六月三十日,郑州黄河堵口工程通称"郑工"。电报停工。② 翁同龢对此表示担忧,担忧黄河下游的流民。札中对京城六月末的天气和六月廿九夜雷电的记载,与光绪十四年六月末《翁同龢日记》的相关记载完全吻合,再次印证了本札的系年。③

翁斌孙拟于七月望后动身北上,翁同龢告诉他起复应该在九月,并嘱咐他要找人妥办相关事项,而文字要到指定日期才能上报。"长沙有信"指翁同龢的五侄、翁斌孙的叔父翁曾桂(1837—1905)有信来。翁曾桂时任长沙知府。④

---

① 《翁同龢日记》,第 2255 页,光绪十四年六月廿八日:"黄介孚写契来,麓泉来,阅后画押成交,余以市平松江票五千两五张并补色足文银票一百两面交讫,另写欠票一千两并房折所欠房金二百两,交介孚回湘与松侄面算,遂同饭散。发长沙函,以此事备细告小山,发斌函亦论此事。……得斌函,拟七月望后动身北来。"

② "郑工"即郑州黄河堵口工程。《翁同龢日记》,第 2255 页,光绪十四年六月三十日:"是日郑工电报停工,有电旨令保护前工,仍挑淤。"

③ 《翁同龢日记》,第 2255 页,光绪十四年六月三十日:"昨夜风雷,南海含元殿,上寝宫也,殿前天篷为风所摧,柱折席坏,并殿鸱吻皆坠……"

④ 《翁同龢日记》,第 2224 页,光绪十四年二月廿二日:"晚见邸抄,湖南抚卞奏,以翁曾桂调署长沙府,喜甚,盖喜其政声颇著,公论颇伸耳。"第 2245 页,光绪十四年五月十六日:"是日史吏部议准翁曾桂调长沙府,奉旨依议。"

（二）光绪十四年七月初三日（1888 年 8 月 10 日）

今早发信有数语未及者。屋中人未谢，颂阁云不必。介夫处房折未取回，颂云此断不可，吾却允其携回长沙。琐琐者，听之矣。郑工已停，江淮间必受其病，流民必渡江也。初三。

按，此札承前札，作于光绪十四年七月初三日。前札于次早发出后，翁同龢觉得还有几句话要说，于是又补充了数行，即成此札。① 本札仍讲购屋事，涉中人、房折等琐碎问题。"颂阁"是房屋交易的另一中间人，即翁同龢的同事、好友徐郙（1838—1907），字寿蘅，号颂阁，嘉定（今属上海）人。"介夫"是房主，即黄在福（生卒年未详），字介孚，湖南长沙人，为前揭中间人黄麓泉（黄膺）之侄。翁同龢于本札中再提"郑工"（郑州黄河堵口工程）停工问题，并分析停工的后患："江淮间必受其病，流民必渡江也。"是可谓"先天下之忧而忧"。

（三）光绪二十四年六月十六日（1898 年 8 月 3 日）

笏览：

琐屑不足谈，惟眠食佳，差慰。邑中无公正老辈绅董办事，以致平粜一节至今未成，可叹，可叹！士风嚣鄙，欲夺僧产归学堂，正未了也。厨子因郎亭力劝而不遣，此间饭菜却皆客气客气。京仆大致皆好，惟苦蚊热。次公荐童子亦蠢牛。② 学前屋只第三进三楼三底可住，第四

---

① 《翁同龢日记》，第 2256 页，光绪十四年七月初三日："发南信，又附数行于斌房。"

② 《翁同龢日记》，第 3196 页，光绪二十四年六月十九日："次公觅一童子来，一宿而去，不愿住此，给洋一元。"

进只一二间或可用,告秀知之。明后日到丙舍旁地定计添屋。郎亭劝勿住乡,吾不谓然也。升仆归,草此。六月十六日,松禅。

　　按,光绪二十四年四月廿七日,翁同龢被下旨开缺回籍。翁同龢于同年五月十三日离开京城,并于六日之后抵达常熟老家。当时常熟干旱十分严重,爆发了抢粮事件,县令正准备以武力镇压。翁同龢听取严心田、屈荫堂等人的想法后,建议县令一面粜平米,一面拿匪徒。与此同时,翁同龢积极通过陆懋宗(生卒年未详)与江苏巡抚奎俊(1843—1916)、德寿(?—1903)联系,争取平粜之米。截至六月初八日,仅得购米一万石,另有秘密拨米三千石。翁同龢于本札认为,平粜一事之所以尚未成功,是因为县里缺乏公正的、能办事的老辈绅董。读《翁同龢日记》可知,常熟于该年六月廿五日开局平粜。①

　　"郎亭"即"翁门六子"之首的汪鸣銮(1839—1907),字柳门,号郎亭,一作邻亭,钱塘(今浙江杭州)人,侨寓吴门,官至吏部右侍郎、总理衙门大臣。六月十六日,因仆人升儿回京,翁同龢给翁斌孙作此不列号京信。②"学前屋"为翁椿孙(德孙)一房住所,翁德孙和翁德孙妇庞氏都去世了,只剩下幼女三保,境况很是凄清。③翁同龢不想住在这里,决定到鸽峰丙舍旁空地扩建墓庐,即其日后隐居的"瓶隐庐"。

---

　　①　《翁同龢日记》,第3197页。

　　②　《翁同龢日记》,第3195页,光绪二十四年六月十六日:"写京信,交仆升儿带去。不列号。得京信。第六号,初九发。"

　　③　《翁同龢日记》,第3195页,光绪二十四年六月十四日:"至学前,两棺在室,稚女牵衣,举目凄断,看屋似第三层可住,惟太窄耳。"

（四）光绪二十四年六月二十日（1898 年 8 月 7 日）

笏斋览：

到家匝月①，一事未办，静言思之，深自刻责。七月初便当溯江，不复流连矣。乘吾筋力未尽衰，仆辈未尽散，且京中眷口尚未归，进止可自由也。

早晚已有秋意，有小雨沾濡。此间年景，高低通计，尚可得六七成，不致饥困。吾居此徒自懒散，且俗务转不得闲，鹿卿如客，日费数金为我供顿，岂长策耶？日食米斗二升，伙食杂用不少，米皆现籴。亲友殷殷，日以算器相馈遗，愧无一答。即如郇亭来，我搜箧中董画轴、六月朔雅集云云，切伊生日。鹿床画竹赠之，伊固请题诗，至今未交卷，皆苦事也。

京寓情景可以想见，挥汗捡画，抽闲对客，于棼丝中不得不理头绪，此是汝一番劫运，两稚亦借是磨炼，未尝非进境耳。陈桂生有回信否？孙公意若何？西头荒园，马姓欲买否？多变一钱，即家中可增一椽也。门人中倘有知我贫窭者，投赠可受，苟非其人，则仍麾之，毋改平生之志。此问安好，不一。六月廿日，松禅。

按，光绪二十四年五月十九日，翁同龢回到常熟故里，至六月廿日写此信时，正好满月（匝月）。"七月初便当溯江"指翁同龢受当时在江西为官的五侄翁曾桂的盛情邀请，拟于七月初出游江西，并计划登临庐山。故本札作于光绪二十四年六月二十日。②

---

① 《翁同龢日记》，第 3186 页，光绪二十四年五月十三日："寅正一刻乘轿出前门、永定门，回首觚棱，能无依恋？"按：翁同龢此日离京，坐新裕号船归里，故此处云到家匝月。

② 《翁同龢日记》，第 3196 页，光绪二十四年六月廿一日："发京信第七号。"

　　翁同龢回常熟后暂与四侄翁曾荣同住,翁曾荣每日像对待客人一样招待他,翁同龢感觉不是长久之计。家乡的亲朋好友也很热情,对翁同龢常有馈赠,如叶茂如送玫瑰酱,仆人王丙馈食物,赵宗建馈鸡婆菌,等等。[1] 在家的翁同龢自然少不了笔墨应酬,如本札提到,好友汪鸣銮过生日,翁同龢赠其董其昌画轴、戴熙号鹿床。画竹,并答应为其题诗作跋,此时尚未交差。[2]

　　翁同龢离京时比较仓促,家里的书画、物件还没完全整理好,故翁斌孙此时正带着两儿在京寓帮助叔祖捡点书画。[3] 翁同龢一生清廉,丧失俸禄后趋于拮据,委托翁斌孙卖掉北京的房屋来贴补兴建"瓶隐庐"之费用。他交代翁斌孙,门人中如有知其贫穷者馈赠,可以接受,否则仍要谢绝,不改平生之志。由此可见翁同龢清廉之至,不忘初心。

(五) 光绪二十四年六月廿二日(1898 年 8 月 9 日)

笏览:

　　邹君携来函乃第三号信,并《通鉴》等一箱,顷又收到冷布十匹、菌油一瓶。细帐分明,余物皆吾所常用,可知与吾一意,既欣慰且念汝督率捡点之劳也。

　　吾在此无一不适,鹿小病辄愈,其光景贫窭,不欲久累之,并欲挈与同居也。秋风萧萧,有奋飞之意,七月初便当溯江,家眷归时吾未

---

　　[1] 《翁同龢日记》,第 3192—3196 页。

　　[2] 《翁同龢日记》,第 3196 页,光绪二十四年六月廿二日:"昨和柳门两诗,又题董画小帧赠之,由航船去,不知浥损否?"

　　[3] 《翁同龢日记》,第 3185 页,光绪二十四年五月初六日:"晴热。检字纸,斌助余,余不动手。"五月初七日:"晴,热甚。捡上房书画。"五月初八日:"晴,极热。早起捡上房字画,饭后又捡后厅字画。"五月初九日:"晴,风燥殊甚,热不可耐。捡乱纸难下手,劳力最多。"

必在里,只候来函定暂住之所,吾无畦碍矣。西山起造,竟委奎保,七月开工,岁秒可毕。学前屋再作计较,不并李屋不能展布,且第三层与前数层向不同,恐难佳耳。

连雨,低乡大熟,高区虽旱,尚可得七分,惟盼七八月雨旸调和。邹君似鄙浅,作令未宜。吾邑优拔、朝考皆不得意,何也?吾所发京信,号头舛错遗漏,可笑。六月廿二日,雨中,松禅。

按,"邹君"即邹彦华(生卒年未详),新选河南尉氏县令。翁斌孙以第三号京信和《通鉴》一箱托其带呈翁同龢。翁同龢对邹氏的印象不佳,认为其俗气、鄙浅,不太适合作一县之令。[1]

翁同龢再提"七月初便当溯江",即前揭七月初即将出游江西。翁斌孙在京捡点书籍、行李,陆续寄回常熟,从寄回的一批看,甚合翁同龢的心意。

"西山起造"指鹁峰丙舍旁构造新屋——瓶隐庐,翁同龢全权委托翁奎孙(1856—1920)办理,七月开工,年末可竣。前信所提"学前屋",空间狭小,翁同龢认为,如果不收购隔壁李屋,就很难展开布置。

此外,翁同龢在家书中还谈及家乡的天气情况和农事情况,以及同县士子优拔、朝考皆不理想等近况。

(六)光绪二十四年七月初六日(1898年8月22日)早

笏览:

连两三日顿凉,一晴又热。[2] 体中安适,俗事夥颐,极不耐,往来

---

① 《翁同龢日记》,第3196页,光绪二十四年六月廿一日:"邹彦华新选河南尉氏县,出京,余家以《通鉴》一箱托带。来见,甚俗,此乡间邹氏也。邹携京信,乃第三号也。……夜雨。发京信第七号。"

② 《翁同龢日记》,第3199页,光绪二十四年七月初三日:"雨不大,风凉。"七月初四日:"仍雨,凉甚。"七月初五日:"昨夜雨,晨止。"七月初六日:"晴。"

短札必十余也。西江之行,吾欲奋飞。今书箱到,须先位置,亦闲事之一。欲远行必先谒西、北山墓,欲谒墓必俟稍凉及雨水止,此辗转迁延之故也。动笔蚊扰,纱厨气闷,最苦之。余具别纸。松禅,七月六日早。

　　按,本札作于光绪二十四年七月初六日早。西江之行即江西之行,翁同龢原定七月初起程,但最终七月十六日方起程。① 此札道明了西江之行时间后延的原因:"欲远行必先谒西、北山墓,欲谒墓必俟稍凉及雨水止。"如此看来,翁同龢的远行时间最终得取决于家乡的天气情况。

(七) 光绪二十四年七月初六日(1898 年 8 月 22 日)

　　昨看西仓前屈氏屋,院宇极窄且破碎矣,气象不昌,不可住。除此,更无屋矣。惟学前比邻李屋,虽价昂,当慢慢讲,即特造,究竟大料可改,砖瓦可省,我只须造两层屋,余留为空院,则全盘俱活也。谓学前之屋可不废弃。

　　按,此札与前札作于同一日——光绪二十四年七月初六日。前一日(七月初五日)午后,翁同龢和屈荫堂去看西仓前屈氏屋,很不满意。② 相对而言,翁同龢认为学前屋隔壁的李屋更值得一谈,虽然价格高一点,但是可以慢慢谈,一旦拿下,全盘改造起来则比较经济。而且,翁同龢对改造方案已经胸有成竹。

---

① 《翁同龢日记》,第 3201 页,光绪二十四年七月十六日:"卯正二登舟即开行,入湖荡,遂扬帆。"

② 《翁同龢日记》,第 3199 页,光绪二十四年七月初五日:"午后偕荫堂看西仓前屈氏屋,八十余间而破碎,庭院极窄,不能住。"

(八) 光绪二十四年八月初十日(1898年9月25日)晚

一筠览：

　　初八日局递到七月廿二函，所谓前函者竟未到，恐遗失矣。① 是日读电传，夜不得寐，两日愦愦，此怀可知。② 今定十二由省发，十四趁下水江轮，计十六到沪，不逗留。《申报》凭空造作，故并一客不见矣。时事如海，不再谈。景子南行极是，将来随我居乡，定成佳子弟，但恐其嗣母又欲骄此儿耳。李屋我不注意，此行或与补、郎一商。猛省日夕，簿领日读数刻。老人凡四次进见，每见增健，昨起床坐椅，执手叹息，我于此肠九转也。③ 中秋正在江中，奇怀豪气，庶几一吐。余无可言，惟慎起居、谨话言为嘱。八月十日灯下，松禅。

　　按，光绪二十四年八月初六日，慈禧太后发动"戊戌政变"，囚禁光绪帝，并以光绪帝的名义发布训政诏书，再次临朝训政，至此，"百日维新"宣告失败。翁同龢是年八月初八日得读之电传，正是此训政诏书，故翁同龢"夜不得寐，两日愦愦"。翁同龢虽然离开了中枢，但是仍然心系朝廷，心系光绪皇帝。他当时还在江西，拟定于八月十二日由南昌出发，十四日乘坐江轮，预计于十六日抵达上海，但不在上

---

　　① 《翁同龢日记》，第3208页，光绪二十四年八月初八日："得斌七月廿二日函，平安，言近事颇奇突。"

　　② 《翁同龢日记》，第3208页，光绪二十四年八月初八日："晨起恭读电传，初六日阁抄。谕旨：'现在国事艰难，庶务待理，朕勤劳宵旰，日综万几，兢业之余，时虞丛脞。恭溯同治年间以来，慈禧全徽皇太后两次垂帘听政，办理朝政，宏济时艰，无不尽善尽美。因念宗社为重，再三吁恳慈恩训政，仰蒙俯如所请，此乃天下臣民之福。由今日始，在便殿办事。本月初八朕率诸王大臣在勤政殿行礼，一切应行礼仪，着各该衙门敬谨预备。钦此。'"

　　③ 《翁同龢日记》，第3208页，光绪二十四年八月初九日："午后入见嫂氏，今日下床坐椅，精神言语大胜于前，惟老人为余挥泪，余未敢言归，而寸肠郁结。"

海逗留。根据《翁同龢日记》记载，他最终于八月廿五日辰刻抵里。[①]
景子乃翁斌孙次子翁之廉(1882—1919)，准备南行随翁同龢居住，翁
同龢很有信心将其培养成才。"李屋"仍指学前屋隔壁之屋。"老人"
指翁曾桂的母亲、翁同书的妻子、翁同龢的三嫂。

(九) 光绪二十五年五月十九日(1899 年 6 月 26 日)酉刻

笏斋览：

　　顷一缄由彩衣寄，兹得十七函，知寅喉痛初剧渐平，[②]惟药宜慎，
南与北医法不同，痛与白为症迥别，似不可一味凉药也。辰官疹子何
以尚未发透？恐不避风，饮食不调所致。谚云饿痧饱痘，断勿贪口
腹，可切告之。景食量稍增，不出门是第一义。毗陵当于廿五六到
沪，屋小天热，嚣尘可想。木公规画，悉如吾所期，至营营飞蛾，自取
焦烂，甚矣其愚也。孝感一再入文字，吾尝亲见，濒行曾一见，总宜避
之，勿徇俗情、忘后患。来件城中皆收到，炎暑一切慎摄，南康如何？
此问合寓好。十九日酉刻，松禅。

　　按，光绪二十五年五月初八日，翁斌孙挈次子翁之廉(景)赴
沪。[③]五月十九日，翁同龢给翁斌孙写信，刚刚寄出之后，又收到了
翁斌孙和翁之廉五月十七日作的来信，故又作此回信。翁同龢从翁
斌孙的来函中得知寅臣翁顺孙(1866—1918)喉痛好转，建议其用药
慎重，不可一味用凉药；得知辰官翁之循(1889—?)疹子尚未发透，分
析是受风、饮食两方面原因造成，建议其管住嘴。翁同龢从翁之廉的
来函中得知其食量稍增，叮嘱其少出门。"毗陵"指入赘常州吕氏的

　　① 《翁同龢日记》，第 3213 页。
　　② 《翁同龢日记》，第 3260 页，光绪二十五年五月十九日："笏信，寅喉症初
剧今平，辰官疹未透。作笏函，二次发。"
　　③ 《翁同龢日记》，第 3258—3259 页。

留官翁之润(1879—1905),为翁斌孙的长子、翁同龢的侄曾孙,其婚期为是年四月廿一日,此时即将返沪。"南康"指翁斌孙的岳父——南康知府蔡乂臣(生卒年未详)。

(十) 光绪二十五年五月廿九日(1899 年 7 月 6 日)晚

筠览:

接廿三①、廿七两函并雕翎扇,不知何来? 山人亦无用。知留官夫妇吉旋,一番礼节,亦自忙录。② 昌寿赁屋湫隘已甚,可想见佳气充闾矣。宽斋此行酬应太烦,寻医转置一边,今北去则看书携幼,可暂闲。景能借拓眼界,亦极好。《简明目》钞本,不知在手头否? 印往太仓,十幅新收,必可观。《韩敕》已传播,上次晤蠡,已微露在吾箧之意矣。吾托印做匣之碑阴、碑侧,何累月未还? 切勿为人攫去。缉无病即佳,须时时规切。昨报纸论时感虽浅陋,而为俗人切砭。寅妇外症殊可忧。吾在山中聊自适,暑甚则闭窗椸默坐。城中蚊海,妾避此度数日,只得听之。廿九日灯下,松禅。

按,本札作于光绪二十五年五月廿九日晚。"留官"是翁斌孙的长子翁之润,是年四月廿一日入赘常州吕氏,翁斌孙作五月廿七信时已从常州回到上海。"宽斋"是翁曾禧的女婿叶茂如(生卒年未详)。"景"是翁斌孙的次子翁之廉。五月初八日,翁斌孙"挈景子赴沪,偕茂如同行"。③ 稍前,翁同龢于四月十一日"夜,走访宽斋,病者渐

---

① 《翁同龢日记》,第 3262 页,光绪二十五年五月廿七日:"得筠廿三函,病者皆愈,良慰。答沪信,筠、缉、寅各一笺。"

② 《翁同龢日记》,第 3262 页,光绪二十五年五月廿九日:"得筠两函,留官夫妇已到。"

③ 《翁同龢日记》,第 3258—3259 页。

愈"。① 十三日，"访茂如，其室仍未痊"。② 叶茂如此行的初衷是带妻
子寻医，但终因酬应太忙而将此初衷抛诸脑后，此时已经北上入都。

《简明目》是《四库全书简明目录》的简称。"印"是曾印若（生卒
年未详），名金章，曾观文长子，前文已有述及。《韩敕》即《礼器碑》。
"蠡"是费西蠡，即费念慈（1855—1905），字屺怀，一署峐怀，号西蠡，
晚号艺风老人，江苏武进人。"缉"即缉夫翁熙孙（1862—?），翁斌孙
之弟。"寅妇"是寅臣翁顺孙之妻。"妾"是翁同龢的小妾陆秀。

（十一）光绪二十五年六月初五日（1899 年 7 月 12 日）

平江公所入租界，一年之限不确，种人性急也。宽必受太阔之
累，其室病亦是大累，其人于侪辈中有识见，议论爽。寅新愈，固虑其
触热矣，今感风，宜好调理。③ 缉瘦是貌，其无才而郁在心。丈夫处
世，不从大头脑虑定，徒依草附木，止是手掌中翻金斗耳。携归书籍
懒未捡，捡亦气闷，恐大部书不全者不少，字画可弃者十之六七。复
初手定稿何稿也？韩碑套不须寄，他日携归。印之收画，不如收茧。
塔前既归陆，必多支吾。城乡迥隔，湘圃归，尚未通问。钱甥病稍
转，④以吾姊之故，故每思提挈之，调护之。少谷即来沪，能来常乎？
恐必不来。催租从迫，且有所挟，若延缓必生波。菉中气弱，⑤吾劝服

---

① 《翁同龢日记》，第 3254 页。

② 《翁同龢日记》，第 3255 页。

③ 《翁同龢日记》，第 3263 页，光绪二十五年六月初五日："得一笏函，寅又
感风，发热谵语已愈，笏亦腹泄，留、景均少食。发沪信，一由局先寄，一交
筱侄。"

④ 《翁同龢日记》，第 3263 页，光绪二十五年六月初四日："金门信，幼椤疟
轻，进粥饭，俟胃液足自下。"

⑤ 《翁同龢日记》，第 3263 页，光绪二十五年六月初四日："城中信，菉患气
坠。六月初五日：菉侄气滞数下，食亦少。"

参麦，却又因循。筱漆则稍平①，之园工须明春乃就。

　　按，本札不完整，作于光绪二十五年六月初五日早，由湖桥航船带去。平江公所在上海，始建于光绪十三年，于光绪二十五年被划进新扩张的公共租界新界。"宽"即宽斋叶茂如。翁同龢认为叶茂如会因阔绰而遭罪，其妻生病本身就是很沉重的负担，但对叶氏的见识和谈吐很是欣赏。"寅"指寅臣翁顺孙，发热谵语刚好，此时又感风；"缉"指缉夫翁熙孙，在翁同龢眼中，他"无才而郁在心"，且做事欠考虑；"钱甥"指翁同龢的外甥钱幼楞（生卒年未详），患疟疾，此时症状稍轻；"菉"指菉卿翁曾荣，时患气滞；"筱"指筱山翁曾桂，漆疮稍平，但未痊愈。"之园"是翁曾桂营造的园林，于光绪二十五年六月初八日上梁，②翁同龢预估于次年春天建成。

（十二）光绪二十五年六月初五日（1899 年 7 月 12 日）午

笏览：

　　顷由湖桥航船带信发一函去，而小五来，得汝初二函，始慰。盖拳拳于留、景也。③海上蜗庐有何可取，只受热耳。腹泄常事，此感寒，非受暑也。凡行路力作受热者，曰暑；其郁蒸烦闷者，曰痧。若重屋之下，及纳凉闭汗，或四更早凉，则皆寒也。郑医，须验其方药，以病之进退为断。此须细心自办，医是司命，不可乘兴许可也。顷所发函谈及费医，缘是名医之孙，且治痰有效，故及之，究竟未详其始末。

---

　　①　《翁同龢日记》，第 3262 页，光绪二十五年五月三十日："诣彩衣堂，与筱侄语，其漆疮未全平。"

　　②　南京博物院藏光绪二十五年六月初八日翁同龢致翁斌孙家书。

　　③　《翁同龢日记》，第 3263 页，光绪二十五年六月初五日："得一笏函，寅又感风，发热谵语已愈，笏亦腹泄，留、景均食少。发沪信，一由局先寄，一交筱侄。菉侄气滞数下，食亦少。"

吾遇烦热,则坚持吾气以敲之,又早起以得清气,屈伸俯仰以宣吾一身之浊气,以此为养法。吴聋①年八十三而兀坐终日不倦,缘胸中不留一物,忘贫与贱,此又一养法。山中佳屋西向,何尝不热? 吾退一步想,便大清凉,室无孟光,惟独乐耳。初五午,松禅。

　　按,本札承前札,作于光绪二十五年六月初五日午,为翁同龢当日寄给翁斌孙的第二函,由翁曾桂带去。札中"小五"即翁同龢的五侄翁曾桂。"留"指翁之润,"景"指翁之廉。翁同龢"拳拳于留、景"乃因听闻留、景均食少。翁同龢根据自我掌握的中医知识判断:翁斌孙之所以患腹泻是因为感寒而非受暑,并向其分析了暑、痧、寒三者之不同。翁同龢还叮嘱翁斌孙需要对医生所开方药加以检验,检验的标准就是病情的好坏。最后,翁同龢还向翁斌孙介绍了他和吴鸿纶分别采取的两种养生方法。吴鸿纶(1817—1902),字儒卿、儒钦,号知稼、无竞,昭文(今属江苏常熟)人。是年,吴鸿纶正好八十三岁,故札中所谓"吴聋"即吴鸿纶。因吴鸿纶耳聋,故翁同龢与其多用便条联系。

(十三) 光绪二十五年六月初八日(1899 年 7 月 15 日)

笏览:

　　刘葆真入都,纡道来访,乃陪游兴福,酷热急归。② 伊即日解维矣,到沪如晤,可谢其挚谊。山居近日苦蚊,今日住城,转稍好。慎疾

---

　　① 《翁同龢日记》,第 3294 页,光绪二十五年十二月初五日:"吴聋翁送食物,甚健。"

　　② 《翁同龢日记》,第 3263 页,光绪二十五年六月初八日:"晴,毒热。晨入城,为刘葆真也。入城,见其徘徊门左,延入留饭。呼舆出北郭,访次公,食瓜,葆真游兴甚浓,偕至兴福寺,坐廉饮堂。喝暑,舆人流汗及踵,乃返,再食瓜,郑重而别。发沪信。"

之法,惟有一静也。箫气弱频下,得参较好。筱体渐平,之园今日上梁,诸事迪吉。西瓜不可不吃,又不宜多吃。甜瓜虽佳,一尝即止。寅感风当霍然,留辈想亦佳。总之,起早,当午不出门,一日之中须数刻静坐,为妙药也。《铁华》精契,宜浏览,勿搬弄。草草不一。初八日,松禅。

按,本札作于光绪二十五年六月初八日。当日,翁同龢进城接待迁道来访的刘葆真,陪其游览兴福寺之后作了本札。刘葆真即刘可毅(1856—1900),原名毓麟,字葆真,江苏武进人,光绪十八年进士,官翰林院编修。该日,翁曾桂营造的"之园"的主建筑上梁。前几札所提翁曾荣、翁曾桂、翁顺孙、翁之润等人的病情至此均有好转。翁同龢认为,静是慎疾之法,每天静坐数刻可当妙药。结合前札,静坐其实是吴鸿纶一直践行的养生方法。翁同龢很注意食疗养生,认为西瓜、甜瓜不可多吃。《铁华》是蒋凤藻所辑《铁华馆丛书》的简称,因部头较大,故曰:"宜浏览,勿搬弄。"

(十四) 光绪二十五年六月十七日(1899 年 7 月 24 日)

筼览:

十三函已到。[1] 吾昨冒风发热,偃卧山中,汝五叔来诊,一剂即愈,今拈笔如神矣。[2] 此风凄厉萧条,海上覆舟发屋,此间稍亚于海,亦甚剽疾矣。汝四叔、老奎均来此,不寂莫。时听田水声,吾师乎?吾师乎?

---

[1] 《翁同龢日记》,第 3265 页,光绪二十五年六月十七日:"筱侄送斌十三函,即复二纸。"

[2] 《翁同龢日记》,第 3265 页,光绪二十五年六月十五日:"夜卧感寒,头疼微发热,竟日偃卧不能食……申初筱侄来,为余诊脉处方……服之头轻安卧,热亦止。"

汝于烦溽得书史为清泠,聊尔排遣,若谓真无畦碍,吾未能信。留、景信医,正缘多病,因此查方书、辨药性,必悟养身之法。凡养身,当从静中求之,他人不能为力也。甜瓜何尝不可口,但此物多吃,秋中恐痢。记从前吾与汝访费君孟河,汝患不食,费以轻药调理,三剂霍然。景病固较深,断非咽鬲也。

塔屋既定,邹庄罢之。养轿夫须包伊月项,不仅吃饭,南都传闻果虚耶。曾君英好在申,有所眷知之。今岁米当贱,扁出不免,积谷无法,终是隐忧。棉花经此风必伤。子昭卸肩,方是智者,耽耽者日伺其旁,其最难卸者,铁局赔贴、纱厂挪移两事也。包征吾已饫闻,使者蛮针瞎灸,令尹假公济私而已。此间无事,天官坊莘田昨竟病殇,吾当赒恤,亦吾宗之衰也。暑气正炽,乍凉还热,各宜加摄,吾亦兢兢。六月十七日,松禅。

按,光绪二十五年六月十七日,翁曾桂送来翁斌孙六月十三日所作函,翁同龢即复二纸,便是本札。六月十三、十四两日,常熟连发大风,六月十五日风虽小,"然后劲尚雄",①故本札曰:"此风凄厉萧条……稍亚于海,亦甚剽疾矣。"翁同龢一如既往地关心农事,大风来时,"顾虑濒海处破圩,又虑江北早稻受伤,辗转不释"。②翁同龢作此札时大风已过,他又担心受损的棉花。

翁斌孙来信云读经史以消夏,翁同龢很认同,但要说读经史能使他心无畦碍,翁同龢不敢完全相信。翁同龢于本札中再提养生之法,认为久病成医,养生当从静中求之,内因是关键,同时要忌口。"景"是翁之廉,"日日起痧,又喉痛,并寒热也"。③翁同龢认为此病虽深,但非咽鬲。

子昭是潘欲仁(生卒年未详),曾与翁曾禧、杨泗孙等人主持重建

①② 《翁同龢日记》,第 3264 页。
③ 《翁同龢日记》,第 3265 页。

常熟文庙及县学,并创修邑志。翁同龢认为潘欲仁只有卸任才是明智之举,因为有人虎视眈眈,但铁局赔贴和纱厂挪移是他最难推脱的两件事。天官坊莘田是翁同龢的侄孙,即士复翁曾绍的次子,于本年六月十六日申刻去世。①

(十五) 光绪二十五年六月十八日、十九日
(1899 年 7 月 25 日、26 日)

一笏览:

　　吾小恙已痊,洋芦帘障自得用,其价若干?《太山铭》一时恐难到手,《少室》雅奇,屡见报头。汝拟八月,吾谓九十月也。事有大难,地当择蹈,记取吾言。

　　漕弊吾亦略知,因其弊而弊之,所谓见盗盗,妒而分肥也。常人习焉,君子戒焉,此吾家法也。邻火,得毋虚惊?闻留肝气,此在自养。缉事不刬,必有蒺藜之困也。六月十八夕,松禅。

　　按,本札承前数札,作于光绪二十五年六月十八日傍晚。"小恙已痊"指前述翁同龢在六月十五日夜里冒风发热至此已经痊愈。"洋芦帘障"是翁斌孙从上海给翁同龢寄的进口芦帘。翁斌孙和翁同书、翁同龢一样爱好收藏,尤其是古籍和碑帖。本札所谓《太山铭》指唐玄宗隶书摩崖石刻《纪泰山铭》(又称《纪太山铭》)的拓本,《少室》即东汉篆书石刻《少室石阙铭》的拓本。

　　谈及"漕弊",翁同龢告诫翁斌孙不能与那些腐败的人同流合污,否则就如同与盗贼分赃。他认为常人很快就习惯了恶习,但君子理

---

　　① 《翁同龢日记》,第 3265 页,光绪二十五年六月十七日:"天官坊莘田侄孙竟于十六日申刻殂逝,病不及廿日,神昏无良医,可伤也,子尚幼,此士复之次子,秀庄之兄也,无能而无大过。赙以四十元。"

当戒除恶习,这是翁家的家法。"缉"即缉夫翁熙孙,此日有来函。[①]
翁同龢担心翁熙孙有些事情不做了断,郁结于心,久之恐病。

　　闲居读经,了无所得,观《周礼·媒氏》与《诗》之《摽梅》,知经义
深切耳。鹿来,粗慰岑寂。吾早晚听田水,无人从,亦不能从也。臂
力益颓,作隶亦滑。十九。

　　按,本札承前札,作于光绪二十五年六月十九日。前札刚刚发
出,而沪信又至,故翁同龢又作此札。翁同龢闲来读经,自感收获不
大,但看《周礼·地官·媒氏》与《诗·召南·摽有梅》后,对经义有了
更深刻的理解。当日,《翁同龢日记》记载:"午后写隶稍惬,书严太仆
祠联:其持法似西汉廷尉,以传经为东吴大师。"[②]但此札云:"臂力益
颓,作隶亦滑。""惬"乃满足之意,"颓""滑"则不然,有贬义。这说明,
翁同龢在日记中的用词、用语更为讲究,略有修饰,而在书信中的用
词、用语则更加真实一些。虽然日记和书信都属于隐私体裁,但是略
有区别:晚清名人日记和今人日记不同,最终是为了留痕,极大可能
公之于世,而书信则不然,散佚的可能性较大,故而书信(尤其是家
书),更加私密一些,作者于书信中的顾虑也就更小一些。

(十六) 光绪二十五年六月廿四日
(1899 年 7 月 31 日)早

笏斋:

　　腹疾当愈,烦热乍凉,种种调卫为要。夏至后伏阴在内,良医当
知。吾早晚凭栏,嘘吸清凉,小疾已愈。闻调卿患痢,不食甚剧,未往

---

　　① 《翁同龢日记》,第 3265 页,光绪二十五年六月十八日:"得缉十五函,沪
上风潮,损船坏屋,寅寅左近火。平江公所风颓墙。"
　　② 《翁同龢日记》,第 3265 页。

看。昨许丹廷表侄忽自章门来,携瓷三星见馈,累我而已。菉及奎来往山斋,菉无聊,奎似有所避,闲庭花木皆被薰矣。想念甚切,不一一。六月廿四早,松禅。芦帘早到,面则不知,或亦早到。

按,此札作于光绪二十五年六月廿四早,内容是闲话家常。① 六月廿三日,翁同龢得翁之廉函,知翁斌孙、翁之廉等发热腹泻,故写此信问候。② 调卿即俞调卿,翁同龢的外甥,为俞钟銮(金门甥)的兄弟。"芦帘"即前释六月十八日札所谓"洋芦帘障"。许丹廷表侄名联桂(1877—?),是翁同龢外祖父许蒉(生卒年未详)的曾孙,表哥许诚夫(?—1886)之子,江西安义人。六月廿三日,许丹廷来拜访翁同龢,以景德镇造瓷三星相赠,翁同龢碍于情面只好收下。③ 但从本札看,该瓷三星对翁同龢而言无疑是一累赘。

(十七) 光绪二十五年六月廿八日(1899 年 8 月 4 日)

一笏览:

自去秋始,案头不留片纸,想尔同之。汝体已平,何以尚腹痛?腹痛殆寒伏也,或水不佳耳。归计且迟,昨信已言之。岱云归来,窃虑练群散发者弗能胜,且少室铭……必恼人也。静功未了,期诸小子,然吾与汝皆曾致力,何讵不能? 直须有志,一见便透,否则千万语徒强聒,悔时无及。酱园魔退非痛绝,有凭据乃可,口说何益? 四叔宅命,今入城。南都传闻亦不尽虚,南丰租事闻暂了,惟芝剑挺身廷

---

① 《翁同龢日记》,第 3266 页,光绪二十五年六月廿四日:"……发沪信……问调甥疾,金门信云疟止,腑未通,大收顺手。"

② 《翁同龢日记》,第 3266 页,光绪二十五年六月廿三日:"得景子廿日函,笏发热腹泄,景等亦然。"

③ 《翁同龢日记》,第 3266 页,光绪二十五年六月廿三日:"许丹廷表侄联桂自南昌来,以瓷寿星为赠,受之,却其幛,留饭去,住余家。菉侄入城。"

辩,然已住公所数日矣。平日上下挟持,今则势甚洪瀚,一揭便倾,其暂了者,色厉内荏者也,乞怜于蠹吏者也。自来水看来得多设,鬣北趋,兴尽而返,安所得二节之趣? 椒山虚憍而已。西湖长即归耶? 抑中秋后耶? 热其挂冠,其四郎君既留,不能无说。吾此平安,各宅亦然。许丹廷送瓷三星,云亲至景德镇造,万不能却。吾岂供三星者? 欲将灰桶寄申,赍去问印若可要此物? 六月廿八,松禅。

　　按,本札不完整,作于光绪二十五年六月廿八日。前札云:"腹疾当愈,烦热乍凉,种种调卫为要。"故此札云:"汝体已平,何以尚腹痛? 腹痛殆寒伏也,或水不佳耳。""西湖长"当为"翁门六子"之首、翁同龢的好友汪鸣銮(1839—1907)。汪鸣銮继俞樾(1821—1907)、黄体芳(1832—1899)等人之后曾掌教诂经精舍,而诂经精舍位于西湖孤山之上,故翁同龢称汪鸣銮为"西湖长"就不足为奇了。札中再提许丹廷送瓷三星,翁同龢准备将它寄往上海给曾印若,可见翁同龢内心对这尊瓷三星极为排斥。

(十八) 光绪二十五年六月廿九日(1899 年 8 月 5 日)

　　昨有流民入城抢钱物,官驱出城,城外不问矣。顷欲西来,居民惴惴,余曰:"试与饮看,此数百卷能穿壁飞去耶?"今年二月,谢家浜人家田价一百四十,确被流民乞取算去,其铅洋掷地如木,余亲见之。两日皆在大东门内外乞食,未来。廿九。

　　按,本札作于光绪二十五年六月廿九日。前一日(六月廿八日),翁曾荣来信云:"有流民入城,至寺观夺钱物或云术算,防其西向。"[1]翁同龢对钱物被"术算"不翼而飞是持怀疑态度的。不过,本年二月,

---

① 《翁同龢日记》,第 3267 页。

他确实亲眼看到谢家浜人家一百四十的田价被流民乞取算去。

（十九）光绪二十五年七月初一日（1899 年 8 月 6 日）

今城中信逐日由航船邹巷去，来时极早，往往赶不及，此信昨未寄也。① 适吴钱甥女病已转头，吴学如治法甚灵动，竟不得目为庸医矣。京仆不免受累，锁最得力，然安能久留？铁伶利，亦将去，尚耐山居，此一节可取。若田，若张，皆粗，杨专俟汝荐，实无所能。七月朔。

按，本札作于光绪二十五年七月初一日。由本札知，此札因未赶上邹巷航船而未能于六月廿九日发出。本札，翁同龢主要谈适吴钱甥女的病情和身边仆人的情况。钱甥女是翁同龢二姐家的女儿，其夫君姓吴，故翁同龢也称之为适吴钱甥女或吴甥女。本年六月廿九日，《翁同龢日记》记载："航船带信，吴甥女更愈。"② 故，本札曰："适吴钱甥女病已转头。"但从《翁同龢日记》的后续记载来看，吴甥女病情急转直下，又反反复复，于不久后就去世了。③ 京仆是从北京跟随翁同龢而来常熟的老仆人，其中姚锁（书僮，懂碑帖）、俞铁最得其心，但都不会久留南方，终将北去。

（二十）光绪二十五年七月初一日（1899 年 8 月 6 日）

两日大风，朔日尤甚，天象人事、田功时令皆可忧。江乡如此，况海上哉！航船不来，城乡隔绝，前信迟久未发。明日航船来否未可知，一到即付信，故预写以待。七月朔夜。

---

① 《翁同龢日记》，第 3267 页，光绪二十五年七月朔："邹巷航船不来，无从寄城信。"

② 《翁同龢日记》，第 3267 页。

③ 《翁同龢日记》，第 3267—3274 页。

　　按,本札承前札,作于光绪二十五年七月初一日夜里,当日同样未发出,待邹巷航船来时才发。该日,"忽阴忽晴,竟日狂风,此风潮也,恐伤稼,天象可畏"。[①] 所谓风潮,其实就是台风天气,确实影响田功时令,尤其影响庄稼收成,最终影响民生。翁同龢关心天气其实是关心农事,关心农事其实是关心民生。除了担忧农事,翁同龢还担忧人事。他将天象和人事联系到一起,将台风这种极端天气和晚清动荡的时局联系到一起。不过,这只是一种联想,其间并没有必然联系。

(二十一) 光绪二十五年七月初十日、十一日 (1899 年 8 月 15 日、16 日)

　　葆真若未行,可谢之。鬻留,何也?《铁花》佳本,竟可不问老夫于此,兴已尽矣。秋虫唧唧,闻之了无悲秋之意,悟境耶? 抑衰兆也? 十日。

　　今日归,躬自检寻不得,乃真失去矣。奇缘都断,岂复愈此蠹余,所惜未题一字耳。旧仆吾不疑,粗作谅不识,置之勿复道也。雨后乍凉,在小艇上重棉犹觉冷,矧轮船敞而速,得毋冒风且夜不得眠? 尤念,尤念! 十一日辰正。

　　按,此两札作于一纸之上,七月初十日写了半纸,七月十一日辰正又补写了半纸,并于当日发往上海。葆真,即前释《六月初八日札》中迂道来访的刘可毅,告别翁同龢之后去了上海。翁同龢曾于《六月初八日札》中曰:"到沪如晤,可谢其挚谊。"故本札曰:"葆真若未行,可谢之。"为其后续。"铁花"即铁华,指蒋凤藻所辑《铁华馆丛书》。因为翁同龢七月初八日在山中未找到《韩敕碑》(又名《礼器碑》)拓本,七月初十日派姚仆入城寻找也未找到,所以他心急如焚,于七月

----

　　① 《翁同龢日记》,第 3267 页。

十一日凌晨就雇舟入城亲自寻找,但仍未找到。他不怀疑身边的旧仆,也不怀疑粗鲁的下人,只好置之不论。① 由《翁同龢日记》可知,就在十日之后——七月廿一日,《韩敕碑》在翁同龢床头的方几的下格中被找到。② 翁斌孙于七月初九日从苏州乘轮船去上海,③此时预计七月十一日早晨到上海。④ 故本札末曰:"矧轮船敞而速,得毋冒风且夜不得眠? 尤念,尤念!"

（二十二）光绪二十五年七月十三日
（1899 年 8 月 18 日）晚

笏斋:

吾连日臂腰俱□楚,并腕亦酸。匡庐归艭不远,兹写联去,深叹颓唐,惟颓唐乃真耳。阴雨无俚,今日始霁,萱萱湿云,似无可归宿者,犹溰然也。船上岸,因雨不能油,工匠坐食。帖被窃,意左右小子所为,悬赏购之,可发一笑。菉卿气下稍愈,景子得子备⑤寄方,皆养阴,且有川连,与郑说正违异,景信笃,姑徐试之。长鬣在近,得毋夜呼? 锡如三对一条,皞一对并寄。尚有扇二未写。前有数件交景子,

---

① 《翁同龢日记》,第 3268 页,光绪二十五年七月十一日:"以《韩敕碑》未见,凌晨呼一舟入城,躬自寻捡,竟尔渺然,左右二仆皆肺腑,余悉蠢蠢,岂窃帖者哉,遂不置念,亦以验吾学之进退耳。发沪信,计笏今晨到沪。……舟中重棉……"

② 《翁同龢日记》,第 3270 页,光绪二十五年七月廿一日:"寻《礼器碑》,竟得于床头方几下格,前日漆胶固不得开,余与姚仆劈几乃见。姚忠款,盖半月忧愁矣。"

③ 《翁同龢日记》,第 3268 页,光绪二十五年七月初八日:"筱侄来,一笏明日由苏乘轮往沪,此间赁屋未得。"

④ 《翁同龢日记》,第 3268 页,光绪二十五年七月十一日:"发笏信,计笏今晨到沪。"

⑤ 吴观乐,字子备。

想已携致矣。十三日晚,明日寄。松禅。

　　按,本札作于光绪二十五年七月十三日晚,对连日腰痛、当日天气等描述与《翁同龢日记》的记载高度一致。① "匡庐归榇不远"指翁斌孙岳父蔡义臣的灵柩很快就从江西运到上海。② 蔡义臣(? —1899),名世俊,仁和(今浙江杭州)人,咸丰己未(1859)进士,初伍分巡镇通海常兵备道,后任江西南康知府。"兹写联去"指翁同龢写信当日为蔡君写挽联:"下马寻碑,代我山中亲畚锸;停舟话雨,与君江山叹琵琶。"③蔡氏曾为翁氏访得外祖许虁(生卒年未详)之墓并加以修整保护。本札再提消失的《韩敕碑》,翁同龢将其消失定性为"被窃",料想是左右二仆所为,故意悬赏回购。但事实证明,《韩敕碑》并非被窃,而是在床头方几的下格中。④ 本札最后,翁同龢提到写扇对,由"三对一条""一对并寄""扇二未写""前有数件"等可见其忙碌的笔墨应酬。

(二十三) 光绪二十五年七月十四日
(1899 年 8 月 19 日)

　　顷得到沪函,舟中奇热,乃至头眩腹泄,幸旋平耳。建曲得力,即知暖药之宜。暑必挟湿,湿则非暖不开也。贵人金多,购书犹胜驰

---

　　① 《翁同龢日记》,第 3269 页,光绪二十五年七月十三日:"晴矣,而云无归宿,往来翕然。"

　　② 《翁同龢日记》,第 3272 页,光绪二十五年七月廿八日:"得笏信,其丈人蔡君之丧已抵沪,其妇始知之,尚能勉抑,不赴杭矣。"

　　③ 《翁同龢日记》,第 3269 页。

　　④ 《翁同龢日记》,第 3270 页,光绪二十五年七月廿一日:"寻《礼器碑》,竟得于床头方几下格,前日漆胶固不得开,余与姚仆劈几乃见。姚忠款,盖半月忧愁矣。"

逐，焉得大有邱壑？移事殆不确。吾谓在扶桑，客东阳，旧雨称，亦密昵。雨不止，闷极。诸惟自重，千万！十四日，山中。此信恐赶不及发。

　　按，本札接前札，作于光绪二十五年七月十四日。是日，翁同龢得翁斌孙上海来信，知其十一日巳正已到上海，船中奇热导致其头晕腹泻，服用建曲等暖药后得以平复，正如《翁同龢日记》记载的那样。[①] 翁同龢本札认为这是中暑，湿气入侵，只有暖药才能驱除它。此外，翁同龢还认为有钱的达官贵人，买书是一个不错的选项，胜过终日花钱游乐。

（二十四）光绪二十五年七月十四日
（1899 年 8 月 19 日）晚

　　寅丞妇外证固无碍，然总以收口为要，凡流脓最伤气也。吾信服王氏外科，不知上海有此书否？若无，尽可觅便寄去。各宅均安，鼎患疟未愈。顷回城，薄暮细雨不断，竟未获谒墓，不如乡农犹焚纸钱展拜也。十四日晚。

　　按，本札承前札，作于光绪二十五年七月十四日晚。"寅丞妇"即翁顺孙的媳妇。翁同龢信服王洪绪《外科证治全生集》（又名《外科全生集》），即其所谓"王氏外科"，拟将此书寄至上海以备翁斌孙查阅。"鼎"即鼎臣翁奎孙，此时患疟疾未痊愈。是日为七月十四，近"七月半"，应当祭祖，但从中午开始雨水不断，一直下到夜里，翁同龢未能拜谒祖坟，内心深感愧疚，自责不如乡农。[②]

---

　　① 《翁同龢日记》，第 3269 页，光绪二十五年七月十四日："得筎函，十一日巳正到沪，船中热，致头眩腹泄，幸即平。"
　　② 《翁同龢日记》，第 3269 页，光绪二十五年七月十四日："申初船来，而自午雨淅沥，未能谒墓，遂入船，比至雨止，步行登岸，已而复雨，入夜潺潺。"

(二十五) 光绪二十五年七月廿五日
(1899 年 8 月 30 日)晚

笏览：

　　得廿二函，备悉。腹泻何尚未平？但无所苦，即不必药，惟脾胃须健耳。吾去秋至江西即泄泻，今春始止，亦无所苦也。秋雨连旬，暴风长水，吉贝浥烂，田禾亦伤，昨晴一日，今又点滴，愁何如之。《韩敕》既归，亡书之忆、窃铁之疑皆释然矣。① 住城半月，须廿七日上供后赴山。《全生集》在山斋，非自捡不得，只好稍迟再寄。木匣行耶？所谓北音不虚者，何所指耶？莱因仆病甚累。筱胁痛，胃纳少，日日督工，亦太烦躁。惠夫仍由苏附轮，廿二可到彼。景前数日来，体尚好。吾大致复元矣。匡诗在缥缈间，未敢质言，揭晓后切嘱好自护，恐不免赋载驰耳。慎重，慎重！七月廿五日晚，松禅。

　　按，本札作于光绪二十五年七月廿五日晚，是对翁斌孙七月廿二日发函的回信。② 翁同龢以自身经验告诉翁斌孙：腹泻只要不痛苦就不必吃药，但前提是脾胃强健。南方立秋之后持续降雨，又暴风不断，导致棉花和水稻严重受损，翁同龢对农事和民生的担忧再次溢于纸上。本札又提消失的《韩敕碑》，此时已经找到，翁同龢自然释怀了。《全生集》，即前述王洪绪《外科证治全生集》(又名《外科全生

----

　　① 《翁同龢日记》，第 3270 页，光绪二十五年七月廿一日："寻《礼器碑》，竟得于床头方几下格，前日漆胶固不得开，余与姚仆劈几乃见。姚忠款，盖半月忧愁矣。"

　　② 《翁同龢日记》，第 3271 页，光绪二十五年七月廿五日："得笏信，廿二发。发沪信。"

集》)。"筱"即翁曾桂,患肝气,①故胁痛,"日日督工"指的是督建其营造的"之园"。惠夫即"小状元"翁曾源的第四子翁康孙(1870—?),此时正赴杭州接家眷,②据本札,七月廿二日可到杭州。

（二十六）光绪二十五年七月廿五日
（1899 年 8 月 30 日）夜

一笏览：

城中箧衍有《全生集》原刻,内有治痢方,签出一阅。兹驰寄。凉雨淅沥,入夜未已,达旦,追辰仍连绵。明日赴北郭茶亭之约,廿六早。③所谓聊以寄兴耳。租税事喧聒如波涛,两事并举,不特茕独不能支,即富民亦破产,勿怪其愁绝也。匡庐发露,举室悬悬,须致吾语慰藉,时务如斯,支持家政为亟。汝腹疾以午时茶为宜,菩提丸似不济,吾谓亦水土所致,伏龙肝京中灶土带来否? 与阿魏在廊下也。乃要药也。寅丞妇须加意调理,告寅知之。此问安好。七月廿五夜,松禅。

按,此札承前札,作于光绪二十五年七月廿五日夜里,于次日发出。因为翁同龢在城寓的书箱中找到了一本《外科证治全生集》原刻,所以他特地于深夜补写此信,并将医书寄往上海以供翁斌孙查阅

① 《翁同龢日记》,第 3271 页,光绪二十五年七月廿五日:"筱侄肝气忽止忽作。"

② 《翁同龢日记》,第 3270 页,光绪二十五年七月二十日:"晚惠夫来,明日诣杭州接眷。"

③ 《翁同龢日记》,第 3271 页,光绪二十五年七月廿六日:"巳正出北门至孙祠,孙祠茶馆也,今为酒肆,次公招饮,陆云生、陈馨山、俞金门及赵君默在座,未正冒雨归。"

治痢良方。① 翁同龢认为翁斌孙腹泻乃水土不服所致,伏龙肝是良药,建议其多喝午时茶,停用苦提丸。这些建议无不体现翁同龢对翁斌孙的关爱。"租税"的新政策待考,但可以看出当时老百姓的负担很重。"匡庐发露"指翁斌孙岳父蔡义臣之丧,其灵柩将抵上海。"寅丞妇"指翁顺孙的妻子,由札可知,其前病未愈。

(二十七) 光绪二十五年八月初二日 (1899 年 9 月 6 日)巳刻

笏览:

阴雨郁烦,正如醯鸡之瓮,汝妇数日何如? 总以不发旧疾为第一义。小儿已愈否? 留子久未见其笔迹,何也? 今日初二,始见晴光,余亦掉舟西迈矣。② 治腹泻用六君子最中正,即无速效,可持之。吾亦终日泪泪也。

《启母碑》付景子,若不售,即寄去。③ 均初有《阁帖》一本,松下清斋物,第六卷。便中一询。冬心册倘得寓目,亦快事焉。

得去而雨止,感召之理耶? 幼兰一晤,吴病不可为屈,亦支离。吾上下均安,菉健胜,筱时通札,皆好。依斗之望,岂能恝然? 履霜射隼,其道安在? 杨仆早荐为妙,余仆皆如秋燕矣。棉花大损,稻田低色,闻有报荒者。余不赘。八月二日巳刻,松禅。

按,连续的阴雨天气,让翁同龢的心情很压抑。光绪二十五年(1899)八月初二日,雨过天晴,翁同龢"掉舟西迈",返回乡下墓

① 《翁同龢日记》,第 3271 页,光绪二十五年七月廿六日:"发沪信,以《王氏外科》一本寄去。"
② 《翁同龢日记》,第 3273 页,光绪二十五年八月初二日:"雨止天晴……"
③ 《翁同龢日记》,第 3272 页,光绪二十五年七月三十日:"山中人送余旧藏之《三阙》来,以校沪寄之《启母》,似逊之。"

庐——"瓶隐庐"。札中,翁同龢首先问及翁斌孙媳妇蔡氏的近况,因为其父蔡又臣的灵柩已经抵达上海。"小儿"为翁斌孙的幼子清官——翁之熹(1896—?),"留"为翁斌孙的长子翁之润。"六君子"是中医名方,翁同龢认为以它来治腹泻最得当,即使不能快速见效也能维持现状。

《启母碑》,又名《嵩山启母庙碑》,翁斌孙于本年七月廿七日从上海寄到明拓本一件,翁同龢形容它:"碑模糊,视新拓转逊,然足慰眼。"①此时,翁同龢已将此碑转交翁之廉出手,如未售出,就寄回上海。"均初"乃沈树镛(1832—1873),字均初,又字韵初,号郑斋,川沙城厢(今上海浦东)人,举人,官至内阁中书,是著名的藏书家、金石学家。翁同龢请翁斌孙打听沈均初收藏的一本《淳化阁帖》(第六卷),为松下清斋主人陆恭(1741—1818)旧藏。除此帖外,翁同龢还让翁斌孙打听并借阅金农的册页。他对碑帖、书画的爱好由此可见一斑。

幼兰为俞钟颖(1847—1924),字君实,一字又澜,一号祐莱,"自鄂旋里",七月廿八日来见。②"吴"即前揭嫁给吴家的钱外甥女,此时已经病入膏肓。"杨仆"名杨庆,是翁斌孙推荐的仆人。

翁同龢一如既往地关心农事,于本札末再谈持续降雨和经常暴风对农作物的影响。

(二十八) 光绪二十五年八月初四日
(1899 年 9 月 8 日)

笏览:

初二还山,沉酣于《淮南》,百事俱置。《太玄》粗读,尚思得佳本勘之耳。汝腹疾已廿余日,方药不过如是,总由脾经太弱,亦水土不

---

① 《翁同龢日记》,第 3271 页。
② 《翁同龢日记》,第 3271—3272 页。

服所致。油饼最粘滞，从前李若农切告："油与面并入肠，不化。"至言哉！吾前日在城，偶食蟹炒面，半碟即掇箸，以为甚节，而夜觉腹不适，数日溏泄，方疑受寒积湿。今日在乡吃拌面，忽如厕，秘凝始下，以是悟，面气相感，新陈并下。① 故治积食者，视所积之物，煅灰服之，真良法也。汝胃火最重，牙浮口气，是其征也。似神曲、谷芽、焦三鲜之类，可缓缓消导，与医酌之。

吾除食少外无他痛，山居稍清，夜间则官塘抢米之风甚炽。昨闻呼救，一卖米船被贼夺橹，推坠水，失五担而逸，幸后船救起，距此不及半里也。颂欲北行，未知中止否？儒珍初一动身，云到沪必晤面。鹿门②尚未到，杨庆得荐甚妙。《启母》已付景子，待信即还。《全生集》知已收。寅妇外疝结痂，可无碍。汝妇身体好，一家之福。清官全愈乃佳，少吃零碎是要义。许丹廷信杳然，到江后亦应通问也。虫声回壁，远想慨然。九月③初四灯下，松禅。缉夫近体健否？家事措置妥否？

按，本札承前札，作于光绪二十五年八月初四日晚，末署"九月初四"当为笔误。八月初二日，翁同龢从城寓回到墓庐后，就开始沉浸于校《淮南子》，初二日校一卷，初三日校两卷，初四日校一卷。④《太玄》即《太玄经》，翁同龢也想得善本来校勘。翁斌孙的腹泻仍未痊愈，翁同龢认为主因是其脾经太弱，次因是水土不服。翁同龢还和翁

①　《翁同龢日记》，第3273页，光绪二十五年八月初四日："得畅下，腹始调。"

②　王国宾。

③　笔误，此札当作于光绪二十五年八月初四日，参见《翁同龢日记》，第3273页。

④　《翁同龢日记》，第3273页，光绪二十五年八月初二日："住城十八日，园中草木蒙丛矣，然胸襟一豁。校《淮南》一卷。"八月初三日："山中蚊少，稍可读书，校《淮南》两卷，然已惫矣。"八月初四日："校《淮南》一卷。"

斌孙分享了关于油面并食不易消化以及如何治疗积食的生活经验。

本札提及八月初三日夜半一艘卖米船被抢之事,与《翁同龢日记》八月初四日条的记载一致。[①]"颂"即沈颂棠——沈鹏(1870—1909),翁同龢的门生之一,本年七月廿九日来见翁同龢,翁同龢"广其意告以入都为是"。[②] 儒珍,即翁琳孙(生卒年未详),为翁同祜孙,八月初一日动身前往安徽。[③] 仆人杨庆、《启母碑》《全生集》,前札或前几札都已提及。翁顺孙媳妇的外疮已结痂;翁斌孙媳妇的身体安好;翁斌孙幼子清官(翁之熹)也已痊愈。许丹廷即翁同龢的表侄许联桂,前送翁同龢景德镇所造瓷三星者也。缉夫即翁熙孙,有家事处理得不够得当,故翁同龢在此一问。

(二十九) 光绪二十五年八月初八日
(1899 年 9 月 12 日)夜

一笏览:

数日未得沪信,昨闻景子云初四日函平安,为慰。今日初五信至,益欣然。[④] 盖前日福山误送一电,疑讶莫释也。庞、杨均已抵里,吾在山中,尚未晤面。此十日浸淫于《鸿烈》,细字累累,目倦神疲,今卒业矣。以后不再临写评校之本,炳烛之明,不可妄用也。稻已秀,露浓日丽,当可饱绽。[⑤] 东乡棉铃浥烂,晚花或可得四五耳。俗吏奉

---

① 《翁同龢日记》,第 3273 页,光绪二十五年八月初四日:"昨夜半闻呼救声,则□人载米入城,为人所劫也。船两人面贼五人,入船,推一人坠水,其一人窒其口,抢米五担,夺橹而逸……"

② 《翁同龢日记》,第 3272 页。

③ 《翁同龢日记》,第 3272 页,光绪二十五年七月廿九日:"儒珍将赴皖,来辞。"

④ 《翁同龢日记》,第 3274 页,光绪二十五年八月初八日:"得笏初五日信。景子信云已愈。"

⑤ 《翁同龢日记》,第 3274 页,光绪二十五年八月初八日:"连晴,稻秀齐。"

新令如神明，非抗玩即流离，"交交桑扈，率场啄粟"，民生竭矣。

吾腹疾全愈，乃转秘结，食则甚少，夜卧醒时多，无它病。四叔尚健，五叔肝气时发时止。景子感冒，寒热三数日，云已全愈。徐旭东初十来，点穴定向，景须陪行，吾恐弗胜。汝服补剂似得力，寓中一切甚难支持，吾为悬悬，归期约在何时？塔前屋尚须布置，城中往往夜警，塔前太空旷，知之。

《启母》廿元，极便宜，旧拓模糊而神韵自胜。冬心画或可借看，《阁帖》不过偶闻及之耳。至石田《东庄》，①当与伯羲②之《吴门送别卷》③并峙天壤，古贤会合，别有神明护持也。

补担过重，甚可忧，杨仆不识有机缘否？此间俯、锁如意，过节当令余子陆续北归。范升之次子吾欲令其前来，但使可靠，则小小毛病可姑置之。吾求仆一年不得，是大累事也。问合寓安好。八月八日山中，松禅。

按，本札作于光绪二十五年八月初八日夜里，是对翁斌孙八月初五日来函的回信。八月初六日，翁同龢接到上海误投来的关于意外事的一个电报，寝食难安。直到八月初七日（翁之廉）收到翁斌孙八月初四日来函，八月初八日收到翁斌孙八月初五日来函后，翁同龢才完全放下心里悬着的石头。"庞"指庞钟璐长子庞鸿文（1845—1905），字纲堂，光绪丙子（1876）进士，改庶吉士，授编修，历官通政司副使。④"杨"指杨调甫，名同栅。《鸿烈》即《淮南子》，翁同龢耗费

---

①　沈周《东庄图》册，现藏于南京博物院。

②　盛昱（1850—1899），爱新觉罗氏，字伯熙，又作伯羲、伯兮，号韵莳，一号意园。满洲镶白旗人，肃武亲王豪格七世孙。

③　沈周《送吴文定行图并题卷》，现藏于上海龙美术馆。

④　徐世昌辑《晚晴簃诗汇》卷一百七十，民国十八年退耕堂刻本，叶三十三（下）。

了巨大的精力将它临校完毕,以至于他发誓此后不再临写评校之本。翁同龢还于札中发出对俗吏的批判和对由俗吏导致民生困敝的担忧。

徐旭东(生卒年未详),名元熙,自称东海散人,嘉定(今上海市嘉定区)人,是一位有名的风水师,来时翁之廉负责陪同。翁同龢很盼望翁斌孙归来,并告知塔前屋还要布置一下,因为太空旷了夜里不安全。前揭翁斌孙从上海寄来的《启母碑》,入手价二十元,翁同龢认为极便宜;前揭金农的画册,翁同龢仍想借来一阅;前揭沈均初收藏的《淳化阁帖》(第六卷),翁同龢没有太多消息。翁同龢于本札认为,沈周的《东庄图》册(现藏于南京博物院)当与盛昱(1850—1899)收藏的沈周《吴门送行图》——《送吴文定行图并题卷》并峙天壤,他认为二作能够会合,是有神明护持。札末,翁同龢述及求仆难的困扰。

(三十) 光绪二十五年八月初九日
(1899 年 9 月 13 日)夜

一笏览:

得留函甚喜,如觌面,寓中亦仗其扶持劝慰也。汝服健脾方必佳,良药不求速效,但中满即投。今日伯绹访我山中,稍闻绪论,急流勇退,识力不凡。宽斋信云十月出都,已属其须在上旬,迟则风汛。调君尚未晤也。初九夜。①

按,本札承前札,作于光绪二十五年八月初九日夜里。当日,翁同龢还收到留官翁之润一札。翁斌孙腹泻未痊,翁同龢建议其服健

---

① 《翁同龢日记》,第 3274 页,光绪二十五年八月初九日:"筱俭以斌信送阅,初五。平安,并得留子函。以《淮南》还次公。写对。申初,庞绹堂扁舟来访,谈近事,急流勇退,洵豪俊也,抵暮去。看月。"

脾之方,不求速效,只要腹部胀满就可以服用。庞鸿文当日来访,翁同龢称赞其急流勇退,识力不凡。"宽斋"叶茂如来信,准备十月离京。① 翁同龢叮嘱他要在十月上旬出发,否则将赶上风汛期。由《翁同龢日记》知,叶茂如于本年十月廿一日回到上海。② 调君,即前札提及之"杨",乃杨调甫,名同棚。

(三十一) 光绪二十五年八月初十日
(1899 年 9 月 14 日)

　　凌晨泛舟入城,知景子感冒已愈,惠夫早晚可到,各宅均安。秋晴燥,气阴不足者易感,吾却甚适矣。《启母碑》是否印若物? 此间《岳麓》价高,已还之,蠹余不能触手。旭东未到,吴姑奶奶昨日倾逝,可怜! 节事亦甚丛杂,只得不管。前日常新令一来,今日复遇旧令于途,婉辞以疾。尚有宗子戴、赵君闳屡欲携所藏碑帖字画来看,岂非雅事,然劳于晋接,亦厌其烦。《淮南》乃惠松崖校,故锐意迻写,今已毕。《太玄》得旧本否? 顷景子来,一切如常。吾腕时健时弱,写对则胁必痛,故视为畏途。每午后必睡两三刻,否则不支。木犀香矣,秋色满庭,此山中佳处,南泾书房亦稍有点缀。此问合寓平安。八月十日,松禅。諨夫外感已愈,要须胸次清净。

　　按,本札作于光绪二十五年八月初十日。是日,翁同龢精神颇佳,凌晨进城,获知翁之廉(景子)感冒已愈,翁康孙(惠夫)即将抵家,而适吴钱甥女于前一日病逝,风水师徐旭东尚未到。翁同龢于札中向翁斌孙求证《启母碑》是否为曾印若物,并告知《岳麓寺碑》因要价

---

　　① 《翁同龢日记》,第 3273 页,光绪二十五年八月初五日:"叶景儒送茂如信并梅花点舌丹、七厘散、跌打丸,共一罐。"
　　② 《翁同龢日记》,第 3287 页,光绪二十五年十月廿一日:"申正得叶茂如电,今日抵沪,即作函由缉夫交之。"

太高而未收入。虽然翁同龢隐居乡下，但是访客络绎不绝：常熟新令刚来过，常熟旧令又在途中；还有宗子戴、赵君闳两位雅士多次想来请其品鉴藏品。翁同龢疲于晋接，多次推辞。

前揭《淮南子》，乃著名学者惠栋所校，故翁同龢不惜耗费精神，夜以继日地奋力临写之。这项工作才完成，他又问翁斌孙是否得到《太玄经》旧本，尚欲校勘。可见翁同龢对所遇古籍善本极其珍惜，想把握经眼的每一次机会。"謇夫"即翁熙孙，外感已愈，翁同龢嘱其要胸次清净。

（三十二）光绪二十五年八月十一日
（1899 年 9 月 15 日）晚

一筠览：

昨发信后，徐旭东到，下榻学前。[①] 今日景子陪看蒲鞋山，余亦力疾从之，惟陟巇降原则后之，定坤艮兼未丑二分，八面平稳，此为佳壤矣。徐负重名，邑中曾、邵、叶皆信服。此来曾必挽留，正值过节，恐流连不去，景添一番忙矣。惠夫今午抵里，眷口皆安，顷来晚饭。筱患肝气，昨委顿，今亦平。隶□颧骨作痛，疑是风温，尚不剧。大保疟腮渐愈。余平平。吾今晨头晕，遍涂薄荷油，于松阴危坐一时，渐渐如风波之定。顷与四、五叔畅谈，气已舒矣。家中两顿饭皆迟，故睡亦较晚，最难调者，衾绸厚薄。常云"吾病总在四五更"，非亲历者不能知也。汝年来体健胜，所虑用心用力太过，药物调理外，尤以一日中有返观内照之时，从前工夫不可忘却。月色甚佳，拈管写此，问合寓好，不一一。八月十一日，松禅。

按，本札承前札，作于光绪二十五年八月十一日晚。八月初十

---

① 《翁同龢日记》，第 3274 页，光绪二十五年八月初十日："发沪信。徐旭东自苏来，住学前。"

日,前札发出之后,风水师徐旭东就到了。八月十一日,翁同龢晨起头昏,但还是和翁之廉(景子)一起,陪同徐旭东前往季家蒲鞋山相地。[①] 翁同龢于札中分述了侄子、侄孙的身体近况:翁康孙(惠夫)是日(八月十一日)下午携家眷从杭州归来;[②]翁曾桂(筱)患肝气,昨作今止;翁曾荣颧骨作痛,但不严重;翁之缋(大保)得痄腮(流行性腮腺炎),渐好。翁同龢对自己的身体有清醒的认识,认为最难调节的是被子的厚薄(冷暖)。他最担心翁斌孙用心、用力太过,提醒他从前的养生之法不可忘。

翁同龢意犹未尽,再写第三纸:

厚貌深情,藏之固者发之微,关西之弟与猛纵谈,尽吐露矣。勿谓异趣也,伯纲言外亦露关西变态,吾总未失辞。纲虽非一流,亦不得不留量耳。处荆天棘[地]之时,即闭口尚为人播弄,矧喋喋耶? 山居不嫌寂莫,所患车辙纵横,中秋后拟坚卧,不晋接。彼昏不知,排闼坐守,亦概听之。解此意者,惟金门一人。纲、莱均集,可喜! 纲出自然,莱不得不然,然较营营逐逐干进而不知止者何如哉?

首先,翁同龢从两人之口侧面判断“关西”此人属于厚貌深情一类,表里不如一,但翁同龢小心翼翼,避免言辞失当;其次,翁同龢再次表达山居喜静,中秋后不欲晋接的想法;最后,翁同龢对庞鸿文、俞钟颖二人归里表示欣喜。他认为庞鸿文移疾请归是遵从内心,而俞钟颖乞归则是因为母亲年老而不得不为之,虽然有差别,但是跟那些

---

① 《翁同龢日记》,第3274页,光绪二十五年八月十一日:“辰正乘轿出北门,徐君与景子皆至,同赴季家蒲鞋山相度……余兀坐松阴不能陪也。……今定坤艮兼未丑二分,山水皆王。”

② 《翁同龢日记》,第3274页,光绪二十五年八月十一日:“惠夫今日未刻挈眷由杭归,筱侄同来,晚饭去……”

营营追逐名利而不知满足的人相比强太多。

（三十三）光绪二十五年八月十五日
（1899 年 9 月 19 日）

笏览：

叠次信毕达。吾腹疾平而头晕不已，怕冷多衣，实受其病，数日当平也。稻正花时，风雨三日不止。适至，为之不寐。今日秋半，百端交集，谅汝同情。汝疾已安，汝妇想尚支持，料理归装极碎极苦。

龙门经顾、刘两君子以理学提倡，嗣席者久无所闻，愙虽病而力疾郎云。校阅，未易让席。颂棠①一去未来，今又至海上，将北行乎？自入穷途，不可救药。伯絅送其子赴大名，因再至沪，闻欲在海边看月，不审如愿否？

徐旭东阻雨，少谷看来不肯枉驾。欲在此过节，景酬接甚忙。余不一一。此问合寓平安。八月十五日，松禅。

按，本札作于光绪二十五年八月十五日。是日恰逢中秋佳节，翁同龢百感交集。翁同龢作前札时已犯头昏，延续至此时。十三、十四两日皆下小雨，且十二日夜晚以来大风不止，十五日"雨仍作，山云潋然，堤水将漫"。② 故翁同龢担心正开花的水稻会再次受到伤害。

"龙门"指上海龙门书院，"顾"是顾广誉（1799—1866），字维康，号访溪，浙江平湖人；"刘"是刘熙载（1813—1881），字伯简，号融斋，晚号寤崖子，江苏兴化人。二者皆为当时的理学名儒。"愙"是吴大澂（1835—1902），此时正任上海龙门书院山长。"郎"是汪鸣銮

---

①　《翁同龢日记》，第 3272 页，光绪二十五年七月廿九日："沈颂棠来，仍有疑疾，余广其意，告以入都为是。"

②　《翁同龢日记》，第 3276 页。

（1839—1907）。"颂棠"即沈颂棠——沈鹏（1870—1909），一意北行入都，准备上疏诛杀李莲英、刚毅、荣禄"三凶"。在翁同龢看来，此举乃"自入穷途，不可救药"。伯纲——庞鸿文送子赴大名而过上海，恰逢中秋，想在海边赏月。风水师徐旭东本来是日起程，但终因下雨而滞留常熟过中秋。

（三十四）光绪二十五年八月十五日
（1899 年 9 月 19 日）午

次公为徐翰卿拉买均初家宋拓《隶韵》，次虽雅，而不知吾景况，可笑。此物前在京亲见，均初收时只京钱百余吊耳，今则三百两。其余《天发神谶》《开母庙》及王敬哉《送行图》皆常物而索重价，悉还之矣。

家乡本甚陋，近则京贾往来，益不可买。烧残《董评》两小册竟去卅元，余只买庄刻《淮南》校本，五元耳。吴姑太太事又出重分，盖因拜寿而来，义更难辞。北仆在此添累，山中每日伙食除油盐外须一元。船上岸已费去五十元，每出必轿，总计亦不赀。十五午。

按，本札作于光绪二十五年八月十五日午，关于八月十四日次公为徐翰卿拉买碑帖字画一事。次公即赵宗建（1824—1900），字次侯，号非昔居士，江苏常熟人。徐翰卿（生卒年未详），名熙，号斗庐，江苏吴县人。这批碑帖字画包括：沈树镛（1832—1873）旧藏宋拓《隶韵》六册，三百两；《天发神谶碑》嘉庆中拓本，八十元；黄易（1744—1802）拓赠翁方纲（1733—1818）《开母三阙》（太室、开母），卅元；王崇简（1602—1678）画《为树老送行图卷》，八十元。翁同龢认为这批东西总体上"价高而物不佳"，其中宋拓《隶韵》更是价格飞涨，故悉数奉还卖家。其实，更主要的原因是：翁同龢清正廉洁，开缺回籍之后更入窘乡，没有钱买，尤其是宋拓《隶韵》六册。翁同龢当日在日记中详细记录了该宋拓的前题后跋,已足见其价值。①

从翁同龢最终购买的两套书籍(董恂评《儿女英雄传》册和庄逵吉校刊《淮南子》)和罗列的日常开支可窥翁同龢晚年的生活境遇。所以,难怪翁同龢于家书中抱怨:"次虽雅,而不知吾景况,可笑!"

(三十五) 光绪二十五年八月十六日 (1899 年 9 月 20 日)巳初

一笏斋:

中秋阴晦,万象萧瑟,今晨开霁,仍复翳合,梧叶有声矣。景子前陪徐君看地奔驰,次日冒雨过山庐,衣袂尽湿,又次日在曾园陪徐君,归遂发热,气又上冲。吴医云:"外感化风,系内伤证。秋分节近,宜慎。"遣人往视,强起,热未净也。② 荏苒柔木,焉能禁此雨淋日炙?医云内伤,吾甚信之。

年已长矣,婚对宜及时,常州吕氏淑媛如可问名,须早定为是,勿谓老人愦愦也。观案头所读即知所趋向,吾惟见其笃好乐府,经史皆束置,所喜者尚无狎友,然如曾孟横、徐印如,每归必见。亦数数聚会也。今日入山,想到辄写,不一一。八月十六巳初,松禅。

按,本札作于光绪二十五年八月十六日巳初。当日"晨晴旋雨,又晴,午后开朗,暮又阴"。③ 翁同龢写此信时是上午,天气正处于晴转多云再转雨之间。"景子"即敬之,乃翁斌孙次子翁之廉(1882—1929),前述其陪风水师徐旭东相地,雨淋日晒,终日酬接,遂于中秋之日感冒发热,被吴学如诊断为内伤。

---

① 本段参考《翁同龢日记》,第 3275—3276 页。

② 《翁同龢日记》,第 3276 页,光绪二十五年八月十五日:"景子发热气冲,吴医云系内伤,秋分近,宜慎,遣仆问,得信云热稍止。"

③ 《翁同龢日记》,第 3276 页。

　　翁之廉当时十八岁,已到适婚年龄。翁同龢提倡婚配及时,故于札中催促翁斌孙,如果常州吕氏合适,就早日为翁之廉订婚。翁同龢还通过翁之廉所读之书判断其志向。但令翁同龢欣慰的是,翁之廉身边尚无淫朋狎友。不过,翁之廉与曾孟横、徐印如等人聚会稍频,引起了翁同龢的注意。

　　本札写毕,翁同龢意犹未尽,再次提笔写道:

　　山居非延客之地,俗客可憎,雅客亦不欲晋接。里中宗子戴、赵君闳号为佳七,必欲携书帖见过,次公说项,订期至第五次,推至明日,竟不能却矣。①

　　省道人于九万圩②得石狮一对,移置门口,子剑认为钱氏旧物且云是天赉公所遣天责者,即钱三将军也。此等物即送我亦不可要,昨已回说而意未回。而彼尚断断,殊无谓。

　　鹿□甚□,然□上下无别,轻重失宜;鼎一味昏昏;缮实敏,而翩翩自喜。吾本迂拘,近来益喜沉笃之士,不沉则心不内敛,不笃则有头无尾,作事多谬也。

　　棉花经此雨,晚者又伤。米现长三文,每升三十六,油亦长价。

　　按,翁同龢隐居墓庐,喜欢清静,不喜俗客登门,对雅客也疲于晋接。同乡宗子戴、赵君闳二君想携所藏书帖请其鉴赏,称得上是雅客,并有赵宗建作引荐人,《八月十一日札》亦提及,但不料预约四次都没约上,直至第五次预约,翁同龢实在推却不去,才与之订期为八月十七日。可见,翁同龢此前称中秋后不欲晋接并非虚言。

---

　　① 《翁同龢日记》,第3276页,光绪二十五年八月十五日:"冒雨遣人送还次公字帖,并约宗、赵两君十七日到山。"
　　② 《重修常昭合志》卷四十二,叶十七(上):"赠侍郎、四川布政使钱鋆宅在九万圩,中有亦园,后归清丰知县俞焯。"

札中还述及一则省道人得九万圩钱氏石狮后自鸣得意的趣事，翁同龢对此等物则嗤之以鼻。

翁同龢在信中表示自己本性迂腐拘泥，近来更加喜欢沉厚笃实之人，理由是：不沉厚就很难收心，不笃实就虎头蛇尾，做事多谬误。翁曾荣、翁奎孙和翁之缮显然都还没达到他"沉笃"的标准。

此时，晚花的棉花又被雨水所伤，米价、油价也都纷纷上涨，这些都是翁同龢最关心的民生问题。

（三十六）光绪二十五年八月十七日 （1899 年 9 月 21 日）戌初

筠览：

今日城信来，知景子热止，愁怀顿释。次公、云孙偕二客来，所携书画、碑版皆极妙，欣赏历数时，亦解愁妙剂也。昨夜月好，今又晴佳，觊十日不雨，秋禾可实。萤多，天气郁热，犹惴惴也。

赵君所携汉碑四册，内《二尹君阙》世间孤本，《开母》下截、《仓颉庙》①皆旧拓，可爱。宗则以字画见视，如王、恽卷册，②亦足珍矣。肆中所见旧《岳麓寺》，以索价太高还却，今两君皆已寓目，声价益增。两君于考据皆有头绪，板本、目录亦极熟，佳士也。

吴宅今日行矣。石狮乃钱天赍物，天赍乃三将军之父，曾任川藩者也。新闻报瓜尔佳云云，定是逆徒所造，可恨已极！山中清净，偶

---

① 《翁同龢日记》，第 3277 页，光绪二十五年八月十七日："赵君所携：《二尹君阙》、孤本、徐紫珊旧藏。初拓《白石神君》《开母庙》下截、《仓颉庙碑》、甚旧。水拓《鹤铭》、苏斋物。金冬心《长寿佛变相》、石涛画册、鲜于伯机六札。未甚确。"

② 《翁同龢日记》，第 3277 页，光绪二十五年八月十七日："宗君所携：李龙眠《游赤壁图》、江村物。东坡墨竹，题真画伪。石谷画卷、恽山水册、董书金氏告身、元释《十六应真》。……又赵以张皋文手稿《易学四种》、张翰风《战国策释地》手稿共三册见观。"

见此等,辄为发指。写至此,月出矣,亟走田塍一看。八月十七日戌
初,松禅。

　　按,本札承前札,作于光绪二十五年八月十七日戌初。是日,赵
宗建、陆懋宗带宗子戴、赵君闳前来拜访翁同龢。宗即宗舜年
(1865—1933),字子戴,号耿吾,上元(今江苏南京)人;赵即赵宽
(1863—1939),字君闳,号止非,江苏常熟人。赵氏所携之物以碑版
为主,其中《二尹君阙》孤本、初拓《开母庙碑》下截和《仓颉庙碑》最受
翁同龢喜爱;宗氏所携之物以书画为主,其中王翚画卷和恽寿平画册
最为精彩。有意思的是,继翁同龢之后,宗、赵两君也鉴识了前述旧
拓《岳麓寺碑》。接触之后,翁同龢发现宗、赵二君于考据、版本和目
录都有一定造诣,确为佳士。
　　本札再提石狮旧主,乃"钱三将军"(待考)之父,曾任四川布政
使,名钱鋆(生卒年未详)。查《重修常昭合志》,钱鋆,字贡金,号检
亭,[①]"赠侍郎、四川布政使","宅在九万圩中,有亦园,后归清丰知县
俞焯"。[②]

(三十七) 光绪二十五年八月十八日
(1899 年 9 月 22 日)

笏览:

　　督工不惮烦。隶已健,其上房吾不轻往,实在看不得。吴宅已开
船,吾亦大累,金门不必言矣。人生无肝胆之亲朋,则人类绝矣。故
金门总可敬。颂棠不听好言,必穷饿离愁而死,吾面斥之。晚睡最耗
神,吾等岂可与昼夜颠倒者居? 吾饮食极留意,每饭不饱是养身妙
诀,四更着寒是苦事,惟睡时多盖而已。

---

①　《重修常昭合志》卷二十六人物之五耆旧,叶四九(下)。
②　《重修常昭合志》卷四十二第宅,叶十七(上)。

宗、赵已来过,尚是佳客。赵将送妹往粤东出嫁,看来将卖所携书帖,未敢问津也。万玉堂《太玄》,家有惠松崖校本,汝所见无批校即不必收,其它有《太玄注》否?冬心画能借看最妙。赵携《二尹阙》《启母庙》、湿拓《鹤铭》,皆均初物也,《隶均》亦沉妙,当日即还。

按,本札承前札,作于光绪二十五年八月十八日。前札言:"吴宅今日行矣。"本札言:"吴宅已开船。"均指前述适吴钱甥女归葬或出殡。[①] 翁同龢对操办此事的外甥俞钟銮深表敬意,并且感慨道:"人生无肝胆之亲朋,则人类绝矣。"翁同龢还严厉斥责一意孤行欲北上入都弹劾"三凶"的门生沈鹏(颂棠):"不听好言,必穷饿离愁而死!"翁同龢于本札再谈养生体会,认为晚睡最耗神,每饭不饱是养身妙诀,等等。

前一日,宗舜年和赵宽已经来过,翁同龢本札补充了两点:一是赵宽很可能要卖掉这些书帖,以送其妹出嫁粤东,但翁同龢因囊中羞涩而不敢开口;二是赵宽所携《二尹君阙》孤本、初拓《开母庙碑》下截和湿拓《瘞鹤铭》均是沈树镛(均初)旧藏。此外,他嘱咐翁斌孙:明嘉靖孙沐万玉堂所刻的《太玄经》已有惠栋校本,无批校的版本不要再买;关注下市场上有无《太玄经注》;帮他借一下金农画册。

(三十八) 光绪二十五年八月十九日
(1899 年 9 月 23 日)

笏览:

得中秋函,喜悉合寓平安,归期已近。腹疾既止,钞写自娱,所少者一碗闲饭吃耳。吾到山庐即欣然,杂花无佳品,乡邻皆村农,然对之较城市为雅,不作诗,不写字,不问外事,居然游仙矣。景子已愈而

---

① 《翁同龢日记》,第 3277 页,光绪二十五年八月十八日:"金甥信,云吴舟今日长行。"

热未净，吴医方按云外感内伤兼有，吾意总不释然。顷秀姨来此，前日亲往看过，饮食尚可，言语亦有兴致云云，吾仍不释然也。

税契当办但数十年未办便是苛政，新抚果洞悉耶？绹曾枉过，意甚殷殷；调则未通问，拟以数篑相饷，佑正起造，未再面也。龙门似须缓图，怱无恙也。郎家事极不整，次公得信，重九欲来登高，则山居在所必到，或且篮舆同游，此等所谓恶客耳。

木犀已过，秋禾颇巨，若十日无风雨，便可垂颖蔼餐。节敬可受，不来极妙，瑶圃能致意辞却乃佳。此问合寓好。八月十九日，松禅。

　　按，本札接前札，作于光绪二十五年八月十九日，是对翁斌孙中秋函的回信。[①] 翁同龢于札中向翁斌孙描述了惬意的、不用应酬的山居生活：不用作诗，不用写字，不问外事。当然，这只是相对而言，并非绝对。虽然近乎游仙，但是翁同龢对亲人的关心和牵挂丝毫未减。八月十七日函云翁之廉热止，从本札看，其病情仍有反复，始终牵动着翁同龢的心。

　　"新抚"指当时新上任不久的江苏巡抚鹿传霖(1836—1910)。翁同龢认为，税契当办但数十年不办也算苛政。家书还述及庞绅堂、杨调甫、俞佑兰、吴大澂、汪鸣鸾等人近状。四天前(八月十五日)，翁同龢致翁斌孙家书有言："龙门……怱虽病而力疾校阅，未易让席。"[②] 可见翁斌孙正谋划执掌上海龙门书院一事，但翁同龢此时打听到吴大澂的身体并无大碍，故劝翁斌孙："龙门似须缓图。"但最终，翁斌孙于光绪二十八年如愿出任上海龙门书院山长。汪鸣鸾住在苏州，当时给赵宗建写信，欲约重阳节来常熟登山。从重阳节当天的《翁同龢

---

　　① 《翁同龢日记》，第3277页，光绪二十五年八月十九日："妾氏从城来，景子热未净，医按云内伤外感并作，脉弦数促，意颇忧之。……晚妾氏入城。得笏中秋函，即复一函，交城寄。"
　　② 南京博物院藏光绪二十五年八月十五日翁同龢致翁斌孙家书。

日记》可知,费念慈(1855—1905)来了,汪鸣銮却没来。① 正如本札所言,汪氏被家事缠身。

札中,翁同龢一如既往地关心农事,祈祷十日无风雨,秋禾便可饱收。瑶圃,或为杨树琪(1838—1901),字瑶圃,侗族,贵州天柱人。

(三十九)光绪二十五年八月廿一日
(1899 年 9 月 25 日)

秋爽转凉,山居已重棉矣。昨金门来此竟日,云楞仙曾注《鲍参军集》,以手稿付之,嘱俟觅得旧本因明刻有讹也。勘过方可刊。汝可向蒋葳一查。一笯览。廿一日,松禅。

按,本札作于光绪二十五年八月廿一日。前一日(八月二十日)《翁同龢日记》记载:"巳正金门舆来同饭,饭后余偃卧片刻,以书画款之,复谈至未正三刻去。"②故翁同龢本札曰:"昨金门来此竟日。"据札可知,俞钟銮本次来是有事相商相求的。翁同龢的二姐夫钱振伦(字楞仙),曾为宋鲍照的《鲍参军集》作过注,生前把手稿托付女婿俞钟銮,嘱咐他等找到明以前的旧本校勘之后方可付刊,因为明刻本尚有错误。俞钟銮苦寻《鲍参军集》明前旧本久而不果,所以恳请翁同龢帮忙,了却岳父钱振伦的遗愿。③

---

① 《翁同龢日记》,第 3280 页,光绪二十五年重九日:"晨出北门,践费君登高之约。同诣次公,即在彼饭。……"未提汪鸣銮。
② 《翁同龢日记》,第 3277 页。
③ 参见南京博物院藏光绪二年四月十五日翁曾荣致翁曾翰家书。

（四十）光绪二十五年八月廿一日
（1899 年 9 月 25 日）晚

一筠览：

邮简如织，前寄一函中论及馆报，既而悔之，不知遗失否？即一查。

《鲍参军集》如有旧抄或校本，可买一部。都穆本，又明刻本，均不取。又小图书石或青田，或寿山，或田黄，不拘形制。可买数方，此间无有也。上海似尚有工细刻手，可令刻"松禅收藏"一方，"松禅寓目"一方。阳文细篆为宜。又陶心耘《论书绝句》并买一本也。

今日景子信来，云热已止，吾尚未信，当入城看之。[1] 闻汝有廿七起身之说，亦仆辈所传，不审确否？此问合寓好。八月廿一灯下，松禅。

按，本札和前札作于同一日，但本札稍晚，作于光绪二十五年八月廿一日晚间。"论及馆报"的前寄一函如今并未见到，或许正因翁同龢此札一句"既而悔之"，故翁斌孙查到后就将其销毁了。

翁同龢寻购《鲍参军集》旧本的缘由已于前札中详述。翁同龢只要旧抄本或校本，都穆本和明刻本都不要。由《翁同龢日记》可知此事后续：九月初一日，翁同龢"以校旧刊《鲍参军集》付金门"。[2] 信中，他还请斌孙买几方印石，质地、形制不限；找工细的刻手刻两方细朱文鉴藏印："松禅收藏"和"松禅寓目"，钤盖于所收古籍、书画、碑帖之上；并买一本陶心耘的《论书绝句》。最后，翁同龢向翁斌孙求证仆辈所传其八月廿七日起身之说。

---

　① 《翁同龢日记》，第 3278 页，光绪二十五年八月廿一日："景子信，云今早热止，疑未确。"

　② 《翁同龢日记》，第 3279 页。

翁同龢写完正信又补充道:

手腕提不起,观信即知吾之衰,而求者纷纷,真是苦事。"之园"字,因待草笔,至今未写也。景子办工程似尚细心,其身体太弱,其弱亦有因,吾以为虑。总之,不耐寂莫,不看正经书,流弊孔多耳。山中并不清静,客至无拦挡。周三大酒鬼,其子又患病;船人海金,少年浮动,懒而多好,已遣去。京仆无过,惟坐吃可厌。终日伏案则头眩腰痛,舍此无以为乐。

按,翁同龢附札先谈笔墨应酬,认为腕力衰颓而求者不断,是极苦之事。"之园"为五侄翁曾桂所造园林之名。八月廿八日,翁同龢得仆周兴寄大笔两支;八月廿九日,翁同龢写"之园"二字。[①] 翁之廉所办工程是督造蒲鞋山新茔。

(四十一) 光绪二十五年八月廿四日 (1899 年 9 月 28 日)未时

一笏览:

山居喜幽寂而俗客频来,入城益扰扰。顷景子来南泾塘,见其神气尚好,脉亦和平,无数象也。杨调甫同其两季访我山中,我适入城相左,此客可慢耶? 惶悚而已。西风起,当不再阴湿,适捡画厨。徽花沾手,始清出一帐,将来或可稽考。寓中想平平,汝妇感冒当愈,重阳后当可旋里。此问寓中好。廿四日未,松禅。

---

① 《翁同龢日记》,第 3279 页。

　　按,本札作于光绪二十五年八月廿四日未时。① 翁同龢喜欢幽
静,隐居山中,但访客仍络绎不绝,偶尔进一趟常熟县城,城中更加纷
乱,他感到很烦恼。是日,翁之廉来见,身体完全复原,翁同龢感到很
欣慰。同日,翁同龢还得知前一日杨调甫(同榍)带两个弟弟杨硕甫、
杨新甫去墓庐拜访他而不遇,他深感惶恐。翁同龢信中预计,翁斌孙
于重阳节后当可还家。

(四十二) 光绪二十五年九月初一日
(1899 年 10 月 5 日)

　　尘寰锡收,郑重留此。若百元,便当相易。此妄言也。《公方颂》亦
古帖,惜稍涂损,固胜苏斋所藏,亦较吾钩本为胜。

　　按,本札作于光绪二十五年九月初一日。是日,张炳华从上海
来,带来翁斌孙托寄的一箱书,并翁斌孙借来的金农画册和《张迁碑》
各一本。其中《张迁碑》是翁斌孙向祝少英(生卒年未详)借来的,
"'东里润色'四字全,较巴本有胜,苏斋本更不逮也"。② 即翁同龢本
札所谓"亦较吾钩本为胜"的《公方颂》。如今可知,此本《张迁碑》即朱
翼盦旧藏本《张迁碑》,现藏故宫博物院,翁同龢跋其后曰:"光绪二十
五年九月,从少英先生借观累月,因题记。松禅居士翁同龢。"翁同龢
还认为,此本"乃宝山印氏沤天阁旧物"。对于张炳华,翁同龢曾于日
记中有过介绍:"此人无锡籍,久在梅李,与菉卿熟,善张罗,亦颇
能也。"③

---

　　① 《翁同龢日记》,第 3278 页,光绪二十五年八月廿四日:"昨夜不寐,晨起
极倦,勉强检字画,归礼、乐两号顶柜内。景子来,脉不数,面不瘦,甚慰。发沪信。
山仆来,知昨日余行后杨调甫同榍偕其弟硕甫崇光、新甫同元来访,未坐即行。"
　　② 《翁同龢日记》,第 3279 页。
　　③ 《翁同龢日记》,第 2342 页。

（四十三）光绪二十五年九月初二日
（1899 年 10 月 6 日）午前

笏览：

昨晚放晴，今日风起，落木萧条。昨信计十二可到，行期有无更改？酌之。

吾因腹疾，又俗事不了，尚未还山。钩帖日只十字，其衰可知。

彭所携恽、王乃程士梅家物，其子傍出。交毕葆卿转售于彭。今程氏索之急，叶老四勒毕交出，否则涉讼。毕又被缪少初评，其引京客，若肯售，定倾囊也。

昨墨缘萃止，扰我梦寐。炳今夕行，先达此信，问合家好。九月二日，松禅。

按，本札亦作于光绪二十五年九月初二日午前，在张炳华出发前通过信局先发。① 翁斌孙于张炳华前一日带来的信中预计九月十二日可到常熟，故翁同龢向其确认行期。事实上，翁斌孙的行期一拖再拖，一直到九月廿七日抵达常熟。②

信中，翁同龢以大段笔墨向翁斌孙转述当时发生的一起关于恽王画作的交易纠纷。"恽"是恽寿平，"王"是王翚，所谓"恽王"很可能是二人合作画作或一画一题的作品。

---

① 《翁同龢日记》，第 3279 页，光绪二十五年九月初二日："发沪信。又写信交炳华。"

② 《翁同龢日记》，第 3283—3284 页。

（四十四）光绪二十五年九月初二日
（1899 年 10 月 6 日）午前

笏览：

　　吾头眩，夜作热，委顿不支，炳华携书箧来，未见，书亦未能细捡。今暂留数种，另有单。其余仍装原箱，并金冬心画册，由炳华带还。《张迁碑》尚思留看半月，商诸祝君，肯见许否？金石癖未除，殊自笑耳。九月初二日，松禅。

　　按，本札作于光绪二十五年九月初二日午前。前一日夜里，翁同龢头眩发热，未见来送信笺、信封的张炳华。[①] 是日，翁同龢挑了十五种留看的书，其余的仍装回原箱，拟请张炳华带回上海。[②] 由此札知，翁同龢原本打算将金农画册一起归还，但从后续信札和《翁同龢日记》来看，事实并非如此。[③]而托翁斌孙向祝少英借来的《张迁碑》版本实在太过难得，翁同龢想请翁斌孙与祝君协商再借看一段时间，正如其自言："金石癖未除。"

（四十五）光绪二十五年九月初二日
（1899 年 10 月 6 日）午正

一笏览：

　　《曲江辞》未见，惧其溷也。书留十余种，商诸印若，可爱者才二三耳。[④]冬心画妙绝，本拟交炳带，因伊欲到。闻炳华须到无锡，其仆人

---

　　① 《翁同龢日记》，第 3279 页，光绪二十五年九月初一："炳华送信笺、信封……以头眩足软辞未见。"

　　②③④ 《翁同龢日记》，第 3279 页，光绪二十五年九月初二日："晴，有风。检书，留十五种，余以原箱装之，仍交炳华，伊今夜即往无锡。冬心画、《张迁碑》均暂留，题若波画，描之圆匾。发沪信。又写信交炳华。"

只一人,书箱可带而冬心册不敢交之,恐致遗失也。[1] 初二日午正。伊告鹿卿船上无人,今晚书箱可着人掮之跟伊上船,然则无锡上岸亦无人看船矣。

　　按,本札作于光绪二十五年九月初二日午正,乃交张炳华带呈翁斌孙之信。翁同龢于本札告诉翁斌孙三件事:一是《曲江辞》一书未见到;二是托张炳华带来的书留下了十余种,请其与曾印若商量价格;三是金农的画册太过精绝、贵重,而张炳华并非直达上海且身边人手不足,所以不敢让他带去,怕遗失。

(四十六) 光绪二十五年九月初六日
(1899 年 10 月 10 日)晚

一筠览:

　　昨发信,今又动笔,直是费信钱耳。[2] 惠夫来,伊初闻十三启行之信,吾嘱其将塔前屋早为安排也。上房风窗太不谨慎,吾曾做窗二扇,已由乡取交。此番搬家,真出于不得已,最虑者隆冬北风,无屋不冷,虽炽炭不能御,细小尤不能耐也。咳嗽以通风为要,船上用衣包护窗槅。轮船拖,想径达,若公司带,则昆山解缆甚不妥,近日水路颇有戒心。

　　吾昨谒墓,归步尚健,在城终日伏案,且闻见獟杂,殊无谓。长喜杳然不来,铁儿、老四均欲早归,杨庆已收录矣。景子尚好,此两日未见,现校《白虎通德论》,甚愿其亲近书卷,余待汝归再商。炳到处见拒,兴尽而去。伊自立脚不稳,谁肯与之为缘,况身在局中而谬为稗

----

① 《翁同龢日记》,第 3279 页,光绪二十五年九月初二日:"晴,有风。检书,留十五种,余以原箱装之,仍交炳华,伊今夜即往无锡。冬心画、《张迁碑》均暂留,题若波画,描之圆匾。发沪信。又写信交炳华。"
② 《翁同龢日记》,第 3280 页,光绪二十五年九月初五日:"得沪信,发沪信。"九月初六日:"发沪信。"

贩,恐偾事不远矣。申浦人海,谈贸迁者津津,究竟非折即倒,百不爽一,所谓利令智昏也。

《张君碑》借到,意欲自钩而不得,为此忙了两日。闻彭携一《郙阁颂》去,若发现,可截住一看。并《岳麓》十四元得之,岳以四十售吾,①郙未与吾看。印处书如价贵,可否借钞数种? 此问合寓安好。初六日灯前,松禅。

按,本札作于光绪二十五年九月初六日晚。惠夫是翁康孙,翁同龢告诉他翁斌孙将于九月十三日起程回常,叮嘱他提早去塔前屋布置,以便到时入住。翁同龢安排翁斌孙一家至塔前屋居住,主要考虑其家眷不耐隆冬北风。

长喜、俞铁、老四和杨庆都是翁同龢的仆人。长喜自北京来,此时尚无消息;俞铁、老四都想早日回京;杨庆是翁斌孙推荐给翁同龢的仆人,而翁同龢此时将其推荐给苏松督粮道罗嘉杰(生卒年未详),已于九月初二日前往罗处。②

景子即敬之翁之廉,此时正在校勘东汉班固的《白虎通德论》。"炳"即前述从上海带书箱回来的张炳华,翁同龢于九月初一日的日记中写道:"伊回家欲买米居奇,妄甚。"③显然,翁同龢很鄙视他这种商人做法。本札中,翁同龢继续发表看法,认为张炳华立脚不稳,有正经工作而甘当小贩,注定失败。翁同龢认为,上海人谈贸易津津有味者无数,但绝大多数都以失败告终,更何况同乡张炳华呢! 他认为这就是古人所谓的"利令智昏"。

---

① 《翁同龢日记》,第3279页,光绪二十五年八月廿八日:"购得司寇公所藏《岳麓寺碑》。彭叔才居间,亦由大保督之始成,四十元。"

② 《翁同龢日记》,第3279页,光绪二十五年九月初二日:"仆人杨庆荐粮道罗处,今日去。"

③ 《翁同龢日记》,第3279页。

　　翁同龢想钩摹前借祝本《张迁碑》,但因目力衰颓而进展极慢,最后由侄曾孙翁之缮和其共同完成。翁同龢听闻彭叔才携带一本《郙阁颂》去了上海,立刻嘱咐翁斌孙发现即截住一看,因为彭氏售其《岳麓寺碑》时未给他看此本《郙阁颂》。札末,翁同龢让翁斌孙代问借抄古籍,其爱金石碑帖,爱古籍善本,由此可窥一斑。

(四十七) 光绪二十五年九月初六日至九月十三日 (1899 年 10 月 10 日—10 月 17 日)

　　常至苏小轮又开,闻生意不佳,不久必停。北行之仆只铁儿一人,此仆少不更事,须风汛过乃遣之。吾极怕写字,知其人即不敢落笔,题咏亦然,竟是肝胆怔忡之病,目力大逊,钩帖只一两字便阁笔矣。

　　按,光绪二十五年九月初六日,《翁同龢日记》记载:"常至苏今日始开小轮船。"①而本札云:"常至苏小轮又开,闻生意不佳,不久必停。"可知,本札的写作时间的上限为光绪二十五年九月初六日。同年九月十三日,《翁同龢日记》记载:"重阳风汛已过,似有第二次风也。"②而本札云:"北行之仆只铁儿一人,此仆少不更事,须风汛过乃遣之。"可知,本札的写作时间的下限是该年九月十三日。根据《翁同龢日记》可知,俞仆铁儿最终于本年的九月廿五日回京。③ 综上所述,本札的写作时间当介于光绪二十五年九月初六日至九月十三日之间。

---

　　① 《翁同龢日记》,第 3280 页。
　　② 《翁同龢日记》,第 3281 页。
　　③ 《翁同龢日记》,第 3283 页,光绪二十五年九月廿四日:"俞仆铁儿回京,明日行,令舟人大荣送沪。"

（四十八）光绪二十五年九月初七日
（1899 年 10 月 11 日）

鲽研八碑，有佳有否，虎床易龙，未知能成否？吾以为然。苏斋跋《百石》乃真、旧，何彼中竟无人问津耶？顷买得破而不旧之《鲁峻》，揭粘数叶，不胜其苦，真痴子也。

按，"鲽研八碑"指沈秉成（1823—1895）的"鲽研庐"旧藏八碑，其质量有好有坏，参差不齐。《百石》即《乙瑛碑》，苏斋跋《百石》实际上就是沈秉成旧藏翁方纲跋本《乙瑛碑》。翁同龢认为此本《乙瑛碑》既真且旧，但不知为何无人问津。

光绪二十五年九月初七日，《翁同龢日记》记载："竟日粘《鲁峻碑》，钩《张迁碑》，目力不及矣。"[1]由此可知，本札作于是日。"虎床易龙"，应该是翁同龢谋划的一场碑帖交易。

（四十九）光绪二十五年九月初八日
（1899 年 10 月 12 日）申时

一筼斋：

长憙至，得函，归期渐近，其慰。金画、张碑留此，苦无便寄。张碑拟钩，非月底不能了，不知前途，肯假我累旬否？如不能即速告我，当速寄还。杨调甫出月初行，此妥便也。王、恽佳画听其流转，惟《郙阁》可一问，近来注意于此也。塔前屋，闻昨日惠夫去布置，家具景已向叶借定。秋燥往往多欬痢等证，印若家小儿女想渐安矣。吾偶食蟹，三日腹泻，怕冷，穿衣多，故头眩耳聋，无他疾也。京中亢旱，闻之焦虑。此间稻将熟，无雨为妙。初八日申，松禅。

---

① 《翁同龢日记》，第 3280 页。

按，本札作于光绪二十五年九月初八日。是日，仆人长喜从北京来，经过上海，带来翁斌孙家信。① 前揭金农画册②、祝本《张迁碑》③此时还在翁同龢手里，一直没有合适的机会归还。翁同龢打算钩摹此本《张迁碑》，但需要时间，因此想向祝少英续借几旬，请翁斌孙帮问，拟于下月初杨调甫起程时带还。翁同龢对卷入交易纠纷的王恽画作的兴趣不大，此时仍关注彭氏携往上海的《郙阁颂》，请翁斌孙留意。除此，本札还谈及塔前屋的布置情况、曾印若子女的病情、翁同龢的身体近况以及北京、常熟的天气情况。

长喜云合寓均安，十三日行期似未定准，或云十六，其信然耶？京师米价腾贵，自五月不雨以迄于今，并闻北五省皆旱，朝廷宵旰忧劳，三农云霓盼切，即吾侪小人，岂能安枕哉？缉、寅皆安好，良慰。汝妇及小儿辈咳嗽虽愈，归途船中虑热，尤不宜至船头看望。此间无事，京仆惟铁与一老侄北行，正值风汛，尚须少留耳。

按，此为副札，是对前札的补充，与前札合为一封寄出。仆人长喜云，翁斌孙的行期未最终确定，或为九月十六日。故而，翁同龢在副札中先向翁斌孙求证行期。是时，"北五省"亢旱已久，京师米价飞涨，朝廷终日忙碌，农民终日盼雨。虽然翁同龢已非重臣，但是他仍心系朝廷，心系农民，心系天下苍生。"缉"为翁熙孙，"寅"为翁顺孙，均为翁斌孙弟，此时皆好。"铁"为翁同龢的仆人，姓俞；老侄即《九月

---

① 《翁同龢日记》，第3280页，光绪二十五年九月初八日："粘碑，长喜自京来……闻京师久旱情形，携来笏信。发沪信。"

② 金农画。《翁同龢日记》，第3279页，光绪二十五年九月朔日："又冬心画册十二幅，七十三岁作。殆绝诣矣。"

③ 《翁同龢日记》，第3279页，光绪二十五年九月朔日："又借得祝少英《张迁碑》，'东里润色'四字全，较巴本有胜，苏斋本更不逮也。"

初六札》所谓的仆人老四,二者均欲回京。

(五十) 光绪二十五年九月初十日
(1899 年 10 月 14 日)辰正

笏斋览:

昨两函俱至,知望后动身。若十七行,则次日必到,其日正值钱太夫人周年之祭,未审惠夫等能至塔前否,想日内必有的期寄知也。

今日祭祠,适雨滑,吾既不敢以禁锢之身主笾豆之事,又不可退居子弟之末,且登降自知不逮,竟以不与祭为是,质明叩头,凄怆无极也。①

昨费西蠡拉次公及余登高,舆至剑门,石头路滑,坐舆中一眺而已。费所携碑帖虽小件,皆绝妙。②此人庶几赏鉴家,其于经部亦略有著述,此"毗陵派"参"吴门派",聪敏诚不可及,惟谈锋滚滚,非老人所能酬对,客去倦极。

吾在城无好怀,明日定入山矣。张厨既病,其治馔实不堪,迩来须带厨子,厨子去则费多且不便,此是难事。山中秋花烂然,抛弃可惜,明窗读书较此为胜,胡不登山耶?

彭先获利亦好,其《郙阁》曾出现否?《张迁》肯借数旬,真大惠!不能自钩,当付之缮为之,他人则意不在此。金画当先觅妥便交还印若也。

棉花不过五成,稻田九成,而晚稻有穗不垂,农人云今年无收。现在早稻尚未收获,小雨无妨,霜降必须晴乃佳。昨夜微雨,今日云

---

①　《翁同龢日记》,第 3281 页,光绪二十五年九月初十日:"是日祭石梅先祠,龢以废锢之身不敢与执笾之事,晨起北向叩头,不胜凄怆,侄辈及孙曾敬将事。"

②　《翁同龢日记》,第 3280 页,光绪二十五年重九日:"晨出北门,践费君登高之约。同诣次公,即在彼饭。看屺怀所携帖两种,以《礼器碑》借与次公。篮舆同游三峰,拜瞿忠宣墓,遂陟剑门,坐磐石上。……由石屋涧下,路滑。"

阴浓郁,必有大雨矣。

时已辰正,闻隶卿尚未醒,午时已赴石梅矣。祀事如此,令我嗟叹。我腹泄已止,蟹不敢食,耳鸣头眩累月,已成宿疾,余尚无恙。各宅均安,此问汝近好,并合寓好。重九后一日辰正,松禅。

按,本札作于光绪二十五年九月初十日辰正。前一日重阳节,翁同龢登山归后得翁斌孙二函,本札是对该二函的回信。① 翁同龢作此札主要是因为担心翁斌孙选择十七日出发,那十八日到家时正好是三嫂钱夫人的周年忌日,亲人们都忙祭奠,分身乏术,则多有不便。②

写信是日,翁家祭石梅先祠,翁同龢综合考虑,未参加。札中,翁同龢和翁斌孙分享了重阳节赴约登高、鉴赏碑帖的快乐。翁同龢对费念慈(1855—1905)的评价极高,认为他或可为鉴赏家,于经部也有著述,以"常州学派"为基,综合"苏州学派"之长,聪明敏捷。

翁同龢于札中再提《郙阁颂》《张迁碑》和金农画册。《张迁碑》已得祝少英应允,可借数旬。翁同龢很感激,准备将它交翁之缮钩摹。

谈到收成,翁同龢认为棉花受损最为严重,水稻次之,晚稻前景难料,早稻还得看霜降前后的天气。

(五十一) 光绪二十五年九月十一日
(1899 年 10 月 15 日)

旧姻新特,此事宜慎,吾已告筱,嘱勿执柯。汝归,吾当详说。虎床尚无音闻,郎所处者甚烦难,伊亦思避席。蒋书仍听要价,否则完璧。曲江册亦无意致之。汝与眷口感冒,须全愈登程。十一日,松禅。

---

① 《翁同龢日记》,第 3281 页,光绪二十五年重九日:"薄暮抵家。得笏信二。"

② 《翁同龢日记》,第 3281 页,光绪二十五年九月初十日:"发沪信,以十七归,次日到,正值先嫂期年讳日,多不便。"

按，本札作于光绪二十五年九月十一日。旧姻，指原配。新特，指新配偶。翁同龢叮嘱翁曾桂勿作不当之媒。"虎床"即前述"虎床易龙"之"虎床"，是翁同龢谋划的一场碑帖交易，与"郎"——汪鸣鸾有关。蒋书，指蒋凤藻所辑《铁华馆丛书》或其收藏之书。曲江册，或为前揭《曲江辞》册。

（五十二）光绪二十五年九月十一日
(1899 年 10 月 15 日)晚

看货议价未定旋失去，疑被京客窃去，正纷纭也。毕来求说，已严斥之，此画幸未入吾目也。景昨冷战，今起坐，校《白虎通》矣。十一日晚。

按，本札不完整，与前札作于同日——光绪二十五年九月十一日晚。"议价未定旋失去"的乃前揭卷入字画交易纠纷的恽、王合作之画。毕，为毕葆卿。景，即翁之廉，前一夜寒战，是日已愈，继续校勘《白虎通》。[1]

（五十三）光绪二十五年九月十三日
(1899 年 10 月 17 日)晚

一笺览：

顷得九日函，良慰。《铁华》书值单已悉。[2] 此时无从批价，拟交仆辈于廿三四带回还印。《公方》可借，甚感！印之居间，惟珍重，刻不

---

[1] 《翁同龢日记》，第 3281 页，光绪二十五年九月十一日："景子昨夜寒战，今愈。大保来。"

[2] 《翁同龢日记》，第 3281 页，光绪二十五年九月十三日："印若所开书价奇昂。"

离身耳。

西风起，寒不可支，遥想归舟及塔前新居四方风动，须布置妥洽乃可。初十函想达，若十八在途，似亦非宜。景子锐意校书，似尚无病，顷嘱其有恙勿讳，答云夜间闻声则中怦怦，是心气不足。学西宅诚不佳，然总须过冬再议。华亭事断不许定，已切言之，谅此事我尚可作主。汝痰嗽未愈，汝妇不肯服药，盖以紫苏梗一味发之。

吾久未到山，递推递缓，今日又因上房改门避风口与木匠周旋，明日当一散矣。① 红叶渐可观，钩帖亦山中为宜。西蠡至罟里看书，一去不来，转得清净。伊新得蒋氏宋刻《宋书》及残本《礼书》，皆烜赫之品也。

炳之怏怏，固宜味纯园寄药，可感！顷菉谈及，尚未见来函也。九月十三日灯下，松禅。

按，本札作于光绪二十五年九月十三日晚。《铁华》是蒋凤藻所辑《铁华馆丛书》的简称或蒋氏收藏之书，此时无从核价，翁同龢拟将其交仆辈送还曾印若。前述《张迁碑》蒙祝少英应允，得借数旬。由本札知，曾印若于此事功不可没，是翁同龢的担保人。

翁同龢《九月初十日札》云，翁斌孙十七起程，十八抵家，多有不便。翁同龢本札云，翁斌孙十八起程，当日在路上也不合适。翁之廉锐意校书，此时正在校《白虎通》。翁同龢认为翁之廉虽无病但心气不足。学西宅，即前述学前屋，翁同龢认为它确实不能住人，但必须等来年春天再作打算。何为华亭事？仍有待考证。

翁同龢于本札中再次表达了想回山里隐居的愿望。西蠡是费念慈，此时新得蒋凤藻铁华馆藏宋刻本《宋书》和残本《礼书》，皆可宝贵，令翁同龢羡慕不已。

---

① 《翁同龢日记》，第3281页，光绪二十五年九月十三日："数拟入山，俗务不了，改住房门稍北以避风。得沪信。"

（五十四）光绪二十五年九月十四日
（1899 年 10 月 18 日）午

《太玄注》《通鉴释文》或可留，未定。其余定还。廿三日调甫行，铁儿随之，可带去也。金画亦已饱看，并去。张叔和①寄所谓补丸两瓶，其意可佳，其人不欲近。有手板，亦当附去。途次一切慎重，即吴门归路，切勿晚行。

老多遗忘，铁床小者若卅元左右，可买。洋人褥与床尺寸同者，并买一条可也。携归与否，随便。今日北山树碑，西山卸工，景甚忙，吾亦悬念。付一笋。十四日午，松禅。

按，本札作于光绪二十五年九月十四日午。前一日的《翁同龢日记》曾记载："印若所开书价奇昂。"②故翁同龢于本札曰："《太玄注》《通鉴释文》或可留未定，其余定还。"翁同龢打算将退还的书和金农的画一起让俞仆铁儿带去上海。由《翁同龢日记》可知，俞铁最终于本年九月廿五日启程由上海回北京。③ 后半札的主要内容是让翁斌孙从上海代购铁床和进口床褥，后续信札中亦有提及。当日，翁同龢前往西山的翁曾翰墓地监督开工，而同时北山的墓地也在树碑，由翁之廉负责。翁之廉此时正患腹疾，翁同龢表示很担心。④

———————————

①　张叔和（1850—1919），别名张鸿禄，无锡东门含锡桥人，著名实业家。

②　《翁同龢日记》，第 3281 页。

③　《翁同龢日记》，第 3283 页，光绪二十五年九月廿四日："俞仆铁儿回京，明日行，令舟人大荣送沪。"

④　《翁同龢日记》，第 3281 页，光绪二十五年九月十四日："饭后入舟，过宝岩登岸，至亡儿冢墓，是日开工，移石料于北山也。吴秉彝未来，北山今日树碑，景子往视。景患腹疾，阻之不可。"

（五十五）光绪二十五年九月十五日
（1899年10月19日）晚

一筼览：

　　山中得十一函，捡点行李极烦，深知汝之难。铁床如未买，即不必买；已买，遇便带回。齿病用老方，甚有效，摇动者仍不脱。连日风雨，今晨晴朗，十六。行期廿二最好。

　　金画成否听之，张碑许假，枝指不俗，鲽物惟《百石》可意。有苏斋跋。渤海果念松禅，胡不分买耶？一笑。孝感平正，总收添入，尚非决绝，余则口头禅耳。畿旱焦灼，文大等区区一隅，何补？

　　本不寄信，今改期，则尚有数织聒汝也。各宅皆安，吾肝火渐降，景亦佳。汝妇咳甚，轻散即愈，切勿固执不服药。九月望，灯下。

　　按，本札作于光绪二十五年九月十五日晚，于次日寄出，是对翁斌孙九月十一日函的回信。翁同龢此时在乡下的瓶隐庐。翁斌孙避开风雨，改为九月二十二日启程，绕道苏州，九月二十四日可到常熟。翁同龢赞成这样的安排。[①]

　　"金画"指金农的画作。"张碑"为《张迁碑》拓本；"枝指"指祝允明的书作。"鲽物"指鲽研庐——沈秉成（1823—1895）旧物。有苏斋跋之《百石》实际上就是翁方纲跋本《乙瑛碑》。卖家"渤海"（待考）欲售的这批鲽研庐旧物（或即前揭"有佳有否"的"鲽研八碑"）中，翁同龢只看中了翁方纲跋本《乙瑛碑》，想单买之。但这显然不太可能。

---

　　① 《翁同龢日记》，第3282页，光绪二十五年九月十五日："得筼函，十一夕。即覆之，闻廿二行，绕苏州，廿四可到。"

（五十六）光绪二十五年九月十七日
（1899 年 10 月 21 日）

一笏览：

本不作函，顷见十三信，知汝受寒作呕，重棉不温，又添我一层思虑矣。夜起之衣较昼须加暖，船中亦然。吾在山中，凌晨即出户，却披一厚棉斗篷也。西风未起，必有大风汛，俗所谓"观音暴"，过此为稳。吴船处处入风，夜间尤须慎护，小儿辈恐不惯也。

吾顷自山归，昨夕舣舟看月，万象凄其。体中似健，入门景子亦在此。上海有小帽上红结子，大者。买两个来。此问上下安好。九月十七日，松禅。

按，本札作于光绪二十五年九月十七日。翁同龢得翁斌孙九月十三日函，知其受寒干呕，腹泻发冷，极其担心，故写此信叮咛。[1] 翁同龢于信中叮嘱翁斌孙夜间添衣保暖，尤其是在船中，建议他等大风汛过后再起程。

翁同龢三嫂、翁斌孙祖母的周年忌日将至，故翁同龢于九月十六日舣舟看月时感觉万象凄其。此外，翁同龢请翁斌孙顺便买两个小帽上的大号红结子。

---

① 《翁同龢日记》，第 3282 页，光绪二十五年九月十七日："阴，东风。谒墓，并于先嫂前叩头，饭后乘船归。得笏信，十三。受寒，干呕作泻发冷，服姜汁稍愈，甚为悬悬，发沪信问之。……景子在此，夜大保来。"

（五十七）光绪二十五年九月十八日
（1899 年 10 月 22 日）申刻

一笈览：

　　望日信至，寒疾已平，汝妇咳未止，寒湿为患，可徐徐调理，勿再受风。连阴，行李极不便，日内必当起风，风后行最妙，苏沪咫尺，固非涉海可比也。

　　吾昨谒墓，今拜寝堂，俯仰凄恻，想汝同之。不作佛事，惟菉卿、大保来行礼耳。章门教案叠叠，畿甸尚未得雨，皆可忧。正在刈获，此雨亦于江乡稼事有碍。

　　铁床三尺六大者无用。者，较余卧榻狭一寸余，今寄尺式不知与海尺何如？如裁衣尺即合式。即携一张归可也。羊褥可买可不买。

　　圆照巨幅《两峰猿猱》洵是奇迹，吾久无意于此。老彭之王、恽几涉讼，伊托云在吾宅，幸未寓目。铁华上乘，寄观漏出，屺深消之，谓彼只论有蛀无蛀耳。又有《礼书》，已缺，亦著名之物，亦为屺得。顷屺寄《九日游剑门长古风》，极遵紧，又寄墨口《欧集》，与吾藏约略可配合也。此间合寓安吉。十八日申刻，雨中，松禅。洋信封，过夏即粘，故多缺口，非拆动也。

　　按，本札作于光绪二十五年九月十八日申刻。翁同龢当日得翁斌孙九月十五日信，知其寒疾已平，但其妇咳嗽未止，故作此回信，嘱其风汛后再起程。当日为翁同龢三嫂、翁斌孙祖母去世一周年忌日，故翁同龢前往彩衣堂拜奠，俯仰凄恻。江西教案频出，京师尚未得雨，江乡雨水不断，都使翁同龢感到忧虑。

　　圆照是"清初四王"之一的王鉴（1598—1677），巨幅《两峰猿猱》为其画作，翁同龢此时对该画的兴趣已大大降低。彭氏之"王恽"即前揭卷入字画交易纠纷的王、恽合作画作。此处"铁华"指前释《九月十三日函》所揭蒋凤藻铁华馆旧藏宋刻本《宋书》，乃上海寄观阁漏出，为费念慈收入囊中,同时收入的还有一残本《礼书》。费氏对此事颇为得意,还嘲笑卖家不懂古籍,仅以有蛀无蛀论价值。是日晚,费念慈给翁同龢寄来重阳节登高时作的《九日游剑门长古风》诗和明本《欧阳文忠公集》残本,正好可与翁同龢收藏的《欧阳文忠公集》配足一套。①

是年九月廿七日,翁斌孙携全眷回到常熟,入住塔前之屋。翁同龢与翁斌孙这一阶段的家书往返至此告一段落。

---

① 《翁同龢日记》,第 3282 页,光绪二十五年九月十九日:"昨晚屺怀寄《登剑门诗》,长篇奇丽,又明本《欧集》残本,适与余残本可配足,而余处新失二册,尚须钞补耳。"

七、翁同爵致翁同龢

（一）同治十三年十一月初六日（1874 年 12 月 14 日）

叔平吾弟足下：

月之二日，在顺德府曾草家书数行，由官封递至顺天府转交，未知何日得达？兄于初三日住邯郸，初四日住丰乐镇，初五日宿宜沟驲，今日抵卫辉府。连日天气晴和，行程稳速，屈指陆程已过其半，再有旬余晴暖，便可舍车登舟矣。

兄身体甚好，每日寅正即起，酉正方歇，且酬应宾客尚不劳倦，惟手战总不见愈，大便亦干结异常耳。家人辈差使尚好，轿夫、车骡亦不致疲乏。豫省沿途州县，待客胜于直省，今日公馆在考棚内，尤为宏敞华美也。草此，布问近安，并合家均吉。十一月初六日，玉甫手启。

按，同治十三年九月初八日，服阕回京的翁同爵补授湖北巡抚。[1] 因为时近慈禧太后之生辰——十月初十日，所以翁同爵没有立即赴任，而是等到万寿之后，于本年十月廿二日挈长子翁曾纯及眷属启行。[2] 翁同爵此札即作于其赴湖北巡抚任的途中。由札可知，翁同爵当时沿着"保定——邢台——邯郸——安阳——鹤壁——新

---

[1] 《大清穆宗毅皇帝实录》卷三七一，同治十三年九月，叶六（上、下）。

[2] 《翁同龢日记》，第 1109 页，同治十三年十月廿二日："未初，五兄挈祥侄及眷属启行。"

乡"的陆路一路南下,作此札时在河南卫辉。查《翁同龢日记》可知,本札首句所提翁同爵于十一月初二日在顺德府(今邢台市)所作的家书,于本年十一月十三日送到翁同龢的手中;①而作于十一月初六日的本札,翁同龢于十一月廿四日得见。②《翁曾翰日记》显示,翁曾翰于十一月二十日即收到此卫辉札,并于十一月廿二日将此札送至翁同龢处。③

(二) 同治十三年十一月十九日(1874 年 12 月 27 日)

叔平吾弟足下:

顺德、卫辉涂次两草寸函,由顺天府递交,未知何时得达? 兄于初七日自卫辉启行后,次日在荥泽渡河,河流极平,顷刻即过。以后天气晴和,道途平坦,每日按程行走,于十七日申刻安抵樊城。船只已由地方官雇定,昨日将行李上船,自己渡汉江拜客,并赴李汉春军门之招,至晚方回。今日休息一日,明晨即开船长行矣。此间至省系下水,且船只装载甚轻,大约十日必可到省也。

此地京报方看至九月杪者,故兄出京以后,朝政皆毫无见闻,未识吾弟已补缺否及曾署部务否? 深为驰念。城寓甫经安居,宜稍缓,俟明春再行迁徙,何如? 祈酌之。京寓用度固宜省俭,然亦不可太自简略,饮食、衣服宜稍安适,勿惜小费而诸事随便也。

兄此行身体甚好,每日早起晏睡,毫不劳倦。日前大便总觉燥结异常,昨服清凝脏连丸等,方始通畅,今日甚适矣。筱荃制军处曾有书来,本衙门文武巡捕及戈什哈等皆已来迎见,省中衙署已修饰,到

---

① 《翁同龢日记》,第 1115 页,同治十三年十一月十三日:"得五兄此月初二顺德函,皆平善。"

② 《翁同龢日记》,第 1118 页,同治十三年十一月廿四日:"得五兄初六日卫辉函,前日到。一路安好,惟大便干燥,手仍颤耳。"

③ 《翁曾翰日记》,第 310 页。

时即可进署接印,日期大约在初一或初四也。随行上下均吉,家人辈亦能听使唤。书启杨葆初,笔墨亦尚不陈腐也。手此,布问近安,并合家安吉。兄同爵手启,十一月十九日,樊城寓中。

　　按,翁同爵本札继前述顺德函(十一月初二日)和卫辉函(十一月初六日)之后,作于湖北樊城(今襄阳市樊城区),也是在翁同爵赴任湖北巡抚的途中,其写作时间是同治十三年十一月十九日。因本札恰在同治皇帝驾崩之后数日(十二月初十日)送达,故翁同龢于丧乱之中并未将其记录在《翁同龢日记》中,而翁曾翰则于收信当日的《翁曾翰日记》中对之作了详细记载。①

　　由札可知,翁同爵于该年十一月初八日在荥泽(今属郑州市)渡黄河,并于十一月十七日抵达樊城,应酬、休整两日后,于十一月二十日开始走水路,沿汉水顺流而下至武昌。

　　札中所提"李汉春军门",即时任湖北提督的李长乐(1837—1889),江苏盱眙人,乃淮军名将。札中所提"筱荃制军",即时任湖广总督的李瀚章(1821—1899),安徽合肥人,乃李鸿章(1823—1901)之长兄。

(三) 同治十三年十二月廿七日(1875 年 2 月 3 日)

信封　平安家报。内信肆纸。福字叁号。乙亥正月十七日到,折弁汤。
　　　玉甫手缄。

叔平吾弟足下:
　　廿三日辰刻奉到礼部咨文,惊悉大行皇帝于初五日酉刻龙驭上宾,呼抢哀号! 莫名悲恸! 遂摘缨素服,俟哀诏到日,再成服举哀,朝

---

　　① 《翁曾翰日记》,第 314 页。

夕齐集三日。伏念同爵以任子外放监司,不十年间骤膺封疆之寄,受恩至重,悲痛尤深! 新天子闻是醇邸世子,而外省尚未奉明文,朝章国政有所更易否? 实深悬念。此间京报,轮舶通时则半月可达,冬令则必须二十余日或匝月方到,故事少见闻也。制军处昨来商酌,两宫太后前须递一请抑哀折,外用黄,里面安折两分,又请皇上圣躬节哀白折一分,无文辞也。顷已照办,专弁赍京。

鄂省地方现均安静,吏治亦尚讲求,故属吏颇知自爱。江汉两岸堤工,大者关数邑利害,小亦关数十村庄旱潦,而近年来溃决之处颇多,故受灾之地甚广,虽委员督修,筹款兴筑,然此修彼决,终鲜实效。一则由于土性带砂,不能坚结,二则水来时动辄至三四丈,今年九月内尚发水三丈多。堤身纵不坍塌,而漫溢之处,下游即成水灾。现又委知府大员查勘官堤,发帑加筑民堤,劝谕培高,其民力不足者,官为借款兴修,惟工程太大,一处或十余万及二三十万不等,一时力难尽筑,只能就为害较大之区先行施工耳。年成因今岁发水稍迟,秋粮早熟者皆已收获,故粮价尚不致昂贵,惟晚稻晚花均被淹没也。民情郧、襄、安、德四属皆强悍,颇有盗风,派员巡哨会拿,时有获案。汉、武、黄所属率刁顽,多词讼,大概如是而已。

兄到此后身体甚好,饮食亦如旧,惟近闻国丧以来,坐卧不安者旬日,至今不能释然也。祥儿已于十八日趁轮船回家,同行者有杨艺舫之弟藕舫,似可放心,其到省须于明正开印前后矣。荣儿来书云,于新年正月内到鄂。筹儿不得侍读固意中事,[①]第以后内阁衙门差使正多,一切皆关典礼,皆须谨慎将事,不可草率忽略,吾弟宜随时督教之为幸。安、寿两孙读书皆有进益,闻之欣慰。兄意自明年正月起,令筹儿每月每人给以贰金,以为添补笔墨之用,否则安孙伊父母

---

① 《翁同龢日记》,第1119页,同治十三年十一月廿六日:"筹儿在阁部本资深,论俸亦深,而同事李君菱舟到阁在先,且枢廷章京也,故吏部议以李君补侍读矣。"

均在京，取携尚便，寿孙则有许多为难之处也。至嘱，至嘱！京师各处信件有缮出者，因此时不便投递，且俟下次再寄。岁事将阑，酬应俱免，殊觉清寂，折差今晨甫派而明日即行，匆促书此，敬问起居，不备。并问秀姑娘近好。兄同爵顿启，全姨叩安。十二月廿七日。

　　按，本札作于同治十三年十二月廿七日，于光绪元年(1875)正月十七日送达北京。① 但翁同龢当时出差在外，忙于采择山陵吉地之大事，故于十日之后的正月廿七日回寓才得见此信。② 据札，翁同爵于该年十二月廿三日辰刻奉到礼部咨文，得知同治皇帝于十二月初五日酉刻驾崩的消息。两地的消息传递需要一定的时间，正如翁同爵札中所言："此间京报，轮船通时则半月可达，冬令则必须二十余日或匝月方到，故事少见闻也。"但哀诏截至写信之时仍未送达。③ 据光绪元年正月廿三日翁同爵致翁曾翰札知，"遗诏于十五日晌午方到，十六日早晨开读。"④

　　翁同爵当时接任湖北巡抚尚未满月，故于札中向翁同龢介绍了湖北的吏治、堤工、年成、民情等情况，重点介绍了堤工的情况。由札可知，翁曾纯已于本年十二月十八日乘轮船回常熟，年后直接去浙江；翁曾荣则拟于年后前往湖北侍奉乃父翁同爵。此外，翁同爵还对翁曾翰的工作情况，翁安孙和翁斌孙的学习、生活近况表达了关心。翁同爵还于本札中特地提到了对翁安孙、翁斌孙二人每月二金的笔墨资助。他对侄孙翁斌孙视如己出，十分难得。这说明翁同爵身上

　　①③ 《翁曾翰日记》，第 322 页，光绪元年正月十七日："得父亲十二月廿七日寄函，身体甚好。廿三接礼部文，而哀诏尚未到，此次两宫前递一请哀折，又黄面黄里安折两分，又请皇上节哀折一件。白折，无文词。鄂中安静，虽江汉频年涨漫，现拟筹款修筑也。"

　　② 《翁同龢日记》，第 1141 页，光绪元年正月廿七日："五兄十二月廿七日函前数日到，慰折亦来，折差已行矣。"

　　④ 南京博物院藏光绪元年正月廿三日翁同爵致翁曾翰札。

具有很强的"大家"观念。

（四）光绪元年正月廿四日（1875 年 3 月 1 日）申刻

叔平吾弟足下：

新正八日接上年腊月中旬书，①借知近体安康，合家绥吉，深为欣慰。奉命采择山陵吉地，此事重大，须敬谨相度，大约于三四月间方能覆命。时交春末夏初，天气渐热，吾弟素喜乘马，勿驰骤于风日中，且山路崎岖，尤宜谨慎，至嘱，至嘱！

兄视事甫将两月，地方利弊尚未深知，然大概情形，吏治、民情，较湘省为善。厘金上年颇为减色，缘鄂省货物通川者以花布为大宗，上年本地棉花歉收，每包需银十五两，而运至川省只销十三两有奇，折本太多，故商人裹足，尚非司事者之过。至海关子票，实于厘金有碍，顷已与李道筹商，令有票者亦准卡员查验，似可稍祛其弊也。

兄腊底春初感冒风寒，虽早起晏眠如旧，而夜间发热不止，连服疏解方剂，至初十后始全愈。署中公事不多，每日一个时辰足以了之，故不觉劳苦。现值缟素期内，属员非有公事者不来见，亦颇清闲。荣儿拟于正月中来鄂，然此时尚未见到。祥儿则再三嘱令其须于开印前到浙，未知能听吾言否？草此奉布，即颂近安，不备。兄同爵顿启。并问秀姑娘近好。全姨随叩安。正月廿四日申刻。

荫生给安孙，甚是。盖安孙现为吾弟长孙，义无他说。即兄现所得荫，亦只能给奎孙，缘朝廷定例：长子有官职而有次子、长孙者，可听其酌量请给；无次子而有长孙，则给长孙；如长孙已有官职，方能给他人也。

来书云，安、寿两孙皆知向学，渐有进境，兄闻之极为欢喜。盖大家子弟此时正是用功时候，能读书通彻，则它日无论大小试皆可合

①《翁同龢日记》，第 1127 页，同治十三年十二月十七日："得五兄十二月二日武昌函，朔日抵省，即于是日接印。折弁来。"

式,不难博取功名也。兄前书已嘱筹儿,令每月给伊兄弟贰金,以备添置笔墨之用。此间尚有书籍可看者,俟有便再寄也。

　　按,本札首句曰:"新正八日接上年腊月中旬书。"而光绪元年正月廿三日,翁同爵致翁曾翰札则曰:"新正八日折弁杨得胜回,接汝上年十二月廿一日书。"①不难推出,翁同龢上年腊月中旬书和翁曾翰上年腊月廿一日书是封作一函寄出的。又,同治十三年腊月十七日(1875年1月24日),翁同龢"得五兄十二月二日武昌函,溯日抵省,即于是日接印"。② 故翁同龢上年腊月中旬书显然是对翁同爵十二月二日武昌函的回信,作于同治十三年腊月十七日至二十日(1875年1月24日—30日)之间。"奉命采择山陵吉地"是同治十三年腊月十四日(1875年1月21日)之事,③必然是翁同龢腊月中旬书中应向兄长汇报的首要大事。

　　本札作于光绪元年正月廿四日,是翁同爵所作的乙字第一号家书之一,于当年二月十一日送到翁曾翰的手中。④ 翁同龢于二月十五日才得见此信,因为他刚从易州清西陵附近相度吉地回京。⑤ 札中提及的鄂省上年厘金大为减色的问题,翁同爵曾于同治十三年十

---

　　①　南京博物院藏光绪元年正月廿三日翁同爵致翁曾翰札。

　　②　《翁同龢日记》,第1127页。

　　③　《翁曾翰日记》,第315页,同治十三年十二月十四日:"是日奉懿旨,命醇亲王、魁龄、荣禄及臣龢于东西两陵旁近相度山灵吉壤,一切事宜与恭亲王商酌。"

　　④　《翁曾翰日记》,第325—326页,光绪元年二月十一日:"得湖北乙字一号信,系正月廿五日所发,严亲于岁抄春初屡发寒热……"

　　⑤　《翁同龢日记》,第1147页,光绪元年二月十五日:"得湖北正月廿八日信,前数日到,折弁已行。五兄小恙已愈,荣侄尚未到。"笔者注:此处"正月廿八日"或为折弁启程的日期。综合《翁同龢日记》《翁曾翰日记》和后续信札看,翁同龢于光绪元年二月十五日所见的正是翁同爵于正月廿四日所作之札。

二月十八日(1875年1月25日)致翁曾翰札中详述:"厘金鄂省今年大为减色,较之往年少收三十余万金,一则由于棉花歉收,本地花布价高而邻省反贱,故商贾不通;二则由于海关洋票渐多,局卡不能稽查,以致偷漏日众。现拟令海关:凡持票过卡者亦须局员查验,而各卡收数少者亦委员往查,或可逐渐整顿耳。"这可与本札对读。"李道",即李明墀(1823—1886),字玉阶,号晋斋,德化(今江西九江)人,荫生,累官至湖南巡抚。

　　副启中,翁同爵谈及给荫的问题。显然,翁同龢准备把他所得的荫生名额给翁安孙,因为翁曾翰为翁同龢嗣子,所以翁安孙是翁同龢的嗣长孙。至于翁同爵所得的荫生名额,按朝廷规定只能给翁奎孙。最终,事实也是如此,翁安孙和翁奎孙于光绪二年二月初五日正式拿到荫照。[①] 翁同爵本札上承前札,再提让翁曾翰每月给翁安孙、翁斌孙兄弟二金作为笔墨补贴。翁同爵一视同仁,体现了作为家族长者的一颗公心。

(五) 光绪元年二月廿八日(1875年4月4日)

信封　内家言,敬求元便携至京都,饬纪送交小儿曾翰收启为感。愚弟翁同爵拜干。

钤印　富贵长寿(白文方印)

帖　侄曾荣百拜,敬请叔父大人福躬万安,并问秀姑娘近好。

叔平吾弟足下:

　　折差刘得胜回,奉到正月廿八日手书,借悉近体安康,深为欣慰。遵化之行,往返仅半月,易州闻亦于二月望日可归,极慰悬念。吾弟体质太弱,须时时格外调摄,常服滋阴清补之品,不可稍自勉强,即起

---

　　① 《翁同龢日记》,第1222—1223页,光绪二年二月初五日:"彭味之送奎孙、安孙荫照来,给承行吏四两。"

居饮食,亦宜处处留意为嘱。

兄近体甚健,荣儿已于月之十三日到署,①颇慰寂寞。鄂省阴雨太多,堤工难做,甚为焦急,麦苗亦须天晴方能有收耳。交查周副将一案,令安襄郧欧阳道逐款查覆,实无贪劣情事,惟要好太甚,求效太速,致酿成罢市巨案。其实,总由于文武不和之所致。今于正案内附片奏参,请旨交部议处,已足示惩矣。

兄与制军遇事商榷,和衷共济,极为水乳,其性情直爽,与十年前在湘时未尝改变也。藩、臬两司俱是君子,惟藩则记性少逊,遇事不能深求,臬则忠厚过人,谨小慎微,欠抗直之概耳。其余诸君均平平也。

此间气候与湖南相似,雨则天寒,晴则燥热,寒暖须格外谨慎。手此布覆,即颂近安,不备。并问秀姑娘近好。兄同爵顿首启,全姨侍笔请安。二月廿八日。

按,光绪元年正月十三日至正月廿七日,翁同龢奉命在遵化清东陵附近相度吉地;同年正月三十日至二月十五日,翁同龢又奉命在易州清西陵附近相度吉地。② 而在这两趟差旅的间隙,正月廿八日这天,翁同龢在京寓"预写湖北信,俟下次折差"。③ 但这封信迟至二月十四日折差刘得胜回鄂时才发出,故于二月廿八日前后才送达翁同爵的手中。在这封信中,翁同龢向翁同爵汇报了遵化之行的情况,并告知易州之行的安排。翁同爵本札正是对翁同龢正月廿八日预写湖北信的回信,于当年三月十四日送至翁曾翰手中,④翁同龢则于三月

---

① 《翁同龢日记》,第1158页,光绪元年三月十九日:"得五兄函,知荣侄于二月十三日到鄂。"

② 《翁同龢日记》,第1134—1147页。

③ 《翁同龢日记》,第1142页。

④ 《翁曾翰日记》,第331页,光绪元年三月十四日:"得父亲二月廿八日函,公私平顺,廷寄交查之案,已饬欧阳正塘密查,委无贪劣,惟查禁私(转下页)

十九日回京寓后才得见之。①

　　札中提及廷寄交查"周副将一案"，翁同爵令安襄郧荆兵备道欧
阳正墉（生卒年未详）查明，不存在贪污腐败的情形，但周副将因急功
近利，临时又处置不当，故而存在失职行为。翁同爵与时任湖广总督
的李瀚章（1821—1899）会参，请旨将周有全副将交部议处。翁同爵
还对李瀚章、时任湖北布政使的林之望（1811—1884）和时任湖北按
察使的王大经（生卒年未详）之为人略作了一番评价。他认为李瀚章
性情直爽，十年未尝改变；林之望和王大经都是君子，但林之望记性
不好，王大经则太谨小慎微。

　　此外，由本札知，翁曾荣已于光绪元年二月十三日到达湖北
武昌。

（六）光绪元年三月廿六日（1875 年 5 月 1 日）

叔平吾弟足下：

　　月之十一日接奉手书，借悉近体胜常，合家安吉，深为欣慰。嗣
阅邸抄，知惠陵工程派二邸及魁、荣两君并吾弟敬谨办理，则遵化之
行时常往返，既劳且费，未识能得一部缺以资津贴否？

　　城寓既拟归还，则对门朱氏所住之屋亦宜稍加修葺，夏令须搭一
篷，如此不但可安设书房，即自己亦可于彼看书写字，免在西院灰棚
内热而且湿也。第自己所坐之处，必须与书房略隔，不可同院致添烦
恼，至嘱，至嘱！

（接上页）钱办理不善，业经与制军会参，请将副将周有全交部议处，撤任广化令胡
启爵革职。此次折内恳免再议。春雨颇多，堤工不足恃，麦收可期丰稔。四哥已
到亦有信，稍患牙痛，二月初十寅刻从上海开轮船，十三申刻泊汉口，随叩膝前，
极为欣悦。"

　　①　《翁同龢日记》，第1158页，光绪元年三月十九日："巳正抵家，俱安吉。
得五兄函，知荣侄于二月十三日到鄂。"

　　兄近体颇健,自荣儿到署,更慰寂寞。地方公事亦俱顺手,鄂省春雨太多,至近日始常晴霁,幸菜麦尚不致有损。堤工沿汉水上下。极力督催,然工程只十有七八,亦缘雨中不能施工之故。若荆州之万城堤,则已报工竣,且现在改水师为修防,则防护有人,似不致如从前之废弛矣。善后事亦有待举行者,第以筹饷无出遂多延搁,真无可如何也。草此奉布,即颂近安,不备。并问秀姑娘近好。兄同爵手启,全姨侍笔请安,并问秀姑娘安。三月廿六日。

　　惠陵工程命恭、醇二邸,魁、荣两君及吾弟敬谨办理,想段落业经分定。兄素闻地宫工程最为紧要,钱粮亦最多,故凡派工程差而有邸共事者,地宫必归邸承办,此次谅亦照旧案行。吾弟所用工头未知何人?须殷实而熟办者方妥。工程节省银从前已经归公,此时自毋庸议及,但往返费用较多,倘住工房屋及煤米等归工头预备,则吾弟亦不必矫情立异也。监督、监修不知现派何人?宜勤能而要体面者,始可不负委任也。

　　按,本札作于光绪元年三月廿六日,次日伴随折差出发,于该年四月十三日送至翁同龢的手中。① 翁同爵"月之十一日接奉手书"即翁同龢二月廿一日所作家书,与翁曾翰家书合为一函,编为乙字第五号家书。② 是年二月廿二日,翁同龢"奉懿旨,定双山峪吉地名惠陵,并派醇亲王、魁龄、荣禄及臣龢敬谨承修"。③ 故而,翁同爵本札曰:

---

　　① 《翁同龢日记》,第1162—1163页,光绪元年四月十三日:"昨日湖北折差带来三月廿七函,合署皆安。"《翁曾翰日记》,第335页,光绪元年四月十二日:"得湖北三月二十六所发家信:一切平安,春雨甚多,堤工十浚七八。是月初十,闻大行皇后大事,未递慰折。"

　　② 《翁同龢日记》,第1149页,光绪元年二月二十一日:"写湖北信。"《翁曾翰日记》,第327页,光绪元年二月二十二日:"缮第五号禀叔父信二纸,双山峪图一纸。托阜康,云明日有使人也。"

　　③ 《翁同龢日记》,第1149页。

"遵化之行时常往返,既劳且费,未识能得一部缺以资津贴否?"

札中,翁同爵习惯性地分享鄂省公事、天气、农业、堤工等方面近况,如鄂省春雨太多,堤工已竣十之七八,并重点谈到了荆州的万城堤——荆江大堤,此时已由原来的荆州水师营兵弁兼管防护改设堤防营守汛,派千总驻堤防守。翁同爵认为今后万城堤应该不会再像从前那样废弛了。

翁同爵在写完正札之后,还是对翁同龢承办惠陵工程的细节不太放心,于是他又叮嘱翁同龢在工程段落划分、工程节省银归属等问题上务必遵照惯例执行,不必特立独行,标新立异。翁同爵还很关切翁同龢所用工头是什么人,监督、监修派了什么人。据光绪元年二月廿七日的《翁曾翰日记》记载,翁同龢承办惠陵工程随带十一人,其中二督九修,二监督为徐承煜和延昌,九监修为顾肇熙、程嘉佑、龙景怡、张衍熙、赵林、徐毓海、朱钤章、葆成和果齐斯浑。①

（七）光绪元年五月廿九日(1875 年 7 月 2 日)

叔平吾弟足下:

兼圻暂摄,皇恐实深。兄才识驽下,膺斯重任,惧难称职,惟有黾勉从事,兢业自持,以期无负朝廷委任耳。幕府皆用筱翁旧人,办事似不致有参差,仍当随时随事斟酌而行,决不敢稍有疏忽也。筱翁此行颇难着手,事关中外,操纵不能由己,恐一时未易了结。兄现定六月十三日接篆,筱翁报交卸折即报起程,伊取道常德,由黔入滇,约计程期已须两月矣。

乡试监临,兄初拟奏请学使代办,而僚属佥以为不可,届时又不免劳苦数日。至武闱,则更无可推辞。所幸兄近体甚健,似尚能耐辛苦也。署中上下均好,荣儿在此,颇慰寂寞,以后兄公事稍忙,家务亦

---

① 《翁曾翰日记》,第 328 页。

可资其料理。书启笔墨，此间绝少佳者，物色半年不能得，容徐图之。鄂省四五月中阴雨连绵，江水盛涨，设坛祈晴，昨始晴霁，倘能半月不雨，则夙涨可以渐消矣。

安、寿两孙业师已请定否？此时紧要关头，却不宜一日空过，若自己督课，则又甚不相宜也。手此布复，即颂近安。并问秀姑娘好。兄同爵顿首启，全姨叩安。五月廿九日。

　　按，根据札中"兼圻暂摄"等语和"五月廿九日"之日期，可以推出本札作于光绪元年五月廿九日。光绪元年五月十六日午初，翁同龢"闻五兄兼署两湖总督之命"。① 内阁奉上谕："李瀚章着驰驿前往云南查办事件，湖广总督着翁暂行兼署。"②同年六月初四日，翁同龢"得湖北五月十九函，尚未知署督信"。③

　　此信于本年六月廿二日送达翁同龢的手中。当日《翁同龢日记》记载道："知折差到，赍有家信，六月十三日接印，楚中多雨，方祈晴也。"④翁同爵还于信中关心翁安孙和翁斌孙的举业，认为秋闱在即，已是紧要关头，宜早拜业师。

（八）光绪元年七月二十日（1875 年 8 月 20 日）

叔平吾弟足下：

　　昨折差回，奉到手书，借悉近祉胜常，合家均吉，深为欣慰。兄自兼署督篆后，公事繁多，且天气酷暑，每一握管辄汗出如浆，故屡次家书皆未专函布达，想吾弟必能相谅也。日行公牍倍于畴昔，幸兄近体顽健，且办事之际总以静心摄之，故虽多尚无厌苦之意，惟闲暇时甚

---

① 《翁同龢日记》，第 1169 页。
② 《翁同龢日记》，第 1170 页。
③ 《翁同龢日记》，第 1172 页。
④ 《翁同龢日记》，第 1175 页。

少，即有暇亦不愿复营他事，此则可见精力远不如前耳。

江水盛涨，堤防幸均完固，惟积水消迟，补种不及，低洼之处业已成灾，应俟委勘后分别奏请蠲缓也。此间春夏苦雨，而交六月后又复患旱，农田望泽孔殷，近已设坛祈祷矣。李筱荃于月之十八日方始成行，所事似不易了，盖事关中外大局，颇难措置。日前岑彦卿有书致筱翁，已肯降心相从，则地方官可无掣肘之虑矣。

安、寿两孙今年皆能观场，①闻之欣喜，未知移小寓否？若在城居，进场未免稍劳顿也。兄署中上下皆好，可免远念。手泐，即问近安。兄同爵顿启，七月二十日。全姨随叩，并问秀姑娘近好。

按，由"兄自兼署督篆后"一句知，本札作于光绪元年七月二十日。虽然《翁同龢日记》中没有本札的收信记录，但是《翁曾翰日记》中却有对翁同爵七月廿一日来函的大段记载。② 这说明本札与翁同爵致翁曾翰札、翁曾荣致翁曾翰札是封为一函于七月廿一日寄出的，也属于湖北所发福字十一号家书之一。翁同爵于本札中主要分享了接署湖广总督之后的工作状态和生活状态，湖北省的天气、堤防和农事状况，以及李瀚章赴滇处理"马嘉理事件"的最新进展。该年，翁安孙和翁斌孙首次参加科举考试，当时已通过录科考试，具备了参加顺天乡试的资格。

---

① 《翁同龢日记》，第 1185 页，光绪元年八月初八日："是日安、寿入场，六十五排。"

② 《翁曾翰日记》，第 350 页，光绪元年八月初六日："折弁李得旺来，得父亲七月廿一日函，合署平安，服程丽芬观察补药方，手战、肠红诸症渐平，入闱须二十日，两署公事极烦，鄂中已旱，设坛祈祷。制军于十八日起身，九月中考试，属员已牌行矣。《兵制考略》已刻成八百本，费百廿金耳。"

（九）光绪元年八月二十日（1875 年 9 月 19 日）前后

先公文集拟在鄂省刊刻，甚好！此间写工、刻手皆比他处为佳且价不贵，可令人写一清本，作速寄来为嘱。先公诗集令荣儿屡次致信士吉及奎保，令其先刷样本二本，一寄京师，一寄鄂省，而至今杳然，当再信促之。

《槃斋杂志》乃伯兄一生精力所萃，必须刊刻以免散失，兄从前寄有刻资，此时不必再说，但令人写一清本寄来，兄当即刊刻也。

《皇朝兵制考略》竟已刻成，写刻及刷印八百本，共一百二十余金。惟叙文系自己杂凑而成，①甚不惬意。今交解京饷之方令寄去八十本，如叙文不妥，可撕去之送他人也。至嘱，至嘱！

按，光绪元年八月初六日，《翁曾翰日记》载："折弁李得旺来，得父亲七月廿一日函……《兵制考略》已刻成八百本，费百廿金耳。"②本札曰："《皇朝兵制考略》竟已刻成，写刻及刷印八百本，共一百二十余金。惟叙文系自己杂凑而成，甚不惬意。"对读可知，本札的时间上限是光绪元年七月廿一日。

光绪元年九月初九日，翁同爵致翁曾翰札曾曰："先公诗集新从家乡寄到样本两部，现留一部在此间，以一部交此次折差带京，吾曾翻阅

---

①　（清）翁同爵《清兵制考略》序，清光绪刻朱墨套印本，叶三（上）："咸丰十一年孟冬月，兵部武选司员外郎翁同爵谨撰。"

②　《翁曾翰日记》，第 350 页，光绪元年八月初六日："折弁李得旺来，得父亲七月廿一日函，合署平安，服程丽芬观察补药方，手战、肠红诸症渐平，入闱须二十日，两署公事极烦，鄂中已旱，设坛祈祷。制军于十八日起身，九月中考试，属员已牌行矣。《兵制考略》已刻成八百本，费百廿金耳。"《清兵制考略》，清光绪刻朱墨套印本，序前："光绪元年夏月刊于武昌节署。"

一过,似错字尚少也。"①本札曰:"先公诗集令荣儿屡次致信士吉及奎保,令其先刷样本二本,一寄京师,一寄鄂省,而至今杳然,当再信促之。"对读可知,本札的时间下限是光绪元年九月初九日。

光绪元年九月十一日,《翁曾翰日记》又载:"湖北饷员方希鉴带到新刻《兵制考略》六十册。"②而本札曰:"今交解京饷之方令寄去八十本。"虽然二者在数字上存在一定出入,但是不影响方希鉴带到《皇朝兵制考略》这一事实。对读可知,本札极有可能就是和这批书一起送到的,写作时间当在光绪元年八月二十日前后。

(十) 光绪元年八月廿九日(1875 年 9 月 28 日)

叔平吾弟足下:

廿四日阅邸抄,知吾弟蒙恩署理刑部右侍郎,欣喜之至。刑名例案本为吾弟所熟悉,自可驾轻就熟,惟衙门须常到且进署功夫亦长,堂官与司官不同,堂官只须总其大纲,不可苛求太甚,吾弟以为然否? 较他部为辛苦耳。

兄入闱半月,幸场内外皆清吉,场内无一病人,场外无一斗殴案。可谓邀天之福,于廿二日三场朱卷进毕即出闱也。鄂藩林远村,人虽浑噩,然办事公正,不失为君子。今其替人孙琴西,人品学问固素所钦佩,第未知其理繁治剧之才如何。远村求交替,今以王晓莲大经署藩,何芷涛维键署臬,胡月樵凤丹署粮道,皆循资按格之委也。

此间初夏苦雨,后复苦旱,木棉大损,幸春麦收成尚好,农民稍有积蓄,不致流离失所耳。李筱荃于八月十六日抵辰州,大约此时可过黔省,闻添派薛觐堂为帮办,丁芥帆前日方到,今日始成行。想必的确,且闻滇省已将李国泰等四人拘案,事或易了,惟云南通商一节若果议

---

① 南京博物院藏光绪元年九月初九日翁同爵致翁曾翰札。

② 《翁曾翰日记》,第 356 页。

准，则有无穷之害，奈何，奈何！

兄近体甚好，文闱事毕，大约重阳日发榜。又将办武场，十月初七日开考。鄂省马步箭及技勇皆巡抚亲阅，湘省外场提调、监试分看，陕省则藩、臬分看也。未免稍劳顿也。手此布覆，即颂近安。兄同爵顿启，八月廿九日。并问秀姑娘近好。

按，光绪元年八月十一日午初，翁同龢接到署理刑部右侍郎的任命。① 故由首句"知吾弟蒙恩署理刑部右侍郎"知，本札作于光绪元年八月廿九日。翁同爵此札因候署藩、臬谢恩折，故与此前一段时间预写、积压的多纸一起，最终于当年九月初一日发出。《翁同龢日记》和《翁曾翰日记》均未明确记载"八月廿九日函"，前者仅记录了"八月廿四日函"，② 而后者仅记录了"九月初一日函"。③ 实际上，"九月初一日函"里包含了翁同爵于闱中、闱外所作的一系列信札，"八月廿四日函""八月廿九日函""九月初一日函"等均在其中。

林远村即时任湖北布政使的林之望（1811—1884），孙琴西即新任湖北布政使的孙衣言（1814—1894）。林之望准备赴京候简，孙衣言尚未到任，翁同爵便以王大经（生卒年未详）、何维键（1835—1908）、胡凤丹（1828—1889）等属吏依次递补，署理各职。据札，李瀚章已于八月十六日抵达湖南怀化。薛觐堂即薛焕

---

① 《翁同龢日记》，第1186页，光绪元年八月十一日："午初有摄刑部右侍郎之命。"

② 《翁同龢日记》，第1192页，光绪元年九月十六日："得楚中八月廿四日函。即复。"

③ 《翁曾翰日记》，第356页，光绪元年九月十五日："折差盛万年来，得父亲九月初一日函，知前月廿二出闱，感冒已愈，惟咳嗽未止，闱中一切妥洽，人士平安，约重九揭晓也。林远邨交卸，王大经署藩，何维键署臬，胡凤丹署道。近日苦旱，木棉大损，武场定于十月初七开考，文闱点名等事仿林文忠公抚吴时章程，极整肃。"

（1815—1880），字觐唐，号鹤济，四川兴文人，此时被添派协助李瀚
章处理"马嘉理事件"。丁芥帆即丁士彬（1836—?），字芥帆、介藩
等，是继江苏同知陈福勋（生卒年未详）之后被调去协助李瀚章处
理"马嘉理事件"的随员，已于翁同爵写信当日从湖北启程。

（十一）光绪元年十一月初八日（1875 年 12 月 5 日）

叔平吾弟足下：

顷折弁回，接十月廿三日手书，借悉近体安康，深为欣慰。武闱
典试，兄弟相望，亦是佳话。刑曹事繁，每日到署，可尽职守。葛毕氏
案，浙人亦议论不一，总之，杨孝廉是一有文无行之人耳。房山之行，
未知须往返几日？ 寿孙腿疾未愈，冲寒而行，兄以为不然，且俟来岁
春融，何如？ 寓居近内，往来者多，自不能免也。家中近族，兄于上
月各有所赠，厚斋兄、士吉侄每人皆四十番，似可略助薪水矣。兄
近体甚健，署中上下均吉。手此奉复，即颂近安。兄同爵顿首复，
并问秀姑娘近好。十一月初八日。

按，光绪元年十一月初八日，折弁徐宗福回，翁同爵接到了翁曾
翰十月廿三日所作家书，[①]得知翁同龢是顺天武乡试正考官，[②]故给
翁曾翰写完回信之后也给翁同龢写了此二纸家书。翁同爵此时也刚
主持完湖北武乡试，故于札曰："武闱典试，兄弟相望，亦是佳话。"

翁同龢此时正署理刑部右侍郎，所谓的"葛毕氏案"即众所周知
的"杨乃武与小白菜案"，当时比较棘手。"杨孝廉"即杨乃武，翁同爵

---

① 《翁曾翰日记》，第 363 页，光绪元年十月廿三日："寄乙字廿六号信，附
寄厉吉人信。并贺本十付交徐弁宗福携回。"

② 《翁同龢日记》，第 1199 页，光绪元年十月十三日："武乡试听宣，派出正
考官臣龢、副考官王之翰、葆成及笔政，先后送信，亟起检点笔墨，诣夏子松略问
大致。"

认为他是个有文无行之人。

　　寿孙乃翁斌孙，此时腿疾未愈。翁同爵建议他等次年春天再南归故里。厚斋即族人翁宗元(生卒年未详)，与翁同爵、翁同龢同辈，翁同龢称之为"宗兄"。士吉即翁曾禧。

　　据《翁曾翰日记》记载，翁同爵于光绪元年十一月初八日往北京寄了两函家书，一函由折弁杨连贵送去，一函由天成亨银号送去，分别于同年十一月廿四日、廿九日送达。①

(十二) 光绪元年十二月初七日(1876 年 1 月 3 日)

叔平吾弟足下：

　　连日正盼北音，初五日郑弁回，奉到惠书，借悉一切，甚慰远念。房山之行适遇雨雪，清游虽阻，然亦免登陟之劳，惟途中感受风寒，到京后头痛身热，未知能即霍然否？又甚驰系。周年之祭，未识派往否？但时值严寒，途中须格外保卫。署中公事，虽不得不尽心讲求，然有桑朴翁主稿，诸事尚可偷闲，非退诿也，亦分在则然耳。至司员京察，总以其人之平日差使勤惰为断，则自然公允，而属吏知所劝惩，若稍有私好私恶存其间，便不免旁人议论也。

　　兄近体健适，十月中办理武闱，蚤起晏眠者两旬余，精力尚可支持，不致疲惫，惟到鄂已及一年，而于吏治民生之事毫无设施，殊自惶愧。署中上下均安，荣儿体气略好，仍时服补剂。家乡亲族兄略有馈赠，惟为数不多，厚斋、士吉皆四十元。恐不能皆大欢喜。大侄媳思子情深，寿孙自宜令南归，第其腿疾须全愈，伴侣须妥当，方可遣归耳。岁事将阑，两署应办公事不少，匆促草此，布问起居，并颂年祺，并问秀姑娘近好。兄同爵顿启。全姨侍笔叩安。

---

　　① 《翁曾翰日记》，第 367 页，光绪元年十一月廿四日："折弁杨连贵来，奉严亲初八日寄谕：合署平安。"《翁曾翰日记》，第 368 页，光绪元年十一月廿九日："天成亨送来十一月初八家信一函，外带《道德经》一函。"

另示读悉，书斋重到，情所难堪，第辅导近职关系重大，他日圣主之英明，国家之庥福，皆基于蒙养，人臣以身事君，岂敢告劳？且两宫注意如此，即求退亦万不容退，似不如直任之而不辞为是，无庸踌躇审度。兄年来阅历稍深，见天下事有非人意可揣度者，物来而顺应之可也。吾弟以为何如？祈采择。

按，由翁同爵"惟到鄂已及一年"和同治皇帝"周年之祭"可知，本札作于光绪元年十二月。再根据《翁曾翰日记》和南京博物院藏光绪元年十二月初七日（1876 年 1 月 3 日）[①]、十九日（1876 年 1 月 15 日）[②]翁同爵致翁曾翰札综合判断：本札作于光绪元年十二月初七日，于同年十二月廿三日（1876 年 1 月 19 日）送达翁同龢手中。[③] 翁同爵十二月初五日所奉家书乃翁曾翰于本年十一月十九日缮寄的第廿八号家书。[④]

---

　① 南京博物院藏光绪元年十二月初七日翁同爵致翁曾翰札曰："寿孙在汝叔父左右，学业可望早成，第汝长嫂思子情深，不能不令南归，真事之无可如何者。惟此时天气寒冷，断不可行，须明岁春融方可令归耳。"南京博物院藏光绪元年十二月十九日翁同爵致翁曾翰札则曰："寿孙腿疾已愈否？长途跋涉，尚须加意调护为嘱。"

　② 南京博物院藏光绪元年十二月十九日翁同爵致翁曾翰家书曰："汝叔父前书就商之事，吾则以为不容辞亦不能辞，盖两宫既垂注此职，即使辞官，亦不见许。况培养圣学正在童蒙，亦臣子极重责任，吾辈世禄之家，只有黾勉尽职，岂容推诿？惟书斋重到，情所难堪，且早入晚出，劳苦亦太甚，汝叔父身体素弱，实于此职非宜，第时势所迫，有不得不勉力相从者，吾亦踌躇至再作此语，前函已复，今复作此，汝可为吾转禀汝叔父酌之。"

　③ 《翁同龢日记》，第 1213 页，光绪元年十二月廿三日："得五兄函，折差来，作函交之。"《翁曾翰日记》，第 372 页，光绪元年十二月廿三日："得严亲处十二月初七日函，一切平安。"

　④ 《翁曾翰日记》，第 366—367 页，光绪元年十一月十九日："缮寄廿八号家信，附京报。交郑殿元赍回。"

众所周知,同治皇帝于同治十三年十二月初五日(1875 年 1 月
12 日)驾崩,此时正值其去世一周年之际。翁同爵写此札时尚未知
晓朝廷派谁参加穆宗的"周年之祭",所以他很关心翁同龢是否名列
其中。据《翁同龢日记》载,朝廷于十二月朔日宣布参加穆宗周年祭
的人员名单:"派出毛昶熙、董恂、徐桐、广寿、李鸿藻、景廉及臣龢、内
阁及小九卿等共二十余人。"①翁同爵札中所称的"桑朴翁"乃时任刑
部尚书的桑春荣(1802—1882),字柏侪,号百斋,浙江山阴人,寄籍顺
天宛平,是翁同龢当时的上司。

副启中,翁同爵谈及翁同龢与其商量的能否推辞两宫皇太后拟
令其授读光绪帝一事。翁同爵认为,一方面,授读皇帝关系国家未
来,是为人臣子者的责任,主观上不能推托;另一方面,授读皇帝是两
宫皇太后的命令,客观上也不能违抗。因此,他劝翁同龢"似不如直
任之而不辞为是,无庸踌躇审度"。其实,两宫皇太后命令翁同龢和
夏同善授光绪皇帝读的懿旨于光绪元年十二月十二日(1876 年 1 月
8 日)才下,翁同龢此前应该是提前得到消息。②

---

① 《翁同龢日记》,第 1209 页。

② 《翁同龢日记》,第 1211—1212 页,光绪元年十二月十二日:"本日奉懿
旨派臣与夏同善于毓庆宫授皇帝读,闻命感涕,不觉失声。夏子松来。午后始
勉强属词,恳请收回恩命,筹儿来,令书之。"十二月十三日:"亟归,恭读懿旨,有
'凛遵前旨,毋许固辞'语,遂具谢折,兼略陈病状,令筹儿书之。"十二月十四日:
"仍将前意一一陈说,皇太后挥涕不止,臣亦不禁感恸,语极多,不悉记,三刻许
出。大略责成臣龢尽心竭力,济此艰难,并谕臣一人授书,夏同善承值写仿等
事,亦问刑部事。"

（十三）光绪二年正月廿五日、廿六日
（1876 年 2 月 19 日、20 日）

叔平吾弟足下：

新正人日折差回，接奉手书，知奉两宫皇太后命，在毓庆宫授皇帝读，闻之喜惧交并。盖儒臣遭际，得为帝师，此固非分之荣，惟圣学端姿蒙养，为侍从者不仅讲贯肄习即为尽职，凡言动举止皆须随时辅导，责任匪轻，况寅入未出，日以为常，辛劳未免太甚，此又兄所悬念不置者也。尚祈吾弟善自调摄，知保身即所以报国为嘱。退直后宜稍自舒服，不可复进署治事以省劳顿，家事可付筹儿料理以免烦琐。城寓日用不宜太减，家人不敷用须添一二人，如叫早等不可不有专司也。饮馔虽不讲究，然每食有一二品可口者，亦调养身体之一助，切不宜过于菲薄，至嘱，至嘱！

兄因李筱荃调任川省仍命暂署督篆，实深惶悚，盖自揣材力，断难胜此重任，非敢有所虚饬，惟愿督缺早放有人，庶几不致陨越耳。现在两署公事均平顺，鄂、湘两省去腊连番得雪，麦收可望大有。堤工次第修筑，今年似可有成效。湘省靖州边界，因贵州黎平府属起有土匪，颇有警息，现在夔石已拨营往防堵，未知不致阑入否？第此股匪徒半系散勇，枪炮俱全，恐扑灭非易耳。

荣儿学业久荒且身体多病，是以竟不令其赴礼部试。兄近体甚健，署中上下皆吉，可慰远念。二月中先赴内殿，未识如何礼节？念甚。手此奉布，即颂日安，不备。兄同爵顿启，并问秀姑娘近好。全姨侍笔叩安。正月廿五日。

新正此间颇多阴雨，元旦至初四日却晴朗，元宵前后亦晴，自二十日后连日阴寒，今晨复大雪，庭除积二三寸矣。郭筠仙议论太不平正，亦是热中之病，此君吾于十五年前已知之深矣，后在湘中复见其辞两淮运使奏稿，更窥其底蕴也。此时天下之患，患在无人才，朝廷一二大政事，鲜有硕德重望可以主持其是者，于是少年喜事之人皆得

逞其口说以行其意。其实，开利源则利无可开，效西法则法无可效，徒然借洋债、议海防，为挖肉补疮之计。事关军国，真不敢议其是非矣。廿六。

　　按，札曰："新正人日折差回，接奉手书，知奉两宫皇太后命在毓庆宫授皇帝读，闻之喜惧交并。"由《翁同龢日记》知，翁同龢接到让他在毓庆宫授光绪皇帝读的懿旨是在光绪元年十二月十二日（1876 年 1 月 8 日），[①]故可知本札作于光绪二年正月廿五日、廿六日。

　　翁同爵于新正人日所接的翁同龢家书即翁同龢于十二月十六日所作家书，和翁曾翰于十二月十八日所发的第三十一号家书封为一函。[②]翁同爵本札与其十二月初七日致翁同龢家书之副启所持态度相同，一方面认为出任帝师乃为人臣子者之荣耀和责任；另一方面又担心翁同龢的身体辛劳过甚。本札还提及湖北腊月以来的公事、天气、堤工等情况，及湖南靖州边界的匪情。

　　"夔石"即时任湖南巡抚的王文韶（1830—1906）。郭筠仙，即郭嵩焘（1818—1891），筠仙为其字，号云仙、筠轩等，湖南湘阴人。郭嵩

---

　　① 《翁同龢日记》，第 1211—1212 页，光绪元年十二月十二日："本日奉懿旨派臣与夏同善于毓庆宫授皇帝读，闻命感涕，不觉失声。夏子松来。午后始勉强属词，恳请收回恩命，筹儿来，令书之。"十二月十三日："亟归，恭读懿旨，有'凛遵前旨，毋许固辞'语，遂具谢折，兼略陈病状，令筹儿书之。"十二月十四日："仍将前意一一陈说，皇太后挥涕不止，臣亦不禁感怆，语极多，不悉记，三刻许出。大略责成臣龢尽心竭力，济此艰难，并谕臣一人授书，夏同善承值写仿等事，亦问刑部事。"

　　② 《翁同龢日记》，第 1212 页，光绪元年十二月十六日："得五兄书……写湖北信。"南京博物院藏光绪二年正月初十日翁同爵致翁曾翰札："新正六日折弁胡正贵回，接汝上年腊月十八日书，知合家安吉，深为欣慰。"《翁曾翰日记》，第 371 页，光绪元年十二月十八日："又缮湖北三十一号禀，又京报外信一总函。并棉鞋、银合等一包，秀姑娘寄。又四哥暖靴一双均交胡正贵，明日即走也。"

焘是湘军创建者之一,湘系经世派的代表人物,中国首位驻外使节。他长期为洋务奔波,光绪元年曾上奏《条陈海防事宜》,主张学习西方的政治和经济,发展中国的工商业;又上《请将滇抚岑毓英交部议处疏》,弹劾涉"马嘉理案"的云南巡抚岑毓英(1829—1889),同时抨击那些顽固守旧的官僚士大夫,引发一大批官员的强烈不满。从本札来看,翁同爵也认为郭嵩焘的系列言论太过偏激,认为其人底蕴不足,是个"逞其口说以行其意"的喜事之人。他认为"此时天下之患,患在无人才",才使好事之人有机会。从"开利源则利无可开,效西法则法无可效"一句则可看出,翁同爵对郭嵩焘主张学习西方政治和经济的美好愿望是持悲观态度的。和翁同爵一样,翁同龢对郭嵩焘的很多观点和做法也不赞同。①

(十四) 光绪二年二月十八日(1876 年 3 月 13 日)

叔平吾弟足下:

十六日阅邸抄,知正月二十三日吾弟蒙升授户部右侍郎,感激天恩,莫名欢忭。农部事繁责重,稿件太多,吾弟有授读差使,署中公事只可与同事诸君分任之,不必逐日进署,间一二日一行足矣。奏稿等件,可令司官到宅面画,方可少息,然包稿每日已有数百件,标判尚须一两时也。祈吾弟善自珍摄,勿太劳神为幸。

兄开岁来公私顺适,两署案牍虽繁,然以镇静摄之,逐渐料理,亦事无不办,且近来身体甚好,仲春祭祀期多寅起亥眠,亦不觉劳乏。鄂督不知简放何人?闻有廷寄促何小宋入都,何以至今尚无消息耶?春闱总裁未知吾弟得与否?计算日期,则放榜后入学,恰正相宜也。筹儿锋芒已钝,倘获入场,兄亦不望其诡得。士吉侄来鄂,勾留旬日

---

① 《翁同龢日记》,第 1222 页,光绪二年二月朔:"适郭筠仙来,遂论洋务。其云:滇事将来必至大费大辱者是也。其以电信、铁路为必行及洋税加倍、厘金尽撤者谬也,至援引古书申其妄辩,直是失心狂走矣。"

而去，兄赠以百六十金，似亦如愿以偿矣。

鄂省春雨颇多，连日甚盼晴霁，今日却见日光。春寒，尚可服中毛皮衣。草此奉布，即贺大喜，并颂近安，不备。兄同爵顿首启，并问秀姑娘近好，全姨侍笔叩喜。二月十八日。①

农曹共事诸君臭味不同，其议论见识未必能尽合，即筱坞是稍晓事者，然好为高论且意气凌人，仍有少帅习气。吾弟初任此职，切勿太露棱角，宜虚与委蛇，有事可婉商之为嘱。毓庆宫授读，有醇邸在彼照料，未知礼节若何？吾弟素性谨慎且阅历有年，一切毋烦多嘱，惟闻今上聪明天纵，在内廷当差者须时时持一"敬"字，则自无失礼也。切嘱，切嘱！

按，由首句"十六日阅邸抄，知正月二十三日吾弟蒙升授户部右侍郎"②可知，本札作于光绪二年二月十八日，是对翁同龢此番升迁的贺信。与本札一函寄出的还有翁同爵、翁曾荣父子分致翁曾翰家书。

本札的字里行间都流露着翁同爵对六弟翁同龢的关心：比如，翁同爵在得知翁同龢补授户部右侍郎后，建议翁同龢居家画稿，不用天天进署，要将公事与同事分担，注意保重身体；又如，翁同爵询问翁同龢是否担任会试总裁，何时正式授光绪皇帝读，授皇帝读的礼节如何；再如，翁同爵于副启中又叮嘱翁同龢初任户部右侍郎要注意处事技

---

① 《翁同龢日记》，第1230页，光绪二年三月初五日："松侄来，得楚中二月十七函，皆安，极慰意。"《翁曾翰日记》，第382页，光绪二年三月初五日："杨开甲来，接严亲二月十八日函，大慰，合署平安，士吉二月初四日到鄂，勾留半月，赠以百六十金，已回虞山。武昌春雨颇多，尚穿中毛衣服，得户部信，已知之矣。"

② 《翁同龢日记》，第1220页，光绪二年正月廿三日："刑部笔政秀昌来告，今日有旨擢任农曹，已正军机信来，录上谕一道，出城泣告祠堂。"《翁曾翰日记》，第376页，光绪二年正月廿三日："午刻领事回知，奉上谕：户部右侍郎，兼管钱法堂事务，着翁△△补授。"

巧,不要太露棱角,对那些臭味不同、见识不同的同事,要和而不同,虚
与委蛇,委婉商量,在内廷授读又要时时持一"敬"字才不致失礼。

"筱坞"即袁保恒(1826—1878),字小午,号筱坞,河南项城人,时
任户部左侍郎,与翁同龢共事。袁保恒乃袁甲三(1806—1863)之子,
曾与翁同爵在陕西共事过,故翁同爵评价其"是稍晓事者,然好为高
论且意气凌人,仍有少帅习气"。

(十五) 光绪二年二月廿七日(1876 年 3 月 22 日)

叔平吾弟足下:

昨折弁张国安回,奉到惠函,借悉兴居曼福,合宅绥安,深为欣
慰。农部事繁,兼之书斋入直,辛劳太甚,尚宜随时节力为嘱。钱法
久坏,今有滇铜百万,可以鼓铸制钱,此亦国计一大转机。盐斤加价,
外省尚未奉部文。至捐输,则已成强弩之末,此时所办,悉是派捐,弊
病甚大,若能停止,固是善政,但此议发之于卧雪,则彼在陕时固专以
捐输为事者,今何前后判若两人耶?想彼亦深知其利弊矣。借洋款
千万,虚耗重息,无补实事,幼翁驳之,实为老成之见,未知左相能受
直言否?

兄才识短浅,到此无所设施,方深惶愧,乃吾弟谓能执简驭繁,尤
所惭恧。楚督一缺,尚未简放有人,倘能得小宋共事,固所欣幸。滇
事本案赃犯均获,似无他说,若不旁生枝节则亦易结,惟观审之格酋
狡谲异常,恐必有波折也。湘省靖州与黔省黎平交界苗教滋事,大抵
仍是游勇勾结所致,今经湘、黔及粤西三省会兵合剿,已覆其巢穴大
半,似不致为害矣。

鄂省交春,雨多晴少,近日颇盼其老晴旬日,则麦秋茶市方无妨
碍。考试捐纳及保举人员已次第调考,现尚无文理不通者,试题则论
一道而已。兄近体甚健,两署公牍虽多,然以静心摄之,亦尚料理裕
如,惟暇时甚少,即欲一行饭后百步之法,亦苦无此闲时,殊为可笑。

筹儿入场,未必能侥幸获中,能得阁长则将来自有出路矣。安孙

进境尚少，须令其多读、多做，盖其资性本逊人一筹也。手此奉复，即颂近安，不备。兄同爵顿首启，并问秀姑娘近好，全姨侍笔叩安。二月廿七日。

　　按，由"楚督一缺，尚未简放有人"知，本札作于光绪二年二月廿七日。此前一日（二月廿六日），翁同爵给翁曾翰写完一通家书后，当晚又接到了翁同龢和翁曾翰于二月初十日所发的第四号家书。① 所以，翁同爵又于次日（二月廿七日）提笔给翁同龢回了本札。

　　据札，翁同龢二月初十日来信或涉及钱法久坏、盐斤加价、捐输之议、沈葆桢等大臣反对西征军饷借洋款等时事，都与户部的业务息息相关，毕竟翁同龢时任户部右侍郎，兼管钱法堂事务。

　　光绪元年十月，为平定新疆叛乱，左宗棠（1812—1885）援引沈葆桢（1820—1879）为台湾防务借款之旧例，向朝廷提出拟借洋款一千万两作为西征军饷的请求，由东部各省海关偿还借款，并点名由两江总督沈葆桢落实，不料却遭到后者的强烈反对。沈葆桢等奏"筹议关外饷需，碍难借用洋款，暨江苏拟力筹西征协饷"各折，称："借用洋款，耗息甚多，海关部库均受其害，应于各省关移缓就急，并江苏极力筹借等语。"②同时，沈葆桢提出"将湖北、湖南协济江防银两，移解西征粮台济用"。③ 其间，福建巡抚丁日昌（1823—1882）也持与沈葆桢一致的反对意见。左宗棠在考虑权衡之后，主动奏请将借洋款的数目减至四百万两。④ 在听取各方面意见后，清廷最终于该年三月初

---

　　① 　南京博物院藏光绪二年二月廿六日、廿七日翁同爵致翁曾翰札。又，《翁曾翰日记》，第 378 页，光绪二年二月初九日："以第四号禀附京报、外信十二函。并白丽参一斤，安坤丸廿二丸，交折差张国安带回。"光绪二年二月初十日："晨间又以叔父信一函交折弁与昨信一并赍去。"

　　② 　《大清德宗景皇帝实录》卷二六，光绪二年二月，叶五（下）。

　　③ 　《大清德宗景皇帝实录》卷二六，光绪二年二月，叶六（上）。

　　④ 　《大清德宗景皇帝实录》卷二七，光绪二年三月上，叶四（下）。

一日下诏："着于户部库存四成洋税项下,拨给银二百万两,并准其借用洋款五百万两,各省应解西征协饷,提前拨解三百万两,以足一千万两之数。"①从本札看,翁同爵显然是反对借洋款的。翁同爵赞同沈葆桢的观点,认为沈氏的反驳是"老成之见",是"直言",因为"借洋款千万,虚耗重息,无补实事"。

翁同爵本札还认为靠捐输来筹措军饷不是长久之计,派捐更是弊病巨大,如果能停止捐输,尤其是派捐,自然是好事。但此议由一贯以捐输为能事的袁保恒(1826—1878)提出,颇令翁同爵感到诧异。有意思的是,"盐斤加价"也是袁保恒为筹措西征军饷而率先提出的。

此外,翁同爵本札还向翁同龢介绍了"马嘉理案"、湘黔边界匪情和湖北考试捐纳及保举人员的最新进展。

(十六) 光绪二年三月廿七日(1876 年 4 月 21 日)

叔平吾弟足下:

廿四日折弁回,奉到惠书,借悉近体胜常,合家均吉,欣慰无既。日侍圣学,虽功课不多,然日以为常亦甚劳苦,退直后宜稍休息,勿再逐日趋衙为嘱。筹儿得补阁长,仍可棘闱一战,或者科名竟于无意中得之乎? 同乡公车极盛,榜发未识能中几人? 都下数月无雨雪,麦秋必损,近畿饥民不致滋事否?

鄂省春阴颇盛而雨不大,故菜麦均好,秧水尚嫌不足,插莳未齐,为之焦急。西征军饷,湖北提拨三十八万,极力筹画,先解二十万两,后此十八万尚无款可指。洋款不可借,夫人能知之,何主议者之贸贸耶? 扫穴犁庭,谈何容易? 肉食者鄙,信然! 强干弱枝之说,创之前为农部者,不知此时各省皆竭蹶不遑,非有盈余可实京师也。剜肉医

---

① 《大清德宗景皇帝实录》卷二七,光绪二年三月上,叶五(上)。

疮，今竟无肉可剜矣，奈何！袁君议论高而见事易，往往有不可施行者，非仅近刻已也。

部行各省铸钱，鄂省铜缺费艰，一时尚未易办。厘捐，上年棉花歉收，已形减色，今春又有荆州移杭满兵东下，用江船至四百号，包揽夹带，各卡几于无厘可抽，故收数大减。采买运通之米三万石，上年交招商局承办，米价运脚每石合银二两三钱五分，较之江浙为减，皆核实，无浮冒，今照案办，似于仓储、库款两有裨益也。巡阅各营大约在九十月之交，惟本年尚有武场，或须展至来春耳。

兄近体甚健，便秘、手战尚未见愈。署中上下皆吉，祥儿得徽州盐局差，伊意甚得，兄则以为不如在省，诸事可以学习，即此可以知其志趣矣。手此奉复，即颂近安，不备。兄同爵顿首启，并问秀姑娘近好，全姨侍笔叩安。三月廿七日。

按，由"筹儿得补阁长，仍可棘闱一战"可知，翁同爵本札作于光绪二年三月廿七日，[①]并于当年四月十三日送呈翁同龢阅看。[②] 翁同爵本月廿四日收到的翁同龢来信，即后者于三月初六日所作楚函，[③]和翁曾翰三月初七日所缮第六号家书[④]一同发出。

本札所谓"西征军饷"指左宗棠率军平定新疆叛乱必须要筹措的军饷，总数为一千万两。但如何筹措这笔巨款，经历了几番争议

---

① 《翁同龢日记》，第 1230 页，光绪二年三月初六日："筹儿将补侍读，已见缺矣，请假入场，冀得一尝也。"第 1231 页，光绪二年三月初十日："筹儿出场尚早，身体皆好。"第 1231 页，光绪二年三月十三日："巳初筹儿出场，体中皆好，安孙亦到小寓，同饭。"

② 《翁同龢日记》，第 1237 页，光绪二年四月十三日："得湖北三月廿七函。"

③ 《翁同龢日记》，第 1230 页，光绪二年三月初六日："作楚函。"

④ 《翁曾翰日记》，第 382 页，光绪二年三月初七日："缮寄第六号禀附月钞、潘信等一函。并好白参一斤交杨弁赍回，作致词甫、菘云函附家信中去。"

和波折。筹措方案最终在该年三月初一日以上谕的方式被确定：借洋款五百万两，提部款二百万两，催各省三百万两。① 据札，在催各省的这三百万两中，湖北省分到的任务是三十八万两，翁同爵此时已筹措到二十万两，但还差十八万两尚无处腾挪。从前札就可看出，翁同爵是反对借洋款的。他于本札中延续这样的观点，甚至对当局主政者的决策提出质疑："洋款不可借，夫人能知之，何主议者之贸贸耶？"他认为，此时各省财政皆已枯竭，实在没有什么盈余支持中央了。

"袁君"即时任户部左侍郎的袁保恒（1826—1878）。翁同爵在陕西时曾与袁保恒共事过，故而评价他："议论高而见事易，往往有不可施行者，非仅近刻已也。"札中，翁同爵还向时任户部右侍郎的六弟翁同龢倾诉湖北在铸钱、厘捐等方面遭遇的困境，汇报湖北漕粮采买的方案。而这些工作，都与翁同龢当时任职的户部有关。

（十七）光绪二年五月廿六日（1876 年 6 月 17 日）

叔平吾弟足下：

十三日阅邸抄，见吾弟请假五日，嗣复见续假五日，极为悬念，夜为之不寐。直至廿四日折差回，接到初六日惠函，方知坠马伤足，调治已渐痊愈。昨日复见初十日抄，见已销假，忧怀方释。吾弟素喜策骑，日前闻筱坞馈吾弟马匹，吾弟得之，深为欢喜，兄正拟驰书劝勿乘骑，盖军营所用皆性不驯良，今有此失，幸以此为戒，勿再据鞍为嘱。书斋功课有定，退直或正午刻，宜解暑气后再进饮食。入署治事，固是职分所当然，但自己身体亦宜保养，间一二日一往，似无不可也。

兄近体甚健，公事平顺，外国交涉事件尚无为难之处，茶市亦与

---

① 《大清德宗景皇帝实录》卷二七，光绪二年三月上，叶五（上）。

上年相等,僚属和睦,堤防巩固,足以告慰。参劾及开缺另补人员似尚允当,堪胜明保者实鲜其人,故迟迟未发也。五月缺雨,设坛虔祷,今已大沛甘霖矣。兄兼署督篆倏已一年,时深兢业。手此奉复,即颂近安,并问秀姑娘好。兄同爵顿启,全姨侍笔叩安。五月廿六日。

　　按,由"兄兼署督篆倏已一年"一句知,本札作于光绪二年五月廿六日。因为光绪元年六月十三日,翁同爵正式接印兼署湖广总督,距离此时将近一年。据《翁同龢日记》载,本札于光绪二年闰五月初十日送至翁同龢手中。①

　　光绪二年四月廿七日,翁同龢在策马出城的途中因马跌倒而不幸坠马,右足被压,导致脚面排骨错缝。② 翁同爵、翁曾荣父子远在湖北,消息滞后,只能从邸抄中见到翁同龢请假五日后又续假五日,故寝食难安,日日盼信,担心不已。直到翁同爵父子收到翁同龢作于五月初六日的家书,③又得见翁同龢销假的邸抄,心中的忧虑才得以缓释。因此,翁同爵作本札的主要目的首先是关心慰问坠马伤足的翁同龢,其次是提醒翁同龢以此为戒,勿再骑马,并注意避暑,保养身体。

---

　　①　《翁同龢日记》,第1250页,光绪二年闰五月初十日:"筹儿来,得楚中五月廿七函,合署安吉,折弁张得胜来见,作家信交去。荣侄归家两月,将纳妾也。"

　　②　《翁同龢日记》,第1242页,光绪二年四月廿七日:"龢生朝也。昨夕既不得眠,晨起向北叩头,不觉呜咽。比入,无书房,欲出城谒祠堂,并欲赴城南招提,寄其萧寥凄怆之意。策马而出,过前门,至珠宝市马蹶而仆不觉堕鞍,右足被压,入一皮货局王姓,毛伙。坐,而右足痛甚,令仆人曹升揉之,乘车回城寓。入门犹可,俄顷增剧,用药水洗之,敷以……云脚面排骨错缝矣……"

　　③　《翁同龢日记》,第1243页,光绪二年五月初六日:"得湖北家信,折差来,四月十六发。即草数纸寄去。"

（十八）光绪二年闰五月廿三日（1876 年 7 月 14 日）

叔平吾弟足下：

　　叠奉惠函，借悉兴居增胜，所患已渐平复，深慰远念。圣人天性聪明，书斋功课不多，闻之欢抃。惟退直已在巳、午间，恐暑气侵人，宜少休息。入署治事原是职分，第农曹事繁人众，每日画稿须站立一二时，未免劳顿，宜令紧要者归手画，余则均归包稿，似少省力，吾弟以为何如？

　　兄近体甚健，公私顺适。荣儿于月之三日趁轮舶回家，大约六月杪可复来署。祥儿到藤溪后未曾得其只字，不知近况何似。家乡亲族，此次荣儿回，吾均薄有寄赠，如大侄媳及仲渊，皆寄以五十金；厚斋兄、士复侄族中诸人均遍寄。又寄以三十元也。扬州二妹处，近日寄去贰百金，又金镯、衣料、锡器、磁器等，尚未得其回信。

　　鄂中旸雨应时，秋收可望大有，然近日亦形稍旱，农民已望泽孔殷矣。兹乘折差之便，寄去罗夹襖一件、线衫一件，祈捡收。手此布复，即颂近安。兄同爵手启，闰五月廿三日。并问秀姑娘近好。

　　京师亢旱，灾象已形。日前奉到廷寄，令直隶筹备银十万两，赴两江、两湖、奉天等处采买粮食，所有各处粮户不得抬价居奇，等因。兄思京师为根本重地，今年旱灾较重，需费必巨，因与司道筹商，拟捐输赈济银三万两以助赈恤，诸君皆欣然乐从。兄今捐廉五千两以为倡，其余大小各官共凑二万五千两，即令此次解京饷委员搭解，今改由银号汇京交纳。径交顺天府备赈，业经具奏在案。此虽细壤涓流，所裨无几，然鄂省力量仅能如此，不邀恩，不沽誉也。

　　按，由"闰五月廿三日"和"荣儿于月之三日趁轮舶回家"可知，本札作于光绪二年闰五月廿三日。本札于该年六月十二日送达翁同龢手中,《翁同龢日记》对此有记录。① 而翁曾翰先一日收到本次来信,在《翁曾翰日记》中作了非常详细的记载:"得父亲闰月廿三日函,折差黄在金赍来,一切平安,气候亦热。《方略》已寄到。寄来夹罗大衫一件、线衫一件,送叔父用。闻近畿旱灾,率属捐廉助赈。倡捐五千,其余各员共凑三万,解交顺天。祥哥尚无信到鄂,可怪也。"②此即本札之梗概。

翁同爵"闻近畿旱灾,率属捐廉助赈"即副启的主要内容,反映了翁同爵心系朝廷,心系苍生。朝廷于捐廉助赈折递上之日当即下旨:"翁△△着先交部从优议叙,其余各员所捐银数,着分晰咨明户部查照成案核办,钦此。"③翁同爵捐赈本无邀赏之意,正如其所言:"不邀恩,不沾誉也。"翁同龢于回信中认为"捐赈蒙优叙,非本意,而朝廷将以风励诸臣,不得不尔"。④

主札中"所患已渐平复",指翁同龢本年四月廿七日坠马被压之右足伤已渐痊愈。翁同龢身兼两职,且时值炎夏,故翁同爵于主札中叮嘱翁同龢要注意避暑,还要区分事项的紧要程度,更科学地分配工作,以节省脑力和体力。翁同爵还于札中向翁同龢同步翁曾荣、翁曾纯之近状,并告知翁同龢本次翁曾荣回里时,他对翁曾文妇、翁曾源、翁厚斋、翁士复等族中诸人的馈赠情况,以及他对扬州二妹翁端恩(1826—1892)的财物馈赠情况。

---

① 《翁同龢日记》,第 1256—1257 页,光绪二年六月十二日:"得五兄闰五月廿三函。"

②③ 《翁曾翰日记》,第 402 页。

④ 《翁同龢家书诠释》,第 19 页。

（十九）光绪二年六月廿六日（1876 年 8 月 15 日）

叔平吾弟足下：

前两次发信时，因天时酷暑，遂未作函询问起居，然思念之忱固无日不萦怀左右也。屡奉惠书，知近体安康，合寓绥吉，深为欣慰。策骑可免泥涂颠播，然良马难得，且仆人稍不经意，控纵失宜，易有挫失，幸嗣后常坐车为嘱。日侍书斋，退直已在巳、午之交，复入署治事，未免劳苦，宜间日一往，以养精力。吾弟虽素性不肯稍旷职守，然既当内廷差使，似难与诸君较勤惰也。

兄近体甚佳，公事亦平顺，所辖境地旸雨应时，田禾茂盛，民情安帖，江堤无恙，此真守土者之幸也。署中上下均吉，荣儿大约于七月中复来署。祥儿则久无信息，不知其近况何如矣。扬州二妹处近有信来，甚盼吾弟书，暇时可作一函寄慰之。手此奉复，即颂近安，并问秀姑娘好。兄同爵顿启，全姨侍笔请安。六月廿六日。

按，由"荣儿大约于七月中复来署"知，本札作于光绪二年六月廿六日。因为该年闰五月初三日，翁曾荣乘船回里纳妾并处理家务，原计划于六月底回到湖北署中，但因身体原因故计划有变，推迟至七月中回署。对读《翁同龢日记》和《翁曾翰日记》的相关记载可知，翁同爵本札于光绪二年六月廿八日才寄出，并于当年七月十三日送达翁同龢手中，与之封为一函寄出的还有同年六月廿五日翁同爵致翁曾翰札。[①]

该年四月廿七日，翁同龢策马出城，途中不慎坠马伤足，至此时已然痊愈。但翁同爵对素爱骑马的六弟仍不放心，故于本札再次叮

---

①　《翁同龢日记》，第 1262 页，光绪二年七月十三日："得楚中函，折弁来。"《翁曾翰日记》，第 407 页，光绪二年七月十二日："折差杨得胜来，得父亲六月廿八日寄函，一切平安，两餐以饭面间食，痱子已小愈。"

嘱翁同龢："幸嗣后常坐车为嘱。""扬州二妹"即翁同龢的二姐翁端恩
（1826—1892），字璇华，号纫卿，也是一位文学家。翁同爵前一次致
翁同龢札中曾曰："扬州二妹处，近日寄去贰百金，又金镯、衣料、锡
器、磁器等，尚未得其回信。"①

（二十）光绪二年八月廿二日（1876 年 10 月 9 日）

叔平吾弟足下：

十七日张弁回，奉到惠函，②借悉起居增胜，合宅皆安，深为
欣慰。

兄于初六日入闱监临，今科士子应试者一万一千余人，而场内外
均清吉，实所私幸。两主试人均和平，题目皆容易，内帘亦极严肃。
兄大约于廿三日俟誊对事毕，廿四日方能出闱也。

鄂省于六七月间，因邻省拿获匪类中有中秋起事之供，人心颇惶
惑。兄稍为布置，而严饬查城、查街之委员分段密查，于是宵小无所
托足，谣言亦遂止息。今则场期已过，保甲等事更易清理也。

鄂省现在为难之事，诚如来书所云，一则曰洋务，再则曰盐务。
宜昌开设码头、夷人购买地基、划定租界，最为创办要务，必有一番波
折。至轮船，则早能直达彼处，无须民船驳载矣。惟武穴、陆溪口、沙
市三处，准其上下货物，则偷漏厘金，故意中事，恐办理稍不得当，即
多口舌之虞也。盐务则江督以部议为铁案，而协鄂九十万金，以箝鄂
省之口，且勿论川厘之不止九十万及淮商之能否解足九十万之额，即
使果能解足，而鄂省受此巨款，则以后督销、缉私等事稍不遂淮商所
欲，人人得起而议之，故兄意欲将鄂省之应协外省者，请部改拨九十
万于两江，庶几一则免仰人鼻息，一则免受人挟制也。至通筹全局、

---

①　南京博物院藏光绪二年闰五月廿三日翁同爵致翁同龢家书。

②　《翁曾翰日记》，第 410 页，光绪二年八月初三日："缮寄廿三号禀附月钞、
外信。交张正照带回。"

直陈利弊,惜无大手笔作此章奏,然兄尚欲就所见及者附奏也。

鄂省今年秋收尚好,粮价不贵,民情安贴。豫省边界稍有荒民,已饬地方官随时资遣并妥为弹压,尚不为害。监利之案,民固顽梗,官亦刚愎,傅令素有能名,李筱荃亟称之,而孰知其竟酿成此事耶!①豹岑官声、公事俱好,惟稍嫌慈祥过甚,故此案至今尚未详结也。

昨见顺天主考单,子松亦与其选,此是口操乡音者之便宜。② 惟此一月余,吾弟独值书斋,更形劳顿,尚祈善自珍卫为嘱。兄近体甚健,点名日自开点至领题纸,总须十二时之久方能安卧,尚不致疲惫,自验精力仍如上年也。合署上下均好,荣儿未携眷属来。手此奉覆,即颂近安,不备。兄同爵顿首启,八月廿二日闱中书。秀姑娘前寄活计甚好,谢谢!

按,翁同龢在光绪二年七月二十日晚上致翁同爵家书中曾言:"愚意度之,楚中难办事有三:一曰洋务……一曰盐务……"③本札曰:"鄂省现在为难之事,诚如来书所云,一则曰洋务,再则曰盐务。"故可知,本札作于光绪二年八月廿二日。

所谓"洋务",指如何执行《中英烟台条约》中的涉鄂通商条款:增开宜昌为通商口岸;准许英商船在沿江的沙市等处停泊起卸货物;各口租界免收洋货厘金;新旧通商口岸尚未划定租界者都要"划定界址"。所谓"盐务",指由两江总督沈葆桢(1820—1879)力主淮盐规复引地,提出湖北省因此而损失的九十万两厘金由淮商补偿之方案,得到了朝廷的批准。

---

① 《翁同龢日记》,第1260页,光绪二年六月廿九日:"得五兄六月十五函,折弁来。监利令傅某以堤工劝捐,几致激变,以兵临之,得从伏五人,而县令亦撤办,外人谓县令被戕,盖妄传也。"

② 《翁同龢日记》,第1267页,光绪二年八月初六日:"入东华门,知子松奉派入闱,晤于朝房,谈数语别去,遂入。"

③ 《翁同龢家书诠释》,第24—25页。

翁同爵很抵触这一方案,认为这对湖北省有百害而无一利:首先,湖北省规复淮盐引地后损失的厘金远远不止九十万;其次,如果淮商哪天凑不到这九十万两,湖北省会立刻陷入窘境;再次,如果接受了淮商协鄂这九十万两,湖北省此后就长期受制于淮商,督销、缉私等事都大受影响。有基于此,翁同爵提出了应对方案,并准备以此上奏朝廷,那就是:请朝廷从湖北省应协助外省的款项中直接改划九十万两指标给两江,由他们来完成。如此一来,他成功地将问题交还给两江,对湖北省有两个好处:一是免仰人鼻息,二是免受人挟制。由此可见,翁同爵为官处世极其智慧。

据《翁曾翰日记》载,包括本札在内的多通信札最后被封为一函,编号为福字第二十号,于光绪二年八月廿八日寄出,并于九月十二日送至翁曾翰手中,次日再由翁曾翰带呈翁同龢阅看。①

(二十一) 光绪二年九月廿八日(1876 年 11 月 13 日)

叔平吾弟足下:

屡奉惠函,借悉起居增胜,合宅均安,深为欣慰。兄于闱中感受寒湿,左足麻木,至出闱,酬应稍多,遂致麻木愈甚,踏地不知高低,亟延程丽芬诊治,服温补之药,病遂大减,现虽时作刺痛,偶尔酸麻,然不致成偏痹之症矣。

十六日早晨得寿孙中式信,为之狂喜。伊年幼学浅,此皆先人积累所致,已驰书嘱其持躬涉世之道益自讲求,切勿稍露骄矜,方为远大之器,想吾弟亦必以余言为然也。寿官喜用开销及会试盘费,兄已寄去三百金,似亦足敷应用矣。

---

① 《翁同龢日记》,第 1274 页,光绪二年九月十三日:"得五兄八月廿八函,外帘已毕,左足麻木,服桂附稍愈矣,即以函交折差。"《翁曾翰日记》,第 416 页,光绪二年九月十二日:"暮,折弁盛万年来,得父亲八月廿八日寄函,云廿四出闱,左足麻木,廿五尤甚。……祝官姻事亦云可许。鄂中发榜,约在重阳左右。"

　　白七年伯马巡捕尚未引见,新章不能署缺。上年来鄂,即为之位置一书局差,特为添一会办名目。每月薪水五十两。今实不能再添别差,至其郎君系武职,且隔省。更无从安插矣。

　　兄定于出月初三开考武场,大约须匝月方能竣事也。署中上下平安,公私顺适,堪以告慰。手此奉布,即颂近安,不备。兄同爵顿首启,并问秀姑娘近好。九月廿八日。

　　按,由"寿孙中式"知,本札作于光绪二年九月廿八日。与本札封为一函寄出的还有翁同爵致翁曾翰札、翁曾荣致翁同龢札和翁曾荣致翁曾翰札。这组家书先于光绪二年十月十二日被送至翁曾翰手中,当日的《翁曾翰日记》对其核心内容作了详细记录。① 次日,这组家书又由翁曾翰呈翁同龢阅,故当日的《翁同龢日记》记载:"得五兄九月廿八日函,前一日又发左足麻木之疾,夜卧出汗,未解何故,极悬系。"②但翁同爵本札并未提及写信前一日左足麻木之疾复发之事,可见翁同爵对翁同龢"报喜不报忧",翁同龢则是从翁曾荣的来书中才得知这一情况的。③

　　据札,翁同爵于本年九月十六日早晨得知翁斌孙中举的喜讯之后,一方面驰书叮嘱翁斌孙要多加修习持躬涉世之道,戒骄戒躁;另一方面承担了翁斌孙的喜用开销及会试盘费,免去其后顾之忧。翁同爵对侄孙翁斌孙如此关怀,可谓情文兼至,实际上也是替逝去的兄长履行培养责任。此外,札中还提及翁同龢为人说项等人情世故之事。

---

　　① 《翁曾翰日记》,第 421 页,光绪二年十月十二日:"折弁郑殿元来,得父亲九月廿八函,左足虽愈,然时作刺痛,偶尔麻木,尚未脱体。本月初三将考武场,又有一月辛苦。闻寿官捷音,为之狂喜。已遣徐贵携银三百回贺并皮衣绸缎,俾治行装也。"

　　② 《翁同龢日记》,第 1280 页。

　　③ 南京博物院藏光绪二年九月廿八日翁曾荣致翁同龢家书。

（二十二）光绪二年十二月十八日
（1877 年 1 月 31 日）

叔平吾弟足下：

屡奉惠函，未曾作答，实缘近日手颤殊甚，作字艰涩，折差行时匆促，不遑函复耳。迩维近祉康强、春祺介福为颂。书斋功课难易不定，总宜以和婉处之，不可加以疾言遽色也。

兄兼署督篆已逾年半，平时办理两署案牍，尚不觉其劳苦。今自八月以后，左足麻木，有类偏痹，夜阅公事，便觉勉强支持，逢衙参期，虽减见属吏，然每日必有应见之员，势难一概谢却，故日望大李之来，以冀稍可安逸也。

鄂省已见三白，连得三次，总计不过三四寸，而雨亦有三寸多。来春麦秋，可期丰稔。惟民心不足，江汉之堤有溃决者，既官为筹款以堵筑之，而宣泄盛涨之著名大河如大泽口、樊口等处。近处愚民概欲闭塞，动辄聚众私自筑坝，以致彼此械斗，南岸人私筑，则北岸人与争。酿成命案，官虽惩办，然此风尚未能息也。

宜昌开码头，立定租界，盖造房屋，事事与居民交涉，地方官若办理稍不得法，即易生事。孙稼生昧于政体，中无决断，恐不能了此。幸现署宜昌之瞿守廷韶明白稳练，署东湖之熊令銮熟悉夷情，似可料理得宜，此二人皆兄拣委以往者也。长江上下货物六处，而鄂省居其三，将来厘金之偷漏，固不待言，即此时初定章程，必多口舌，真无善策以处之。

两省年终密考，大概有褒无贬，盖官常尚皆整肃也。西征饷竟解足八成八十三万，实已不遗余力，缘方伯畏部议，故罗掘从事，借支明年库款十余万两凑解，然明年又将以何项支应耶？封印在即，公事纷繁，匆促书此，略述近况。手此布覆，即颂新禧，不备。兄同爵手启，并问秀姑娘近好，全姨侍笔叩安。十二月十八日。

按，由"兄兼署督篆已逾年半"知，本札作于光绪二年十二月十八日。全札并无非常特别之事项，主要汇报身体近状和湖北公事，涵盖天气、堤工、洋务、吏治、解款等方面。本札与同一日翁同爵致翁曾翰札、翁曾荣致翁同龢札封为一函，被合编为福字第三十一号家书，于次年正月初六日送至翁曾翰手中，①再由翁曾翰于正月初八日呈翁同龢阅。②

孙家毂（1823—1888），字贻生，号稼生，曾任总理各国事务衙门总办、中外交涉事务大臣、浙江布政使，寿州（今安徽寿县）人。瞿廷韶（生卒年未详），字赓甫，又字耕莘，号舜石，时署湖北宜昌知府，后累官至湖北布政使，江苏武进人。熊銮（生卒年未详），字号待考，江西优贡，时署湖北东湖知县，江西安义人。翁同爵认为，孙家毂"昧于政体，中无决断"，恐怕处理不好宜昌的洋务，宜昌的洋务还是要靠他挑选的两个属下——瞿廷韶和熊銮。

据札，湖北的"西征饷"已经凑到了八十三万，但预支了下一年十余万的库款。此时湖北的布政使是孙衣言（1815—1894），因为害怕解饷不力而被朝廷责罚，所以拆东墙补西墙。

（二十三）光绪三年四月廿九日（1877 年 6 月 10 日）

叔平吾弟足下：

屡奉惠函而答书殊少，实缘手颤，艰于写字，非敢疏懒也。兄现在诸恙稍愈，拟于五月初二日销假，然自觉精力总不如常，秋间定作归计矣。

---

① 《翁曾翰日记》，第 435 页，光绪三年正月初六日："胡正贵赍到三十一号信，徐宗福赍三十二号信，均于今日送到。父亲气体渐和健，大便亦解畅，十一日未畅。足麻、手战均减。大李开印可到，俟伊到后，拟请假静摄数日。全姑娘侍奉得力，以四哥驰封五品奉服予之，鄂境得雪甚寒，宜昌开马头事颇费斟酌。"

② 《翁同龢日记》，第 1299—1300 页。

寿孙及锋而试，兄颇望其连捷。二十日巳刻，张月卿处送来喜报，知中式一百零四名，为之狂喜。①伊年轻学浅，此皆祖宗积累所致，殿试甲第未知如何，此间大约于端节前方能有信也。阅寿孙上年朱卷履历，将伯兄晚年宦迹全行删去，兄意不以为然，盖非所以纪恩遇、昭实事也。且伊本人履历下注明荫监，试问非有恤典，其知县从何而来耶？此次会试卷必须改刻为嘱。

吾弟牙床肿硬，必是胃火上炎所致，不宜多服凉药，而必须用凉药漱口，方能有效也。家乡报钱，兄已驰书家中，令付大侄媳五百千文，似可敷衍。同邑中五人，可谓极盛！闻都下天时已热，吾弟退直时，宜稍避日中暑刻，免侵暑气为嘱。

兄日来又连发寒热，昨日始止，身体又觉大乏耳。手此，即贺大喜，并颂节禧，不备。兄同爵顿首，并问秀姑娘近好，全姨随叩。廿九。

按，光绪三年五月十四日，《翁同龢日记》载："得五兄四月廿九日函，字迹稍好，定于初二日销假视事，惟自廿三以后感风发热，大便秘结耳。"②该内容与本札高度契合，故可知本札作于光绪三年四月廿九日。同一日，还有翁同爵致翁曾翰札、翁曾荣致翁曾翰札和本札封为一函寄出，现皆收藏于南京博物院，见于本书下编，可作对读。

值得一提的是，札中提到翁斌孙为了掩饰缺点，在光绪二年参加江南乡试所填写的履历中，将乃父翁同书（1810—1865）晚年不光彩的宦迹全行删去。翁同爵对于这一做法并不赞同。相反，他认为只有实事求是地把翁同书的晚年宦迹写出来，才是真正地纪恩遇、昭实事。所以，翁同爵于本札中叮嘱翁同龢，务必督促翁斌孙刻会试卷时

---

①　《翁同龢日记》，第1318页，光绪三年四月十一日："闻西席管先生之捷，三十四名……闻斌孙之捷，一百四……"光绪三年四月十二日："寄楚信。"

②　《翁同龢日记》，第1324页。

及时更改过来。

　　光绪三年丁丑科会试，常、昭二县中式五人，除翁斌孙和管辰熙（生卒年未详）外，尚有管高福（生卒年未详）①、曹庆恩（生卒年未详）和潘文熊（1844—1920）三人。

---

　　① 《翁同龢日记》，第 1318 页，光绪三年四月十一日："同邑管少溪高福，九十四。"第 1323 页，光绪三年五月初六日："夜管少溪来宿此，谈旧事感慨不已，少溪与先公游有年，与余同入泮，己酉中副车，余以是年得拔贡，乃今与斌孙同榜进士，人事岂可量哉！"

八、翁曾荣致翁同龢

（一）光绪元年七月廿九日（1875 年 8 月 29 日）

侄曾荣百拜禀呈叔父大人尊前：

侄叩别钧颜，忽忽岁周矣，依慕之私，时萦梦毂。抵鄂以来，连接赐书，曾修覆禀，亮邀垂鉴。昨杨弁回省，又奉手谕，敬悉福躬康吉，合寓平和，慰甚。城内安居，如入深山，足避嚣尘，吾叔性喜凝静，尤为合宜。天时酷热，蒸暑虐人，入秋后当得快风凉雨，一涤胸襟也。遵化之行，场前可以还辕，安、寿进场，一切更有照应，未知途中积潦已消否？车马往来能否迅速？两侄文理清顺，逐队观光，亦非初意所能料及，虽云自勉，亦由裁成所致，欣慰之至！号中得刘师指点，更属放心。考具及寓舍，五、六弟想早为布置妥备矣。

此间天气久晴不雨，晚禾又损，自立秋以后屡伸祈祷，阴而复霁，近日亦躁热异常，望雨尤急，科场在即，诸多顾虑也。各处禾稻，早者已收，晚种尽槁，农人束手，莫可挽救矣。省中士子云集，星使已渡江，闱中一切经理周备，严亲入闱事宜亦既井井有绪，连朝祭祀，衙参暂止，惟事关科场委员禀谒者，仍随时接见。两星使朔日渡江，俱照例差迎，入帘各员亦于是日扃门考试矣。

近来父亲大人精神颇健，饮食如常，日服程君方似有小效，出汗、咳呛均减于前。据云，现视脉象左右皆和，微嫌肺气太开，宜加养敛，弗使外感内袭也。便涩、手战，皆属肝血虚耗之故，用黄芪等味助气养血，久之自能霍然。荣侍奉膝前，诸凡留意，不敢稍有懈忽，祈放心。至于公事案牍，皆须亲自披答，督署朱墨命荣经理，随到随看也。

余详另纸。专肃，敬叩金安。并问秀姑娘近好。侄曾荣谨禀，七月廿九日。

按，由“侄叩别钧颜，忽忽岁周矣”“抵鄂以来，连接赐书”“安、寿进场，一切更有照应”等信息知，本札作于光绪元年七月廿九日。因为同治十三年(1874)四月十五日，翁曾荣在无锡叩别服满北上的翁同爵和翁同龢，[①]“忽忽岁周矣”当然就是光绪元年；翁曾荣于光绪元年二月抵达湖北，故“抵鄂以来，连接赐书”也将本札时间指向光绪元年；翁安孙、翁斌孙同时、同地参加乡试，也只有光绪元年。与本札一函寄出的还有翁同爵当日致翁曾翰札。此函的编号为福字第十二号，于本年八月十四日送至翁曾翰手中，[②]并于八月十五日送至翁同龢手中。[③] “两星使”指光绪元年湖北乡试主考官朱福基(生卒年未详)和恽彦彬(1838—1920)。

(二) 光绪元年十一月廿八日至十二月廿九日 (1875年12月25日至1876年1月25日)

侄曾荣百拜谨禀叔父大人尊前：

日昨折弁回辕，接到家言并奉手谕，敬悉福躬安善，合宅平康，欣慰下怀。此次随扈东行，往返程途皆值晴暖，车马之劳不嫌辛苦。武闱奉派主试揭晓，覆命见诸邸抄，京师与鄂省相距数千里，适值严亲

---

① 《翁同龢日记》，第1075页，同治十三年四月十五日：“荣侄送至此将归奂，中怀如结。夜辞去，手书数十字付之，并以旧藏黄花老人《金刚经》畀。”

② 《翁曾翰日记》，第352页，光绪元年八月十四日：“折弁刘得胜来，得父亲七月廿九日函，一切平安，入闱须二十余日。席支不入帘。服程丽芬药方甚见效。星使已抵汉口。潘秋谷代理麻城帘缺，鄂中蚊子大而少。”

③ 《翁同龢日记》，第1186页，光绪元年八月十五日：“得楚信，即作数行交原人。”

亦以监临兼主考,兄弟共任一事,虽无意得之,而传播人口,实为一时佳话也。

六弟侍读一缺,频受同僚挤轧,或者进士一步,当有定分。以彼易此,原无不可。安孙易师授教,苟知自勉,不在督责之宽严。寿官忽患腿疾,本元怯弱,非关外感,既无的当伴使,又乏着实亲友,何能急切南下?奈伊母子情殷,势难阻其归计。天气日寒,风霜雨雪,殊增长者忧思耳。

叔父勘视石矿,数日即可还辕。署中案牍精核详审,尽己之力,当能平允。葛毕氏、杨乃武一案,闻都中论者纷纷,而浙省大吏亦研求有时,非可草率定谳似非无因,若云"平反"二字,又岂易易?

《穆宗实录》早经开馆,六弟亦送校对,何迟迟未传?总裁官多人,独吾叔父不列单内,又是新样办法。明年春日,应启书殿将派师保,何人充任?苟免是职,亦云幸矣。倘再进直,触处生感,情殊难堪,不仅辛苦之谓焉。萃仙丸服之有效,气体当见健旺。叔父心血久亏,冬令可进清补养神之品,目睹时艰,胸怀抑塞,望善为珍摄,勿过耗心神是祷。

鄂省年称中稔,民安境谧,署中内外肃雍,公事平顺,父亲寿履颐和,精力周匝,冬令日短,自朝至夜,无刻休息。荣侍奉左右,深以过于劳倦为忧,而父亲勤恳自持,终日伏案,批判无遗,不以为苦也。迩来手颤之症略好,服虎骨饮似有功效,惟肺气太虚,肝血不足,易袭外感,时形咳呛,平常饭食胃口尚健,午餐一饭一粥,夜则用面食,较宽松些,二鼓后就寝,可无停滞之患,诸祈放心。荣随侍在署,志静神怡。来谕云事亲、奉佛分别不得,至哉言乎!从古明理之人未有不自根本上着力,倘事亲之道不竭其职,负疚寸心,虽于佛理参得十分透彻,亦复何益?荣此时处斯乐境,两事兼营,不敢少有懈忽,今者四旬初度,正来署内承侍膝下,孺子之福,欣庆无量也。

家乡书来,人口皆吉,年仅中稔,租务当亦平平。蔡氏奇祸,以弱女遭厄,闻之骇愕,为之怆恻者累日。族中诸长幼,此间均有寄助之资，想亦各尽其欢。叔父又为士吉谋海运坐省差，亦云优矣。祥哥一入浙省，此地仅见两函，京信竟不作一字，岂疏懒之谓哉！荣已传命严责之，骨肉惦念，惟述平安，何以迟不报答？为之不解。余俟续禀。专肃，敬叩福安，伏乞垂鉴，并问秀姑娘近安。侄曾荣百拜谨禀。

　　按，翁曾荣出生于道光十六年十一月廿八日（1837 年 1 月 4 日），其四十岁生日是光绪元年十一月廿八日。札曰："荣此时处斯乐境，两事兼营，不敢少有懈忽，今者四旬初度……"故可知，本札作于光绪元年十一月廿八日后。札又曰："明年春日，应启书殿将派师保，何人充任？"故可知，本札作于光绪元年除夕（1876 年 1 月 25 日）前。也就是说，本札作于光绪元年十一月廿八日至十二月廿九日之间。

　　光绪元年八月廿四日，翁同龢"忽又闻家乡信来，侄孙女适蔡者竟以产后成劳，于八月三日寅时奄化，其婿赴南京试未归也，惨痛惨痛！"[1]同年九月廿六日，《翁同龢日记》载："南中来信，蔡氏失火，兰柩燔焉。天乎人哉！"[2]故本札曰："蔡氏奇祸，以弱女遭厄，闻之骇愕，为之怆恻者累日。"

　　光绪元年九月十七日，翁曾翰接到"署中知会，侍读缺，刘星岑拟正，余拟陪。拘定资深，而仍以余作陪，无谓之至"。[3] 故本札曰："六弟侍读一缺，频受同僚挤轧，或者进士一步，当有定分。"

　　光绪元年十月十二日，翁同龢"答士吉、士复函，以士吉荐英茂文，嘱留沪局海运差使"。[4] 故本札曰："叔父又为士吉谋海运坐省差，亦云优矣。"

①　《翁同龢日记》，第 1188 页。
②　《翁同龢日记》，第 1195 页。
③　《翁曾翰日记》，第 357 页。
④　《翁同龢日记》，第 1199 页。

　　光绪元年十月十三日,翁同龢被派出任顺天武乡试正考官。①
与此同时,翁同爵在湖北主持武乡试,并以监临兼主考。故本札曰:
"兄弟共任一事,虽无意得之,而传播人口,实为一时佳话也。"

　　光绪元年十月十八日,御史边宝泉劾奏浙江葛毕氏谋毒本夫一
案"案情未确,请提至刑部复鞫"。② 翁同龢此时正署理刑部右侍郎,
复鞫此案正是他的分内之事。

（三）光绪二年二月廿七日(1876 年 3 月 22 日)

侄曾荣百拜谨禀叔父大人尊前:

　　昨折弁回,奉到二月十日手谕,敬审福躬安健,合宅平康为慰。
农曹事繁,较省力于刑官多矣。钱法无甚变更,只求铸造合度,谅取
效亦速。吾叔入直之余宜节劳勋,署中可间日一到,稿件向有送阅之
例,值日奏事能否免到,抑仍递牌? 书殿规模初立,功课无多,惟晋接
礼仪与照料者尤难得当耳。主诚主敬,内外严肃,亦攸往咸宜已。

　　今届会试,叔父未必派总裁,六弟将补侍读,尚可及时一战,舍彼
就此,何快如之! 刻下小寓一切谅已备妥,考期伊迩,吾邑公车来者
寥寥,此亦贵精不贵多也。荣荒于学久已,勉强逐队,徒自吃苦,幸获
无其才,不如作壁上观焉。年来佛门功夫少有进步,惟静惟定,是得
力处,澄观寂照,万象包罗,法无所有,道即可悟也。

　　父亲大人入春以来福躬安健,精力亦充裕,手战、便燥日久未愈,
肝气旺时饮食较少,加之各庙祭祀,尤形劳顿,今已复元。署中公事
繁多,终日批判,已鲜余闲,且午前见客,未能办事,午后分起阅看,至
二鼓始毕,坐停既久,胃气易壅,偶尔散步片刻,少觉松爽耳。普洱茶
不时煎服,取其消滞化坚,嗣后天气渐长,或可抽空小憩也。鄂督一

---

　　① 《翁同龢日记》,第 1199 页,光绪元年十月十三日:"武乡试听宣,派出正
考官臣龢、副考官王之翰、葆成及笔政……"

　　② 《翁同龢日记》,第 1200 页。

缺倘能即真，专办一处公事，则大妙矣。惟愿共事来者，得一中正和平之人，彼此商酌，相济有成，尤所欣快。刻考试僚属，排日传至署中，各试一论，其才亦不一，将来佐杂一项，尤难论以文义也。

　　士吉前月到此，小住十日便束归装，计早抵家；寿官闻于十三旋里；二哥旧病略减，两宅眷属和睦安好；奎保禀函时至，性情、言语渐有转移，家居亦无疵谬；祥哥在浙一差敷衍，今年未得其信，笔墨疏懒至于如此。余不赘陈。专肃寸禀，敬叩福安，并问秀姑娘近安。曾荣谨呈，二月廿七日。

　　按，从翁曾荣的内心尚存"鄂督一缺倘能即真"的美好愿望可知，本札作于光绪二年二月廿七日。因为光绪元年二月廿七日，翁同爵尚未兼署湖广总督；光绪三年二月廿七日，翁同爵不再兼署湖广总督。另外，从"今届会试，叔父未必派总裁，六弟将补侍读，尚可及时一战……"亦可推知本札作于光绪二年二月廿七日。

　　光绪二年三月十三日，《翁曾翰日记》载："暮，五哥仍来，得读严亲二月廿七日函，一切平安。"[1]翁曾荣本札当包含在此函中。另外，札首翁曾荣"奉到二月十日手谕"也能在当年《翁曾翰日记》中得到印证。[2] 光绪二年正月廿三日，翁同龢蒙恩升补户部右侍郎，兼管钱法堂事务。[3] 故翁曾荣本札曰："农曹事繁，较省力于刑官多矣。钱法无甚变更，只求铸造合度，谅取效亦速。"

---

　　① 《翁曾翰日记》，第383页。

　　② 《翁曾翰日记》，第378页，光绪二年二月初九日："送金逸亭观察，以第四号禀附京报，外信十二函。并白丽参一斤，安坤丸廿二丸，交折差张国安带回。"二月初十日："晨间又以叔父信一函交折弁与昨信一并赍去。"

　　③ 《翁同龢日记》，第1220页，光绪二年正月廿三日："今日有旨擢任农曹……发南中家信……户部右侍郎，兼管钱法堂事务，着翁同龢补授。其所署刑部右侍郎，着潘祖荫署理。"

（四）光绪二年三月初五日（1876 年 3 月 30 日）

叔父大人尊前：

　　月前折弁北行，曾呈寸禀，想月望左右可达，即辰伏惟福躬安吉、合宅和平为祝。今届春闱，典试者未知何人？场期伊迩，日切悬悬。六弟身子谅必健适，小寓一切当早为备妥，入场时天气和暖否？头场题目应手否？闱作定能惬意。三场考毕，不形辛苦否？今年岁值丙子，应运继起，尤为佳话，文字因缘未知属于何人耳。榜前接场，酬应固不能免，然写字工夫宜留半日地步也。同乡下闱者共得廿人，好手想亦不少，江苏中额得若干数，倘六弟果中进士，则问鼎之伎可以预料，荣尤盼祷至切。手足之间，阔别多岁，望其得意出都，来鄂省亲，借慰友于之情，欣快何可言喻！

　　都门景象安谧，冬雪未见，中春犹伸祈祷，麦田恐已受害，畿辅之地更为可虑，粮价钱值闻亦渐贵，小民度日益艰也。叔父入直，熟习一月有余，便要开课，闻圣质天纵，资禀敏慧，未知发蒙所读何书？一切礼节，谁主其议？此次情形，又非从前可比矣。户部事繁，中峰主张，较西曹之逐稿研求，自觉省力，然各司稿件亦复不少，退直后宜养息片刻再行披阅，否则镇日纷忙，太耗心神，留意为祷。

　　安官随侍膝下，训诲时聆，不独文章学问俱有进境，及之身心性命，益复获益匪浅。寿官二月十三抵家，想有信来京矣。回南即能自立，吾知其耳目闻见已不免雅俗之异已，习俗移人，久而与化，无可如何！吴雅庭师范固好，其改笔清淡一路，宜于小试，未必合于趋时者，未知现请何人课业？深为悬悬。仲远延申江名医定方，未见大好，今春信来，辞未达意，或者时轻时重，忽明忽昧耳。吉卿有销厘局帮办尚无信来，于《申报》见之。辞，赴徽州盐局之差，顷得初一信，云此差若得，要到徽州之潭溪，距郡一百廿里，计月有八十金。想是役较优，薪水一切亦俱丰些，徽境与此间甚近，未知伊到彼后，能消息常通否？三嫂可毋庸偕往，差事易于更调，正不识其志如何。奎保居家克自检束，若到皖南，恐反不若安于里闬为得计也。两宅情形，妯娌间均属和睦，各谋各事，并无隔阂，声气亦协，仍不时聚处，至琐屑细务，或有不尽悉者，大致平平，无有嫌忌。大嫂思子之切，未免外形烦躁，近来当已欢然。恩、虎、康三子读书，伊父难以考察，敷衍过去，甚是可惜。童子无知，嬉戏竟日，非内外严加督责，书房功课徒立其名。谕函南去，须责令寿子稽核勤惰，方能获益也。

各处先陇，荣每有信去，谆嘱家中不时遣人往看情形。鸽峰一地，并令侄妇城乡往返，登岸查察，俱称安善。兴福修理，去年腊底择日缮完，侄再三催及。来信云雨水冲颓，并未述明出蛟一层，亦未叙明何时。士吉来，询之，据云已经饬匠修好，石工亦整复矣。此次清明扫墓，侄又嘱士吉详视后付一书来，俾知情形，或有工作，再当专信回家。至连珠洞之事，盛衰不常，此日立庙等等，无非为敛钱起见，北山人以是为利薮，此中幻化，殊不可解，听之而已。士复闻曾预其事，旁人侧目，几至兆衅成讼，现由季大与薛二主持之，以期所入充乙方饮食之资耳。

鄂中天时和顺，民志安平，春华齐吐，绚烂可观。署中严肃，一切平善。督篆迟迟未放，若果父亲升任是缺，专办一处公事，较可省力。奉派巡阅营伍还须出省，遍历各郡，而今年秋闱伊迩，若得另放巡抚，则监临文武闱自有专责，秋间便可起马，按郡考校，年内犹恐未能竣事。迩来寿履康强，步行散饭实有不遑之势，偶遇公牍减少之时，晚间可以逍遥一刻，徐徐步于庭除，或有饮食饱闷之时，亦略憩瞬息而已。手腕战动，熊油虎骨膏，初帖似有益，久则又恐无力，此物不易购，未知能托人向吉林多带数张否？仲春尤甚，大便艰苦，易于发汗，气血皆不足之故，窃以为忧，所服之药未见大效，白丽参日服似有小益，黄者竟不相宜，其余性温之品概不能轻试也。荣身子粗适，牙虫捉去似已大好，特未搜净耳。来信云近患牙痛甚剧，想是一冬无雪、阳气炎上所致，亦须潜阴之味引之使伏，不可用凉药，反延时日。专肃寸禀，敬请金安，并问秀姑娘近安。侄曾荣百拜谨禀，三月五日。

　　按，翁曾荣曰："今年岁值丙子……"即直接告诉读者：本札作于光绪二年三月初五日。① 当然，从翁曾翰参加会试、翁同龢入值熟习一月有余、湖广总督迟迟未放等信息也可推得本札的写作时间为光绪二年三月初五日。与本札封为一函寄出的，还有当日翁曾荣致翁曾翰札，亦藏于南京博物院，辑考于本书下编。

　　这年，身为嗣子的翁斌孙应遭受丧女之痛的翁曾文之妇的要求，于正月十一日带病南下，②于当年二月十三日抵家，准备秋天赴金陵参加江南乡试。正月廿三日，翁同龢从署理刑部右侍郎补授户部右侍郎，兼管钱法堂事务。③ 故本札曰："户部事繁，中峰主张，较西曹之逐稿研求，自觉省力……"这年三月，即将升补内阁侍读的翁曾翰再次参加丙子恩科会试，"正考官董恂，副考官桑春荣、崇绮、黄倬"。④ 这年四月廿一日，光绪皇帝到圣人堂行礼后正式入学读书，由翁同龢、夏同善等人教授。⑤ 故本札曰："叔父入直，熟习一月有余，便要开课。"这年，翁曾纯(1834—1895)销厘局帮办差，拟赴徽州盐局差。

　　此外，本札还谈及翁家各处祖墓的修缮情况，及翁同爵、翁曾源、翁奎孙等人的近况。

---

　　① 《翁曾翰日记》，第 383 页，光绪二年三月十七日："金子白太守带来家信一函、木耳两匣、画屏四张。"
　　② 《翁同龢日记》，第 1218 页。
　　③ 《翁同龢日记》，第 1220 页，光绪二年正月廿三日："今日有旨擢任农曹……发南中家信……户部右侍郎，兼管钱法堂事务，着翁同龢补授。其所署刑部右侍郎，着潘祖荫署理。"
　　④ 《翁同龢日记》，第 1230 页。
　　⑤ 《翁同龢日记》，第 1240 页。

（五）光绪二年四月廿三日（1876 年 5 月 16 日）

侄曾荣百拜敬禀叔父大人尊前：

日前接奉手谕，聆悉种切。世事大难，弥补不易。任大肩巨，报称尤难。吉期已至，讲幄宏开。闻圣明天纵，敏悟逾常，想学识易进，惟教读讲论，独主其事，则日需入直，无能少休。子松同直，品望相侔，一切当必水乳。户曹政出中峰，较刑部省力，然钱法是专责，一切鼓铸事宜，自有旧章可循，采运铜斤批解到局否？迩来想福躬康健，心神凝固，公余还望静摄片时，天气炎暑，格外详慎，发汗遗泄等症，本元攸关，总因劳倦所致，深切忧思，祈顺时调护为祷。今春北方枯旱，燥烈更甚，人亦受困也。海珊闱作平稳，十三揭晓，捷音未至，翘盼之殷，心飞神往。

此间晴雨得宜，民志欣悦，二麦丰收，秧针齐插，江流奔腾，堤工稳固，福泽四方，为之欢喜无量。父亲寿体颐和，微形湿滞腿酸，拟服祛风湿药酒，或能有效。眠食尚健适，两署文稿虽繁，逐日打扫，无一纸积案，近于未、申间散步片刻，天时较长，故得片刻，亦不能按日行之。亦散食意耳。专此，敬请金安，合家均此候安。四月廿三日，荣谨肃。

按，光绪二年五月十一日，《翁曾翰日记》载："接严亲四月二十二日函，从阜康送来外汇库平银贰千两，孙琴西已接印，省中一切平安。"[1]五月十三日，《翁同龢日记》载："得楚中四月廿三日函。"[2]这两条记载的其实是同一函家书，至少包含翁同爵致翁曾翰札和翁曾荣致翁同龢札，后者即本札。故可知，本札作于光绪二年四月廿三日。

"吉期已至，讲幄宏开"，指本年四月廿一日，光绪皇帝正式入学

---

① 《翁曾翰日记》，第 393 页。

② 《翁同龢日记》，第 1245 页。

读书,由翁同龢等人授读。① 翁同龢此前已经由署理刑部右侍郎升任户部右侍郎,兼管钱法堂事务,故翁曾荣札中谈及户部有关决策、钱法等事。本年,翁曾翰在有望但尚未晋升内阁侍读的情况下,再次参加丙子恩科会试,只可惜仍以失败告终。据札,翁同爵此时的身体状态尚佳。

(六) 光绪二年七月初八日(1876 年 8 月 26 日)

叔父大人尊前:

闰月中曾肃寸禀,详陈壹是,计已达青览。旋奉两次谕函,敬谂起居安健、福履康强为慰。都门民志静谧,景象雍和。米粮价值益昂,万姓生计尤形艰苦,畿辅一带□野荒芜,幸抚绥得宜,不致滋患。惟津郡屡有惊扰,究竟所议若何,外间传说纷纷,是和是战,莫测其底。通商衙门遇事应允,秘而不宣,敷衍支吾,竟有人心离涣之势。

刻下东南数省及长江上下遍地教匪,横行无忌,勾结党羽,传播邪术。九龙山巢穴,无人敢议剿除之策,一旦蠢动,束手待毙,为之寒心。家乡年岁虽好,自教民流入以来,四境嚣嚣,群心惶惧,废时失业,莫可解慰。闻此种幻术有谋为不轨情形,又与西人教堂通同一气,埋伏军械、积储□药,皆从教堂搜出,无锡确有其事。居民剥肤之灾,乌能禁其不恨哉?

荣还家将及两月,②耳目闻见,无非惊人骇俗之事,纵观世局,实切隐忧。本拟初五启程,忽于前月廿六日寒热大作,至初三晚间身心凉爽,现在日服疏解之剂,腹中痢犹未止,一切饮食起居皆格外谨慎。惟此心悬悬于鄂中,焦灼万分,迟至十五左右必须就道,途次赶速以

---

① 《翁同龢日记》,第 1240 页。

② 南京博物院藏光绪二年六月廿五日翁同爵致翁曾翰家书曰:"汝四哥于前月十四到家。"南京博物院藏光绪二年七月廿五日、廿六日翁同爵致翁曾翰家书曰:"汝四哥于十六日自家起身,今日午刻已抵汉镇。"

进,断不敢片刻逗遛也。肃此寸丹,敬叩福安,并问秀姑娘近好。侄曾荣百拜谨禀。病后不能多书,一切俱详六弟信中。

　　按,翁曾荣在湖北随侍乃父翁同爵期间(1875—1877),只有一次短暂请假回常熟老家,那就是光绪二年夏天。札云:"荣还家将及两月。"且云:"闰月中曾肃寸禀。"说明此年恰值闰年,故可知本札作于光绪二年。

　　该年七月二十日,《翁曾翰日记》载:"正甫来,得四哥七月初八日函,时感冒患痢甫愈,拟于中元节后赴鄂。邑中邪教滋事,彻夜不安,大江南北同时不靖,殊可虑也。"①次日,《翁同龢日记》载:"荣侄到家后患腹泻寒热,今已愈,拟于中元后赴鄂。"②将这两条与本札对读,可知两部日记所载的七月初八日函正是本札。因此,本札作于光绪二年七月初八日。和本札封为一函寄出的还有同年七月初七日晚翁曾荣致翁曾翰札,亦藏于南京博物院,辑考于后文。

　　札言于"津郡"进行的谈判乃"马嘉理事件"的后续,英国人要在中国争取通商的最大利益。翁曾荣还于札中大谈回乡见闻,并表达了对"东南数省及长江上下遍地教匪"及其传播妖术的极大恐慌和高度担忧。

(七) 光绪二年八月十七日(1876 年 10 月 4 日)

叔父大人尊前:

　　荣此次还里,实因公私两全之计,不得不有此一走已。抵家后匆匆两月,诸要事粗为料理,又惦念署中,是以赶紧来鄂。本拟挈眷,继而不果,一因请示亲命,未奉谕函,一恐携同女眷稽迟时日。病经初愈,即行登程,未甫十日,严亲办理科场,入闱监临矣。

---

① 《翁曾翰日记》,第 408 页。
② 《翁同龢日记》,第 1264 页。

今年士子完场者有万一千余人，自初六放晴至今，无风雨之苦，点名极其迅□，内外整肃，十分安静，省中人人欣快。据云，历来举办科场未有过于此两届者。今日扃门考试翻译，不满百人。父亲身任监临，事无巨细，悉烦筹画，三场点名，终日在座弹压，虽是劳苦，而各执事皆小心谨慎，各考生亦循循有礼也，场中士习于斯一变，亲心颇为喜悦。两署公务，包封出入，在内批判，免致积压。幸福躬康泰，精神充周，饮食起居悉稳健，并不以烦扰忙碌为累。惟近日觉右腿麻木，血脉失□，或是夜凉侵袭，或是寒湿下注，甚为忧虑。拟送进附桂□帖之，助以温和，当……

　　按，本札有残，由"荣此次还里……是以赶紧来鄂""今年士子完场者有万一千余人"等信息知，本札作于光绪二年。翁同爵赴任湖北巡抚后，一共组织并监临了两届湖北乡试，分别是：光绪元年湖北乡试和光绪二年湖北乡试。本札曰"历来举办科场未有过于此两届者"，说明这是翁同爵经手的第二届乡试，故亦可知本札作于光绪二年。

　　札又曰："自初六放晴至今。""今日扃门考试翻译，不满百人。"这说明翁曾荣写信当日，湖北乡试尚未结束，而且正在考翻译科。而光绪二年八月十七日、十八日翁曾荣致翁曾翰家书云："今日翻译试竣，省却许多忧虑……"①故可知本札作于光绪二年八月十七日。

　　光绪二年九月初三日，被封为一函的翁曾荣致翁曾翰札和翁曾荣致翁同龢札送达翁曾翰手中，当日《翁曾翰日记》载："得四哥八月十九函，云父亲右腿微有麻木，考政平安，省垣静谧。"②次日，翁曾翰将翁曾荣此函家书呈叔父翁同龢阅，故光绪二年九月初四日的《翁同龢日记》载："得荣侄八月十八函，楚闱一切平安，士子称颂监临不置

---

　　①　南京博物院藏光绪二年八月十七日、十八日翁曾荣致翁曾翰家书。
　　②　《翁曾翰日记》，第414页。

也。五兄右足麻木，发信时尚未出闱，须廿四方出。"①这说明翁曾荣此函家书陆续作于光绪二年八月十七日、十八日，最终于八月十九日寄出。

（八）光绪二年九月初一日(1876 年 10 月 17 日)

叔父大人尊前：

桂月中旬曾布寸械由局递去，想邀垂览。昨奉钧函，敬聆壹是，即谂福躬安健，起居平康，合家俱吉，欣慰下怀。吾叔入直书斋，子松主试，少一同事之人，自必更形吃重，加之兼署兵部，案牍亦多一倍，两处奔走，尤为忙碌，惟是任重事烦，思虑太纷，必伤心血。吾叔素形心亏，医家皆云宜养不宜耗，而处此地位，有不能自为身计者，务祈趋公之余，静息片刻，以涵养之，其余饮食等类，亦须随时调护，一切琐屑杂务，经理有人，勿再操劳为要。

安官此次场作平稳无疵，做法亦合，或能侥幸，亦未可知。闻其近体少逊于前，必须及早补填壮实方好。十日辛苦，尤堪支持，诸凡安平，深以为慰。寿子赴试还家，都中当必有信，未知文章能入彀否？六弟经营家政，料理考事，奔驰衙门，酬应世故，大小巨细汇集一身，其劳可知矣。五弟截取候选，遥遥无期，浙案到部，派审多月，尚无眉目，平反须得确证，想议结殊不易易也。

鄂省景象安谧，防御甚密，亦有备无患之意，各属年占中稔，民情雍熙。今科试事悉称安平，静候放榜，功德圆满已。父亲大人左腿麻木，前信所述未能详明。廿四日出闱，属吏纷纷进谒；次日又复拜答司道诸人，竟日方毕，夜卧至四鼓，顿觉左足麻木，且上体半边亦形欠适；廿六晨起步履重滞，勉强接见数客，午后丽棻来诊视，据云，风、寒、湿三者兼袭所致，非温不能祛之，即用麻黄炒熟地、桂枝炒白芍为

---

① 《翁同龢日记》，第 1273 页。

君,其佐使之品参、苓、芪、术、阿胶、附子、当归、柴胡、虎胫骨等,服二剂即见效验。现在足指尚形冷,腿微形滞,仍服原方麻桂拌炒,不入煎。而改去柴胡。惟是亲体素不能服温燥之味,日来又觉大便艰涩,荣侍奉盘匜,却又虑于此焉,平时调理,必须有润泽之药,方为合宜。兹将近服之方录呈查阅。

武场伊迩,尤见辛苦,教场虽有供帐,恐彼时皆天气已寒,危坐镇日,不免风雨之相侵,甚切忧虑。此刻赶紧医治,气血两补,一切复元,庶几入冬以后,精神充足,身体强固,即值严寒,自足相敌也。荣来署匝月,一切安善,亦时服清补之剂,身侍亲前,此心怡悦,旧恙间作,似已轻减。南中信息常通,两宅皆好。祥哥暂到家乡小住数日,未知何时赴局耳。余不赘及。专此恭叩福安。并问秀姑娘近安。侄曾荣百拜谨禀,九月朔日。①

按,由"吾叔入直书斋,子松主试……加之兼署兵部"及安、寿两孙南北分试可知,本札作于光绪二年九月朔日。"子松主试"指光绪二年八月初六日,夏同善与魁龄、殷兆镛、麟书一起被派为丙子科顺天乡试主考官。②翁同龢"兼署兵部"在光绪二年八月初十日。③"桂月中旬曾布寸械由局递去"即前函——同年八月十七日函。"五弟"即翁曾桂(1837—1905),此时仍在处理"浙案",即"杨乃武与小白菜案"。

翁曾荣本札还向叔父翁同龢详细汇报了乃父翁同爵出闱以后左

① 《翁曾翰日记》,第418页,光绪二年九月二十五日:"阜康送来九月初一日家信一函,外汇库纹叁千两。"

② 《翁同龢日记》,第1267—1268页。

③ 《翁同龢日记》,第1268页,光绪二年八月初七日:"闻有兼署兵部右侍郎之命,军机送信。归撰折,自书之,筹儿适患目疾也。"光绪二年八月初十日:"未初到兵部署任。"《翁曾翰日记》,第411页,光绪二年八月初七日:"晨闻叔父奉命兼署兵部右侍郎。"八月初十日:"叔父到兵部任。"

腿麻木的病程发展和应对药方。据札,翁同爵于八月廿四日出闱,频繁的接见和酬应导致他病情加重,就医服药后才有所改善。

(九) 光绪二年九月廿八日(1876 年 11 月 13 日)

叔父大人尊前:

前肃寸楮,知邀垂览。日来屡奉钧谕,敬谂福躬安健,起居顺适,合寓康吉,深慰孺慕。安官场作合度,清利无疵,未能得中亦由命耳。惟幼年身体正宜强健,何以气虚多呛,甚为悬系,必须赶紧医治为是。寿官南场得利,极为大喜,此亦由先人德泽深厚所致,早年登第,前程甚远,能不自矜张,进而益上,则大妙矣。此间尚未有信来。父亲得闻捷音,深为欣慰,廿三日已专派徐桂由轮船携资回里以饮助之,并预为筹给进京川费,俾可毋庸张罗也。师弟而同年,一时佳话。刘永诗处亦送贺分三十金,未知能结伴偕行否? 一切似可彼此照应,放心多矣。

叔父现在书房差使,午夜进直,天气日寒,一切饮食衣服须随时留意。部务头绪纷繁,理治不易,钱法剔除弊窦,鼓铸精良,毋妨民事,市侩牙户借端惑人,亦殊可恶。近闻京师粮价骤昂,百物腾贵,皆由买补仓谷所致。此举大有关系,民食不足,无以谋生,饥寒交迫,流而为盗,甚是可忧,必得设法救济,方为妥善。南省漕运计已抵通,何以民间反有粮食不继之患? 时交冬令,五城例设粥厂,未知已举办否? 老弱贫户赖以全活者,亦复不少也。

楚北天气乍有寒象,立冬后才穿小毛。省中极为安静,属境偶有歉薄,不致成灾,民情亦和乐。两处公事尚称顺适,署内严肃镇静,父亲福躬颐健,腿足麻木固缘风、寒、湿外袭所致,亦由气血内亏而形是症。荣侍奉膝下,焦灼万分,幸服温表之剂,即觉轻减,然筋络未甚融洽,骨节犹见冷涩,近进附子兼用鹿茸,步履遂能松爽,是温补之效验确有明征。据程丽菜、恽松云云,鹿茸之性,血肉有情,达乎四肢,无燥烈之弊,且能使气血充旺,时在冬藏之际,服之大有功用,明年春令发泄,可保体质坚实,一切安健也。饭后散步,能令通身脉胳运转,极是良法。以后李筱翁到任,公事轻简,自可缓缓行之,否则真有日不暇给之势。武场供帐一切,今年略加修缮,最怕狂风侵袭,已嘱令多设屏障,当必胜于去年也。制军一缺兼摄年半,极其安平,而因何小宋之位置忽以大李调回,亦出人意外,若论资格,丁升川督固属深矣,如小宋则相等耳。近闻湘中士习哗嚣,自乡试至今,人情汹汹,恐滋后患,或是气韵所致亦不可知。各直省大吏办理夷务,调处为难,苟得民教相安,即是万幸,虽煌煌条教,三令五申,其如氓庶之不服何哉!专肃寸笺,敬叩金安,恭贺大喜。侄曾荣百拜谨禀。

敬再禀者,明年会试之期,荣本拟稍稍温理旧业,入春作逐队北行之计。见人科名,不免有自惭之心,壮年已过,老大无成,亦自嗟慨。刻下踌蹰再四,势所不能远行,只好作罢论矣。今年夏间,荣假归里门,父亲欣然允可,故尔治装东下,及起身后不过十余日,遁形寂寞,亲意颇悔,荣离此间亦觉中心悬悬,是以匆匆回鄂,孑身就道,恐携眷偕来一则耽延时日,一则住屋狭窄,恐烦亲心操劳搬移等事,反多不安。

荣回署后,一切安适如前,专心壹志,侍奉甘旨,日夕承欢,孺怀欣悦。自入闱小住,忽闻严亲腿足麻木,惟时值扃试之期,探悉情形,即见平复。一经出闱,属吏纷纷来见,连日劳碌而步履艰涩,邀程丽芬来视,订定方药,服之,似觉少愈,然偶尔就卧,汗出如雨,撤去温味,渐渐效验。日来两主考在此,时有酬应,昨司道公请,例有之举,周旋半天,归后尚不形倦,料理公事,二鼓就寝,午夜睡眠不安,心神烦躁,遍体发热,兼有大汗,左股酸疼异常,今早强起,足踏平地如践软棉。虽医者详察脉情,无甚大患,然父亲大人年逾六旬以外,凡精神气质,迥非昔岁可比,一日十二时中,操劳多而休息少,公事聚于一心,思虑运乎两省。荣身侍膝前,虽不能助理片端,而于退食之际陪奉笑言,尚可稍慰岑寂,乐叙天伦。每日起居安否,深悉情形。若再远违,则一兄一弟皆为官身所牵制,寸衷辗转,轮替乏人,又何必以求名之妄念易事亲之真乐哉！故读书功夫仍作看经消遣，非敢观望不前，实在情形如是。

父亲之饮食起居均逊于前，每遇节令，荣等无不加意小心，平时补药调理，倘届大节气，须用真参逐日加服，外省不易购办，务祈觅寄数枝，以备应用，前次寄来已分试之，尚可用得，能再上一层更好。能否托人向吉林买得数支尤妙。现在入药仅以丽参作代，味淡力薄，无甚益处，专盼寄得数钱作看家拳用也，勿迟为祷。

按，由"何小宋之位置忽以大李调回""丁升川督"可知，本札作于光绪二年九月十一日后。因为光绪二年九月十一日，《翁同龢日记》载："何璟到京，以为闽浙督，仍畀李瀚章为楚督，以丁宝桢为川督……"[1]何小宋即何璟（1816—1888），"丁"即丁宝桢（1820—1886）。当然，仅由翁同爵、翁曾荣获知"寿官南场得利"亦可推知本札作于光绪二年九月十六日后。[2] 再根据"立冬后才穿小毛""廿三日已专派徐桂由轮船携资回里……"等时间点判断，本札至少作于光绪二年九月廿三日后。

而翁曾翰一直有家书必记的好习惯，查阅《翁曾翰日记》，可知本年九月廿三日之后、十月朔日之前，翁曾荣在湖北只发过两次信：一次是九月廿五日托贡差带物，附去一通短札，于十一月十一日送达；[3]一次是九月廿八日由折弁郑殿元赍信，于十月十二日送达。[4]

---

① 《翁同龢日记》，第 1274 页。

② 南京博物院藏光绪二年九月廿八日翁同爵致翁同龢家书曰："十六日早晨得寿孙中式信，为之狂喜。"

③ 南京博物院藏光绪二年九月廿五日翁曾荣致翁曾翰家书。

④ 《翁曾翰日记》，第 421 页，光绪二年十月十二日："折弁郑殿元来，得父亲九月廿八函，左足虽愈，然时作刺痛，偶尔麻木，尚未脱体。本月初三将考武场，又有一月辛苦。闻寿官捷音，为之狂喜。已遣徐贵携银三百回贺并皮衣绸缎，俾治行装也。"

贡差运重物，走得慢，时效性差，再结合本札的篇幅和内容，基本可以排除它作于九月廿五日的可能，故本札最有可能作于光绪二年九月廿八日。

这年十月十三日，翁同龢阅看此信后于《翁同龢日记》中写道："得五兄九月廿八日函，前一日又发左足麻木之疾，夜卧出汗，未解何故，极悬系。"①而本札副启恰曰："日来两主考在此，时有酬应，昨司道公请，例有之举，周旋半天，归后尚不形倦，料理公事，二鼓就寝，午夜睡眠不安，心神烦躁，遍体发热兼有大汗，左股酸疼异常，今早强起，足踏平地如践软棉。"二者内容一致，进一步佐证了本札作于光绪二年九月廿八日。

此外，翁曾荣于副启中向叔父翁同龢重点汇报了他不再参加光绪三年丁丑科会试的决定和原因：在"求名之妄念"和"事亲之真乐"之间，他选择了"事亲之真乐"。

（十）光绪二年十二月十七日（1877 年 1 月 30 日）晚

侄曾荣百拜谨禀叔父大人尊前：

屡奉谕函，聆悉壹是，即谂福躬安健，合寓顺平，深慰孺慕。三冬天气严冷，风雪趋直，殊形辛苦，驰系尤殷。迩闻圣学日进，功课渐增，讲论一切，为时当亦较长。子松年伯责任少松，历久功深，能稍分劳勘否？部中事繁，间日一到，稿件向有送宅标画者，循例行之亦不为过。时届新春，又多一番酬应，城门阻隔，车马奔驰，益形劳苦。内城居住，入直较便，惟拜客等类南城者多，公事既繁，亦只可偶尔答步也。

头条胡同之屋想必当意，一劳永逸，得之亦殊可喜，未知庭院轩厂否？修理工作势所不免，春间能否告竣？倘有隙地，栽花莳竹，聊

---

① 《翁同龢日记》，第 1280 页。

以娱情，则大妙矣。闻得宅中素有楸树，在上房院内秋叶一株，汤文端公又增一椿以配之。至今乔木犹在否？房屋共有若干？能较现住者少宽展否？书房及卧室为宴息起居之所，必须位置得宜，夏免暑侵，冬无寒逼，方妥善也。

安官入城，随侍左右，静养身心，不督功课，极好，极好！寿侄来京仍令同住，借慰岑寂，兼能彼此切磋，两俱获益。刘永诗由沪来楚，十日而返，伊决意航海，寿官断难结伴同走，吾已函嘱其新正早早就道，与薛君敏陆路北行，不可游移也。惟是淮、徐一带荒民颇多，未知行旅往来、公车上下有护送否？深为虑之。

汤伯述姻叔已捐外官，分省到苏，以此美质屈于小就，谅有不得已者。住京半年，一切用度皆叔父支应之，此亦万不能却者，亲情如是，当称尽欢焉。

都门米珠薪桂，贫户益艰，近得大雪，民志欣慰。畿辅以南，哀鸿四野，春熟可收获，耕种有资生之计，流氓当可归业，不致聚而生事。直隶、山东、河南皆办赈济，下江亦有留养之举，米价因之渐昂，幸新陈相接，无虞缺乏耳。鄂省屡次得雪，四境沾足，人情安悦，各业亦守恒，日来沉阴不解，时雨时雪，气候凝寒，室中皆需炭……①言喻。近日大肠气滞，甚为所苦，欲解不解者十余日，行止坐卧俱形欠适，胃口亦呆，饮食减味，而每朝犹勉强见客及办公一切。荣身侍左右，目睹情形，寸衷焦急，无一刻安。至昨午方得畅解，起居安顺，精神少旺，饮食亦如常，荣之私怀顿宽矣。平时所服程君调理方药尚属合宜，腿足之恙已见大愈，特于阴寒天气微觉麻木，亦不甚剧耳。据云脉象俱见和平，入春融和，定可霍然也。惟是高年，气虚力弱，血分亦亏，必须常加补益，使血气充旺，脾胃强固，庶脉络融贯，肢体畅适，可臻日健矣。荣事亲之余，仍看释氏经典，夜则持名静坐，默证心源而已。余不多赘。专肃寸笺，敬叩金安。侄曾荣百拜谨禀，嘉平十七日灯下。

---

①　此处原信虫蛀残损。

按,光绪二年丙子科江南乡试,刘永诗和翁斌孙师生同科,双双中举。翁曾荣本札谈论师弟二人能否结伴北上参加会试等问题,故本札作于光绪二年腊月十七日晚。因为刘永诗决定走海路先行北上,所以翁斌孙只能等次年正月与同乡薛君敏(薛培树)结伴走陆路。

光绪二年,翁同龢的内弟汤纪尚捐外官,离京之际将在北京头条胡同的汤氏老屋赠予翁同龢。故,翁同龢在光绪二年十一月十九日(1877 年 1 月 3 日)的《翁同龢日记》中写道:"伯述以此屋赠余,余书九百金券与之,将来赎此屋须过千金。"①汤氏老屋是翁同龢岳父汤修(1811—1871)的房子。

(十一) 光绪三年四月廿九日(1877 年 6 月 10 日)午刻

叔父大人尊前:

正械间,适接十二日手谕,敬悉壹是。寿侄报捷,变化飞腾,为之狂喜,此中迟速难易各有定命,要未能以力争胜也。迩日又盼甲第消息,详阅来书,字迹亦渐进,廷试格式自必合法也。同乡得五人,可称极盛,惜无出色者耳。吾叔近体安健?时当炎夏,出入殿陛间宜少避暑气,一切起居饮食,望格外慎重为祷。

署中一是平顺,严亲于廿三触受夜凉,连次发烧,延医调治,据云积湿兼有食滞,昨今得大解后渐次向安,而精力尚形倦乏,手颤又甚,两腿亦酸软。荣谨侍左右,加意护持,惟早晚冷暖无常最易忽略,不敢少有怠心焉。销假折定于初二吉日拜发,即以是日为办公任事之期,好在本署公务较简,属境俱牧平,江堤亦稳固,尚无为难之事也。专此,肃请金安,并问秀姑娘近安。曾荣谨肃,廿九日午刻。

按,由"寿侄报捷""迩日又盼甲第消息"可知,本札作于光绪三年

---

① 《翁同龢日记》,第 1287—1288 页。

某月廿九日午刻。又，光绪三年五月十四日，《翁同龢日记》载："得五兄四月廿九日函，字迹稍好，定于初二日销假视事，惟自廿三以后感风发热，大便秘结耳。"①此条所记事项与本札"严亲于廿三触受夜凉，连次发烧，延医调治，据云积湿兼有食滞……""销假折定于初二吉日拜发，即以是日为办公任事之期……"等内容高度吻合，故可知本札作于光绪三年四月廿九日午刻。"正械间，适接十二日手谕……"指翁同龢于光绪三年四月十二日所写楚信。②

（十二）光绪三年五月十二日（1877 年 6 月 22 日）晚

叔父大人尊前：

　　月朔具折销假，专弁赍进，并将第六号安信交去，计望前可以达览辰下，敬惟福躬康泰，起居颐和为祝。

　　寿官廷试三甲，惜字迹不能争胜于众，未知朝考等第何如？幸年岁幼小，或者引见时能占一庶常，何快如之。吾叔趋直之暇，兼为寿子指示一切，并添许多酬应，劳碌可知。部务例行者多，间日一至，当可从容阅画，寅僚彼此和协，遇事想有商量。庙祀典礼，垂法千秋，所关重大，要期酌古准今，经权合宜，方可定论焉。会议何日具覆？恐意见纷歧，未易立稿耳。吾叔牙龈硬块自是胃热所致，未必即成骨槽，宜用元参天花粉泡汤漱口，当可消化。刻届夏至，炎暑逼人，一切车马奔驰，望少节劳勚是祷。

　　六弟馆署两忙，偏值试期，尤形烦剧，不免增人愤懑。五弟久任西曹，听断熟习，此次平反浙狱，其能声想益著矣，惟截取就选外补尚是无期，何耶？安孙天性浑穆，令其常侍左右，耳闻目见皆得其正，它日造就定成良器，惟学业一途，要在当人自勉，方有速效也。管景仁在馆，师弟浃洽，此后想可蝉联而下。散馆单尚未传来，十二日见邸

────────────

① 《翁同龢日记》，第 1324 页。
② 《翁同龢日记》，第 1319 页，光绪三年四月十二日："寄楚信。"

抄,知厚培授编修矣。同里殷君写作俱佳,必能留也。云孙何日引见?得一检讨最为称职。闻涑文又以海运差使赴津,曾卓如亦同往,事竣必要入都小住,借伸手足之欢焉。

今年畿辅一带麦秋有收,灾黎当可渐复。南省蝗孽萌动,殊为可虑,久旱无雨,祈祷不应,将来流毒不知伊于胡底。此间亦偶有播及者,幸未伤及禾稼,需得大雨,可期净尽。各属州县中已早有行札,饬令严密查察,赶紧搜捕矣。特未识天心何如耳。天时炎热,赤日当空,暑气扑人,极盼雨至,日内亦拟设坛祈祷,农田望泽亦甚殷也。省垣民情安帖,各路茶业正旺,关税、厘金皆赖此一大宗,然今岁之利已较去年少逊矣。

署中一切平善,严亲自销假后公事照常办理,见客及酬应亦均如恒。衙参之期,司道实任及各局有事面商者,分班晤之;其寻常虚与委蛇者,概行删去。午前诸事办毕,饭后可以小憩片刻再阅稿件,但天热暑盛,签押房少见凉爽,他处皆无可坐之所,即内外出入已蒸人,热气熏灼不可耐。今年亲体虚弱,起居饮食尤须加意奉养,肌肤消瘦,精力时觉倦乏,手战忽轻忽重,便艰尚未化解,种种情形,今昔迥殊,夏至已过,幸脉气日旺,寿履当渐见康强也。潘方伯亦精医好手,大致与程、恽同出一源,意见亦合,迟日拟邀三公参订一方以作平日培补之剂也。目下公务尚清简,正好调理,尽心医治,必有效验。荣承欢膝下,中怀怡然,无所欣羡,天亲之爱最为肫挚,晨夕余闲,惟以焚香写经为消暑计耳。里中自黄恺、徐贵去后杳无信来,甚为悬盼,或者镇江以下水浅阻程亦未可知。祥哥已回浙,谅早抵局也。专此肃请金安。并问秀姑娘安吉。侄曾荣百拜谨禀,蒲月十二日灯下。

按,光绪三年四月廿四日,《翁同龢日记》载:"知斌孙列三甲七名,于考史二字旁加一签……"[1]故由本札"寿官廷试三甲,惜字迹不

---

[1]　《翁同龢日记》,第1321页。

能争胜于众,未知朝考等第何如"一句知,本札作于光绪三年五月十二日晚。"蒲月"指农历五月。

本札于该年六月初一日送达翁曾翰手中,并于六月初二日由翁曾翰送呈翁同龢阅看,故翁同龢在六月初二日的《翁同龢日记》中写道:"得楚中五月十一函,鹿卿云堂上诸疾稍平,惟便艰、咳呛、手战如旧,仍服暖剂。"①翁同龢之所以记成"五月十一函",是因为当时与本札封为一函的还有下编辑考的翁曾荣致翁曾翰札,正作于五月十一日。②

(十三) 光绪三年五月廿二日(1877年7月2日)申刻

前禀书就未寄,旋于十四未刻奉到赐谕,得悉福躬安吉,合寓平善。寿官朝考名列一等,欣慰无似。至十九辰刻,自张月卿处传来喜音,斌孙引见,点用庶常,闻之雀跃,其余管近仁亦入馆选,潘用部属,曹用知县,管少溪则归班,同邑五人各有各职,此中福命真有仙凡之别也。

此间久亢得雨,顿觉阴凉,农事亦无虑,蝗孽当易除,民情快悦,地方之幸焉。署中内外安吉,公私皆顺,亲体渐健,起居如恒,长夏饮食清淡,胃口尚好。惟咳呛日久不止,气粗且逆,颇形困乏,大解近已得下,汗多则神倦,平时常服温润之品,终属火衰,故见秘结之象。腿足偶尔酸软,间形麻木,于起跪犹觉无力,手战或轻或重,日来握管无准,不能作书。每日见客办公均已照常,午后无事,憩息片刻,政务清简,尚不至十分劳勋也。李制军有要话面商,时常相往来,和衷商酌。潘伟如接任以来,一切井井有条不紊。李玉阶将由海道入闽,日内须启程矣。

闻闽省今年又遭水患,被灾之区,伤及民命甚重,未知省中能速

---

① 《翁同龢日记》,第1327页。
② 南京博物院藏光绪三年五月十一日翁曾荣致翁曾翰家书。

为抚辑否？两江及皖境飞蝗蔽野，旱象已成，吾乡亦盼雨极切，人心惶惶，闻之深怀杞忧。所有运回书籍已经到家，一路尚好，惟行至州塘，水浅损船，浸湿好书数种，幸不致污痕耳。姑母小住家中，暑途未必回扬，大约天气凉爽后再放归舟也。余不多赘，肃此再叩金安，并贺大喜。曾荣再禀，廿二日申刻。

按，本札与前札封为一函发出，且云"寿官朝考名列一等""斌孙引见，点用庶常"，故本札作于光绪三年五月廿二日申刻。当年四月廿九日，翁同爵致翁曾翰札曰："潘伟如于廿二日接印，而琴西即于次晨赶宁，以便赶于廿五日受篆。"①可知，潘伟如——潘霨（1816—1894）于光绪三年四月廿二日接任湖北布政使。而本札云："潘伟如接任以来，一切井井有条不紊……"正好符合笔者对本札系年的判断。

（十四）光绪三年七月初八日（1877 年 8 月 16 日）

叔父大人尊前：

前月肃具寸禀，计日内可以达览。顷间由局递到廿三日所寄谕函，接奉之下，敬悉福躬安善，合寓平康，欣慰远祝。惟鼻下肿块未消，终多此患，考之方书，骨为血之余，血分热甚易成硬块，坚结不化，吾叔胃热素重，或者因以致之，断非疽类。疽属阴症，疮属阳疾，故治疮用攻散，治疽用补托。此种坚硬之患近于结核，宜以消散治之，当必有效，或贴膏，或敷药，最易得力，汤剂入肚，一时难以上达也。祈勿求速效，缓缓治之为是。

来谕云中秋前后拟请假一游鄂渚，果蒙恩准，极快意事。但揆度情形，仔肩如此重大，倚畀如此优崇，一旦远离讲席，乏人授课，

---

① 南京博物院藏光绪三年四月廿九日翁同爵致翁曾翰家书。

恐书房牵制，一时未必即能脱身，两宫虽肯谅情，终虑替人难得。父亲于手足思念之怀无时少释，叔父如能来楚一游，不仅慰积年之望，并可商归里之谋，欣庆何如！特患私愿难偿，屡欲布笺申意，而手战不能作字，殊形烦闷，命荣代陈，请叔父相机进止，万一具折后朝廷未能允许，亦地位所处亲要，以致不克远离，断勿焦急愤懑。入直艰辛，知者甚鲜，但求无愧吾心而已。

目下父亲起居渐健，病况已愈过半，自伟如易方调治以来，中宫开爽，胃口渐醒，精神日见充旺，身体不形疲倦，步履近觉平稳，大便松利，惟气血究亏，咳呛未止，力弱未强，手颤未平，数端为患，较之初夏舒泰多矣。请叔父宽怀，勿增远虑。

巡阅大典今秋可以举行，拟于八月底先在省垣将各标营看视毕。制军之意，欲以军政并行同阅，彼此本须会看，一举两得，极好，极好！至九月初即带印出省，顺途按考。日前制军来，再三谆劝，嘱走水程，据云昔年伊均经过陆路，荒僻种种不备，徒多辛苦，可将德安调至汉阳，荆门调至安陆，其余各就所近处阅看，则一路水程，往返较为省力，惟巡历一周约须两月余日方可回辕。署中案牍文书，向例派员经理收发，荣如留省，亦无所事，拟即随侍偕行，一切可助指臂之力，起居饮食躬亲承事，自觉心安理得也。

鄂省现在情形极称安静，雨旸时若，早稻已收割，蝗蟊净尽，无害田畴，官民同深欣庆。家乡书来，眷属均和睦，人口俱吉，农事可期中稔。姑母虞山小住，节后回扬，身体甚健。祥哥由屯溪遣李福来署，询悉差使平顺，近状亦安适，特以僻处偏隅，急愿得一省中差事为快耳。

都下久不得雨，田禾枯槁，未知能补救否？畿疆成灾，切近之忧焉。六弟来信云，时值腹泻，身倦骨酸，想是感受暑气，不日当即全愈，甚切悬悬。新秋浒至，凉意渐深，衣食寒暖尤要格外珍重。叔父午夜趋朝，更祈慎益加慎，退直之际总宜休息片时，静养心神为祷。专此肃复，敬请福安。侄曾荣百拜谨禀，七月初八日灯下。

按，由潘霨(1816—1894)和李瀚章(1821—1899)都在湖北任上可知，本札作于光绪三年(1877)七月初八日晚。

该年六月廿一日，翁同龢"得六月八日荣侄函，由全泰信局来。云初三日邀一任姓吁门。者按摩，又服潘伟如方，尽撤茸、附等味，是日精神大减，便旋几晕仆，次日仍进热药始稍安云云，为之彷徨不适，即作函交轮船寄去"。① 翁同龢此次回信②最终和翁曾翰的短札封为一函，于六月廿三日寄出，于七月初旬送达，即翁曾荣本札所谓的"由局递到廿三日所寄谕函"。"前月肃具寸禀，计日内可以达览"指的是翁曾荣于光绪三年六月十七日所寄函。③

据札，翁同龢鼻下肿块未消；翁同龢打算中秋前后请假去湖北一趟，但翁同爵、翁曾荣父子认为翁同龢肩上责任重大，两宫皇太后未必能准其假，故建议翁同龢见机行事，做好心理准备；这时，翁同爵身体的主要问题是"气血究亏，咳呛未止，力弱未强，手颤未平"；翁曾荣回答了翁同龢所问湖北是否阅兵的问题：翁同爵将于该年八九月巡阅全省，届时翁曾荣将一同前往。

（十五）光绪三年十月廿三日(1877 年 11 月 27 日)晚

叔父大人尊前：

月之二十日接津门手谕，敬悉一切，少慰孺怀，计十六七必可到京，车马程途定当平安，销假后如何情形？ 不胜悬念。

廿三申刻，海珊扁舟抵家，长途跋涉，身子尚好，仆从皆吉，我心尤慰。亲友来者络绎，恭敬相待，毋敢怠慢也。开吊之期现拟于廿八

---

① 《翁同龢日记》，第 1331 页。

② 《翁同龢家书诠释》，第 100 页。

③ 《翁同龢日记》，第 1333 页，光绪三年七月初四日："得楚中六月十七日函，兄体自推挪后犹未复元，现又改服潘伟如方，用理脾之剂，稍效，九月中拟阅兵也。"

举行，先日请陪宾以伸礼意。门户火烛慎之又慎，大厅稽察益密，小屋暂住海珊，寒冷不耐久居，月初定移井养书屋，便于照应。

荣病寒不热，阴阳两亏，欲赴毗陵访费医，事毕可往，否则愈弱矣。寿官多酬应，亲族有事，惟赖其张罗。奎侄在家循分自守，当嘱其努力文字。余均安善。天气渐冷，伏祈起居珍卫，龈肿处宜加意为祷。曾荣百叩谨呈，廿三日灯下。

按，光绪三年十一月十二日，《翁同龢日记》载："得筹十月廿四函，于廿三日申刻抵家矣。荣侄病未愈，多寒少热也。是月廿八日开吊。"①由此可知，本札作于光绪三年十月廿三日晚，翁曾翰于是日申刻刚刚抵家。《翁同龢日记》中的"十月廿四"指发信日期。

光绪三年八月初一日，翁同爵逝世于湖北巡抚任上。当时正好请假在籍修墓的翁同龢得到噩耗后，带着翁奎孙前往湖北武昌，将翁同爵的灵柩安全地运回常熟。但迫于假期有限，翁同龢未等丧事开办就早早起程回京了。本年十月十一日在轮船上，翁同龢预写了寄南家信，于十月十二日到津之后立刻发出，②便是翁曾荣本札所谓"月之二十日接津门手谕"。

翁同爵幼子翁曾翰在接到乃父噩耗后，则于当年九月十二日离京，并于十月廿三日回到常熟老家料理丧事。此时，翁斌孙、翁奎孙等人均在常熟老家。

---

① 《翁同龢日记》，第 1365 页。
② 《翁同龢日记》，第 1360 页，光绪三年十月十二日："寄南中家信二封。"

九、翁曾翰致翁同龢

（一）光绪三年十月廿三日（1877 年 11 月 27 日）

信封　第五函,外十件,皆系舟中预写,恐有误字,待佑莱一阅再送为要。男曾翰谨缄。十月廿四日。十一月十一日到。

男曾翰百拜叩禀叔父大人膝下:

十四日过扬州,①艾新来见,略知武昌归椟情形。十六日丹徒舟次遇李禄、张福等,始知备细,并闻大人迫于假期已趁海舶北上。北风司令,能否早达,又添一层焦虑。到后一经趋直便无休假,气体不足又遇伤心之事,重洋跋涉毕竟劳顿,尚祈屏除俗事,暂且静养数日为祷。

城寓谅均如常,安孙当不至淘气,城外事有五哥料理,琐琐屑屑只可听之。小讣、哀启想均刻就,应如何缮发之处,可请祐莱先生帮同办理,稍迟无妨。倘有挂漏,再补发一次,何如?

男由清江入舟,又不如车中之稳适,过江遇顶风,焦山之麓波涛怒卷,帆轻于叶,船软如棉,历四时乃收丹徒口,平生未尝涉历至此,至骇心惊。自此以南,内河平水,大船尚稳,登岸乃释然也。廿二日西刻到南门,还家谒灵,摧痛无极! 廿八年前随侍北行,不图今日竟

---

①　《翁同龢日记》,第 1364 页,光绪三年十一月初三日:"得筹儿十月十四日扬州函,俱好,惟晕船耳,为之顿慰,清江一函未到也。"光绪三年十一月初四日:"得筹儿清江来信,在扬州前也。"

至于斯！呜呼痛哉！现定廿八日开吊，诸事有两兄作主，从宜从俗，男不敢别出主见，身体健适，住厅房西北小屋内，以便照应灵前一切。谒见大嫂以次，知两宅均平安。四哥连日服药稍愈，仍有时寒阵尚未止。

　　接上海、天津手谕，①敬悉泛海安稳，极慰数十日悬系之心。医方未见，不知是何主治？总之，猛药不可轻试，若肿核渐软，便是效验，勿求速效为祷。兰翁因大宗兼祧，请守三年礼制，不识仪部议何？廷旨允否？顷知已议准。枢垣尚未添人，意者其钱君乎？男以离馆人员，将与同人均邀优奖，自觉过分，幸馆中以功课为凭，尚无愧耳。粥厂事，出京时曾谆托印若照料，倘伊来见时，祈再嘱其酌量办理，如人多应须加米，必须预先购籴，所费尚可支持也。

　　到家两日，亲友尊长知之来看者，已陆续皆以礼相见，不敢慢惰，多半不相识，一一须人指认。戈什、仆人等纷纷辞去，极难为情矣。先此肃禀，叩请金安。男曾翰叩禀，十月廿三日戌刻。问秀姑娘近安。前在舟中寄去发外讣单，嘱五哥禀商，内浙江一省可以开除，拟由此间祥哥酌发也。五哥前请安！十月初六日一函敬已接到。②

　　按，光绪三年八月初一日，时任湖北巡抚的翁同爵病逝。八月初七日，请假在常的翁同龢惊闻噩耗，次日夜间便携侄孙翁奎孙前往湖北接灵。九月廿四日，翁同爵的灵柩被安全地运回常熟老宅。一方面，翁同龢迫于假期，不得不于十月初四日乘船北上，并于十月十六日抵京。③另一方面，翁曾翰于八月十二日甫闻凶信，妥善安排公事

---

　　①　《翁同龢日记》，第1359页，光绪三年十月初七日："发南北信，交信局去。"（笔者注：翁同龢十月初五日抵达上海。）第1360页，光绪三年十月十一日："预作寄南家信及朱粹甫、徐雨之、陈苿南函，又作寄北函，到津即发。"光绪三年十月十二日："巳正入大沽口……寄南中家信二封。"

　　②　《翁同龢日记》，第1359页，光绪三年十月初七日："发南北信，交信局去。"

　　③　《翁同龢日记》，第1357页，光绪三年十月初四日："巳正饭，饭（转下页）

和家事后,已于九月十二日出京,以水路、陆路来回切换的方式,辗转于十月廿二日回到常熟老家料理后事。①

　　本札作于翁曾翰抵家后次日的深夜,于光绪三年十月廿四日发出,于十一月十一日到京,并于十一月十二日送呈翁同龢阅看。② 从信中的多处细节可见,翁曾翰为人处世成熟稳重。比如,他遭遇父丧后,在重洋跋涉中,仍关心叔父的身体和心境,劝其"屏除俗事,暂且静养数日"。又如,他出京时将粥厂事交印若照料,且做好了人多加米的应急预案。再如,他对小讣、哀启的缮发也有商有量。札中提到的"优奖",指翁曾翰"以史宬校勘,蒙赏花翎,四品顶戴"。③ 这是朝廷对翁曾翰校勘功课的肯定,也是对其丧父的一种抚恤。

(二) 光绪三年十一月初四日（1877 年 12 月 8 日）

信封　安字第六函。男曾翰谨缄。十一月初四日。十一月廿三日到。

男曾翰百拜敬禀叔父大人膝下:
　　廿二到家,廿四日缮禀寄京,日内当呈慈鉴,可慰垂注。昨奉到手谕,祇悉一一,一入都门,尘事鼻右肿核稍平否? 服药如何? 总之,勿进

（接上页）罢哭辞兄前,敬拜祠堂,诣各房谈,诸侄、侄孙送者哽咽。……此别为平生最难,清雨泣然有以也。"第 1361 页,光绪三年十月十六日:"未正抵烧酒胡同寓,松侄、两孙候于门,一见澘然。"

　　① 《翁同龢日记》,第 1356 页,光绪三年九月廿七日:"得京中九月十三函,筹儿于十二日出京,水路至德州起旱也,意甚悬悬。"南京博物院藏光绪三年十一月初四日翁曾翰致翁同龢家书曰:"廿二到家……"

　　② 《翁同龢日记》,第 1365 页,光绪三年十一月十二日:"得筹儿十月廿四函,于廿三日申刻抵家矣。荣侄病未愈,多寒少热也。是月廿八日开吊。"

　　③ 《翁同龢日记》,第 1359 页,光绪三年十月初八日:"见邸抄,云筹儿以史宬校勘,蒙赏花翎,四品顶戴。"

猛剂为是。填委，未免太苦。书斋近况可想而知，夏公古质有余，强毅
不足，此三月中恐气象一变，转移旧习，又须费许多心血，亦只可从容
婉讽，似不宜太刚也。

城寓一切想仍按旧规，安孙懦甚，只求其无大过，宋师究属客气，
岂能朝夕晤谈？暇时周旋之可耳。九月初五，大人先生颇有来吊者，
如大人此时逐家答谢，转难周到，可择极熟数处先往，余俟明年男进
京时再往叩谢不迟也。城外有五哥料理自可放心，德孙只能打杂，第
一不许出门，想祐莱可随时管束。

男到家以来，身体颇适，左胁渐愈，现住船室以避风寒，早晚用炭
盆。离大厅尚近，灯火到处留心，然入夜总觉牵挂。廿四定更时，寺
前街失火，延及二十余家，大为惊悸。百日后扫墓当诣新茔，格定出
向，先请人斟酌葬期，俟廖君来信，便可定局矣。三哥午饭时必见，家
务尚未细商。四哥将赴苏、常谢客，且至孟河访医，往还约需十日，精
神较初见时为健。① 奎保时加勉励，不知能一洗旧习否？寿官等时
常见面，源哥近亦明白。

天气多阴，租米甚少，义田事拟于此半年中促成之。断不能靠帐
房。西门外屋基可用，宜及早建，盖稍一因循，恐将钱款拉散也。"节
俭"二字，匪伊朝夕，总之无形之费甚多。

亲友近者渐渐相识，闻李韦甫病甚。不敢遽加臧否。各家均安
善。肃禀，叩请金安，伏祈珍卫。男曾翰叩禀，十一月初四日。秀姑
娘近好？长途辛苦，勿过操劳为嘱。

按，此札接续前札，作于光绪三年十一月初四日，于十一月廿三

---

① 南京博物院藏光绪三年十月廿三日翁曾荣致翁同龢家书曰："荣病寒
不热，阴阳两亏，欲赴毗陵访费医，事毕可往，否则愈弱矣。"

日送达翁同龢手中。①"书斋"指光绪帝读书处——毓庆宫。翁同龢离京的三个月,授读光绪帝的重担落在夏同善(1831—1880)肩上。翁曾翰分析,夏同善"古质有余,强毅不足",书斋风气必定为之一变,矫正旧习又得让叔父耗费很大的精力,但他还是建议叔父"从容婉讽,不宜太刚"。"宋师"即宋承庠(?—1900),字养初,江苏华亭(今上海松江)人,为翁安孙的塾师;②"祐莱"即俞钟颖(1847—1924),字君实,一字又澜,一号祐莱,江苏常熟人,为翁德孙的塾师。

这年九月初五日,是京城亲友吊唁翁同爵之期。从对灯火的留心和对火灾的惊悸可见,翁曾翰具有很强的消防意识。翁同爵的葬期初由"廖君"——廖润鸿(生卒年未详)捡定为光绪四年四月十五日未正一刻,但终因于祭主不宜而改为四月初六日。③

翁同爵在湖北时,苦于无人可托,曾将"义田"事交由账房翁朗生(生卒年未详)办理,但这项工作直到翁同爵去世也未完成。翁曾翰此时决定接手此事,"义田事拟于此半年中促成之,断不能靠帐房"。其言"西门外屋基可用,宜及早建"的应该是"义庄","稍一因循,恐将钱款拉散也"。他认为"节俭"二字要贯彻始终,因为无形之费太多了。翁曾翰之所以接手义田事,关心义庄事,是因为这是翁同爵之遗愿,再往上说,这更是其祖父翁心存之遗愿。

由翁同龢于同治十三年(1874)二月所作《族谱后序》可知,翁心存在去世那年——同治元年的一日盛暑,曾顾翁同龢而叹曰:"吾老

---

①　《翁曾翰日记》,第1367页,光绪三年十一月廿三日:"得荣、筹十一月四日函。"光绪三年十一月廿四日:"写南信。"

②　《翁同龢日记》,第1361页,光绪三年十月十六日:"西席宋养初先生承庠已到馆。"

③　《翁同龢日记》,第1376页,光绪四年正月十四日:"得廖逵宾函,葬期定四月十五日未正一刻。"第1385页,光绪四年三月初三日:"得筹儿二月廿二函,葬期改四月初六日,因廖君所择于祭主不宜也。"第1386页,光绪四年三月初七日:"得筹儿二月廿七函,定期四月六日安葬,清明后一日入祠。"

矣,南纪之乱未已,他日事定,置祠墓、祭田,修族谱,汝兄弟其勖
哉!"①翁同龢流涕承命。是年冬,翁心存去世,这句叮嘱便成为一句
沉重的遗嘱。

---

① 《翁同龢集》(增订本),第 1572 页。

中国近现代稀见史料丛刊 【第十一辑】

张剑 徐雁平 彭国忠 主编

南京博物院 编

陈名生 著

本辑执行主编 徐雁平

南京博物院藏翁氏家书考释（下）

凤凰出版社

下　编
翁同爵父子往来家书考释

一、翁同爵致翁曾翰

（一）同治十一年正月十五日（1872 年 2 月 23 日）

信封　家书。计二纸。玉甫缄。

初十日酉刻，家人辈持上谕来阅，惊悉老母疾终，蒙恩褒谕，并赐祭赏银，跪读之下，伏地哀号，痛不欲生，然不知吾母于何日弃养也。十一日辰刻折弁回，接到廿五日凶讣，方悉老母于廿四日酉刻遽尔弃世，呜呼痛哉！同爵今竟为无母之人矣！伏念同爵于同治三年十月廿七日赴湖南任时，叩别慈颜，依依不舍，孰意当时遂成永诀，呜呼痛哉！同爵生不能奉晨昏，疾不能侍汤药，丧不能视含敛，真不可为人，不可为子，尚何言哉！

得信后，即日剪发成服，设位哭奠，本拟即日星奔回京，而定例巡抚丁忧不得擅自交代，须候谕旨方准离任，是以于十一日申刻复援案发报，从前卢厚山先生在任丁忧，亦发报奏请。请委员代行，俟新藩司谭某到任，令暂护抚篆，俾臣即日就道等语，未知何日得奉批回？替人得邵汴生，不识由何道赴陕？吾不能候其到省，当将地方及军务情形详细叙述，留函潼关，俾得略知颠末也。

吾连日心乱神昏，罔知所措，一切行装尚未能料理，大约衣箱、书箱均令祥儿带回，吾自己不过略携衣书箱数只而已。此间进京路程，由河南则平坦好走，由山西则四天门等处车须换轴，反多周折，故行旅虽晋省近一二日程，皆避之不行，吾此时亦拟由豫省进京也。

都中开吊日期大约不能候吾到京，暂殡观音院甚妥，盖彼处离家既近,诸事方便也。吾到此三年,稍买书籍、字画及铜器,此时携之远行皆成累事,可见作宦之人即此嗜好亦不宜有。吾抵京后即拟奉灵南旋,趁三四月间水路皆尚可行也。和泪书此,不尽欲言。正月十五日二鼓,同爵书。二十左右当有月折折差进京,先书此以待届时交去也。

按,同治十年十二月廿四日(1872年2月2日)酉正一刻,翁同爵、翁同龢的母亲在京去世。① 次日,翁同龢给兄长"发凶信,交折差急赴陕西"。②该凶信于十日之后——同治十一年正月十一日辰刻送达。而抚恤的上谕则先此一日到达。翁同爵遵照定例,于正月十一日申刻"援案发报",向同治皇帝请求离任回京,故翁同龢于当月十八日的日记中这样写道:"是日奉谕旨,邵亨豫未到任以前,着谭钟麟暂行护理。五兄自行陈奏丁忧,请派护篆,故有是命,五百里报,十一日发。计闻讣当在初七八矣。"③

本札未写明确上款,翁同爵当时心神不宁,确实有点顾不上了。综合自称、语气和落款判断,本札不像是写给翁同龢的,而更像是写给翁曾翰的,或者说写给京寓亲人一起看的,虽作于正月十五日,却和后札——同治十一年正月廿日翁同爵致翁曾翰札一起发出。该信札还传递了若干有用信息:一是翁同爵于同治三年十月廿七日离京赴湖南任;二是翁同爵丁忧回京打算走河南道而不走山西道;三是翁同爵有古籍、字画及青铜器鉴藏的业余爱好。

(二) 同治十一年正月廿日(1872年2月28日)

吾去年冬至后偶尔小恙,其实不过感冒风寒而已,乃发热至半个月,请医生二人诊视,服药至二十余剂方见痊愈。盖病时未尝一日休

---

①② 《翁同龢日记》,第931页。
③ 《翁同龢日记》,第935页。

息，且自十八日见上谕叔弟请假，即恐老母欠安，终夜往往不能合眼睡，故病多淹缠也。迨十二月中旬，已渐就复元，私心恐久病必虚，且将交立春节令，于是自十八日起，每日服高丽参一钱加麦冬二钱，至廿二日复觉体中不适，即停止不服。廿三日酬应一天，廿四日即声哑咳嗽，遂服萝葡汁以解之，连服三日，迄不见效。至廿七日，又延医诊治，服药至除夕方止。新正数日勉强支持，而咳嗽声哑如故。初五日复诊视，服药至初十始停。近日声哑稍好而夜嗽仍甚，惟每哭后头昏气促，觉心摇摇不能自主，似尚须调治数日方可登程也。

吾本拟令家眷全由商州归家而吾独自进京，乃全姨见吾病体未愈坚欲随行，非吾意也。至今日方定其随吾入都，第伊又岂真能侍吾疾耶？连日检点行囊，稍有头绪，一俟谭文卿到省即可启程，随身带家丁六人，戈什哈数人，至夫马等，吾现已雇定，沿途不令地方供应一丝一粟。吾自己坐轿一乘，雇夫三班，全姨雇驮轿一乘，家人辈均雇轿车，行李雇大车数辆而已。离京数站，当先遣戈什哈至京寓告知，可即令一车出城以便吾易轿而行。行李进城，亦须先托人至宝佩翁说妥，以免临时周折。吾到时即住观音院，可先期备祭菜一席，吾到即可哭奠。至饭食，亦须多备，缘随行者共有十余人也。将来灵柩回家时，未知由水路抑由陆路？吾此间所带家人除刘元外，余无能干之人，京中可物色数人备用。京寓亦须腾空一二间以便全姨居住，女使有一媪一婢，有一榻足矣。

吾连日夜间仍服药，似较前日稍好，据医家云，心、肝两经火盛，上烁肺家，故咳嗽尚未能止住也。谭文卿有廿二日到省之信，未知确否？粗重书箱等已定于明日先由商州至樊城，其余行李均随家眷同行也。吾约计廿六七日必可起身，到京约在二月廿六七日，盖计程总须一月耳。吾近日连服润肺之药，稍有效验，家中可放心。手此略述一切，语多重复，缘心神混乱，故下笔不觉如此也。正月廿日，玉甫手书。

　　按，本札接前札——同治十一年正月十五日翁同爵致翁曾翰札，作于同治十一年正月廿日。翁同爵此时仍在陕西西安，正在焦急地等待皇帝批回的折件和暂护陕西巡抚的新任陕西布政使谭钟麟（1822—1905）的到来。从札中"乃全姨"的称呼和交办的系列琐事可以看出，翁同爵本札是写给幼子翁曾翰的。翁同爵于札中重点描述了身体近况和调理方法，并告知翁曾翰关于随从、车马、行李等出行的具体信息，还交代翁曾翰要提前做好行李上报、饭食准备、住宿安排等相关工作，可谓事无巨细。翁同爵于札中预计自己约在当年的正月廿六七日起程，约于一个月之后的二月廿六七日抵京。所提"宝佩翁"即宝鋆（1808—1891），索绰络氏，字锐卿，号佩蘅，晚号群玉山樵，满洲镶白旗人，时任户部满尚书。

（三）同治十一年二月初一日（1872 年 3 月 9 日）

信封　家书。内二纸。玉甫手缄。

字付筹儿览：

　　廿六日定更时奉到批回折件，有旨令谭钟麟暂行护理陕西巡抚，当即遣人告知文卿，而文卿定于二月朔日方始接印。吾本拟即于是日起身，而众人再三阻止，遂改于初二日成行，由河南道赴京。至行李等，先于廿三日遣家人等押走一拨。至廿八日，令汝哥嫂率奎孙兄妹由商州至荆子关，从水路回家。吾随身所带衣、书箱等，亦有十五六箱矣。吾自己坐轿，全姨坐驮轿，家人辈均坐轿车，行李皆装大车，马匹皆自买，为戈什哈等骑坐，共有十余匹也。邵汴生出京，未知由何道赴陕？若走河南，则彼此可以相遇，可面谈一切也。

　　近日，左帅处消息颇不佳，统领中傅先宗、徐文秀均阵亡，王得胜、杨世俊皆受伤，闻渡洮诸军已退至狄道，第尚未见文牍耳。皆有退扎之信，安定大营势成孤注，殊为可虑。曹芝臣一军，将与兵不相浃，恐西行未必能得力。若甘省不支，则陕防又将吃重，奈何，奈何！

谭文卿屡来幕次长谈,见识闳远,议论正当,洵是好藩司,第于此间事须三四月后方能熟悉耳。吾连日心绪如麻,握管不知从何处说起,须上路后心方定,身体幸渐痊愈,能耐劳如旧,诸可放心。手此,问汝等好。二月朔,玉甫手书。

按,同治十一年二月十七日,《翁曾翰日记》载:"是日得严亲二月朔日函,知正月廿三发行李一拨令家人押回,廿八日三哥嫂带堂侄起身,初一日交卸,初二便登程矣。"①这记录的就是本札的内容。故可知,本札作于同治十一年二月初一日。

同治十年十二月廿四日(1872 年 2 月 2 日),翁母许氏去世。次日,朝廷有旨:"陕西巡抚翁同爵丁忧,以仓场侍郎邵亨豫署陕西巡抚。"②邵亨豫(1817—1883),字汴生,江苏常熟人。但翁同爵心急如焚,等不到邵亨豫到陕,故又"自行陈奏丁忧,请派护篆"。据札,同治十一年正月廿六日,翁同爵终于接到正月十八日上谕:"以陕西布政使谭钟麟暂护巡抚。"③

其实,"统领中傅先宗、徐文秀均阵亡"这一史实也表明了本札的写作时间。曹苾臣即接替刘铭传(1836—1896)统率"铭军"的甘肃提督曹克忠(1826—1896)。他和刘铭传的军务交接很不顺利,"将与兵不相浃"几乎是不可避免的。

(四) 同治十一年二月廿八日(1872 年 4 月 5 日)酉刻

信封　前陕西巡抚、部院翁家信。内家言四纸,即送南横街本宅查收。二月廿八日,保定旅次缄。

---

① 《翁曾翰日记》,第 186 页。
② 《大清穆宗毅皇帝实录》卷三二六,同治十年十二月,叶二二(上)。
③ 《大清穆宗毅皇帝实录》卷三二七,同治十一年正月,叶二五(上)。

字付筹儿览：

吾初二日自西安起身，道出河南，途中一切平善，今于廿八日已抵保定，约计初二日可以到都。吾此行行李虽从简省，然书箱已有十八只，家人带家人八名。衣箱亦有十余只，又另有川板一副，此须上税。装载大车八辆，至轿车，仅装铺盖坐人，并无箱笼。上务等事，必须先托妥人如朱修伯等。向宝佩翁处大约须一二百金。说明，或要其一免单，方免临时周折，至嘱，至嘱！

吾到后即住观音院可令两三人随吾住庙内。伴灵，而全姨及家人等均须在宅内住宿，且须安放衣箱等，必须房屋四五间方觳，汝可早为预备为嘱。至三小子四名。及戈什哈四人。等共计亦有八人，或即在庙内借屋数间暂住，或在米市胡同关帝庙及店内暂住亦可。吾上路后复服药六七剂，身体已复元，辛苦亦能耐，惟连日离京愈近，哀痛愈增耳。

汝若能将上务事办妥，先至长新店来见方好，盖吾尚有言语问汝也。宅中家人及打更等，或暂添用数人，方敷差唤。牲口，吾共带有十来匹，号中恐难喂养，可令武三暂租一店喂之。火食，庙中想已另起，吾到后人口增添，数日内可暂免包菜也。小讣闻想已刻就，哀启或须添数语，且俟吾到后再酌之。汝叔父处吾不及另札，可将此信呈阅也。手此，略述一切，即问合家好。二月廿八日酉刻，玉甫保定涂次书。

昨写就一信，今日至保定，由范枚生交来汝十四日书，①借悉一切。今日到此，李节相及范枚生等皆来晤见，至上灯后方罢。宅中房屋，既已扫除东厢房以待，甚好！庙中留朝北五间亦已敷住。崇文门税务，外间传言需索颇甚，吾系丁忧人员，似不致有奢望，然此等事难以理论，只可托人将箱笼及车辆数目告知，请其定一银数，不必与彼

---

① 《翁曾翰日记》，第 186 页，同治十一年二月十四日："作家信寄至保定，托范眉生于严亲过省时送交以便布置一切。"

计较,可即照数允之。盖吾在京多年,见越计较者越吃亏也。至嘱,至嘱!明日一早,令戈什哈李兴先行,汝得信后可即速赶办,勿迟为要。廿八日酉正,玉甫又书。

吾自坐轿一乘,驮轿一乘,大车八辆,轿车七辆,驴驮一头,家人八名,戈什哈四人,厨子一名,三小子四名,老妈二名,一跟回京即要去,一路上为人托带。小婢一名,衣箱十二只,书箱十只,家人衣箱十只,花板一副。

按,显而易见,本札作于同治十一年二月廿八日酉刻。翁同爵于本年二月初一日与暂护陕西巡抚的陕西布政使谭钟麟(1822—1905)正式交接后,便于次日匆匆起程。据札,翁同爵写本札时已经抵达河北保定,预计于三月初二日抵京。

本札的内容非常具体,甚至可谓琐碎,但都很重要,总体上延续前述本年正月廿日翁同爵致翁曾翰札,主要交代行李上报、住宿安排、伙食准备、家人添用、马匹喂养等细节事项。翁同爵让翁曾翰提前向时任户部满尚书的索绰络·宝鋆打好招呼(送一二百金),以便入京时在各关卡更好地通行,尤其是令人生畏的崇文门税关。

据《翁曾翰日记》,本札于两日之后——同治十一年二月三十日送至翁曾翰手中。[①]

(五) 同治十二年六月廿二日(1873 年 7 月 16 日)

字付筹儿览:

月之十八、二十两日连接汝十四、十五两号家书,知汝夫妇皆好,合寓均吉,慰甚。波臣朝见,此间早于新闻纸中述及,第人数多寡、礼节若何皆未详悉耳。里中春雨不多,插秧时又未得透雨,故西乡高田

---

① 《翁曾翰日记》,第187页,同治十一年二月三十日:"得严亲函,知廿八抵保定,先遣戈什李兴入城,将车辆、箱只数目开来,计初二必到也。"

种稻者不及其半。今连旬晴燥风狂，已莳秧苗亦将干枯，故人情颇遑惑，城河日浅，已不能行船。此时倘有大雨二三尺，则年岁尚可望六七成，若再不雨，即平区亦难卜有年矣。深切杞忧！

吾身体如常，汝叔亦已渐复元，惟胃口总未能如旧，表气亦不坚固，偶受风寒辄头痛牙疼，尚须服药调理也。安孙五月中脾倦少食，本无大病，后服药数剂即已平复，今早一切如常矣。汝勿悬念。吾秋间进京，大约挈汝祥哥同行。家中工作已完毕，鸠峰丙舍近亦告成，心愿粗了。兴福山地已易换立据，甚为欣喜，盖二三十年前欲觅一有形局而干净山地已不易得，何况此时耶！

里中亲友如旧，宝生归后时时晤见。价人买屋已有端倪，尚未成交。伯伟新丧其偶，只可以继室论，但未识其家庭将来有一番唇舌否？赵君修北行，本欲依印若为居停，今事局又一变，不知寓居何处？此子性情流动，恐非荫梅所能钤束也。

今科吾家应乡试者却有数人，然可望中惟士吉而已。修来回家两月，曾屡次晤面，其精神虽稍逊，然饮食步履皆如常也。家中人口均好，仲渊病稍轻减，全姨前月曾患吐红，幸服药即止，今已饮食照旧。天气极热，蚊虫又多，拉杂书此，问汝夫妇并合家近好。六月廿二日，玉甫手书。全姨侍笔问安。

按，同治十二年闰六月十六日，《翁曾翰日记》载："得六月廿二日家信，合家均吉，盼雨极切，旱灾已成。父亲行期约在九秋，祥哥拟随行也。"[1]这记载的就是眼前此札，故可知本札作于同治十二年六月廿二日。翁同爵于六月十八、二十两日连接的十四、十五两号家书，分别缮寄于五月廿八日、六月初六日，俱载于《翁曾翰日记》中。[2]

---

① 《翁曾翰日记》，第 250 页。
② 《翁曾翰日记》，第 245—246 页。

所谓"波臣朝见",指本年六月初五日,"上御紫光阁,各国使臣六人、通事三人由总理大臣带入觐见,免冠五鞠躬,伛偻前行,呈国书于御案,口操鬼语,喃喃数十言,不知何所云也。佩剑而入,身穿短衣,膝加战裙两片,礼成而退,幸而无事"。①

因为翁同爵已经出嗣,为"降服子",所以他只要为本生母服丧一年。故翁同爵于本札曰:"吾秋间进京,大约挈汝祥哥同行。"但实际上,翁同爵并未于本年进京,而是等到第二年和翁同龢一起服阕北上。

(六) 同治十三年十一月十九日(1874 年 12 月 27 日)

字付筹儿览:

顺德、卫辉两作家书,未知何日得达? 吾行程稳速,于十七日已安抵樊城。船只业经襄阳令雇定,行李昨已上船。吾今日在此休息一日,明晨即登舟行矣。冬令汉江水浅且舟皆轻载,又有炮艇护行,可拉水纤,到省大约不过旬日耳。吾身体甚好,陆行廿六日,早起晏眠,尚不觉劳顿,从此水程安逸,更可养息精神也。手战尚不能全愈,然亦较前略好矣。随行上下皆吉,汝勿悬念。手此,问汝夫[妇]好暨合家近好。十一月十九日,玉甫书于樊城寓中。全姨侍笔问安。

按,本札作于同治十三年十一月十九日,封为一函寄出的还有翁同爵致翁同龢札和翁曾纯致翁曾翰札,于同年十二月初十日送至翁曾翰的手中。翁曾翰当日对父亲的此次来信作了详细记载:"得父亲十一月十九日函,十七日抵樊城,十八发行李,二十即可开船,船由襄阳县代雇,巴杆三只、满江红一只,另轿船一只,计十日可达武昌,初一便接印也。服脏连丸,大便已畅,手战亦不甚。文武巡捕及戈什等

① 《翁曾翰日记》,第 246 页。

俱候于境,此信仍从顺天府来。"①这一内容摘要综合了翁同爵致翁同龢札和翁曾纯致翁曾翰札。

(七) 同治十三年十二月初三日(1875 年 1 月 10 日)

信封　平安家报。甲戌嘉平月十七日,折弁王带来。内二纸。玉甫手缄。
钤印　谨慎(朱文长方印)

字付筹儿览:

在顺德、卫辉、樊城途次三作家书,由顺天府递交,未知何日可到？吾于樊城二十日登舟即开行,水程稳速,廿九日抵汉口,次日过江,月之朔日午时。登岸进署,即于是日申刻接印。

鄂省近来年岁丰稔,民情安帖。抚署公事比陕西稍多。尚无难办之件,刑钱幕友已接请向来在署之常英三,河南孟县人,据制军云笔墨亦好。人似老练。书启事繁,恐杨葆初一人尚难照料也。吾日来酬应甚忙,大约须至封印后方能休息。

家乡衣箱等尚未送到,不知汝四哥来此否？汝祥哥现尚未定回家日期,盖一则搭轮船等事须吾为之料理,吾此时实无暇兼顾;二则其跟人不愿随往,或须另觅也。此间衙署房屋甚宽展且亦整齐,曾沅圃新修。惟地靠山势,阶级颇多,陟降稍劳耳。

吾此行不及四十日,且途中未曾遇一天风雪,实深欣幸。到此后,制军本是旧识,相待极好,司道中亦多熟人同事,似可有益也。京师要人信件此时不能缮发,且俟下次折差再寄。吾连日见僚属,拜同寅,竟无刻暇,今申正三刻。方回署,匆匆作此数行,折差明日清晨即行。聊报近事。汝叔父处不及另作专函矣。草此,问合家大小并汝夫妇近好。十二月初三日酉刻,玉甫手书。

---

① 《翁曾翰日记》,第 314 页。

按,本札作于同治十三年十二月初三日,是翁同爵抵达武昌并接印之后写的第一通平安家信,于同年十二月十七日送到翁曾翰的手中,再由翁曾翰呈翁同龢阅。故,《翁同龢日记》和《翁曾翰日记》中都提到了该信。《翁同龢日记》十二月十七日条一笔带过,曰:"得五兄十二月二日武昌函,朔日抵省,即于是日接印。折弁来。"①《翁曾翰日记》十二月十七日条则详细记录,曰:"午后折弁杨得胜来,得父亲本月初三日寄函,二十日从樊城开舟,廿九到汉口,三十进省,初一申时接印,连日甚惬,上下均安,总计在途三十九天,未遇风雪,欣幸之至。此次报到任折及元旦贺折均系一人呈递也。"②

由札可知,翁曾荣此时尚未来鄂,其拟交徐、王二人送呈乃父的衣箱、书籍、字画等件,③此时也尚未送到;一心回常熟然后再赴浙江引见的翁曾纯此时也尚未离鄂。曾沅圃即曾国荃(1824—1890),曾任湖北巡抚。此时的"制军"——湖广总督是李瀚章(1821—1899),在任湖南巡抚时与翁同爵共事多年。

(八) 同治十三年十二月十八日、廿一日
(1875 年 1 月 25 日、28 日)

信封　平安家报。内信五纸。乙亥正月初七日,折差盛带来。玉甫手缄。

钤印　富贵长寿(白文方印)

　　计开:庆贺皇上、皇太后圣诞暨元旦、长至,应需黄绫贺本正副拾全套,外玻璃油纸叁拾张,即交松竹备齐包好,仍交此次折弁带回为要。

---

①　《翁同龢日记》,第 1127 页。

②　《翁曾翰日记》,第 316 页。

③　南京博物院藏同治十三年十月初三日翁曾荣致翁同爵家书。

字付筹儿览:

月之初十日接十一月十六日家书,知汝叔父蒙恩赏戴花翎,并悉合家大小皆吉,欣抃无既。昨十六日复见邸抄,知汝叔父已补阁学缺,不胜欢喜。惟昨日见户部行制军处文书,坐日系初六日所发,印花以蓝盖紫,大加惊骇!未识圣躬康后有反覆否?抑另有何事?令人心摇摇如悬旌,坐卧不宁者已两日,寝食为之俱废也。

吾到任后公私忙碌者半月,今已逐渐清闲。湖北今岁收成中稔,粮价尚不贵,民情亦安帖,制军与吾相得甚欢,司道实缺诸君皆忠厚长者,似可相助为理。厘金鄂省今年大为减色,较之往年少收三十余万金,一则由于棉花歉收,本地花布价高而邻省反贱,故商贾不通;二则由于海关洋票渐多,局卡不能稽查,以致偷漏日众。现拟令海关:凡持票过卡者亦须局员查验,而各卡收数少者亦委员往查,或可逐渐整顿耳。

吾到此后身体甚好,便结亦愈,惟手战依然。汝祥哥已于今日趁轮船回家,同行有杨艺芳之弟藕舫,似可放心,惟伊年内决不能到省禀到,已嘱其新正必须赴浙矣。手此,问汝夫妇暨合家大小均吉。十二月十八日,玉甫手书。全姨侍笔问安。

再晤制军,方略知京师诸贵人信有缮就者,吾此时无暇发且不便发,且俟新正再寄,抬前日期封寄,何如?朝廷近事,惟伊家书初七日函。亦匆忙封发,不能详细述及,但言其大概而已。此间既未奉明文,年终折奏只能照旧拜发,两衙门约会相同。至元旦应否朝贺,且俟年底礼部文到与否再行酌定。总之,天下方渐底定,而又国有大丧,大小臣工无不惊惶无措,况如吾家受国厚恩,尤觉悲恸莫释,寝食俱废也。以后家书中可将朝章国政备述一二,俾远臣得略知时事,至嘱,至嘱!廿一日,玉甫书。

正在封函间,适折差回,接到前月三十日家书,知合家皆好,甚慰。惟圣躬尚未复原,曷胜杞忧!盖此时皇子尚未诞生,两宫望孙甚切,圣躬正宜调养,即就康复,以副天下臣民之望也。丁芥帆外放,侍读一缺为李菱舟所得，①固意中事，汝不可牢骚郁结，凡人一饮一啄莫非前定，正不必以眼前得失稍存芥蒂于中也。切嘱，切嘱！第以后衙门撰文等事正自殷繁，汝不可因升阶未遂，一切差使畏劳而让人也。惟事关典礼，一切加意谨慎，勿稍忽略。汝在署日久，且阁长又只一位到署，则后辈诸人必然请教及汝，汝勿自恃熟悉，随口答应，须详查旧案，方无错误也。

鄂抚衙门公事似较陕抚稍多，然洋务概归督署办理，地方事有紧要者亦可与制军商酌，则与他省巡抚独驻省垣者较易为治也。今年大计，吾到任未及三月，例不出考，归制军专政，其举劾人员亦甚允当。连日天气晴和，惟月之初五日得雪三寸余而已。署中上下平安，汝勿悬念。汝荣哥来书云于明年正月来署，未知定否？手此再布，余不尽言。廿一日，玉甫又书。

按，本札前二纸作于同治十三年十二月十八日；后三纸作于同年十二月廿一日，但分两次书写完成。信封写明"内有五纸"，并于"乙亥(1875)正月初七日"送达，表明当时五纸封为一函，由折差盛某带至京城。《翁曾翰日记》对此札有明确记载。②

本年十一月十五日，朝廷"有弘德殿侍臣同赐花翎之旨"，翁同龢感激涕零，当日即"出城告于先祠"。③次日，翁曾翰向远在湖北的父亲和兄长报喜，"将前送阜康之家信取回，又书数行，并昨日恩旨一并

<hr>

① 《翁同龢日记》，第1119页，同治十三年十一月廿六日："筹儿在阁部本资深，论俸亦深，而同事李君菱舟到阁在先，且枢廷章京也，故吏部议以李君补侍读矣。"

② 《翁曾翰日记》，第321页，光绪元年正月初七日："折弁盛□□来，得父亲十二月廿一日寄谕：体中安健，公事不甚烦，年成中稔。三哥与杨藕舫同伴回里，十八动身。行礼已到。初六。宫中大事未奉明文，已见蓝印部文，略知大概矣。"

③ 《翁同龢日记》，第1116页。

加封,仍交伊带去"。^① 十一月廿七日,翁同龢补内阁学士。^② 内阁学士为内阁属官,俗称"阁学",秩从二品。故而,翁同爵于本札开头就提到了这两个好消息。但翁同爵从使用蓝印的户部文书中预感到了朝廷发生了重大变故,这算是一个坏消息。翁同爵还于十二月十八日札中介绍了湖北的年成、粮价、民情及同事情况,重点分析了湖北本年厘金大为减色的两大原因并提出相应对策。由札可知,翁曾纯在湖北停留半个多月后,已于本年十二月十八日乘轮船回常熟,拟于次年赴浙。

因十二月十八日函尚未发出,翁曾翰本年十一月三十日所"缮第二号禀,并京报月抄"^③又送来,故翁同爵于十二月廿一日又握管写了后三纸。在此三纸中,翁同爵对同治皇帝尚未复原的身体状况表达了极度的担忧;对丁芥帆外放后仍未能补内阁侍读一缺的翁曾翰进行了必要的宽慰和教诲;还简单分享了自己的工作与生活近况。从第五纸"悲恸莫释""寝食俱废"等词可知,翁同爵已经略知宫中大事。

(九) 光绪元年正月廿三日(1875 年 2 月 28 日)

字付筹儿览:

新正八日折弁杨得胜回,接汝上年十二月廿一日书,借知朝野安静,家门康吉,甚为欣慰。汝叔父奉命往择山陵吉地,此事重大,约计须于三四月间方能覆命。春末夏初,天气已渐炎热,须嘱其勿

---

① 《翁曾翰日记》,第 310 页。

② 《翁同龢日记》,第 1119 页,同治十三年十一月廿七日:"是日汉阁学本发科,蒙恩补授。巳初散。出城具折,敬告先祠,仍入城。具谢折,黄面,白双层折。交苏拉递。"《翁曾翰日记》,第 311 页,同治十三年十一月廿七日:"巳刻闻叔父补缺之命,感怅难名。"

③ 《翁曾翰日记》,第 311 页。

于风日中奔驰，盖相地本以早晚为宜，可以观山之气旺与否也。汝衙门中派汝襄办，吾早料及，故前书云事关典礼，一切须于格外郑重，汝诸事总宜详查例案，勿轻率，勿更张，一字一句皆要谨慎，至嘱，至嘱！

吾此间于腊月廿三日接到部文，故于廿七日即专弁递请两宫皇太后抑哀折。自廿三日起，大小官员即摘缨青褂，文书用蓝印，标判用蓝笔，元旦不朝贺，出门不放炮，不鸣锣，仪从皆减去。而遗诏于十五日晌午方到，十六日早晨开读，百官咸服缟素，朝夕举哀行礼三日，缟素计至二月十二日始除，至蓝笔、蓝印，则以文到日计算二十七日，月之廿一日已届满，现已改用红印矣。

吾上年腊月廿四日感冒风寒，夜间发热，每日却仍早起晏眠如常。至廿八九日吾自开一疏解之方服之，始得透汗。元旦复略受风，初二日又发寒热，于是延医诊视，连服发散药，五日而服药八剂。至初六日发热方止，初十以后始一切全愈。汝祥哥于腊月十八日夜子时方趁轮船开行，至廿一日未刻已抵上海。吾此间于除夕接其来书，据云同盛杏生、杨艺芳同行，在上海会晤，同回苏州。有炮艇护行，大约廿五日必可到家，但未知其新正何日赴浙耳。汝荣哥来信云于正月中来此，然至今未见到，俟其兄行后方起程也。

吾此间一切平善，公牍稿件亦不多，每日约计一个时辰总可了却，故不以为劳。饮食不减不添，厨子姓王者已去，汝荣哥从家乡遣一人姓林。来，手段亦不甚高，惟偶有一二样尚是南方口味而已。吾此次发信后，下月折差须于三月内方成行，因百日内须用安折及节哀折，百日外可无须也。汝勿悬念。草此，问合家近好。正月廿三日，玉甫手书。全姨侍笔问安。

吾此间进款无多，每月除用度外只可余五百余金。通年筹度，大约能将养廉盈余，已属万分节省矣。故此时尚不能将上年借用银号之款筹画归还，且俟三四月间再行设法，第恐一时总难措此巨款耳。家人辈分项，上年年底留京寓者一百二十金，今特汇寄天成亨会票一纸,汝可收明。给张升二十两,班升十六两,李元、任福、曹升不可减少。每人十两,其余由汝酌给新用家人及老妈汝房用者。及打杂等,或兑银用钱分散众人可也。翡翠朝珠,吾本欲携在手边,出京装箱时匆促忘却,汝可为吾收好,将来遇有妥当的便再行寄来为嘱。

京师各处信件,有上年年底即缮出者,有今年新正始缮出者,吾以时值国制二十七日内,故迟迟未寄,今汇总寄去,汝可收明阅看,其中有辞句不妥帖及签条不合式者,汝可为吾更改后分致为嘱。家中馆餐,有本家子弟陪坐,或者不致不堪下箸,然总须时常吩咐厨子,令其用心好做,盖吾家待先生向来致敬尽礼,此祖宗成法也。

鄂省春阴颇盛,自元旦至今仅晴六天,其余非雨即雪,今年已得大雪三次,每次皆有四五寸,故春寒亦厉,此时尚可服大毛皮衣,屋中必须笼火也。此次折差回时,可令其带新缮绅一部来,每次折差,皆由吾内署给发银五十两。勿忘为嘱。

　　按,本札为乙字第一号家书,作于光绪元年正月廿三日,和翁同爵次日所作致翁同龢札合为一函,于正月廿五日发出,并于同年二月十一日送达翁曾翰手中。《翁曾翰日记》对此信作了非常详细的记载。[1] 上年十二月十一日(1875 年 1 月 18 日),翁曾翰"缮寄第三号禀交折弁王姓";[2]十日之后,翁曾翰又"缮寄福字第四号禀,并京报,外奶饼等三小匣,系荣仲华所送。交折差带回廿三日方走。"[3],故翁同爵

---

　　① 《翁曾翰日记》,第 326 页,光绪元年二月十一日:"得湖北乙字一号信,系正月廿五所发,严亲于岁杪春初,屡发寒热,服轻散之药,得汗乃愈,眠食如常,夜间发热。二十以后渐复元矣。四哥尚未到,阅之悬系不能释。鄂署公事甚简,一时可了。十五日奉到遗诏,始成服齐集,缟素期内极为寂寞。此缺进款甚少,月无所余,一切皆从节省。出都时各项通欠未能遽措也。"

　　② 《翁曾翰日记》,第 314 页。

　　③ 《翁曾翰日记》,第 317 页。

此札可被视作对翁曾翰上年所寄福字第三号、第四号家书的回信。

"汝衙门中派汝襄办"是同治十三年十二月初九日(1875 年 1 月 16 日)之事,翁曾翰当日得"署中知会,中堂派刘恩溎、李耀奎、翁曾翰、曹翰书襄办丧仪一切事宜"。① 而翁同爵早已预料到这一点。"汝叔父奉命往择山陵吉地"是同治十三年十二月十四日(1875 年 1 月 21 日)之事,翁同龢"是日奉懿旨,命醇亲王、魁龄、荣禄及臣龢于东西两陵旁近相度山灵吉壤,一切事宜与恭亲王商酌"。②

札中,翁同爵重点介绍了湖北省在迎诏、缟素、举哀行礼、文书用印、标判用笔等方面落实"国丧"礼仪的细节,并汇报了一个月来自己的身体和生活状况,以及翁曾纯、翁曾荣兄弟从远方传来的近状。翁同爵写完三纸并落款后,又补写了两纸:第四纸谈及自己收入无多,每月只能盈余五百金,预计全年万分节省也只能盈余养廉银之数(笔者注:以十二个月计,约六千金);第五纸主要围绕京师各处贺岁信件、京寓招待塾师的伙食和湖北省的气候状况。

(十) 光绪元年正月廿七日(1875 年 3 月 4 日)

字付筹儿览:

正月廿六日折差刘得胜去,附寄乙字第一号家书并外寄信件七十五函、时宪书八本,未识何时可到? 即于是日下午折弁盛万年回,接到正月初十日京寓所发家信,借知合寓康吉,不胜欣慰。汝叔父于十三日即出都相度吉地,其时天气尚寒,山中尤甚,所携衣服足以御寒否? 往返不致劳顿否? 又甚悬念。

吾到此两月,于属吏贤否、民间利弊略有端倪,然不敢遽信为是,当再访求确实,徐图施行。厘金上年大为减色,然细察根源,实缘商人亏本少运,尚无委员中饱情弊,惟间有疏懒不任事之员,已逐渐更

---

① 《翁曾翰日记》,第 314 页。
② 《翁曾翰日记》,第 315 页。

易之矣。钱漕尚遵胡文忠手定章程，无敢或逾，大约鄂省州县半知自爱，而各郡太守明察者多，故中人以下亦皆奋勉自饬，吏治尚称整顿耳。吾居官无所长，惟不敢偶有偏私，不肯稍自安逸，终日孳孳矻矻，以公事为事，故尚少难办之件，盖所谓思之思之，鬼神通之也。惟记性迥不如前，属吏衔名往往不能记忆，非笔之于册，半多遗忘，故每日伏案作字时颇多，所幸精力如旧，卯正即起，至二鼓后始睡，尚不觉劳顿。近日尚在国制缟素期内，衙参既免，属吏以公事来见者亦稀，颇觉闲适。

登极贺表例须遣承差呈递，今遣叶懋林即随吾出京之承差。赍往，倘有小巧物件，可交之携回，笨重者不便也。吾此间公事均顺手，制军办事稍近严刻，此其性情本然，从前在湘固早如是。今共事两月，见其言词直爽，遇事相商，未尝改变，似无难与共处之象，外间传言实无足据。吾处书启稍烦，近日视杨葆初一人尚能照料，不再添请，缘本署入项太少，不能多延幕宾，非故为吝啬也。

汝祥哥，吾未得其到家后书，据徐贵家信正月初十信。中云，于腊月廿五日抵里，但未知其何日赴浙耳。汝荣哥亦不知何日来此，吾日来颇盼望其到矣。吾正月初十以后感冒全愈，手战亦稍好，汝勿悬念。草此，问合家安好。汝叔父处不另作札。正月廿七日，玉甫手书。全姨侍笔问安。

按，翁同爵将前述光绪元年乙字第一号家书寄出后，于当日下午又收到翁曾翰正月初九日写[①]、正月初十日寄的家书，故正月廿七日又提笔作此回信，准备交承差叶懋林赍去。但从后续的信札和《翁曾翰日记》来看，叶懋林直到当年二月初九日以后才启程。翁同爵索性将后作的二月初八日札和二月初九日札与此信合为一函，编为乙字

---

① 《翁曾翰日记》，第 321 页，光绪元年正月初九日："缮第一号禀，附京报。同交折弁盛某带回。"

第二号家书,于同年三月朔日送达翁曾翰手中。①

　　本札花费了大量的笔墨谈论湖北巡抚本任的公事:厘金、钱漕、吏治等。本札再提鄂省上年厘金减色问题,经翁同爵细察,并不存在委员腐败的问题。钱漕仍旧,遵胡文忠手定章程。"胡文忠"指胡林翼(1812—1861),字贶生,号润芝,湖南益阳人,晚清中兴名臣之一,湘军重要首领,曾于咸丰五年(1855)至十一年间署理湖北巡抚。"制军"指时任湖广总督的李瀚章(1821—1899)。翁同爵认为,虽然李瀚章办事稍近严刻,但是乃其性情使然,还不至于难以相处。这是对外间不实传言的回应,足见翁同爵与人为善。

(十一) 光绪元年正月三十日(1875 年 3 月 7 日)

信封　湖北巡抚、部院翁平安信。内家信,外汉砖研一方、香合三个,敬恳福便携至京师,饬纪送交南横街舍间收启为感。愚弟翁同爵拜干。四月廿六日,诸肖菊带到。

钤印　富贵长寿(白文方印)

字付筹儿览:

　　月之廿六日折弁刘得胜去,附去家书一函,未知何日可到? 吾日来身体甚好,现在缟素期内,衙参已免,每日见客不过一二班,甚觉闲适。今因诸肖菊可权,浙江人。大令解饷进京之便,寄去汉砖研一方、铜香合三个,汝可收明。砚则吾寄与汝叔父者,香合分用汝叔父亦曾托购买。可也。肖菊在少荃节相处办文案多年,人甚谙练安详,吾在关中即与之相识,上年岁杪方告假回鄂办期满奏留,今解饷差竣,仍须往节相处也。手此,问合家安吉,不缕缕。正月晦日,玉甫手书。

---

　　① 《翁曾翰日记》,第 329 页,光绪元年三月朔日:"得父亲二月初九日寄谕:身体康安,公事闲适,四哥尚未到鄂,命余温习举业,以应恩科。此信系承差叶懋林赍来,外带全姑娘寄家中各人被面、饭单等件。"

按，光绪元年正月廿六日，翁同爵将乙字第一号家书、外寄信件、时宪书等交由折差刘得胜赍去，于同年二月十一日送达翁曾翰手中。[①] 因为湖北省的缟素期到本年二月十二日，所以翁同爵这段时间公务不多，生活相对闲适。诸可权（生卒年未详），字肖菊，浙江钱塘人。他曾在李鸿章幕中八年，李鸿章曾夸他"醇谨笃实，应酬文字斐然"，并多次为其补缺之事向翁同爵"吹嘘"、说项。[②] 翁同爵在陕西的时候就认识诸可权了，在本札中也说他"人甚谙练安详"，故托其带去家信一函，汉砖砚一方、铜香合三个。汉砖砚给翁同龢，铜香合给翁同龢、翁曾翰等人。因为诸肖菊出发时间比较晚，速度也没折弁那么快，所以此信于当年四月廿六日才被送到北京。[③] 因此，本札作于光绪元年正月三十日。

（十二）光绪元年二月初八日（1875 年 3 月 15 日）

前函草就未发，适折弁汤荣贵回，接到京寓正月二十日所发第贰号家书，知合寓安吉，甚慰吾念。惟知汝叔父于正月初十前偶有感冒，虽已向愈，然即日就道，途中未免辛苦，不识能即平复否？又甚驰系。正月望前北方本甚寒冷，且马兰峪山中尤属奇寒，吾从前到彼二次，皆在二月中，犹服重裘不暖，今时令又早一月，未知所带皮衣足以御寒否？汝叔父遗精本病，系先后天皆不足之故，亟宜延医诊治，多服补剂，切勿忽视为嘱。

---

① 《翁曾翰日记》，第 325—326 页。

② 马忠文《李鸿章致李瀚章家书二通释读》，《安徽史学》2020 年第 4 期，第 59—64 页。

③ 《翁曾翰日记》，第 337 页，光绪元年四月廿六日："湖北委员诸肖菊可权到京，得正月三十日家信并汉砖研一方，河南铜香合三个。"《翁同龢日记》，第 1167 页，光绪元年五月初三日："湖北贡差带信，尚是正二月间动身，兄寄齐砖研并香合子，极可爱。"

鄂中春阴颇甚,正月中晴天不及十日,今交二月则仅晴一天,颇
觉气闷。吴年伯母于上年十一月病殁于湘省,吾已寄分五十金矣。
王小山家帮项贰拾两,可即付去。朱修伯,吾似须送分三四十两,汝
斟酌之,不可太少也。胡月樵,晤见时即与彼言明,勿向人道与吾有
昆季交。吾亦与彼落落,不过到省时亲往一拜,至内眷往还,则断乎
无此事。吾于此等处极有斟酌,非比人家之随便也。

安、寿两孙读书作文,须令其知是自己功夫,方能渐有进境,否则
虽有贤父兄及严师督责,终鲜实效。至能与乡场与否,尚是外面好
看,无关真实本领。若果能写得出,做得快,则观场亦无不可,然不必
勉强也。此间办科场大约须发帑贰万金,方伯林远村虽曾办科场一
次,然诸事不甚关心,届时尚须吾为之布置也。二月初八日,玉甫
又书。

按,本札作于光绪元年二月初八日,"适折弁汤荣贵回,接到京寓
正月二十日所发第贰号家书",与《翁曾翰日记》当年正月二十日条的
记载吻合。[①]"前函"即光绪元年正月廿七日札,札曰:"登极贺表例须
遣承差呈递,今遣叶懋林即随吾出京之承差。赍往……"而由《翁曾翰日
记》知,叶懋林于当年三月朔日给翁曾翰带来了翁同爵的二月初九日
札。[②] 这正好说明:翁同爵正月廿七日札草就未发,和本札及随后的
二月初九日札合为一函,由承差叶懋林送达。

札中提及王小山、朱修伯、胡月樵、林远村等人。王发桂(? —
1870),字小山、笑山,河北清苑人,道光十六年(1836)进士,历太仆寺
卿、通政使、左副都御史,官至工部侍郎。朱学勤(1823—1875),字修
伯,浙江仁和人,咸丰三年(1853)进士,以翰林庶吉士改户部,入直军

<hr />

① 《翁曾翰日记》,第 322 页,光绪元年正月二十日:"寄乙字第贰号禀交
汤弁。"

② 《翁曾翰日记》,第 329 页。

机处,先后典机密十七年,官终大理寺卿。据《翁同龢日记》载,朱修伯于光绪元年正月初四日巳刻卒。[①] 胡凤丹(1828—1889),字月樵,官至湖北督粮道,浙江永康人。他是崇文书局第一任负责人,是崇文书局史上的一位里程碑式的人物。从本札看,翁同爵对胡凤丹经常说和他关系密切的举动颇为反感。这也说明,胡凤丹是一位很会利用人脉关系营造身份之人。林之望(1811—1884),字伯颖,又字远村,安徽怀远人,祖籍福建莆田,道光二十五年(1845)进士,官至湖北布政使,后辞官归里。

关于孙辈的应试教育,翁同爵认为内因最重要,只有端正他们的认识,使其自身努力,读书作文才能有所进步,不能仅靠家长和严师的督责。

(十三) 光绪元年二月初九日(1875 年 3 月 16 日)

汝今年不升侍读,或者天尚欲留汝从甲第出身。犹忆前廿年为汝算命,据星家言,汝三十九岁后方能科名再进一步,汝其时甚快快,今则此其时矣。汝于趋公之暇可仍留意时文,时作一起讲及半篇,明年或可侥幸得之。谚云"有意种花花不发,无心插柳柳成阴",亦未可知,汝以吾言为然否? 至署中差使,仍不可退后,如实录馆等必须兼当,盖进则可战,退则可守,否则他人我先,难与争论。吾功名心本甚淡然,当差却不肯落后,盖做一官必有一官当尽之职,吾尽吾职,非有求于功名也,汝其识之。二月九日,玉甫又书。

按,光绪元年三月初一日,翁曾翰于日记中写道:"得父亲二月初九日寄谕:身体康安,公事闲适,四哥尚未到鄂,命余温习举业,以应

---

① 《翁同龢日记》,第 1133 页,光绪元年正月初五日:"朱修伯于昨日巳刻竟卒,往哭失声。修伯与余缔交于房山,顷岁痰喘,屡劝归田而不悟,悲夫。"

恩科。此信系承差叶懋林赍来，外带全姑娘寄家中各人被面、饭单等件。"①显然，"身体康安，公事闲适，四哥尚未到鄂"，从光绪元年正月廿七日札中来；而"命余温习举业，以应恩科"则是本札的核心内容。

从翁同爵同年二月廿六日所作家书可知，本札为当年乙字第二号家书。札中，翁同爵宽慰翁曾翰"汝今年不升侍读，或者天尚欲留汝从甲第出身"，颇有"东方不亮西方亮"之意味。翁同爵还以"汝三十九岁后方能科名再进一步"之时运和"有意种花花不发，无心插柳柳成阴"之谚语来鼓励翁曾翰不要放弃举业。

（十四）光绪元年二月廿六日(1875 年 4 月 2 日)

信封　平安家报。乙字第叁号。玉甫手缄。乙亥三月十四日到。
钤印　富贵长寿(白文)

字付筹儿览：

前月廿六日，将乙字第一号家书并外寄信七十五函，交刘得胜折弁赍去。次日折差盛万年回，接汝正月十日第一号家信；二月初七日折差汤荣贵回，接汝正月廿日第二号家信，知京寓皆吉，慰甚。惟汝叔父于新正初旬小有感冒，十三日即有遵化之行，途中不致辛苦否？登山不致受寒否？又甚悬念。吾初九日曾作第贰号家书，并外荆缎衣料被面两包，交赍登极贺表之承差叶懋林携去。向来赍表之差往往不如折弁之迅速，未识何日可到也。

吾近体甚好，官事均平顺，新正既无酬应，衙参期又免，故甚觉闲适。国制缟素期外省以奉到诏书之日起二十七日，故鄂省至二月十二日届满，今已服青长袍褂矣。汝四哥于十三日下午到署，搭坐轮船，甚稳速，上海至此才四日耳。伊身体尚好，到此后稍发牙痛旧症，

---

① 《翁曾翰日记》，第 329 页。

已延医诊治之。吾自汝三哥行后，颇觉寂寞，今伊来侍左右，吾甚为喜欢也。鄂省春雨颇多，春寒亦甚，近日天方晴朗，气候亦渐和暖，麦秋可望丰收，襄阳、安陆一带堤工以次兴修，惟今年春水早发，时方二月，已长水一丈余，恐新筑之堤不能如式验收耳。属吏衙参自十三日以后已均照旧，惟候补人员太多，轮班晋见，每月方能一面，尚未悉其才具见识若何，至佐杂班次，动以千计，每衙参日必有站班见者数十员，则立谈俄顷，其面貌犹不能全认，更何从知其才调耶！此真为大吏负疚之一端，然亦无可如何之事也。吾向来自甘淡泊，近亦自奉稍丰，设一小厨房，令家乡林厨专供吾菜，尚能适口也。署中上下均吉，全姨近体亦好，堪慰悬念。手此，问合家近好，并汝夫妇安吉。二月廿六日，玉甫手书。全姨侍笔问安。

前奉廷寄，有人奏参副将周有全各款交查一案，当即会同制军将该副将督销川盐差撤销，川盐局差委向由督署专政，此次则撤差及委员均系双衔。并另委文员、候补知府伍继勋前往接办，一面密札令安襄郧道欧阳正塘逐款查覆。兹据禀称，委无贪劣情事。吾又详细密访，该副将实是要好太过，操之过急，以致刁徒有所借口耳。今吾覆奏折内将欧阳道覆禀全行叙入，而出语则称该副将查禁私钱，逐户挨查，令本人抛弃河内，未免操之过急，办理固属失当，且该副将带勇数百人，于匪徒纠众滋事，事前既无防范，临时又不能妥为弹压，获犯惩办，任听抢毁而逸，实属咎无可辞，业经督臣会同臣于罢市案内附片奏参，请旨将该副将周有全交部议处，已足示惩，恳免再议拟结，实无一字虚假也。大约此案之始，由于差役向得规钱。包庇私犯，而印官又纵容差役，罢市案内要犯大半差役。致酿成事端。迨后制军又专参文员，未撤武职差委，致文职有此不平之鸣耳，胡令在官相幕中与贺云甫郎君极相得，闻此稿系由外寄京。其实文武皆不能辞其过也。周副将者，金陵人，由文职保至道员，严渭春参其身家不清，改为武职，涤保副将。其人亦小有才，督办川盐、查禁私钱，均极要好，第求效太速，以致为人口舌耳。

有湖南友人寄来汉砖研一方，又觅得河南小铜香合三个，今托解饷委员诸肖菊可权。大令携带寄京。研则吾寄汝叔父者，可为吾转致，香合请汝叔父拣一二枚，余则给汝可也。诸令于三月三日方成行，计到京已在四月中矣。天津运使成子和孚。丁母忧，日前有讣来。从前吾母丧事，伊曾送分百两，此次伊处有事，吾家必须亦送一分，或三十金，或廿四金，签书吾兄弟二人出名，同吾唁信送去为嘱，切勿遗忘。孙莱衫太夫人之丧，昨日亦有讣来，吾兄弟似亦应出三十金一分，可酌之。

按，从信封"乙亥"二字可知，本札作于光绪元年二月廿六日。本札开头交代了翁同爵从湖北所发乙字第一号、第二号家书和所接京寓第一号、第二号家书的情况。综合后一通家书"前函封完未发"之语和《翁曾翰日记》的记载判断，两日之后——二月廿八日，翁同爵再致翁曾翰札、翁同爵致翁同龢札、翁曾荣致翁曾翰札和翁曾荣致翁同龢请安帖均和本札合为一函，编为光绪元年乙字第三号家书，于同年三月十四日送至翁曾翰手中。

光绪元年三月十四日，《翁曾翰日记》记载："得父亲二月廿八日函，公私平顺，廷寄交查之案，已饬欧阳正墉密查，委无贪劣，惟查禁私钱办理不善，业经与制军会参，请将副将周有全交部议处，撤任。广化令胡启爵革职。此次折内恳免再议。春雨颇多，堤工不足恃，麦收可期丰稔。四哥已到，亦有信，稍患牙痛，二月初十寅刻从上海开轮船，十三申刻泊汉口，随叩膝前，极为欣悦。"[1]不过，这段文字并未涉及本札末纸之内容。末纸再提托诸可权寄汉砖砚、铜香合之事，此乃光绪元年正月三十日札的主要内容。由本札知，"诸令于三月三日方成行，计到京已在四月中矣"。

爱新觉罗·成孚（1834—1895），字子和，满洲正红旗人，荫生出

---

① 《翁曾翰日记》，第 330—331 页。

身,官至河道总督,时任长芦盐运使。孙毓汶(1834—1899),字莱山,山东济宁人,咸丰六年(1856)以一甲二名进士,授编修,历官工部左侍郎、军机大臣、总理各国事务大臣、刑部尚书、兵部尚书加太子少保。

(十五) 光绪元年二月廿八日(1875 年 4 月 4 日)

前函封完未发,适折差刘得胜回,接汝十四日第叁号家书,并外缙绅、洋布、杏仁等,借悉京寓安吉,深为欣慰。汝叔父易州之役十五日可回京,身体甚好,极慰悬念。惟汝叔父本质太弱,故须发已半白,劝其多服补剂,格外调摄为嘱。吾从前身体不甚自爱,今则思为朝廷出力,必须先将自己身体养好,方能任事耐劳,故补药时常进服,可以此意告汝叔父也。此间近事已详前书中,兹不复述。全姨,汝书中频询及之,伊体近颇结实矣。付筹儿览。玉甫书,二月廿八日。

按,翁同爵前作二月廿六日札封好了,尚未发出,又收到翁曾翰二月十四日所寄第三号家书,故又于二月廿八日提笔写了此纸以作回复,主要内容是关心翁同龢的身体健康。"易州之役"指光绪元年正月三十日至二月十五日,翁同龢奉命出差易州,到清西陵附近相度帝陵吉地。[①] 故可知本札作于光绪元年二月廿八日。

(十六) 光绪元年三月廿一日、廿二日
(1875 年 4 月 26 日、27 日)

信封　湖北巡抚、部院翁平安家报。内家信,外麻包衣料木匣一个,麻包湘莲一捆,即赍至京师南横街路北,确投本宅查收,勿误。

---

① 《翁同龢日记》,第 1142—1147 页。

福字不列号。鄂垣抚署寄。五月初一到。

钤印　富贵长寿（白文）

字付筹儿览：

督抚土贡前经奉旨停进，然各省均有药物应备用者，故由内务府开单奏请斟酌应停应进，行文各省办理。鄂省本无贵重之物，年例进通城葛五十匹，香珠三十串，蕲艾绒一箱，香蕈、木耳、通山茶、百合粉各二箱，砖茶一箱，今年停止香珠一项，余仍照进。此项贡品所值不过五百金，而盘川交费亦如之，每届在藩库领银一千两，归中军承办，遣弁赍京，署内惟备请安折、贡品折及奏事处文书而已，余均不问也。贡差向来由樊城雇车进京，故行程颇迟，大约于端阳前后方能抵京。

今带去荆缎袍褂料两副、每付十二两，一送汝叔，一给汝。被面四个、给汝妇，每个三两二分。湘莲两篓，送汝叔二十斤。系吾寄汝叔父及汝者，汝可查收。差弁归程亦未必速，回信交伊，不可作要语，倘寄物件，亦不可寄贵重之物，盖伊等回时正在大雨时行之候，且其车辆亦不多也。草此，问合家安好。三月廿一日，玉甫手书。

以所做木匣稍大，复寄去荆缎袍褂料送子馨。一副、贵州绸给汝妇。两匹、通城葛袍料每匹二两，给安、寿、德三孙。三件、汉砖研送汝叔。一方、本年时宪书卅本，汝可收明为要。廿二日又书。

按，本札不列号，作于三月廿一日、廿二日，由贡差带到京城，跟随大宗货物出发，故不如折差带信之迅速。由信封可知，本札于当年五月初一日才送至翁曾翰手中。从字迹来看，首先排除光绪三年，因为光绪三年翁同爵手颤的情况很严重。再查光绪元年和光绪二年五月初一当日的《翁曾翰日记》，虽然二日均有贡差带信至，但是比对两次所带物件及具体数量后可以排除光绪二年。① 故而,本札只能作于光绪元年三月廿一日、廿二日,并于三月廿三日发出。本札的主要目的是交代托寄物品之名目和分配方式,顺带谈及湖北省土贡的基本情况。

(十七) 光绪元年三月廿五日(1875 年 4 月 30 日)

字付筹儿览:

前月廿八日折差刘得胜回,接汝二月十四日所发第叁号家书,外缙绅、洋布、杏仁皆收到。知京寓皆吉,慰甚。吾即于是日草一函第三号外,有一函。交张荣华赍,未识何日可到? 月之十一日制军处折差回,接汝二月十七日四号信;次日复从乾裕银号寄到汝廿一日第五号信,借悉合家均好,汝叔父近体康泰,深为欣慰。

吾近来身体甚适,自汝四哥到此,更慰寂寞。盖老年人觉有人在膝下侍奉,可以朝夕闲谈,便神情畅适,不致寂寥寡欢也。汝祥哥于二月十七日自家起程,在苏时曾有一信来,尚未接其到浙后书,惟阅《申报》中浙辕门报,见其于三月朔日方禀到也。奎孙于月之中旬亦有书来,云家中人口均吉,书中并言近思习静读书,据汝四哥云,近来确已不常出门。学作文艺,拟走从一师等语,若果如此,岂非大快意事? 谚云"败子回头金不换",第不知其真能悔悟否耳!

鄂省春雨颇多,幸近日晴和,菜麦尚不致大损,民情均各安帖。吾到此三月,于属吏之贤否、民间之利弊稍知一二,然尚不敢自信也。僚属均水乳,公事皆顺遂,汝勿悬念。吾起居一切,虽不肯自奉太厚,然已较从前为优,清夜自思,殊觉过分矣。草此,问合家安吉。玉甫手书,全姨侍笔问安。三月廿五日。

---

① 《翁曾翰日记》,第 337 页,光绪元年五月初一日:"贡差来,带到三月廿三家信并衣料、莲子等。"第 391 页,光绪二年五月初一日:"贡差李清泉带来信一函,研三方。"

吾向来所穿尖靴，以内兴隆九一码。而鱼尾底者最为合式，此次携出之两双皆统皮底，穿之究竟嫌硬，不甚舒服。汝可为吾买内兴隆棉花底、鱼尾托、九一码而绒口绸里者尖靴两双，交折差带回，勿忘为嘱。吾前日交贡差陈大章赍去信二纸。一件，外木匣一只，内装荆缎袍褂料三付、荆缎被面四个、汉砖研一方、贵州绸两匹、通城葛袍料三件，又湘莲二十斤。吾试吃过，甚易烂。贡差行走甚迟，到时总在端节前后矣。吾此间用物、食物俱有，且食物吾素不讲究，以为到处皆有土宜，即到处吃得，汝切勿远道寄来，徒为带者受累也。

大行嘉顺皇后崩逝，[①]此间于初十日接到部文。是以十一日剃发后，十二日仍服缟素，文移用蓝印，惟释服日期部文未曾明示，制军推皇上仍素服七日补足二十七日之意，定于十七日易服用红印。至慰折，措辞极难，尚未商定也。百日之内迭遭帝、后大丧，天下臣民同深震悼，且现在帑项支绌，丧礼繁重，经费不赀，农部又将何设法耶？此亦内外臣工所当共虑也。鄂省京饷七十万，其余以供协饷，恒虑不足，故善后有不能举办者，近复添采买、海防、河工、滇铜等款，实不能支持也。

大行嘉顺皇后大事，若递两宫皇太后慰安折，措辞轻重，极难得当。正同制军商议办理间，适制军接节相家书，云直隶未曾递折慰安。因思畿辅近地，使相重臣，尚未呈递，则他省督抚似可毋庸再递，于奏事折内仍用寻常安折三分。也。百官百日不剃发，军民人等一月不剃发，已较《会典》所载从轻，且自十一日后补足十日，则几乎无事矣。此间用蓝印、服缟素已过，而部中所颁宝诰尚未接到，似到时亦不便再成服也。

吾上年在京向阜康银号所借之五千金，言明今年三四月间在汉口乾裕银号交还。汝前书言，字据现在京师阜康处，未曾寄鄂，如有

---

① 《翁同龢日记》，第 1148 页，光绪元年二月二十日："晨起闻嘉顺皇后于本日寅初一刻崩逝，国家不造，至于此极，惊涕不已，以未复命，未敢入。"

银两交还乾裕时,即向乾裕取一收条,以便寄京交阜康取回前据等语。吾此时因本年春季养廉尚未札领,且核计数目亦不敷全数还清,正在踌躇,适玉阶来此,偶尔谈及,据云伊处与乾裕往来颇熟,可令乾裕先将在阜康字据掣还,俟吾有银时再行陆续归楚,可免每月官利出息。吾极感其意,已应许之,现拟于月杪先还二千金,余俟陆续筹归也,特告汝知之。

　　按,根据首段回顾的家信收发记录,查阅《翁曾翰日记》,不难推出本札作于光绪元年三月廿五日,并于当年四月十二日送达翁曾翰的手中。[1] 札中提及翁曾翰于二月十七日作第四号家书,[2]于二月廿一日作(二月廿二日发)第五号家书,都是在光绪元年。[3] 而翁曾翰在日记中对父亲的此次来信也作了简要的记载:"得湖北三月二十六所发家信:一切平安,春雨甚多,堤工十竣七八。是月初十,闻大行皇后大事,未递慰折。"[4]对读可知,"一切平安,春雨甚多,堤工十竣七八"是本札正札和翁同爵三月廿六日致翁同龢札的主要内容,"堤工十竣七八"仅后者提及;而"是月初十,闻大行皇后大事,未递慰折"则是本札副启之内容。据札,嘉顺皇后崩逝,鄂省之所以未递慰折,是因为李瀚章收到家书,得知天子脚下的直隶总督李鸿章未曾递折慰安,故湖北对标效仿直隶。

　　本札副启共有四纸,或分两次书写而成:第一纸与正札纸色相同,书风一致,应与正札作于同时,叮嘱翁曾翰为其购买内兴隆靴鞋

　　① 《翁曾翰日记》,第 335 页。

　　② 《翁曾翰日记》,第 326 页,光绪元年二月十七日:"缮乙字第四号信并黄折四十副,黄里二十、红里二十。交督署差弁带回鄂中。"

　　③ 《翁曾翰日记》,第 327 页,光绪元年二月廿二日:"缮第五号禀叔父信二纸,双山峪图一纸。托阜康,云明日有使人也。"

　　④ 《翁曾翰日记》,第 335 页。

店里的棉花底、鱼尾托、九一码而绒口绸里者尖靴,或可借此管窥翁同爵穿鞋的尺码和偏好;第二、三两纸的纸色与正札明显不同,或为次日(三月廿六日)续写,介绍湖北在得知嘉顺皇后崩逝后对"国丧"周期和礼仪作出的调整;第四纸与第二纸、第三纸同,或为次日(三月廿六日)续写,交代上年出都时向阜康银号借款五千金如何归还之细节。翁曾翰收到本札后,即于次日(四月十三日)"过阜康谈,知上年所借五千金已有李玉阶观察处交付乾裕银号,将借券于月前寄去矣"。① 即李玉阶暂付了阜康银号的五千金,帮翁同爵拿回了阜康的借条。翁同爵于三月底先还两千金,然后再分期还款给李玉阶,后者为其免去了不少利息。李玉阶即时任汉黄德道兼江汉关监督李明墀(1823—1886),字玉阶,号晋斋,江西德化(今江西九江)人,荫生,累官至湖南巡抚。

(十八) 光绪元年四月廿三日(1875 年 5 月 27 日)

字付筹儿览:

前月廿七日折差胡正贵去,附寄第肆号家书一函,想初十左右可达。吾此间于月之四日承差叶茂林回,接汝第陆号信;外洋布、茶叶等均收到。初六日折差张荣华回,接汝第柒号信,外靴鞋等亦收到。借知京寓皆吉,汝叔父近体康强,深为欣慰。惟城寓退还,书室移街南房屋,又有一番跋涉,未识现已迁居否? 彼处房屋窄小,夏令必须搭一天篷,万勿惜费将就为嘱。

吾近来身体甚好,且汝四哥在此,每日暇时即可与彼闲谈,颇慰寂寞。抚署公事较藩署为简,日常午后看稿,及上灯后阅到文,皆半个时辰可毕,故尚不觉其劳苦。惟便结之症时时举发,近常服白蜜槐花米汤,始稍有效耳。鄂省菜麦麦秀,有双穗者。均好,惟月之初旬连

---

① 《翁曾翰日记》,第 335 页。

日大雨，小麦稍损，大麦已登场。然尚无大碍也。秧水既足，近日插莳已齐天时。此间与湘省相仿，月初连阴尚可服棉，十一后天气晴朗则骤然炎热，连日几同三伏，穿夏纱犹挥汗如雨也。汝三哥到浙后今日始得其一书，云上司相待甚优。然吾恐其疏懒性成，未必能当差勤奋，在省赋闲转可藏拙也。

吾此间僚属均浃洽，委署州县皆吾主政，而亦与制军相商，故彼此毫无芥蒂。荆州教案，因旗营妇女入教听经彻夜不归，巴玉农将军不胜其耻，于是将习教妇女概行锁禁，而彼人遂屡至总理衙门呈诉，以为欺压教民，哓哓不已，总署遂叠致书函嘱为调解。今巴将军已将妇女释放，想可相安无事矣。

上年川省夔关曾扣留洋商船只七十余日始放行者，洋商借口货物霉坏愬于领事，欲令中国赔偿。适英国威妥玛欲至汉口初六至汉口，初十即回上海。清理此事，总署奏闻，初二日廷寄。于是奉上谕四川魁、吴，江督刘，湖督李，鄂抚翁。令密为防范。迨至威妥玛见筱泉制军，初九日未刻，未曾来拜吾。则并无一语提及夔关事，惟请江汉关税单上免用一加戳。想彼人亦知川、湖各分辖境，不能越俎代谋也。连日天气极热，握管即汗透衣袂，汝叔父处不另作札，此问合家好。玉甫手书，四月廿三日。

按，根据首段提及的收发信记录，查《翁曾翰日记》，可知本札作于光绪元年四月廿三日。该札于本年五月十一日送达北京，《翁同龢日记》和《翁曾翰日记》当日对此都有记录，后者相对详细，内容与本札契合。[1] 由《翁曾翰日记》知，翁同爵三月廿七日托折差胡正贵所

---

[1] 《翁同龢日记》，第 1169 页，光绪元年五月十一日："得湖北家信，四月廿三发。"《翁曾翰日记》，第 339 页，光绪元年五月十一日："折弁来，得四月廿四日家信，知鄂中甚热，雨多，微损小麦。父亲近体康健，惟手仍战，便涩，不时举发热，气分稍逊也。三哥抵浙，曾有书至也。"

带第四号家书(即前述三月廿五日翁同爵致翁曾翰札和三月廿六日翁同爵致翁同龢札),于当年四月十二日送到翁曾翰手中。[①] 据本札知,翁曾翰三月十一日、十八日所作第六号禀[②]、第七号禀[③],分别于当年四月初四日、初六日送到翁同爵手中。

除了《翁曾翰日记》中提到的近况外,翁同爵还于札中叙述了"荆州教案"的来龙去脉和英国公使威妥玛过访汉口的具体情况。巴扬阿(? —1876),字玉农,达斡尔族,齐齐哈尔达虎里人,同治四年(1865)升任荆州将军,改革旗营阵法。威妥玛(1818—1895),时任英国驻华全权公使,光绪二年借"马嘉理案"强迫清政府签订《中英烟台条约》。

(十九) 光绪元年五月初六日(1875 年 6 月 9 日)

信封　湖北巡抚、部院翁平安家报。内安要家信,外库平足纹一千一百两正,烦天成亨宝号汇至京都南横街本宅,面交海珊六少爷收明,切勿迟误为要。福字第陆号。守候回信。鄂垣抚署寄。

钤印　富贵长寿(白文)

字付筹儿览:

月之三日折差胡弁回,接京寓四月十五日所发第八号家书,知合寓皆吉,慰甚。城寓既留,可省移居一番跋涉,甚善。刘永诗患喉疾,须另延师,此事颇不易,未识现已请定否?

京师少雨而鄂中则苦雨多,闻江南亦旱,相隔数千里遂天时不同

---

①　《翁曾翰日记》,第 335 页。

②　《翁曾翰日记》,第 330 页,光绪元年三月十一日:"缮第六号禀并京报、香片茶、洋棉布等交承差叶带回。"

③　《翁曾翰日记》,第 331 页,光绪元年三月十八日:"缮寄第七号禀,内附傅云龙寄杨葆初一函。并京报、杏仁及四哥所要靴鞋、褡裢等,均交张弁赍回。"

如此。吾近来身体甚健适,公事亦顺手,可勿挂念。到此半年,属吏中亦稍稍辨其贤否,惟在省候补人员太多而差使只有此数,实难遍给其欲也。

吾到任六月,署中诸从省俭,积有养廉银叁千两,以贰千两先还阜康借款,今以壹千两寄京,分给家中大小及添补日用之需,另单寄汝,汝可一一分致并收存备用。至借彭芍亭处之壹千金及用天成亨之六七千金,俟吾有盈余时再行续寄也。京寓家人亦均嗷嗷待哺,今复寄去库纹壹百两,汝可酌其差使轻重散给之,勿令偏枯为嘱。

汝三哥到省后,吾于四月廿二日始接其一信,云上司相待尚好。汝四哥在署,甚慰吾寂寞。鄂省食物与江苏相似,鲥鱼亦有而味少逊,枇杷等则竟从上海运来也。手此,问合家安吉,余俟续报。五月初六日,玉甫手书。全姨侍笔,叩问合家大小近安。

上次会奏采买米石试办海运折,系吾衙门办稿,画稿时吾曾逐细磨勘,竟未看出,送制军处画稿亦未挑剔,缮折后吾复校对一次,亦竟疏忽阅过。今奉旨挑出,交部察议,实属咎无可辞。以后凡折奏等件,当逐句逐字详细阅看,不敢再有疏忽也。

此次折差本拟于二十后方令起程,而例折收十三年钱粮分数。内有必须于五月内赶到者,迟一两日尚可。是以匆促令于明早启行,汝叔父处吾不能另行作札矣,汝可将此意禀知为嘱。

按,由"到此半年""吾到任六月"等语可知,本札作于光绪元年五月初六日。据《翁曾翰日记》,本札于当年五月廿一日送到翁曾翰手中。①

光绪元年四月十四日,《大清德宗景皇帝实录》载:"湖广总督李

---

① 《翁曾翰日记》,第340页,光绪元年五月廿一日:"天成亨送来五月初七日家信一函,外会银一千两。"

瀚章、湖北巡抚翁同爵奏,鄂漕试办采买,约计米价等项银数及用款,得旨,户部知道。折内屡见"朱道"字样,殊于体制未协,李瀚章、翁同爵均着交部察议。"①次日,翁曾翰"缮寄第八号信附外信六函,京报、貂毫、高丽参、靴一双。交折弁带回"。②该信必然提及翁同爵因奏折失误被部议一事,故翁同爵本札的副启云:"上次会奏采买米石试办海运折……今奉旨挑出,交部察议,实属咎无可辞。"

本年三月廿五日,翁同爵致翁曾翰札中曾曰"吾上年在京向阜康银号所借之五千金",而本札又云"至借彭芍亭处之壹千金及用天成亨之六七千金",故可知翁同爵于同治十三年(1874)底赴湖北巡抚任前,至少向银号和个人借贷了一万两千到一万三千金用于"留别"——送"别敬"。这充分反映了晚清外官赴任之前须向京官送"别敬"这一官场潜规则。

刘永诗即刘传祁(1843—?),乃当时翁家的家庭教师,因患喉疾而"决意辞馆"。

(二十) 光绪元年五月十八日(1875 年 6 月 21 日)

字付筹儿览:

前月廿四日折差杨运高去,附寄第伍号家书一函,未识何日可到? 五月初三日折弁胡正贵回,接得京寓四月十五日所发第捌号家信,借知合家均吉,深慰远念。汝叔父城寓既不迁移,且秀姑娘往彼照料,可省一番跋涉,甚善! 惟安、寿两孙业师因刘永诗现患喉疾又须另请,未知已请定有人否? 又殊悬系。

吾此间于初七日从天成亨银号寄去第六号家书一函,外会库平足纹壹千壹百两,无票据。据云月内必达。初九日接汝四月廿二日第玖号信,言见《申报》内所刊湖北试演轮船制军受惊,甚不放心。不

① 《大清德宗景皇帝实录》卷七,光绪元年四月上,叶一六(下)。
② 《翁曾翰日记》,第 335 页。

知吾是日适因武职衔参期未曾同往，遂未遇此险也。

　　吾近来身体甚好，公事亦极顺遂，制军遇事斟酌，颇称水乳。缺分、升迁、调补皆吾主政，惟吾每事亦必商榷而行，不肯独出己见耳。吾公余之暇，时与汝四哥闲谈，甚慰寂寞，即早晚两膳亦必同坐，盖伊既不以为苦，而吾却颇以为乐也。此月来，阴雨连绵，潮湿极甚，幸坐卧处地尚高燥，故不觉其病。天既雨多，则热亦减退，较之月初一握管、一会客即挥汗如雨，稍觉舒服矣。

　　此间剃发定于廿三日，顷接部文，知京师亦于廿四日剃发，则相去不过一日耳。大考消息此间于初八日即知，昨见邸抄，知汝叔父亦派阅卷，吴子实看似痴肥而竟得一等一名，升讲学，以貌取人真不足恃。第题目尚未知，全单亦未见，想汝此次来信必寄知也。如未寄可即寄一分来。馨伯复降官，可谓运气不佳，恐其将有归志矣。川省藩、臬皆换人，此是正办，否则官场吏治日趋于下，恐不数年必有大患。今文、沈到任，若能一切更新，则庶乎无目前之虑。盖吾阅历数省，实见四川吏治民情，真有一日不可居之势，非敢故为苛论也。

　　汝三哥到浙后，吾仅接其一书，就其才具而言，恐难出人头地。虽吾以父子之亲，不能为之回护，若得一薪水差使，已觉其过分矣。家乡日前奎孙有书来，四月廿六日所发。大小皆吉。吾署中上下均平安，廉俸虽少，每年六千四百八十两。吾以节俭处之，尚可敷衍。此地为水陆码头，游客络绎，吾则翰林仅送十二两，部属仅送八两，然每月总计已在百金左右，兼之年亲故旧来告帮者不能不略为资助，如吴年伯母，吾先已送分五十金，今灵柩过此，复送绋敬五十金；宋惠人分以庞宝生有专书来托，亦送三十金；姚延之子、游击文焕来此，亦送二十金。真有应接不暇之势，殊可笑也。连日阴雨，江水陡长，堤工处处可虑，颇为焦急。手此，问合家安吉。五月十八日，[①]玉甫手书。全姨侍笔问合家近安。

────────

　　①　《翁同龢日记》，第1172页，光绪元年六月初四日："得湖北五月十九函，尚未知署督信。"

湖北向有"问津"轮船一只,船身不大,只能在长江往来护饷,夜间仍复停泊,行程较之番舶不及其半,故商贾载货搭客从未有过而问者。上年,杨艺芳辈怂恿上官添置一大轮船,以为载货搭客之用,可夺番舶利权,其船价须十二万金,在国外制造,大约今年年底方能驾运到沪,而先以六千金买一小轮船以为江汉关官员往来渡江之用,于三月杪到鄂。次日廿五日。适为制军文职衔参期,司道咸集,杨道即以禀闻,制军急欲往验,遂不及通知吾同往,即刻率司道出城试验。讵意火力既猛,驾驭又不得法,回船时触于黄鹤楼下浅矶上,机器少损,烟焰弥空,船上仆从既多,势颇倾侧,幸随从炮划拢护,方得无事。制军亦颇受惊,然尚不致如新闻纸上之所述也。吾是日为武职衔参期,幸未来通知同往,遂未受此惊,直至午后方悉其事。总之,轮船亦不能过求其快。此次因制军试坐,司事者极力要快,遂多添煤炭以致火力过猛,且驾驶者即用炮船勇丁,一切不能如法,所以有此失事耳。可见凡天下事,只可循分渐进,不可求速,欲速者未有不偾事者也。

按,由首段交代的一连串的收发信记录可知,本札承前札,作于光绪元年五月十八日,是翁同爵对翁曾翰四月廿二日缮寄第九号家书的回信。四月廿二日这天,翁曾翰"阅新闻纸,湖北广济轮船触石微损,制军与藩、臬均不免受惊,想抚台未经同往,然颇悬悬"。[1] 翁曾翰的担心都体现在了第九号家书中,故而翁同爵本札特地以两纸的篇幅来叙述广济轮船触石事件的始末。

该年四月廿七日,朝廷大考翰詹,翁同龢参与阅卷,结果于五月初四日揭晓。翁同爵于五月初八日得知大考结果,对吴宝恕(1832—1890)能得一等一名比较吃惊。吴宝恕,字子实,号桂诜,吴县(今江苏苏州)人。"馨伯"即钱桂森(1827—1899),在此次大考中名列三等五十名开外,被降为编修,故翁同爵认为他运气不佳,将有归志。本

---

① 《翁曾翰日记》,第336页。

札又提及四川的人事变动："川省藩、臬皆换人。""今文、沈到任。""文"指文格（生卒年未详），字式岩，满洲人，道光廿四年(1844)进士，曾任山东巡抚、库伦办事大臣。"沈"指沈秉成(1823—1895)，字仲复，自号耦园主人，浙江归安人，咸丰六年(1856)进士，官至安徽巡抚，署理两江总督。

　　翁同爵还于本札中透露了湖北巡抚任上的廉俸数目：每年六千四百八十两，但同时极力吐槽应接不暇的应酬和告帮，仅迎来送往每月就得花费一百金左右，更何况时不时年亲故旧来告帮。

（二十一）光绪元年五月廿五日(1875 年 6 月 28 日)

信封　平安家报。福字不列号。玉甫手缄。
钤印　富贵长寿（白文）

字付筹儿览：

　　昨日辰刻奉到廷寄，本月十六日内阁奉上谕："李瀚章着驰驿前往云南查办事件，湖广总督着翁同爵暂行兼署。钦此。"捧读之下，皇恐难名。伏念吾以菲材，蒙恩擢任巡抚，已恐难称职，今复暂摄兼圻，尤虞陨越，惟有随时黾勉，以期无负委任耳。

　　制军行期大约在六月中旬，出月初吾方接印，事分两省，且有营务、洋务及本任公事，稍觉冗繁也。制军此行，往返程途即须四月，且马加利被戕事有夷人观审，恐亦未易了结，在滇两月能完案已属迅速，则回任总在半年内外。吾权此篆须半年之久，实深兢业也。自昨日下午起，文武属吏来见者络绎不绝，颇觉忙鹿，幸身体甚健，尚不以为劳也。

　　鄂省阴雨连旬，江水盛涨，前令首府、县先设坛祈晴，向来督抚求晴必府县先求。昨始放晴一天，今日又阴云往来，恐尚不能老晴，深为焦灼。兹驿站奏销本，向例遣本署承差赍进，令承差蔡正青赍去，匆促草此致平安，汝叔父处不及另作书矣。手此，问合家大小安吉，余俟续布，不备。五月廿五日，玉甫手书。全姨侍笔问安。

　　按，由着翁同爵暂行兼署湖广总督的上谕可知，本札作于光绪元年五月廿五日。作札前一日（五月廿四日）辰刻，翁同爵接到五月十六日内阁发出的廷寄，得知令其暂行兼署湖广总督之恩命，故于五月廿五日握管作此书寄翁曾翰。此家书不列号，于六月廿日由承差蔡正青交到翁曾翰手中。①

　　翁同爵于札中提及李瀚章赴云南处理"马嘉理事件"的行期大约在六月中旬，并预估自己兼署湖广总督的时间至少要半年左右，深感责任重大。"马嘉理事件"，又称"马嘉理案"或"滇案"，因英国翻译官马嘉理擅自带领一支英国武装力量由缅甸闯入云南，还枪杀中国居民，故当地民众奋起反抗，打死了马嘉理，并把侵略武装赶出了云南。英国借此事件大做文章，逼迫清政府签订了《中英烟台条约》。

（二十二）光绪元年五月廿九日(1875 年 7 月 2 日)

信封　平安家报。福字第捌号。玉甫手缄。六月廿一日，安成华赍到。
钤印　富贵长寿（白文方印）

字付筹儿览：

　　廿四日辰刻，奉暂署兼圻之命，皇恐无既。盖吾才识短浅，忝任封疆已虞陨越，今复兼摄督篆，军务、洋务皆关紧要，更恐力难胜任，且吾到此甫及半年，地方利弊未尽周知，属吏贤否未能遍悉，以及辖境之何处扼要，武营之何人得力，更属茫然，骤膺此任，实深惶悚。吾向来居官总以尽职为事，此时反躬自问，恐难称职，惟有黾勉从事，兢业自持，以期无负委任，至于公事繁多，身体劳顿，窃所不计也。

---

　　① 《翁曾翰日记》，第 344—345 页，光绪元年六月廿一日："昨日承差来，接五月廿五函。"

乡试监临,吾初意欲奏请学使代办,既而商之僚属,则金以为不可,并云鄂省向来监临非抚即督,从前有军务时亦未曾请学使代办,盖非比江浙等省学使官高望重,可以弹压众人也。制军于出月中旬方能成行,吾定于六月十三日接印。吾暂时权篆,其署中幕友及文案等皆仍其旧,惟修金、薪水由吾致送耳。寻常公事拟用包封往还,其有紧要及秘密者方来此间办理,缘署中衙舍无多,实无可以下榻之地也。幕中书启本不得力,但此间笔墨佳者固鲜其人,且廉俸所入每年才六千余金,实难广召贤宾,言之可笑。鄂省自交四月以来阴雨连绵,江水盛涨,上下游堤工处处可虞,夜闻雨声潺潺,为之心碎。近两日始放晴,未识以后能得久晴否? 粮价稍长,尚不昂贵。

吾近来身体甚好,署中上下皆吉。吾廿五日曾作家书不列号。两纸,交承差蔡正青赍去。昨日从信号接京寓十七日所发十一号家信,知合寓均安,慰甚。吾日来酬应颇多,文武属吏来者不能不接见,其实并无公事相商也。吾接印后即有谢恩折折差进京,此次月折折差安成华回时,可带黄白折等,缘以后用更多也。届时再布一切,此问合家安好。五月廿九日,玉甫手书。

按,由"奉暂署兼圻之命""吾到此甫及半年"等语可知,本札承前札,作于光绪元年五月廿九日。翁同爵发完前述五月廿五日信后,又接到翁曾翰于五月十七日交福兴润轮船局的第十一号信,故而又作此回信。据本札信封知,此为福字第八号家书,六月廿一日由安成华赍到。查本年六月廿一日的《翁曾翰日记》,曰:"今日折差安成华来,又接五月廿九日函,已拜恩命,定于六月十三接署印,公事极忙,身体康健,秋闱仍须监临,向无奏请学政代办之例。鄂中久雨未晴,年成锐减,堤工亦岌岌,甚焦虑。"[①]这与本札的内容一致。

与本札同时寄出的还有翁同爵致翁同龢札和翁曾荣致翁曾翰

---

① 《翁曾翰日记》,第344—345页。

札。相对而言,翁同爵致翁同龢札最为宏观、简略,翁曾荣致翁曾翰札则最为微观、细致,而翁同爵致翁曾翰札则居于二者之间。比如,谈及物色书启时,翁同爵对翁同龢一笔带过,对翁曾翰则进一步表示与廉俸不丰有关。又如,谈及身体近况时,翁同爵对翁同龢、翁曾翰都说身体甚好,而翁曾荣则对翁曾翰说父亲曾"微受凉气,伤风咳呛至今未止",这说明翁同爵作信倾向于"报喜不报忧"。

（二十三）光绪元年六月十一日（1875 年 7 月 13 日）

字付筹儿览:

五月中交天成亨初七日。寄去第陆号家书,外足纹壹千壹百两。又十八日折差张正照去,廿九日折差安成华去,先后赍去第柒、第捌两号家书,未审何日可到? 又承差蔡正青、廿五。张正林廿九。两次去,附不列号信两函,想此月中旬亦陆续可达。

吾近来身体甚好,现定于十三日未时接署督篆,以后公事稍多,大约比现在加一两倍,然吾自揣精力,尚不致劳苦也。文闱监临既不能推却,须进场二十日。武闱则鄂省向不分棚考试,均由抚军一人阅看,时日稍久,未免劳顿耳。

此间修筑炮台等事尚未议及,轮船虽添置一只,然是载货搭客之船,并非兵船,营伍则抽归操防者不多,洋枪队仅有五百人,其余陆营楚勇则尚有十八营,水路舢板亦有百余艇,以之镇压地方、缉拿盗贼则已有余,若与外夷交战恐尚不足,闻江浙等省皆然,操国柄者尚宜慎重以出之,不可轻于尝试也。

吾十三日尚有谢恩折弁进京,兹乘赍奏销钱粮本承差郑瑞麟。赴京之便,草此,问合家近好。六月十一日,玉甫手书。

按,由"现定于十三日未时接署督篆"可知,本札作于光绪元年六月十一日,由赍奏销钱粮本承差郑瑞麟带去,但《翁曾翰日记》中并未见到此信的到信记录,很可能与其他家书合并寄出。两日之后,翁同爵将正式署理湖广总督。他预估兼署湖广总督后,工作量将比湖北巡抚本任增加一两倍,文闱、武闱都得亲自监考。他又盘算了一下湖北省当时的军事力量,认为对内平乱绰绰有余,但对外与列强交战尚且不足,奉劝掌权者对外宣战必须慎重,可谓拥有清醒之头脑。

(二十四) 光绪元年六月十三日(1875 年 7 月 15 日)

信封　平安家报。福字第九号。玉甫手缄。
钤印　富贵长寿(白文方印)

字付筹儿览:

前日承差郑瑞麟去,匆促草数行交其带往。吾于今日未时接署督篆,连日酬应颇忙,以后两衙门公事稍多,恐家书更简略,不能详述一切也。

鄂省四五月中阴雨连绵,江水盛涨,堤防处处可虞,今幸交六月后晴霁日多,水势平定,近已逐渐消退,然低洼州县业有被淹之处矣。吾到此才半年,兼之国制百日期内衙参皆免,故文职属吏仅能识其面目,尚不能深悉其底蕴。至武职,则更面目未能尽识,以后惟有勤于接见,广为谘访,庶几用舍不致大缪耳。林远村人极正派,惟嫌诸事不求甚解且记性太差;王晓莲世故熟悉,亦忠厚君子;至盐、粮二道,均碌碌,无所短长;若候补观察,则人数有十余员之多,差事几于无可位置,且亦实无奇才异能也;幕府之才,筱翁处亦无甚得力者,吾随时访求,实难其选,奈何,奈何!

吾近体甚好,自信尚耐繁剧,苟提起精神,似不致有丛脞之虞,惟识见不高,才力不广,则真无可如何耳。署中上下平安,勿念。手此,问汝叔近安,并合家均吉。六月十三日,玉甫手书。全姨侍笔,请合家安。

昨从乾裕银号递到汝五月廿八日所发第十二号家信,借悉合寓皆吉,欣慰无既。安孙且令观场,甚是!盖人家子弟,必令其有所观感,方能自己向学,且阅其寄来文字,虽意思浅薄、辞句少嫩,然较之上年依墙摸壁、拾人牙慧者大有进境,若能潜心用功,自可竿头日进也。寿孙文笔、文思俱佳,第尚少辞藻,加以润色之功,当取功名如拾芥耳。惟其身体太弱,用功亦不宜过于刻苦也。子馨截取,望其早放,但愿其得一近省善地方,可奉母以往也。

滇中事,李筱翁接总署书云,马加利实为李国珍所害,但未知李是何官? 为何人指使? 据岑彦卿则云,马夷往缅时曾有照会,故滇省官员为之照料得以无恙;此次由缅赴滇并未照会,则滇省何由得悉? 何从防护? 若英人以非理相加,惟有整兵以待等语。总署恐其决裂,故请于朝,命筱翁往办。第此时彼省疆吏既意在用兵,而夷人之意则仍重在通商,总署欲筱翁往,但办其案,而止其在滇通商,实未易着手耳。

按,由首句知,本札承前札,作于光绪元年六月十三日。是日未时,翁同爵正式接署湖广总督。此札即由谢恩折差弁于六月廿七日送至翁曾翰手中,[①]并于次日再由翁曾翰送呈翁同龢阅看,翁同龢当日还作了回信。[②]

翁同爵于札中对湖北布政使林之望(1811—1884)、湖北按察使王大经(1810—?)、湖北盐法道蒯德标(生卒年未详)、湖北督粮道何维键(1835—1908)等人作了一番评价,并对湖北候补观察、两署幕僚的情况作一大致介绍,认为总体上没有特别出众的人才,故翁曾翰于

　　① 《翁曾翰日记》,第345页,光绪元年六月廿七日:"黄昏时,折差送六月十三日家信来,知万寿贺折与到任谢折均于明日递奏,署中一切平安,惟公事少人商量耳。"

　　② 《翁同龢日记》,第1176页,光绪元年六月廿八日:"得六月十三日楚中信,贺折折差赍来,作函即交之。"

日记中云：“惟公事少人商量耳。”①

在补写的第一纸中，翁同爵先对翁曾翰所发第十二号信②中提及拟令翁安孙、翁斌孙参加秋闱的计划作一回复，对翁安孙文字的进步和翁斌孙的文笔、文思给予了肯定，并对翁曾桂（1837—1905）即将截取表示期待和祝愿。在补写的第二纸中，翁同爵再谈“马嘉理案”诸多方面的细节。岑彦卿，即兼署云贵总督、时任云南巡抚的岑毓英（1829—1889），字彦卿，号匡国，广西西林人。

（二十五）光绪元年六月二十日（1875 年 7 月 22 日）

信封　平安家报。福字第拾号。玉甫手缄。七月七日到，杨得胜带来。
钤印　富贵长寿（白文）

字付筹儿览：

十三日将第玖号家书交赍谢恩折之差弁吴长福带去，未识何日可到？吾接署督篆后，连日清理公事，接见文武属吏，兼之例行到任香，分三日。早起晏眠，几无刻暇，且近日天时酷暑，每日葛布袍必汗透两三件，深以为苦。所幸身体健适，眠食如恒，可免远念。

督署幕友悉仍其旧，然皆是刑钱、席面，亦办公事、奏折。却无折奏及书启，缘筱翁处本未另请折奏，其书启二人一随之入滇，一已回家应乡试矣。鄂省四五月中阴雨过多，江水大长，幸堤工尚无溃决，然低洼州县已有被潦之处。交六月后，晴霁日多，然退水甚迟，缘长江下游安徽、江西水势较此间更大，故消水不畅耳。李筱翁行期大约

① 《翁曾翰日记》，第 345 页，光绪元年六月廿七日：“黄昏时，折差送六月十三日家信来，知万寿贺折与到任谢折均于明日递奏，署中一切平安，惟公事少人商量耳。”

② 《翁曾翰日记》，第 341 页，光绪元年五月廿八日：“缮寄十二号信附潘伯寅寄椒坡信。交天成亨带回。”

在七月中旬，因奏调人员计其时方至，且英国之格参赞亦于下月始由沪到此也。

吾署中房屋虽无清凉处所，然上房及签押房皆高爽，尚不致不耐坐卧。吾向来处境事事知足，故觉随处安适也。署中上下均平安，汝祥哥到省后仅来一信，不识其所忙何事。家乡奎保日前有书来，云合家皆好。差弁杨得胜人甚干练，然回时不可令多带物件，缘此时天热，行人不便携带也。明日即行，挥汗书此数行，问合家安吉。六月二十日，玉甫手书。全姨侍笔问安。

按，由"吾接署督篆后"知，本札作于光绪元年六月二十日。该年七月初七日，翁曾翰于日记中写道："得湖北六月二十日家信，知父亲近日极忙，天气亦热，署中均安。李制军七月中方启程。"①此即本札的主要内容。

本札还介绍了督署幕友的基本情况：一切照旧，但缺乏负责折奏及书启的专人。翁同爵还于札中分享了湖北省的天气状况、官署的办公条件等情况。在翁曾翰收到本札的后一日，翁同龢也得见此札或翁同爵写给他的专札，故于夜里作了回信。②

（二十六）光绪元年七月廿一日（1875 年 8 月 21 日）

信封　平安家报。福字拾壹号。交督署折弁李得旺。玉甫手缄。
钤印　富贵长寿（白文方印）

字付筹儿览：

月之望日折差安成华回，接汝六月廿四日所发第十四号家书；外

① 《翁曾翰日记》，第 346—347 页。
② 《翁同龢日记》，第 1178 页，光绪元年七月初八日："得五兄六月二十日函，李公于七月中旬方起程。折差云保定北水过马腹。夜写寄楚家信。"

黄折一包。十九日折差吴长福回，又接汝六月廿九日所发第十五号家书，借知合家安吉，深为欣慰。安、寿两孙能入场应试，录科已过，尤为欢喜。

吾自兼署督篆后，公事倍于本任，且事事皆以全副精神注之，故竟少闲暇，又天气炎热，日夜挥汗如雨，颇形劳碌。幸吾近体甚健，饮食如常，且看公事时总以静心摄之，是以案牍虽多，然绝无厌苦之意，惟办公外不愿复以他事萦心，得休息时且少休息，即此可见精力远不如前，否则吾岂真能公而忘私者耶？督署幕友二人一高一汪。皆仍其旧，借资熟手，至折奏，则李筱翁处亦无专席，其稿半由高君草创，或自己润色之而已。吾则奏牍本非所长，急欲于属吏及幕友中寻觅一人以资商榷而竟无应是选者，真无可如何也。

鄂省四五月间苦雨，且湖南辰州、常德一带大水江流暴涨，堤防到处岌岌可虞，今幸逐渐消退，堤工可以保固，然低洼之处积水难消，补种不及，业已成灾，将来俟查勘确实，方能分别奏请蠲缓。惟自交六月后，天气连晴，又复患旱，农田望泽孔殷，近已两次设坛祈祷矣。李筱荃于月之十八日始克成行，其所调随员江苏同知陈君福勋已到，而续调之丁芥帆则不知何日方能到鄂也。①

此间候补人员考试，拟用论判而不考诗文，庶几由他途进者无所借口，至佐杂微员，则仅令其面写履历，于五月杪即札行藩司，大约于文闱过后即日举行，再行奏闻也。主考朱酉山、恽次远皆同乡而有年世交，无不为之极力张罗，惟鄂省局面素小且藩司又浑浑穆穆，能得虎贲之数即已不遗余力矣。吾近来亦颇料理科场事宜，大约入闱须二十天，惟两署公事皆在场内用印发行，未免稍繁耳。吾近体甚好，可勿挂念。草此，问合家安吉。七月廿一日，玉甫手书。全姨侍笔问安。

---

① 《翁曾翰日记》，第350页，光绪元年八月初三日："又过月舫处取监照，见芥凡来札，已于五月初办葬，六月初到省，廿日左右可到凤阳矣。"

魁华峰之侄文英已委署兴国营参将,汤伯述之戚仇超曾已委厘局差使。廖令鸿润到省时,调帘人员已经定见,开单交两司,不便再行更改,将来如原调人员内届时或有不能入场者,方能添入也。今有一人有要差,不能入帘,已改调廖令矣。七月廿一。

自交六月后天气极热,夜不能卧,颇以为苦,至月之十七日晚间,忽起东北风,顿成清凉世界,夜睡甚适矣。吾因手战、肠燥等症总未全愈,近延候补道程丽荣即医好江督李雨亭者,春藻。诊视,据云系肝血不足是前数年肠红所伤。所致,现服其方,似有效也。

翡翠朝珠系吾重金所购,此次忘却携来,是以前书中嘱汝为吾一检点,或遇的便寄来,不必寄来。何以来书无只字回覆?岂汝亦忘却之耶?下次信来,可覆吾知之。汝祥哥到浙后吾仅接其二书,其一则前日所来,要吾寄银接济,方有此信,否则恐难得其只字,吾却于接信后即寄银二百两往矣,所谓舐犊之爱也。李筱翁前次进京,凡督署入款皆与署事者平分,此次则竟全数相让,不肯复照前样,可谓爱吾深矣。

　　按,此为湖北所发福字十一号家书之一。由"吾自兼署督篆后"一句知,本札作于光绪元年七月廿一日,是对翁曾翰六月廿四日所发第十四号家书①和六月廿九日所发第十五号家书②的回复。本年六月廿九日,《翁曾翰日记》写道:"门斗送来录科,斌孙廿五、耀孙卅二,均取入,可下场矣。"③故本札曰:"安、寿两孙能入场应试,录科已过,尤为欢喜。"可见,所谓"耀孙"即安孙。由《翁曾翰日记》可知,本札于

---

　　① 《翁曾翰日记》,第 345 页,光绪元年六月廿四日:"寄十四号禀,附黄折等,京报,信内有穆图善咨文一件,为史敬铭太守回省事。交折弁安姓带回。"

　　② 《翁曾翰日记》,第 346 页,光绪元年六月廿九日:"以十五号信交吴弁带回,即日出都也。"

　　③ 《翁曾翰日记》,第 346 页。

光绪元年八月初六日送达翁曾翰手中。①

　　相较于翁同爵前一日致翁同龢札,本札的内容更加丰富。除与前札相同的内容外,翁同爵还于本札介绍了九月中拟对湖北省候补人员、州县佐杂微员采取的考试办法,以及他提前为湖北乡试主考官朱酉山、恽次远张罗程仪之事。"论判"指策论和判语,都是科举考试的项目。朱福基(生卒年未详),字酉山,同治四年(1865)进士,光绪二年任山西学政,江苏无锡人;恽彦彬(1838—1920),字次远,号樗园老人,同治十年进士,光绪二十年任广东学政,江苏阳湖(今江苏常州)人。

　　翁同爵于副启中谈及针对若干人情说项的差使安排。魁华峰即与翁同龢共同相度山陵吉壤的魁龄(1815—1878),汤伯述即翁同龢的妻弟汤纪尚(生卒年未详)。廖鸿润(生卒年未详),字逮宾,湖南渌江(今醴陵)人,此时已被翁同爵改调入帘。据后续信札知,廖鸿润最后因"考帘官文颇有荒羲"而被翁同爵派一外帘差。② 江督李雨亭即曾任两江总督的李宗羲(1818—1884)。

(二十七) 光绪元年七月廿九日(1875 年 8 月 29 日)

信封　平安家报。福字拾贰号。玉甫手缄。折差刘得胜,八月十三日到。
钤印　富贵长寿(白文)

字付筹儿览:

　　廿二日将十一号家书交督署折差李得旺赍去,未识何时可到?

---

　　① 《翁曾翰日记》,第 350 页,光绪元年八月初六日:"折弁李得旺来,得父亲七月廿一日函,合署平安,服程丽芬观察补药方,手战、肠红诸症渐平,入闱须二十日,两署公事极烦,鄂中已旱,设坛祈祷。制军于十八日起身,九月中考试,属员已牌行矣。《兵制考略》已刻成八百本,费百廿金耳。"
　　② 南京博物院藏光绪元年九月初一日翁同爵致翁曾翰家书。

廿三日承差蔡正青回，接得汝月朔不列号家信，^①借知合寓均吉，安孙等录科已过，^②深为欣慰。

吾近体甚健，两署公事虽多，然提起精神以静心摄之，故挥汗如雨时亦不觉劳苦。近则秋暑渐退，更觉办理裕如，惟每日闲空之时甚少耳。吾日来亦料理入闱事宜，两署公文皆须在闱内印发，故家人不能少带，拟用管公事二人、誊批一人、用印一人、跟班四人，则减之无可复减矣。署中诸务，有汝四哥在此，自可照料，其留在衙门家人，当令汝四哥严束之也。幕友均不入帘，标判等事即令一文案委员主之。吾在闱须住二十日，缘正场外十八日尚有翻绎一场，且须俟头场朱卷进毕，监临始可出闱，故向来总在二十四五也。

李筱荃于十八日成行，查办事亦毫无成竹，启行前数日接云南岑彦卿书，似已肯降心相从，若然，则或易了结，所调随员惟江苏同知陈福勋已同往，至丁介藩，则不知何日方能抵鄂，至时当令其由陆路前进始可赶上也。

督署廉俸所入较优，吾上年出京时所举之债似可还清，惟本年年底应酬之款亦须筹画，当于九十月间陆续寄都也。京寓日用所需，每月用两百金，自然不能再减，吾分当接济，毋待汝言之，惟会寄或有先后，其不接时须汝设法挪移耳。至汝之房户用度，吾亦当随时专寄，非偏爱汝也。盖汝兄弟三人吾总平等相待，不肯令有畸轻畸重于其间，此则吾为父母者之苦心也。汝其知之。

吾手战、便结虽渐轻减，然总未全愈，近延程丽芬观察诊视，据云六脉皆好，惟肝血不足，故见此症，定一养肝生血之方服之，似甚合宜也。手此，问合家安好，余俟续布，一切不备。玉甫手书，七月廿九

---

① 《翁曾翰日记》，第 346 页，光绪元年七月初一日："以不列号信并崇文山处托寄一总函交承差严正青带去。"

② 《翁曾翰日记》，第 346 页，光绪元年六月廿九日："门斗送来录条，斌孙廿五、耀孙卅二，均取入，可下场矣。"

日。全姨侍笔，请合家安。

前函缮就，正在封发间，适折弁杨得胜回，接得初十日京寓所发第十六号家书，①借知京寓皆吉，深为欣慰。

京师炎热甚于往年，能少出门即是慎疾之道。汝叔父遵化之行大约须往返十日，惟通州以东水阻难走，未知坐轿否？颇为悬念。安、寿两孙应试，可与其师同号，大佳，且定一小寓，尤慰吾意。

吾近来亦检点入闱物件，在内须住二十日，衣服等不能不多带也。两主试于昨日已抵汉口，吾遣材官持帖往迓，据云路上虽热，然途中上下均平安也。草此，问合家安好。廿九日申刻，玉甫又书。

潘秋谷已委代理麻城，惟系帘缺，不能长久耳。广西副考官陆晴湖芝祥。带病就道，至正定而增剧，行至鄂省黄陂、滠口地方，殁于驿舍。吾闻之极为怜惜，当即饬令地方官妥为照料黄陂戴令亲往照料。其身后事，并移其柩于汉口并令加漆数道。以待其家属之至，并倡助百金以为属吏劝，未知能得千金之数否？陆君上有老母而下无弱息，甚可悯也。此间交六月后暑热异常，夜不能卧，直至七月十七日下午起大东北风，炎威方退，所喜蚊子虽有，然大而不多，觉较家乡稍好耳。

按，由信封编号、收发记录和《翁曾翰日记》可知，本札接续前札，为湖北所发福字十二号家书，作于光绪元年七月廿九日。该信于当年八月十三日到达北京，故翁曾翰于八月十四日的日记中写道："折弁刘得胜来，得父亲七月廿九日函，一切平安，入闱须二十余日。席支不入帘。服程丽芬药方甚见效。星使已抵汉口。潘秋谷代理麻城帘缺，鄂中收子大而少。"②"席支不入帘"即本札所谓"幕友均不入

---

① 《翁曾翰日记》，第347页，光绪元年七月十一日："叔父出城，寄十六号信，附京报、魁华峰、广少彭、陈小舫信。交杨得胜带回。十四加数行方走。"

② 《翁曾翰日记》，第352页。《翁同龢日记》，第1186页，光绪元年八月十五日："得楚信，即作数行交原人。"

帘";"星使已抵汉口"即本札所谓"两主试于昨日已抵汉口","两主试"乃前述之湖北乡试主考官朱福基(生卒年未详)和恽彦彬(1838—1920);"鄂省收子大而少"即本札所谓"所喜蚊子虽有,然大而不多","收子"或为辑者之误,当为"蚊子"。

札云"已委代理麻城"的潘秋谷,即潘康保(1834—1881),原名贵生,咸丰九年(1859)举人,曾任湖北嘉鱼、钟祥、麻城等县知县,补用知府,乃潘世璜(1765—1829)孙、潘遵祁(1808—1892)子、潘祖荫(1830—1890)族弟,江苏吴县(今苏州)人。陆芝祥(生卒年未详),字晴湖,广东番禺人,同治七年(1868)进士。本札提到,陆氏出任广西乡试副考官时"带病就道,至正定而增剧,行至鄂省黄陂、滠口地方,殁于驿舍"。由本札知,兼署湖广总督、湖北巡抚的翁同爵,不仅下令地方官妥善料理陆氏的身后事,还带头捐助一百金,以发动属吏无偿捐款,其为官处世、人文关怀由此可见一斑。

前文提到,翁同爵于同治十三年底赴湖北巡抚任时曾向银号及个人借了一万两千到一万三千金用于留"别敬",截至五月初六日只有三月底还了两千金。由此推算,这批借款至少还剩一万金没还。而本札曰:"督署廉俸所入较优,吾上年出京时所举之债似可还清,惟本年年底应酬之款亦须筹画,当于九十月间陆续寄都也。""本年年底应酬之款",也一定不是一笔小数目。这些充分说明,湖广总督的收入确实比湖北巡抚的收入高很多。

(二十八) 光绪元年八月初四日(1875 年 9 月 3 日)

字付筹儿览:

前月廿九日将第拾贰号家书交折差刘得胜赍去,约计中秋前后可达。汝叔父遵化之行何时可回? 途中积水已消否? 行程不致阻滞否? 深为悬念。安、寿两孙入场仍赁一考寓,且场中又能与刘师同号,更可放心。闱作可寄来一阅,吾却并无奢望,不过欲知其学业如何耳。

吾日来料理科场事宜,且又值各庙秋祭,半夜即起,二鼓方息,稍觉劳顿,所幸近体强健,尚可支持。汝前来书云,京寓用度每月至少须二百金,恐现存之款不敷应用,嘱吾接济。今从天成亨银号会去足色库平纹银壹阡两整以备家用,外库纹足色贰百两,系家人辈端阳、中秋两节分项,禀明汝叔父,酌量分给,至多寡,则由汝酌定,吾不遥断。惟若辈在京当差甚苦,可尽数分给,切勿再留为嘱。张升近托斑升携来孝敬吾白高丽参一斤,分项时可特从丰,方可酬其值也。

吾下次家信须于出闱后方能发,至早亦在重阳后始克到都,汝勿远念。汝四哥在此,署内诸事自可照料,伊近服程观察方,精神亦似稍旺也。草此,问合家安好。八月初四日,玉甫手书。

按,由首句知,本札接前札,为湖北所发福字十三号家书,作于光绪元年八月初四日,是翁同爵本年入闱监临前所发的最后一封信。翁曾翰于当年八月廿一日收到此札,故于当日日记中写道:"晨至天成,得湖北家信,系初四所发,外会银千两以济京寓用度。"①据札,翁同爵同时还汇银二百两以供仆人端午、中秋两节分项,《翁曾翰日记》中未提及。翁同爵本次汇款缘于翁曾翰曾在此前来书中请其接济。翁同爵于前札中已有回应:"京寓日用所需,每月用两百金,自然不能再减,吾分当接济,毋待汝言之,惟会寄或有先后,其不接时须汝设法挪移耳。"另外,因仆人张升托人给翁同爵送来了一斤白高丽参,故翁同爵于本札中特地嘱咐翁曾翰分项时对其从优从厚以作回报。

（二十九）光绪元年八月廿一日（1875 年 9 月 20 日）

字付筹儿览:

吾于初六日入闱监临,是日天气尚热。初七日午后风雷交作而

---

① 《翁曾翰日记》,第 353 页。

无雨,炎威稍退,初更时得雨一阵。初八日子刻即起,丑正开门,司道谒见后即开点,士子实到者共有九千九百余人,点名时虽复有暴雨三阵,然幸均不甚大,故听点诸生尚不致喧哗拥挤。吾此次仿照昔年林文忠抚吴时作监临章程,先将何时何学由何路点进,于藩司卖卷时人给一单,点名时按照排定时刻升炮换旗,此皆林文忠所有。使士子自知先后,不致争先落后。而补点者此则吾所添设。复委候补道二人在中路分东、西补点,仍留各本学书斗在彼照料,是以应点与补点诸生不使停留跬步,点名自然迅速,于申正二刻即点完,封门才酉初耳,据他人云,为向来所未有,非敢谓办理之善,惟吾此数月来却专心预画,巨细毕备,方有此规模也。

士子入场后皆能安静,初十日放牌净场,清吉无事。头场极热,幸场内无一病者。鄂省闱中用水,向在城上戽取江水入城,灌至贡院,今科仍旧,惟多添大缸数百口置于各号号口,向来虽有缸,嫌太小,不敷一号之用。可以澄清汲用。兼防火烛。添派委员司之二场点名,时刻照头场,而午正三刻即竣事,司道辞出及进供给,封门尚不及未正也。三场因开门时狂风骤作且汉口失火,红光烛天,是以开点略迟半个时辰,而点罢及封门仍如二场时刻。

十五日酉正即放牌一次,以交卷者多,出场者有五千余人。势难禁遏也。中秋看月,计兄弟、父子、祖孙共分七处,未知何处最佳?安、寿两孙闱作何如?伊等初次观场且功夫浅薄,吾却不敢有侥幸心也。顺天主考不识简放何人?此间大约于二十后方能知,昨于廿日已见京报。至题目,则须更后数日矣。江南乡试题此间昨日已知,似亦嫌稍熟,主考阅文去取殊不易也。十七日点翻绎应试诸生入场,才二十七人耳,午后请题纸出,刊刻刷印,至十八丑刻方发给考生,诸生在场内亦甚安静,十九日午后放牌净场。

吾本拟廿四日出闱,而彭雪芹侍郎于十六日到鄂,伊与吾有面商之件而又不能久待,是以今改于廿二日出闱矣。吾在闱中虽点名日早起晏眠,余日亦有阅视、印坐号及督率外帘各所应办诸务,并两署公事判行打到,几于日不暇给,然无应酬、见客等事,故尚有握管之时,连日连续书此,恐出闱后人事纷纭,转不如在闱中尚有一时半刻清闲也。此间月之初旬,秋暑颇甚,十四日骤起凉风又甚冷,吾在龙门点名时已受风,夜又受寒,至十六七日连发寒热,请人诊视服药,今已霍然矣。八月廿一日,玉甫手书。

鄂藩林远村人虽浑噩,少理繁治剧之才,然持躬端谨,操守尚优,不失为正人君子,今奉旨来京另候简用,吾颇惜其去。替人孙琴西人品、学问固所佩服,特未知其居官作事如何耳。凡大吏新到一省,至少总须一年半载方能于地方利弊、属吏贤否稍悉其颠末也。

按,此八纸款署"八月廿一日",又以朱墨书写,显然作于闱中。再由"安、寿两孙初次观场"这一关键信息,可知本札作于光绪元年八月廿一日。翁同爵于札中详细介绍了本年湖北乡试的举办情况,着重介绍了头场、二场、三场的点名情况和考场秩序,旨在突出其专心预画、巨细毕备、方法得当和办事高效。"林文忠公"即林则徐(1785—1850),字元抚,又字少穆,嘉庆十六年(1811)进士,福建侯官(今福建福州)人。翁同爵此次入闱监临,效仿的正是林则徐抚吴时制定的监临章程,运用类似于当今"取号排队"的科学方法来点名,并改进和创新了补点办法。

翁同爵询问顺天主考是谁时,先说:"此间大约于二十后方能知。"廿一日又以小字补写道:"昨于廿日已见京报。"说明本札是八月二十日前预写的,然后八月廿一日最终完成的。查《翁曾翰日记》,可知当年的顺天乡试主考官是毛昶熙(1817—1882)、崇绮(1829—1900)、殷兆镛(1806—1883)和徐桐(1820—1900)。①

① 《翁曾翰日记》,第350页。

(三十) 光绪元年八月廿五日(1875 年 9 月 24 日)

吾于廿二日出闱,闱中三场朱卷已进内帘毕矣。出闱后属吏来见者颇多,且公事亦间有待办者,故连日甚忙碌。廿四日阅邸抄知,汝叔父蒙恩署理刑部右侍郎,欣喜之至。西曹例案本为汝叔父所明悉,驾轻就熟,较之他部为宜,惟上衙门日子既多且到署时刻亦长,又与他部辛苦耳。

鄂省藩司,吾本意欲俟新任孙琴西到省后再令交卸,而林远村苦求接替,不得不从其请。今委臬司王晓莲大经。署藩司,粮道何维键号芷涛。署臬司,候补道胡凤丹号月樵。署粮道,皆循资按格,未尝越等委署也。此间秋暑尚盛,服单夹衣犹嫌热,署中大小皆平安。玉甫又书,八月廿五日。

按,由“汝叔父蒙恩署理刑部右侍郎”知,本札作于光绪元年八月廿五日。翁同爵已于八月廿二日出闱。林之望卸任湖北布政使,赴京候简,[①]故王大经(1810—?)署理湖北布政使,何维键(1835—1908)署理湖北按察使,胡凤丹(1828—1889)署理湖北督粮道。翁同爵认为如此安排都是论资排辈,没有越等委任。

(三十一) 光绪元年八月廿九日(1875 年 9 月 28 日)

字付筹儿览:

昨督署折弁李得旺回,接汝八月初九日所发拾捌号家书,借知合家均吉,汝叔父已由遵化回京,安孙等进场平善,深慰远念。吾出闱后伤风已愈,惟廿五日复腹泻一日,稍觉疲乏耳。署中上下均好,汝

---

① 《翁曾翰日记》,第 350 页,光绪元年八月初三日:“林之望、应宝时均来京候简。”

四哥近体亦佳,现服程丽芬温补之方,颇有效也。汝三哥处久无信来,前得其两书,诡云曾发信三四函,皆虚语也。前于《申报》中见其得厘局帮办差而已。家乡八月初有书来云,大小皆吉。里中赴京兆试者寥寥,未识能有获中者否?天气渐凉,汝起居宜慎。手此,再问合家近好。八月廿九日,玉甫书。全姨侍笔,敬问合家安好。

　　按,本札作于光绪元年八月廿九日。前述"八月廿一札"和"八月廿五札"尚未发出,翁同爵又接到了翁曾翰八月初九日所发乙字十八号家书,①故于八月廿九日又提笔补了一纸,即为此札。因为与上一札间隔太近,所以本札内容简略,主要介绍翁同爵、翁曾荣的身体近况和翁曾纯的工作近况。从《翁曾翰日记》来看,翁曾翰于八月初九日就已经知道翁曾纯现派厘局帮提调之差。②

(三十二) 光绪元年九月初一日(1875 年 9 月 29 日)

　　吾在闱时,盐道蒯蔗农接李节相书,令其请程丽芬赴津为丁雨生治病,而其太夫人似以程君现为诊视,服其方颇效,不欲令往。作家书复之后数日,复接节相书,尚未接此间书。云雨生病已渐愈,不必请程君往矣。此事可作罢论也。廖令逮宾考帘官文颇有荒象,题"有德者必有言"一章。故入闱派一外帘差。丁芥帆于廿一日方到此,其家人皆不愿随往,在此另觅,昨始起程。二主试极和平谨慎,内帘甚整肃,其家人辈亦颇安静。呼延冠三之世兄当为留意,厉吉人亦当为位置一差事也。

---

　　① 《翁曾翰日记》,第 351 页,光绪元年八月初九日:"缮寄乙字十八号信,附京报、载鹤峰、董□□□函。交折弁李得旺带回。"
　　② 《翁曾翰日记》,第 351 页,光绪元年八月初九日:"得恽杏云七月廿一函,祥哥现派厘局帮提调,为特设之差也。"

按，丁芥帆即丁士彬（1836—?），是继江苏同知陈福勋（生卒年未详）之后被派前往云南协助李瀚章处理"马嘉理事件"的官员。据光绪元年八月廿九日翁同爵致翁同龢札知，丁芥帆于翁同爵写信当日始成行。而本札曰："丁芥帆于廿一日方到此，其家人皆不愿随往，在此另觅，昨始起程。"由此反推，本札当作于光绪元年九月初一日。

蒯蔗农即蒯德标（生卒年未详），字蔗农，安徽合肥人。"李节相"即李鸿章（1823—1901），本名章铜，字渐甫、子黻，号少荃（一作少泉），晚年自号仪叟，别号省心，安徽合肥人。丁雨生即丁日昌（1823—1882），字持静，小名雨生，别名禹生，广东丰顺人。丁日昌此时正在天津帮助李鸿章商办事务，故本札有李鸿章致书蒯德标，请程丽芬赴津为丁氏治病一节。廖逮宾即廖润鸿（生卒年未详），字逮宾，湖南渌江（今醴陵）人，医家、地理家。呼延冠三即呼延振（生卒年未详），字冠三，号静斋，陕西长安县（今陕西省西安市长安区）人，道光二十四年（1844）进士，由翰林院编修补授山西道御史。[1] 厉吉人待考，为翁曾翰之同年，[2]与呼延振之子一样，到湖北谋差使。

（三十三）光绪元年九月初一日（1875 年 9 月 29 日）

再，吾于八月初四日将拾叁号家书、外足色库纹壹千贰百两，交天成亨银号汇寄进京，未识何时可到？此项银两，整数千金为吾寄京寓日用所需，其二百金则家人辈累节分项，汝可酌其差使轻重尽数分给之，连女使及粗人皆须均给。盖京寓冬令总须严密堤防，使若辈皆

---

① （清）黄叔璥《国朝御史题名》，清光绪刻本《咸丰御史题名》，叶四（上）。

② 《翁曾翰日记》，第 349 页，光绪元年七月廿八日："绂臣来晤，得厉吉人七月九日函，已到湖北矣。"《翁曾翰日记》，第 362 页，光绪元年十月十六日："得厉吉人同年信，已得局差。信由菘屏交。"

沾恩惠,则守更自能格外留心也。至嘱,至嘱！翡翠珠吾不过偶尔问及,因无回信是以再询之,不必寄来也。此次折差因候署藩、臬谢恩折,故稍迟走,重阳后又有人行也。

按,从末句可以看出,本札极有可能是福字十四号家书的末一纸,作于光绪元年九月初一日。从内容上看,本札再次围绕与福字十三号家书同时汇寄的一千二百两款项的分配问题。

在此前的一通家书中,翁同爵曾提及翡翠朝珠:"翡翠朝珠系吾重金所购,此次忘却携来,是以前书中嘱汝为吾一检点,或遇的便寄来,不必寄。何以来书无只字回覆？岂汝亦忘却之耶？下次信来,可覆吾知之。"①从字里行间可以看出,翁同爵其实更在意的是:为什么翁曾翰来书没有回复其问询。翁同爵于本札中再次提到这串翡翠朝珠,语气要比之前缓和许多,明确告知翁曾翰不必寄来。

（三十四）光绪元年九月初八日、初九日
（1875 年 10 月 6 日、7 日）

信封　平安家报。福字拾伍号。玉甫手缄。九月二十六日到。
钤印　富贵长寿（白文）

字付筹儿览：

八月初四日曾作拾叁号家书,外会寄足纹壹千库平。贰百两,由天成亨银号寄京,未识何时可到？②吾在闱中及出闱后陆续作家书十四纸,为第拾肆号家信,于月之初二日交折差盛万年赍去,约计月

---

① 南京博物院藏光绪元年七月廿一日翁同爵致翁曾翰札。
② 《翁曾翰日记》,第 353 页,光绪元年八月廿一日:"晨至天成,得湖北家信,系初四所发,外会银千两以济京寓用度。"

半前后方能到京也。① 吾此间八月廿八日折弁李得旺回，月之初二日折弁刘得胜回，先后接汝所发十八②、十九③两号家信，借知合寓安吉，汝叔父于八月十六日到任，安、寿两孙三场已毕，场规均无错误，深为欣慰。④

吾在此公私顺适，辖境虽有水旱偏灾，然幸米粮不贵且今春麦收颇好，小民尚不致流离失所，无须振济也。英国威使借云南马加利之案要挟多端，近闻似不致失和，彼族在汉口者尚称安静。江防诸事日前与彭雪琴筹商，迄无制胜之策，惟有勤操练、储火药，使兵勇之心常如临大敌，则有事自可应敌而已。至铁甲、轮船、铁炮台等，雪琴以为徒耗钱粮，无裨实用。其说亦是，盖伊在军营阅历有年，非纸上谈兵者也。李筱荃，屡接其途次来书，大约于九月杪方能抵滇。闻岑彦卿已将李熙泰等拘获到省，就本案似易了结，所难者案外枝节耳。

两主试阅文既精细，而约束家人辈又甚严，绝无需索之件，为近来所罕见。鄂省近日无事，新方伯孙琴西尚无消息，不知须进京否？吾自闱中受风寒，屡服疏散方剂，近虽起居饮食均已复原，然鼻观不知香臭，口味不知咸淡，不过伤风小恙而半月不能全愈，可见气体之

① 《翁曾翰日记》，第356页，光绪元年九月十五日："折差盛万年来，得父亲九月初一日函，知前月廿二出闱，感冒已愈，惟咳嗽、鼻涕未止，闱中一切妥洽，人士平安，约重九揭晓也。"

② 《翁曾翰日记》，第351页，光绪元年八月初九日："缮寄乙字十八号信，附京报、载鹤峰、董……函。交折弁李得旺带回。"

③ 《翁曾翰日记》，第352页，光绪元年八月十五日："寄十九号禀交刘得胜带回。"光绪元年八月十四日："折弁刘得胜来，得父亲七月廿九日函，一切平安，入闱须二十余日。席支不入帷。服程丽芬药方甚见效。星使已抵汉口。"

④ 《翁曾翰日记》，第352页，光绪元年八月十六日："是日巳刻叔父到任。"第351页，光绪元年八月初十日："午后进城赴小寓接考，顷之，叔父、五哥均来。哲卿先出，申正安儿出，酉正寿侄出。安尚有精神，而寿极倦，寿文甚妥，而安殊草之，且有小疵，幸未犯贴。"

衰矣。署中上下均好，汝祥哥处今日方接其一书，云厘金帮办差每月可得薪水四十金，盖此差为伊添设也。吾今日须至贡院填榜，饭后即往，匆匆草此，问合家安吉。九月初八日，玉甫手书。全姨侍笔问合家安。

前日得家乡书知兰保病殁，绂卿侄所生子女尽矣，为之堕泪！锡保聘妻能守贞节，可敬之至！[①] 当为之请朝廷旌表，似守贞者更不比守节者之尚限年分也。厚斋当略接济，拟于九十月间筹寄也。

白退庵年伯昨从安徽到此，已允其在书局位置一席，大约薪水每月五六十金也。先公诗集新从家乡寄到样本两部，现留一部在此间，以一部交此次折差带京，吾曾翻阅一过，似错字尚少也。前书云文集拟在鄂刊刻，可即写一清本寄来。

张诚，吾到任后派司稿门，分第一等股分，可谓待之不薄。乃于七月中吾兼署督篆后，有南省解到科房饭食银一千余两专员来鄂，并不先随时回明，仅将批文交签押，夜间打到，及吾诘问则云银在门房，吾以"数目既巨且有来员，何不即时回吾？"诃斥之。今告假回京，可谓无良心者矣。

今日揭晓，吾于昨日午刻进闱，酉初拆弥封填榜起，至子正填毕，发榜悬挂已丑初矣。榜中多知名士，闱墨亦纯正，兹特寄题名录、闱墨各一分，可查收。此次折差须递皇太后万寿折，在京可担搁数日也。

今日接汝八月廿五日所发第贰拾号家书，从乾裕来。知合寓皆吉，慰甚。安孙闱作虽薄弱，然通顺无疵，殊为可喜！筱荃制军行后，时时有书来，吾亦时有信去。京师放榜大约在初十后，此间见题名总在二十左右矣。手此，再问合家安好。重阳日二鼓，玉甫手书。

---

① 《翁曾翰日记》，第351页，光绪元年八月十二日："厚斋伯来信云士复兄之子名梓孙者于七月十二日病殇，其重媳王氏年廿一岁。情愿守贞，越日成服，深可敬闵，乐志堂中屡见贞节，吾宗光大，其未艾乎。"

　　按，本札作于光绪元年九月初八、初九日，于九月初十日寄出，为湖北所发福字十五号家书，于九月廿六日送达翁曾翰手中。① 与之同时寄出的还有一通翁同爵致翁同龢札，②只是目前尚未见到。本札曰："汝叔父于八月十六日到任"，指翁同龢于本年八月十六日正式到任署理刑部右侍郎。③ 该年八月十九日，翁曾荣致翁曾翰札中曾言："近知彭雪琴来此专候大人出闱，有面商事件，现定廿二辰刻出来以便会晤也。"④现根据本札可作如下判断：翁、彭二人此次面商的核心内容是江防诸事，为的是应对"马嘉理事件"导致的外交紧张局面。据札，赴滇处理"马嘉理事件"的李瀚章大约于九月杪才能到达当地。

　　白退庵即白让卿（生卒年未详），直隶通州（今北京通县）人，曾任湖北汉黄德道。"先公诗集"指翁心存诗集，"文集"指翁心存文集。"兰保"是翁同书（1810—1865）的长子翁曾文（1830—1853）之女，于光绪元年八月初二日以劳瘵卒。⑤ "锡保"是翁同福（？—1862）次子翁曾绍（1833—1879）之长子翁梓孙（？—1875）。

---

　　① 《翁曾翰日记》，第358页，光绪元年九月廿六日："折弁杨国胜来，得父亲九月初十函，体中安健，惟鼻塞，胃口不香。文闱已发榜，解元王之瑞。寄题名闱墨来。常熟寄去先文端公诗集两部，带一部来。四本，六卷。祥哥曾有信，到鄂局差，薪水四十金，可敷衍。"

　　② 《翁同龢日记》，第1196页，光绪元年九月廿九日："得五兄九月初九。信，秋闱极齐整，一切安善，惟感冒未痊愈。"

　　③ 《翁同龢日记》，第1186—1187页，光绪元年八月十六日："卯初事下，在小朝房晤同官，巳初到任，百文昌、关帝庙、科神庙，未拜印。"

　　④ 南京博物院藏光绪元年八月十五日至十九日翁曾荣致翁曾翰家书。

　　⑤ 《翁曾翰日记》，第352页，光绪元年八月十六日："常熟来信，知兰侄女于本月初二日以劳瘵卒，侄婿赴试未归，可胜伤悼，绂兄之后，胡至于此。"

（三十五）光绪元年九月十二日（1875 年 10 月 10 日）

信封　平安家报。外皮合钟一架，亮纱袍褂料一副，云纱一匹。福字
　　　不列号。玉甫手缄。十月初二日赍到，张诚带来。
钤印　富贵长寿（白文）

字付筹儿览：

　　重阳日折差严国泰赍去第拾伍号家信，未识何时可到？兹张诚
回京，寄去皮合钟一架，系吾寄汝叔父者，又亮纱袍褂料一付给安孙，
又云纱长衫料一匹，安、德二孙可各做一件，汝可收明。此问合家安
吉，北闱揭晓，未知两孙有中式者否？此又妄想也。十二日，玉甫
手书。

　　按，本札作于光绪元年九月十二日，于十月初二日送达翁曾翰手
中。① 翁同爵前札（《九月初九日札》）中曾述及仆人张诚忘恩负义，
因办事不力而被呵斥后便拟告假回京。九月十二日，张诚正式启程
回京，故翁同爵托其带皮合钟一架给翁同龢，亮纱袍褂料一副给翁安
孙，云纱长衫料一匹给翁安孙和翁德孙。其中，翁同爵托带的皮合钟
于十月初六日送达翁同龢手中。② 本札只是对物件分配的简单说
明，并没有太多实质性的内容，故不列号。

----

　　① 《翁曾翰日记》，第 359—360 页，光绪元年十月初二日："张诚由湖北告
假回京，今日来，带到严亲手书一纸、九月十二交。外小钟一个、寄叔父。纱袍褂等
三件。给两孙。"
　　② 《翁同龢日记》，第 1197—1198 页，光绪元年十月初六日："仆人张诚从
鄂署归。五兄寄余皮金钟，极适于用。"

（三十六）光绪元年九月廿三日（1875 年 10 月 21 日）

信封　兼署湖广总督、湖北巡抚翁平安家报。内家言,外带钩、洋表布包一个,荆缎袍褂料两副,敬求福便携至京都,饬交舍下为感。姻世愚弟翁同爵拜干。次远太史交来。

钤印　富贵长寿（白文方印）

字付筹儿览：

重阳日放榜,榜中多知名士,士论翕然,闱墨极清真雅正。二主试皆吾同乡世交,酬应稍厚,每位各送程仪肆百金,向例总督二百,巡抚一百,有年世谊者酌加。今吾兼署督篆,由均有世谊,故三百外加一百。又送书籍《史记》《汉书》、荆缎袍褂一付、被面二个等,稍尽地主之谊。饭单四方,璧还官燕、银耳。惟鄂省局面甚小,统计赆仪,不过虎贲之数,殊不足壮行色耳。吾于十二日先请过一饭,十六日又在曾文正祠有一公局,今日又请二君便饭。二主试亦皆送礼物,惟受扇一柄、对一联、缙绅一部、京靴一双而已,余均璧赵也。

主试定于廿五日起程,今寄去荆缎袍褂料两副、给安、德二孙,总一蓝布包。鹤顶红带钩给安孙。一副,又洋表三个,分给安、寿、德三孙,总一红布包。托恽次远①带交。又木板书箱一只,内《张江陵集》一部,送叔弟。袖珍板《经世文编》一部,《曾文正公集》无“求阙斋”本。及所选古文,送叔弟。又王板《史记》一部,给安孙。托朱西山带交,汝可查收。

班升,吾询之次远,据云途中尚勤慎得力,吾在中秋家人分项中给伊三十金,临行吾复赏以四金。又众人帮伊三十金,又各人私送伊亦各送礼物。共有二十金,亦可谓不劳而获矣。吾近体甚好,署中光景

---

①　恽彦彬（1838—1920）,字次远,号樗园老人,阳湖（今江苏常州）人。同治十年（1871）传胪,累官至工部右侍郎。

问班升可略知一二。手此,问合家安吉。九月廿三日,玉甫手书。连日甚盼寿孙捷音,未知能侥幸获中否?

　　按,从湖北二主试为恽次远和朱酉山可知,本札作于光绪元年九月廿三日。查《翁曾翰日记》可知,朱、恽两君于十一月十一日进北京城;①十一月十三日,跟随恽次远的仆人班升先将翁曾荣致翁曾翰信和托带各物件送来;②十一月十四日,恽次远登门拜访,又将本札呈交翁曾翰。③

　　本札首段的关键词是"酬应",讲述地方官翁同爵和湖北乡试主考官朱酉山、恽次远之间复杂的酬应。据札,地方官不仅要给主考官送"程仪",还要给主考官送礼物并请其吃饭。本札透露了湖广总督和湖北巡抚致送湖北乡试主考官"程仪"的不成文标准:总督二百,巡抚一百,有年世谊者酌加。当然,主考官也送地方官见面礼,但地方官一般都象征性地接受一点不是很贵重的东西。

　　此外,由本札知,翁同爵还托湖北主考官恽次远带交两副荆缎袍褂料、一副鹤顶红带钩和三个洋表,托湖北主考官朱酉山带交《张江陵集》、袖珍板《经世文编》、《曾文正公集》等书籍给翁同龢,并带交王板《史记》给翁安孙,但《翁曾翰日记》和《翁同龢日记》均未记载。

----

　　① 《翁曾翰日记》,第365页,光绪元年十一月十一日:"湖北主考朱、恽两君今日进城。"

　　② 《翁曾翰日记》,第365页,光绪元年十一月十三日:"班升赍来四哥交代信件,赠我宁袖袍一件、荆缎被面一个,给安儿荆缎褂一件、扇络一个,全姑娘寄内子红绿布、水烟筒等。"

　　③ 《翁曾翰日记》,第366页,光绪元年十一月十四日:"恽次远来晤,先交家信一函,系九月廿三日函。云严亲精神周匝,公事极认,吏治亦好,舆论翕然。"

（三十七）光绪元年九月廿七日（1875 年 10 月 25 日）

信封　平安家报。福字拾陆号。玉甫手缄。
钤印　富贵长寿（白文）

字付筹儿览：

　　月之朔日及重九日将拾肆、拾伍两号家书交折差盛万年、严国泰先后赉去，未识何日可到？严弁赉有先公诗集样本，谅不致沾潮，俟汝叔父校定后，或即寄家乡修改刷印，或再寄此间转交也。吾此间于重阳日接汝第二十号信，二十日复接汝廿一号信，知合寓皆吉，甚为欣慰。安、寿两孙今年初次观场，吾不敢有侥幸想，第汝长嫂丧女后情怀悲痛，冀其嗣子一中可少遂其欢心。乃于廿五日见顺天题名，知未获隽，颇为惆怅。然从此勇猛用功，转瞬来年即有科场，何患不出人头地耶？勉之为嘱。

　　吾日来公私事繁，每日夙兴夜寐，几无闲暇。二主考虽停止筵宴，然饯行之局所不能免，吾单请二次，与司道公饯行一次，于廿八日巳刻起程，明日尚须往送行。程仪吾每位送肆百金，复送礼物，亦可谓仁至义尽矣。楚北差囊向来不过虎贲之数，今科有赢无阙，吾亦颇为之出力也。孙琴西曾有信来，尚未奉到批回折件，近日传闻伊有十月十六日到任之说，或已有旨，毋庸来京矣。黔抚曾枢垣病故，未知接替者何人？黎简堂久任黔藩，似于此缺为最相宜也。李筱荃九月初十甫从贵州之黄平启行，计程尚有廿三站到滇，则抵彼总在十月初旬，且现在英国派往观审之格维讷尚未过鄂，总署已有书来，令妥为照料。则筱荃虽抵滇省亦不能即行审结，总须彼人到后方能了案也。黔省山路崎岖，筱荃书来云行路之难无逾于此，想比蜀道更难矣。

　　江南题名，此间于十九日即见，曾君表、庞蓬庵本是好手，士吉之婿叶寿松亦中，可见醴泉无源，芝草无根，人贵能自立耳。少年子弟岂可不自勉哉！吾近来身体尚耐劳，署中均平善，出月初七日考武场

矣。手此,问合家安好。九月廿七日,玉甫手书。全姨侍笔,问合家大
小安。

　　按,本札作于光绪元年九月廿七日,为湖北所发福字十六号家
书,于当年十月十三日送达翁曾翰手中。翁曾翰于当天日记中写道:
"得严亲九月二十七日家信,一切平安,已知南北闱题名矣,两星使廿
八启程北归,其差囊得三千余金,本署送每人四百。颇费力也。"①札中
所云"虎贲之数"就是三千。

　　孙琴西即新任湖北布政使孙衣言(1814—1894);曾枢垣即时任
贵州巡抚曾璧光(1809—1875);黎简堂即时任贵州布政使黎培敬
(1826—1882)。翁同爵认为曾璧光去世后,黎培敬出任贵州巡抚最
相宜,事实也证实了他的判断:光绪元年九月十四日,黎培敬升任贵
州巡抚。②

　　本札还提及李瀚章由黔入滇的动态和江南乡试的题名。李瀚章
抵滇的时间已由此前的九月杪推迟到了十月初旬。曾君表即曾熙文
(生卒年未详)的三子曾之撰(1842—1897),庞蘧庵即庞钟璐(1822—
1876)的次子庞鸿书(1848—1915),叶寿松即翁曾禧(? —1885)的女
婿叶茂如(生卒年未详)。

(三十八) 光绪元年十月初五日(1875 年 11 月 2 日)

信封　平安家报。福字第拾柒号。玉甫手缄。折差徐来,十月十九
　　　日到。
钤印　富贵长寿(白文方印)

---

　　①　《翁曾翰日记》,第 361 页。
　　②　《翁曾翰日记》,第 356 页,光绪元年九月十四日:"以黎培敬为贵州巡
抚,林肇元为布政使,余思枢为按察使,曾纪凤为贵西道。"

字付筹儿览：

前月廿八日将第拾陆号家书交折差张荣华赍去，计望前可达。昨差弁盛万年回，接到汝九月十八日所发贰拾贰号家信并外黄折、梨膏等，借悉合寓均吉，欣慰之至。汝叔父扈跸东行，约程九月杪可回京，未识途中寒冷否？汝侍读一途，此次又应用资深，无足介意，若来春得中，岂非逾于得此升阶耶？安、寿两孙初次观场，居然一挑誊录①，一亦房荐，殊足慰。意能奋勉用功，转瞬丙科，何患不破壁飞去也！寿官两腿受风，行走蹒跚，急宜调治，切不可因其无关痛痒轻忽视之，至嘱，至嘱！

此间二主试极力为之照料，其差囊居然有三竿以外，似胜于前届矣。前月廿八日即渡江至汉口，月之二日方长行也。林远村交卸后几于不能成行，吾复为之设法，始克就道，亦于上月杪回家矣。孙琴西闻有人都陛见之信，若然则到任总在明春正二月间也。吾近体甚好，文闱甫毕，现又接办武场，大约月之杪方能竣事。"滇案"英国观审之格维讷业经到汉，初议取道湘省，今复改由巴蜀，今已飞咨川省妥为照料，此间已委员并拨炮艇护行矣。署中上下皆好，勿悬念。此间合家长幼均吉。十月初五日，玉甫手书。

按，查《翁曾翰日记》，可知本札作于光绪元年十月初五日，由折差徐某某于十月十九日送达翁曾翰手中，②这和信封上透露的信息是一致的。翁同龢此次"扈跸东行"是陪同光绪皇帝和两宫皇太后移同治皇帝的梓宫至惠陵安葬。"汝侍读一途，此次又应用资深……"

---

① 《翁同龢日记》，第 1192 页，光绪元年九月十六日："寿官挑取眷录四十七名。"

② 《翁曾翰日记》，第 362 页，光绪元年十月十九日："得父亲十月初五日寄谕并宪书廿本，折差徐△△赍来。"

指内阁侍读刘哲泉(生卒年未详)"放贵阳遗缺府"[①]后,刘淮焴(生卒年未详)又先于翁曾翰而递补内阁侍读。[②]

据札,湖北二主试于九月廿八日即渡江到汉口,十月初二日才真正启程北归;林之望卸任湖北布政使后,因为盘川问题不能成行,翁同爵为之设法筹措;翁同爵预计孙衣言出任湖北布政使要到光绪二年正月、二月间;英国观审"滇案"之参赞格维讷(生卒年未详)此时已经到达汉镇。

(三十九) 光绪元年十月廿九日(1875年11月26日)

信封　平安家报。福字拾捌号。玉甫手缄。折差郑殿元,十一月十五日到。

钤印　富贵长寿(白文)

字付筹儿览:

前月廿九日交折差张荣华赍去拾陆号家信,月之初五日又将拾柒号家书交督署折差徐宗福赍去,计先后可达。廿二日折差严国泰回,接汝初三日所发廿三号信,知合寓均吉,汝叔父扈跸往返尚不致劳顿,深为欣慰。寿孙两腿受寒,湿酸痛亟,宜服药调治,不可轻忽为嘱。

吾办理武闱,统计二十一日而竣事,幸天时和暖,看步箭时有一日微雨而已,故尚迅速也。吾身体尚好,武场时每日五鼓即起,黎明赴教场及箭道,终日衣冠危坐而五官并用,手不停挥,至天黑方罢,夜饭后复看两署公事,亥刻始竣,亦颇劳苦,晴雨粮价等令汝四哥代打到。

---

① 《翁曾翰日记》,第356页,光绪元年九月十四日:"刘哲泉放贵阳遗缺府,即额健庵所放之缺,额未出京昨病故矣。"

② 《翁曾翰日记》,第357页,光绪元年九月十七日:"署中知会侍读缺,刘星岑拟正,余拟陪。拘定资深,而仍以余作陪,无谓之至。"

然力尚可支持也。

署中上下皆好，汝四哥服程观察方药，身体较前稍胜，近日小有感冒。拟于冬令再服峻补之剂壮实也。周子京，吾本拟遣戈什往迎之，今接其来书云于冬月中准定赴鄂，果尔，可得一臂助吾。前日始发武榜，昨今两日酬应颇忙，杨厚庵在此，又添一番酬酢。汝叔父不及作函矣。此问合家近好。玉甫手书，十月廿九日。全姨侍笔，问合家大小安好。

吾自初七日考武场起，马箭五日而毕，即接考步箭、技勇，至廿二日竣事，每日皆黎明看起，至天黑方罢。应考者有一千五百余人，幸天气晴和，惟看步箭一日有微雨耳。廿七日发榜，中式者皆以中箭多寡为断，凡马步全围及技勇出色者无不入选，故士论皆称允当也。

李筱翁闻于月之十六日可抵滇省，尚未接其来书。而英国前往观审之格维讷、达文波、贝得禄于月之初七日方自鄂起程，尚须绕川省前进，先拟走湖南，嗣到鄂复改走川省。吾令人劝谕之而不肯从。未知何日始能到滇，大约筱翁须俟彼族人到后方可定案，然无节外生枝始能速了，否则更须迟滞，回任之期总在明年二三月之交矣。

汝三哥处，家人洪庆留伺候汝四哥矣。来时，接其八月杪一信，局差薪水每月四十金，云尚不敷其用度，吾当随时接济之。八月中已寄伊二百金。汝二姑母处，吾到鄂后久未通信，惟家人张林荐方子篯处，未知收否。来时，知近体甚好，五月中楞仙侧室已举一男，为之欣慰。上月吾曾致书一函，并外寄库纹贰百两，近已得来书云，近体均好，合家皆吉也。

兰保事不忍闻，更不忍言。惟此女柔顺端庄，何以遭此奇惨？真令人不解！汝大嫂思子情深固无足怪，第寿孙在汝叔父左右可卜早成，若归家后则未必能有进境，但时势处此，又有不能不令回南之势，总之，子弟成否关乎门户之兴衰，亦无可如何之事也。

"皇朝三通""廿四史"皆吾家所无，先公屡欲购之而力不逮，吾服官各省，亦有意购买，迄未能得。今有湖南观察唐伯泉为左相购书于粤东、江西,忽自湘省专使送吾粤板"廿四史"、新板"三通"、新板《通志堂经解》,吾得之如贫见暴富,不胜欣喜,但愿他日子孙能有读是书者耳。近拓得怡亭铭二十分,以十分寄汝叔,为吾致之。

　　按,由"兰保事"和收发信记录,可知本札作于光绪元年十月廿九日。再根据信封上的"十一月十五日到",查当年十一月十五日的《翁曾翰日记》,找到了明确的记载:"暮,折差郑殿元赍到严亲十月廿九日寄谕,合署平安,武闱已毕,取丁凤翔等四十一人。周子京冬月可以到鄂。"①折差、日期和内容都与本札完全一致。

　　翁同爵在本札中重点讲述了武闱期间湖北的天气状况和自己的作息情况。翁曾翰的"大嫂"即翁曾文(1830—1853)的妻子,她在丧女(兰保)之后十分渴望嗣子翁斌孙能够陪伴在自己的身边。翁同爵认为翁斌孙在翁同龢身边比在常熟老家更有希望早日成才,但对这样的情况又无可奈何。周子京(1833—1888),谱名周维都,原名原祁,字子京,廪贡生,江苏赣榆人。杨厚庵即杨岳斌(1822—1890),原名载福,字厚庵,湖南善化(今湖南长沙)人,湘军水师统帅。

(四十) 光绪元年十一月初三日至十二月初九日
(1875 年 11 月 30 日至 1876 年 1 月 5 日)

　　德远峰名泰,前驻藏帮办大臣,住广陵伯街西头路北。即英伯文所住之西头。承季膺已到省,所寄信及潘寄书均收到,季膺饬令赴任矣。邓师韩已派军需局文案。李镇衡以朱、恽二星使所托,费九牛二虎之力,亦已位置于督销局中。何府经当留意也。周子京尚未到,日来颇盼望之。杨葆初笔墨既不得力且外间酬应太多,来年赴春闱后,彼不订以后期。实录馆校对汝既与选,一切须格外细心,不可大意,

---

　　① 《翁曾翰日记》,第 366 页。

切勿因前曾当过是差，自诩熟手，稍涉忽略也。至嘱，至嘱！

　　按，光绪元年十月十七日，《翁曾翰日记》载："今日以家信一纸并伯寅信一函、书三套托承季膺太守带鄂。"①同年十一月初八日，翁同爵致翁曾翰札曰："月之初三日承差叶茂林、折差张荣华回，接汝十月十三、十七两日所发廿四、廿五号二信。"②这说明，翁同爵于光绪元年十一月初三日收到同年十月十七日翁曾翰托承季膺所带家信。而本札云："承季膺已到省，所寄信及潘寄书均收到，季膺饬令赴任矣。"可知，翁同爵本札作于光绪元年十一月初三日之后。另外，由光绪元年十二月十九日翁同爵致翁曾翰札知，周子京已于当年十二月初九日到鄂。③而本札曰："周子京尚未到。"故可得翁同爵本札的时间下限——光绪元年十二月初九日。综上所述，翁同爵本札为一副启，作于光绪元年十一月初三日至十二月初九日之间。

（四十一）光绪元年十一月初八日（1875 年 12 月 5 日）

信封　平安家报。外库平足纹伍千两正。拾玖号。玉甫手缄。
钤印　富贵长寿（白文方印）

字付筹儿览：

　　光阴迅速，转瞬又将届残年，京师诸贵人处馈岁之资不可少缺，即家中大小，以吾外任封疆，岂可不略为分润？令（今）从天成亨会寄足库纹肆千贰百两，内三竿则专送各处炭金，尚恐不敷，一竿则拟分家中大小七百金，以三百添年底用度，其贰百则家人辈分项也。各处

①　《翁曾翰日记》，第 362 页。
②　南京博物院藏光绪元年十一月初八日翁同爵致翁曾翰家书。
③　南京博物院藏光绪元年十二月十九日翁同爵致翁曾翰家书："周子京已于月之九日到鄂。"

炭金及分致家中大小数目,俟吾将各处书信写好再开单寄汝,汝可照单分送。吾日来身体甚健,汝四哥感冒亦已全愈矣。此间天气近日颇冷,可服中毛袍褂,特未穿貂耳。手此,问合家大小均吉。十一月初八日,玉甫手书。

前函书就,细思所寄恐不敷所用,故复凑八百金,共成五千之数,皆库平足纹,汝可照数收明为要。吾此间明日尚有督署折差成行,故此书不复多述矣。初八日,玉甫又书。

按,从汇款的数额来看,翁同爵本札必定作于其任职湖北期间。而这个时期(1874—1877),只有光绪元年和光绪二年符合"十一月初八日"这个写作时间条件,这是因为同治十三年(1874)十一月初八日翁同爵尚未抵达湖北,光绪三年(1877)十一月初八日翁同爵早已去世。故而,结合"拾玖号"的信札编号和"十一月初八日"的写作日期,即可确定本札作于光绪元年十一月初八日。翁曾荣陆续作于十一月初七、十一、十三日的致翁曾翰家书与本札合为一函寄出,共成当年的福字十九号家书。① 本札于当年十一月廿九日送至翁曾翰手中,故《翁曾翰日记》当日写道:"天成亨送来十一月初八家信一函,外带《道德经》一函。"②

由札可知,翁同爵本次共汇库平足纹五千两,第一次汇款四千二百两:三千两用于年底给京官送炭金,七百两分给家中大小(亲人),三百两添补年底家用,二百两分给家丁、仆人;第二次又补汇了八百两,供翁曾翰调配使用。这无疑从侧面反映了以翁同爵为代表的外

① 南京博物院藏光绪元年十一月初七、十一、十三日翁曾荣致翁曾翰家书。信封写道:"兼署湖广总督、湖北巡抚、部院翁平安家报。内安要家言,外库平足纹银伍千两整,敬烦天成亨宝号寄至京都,确交南横街翁海珊六少老爷查收为荷。福字第拾玖号。鄂垣抚署翁缄寄。十一月廿九日到。"

② 《翁曾翰日记》,第368页。

官(尤其是督抚)在逢年过节时应酬(主要向京官)的压力之大。

(四十二) 光绪元年十一月初八日(1875 年 12 月 5 日)

信封　平安家报。福字第贰拾号。折差杨连贵赍呈。玉甫手缄。十
　　　　一月廿四日到。
钤印　富贵长寿(白文方印)

字付筹儿览：

　　十月初五日将第拾柒号家书交折弁徐宗福赍去，廿九日又将第
拾捌号家书交折弁郑殿元赍去，计先后可达。吾此间前月廿二日接
汝廿三号信，严国泰回。月之初三日承差叶茂林、折差张荣华回，接汝
十月十三、十七两日所发廿四、廿五号二信，并外寄黄折、尖靴、貂帽、
袍料等件，借知京寓均吉，深为欣慰。寿孙腿疾未愈，亟宜服药调治，
切勿轻忽，冬令严寒，南归可缓，且俟春融再行，何如？刘永诗馆课虽
稍旷，然学生似尚得其力方有此功效，留之为是。德孙易师，能有进
境否？皆甚悬念。

　　吾办理武场二十日而竣事，稍觉劳苦，然尚不致困惫。文闱中式
来认老师者，吾均送以元卷四金，有年世交者加丰。湖南二主试梁、
尹皆有年谊，广西主考廖仲山又是熟人，其过鄂时吾均送程仪百金，
廖并留伊一饭也。都下诸贵人馈岁应酬自不可少，即家中大小，年
底似亦稍有所寄以资应用，故于今日已从天成亨银号汇寄库平足
纹伍千两，言定月内可到，到时汝可收明，俟吾下次信中开单寄汝，
再照单分送。此时因书信皆未写出，不能约计数日也。吾本任巡
抚，真有入不敷出之势，此时兼署督篆，廉俸较优，故酬应尚可少从
丰厚也。

　　鄂省近日无事，民情安帖，月来雨水调匀，二麦蓬茂，开岁春收可
望大有，堤工应修之处皆委员确勘兴修，吾意总令冬工告竣方能坚
固，若交春令则地气上腾，土脉浮松，稍不筑结便易崩塌，故今年皆令

提前赶办，或于工程为有益也。李筱荃往滇，昨其署中接到家信云，于十月十六日已抵滇省，薛觐唐尚未到。且闻李节相来书中言，云南所获人犯，夷人访问，皆非正凶，且欲得马加利尸首装验。若然，又须费一番唇舌，况观审之格酋由川入滇，正不知何日方能到彼也。孙琴西冬令惮于北行，故皖抚有饬令清理积案暂缓交卸之奏，大约在开年二三月间始克到任矣。恽松云、张慈甫皆尚未到，到后亦不能即有差事，盖初到省人员万万不能即行委任，当告以少安毋躁也。

《京报》吾此间所看者已有两分，家书中不必再寄，暖靴去年带来者尚可穿，亦毋须寄来。吾近体甚好，署中上下皆吉，每折差行时皆匆匆草家书数纸，今晨见客至午正，午后复交天成亨银，至申初方握管作书。汝叔父处此次又不及作函矣。手此，问合家大小近好。十一月初八日，玉甫手书。全姨侍笔，叩合家安。

前函正在封发，适折弁徐宗福回，接汝十月廿三日书，借知合家皆吉，慰甚。汝叔父房山之行未识往返须几日？刑部事繁，汝叔父每日到署，觉劳苦否？浙江之案，人言不一，总之，士林败类亦何所不有耶？手此，再附数语，余俟续布。玉甫手书，初八日酉刻。

广西主考廖仲山过此，吾亦送程仪壹百金，又请其一饭。吾亦送伊字典一部，《怡亭铭》一分，食物二种。其行也，吾托其带此间新刻成书之《康熙字典》板尚精。一部至京，却未曾作家书也。[1] 请火牌大部所费大抵皆委员垫给，不知细数，此次可由汝处给以京蚨二三十千文，可交士周转给之，勿忘。[2]

赵恩昨从扬州来此，今日已令移入署中，尚未派差使。此人才干

---

[1] 《翁曾翰日记》，第369页，光绪元年十二月十一日："廖仲山星使过鄂时托带《康熙字典》一部。新刻，今日送来。"

[2] 《翁曾翰日记》，第360页，光绪元年十月初三日："夜，季士周处送来兵部咨文一件，火牌二十张。文内指明交折差严国泰赍回。"光绪元年十月初四日："寄乙字廿三号禀，附京报宪书。并咨文、火牌均交严弁赍回。"

在吾现在所用诸人之上,第伊新到,尚须察其近日举动若何耳。据云,沈仲复已在苏州置买园林田产,定作客星,不复言归故乡。盖仕官数十年罢,享林泉之乐,真人间第一等福人,何羡如之!

　　按,由"李筱荃往滇……于十月十六日已抵滇省"和札首的收发信记录可知,本札作于光绪元年十一月初八日。① 其实,十一月初八这天,湖北发了两封家书:前者由天成亨银号发出,为福字第十九号家书;后者由折弁杨连贵赍去,为福字第二十号家书。② 结果,福字第二十号家书率先于当年十一月廿四日送达,③而福字第十九号家书则稍晚于当年十一月廿九日送达。④ 本札即福字第二十号家书,而福字第十九号家书如今只见一个信封。⑤

　　本札分为两部分:第一部分为正札,作于十一月初八日申初,言明"汝叔父处此次又不及作函矣";第二部分为副启,作于十一月初八日酉刻,缘于正札正在封发间,翁同爵又收到了翁曾翰十月廿三日来信,故而补写几句以作回复。同时,翁同爵还改变主意,给翁同龢写了两纸家书,见翁同爵致翁同龢家书,此处不作展开。

　　正札的核心是第二段,讲述一个外官——兼署湖广总督、湖北巡

---

　　①③ 《翁曾翰日记》,第367页,光绪元年十一月廿四日:"折弁杨连贵来,奉严亲初八日寄谕:合署平安。"

　　② 南京博物院藏光绪元年十一月廿七日翁同爵致翁曾翰福字第二十一号家书:"月之初八日从天成亨银号寄去第拾玖号家信,外足色库平纹银伍千两。又于是日将第贰拾号家书交折弁杨连贵赍去,计日内先后可达。"

　　④ 《翁曾翰日记》,第368页,光绪元年十一月廿九日:"天成亨送来十一月初八家信一函,外带《道德经》一函。"

　　⑤ 南京博物院藏。该信封写明:"兼署湖广总督、湖北巡抚、部院翁平安家报。内安要家言,外库平足纹银伍千两整,敬烦天成亨宝号寄至京都,确交南横街翁海珊六少老爷查收为荷。福字第拾玖号。鄂垣抚署翁缄寄。十一月廿九日到。"

抚的翁同爵日常所要面对的繁重的应酬,如元卷、程仪、馈岁等。其中与京官的馈岁应酬——炭敬是最繁重的。翁同爵此次所汇五千金基本上都是用于给京官致送炭敬。湖南二主试"梁""尹"分别指广东顺德人、辛未(1871)状元梁耀枢(1832—1888)和山东日照人、癸亥(1863)进士尹琳基(1838—1899)。广西主考廖仲山即福建永定人、癸亥进士廖寿恒(1839—1903)。正札还谈及李瀚章、孙衣言、恽松云、张慈甫等人的动态。

　　翁同爵于副启中描述了接待、应酬广西主考廖寿恒的细节,据《翁曾翰日记》载,翁同爵托廖寿恒带往北京的新刻《康熙字典》于当年十二月十一日送达。[①] 副启还谈及从四川按察使致仕的沈仲复——沈秉成(1823—1895)在苏州购买园林、定居苏州一事,翁同爵于札中表达了强烈的羡慕之情。

(四十三) 光绪元年十一月廿七日
(1875 年 12 月 24 日)

信封　平安家报。内信并会票壹千两。折差胡正贵。福字贰拾壹
　　　号。玉甫手械。

钤印　玉甫手械(朱文长方印)

字付筹儿览:

　　月之初八日从天成亨银号寄去第拾玖号家信,外足色库平纹银伍千两。[②] 又于是日将第贰拾号家书交折弁杨连贵赍去,计日内先

―――――――――――――

　　① 《翁曾翰日记》,第 369 页,光绪元年十二月十一日:"廖仲山星使过鄂时托带《康熙字典》一部。新刻,今日送来。"

　　② 《翁曾翰日记》,第 368 页,光绪元年十一月廿九日:"天成亨送来十一月初八家信一函,外带《道德经》一函。"

后可达。① 吾近体甚好,两署公事皆平顺,可无悬念。冬操已阅过,步伐整齐,枪炮联络,尚是可用之师。漕粮规复本色,事难骤行,已据情入告,奉旨仍准照上年采买米由海运赍京,今已拨款举办,惟船价运费须二万余金,究归耗用。司农不知,以为运米赴通可裕仓储,不知江广现办米十三万石,即少解部十万余金,反不如径收折色,可以毫无耗费也。鄂省京饷部拨七十六万,今已解清,惟各省协饷拨款太多,未免顾此失彼,且本年又添海防经费巨款,半年即十五万金,真有不能支应之势,非敢漠视邻封也。

楚地北面多植棉,今年收成歉薄,幸价值骤昂,农民不以为病,尚可仰事俯育,不致流离失所耳。堤工合省以荆州万城堤为最要,近改操防营为修防,则后此似可无虑。汉江之堤则安陆所属为要,北决钟祥则天门受其害,南决潜江则沔阳、监利受其害,今北岸堤完固而南岸则潜江有一溃口,名吴家改口。数年未曾修筑,自同治八年起至今未修。故每遇盛涨,监、沔即成泽国,上亏国课,下害民生。吾今因监、沔牧令之请,发款委员督令修筑,而天门士民恐南岸修固北岸亦吃重,颇有以邻国为壑之意,具呈阻挠。吾虽明白晓谕之,然尚哓哓不置,真可谓知有己而不知有人矣。

全省州县虽无实在贪酷之员,然离省较远之区上司耳目所不及,亦有不能尽守规矩者,即如近日鹤峰州吕牧,品律。因修理衙署敛费民间,刁民遂聚众抗拒,现在事尚未了。此等人员必须随时参劾,方可整肃官常也。鄂省候补人员日多一日,现在候补道已有十七员,而新指省之恽、凌两君尚不在内,差使安能遍给耶? 游客则因上海轮船往来甚易,于是络绎不绝,庶常部属固道必经此,即江南之新孝廉亦至此一游,广送朱卷,殊觉可笑。吾虽均应酬,然却不能从丰也。孝廉送元卷四金。

---

① 《翁曾翰日记》,第 367 页,光绪元年十一月廿四日:"折弁杨连贵来,奉严亲初八日寄谕:合署平安。"

吾近来仍服从前所服方药，添冲虎胫骨，尚觉有效，似较程君所定方为愈，缘程君方内阳药太多，于吾体气不相宜也。汝四哥近体已好，明日为伊四十生辰，今日汝生日，上下亦吃酒面。① 署中连日颇有饮食宴会。其余上下均吉，手此，问合家近好。十一月廿七日，玉甫手书。全姨侍笔，叩问合家安好。

吾前寄五千金，为年底各处炭金及家中分致大小之款，今开单寄汝，汝可照单分送，不可减省。因思寓中日用开春汝或为难，故复寄去足纹阜康票。壹千两，以为添补日用之费。第吾此时因兼署督篆，廉俸较优，故可宽为筹备，若巡抚本任，则有入不敷出之虑，即应酬亦不能如今矣。各处信件吾虽曾阅一过，然词句间偶有不妥处却不能句斟字酌，如有不合式者，汝可为吾易之，请人另写送去为嘱，勿怕烦，勿惜费，请人书须送分。其数目可请汝叔父为吾酌定后再送可也。玉甫手书。

汝祥哥到浙后，吾仅接其三信，而信面则书第九号，浮沉者未必有如是之多，大约连寄家乡信函统编在内耳。此次复令李福持书来，云年底必须三百金方能敷衍过去。吾于七月内已寄过二百两。吾已照数给之，于冬至日仍令李福回浙矣。家乡吾于前月寄八百金去，除给汝三、四两嫂及奎孙、汝大嫂、二哥共分四百两外，其余四百两换洋，分给近房族众九崖、瑾甫皆有。及至亲中之穷乏者，并家人分项。如厚斋、士吉、士复等，皆每人四十元，似可略助薪水。至李伯两家，亦助以二十元，践上年赵价人之约也。

游客中如彭岱霖祖润，随英西林赴粤，不得意而归，今来鄂谋事，携到芍亭书，云薪水须每月八十金方能敷衍其用度。试问以一年少孝廉客游他省，而欲每年坐致千金，为东道主人者，不亦难乎？已婉

---

① 《翁曾翰日记》，第 368 页，光绪元年十一月廿七日：“余三十九岁初度。”笔者按：推知翁曾翰出生于道光十七年（1837）十一月廿七日，翁曾荣出生于道光十六年十一月廿八日（1837 年 1 月 4 日）。

辞谢之，云一年得一二百金者当为代谋也。周子京上月有书来，云于十一月中赴鄂。知之欣慰，惟现在尚未见到，甚为悬念。此君品学俱优，与吾最契合，今来此，则吾书启事可省一番心力矣。赵恩来此，派司书启，有紧要者，令其缮真也。

枢堂：文百川二百，宝佩蘅二百，沈经笙二百，李兰生二百。

军机章京：朱敏生一百，周鉴湖六十，其余通班各三十，帮领班酌加。

老夫子：载鹤峰一百，万藕舲一百，桑朴斋一百，毕东河一百[五十]，文秋山四十。

湖北京官：彭昧之五十，贺云甫一百，陈小舫五[四]十，王晓凤五[四]十，欧阳用甫四十，黄泽臣四十，胡介卿四十。

部院各堂：英中堂一百，上年未送别敬，今思伊官吏部，督抚公事与吏部交涉者颇多，似炭金必不可少也。毛旭初一百，灵香生一百，董酝卿一百，广绍彭一百，皂荫舫五十，恩禄普上年未送别敬。五十，崇文山五十，殷谱经五十，荣仲华五十，温明叔五十，徐荫轩五十，黄恕皆五十，黄孝侯五十，延树南五十，童薇研五十，潘伯英五十。外，魁华峰、上年未送别敬。夏子松四十。两君似亦宜送，请汝叔斟酌之。

亲友：徐李侯上年托送别敬。五十，张家王姨太太祝官终年在彼，断不可少。五十，程覃叔四十，钱犀庵四十，吴春海近有书来。三十，余绂臣上年托送别敬。五十，谢梦渔光景可怜。三十。南斋孙子受、张子腾，正詹周荇农上年酬应颇殷。及程容伯，可添作一函。吾意皆须送炭金，可请汝叔父斟酌之，如送则周须五十金，孙、张、程须三十金，切嘱，切嘱！

骑缝章　玉甫手缄（朱文方印）

按，光绪元年十二月十四日，《翁曾翰日记》对本札有明确记载："折差胡正贵来，赍到严亲十一月廿七日寄谕，一切平安，并附

贺年各信来,阜康汇银一千两。"①因此,本札作于光绪元年十一月
廿七日。根据发信记录和信封可知,本札上承前述十一月初八日
二札,为福字第二十一号家书。若不计翁同爵给京官的贺年各信,
则福字第二十一号家书共有十纸。前四纸为一通完整的正札,内
容大体可以分为四段:第一段讲冬操、漕粮和解饷;第二段讲收成
和堤工;第三段讲吏治和酬应;第四段讲身体情况和署中近况。

　　第五纸至第十纸为副启,交代馈岁的具体事项,最主要的任务是
给京官致送炭敬,也包括对亲友的馈赠。难得一见,也最有意思的是
第八纸至第十纸:翁同爵开列的炭金明细单。这份炭金明细单将拟
馈岁的对象分为六大类:一是枢堂,即军机大臣,有文祥(1818—
1876)、宝鋆(1808—1891)、沈桂芬(1818—1881)和李鸿藻(1820—
1897)四人,炭金统一是二百金;二是军机章京,俗称"小军机",如朱
智(1827—1899)、周瑞清(1833—?)等人,炭金无固定标准,一百金、
六十金、三十金不等;三是老夫子,如载龄(1812—1883)、万青藜
(1821—1883)、桑春荣(1801—1882)、毕道远(1810—1889)、文俊(生
卒年未详)等人,炭金亦无固定标准,一百金、五十金、四十金不等;四
是湖北京官,如彭久余(生卒年未详)、贺寿慈(1810—1891)、陈廷经
(生卒年未详)、王家璧(生卒年未详)、欧阳保极(生卒年未详)、黄毓
恩(1832—1897)、胡毓筠(1829—1892)等人,炭金无固定标准,一百
金、五十金、四十金不等;五是部院各堂,即中央六部、都察院及理藩
院的堂官,如吏部满尚书英桂(1821—1879)、吏部汉尚书毛昶熙
(1817—1882)、礼部满尚书灵桂(1815—1885)、户部汉尚书董恂
(1807—1892)、兵部满尚书广寿(?—1884)、理藩院尚书皂保(?—
1882)、恩承(1820—1892)、崇绮(1829—1900)、殷兆镛(1806—
1883)、荣禄(1836—1903)、户部右侍郎温葆深(1800—1888)、徐桐
(1820—1900)、黄倬(?—1885)、刑部左侍郎黄钰(?—1881)、延煦

---

　　① 《翁曾翰日记》,第 370 页。

(？—1887)、童华(1818—1889)、潘祖荫(1830—1890)、魁龄(1815—1878)、夏同善(1831—1880)等人,炭金亦无固定标准,一百金、五十金、四十金不等;六是亲友,如徐李侯(生卒年未详)、张家王姨太太(姻亲)、程祖诰(生卒年未详)、钱桂森(1827—1899)、吴鸿恩(1829—1903)、余上华(生卒年未详)、谢增(1813—1880)等人,炭金为三十至五十金不等。

此外,翁同爵认为致送炭金还得涵盖入直南书房的孙诒经(1826—1890)、张家骧(1831—1884),詹事府詹事周寿昌(1814—1884)及程恭寿(生卒年未详)等人,其数额同样为三十至五十金不等。

(四十四) 光绪元年十二月初七日(1876 年 1 月 3 日)

信封　钦命湖北巡抚、部院翁平安信,敬恳饬送南横街路北本宅确投为感。年愚弟翁同爵拜干。

钤印　谨慎(朱文长方印)

字付筹儿览:

前月廿七日将贰拾壹号家书,又会票库平银壹千两,外京信八十五封。交折弁胡正贵赍去,未识何日可到?初五日折差郑殿元、承差蔡正青回,接到京寓所发第廿七、廿八两号家书,知合家大小皆吉,深慰远念。汝叔父房山之行适遇雨雪,途中感冒风寒,回京后头痛身热,未知能即全愈否?又甚驰系。

吾近体甚健,两署公事因日暮既短便觉稍忙,每日除见客外,终日伏案批判,几无闲暇之时,所幸地方安静,雨水调匀,为民上者借以蒙福耳。吾到任已一年,□于吏治民生毫无裨补,实深惭恶。若封疆大吏仅以循分供职为能,则朝廷又何必崇其爵秩,厚其廪禄耶!思之汗下。鄂省朱、恽二星使回京时面奏云,抚臣外和平而内精细,无事不办。试思无事不办,谈何容易!未免过情之誉也。

　　汝来春尚可赴礼部试,则岁底新正自宜稍抱佛脚,略减应酬,静坐读文,使下笔时机调圆熟,则临场自易制胜,切勿以无谓之奔驰废有用之功夫为嘱。安孙来岁业师须早为请定,至修金多寡可不必计较也。寿孙在汝叔父左右,学业可望早成,第汝长嫂思子情深,不能不令南归,真事之无可如何者。惟此时天气寒冷,断不可行,须明岁春融方可令归耳。德孙易师后,能稍知向学否? 均甚悬系。

　　吾素日尚有字画、花木之好,今则无暇赏玩,遂亦弃置不观。至起居饮食,自觉比先人为胜,敢有不足之念耶? 署中上下皆好,连日天气稍寒,阴晴不定,颇有雪意。此间封印前后尚有折差进京,不复多述。手此,问合家近好。十二月初七日,玉甫手书。全姨侍笔,叩合家安。

　　前次寄去京信,吾只能略观大意,内中不妥处尚多,汝须逐细过目,为吾更易送致。外有夹单及宣纸一包,以便更改书写。至炭金数目,可请汝叔父斟酌之,总之,须有增无减为嘱。缘此时外省大吏应酬皆从丰,吾不可独俭以致他人缺望也。至军机章京之新传到者,尤须补写信函,一律送炭金,切勿遗漏为要。倘信件须改须添者多,可请一友人缮写,送以笔资数金,切勿汝自书写,免致年底更添一番忙碌也。开年常昭同乡会试诸君,吾意每人送元卷四两或六两,外籍者亦均一律致送,届时汝可为吾分送为嘱。

　　按,由"吾到任已一年"知,本札作于光绪元年十二月初七日。翁同爵十一月廿七日所发第二十一号家书①和十二月初五日所接翁曾翰所寄第廿七、廿八号家书,②都可以佐证这样的系年判断。

────────────

　　① 《翁曾翰日记》,第370页,光绪元年十二月十四日:"折差胡正贵来赍到严亲十一月廿七日寄谕,一切平安并附贺年各信来,阜康汇银一千两。"

　　② 《翁曾翰日记》,第366页,光绪元年十一月十五日:"寄乙字廿七号禀交火牌差蔡姓带回。"第366—367页,光绪元年十一月十九日:"缮寄廿八号家信,附京报。交郑殿元赍回。"

　　翁同爵于札中认为,封疆大吏不仅要以循分供职为能,还要对得起朝廷给的崇高的爵秩和丰厚的廪禄。鄂省朱、恽二星使指湖北乡试主考官朱福基(生卒年未详)和恽彦彬(1838—1920),二者回京面圣时评价翁同爵:"外和平而内精细,无事不办。"如此高的评价自然与翁同爵的盛情款待有关,或者说是翁同爵以丰厚的程仪和礼物换来的。翁同爵还于本札透露平日尚有字画、花木的爱好,但因工作繁忙只好弃置。

　　副启中,翁同爵交代翁曾翰:前寄年底各处贺年信件要细细审读,调整合适之后再行致送;致送炭金的数目,可请叔父翁同龢斟酌,但有一个原则就是有增无减;尤其是新晋的军机章京,必须要补写信件并致送炭金;对进京参加来年会试的常熟、昭文士子,一律致送元卷四两或六两,不是常昭籍但在常昭生活的也一并致送。翁同爵认为,当时外省大吏对京官的炭敬都很丰厚,故自己也不能搞特殊以致被他人诟病。

(四十五) 光绪元年十二月十九日
(1876 年 1 月 15 日)

信封　平安家报。福字贰拾叁号。折差李得义。玉甫手缄。
钤印　富贵长寿(白文)

字付筹儿览:

　　十六日折差杨连贵回,接汝前月廿八日所发第廿九号家书,借悉合家均吉,甚慰远念。[①] 汝叔父遵化之行往返约须十日,时值严寒,途中不致受凉否? 又甚悬系。刘永诗南归,安孙必须另请一师,宜择年纪稍大而有坐性者方好。寿孙腿疾已愈否? 长途跋涉,尚须加意

---

　　① 《翁曾翰日记》,第368页,光绪元年十一月廿八日:"以不列号信并木帽合一个、内马尾纂等。翠货两匣,共一包。交贡差带回。"

调护为嘱。吾日来两署公事颇繁，每夜必三鼓始睡，幸近体甚适，尚不觉劳苦耳。汝四哥在此可稍替吾心力，然吾素性喜事必躬亲方始称意，故公暇仍自料理为多。

鄂省今岁年虽中稔，然民情尚安静，惟北边与河南毗连州县时有刀匪出没，已饬属严防并拨勇驻扎，然盗案仍时出也。有获犯者皆南汝光人。兵燹之后，襄、郧一带匪徒竟有以掠买妇女为事者，有囤户，有贩户，吾到任后札饬严拿，近已稍稍敛迹。京控案件今年比上年为少，然到案审讯空中楼阁居多，亦楚人矫诈之一端也。冬令无雨，初八、九两日得雪七八寸，至今屋上北面尚未融化。农情大慰，麦秋可望大有矣。署中上下皆吉，汝四哥前日牙痛，今已愈。匆促草此，今晨卯刻封印，寅初即起。即问合家安好。十二月十九日，玉甫手书。全姨侍笔叩请合家近安。

汝叔父前书就商之事，吾则以为不容辞亦不能辞，盖两宫既垂注此职，即使辞官，亦不见许。况培养圣学正在童蒙，亦臣子极重责任，吾辈世禄之家，只有黾勉尽职，岂容推诿？惟书斋重到，情所难堪，且早入晚出，劳苦亦太甚，汝叔父身体素弱，实于此职非宜，第时势所迫，有不得不勉力相从者，吾亦踌躇至再作此语，前函已复，今复作此，汝可为吾转禀汝叔父酌之。

周子京已于月之九日到鄂，吾请其即日移进署中，并致送关聘，所谓人熟礼不熟也。每月修金二十两，以后笔墨事件可省却吾一番心力，深为之欣喜也。年终密考折大概褒者多而贬者少，惟宜昌、施南两守皆有贬辞，盖一则才欠开展，不能振作，一则许已撤，省另委人往署。年老，诸事废弛也，见人切勿只字道及为嘱。吾前次所开送炭金单内有遗漏而必须添者，汝可禀商汝叔父，即为信亦由汝处添写，第此等事只可请人代写，切勿汝自己书写，有妨正事也。吾添送，切勿拘泥等候吾信为嘱。

刘蔗泉于十二月十三日从汉口遣人送一书来，书中但云缺苦路遥，却无告贷之语，吾是以只令人往道候，未便送伊程仪也。外有一函寄汝,今附去。鄂省广济地方产煤,阳城山本官地,长有四十余里。盛杏生宣怀。今夏呈请开采,李筱翁深是其说,于是委员查勘并试行开挖,则煤苗畅旺,质地坚结,杏生遂走告于南北洋两大臣处,两大臣亦极为然,驰书来商,并拟稿请会衔出奏,吾势难阻止,即委盛道督办。今已出奏矣。但他日果能获利与否,则尚难必也。

　　按,光绪二年正月初五日,《翁曾翰日记》载:"折差李得义来,得严亲十二月十九日信,一切安善,鄂中得雪八九寸。北边境刀匪出没,襄郧一带匪徒稍敛。广济阳城山开煤甚旺,今与南北洋大臣会奏委盛道杏生,宣怀。督办,附来刘哲泉汉口信一函,十二月十三到汉,内有家书。嘱交博泉也。"①由此可知,本札作于光绪元年十二月十九日,为湖北当年所发福字第二十三号家书。所谓"遵化之行",即翁同龢等人前往惠陵行穆宗"周年之祭"。

　　对于翁同龢被命授光绪皇帝读一事,翁同爵本札持与其十二月初七日致翁同龢札一样的观点,认为"不容辞亦不能辞"。"不容辞"指两宫皇太后不会允许翁同龢推辞,"不能辞"指授皇帝读是为人臣子者的极重责任,翁家世代享有禄位,绝对不能推诿。与此同时,翁同爵也充分理解翁同龢再次出任帝师在心理和身体上的双重难处。

　　周子京,前文已经述及,即江苏赣榆人周维都(1833—1888)。"吾前次所开送炭金单"即翁同爵于光绪元年十一月廿七日所开送炭金单。刘蔗泉即"放贵阳遗缺府"②的前内阁侍读刘哲泉(生卒年未详),是翁曾翰的同事。盛杏生即盛宣怀(1844—1916),字杏荪,又字幼勖、荇生、杏生,号次沂,又号补楼、别署愚斋,晚年自号止叟,江苏武进人。他是"洋务派"的代表人物之一,此时正忙于广济开煤之事。

　　①　《翁曾翰日记》,第 373 页。

　　②　《翁曾翰日记》,第 356 页,光绪元年九月十四日:"刘哲泉放贵阳遗缺府,即额健庵所放之缺,额未出京昨病故矣。"

（四十六）光绪元年十二月廿二日
（1876 年 1 月 18 日）

信封　平安家报。福字第贰拾肆号。折差卢得胜。玉甫手缄。
钤印　富贵长寿（白文）

字付筹儿览：

二十日督署折差李正义去，附去第贰拾叁号家书，计新正初四、五日可到。吾此间尚有抚署应奏事件，故明日复令折弁卢得胜赍往。

鄂省漕米仍照旧案采买，三万石。海运虽耗费运脚二万余金，然于仓储有益，似最为得计。闻江西省亦照旧办理，惟湖南王夔石则竟不办，采买似非疆吏裕国之道，且来年若仍不办本色，更难措辞也。

广济开煤之事，以地本官山且土著、绅士皆无异议，故与南北洋大臣会衔出奏，即饬令盛杏生观察督办，言利者皆以此举为是，其实亦非吾意，惟现在却尚有利无害，故徇众为之耳。

辖境属吏尚无贪污之员，惟近日鹤峰州吕牧品律。以捐修衙署及税契并典押者皆征之，几致激成民变，实属不堪，已委府往查，俟其禀覆拟即参劾。彼处距省较远，耳目不及，且本府宜昌。太无能，故州县敢于任意妄为也。

襄河堤工至天门、潜江等处为最要，而两邑民情皆有以邻国为壑之意，故修北岸则南岸人阻挠之，修南岸则北岸人阻挠之，甚至械斗互讼，几于理喻势禁之俱穷，而地方官岂能置国计民生于不问？故现在修筑潜江之吴家改口以救潜、沔、监、江四邑之灾黎，可涸复田亩数千百顷，而北岸天门绅庶尚具呈请停，晓晓不休，真但知有己而不有人矣。

吾近体健适，两署公事虽多，然精力尚可支持，不为劳苦，汝勿悬念。此间自初八、九两日得雪八九寸，农情大慰，天气近日亦甚寒冷，可免冬温疾病，昨今积雪方消尽也。新正酬应既繁，尚宜偷闲习静，春闱伊迩,切勿抛却光阴为嘱。都下已得雪否? 房中煤炉,温暖须适中。手此,问合家安吉,并颂新正纳福,不备。十二月廿二日,玉甫手书。全姨侍笔,叩请合家新禧。

　　按,由首句和信封知,本札接前札,作于光绪元年十二月廿二日,为湖北当年所发福字第二十四号家书,由抚署折弁卢得胜赍往。由《翁曾翰日记》知,本札于次年正月初八日送达翁曾翰手中。① 从内容上看,本札主要围绕两湖漕粮、广济开煤、湖北吏治、襄河堤工等事。王夔石即时任湖南巡抚的王文韶(1830—1906),字夔石,号耕娱、庚虞,又号退圃,浙江仁和人,祖籍浙江上虞。"本色"指以米麦缴纳的田税,"折色"在清代专指税粮改征银或钱。

(四十七) 光绪二年正月初十日(1876 年 2 月 4 日)

字付筹儿览:

　　新正六日折弁胡正贵回,接汝上年腊月十八日书,知合家安吉,深为欣慰。汝叔父奉两宫皇太后命在毓庆宫授皇帝读,此固儒臣非常遭际,感激实深,惟日侍圣学,责任匪轻,且寅入未出,日以为常,亦颇劳苦。汝叔体非健壮,尚宜格外调养,努力当差为嘱。

　　吾入新正来身体甚适,筱荃制军移节川省,鄂督尚未简放有人,仍令吾兼摄,实深惶悚,惟有益自策励以期毋负恩遇而已。杨葆初在此与吾主宾甚相得,今公车北上,吾赠以白金百两。署中笔墨,幸周子京于上年腊八已到,可以接办矣。

　　鄂省上年连番得雪,除夕复见三白,而今岁元旦天气晴朗,日光和煦,今春菜麦可望丰收,此真守土者之幸也。汝四哥年底牙痛复大作,近日方愈,不令其赴礼部试矣。灯节后有折差赴都,再述一切。

① 《翁曾翰日记》,第 374 页,光绪二年正月初八日:"是日,折弁李得胜送来严亲十二月廿二日寄函,一切平安。"

手此,问合家近好,不备。新正立春日,玉甫手书。汝叔父处不及作札,可为吾问安。

　　按,由翁同龢授光绪皇帝读、李瀚章移任四川总督、朝廷仍令翁同爵暂行兼署湖广总督、周子京于上年腊八已到湖北等信息皆可判断:本札作于光绪二年正月初十日(立春日)。首句"新正六日折弁胡正贵回,接汝上年腊月十八日书"也能在当年的《翁曾翰日记》中得到印证。①

　　杨葆初即杨寿昌(生卒年未详),原本是翁同爵的幕僚,专门负责公文、书信等起草工作,曾任湖北汉川知县,四川成都人。翁同爵于上年底致翁曾翰家书中曾有言:"杨葆初笔墨既不得力且外间酬应太多,来年赴春闱后,彼不订以后期。"②但翁同爵于本札又言:"杨葆初在此与吾主宾甚相得,今公车北上,吾赠以白金百两。"这显然有点前后矛盾,言不由衷。据札,杨寿昌赴京参加科考后,其书启工作由周子京(周维都)负责。

(四十八) 光绪二年正月十九日(1876 年 2 月 13 日)

信封　平安家报。丙字第乙号。张国安。玉甫手械。二月初六日到。
钤印　富贵长寿(白文)

字付筹儿览:

　　新正人日折差胡正贵回,接汝上年腊月十八日所发第三十一

---

　　① 《翁曾翰日记》,第 371 页,光绪元年十二月十八日:"又缮湖北三十一号禀,又京报外信一总函。并棉鞋、银合等一包,秀姑娘寄。又四哥暖靴一双均交胡正贵,明日即走也。"

　　② 南京博物院藏光绪元年十一月初三日至十二月初九日间某日翁同爵致翁曾翰家书。

号家书,知合家皆吉,汝叔父奉两宫皇太后命在毓庆宫授皇帝读,曷胜欣抃。惟经帷侍讲固儒臣逾分之荣,而寅入未出,劳苦亦甚,且汝叔父体非壮健,尚须格外调摄,勉力当差,此又吾所悬念不置者也。十四日折差许光太回,又接汝去腊廿五日第三十二号书,知自汝叔父以次皆各安康,快符远祝。寿孙定于新正十一日偕张慈甫南行,甚为妥当。新正酬应自不能免,灯节后宜稍习静,场期已近,略抱佛脚为嘱。

吾此间两署公事封印期内亦不见少,幸近体甚健,办理裕如。新正稍有饮食应酬,亦尚无多,惟外州县密迩省垣者皆借公事晋省拜年,接见颇繁,每日至午正方罢,未免劳神耳。汝四哥牙痛略愈,署中上下均吉。周子京来此仍足不出户,吾甚钦敬之。杨葆初已于月之十日起程赴春官试,吾赠以程仪百金,亦可谓不薄矣。手此,问合家安吉,余俟续布。正月十九日亥刻,玉甫手书。全姨侍笔,叩合家安。

吾蒙恩抚鄂已自惭非分,上年李筱荃赴滇,复命暂摄督篆,惶悚实深,时时兢业自持,以为今春即可交卸,可无陨越耳。乃今复以筱荃移节川省,仍命暂行兼署鄂督,地大政繁且有夷人交涉事件,以菲才当此重任,殊深恐惧,今已具折谢恩,惟愿实缺者及早简放,俾得交替为幸。倘何小宋能放此缺,则故人相聚,尤为欣幸也。

汝叔父日赴经帷,差使繁重,家事琐碎切不可再向絮聒,即署中公事亦只可领其大纲,不能如外庭诸君可专心致志也。退直后宜陶养性情,或阅看善本书籍及法书名画,或觅二三知己纵谈古今,使胸襟每日必有一二时开放,方是调养之法,盖保身即所以报国也。若终日孳孳矻矻,既劳其力复劳其心,未免太苦。即安孙辈读书,亦只宜略查其功课,不可自己督责,恐生闲气致发肝疾,汝可以吾言婉劝汝叔父为嘱。

安折每月月折两分,即须用六个,若折多时分两匣装,外省折件每匣不得过五件。则又须添用,而贡差等皆须用折三个。一分,故所用甚多,尚要随时交带也。

孙令福海。上年曾派茶厘去,冬回省销差后今已物故矣。廖令已借一差回湘省亲,俟其来时当于厘局中为之位置一席。湖北侍御及新传之小军机,炭金必须一律致送,汝处已为吾添写信函概行遍送,所办甚是,送后可寄一单吾知之。京察单可觅一分寄来,勿忘。同乡会试诸君,元卷须一概致送,外籍者亦不可遗漏,切嘱,切嘱!

吾新正颇忙,无暇握管,昨日开印,又多酬酢,夜复请幕友饭,更鲜暇晷,今日又武职衙参期,顷又须至江苏会馆团拜,抽空书此,汝叔父处不及另函矣。萨令回,接汝叔父书并鹿茸一架,可为吾道谢,奶饼亦已收到。此次折差带来子馨书及白高丽参一斤,吾药中正需此,可为吾谢之。扬州祠成,各处当致谢,容再陆续举办。下次折差回,汝可觅白高丽参二三斤寄来又安坤赞育丸三四十丸。为嘱。

按,由"上年李筱荃赴滇,复命暂摄督篆"知本札作于光绪二年正月十九日亥刻。"十四日折差许光太回,又接汝去腊廿五日第三十二号书"也能在当年的《翁曾翰日记》中得到印证。① 翁同爵本札于同年二月初六日由折弁张国安送到翁曾翰手中,与家书同时送到的还有湖北月折和翁同爵兼署湖广总督谢恩折。②

因李瀚章当时已被任命为四川总督,故湖广总督仍由翁同爵暂行兼署,而翁同爵内心最希望旧识何小宋能够出任湖广总督。何小宋即何璟(1816—1888),字伯玉,号小宋、筱宋,广东香山人,此时丁忧届满。"孙令"即隋州知州孙福海(1809—1875),道光二十三年

---

① 《翁曾翰日记》,第372页,光绪元年十二月廿五日:"缮寄三十二号禀,附京报,又谕信七函,又载鹤峰信、陈菱舫信。并折匣等两包、油纸一卷、奶饼四匣交许光太带回。"

② 《翁曾翰日记》,第378页,光绪二年二月初六日:"折差张国安来见,得月折并谢兼署折分两日递。严亲正月二十日函。"

(1843)顺天举人。"廖令"即廖润鸿(生卒年未详),字逵宾,湖南渌江人,医家、地理家。"萨令"者谁,仍有待考证。"子馨"即翁同书之子翁曾桂(1837—1905)。

札中,翁同爵让翁曾翰婉劝翁同龢兼任帝师后要注意调养,尤其是陶养性情,并提出两个具体建议:一是"阅看善本书籍及法书名画",二是"觅二三知己纵谈古今",对兄弟之厚爱溢于纸上。据札,翁曾翰上年还帮乃父增补了炭金的致送对象——湖北侍御及新传之小军机,可谓考虑周全、办事周到。"扬州祠"指扬州翁同书(1810—1865)专祠,翁家致谢的是当地赞助或参与其中的士大夫及书吏。①

(四十九)光绪二年正月廿六日(1876 年 2 月 20 日)

信封　平安家报。丙字第贰号。杨运淇。玉甫手缄。
钤印　富贵长寿(白文方印)

字付筹儿览:

二十日曾草数行为丙字壹号家书,交折差张国安赍去。昨日折弁李得义回,接得汝正月初八日书,参枝、尖靴等皆已收到,交汝四哥矣。借知合家皆吉,深慰远念。

寿孙南归与张慈甫同行,甚为妥当。汝叔父城寓家人固须添用,则叫早等事方有专司,即打杂、打更亦须添用一二人,庶门户等可以照应,切勿惜费将就为嘱。汝叔父衣服有须添者亦须酌添,内廷当差应候,更换不可缺少,非讲究也。骡马,城寓亦须豢养四头方能敷用,不宜太减。盖此等事汝叔父不甚经意,以为诸事可以将就,汝宜随时婉商为嘱。汝主持家务吾甚放心,城外应酬等事不可太简,盖此时吾

---

①　《翁同龢家书诠释》,第 7 页。

家门面在此，不得不稍从丰，汝宜体此意也。上年炭金应添送者汝已为吾添送，所办甚好，惟毕东河处减去五十，未免菲薄，缘仓场有海运交涉事件也。

上年腊月，鄂省连见三白，麦收可望丰稔，惟正月颇多阴雨，恐修堤工作少延耳。吾近体甚健，日来酬应亦稍减矣。汝四哥牙痛常发，身体尚好，全姨近体亦无恙，可慰远念。手此，即问合家安吉。正月廿六日，玉甫手书。全姨侍笔，叩合家大小安。

李筱荃移节川省，吾仍奉命暂摄督篆，皇恐实深。盖两湖地大物博，为治本不易，且近来添与夷人交涉事件其中，操纵更难，吾自揣才力实不能胜此重任，且彼族时时意欲在宜昌设立码头，滇事余波必议及此是，今年定有一番唇舌，处置实难得当。所以外间人皆愿吾即真，而吾则实在不愿，盖爵尊则责重，位高则谤生，此中消息惟局中人知之，外人不及察也。吾常自言居官少一"辣"字，然以少此字中，或可稍积阴德耳。汝以为何如？

吾年来白高丽参竟常煎服，似有效验，汝可多购二三斤寄来。至虎胫骨，惟冬令服之，上年携出之两对今却已用完矣。鹿茸吾尚未服过，缘补药中偶用温品即觉不甚合宜，故汝叔父寄之茸亦珍藏，弗敢轻服也。全姨要安坤丸四十丸，遇便可寄来。又吾要缙绅一部，可即寄来。恽松云已到，尚未来见，见时当以初到人员势难即有差事也。刘哲泉当于致黎简堂信函时结实托之。杨葆初笔墨大意，吾尚恕之，惟其时刻出署，吾却甚不舒服，盖大宪幕友应酬事多便不免旁人议论也。

按，由"李筱荃移节川省，吾仍奉命暂摄督篆""寿孙南归"等关键信息可知，本札作于光绪二年正月廿六日。"二十日曾草数行为丙字壹号家书"即前述翁同爵于该年正月十九日致翁曾翰札。本札所提翁曾翰正月初八日书，在当日《翁曾翰日记》中亦有详细记载："缮寄升字第一号禀，京报，复信十六函，又长叙信一函，黄绎臣寄题名一本，陆铁云信一函，刘宾臣寄街道碑一册。并秀姑娘寄莱卿靴一双、高丽参一斤均交李弁得义。"①

　　翁同爵有很强的"大家"观念,对六弟翁同龢的照顾无微不至,这在本札中有很多的体现。比如他交代翁曾翰:翁同龢小寓的仆人要添用,以使叫早、打杂、打更等事有专人负责;翁同龢的衣服要酌情添置,因为内廷当差要勤更换;翁同龢出行所用的骒马也要添养,至少四头才能够用。

　　本札所提毕东河,即毕道远(1810—1889),字仲任,有"任重道远"之意,东河为其号,山东淄川人。从札中所云"缘仓场有海运交涉事件也"可知,毕东河此时正任户部下属的总督仓场侍郎,掌理漕粮积储及北运河运粮事务。故翁同爵认为上年炭金减去五十金后未免太少了。从上年底翁同爵亲笔拟写的京官炭金单来看,他起初定的是一百金,但翁曾翰最终减去了五十金,这或许是翁曾翰与翁同龢商定之结果。光绪二年底,翁同爵再次拟写京官炭金单时修正了上年的失误,并特地加了一条备注以提醒翁曾翰:"因有采买交涉,不可减!"②翁同爵为官老练、世故由此可见一斑。

　　此外,翁同爵还于札中谈及继续兼署湖广总督的内心感受、对实授督缺的真实想法和为官多年的若干心得体会。

(五十) 光绪二年二月十七日、十八日 (1876 年 3 月 12 日、13 日)

信封　平安家报。丙字第叁号。杨开甲。玉甫手械。
钤印　富贵长寿(白文方印)

字付筹儿览:

　　正月廿日折差张国安去,赍去第一号家书;廿六日折差杨淇运

①　《翁曾翰日记》,第 374 页。
②　南京博物院藏光绪二年十一月十八日前后翁同爵手书炭金明细单。

去，又赍去第二号家书，计先后早达。吾此间于正月廿七日折弁卢得胜回，接到汝正月十一日所发第二号家信，欣悉合家安吉，甚慰远念。惟都下少雪，未识春令雨泽若何？深为悬系。寿孙南行有张词甫作伴，甚为妥当，计此时已早抵里门矣。

昨日见邸抄，知汝叔父于正月廿三日蒙恩升补户部右侍郎，兼管钱法堂事务，感激天恩，莫名欢抃。惟农部此时度支告匮，筹画维艰，且案牍繁多，即寻常日行事件，标判已极劳神，况汝叔父有授读差使，若再每日到署，未免太觉辛苦，只可令司官多赴宅手画为嘱。

吾开年来公私顺适，身体亦好，现在春祭已毕，起早不多，书院甄别及考试官员已次第举行矣。鄂省颇患春阴，日来甚望晴霁，否则恐茶芽、麦苗皆有损也。此信到时计正汝春闱应试之日，未识场作如何？场后宜少静坐作楷，勿事征逐。安孙独学孤友，尚须努力自进，转瞬即秋试也。此问合家安好，不备。二月十七日，玉甫手书。全姨侍笔，叩合家安。

顷从信局寄到京寓正月廿四日所发第三号家书并汝叔父升官喜报一本，借知合家安吉，欣甚，慰甚！吾此间于前日已见邸抄，欢喜之下，正虑农部事繁任重，恐汝叔父又要劳神太过。今见汝书，知一切尚归正堂作主，似稍可省心。惟钱法堂则责无旁贷，整顿亦不易易，且每日包稿不少，已较之他部为繁矣，尚请汝叔父勿太费心为嘱。前信已封而外函未缄，匆促书此覆汝，余具前函，不赘。二月十八日，玉甫又书。外，施寄黄翼之信一函，又吾复各处信八函。袁、小午。徐颂阁。二处分袁三十，徐二十。不可少，可照数交去。

士吉自家乡来此，二月初四到鄂。吾令其即日移入署内，赠以百金，又助伊父子本年乡试费四十金、此次来回盘川二十金，并许伊他日若捐教官大八成时，吾再助以百金也，今于十六日已趁轮船回家矣。此子谨守有余，才调不足，然尚是吾家之佳子弟也。再，此信到时，正筹儿将入场之时，或已经进场，因折差难扣何日到京。筹儿不必写信回覆，可令安孙随便作数行覆吾，盖吾此间只要知合家安吉便不悬念也。家信亦不必定作楷书，可告安孙知之。京察单子馨处必有，可寄一分来，勿忘为嘱。

　　按，本札实际上由两札组成，但封为一函发出。由"汝叔父于正月廿三日蒙恩升补户部右侍郎，兼管钱法堂事务"①"寿孙南行"等信息可知，二札先后作于光绪二年二月十七日、十八日。本组信札乃光绪二年湖北所发丙字第三号家书，于当年三月初五日送达翁曾翰手中，《翁曾翰日记》对此函有详细记载。② 据札，翁曾翰于当年正月十一日所发升字第二号家书，③正月廿四日所发升字第三号家书，④分别于正月廿七日、二月十八日送达翁同爵手中；翁同爵于光绪二年二月十六日由邸抄知翁同龢由署理刑部右侍郎补授户部右侍郎。

　　袁小午即袁保恒（1826—1878），字小午，号筱坞，河南项城人，时任户部左侍郎，曾在陕西与翁同爵共事过。徐颂阁即徐郙（1838—1907），字寿蘅，颂阁为其号，江苏嘉定（今上海嘉定）人。士吉即翁曾禧（？—1885），字士吉，为翁同福（？—1862）长子，翁人镜（1774—1844）长孙。虽然翁曾禧在翁同爵眼里"谨守有余，才调不足"，但翁同爵也承认翁曾禧是翁氏家族的优秀子弟。故而，翁同爵赠予翁曾禧一百六十金以鼓励其父子参加科考，并承诺他将来如果捐教官时

----

　　① 《翁同龢日记》，第 1220 页，光绪二年正月廿三日："今日有旨擢任农曹……发南中家信……户部右侍郎，兼管钱法堂事务，着翁同龢补授。其所署刑部右侍郎，着潘祖荫署理。"

　　② 《翁曾翰日记》，第 382 页，光绪二年三月初五日："杨开甲来，接严亲二月十八日函，大慰，合署平安。士吉二月初四到鄂，勾留半月，赠以百六十金，已回虞山。武昌春雨颇多，尚穿中毛衣服，得户部信，已知之矣。"

　　③ 《翁曾翰日记》，第 374 页，光绪二年正月十一日："缮寄升字第二号禀，附外信九函。并四哥所要陈墨一匣，交折弁卢得胜。"

　　④ 《翁曾翰日记》，第 376 页，光绪二年正月廿四日："寄升字第三号信交福兴润轮船局。附昨日京报一本。"

可以再赞助一百金。翁同爵渴望家族子弟成才之心和神圣的家族使命感由此可见一斑。只可惜，等翁曾禧真正捐教官之时，翁同爵已经去世了。

（五十一）光绪二年二月廿六日（1876 年 3 月 21 日）

信封　平安家报。丙字第四号。罗大贵。玉甫手械。三月十一日到。
钤印　富贵长寿（白文方印）

字付筹儿览：

　　月之十八日折差杨开甲去，寄去第三号家书，计三月初可达。此时汝正料理入场，未识汝叔父点派总裁回避否？题目配手否？场作得意否？均甚悬念。都下去冬少雪，今春又无雨，设坛祈祷能得甘霖否？见邸抄，月之朔日，顺天府奏得雪二寸余，想春寒必甚，未知近日如何？家中大小皆宜格外调摄为嘱。汝场后应酬固不能免，然亦须稍自节力，静坐作楷，勿专事征逐也。

　　吾近体甚健，两署公事均各平顺，此间督缺尚未简放有人，能得小宋共事固所深愿。鄂省春雨颇多，近方晴霁，惟望久晴十日半月，则麦秋、茶市两有神益矣。琴西未识于何日到都？阅报至本月十一日，犹未见其陛见，何迟迟乃行耶？此君有名士气，不知其于吏治若何。鄂省属吏尚无不堪之员，然才德兼全者亦颇难得，须大吏时时整饬之，方能自知勉励耳。考试候补、实任人员已次第调考，知府、同知均考过。文理现无不通者，未知以后如何。周子京来此，谨饬依然，足不出户。吾甚钦佩。士吉到鄂小住数日即返家乡，吾赠以百六十金，当如其愿矣。手泐数行，即问合家大小均吉。二月廿六日，玉甫手书。全姨侍笔，叩合家安。

　　按，札首所提二月十八日所寄第三号家书即前札。本札作于光绪二年二月廿六日，在内容上与前札是连续的，当然也有重复的：比

如翁曾禧到湖北小住数日,翁同爵赠以一百六十金;又如对湖北天气
情况的描述,等等。本年,翁曾翰再次参加会试,翁同爵对此十分关
心,连着询问三个关切:翁同龢是否点派会试总裁? 题目是否顺手?
场作是否得意? 并叮嘱翁曾翰场后应酬要减少,以保证有时间静坐
作楷。

据札,翁同爵内心最希望旧识何璟(1816—1888)能够简放湖广
总督;湖北新任布政使孙衣言(1814—1894)此时尚未到任;翁同爵认
为孙衣言有名士气,但对他的政治才能不了解;湖北考试候补、实任
人员的工作已经完成大半,仍在继续;幕僚周子京(周维都)自律依
旧,令翁同爵心生钦佩。

(五十二) 光绪二年二月廿七日(1876 年 3 月 22 日)

字付筹儿再览:

昨日书就前信,初更时折差张国安回,接汝月之初十日所发第四
号家书,并外白高丽参、丸药等,借知合家安吉,甚为欣慰。

汝此时计正料理入场事宜,未知闱中题目称手否? 场作得意否?
均甚悬系。刘、李两阁长皆得一等,则汝得升侍读亦指日可待,得中与
否固不必计较也。去冬添送炭金均极是,各处酬应,汝叔父现官司农,
吾又居外任,自宜稍从丰厚,即家中车马,亦不可太减。汝持家一切不
致浪用,吾所深知,所虑者或致太俭耳,故又嘱汝者如此。他人不知,
或谓何以吾告汝二兄者皆异也。

寿孙,昨于家人辈家信中知于十三日到家,甚慰吾念。闻汝叔父
升官报喜人亦于十三日到也。汝祥哥处近日又无信来,闻汝三嫂于二
月内往浙一视。奎孙据士吉云较前大好,间亦握管作杂体文,尚有文理。
汝四哥在此身体甚好,牙痛日前捉虫后近亦平复。

吾上年服程丽芬方药,稍涉温补,究不相宜,后仍服吾平日所进
之方,惟白高丽参则竟每日煎服,似甚有益,以后遇便尚须多寄为嘱。
京察单已收到,二次记名则有谕旨可读矣。匆促草此,言重语复,殊

为可笑，大约亦意向所属耳。手此，问汝夫妇近好。廿七日，玉甫又书。全姨叩谢寄丸药。

本科会试同乡者有若干人，吾拟送元卷均送否？场后接场断不可少，可与邵汴生酌之，若伊不愿，即吾家独办亦无不可，可请汝叔父酌夺为嘱。昨胡月樵来，出钱辛伯书，意欲来鄂谋事，不知此间省城仅有两书院，江汉山长现请魏子穀部曹，经心山长现请刘叔俛孝廉，皆非空缺。省外者均是道府延请本地绅士，皆抚不能操其权。至书局，则月樵总办薪水岌岌乎有停止之势，现署缺已停支。万不能再添他人，实属无可位置，已嘱月樵函覆之，如尚未出京，汝可往告之。

按，前札——光绪二年二月廿六日札写好尚未寄出，翁同爵又收到了翁曾翰于光绪二年二月初十日所发第四号家书，故又提笔作了本札。故可知，本札作于光绪二年二月廿七日，和二月廿六日札封为一函发出，并于当年三月十三日送达翁曾翰手中。①

“刘、李两阁长皆得一等”指内阁侍读刘淮熇（生卒年未详）、李菱舟（生卒年未详）在京察引见中均得一等。此二君即将外放，按照资历，翁曾翰晋升内阁侍读指日可待。札中，翁同爵对翁曾翰上年添送炭金和一贯勤俭持家给予了极大肯定。

在翁同爵所述翁曾纯、翁曾荣、翁奎孙、翁斌孙等人的近状中，翁奎孙的近状最值得关注：“奎孙据士吉云较前大好，间亦握管作杂体文，尚有文理。”翁奎孙能有如此改变，说明他确实长大了。五年之前，同治十年（1871）四月十六日，翁同龢曾经向翁同爵“告状”，说翁奎孙经常出署闲游。②

邵汴生即邵亨豫（1817—1883），江苏常熟人。翁同爵建议翁曾翰

① 《翁曾翰日记》，第383页，光绪二年三月十三日：“得读严亲二月廿七日函，一切平安。”

② 南京博物院藏同治十年四月十六日翁同龢致翁同爵家书。

可与邵汴生商量,一道为同乡士子接场,两家都可省去一半的开销。
胡月樵即胡凤丹(1828—1889),浙江永嘉人,当时负责崇文书局事务。
钱辛伯即钱桂森(1827—1899),江苏泰州人。据札,钱桂森致书胡凤
丹请其说项,欲来湖北的书院或书局谋一差事,但翁同爵以省城书院
无空缺、省外书院不操权、书局薪水发不出这三点回复并婉拒了他。

（五十三）光绪二年二月廿九日（1876 年 3 月 24 日）

信封　兼署湖广总督、部堂、湖北巡抚、部院翁家信。内家言,外麻包
　　　木匣一个、莲子一篓,敬恳福便携至京都,饬送南横街舍间收
　　　启为感。福字不列号。鄂抚署翁缄寄。

钤印　富贵长寿（白文）

字付筹儿览：

十八、廿七两日将三、四号家书交折差杨开甲、罗大贵赍去,想先
后可达。日来汝正料理入场,未知曾搬小寓否？都下少雨,进场时未
知天气若何？

吾近体甚好,署中上下均安吉,可慰汝念。兹有祝菊舫应煮。
入都,寄去汉砖花盆一器、锡莲子壶新打。一把、湘莲十斤,汝可查
收,为吾转呈汝叔父为嘱。菊舫系由按经大计保升,今吾为之奏补
崇阳令,伊颇感激,其出都时可托伊稍带物件笨重者不可。也。此
布,即问合家安好。二月廿九日,玉甫手书。

按,本札在光绪二年二月十八日、二月廿七日湖北所寄丙字第三
号、丙字第四号两家书之后,作于光绪二年二月廿九日,主要目的是
告知翁曾翰查收托寄的物品:汉砖花盆、锡莲子壶、湘莲等,并转呈翁
同龢。带信人名祝应煮,字菊舫,浙江钱塘人,此时得翁同爵奏补湖
北崇阳知县。本札于四月十五日送达翁曾翰手中,当日《翁曾翰日
记》写道:"祝菊舫大令应煮带来二月廿九家信一函、莲子壶一把、汉

砖花盆一个、莲子十斤。"①

(五十四) 光绪二年三月初十日(1876 年 4 月 4 日)

信封　兼署湖广总督、湖北巡抚翁平安家报。内信,外毡包汉砚两方,烦赍至京都,确呈南横街中间路北本宅查收为要。鄂垣翁缄寄。

钤印　富贵长寿(白文)

字付筹儿览:

　　前寄信函当陆续收到,吾近体甚好,公私平顺。鄂省雨旸时若,麦秋似可大有,能得一丰年则地方少许多事,守土者实蒙其福也。兹乘贡差千总李清泉。之便,寄去汉砖研二方,系陆星农所持赠者,给汝父子分用,可收明。连日计正汝春闱文战之时,深为悬系,而贡差到京之日,汝倘能获中,则已在胪传后矣。其归时可略交信物,令其赍回。手此,顺问合家安吉。三月初十日,玉甫手书。

　　按,此为寄物短札,又由贡差递呈,行程较慢,故不列号。由"连日计正汝春闱文战之时"知,本札作于光绪二年三月初十日。当年《翁曾翰日记》中并未记载本札,但通过贡差李清泉于五月廿一日左右离京返鄂,②可反推本札约于五月中旬送至京城。翁同爵写本札的主要目的是告知翁曾翰查收他托寄的两方汉砖砚。此两方汉砖砚乃陆星农所赠。陆星农即陆增祥(1816—1882),字魁仲,号星农、莘农,道光三十年(1850)进士,曾任湖南辰沅永靖道,后以疾辞归,潜心钻研金石文字,成为一代古文字学家。

---

　　① 《翁曾翰日记》,第 388 页。

　　② 《翁曾翰日记》,第 395 页,光绪二年五月廿一日:"以十四号家信考差名单附。并《方略》全部,分装两木箱,交贡差李清泉由轮船带去。"

　　据《翁曾翰日记》记载,仅在本札寄出后一日,翁同爵又托贡差毛凤翎寄去了一札并四匣燕窝,①但笔者目前尚未见到此札。南京博物院藏光绪二年三月廿六日翁同爵致翁曾翰札中也提到了此二札:"日前贡差李清泉、毛凤翔去时,先后交去家书一纸、汉砖研两方、官燕四匣,计其到时已在四月杪、五月初矣,汝可收明为嘱。"

(五十五) 光绪二年三月廿六日(1876 年 4 月 20 日)

字付筹儿览:

　　廿四日折差杨开甲回,接汝初七日所发第六号家书,外白参一斤。知合家安吉,甚慰远念。发信时汝正料理入场,未知场作如何? 又甚悬系。此间于十八日见总裁、房考单,廿一日知头场题目,叔父未与衡文,或者汝有中机乎? 计此信到时已将揭晓,汝若得中可谓侥幸,若仍不中则得补侍读,功名自有出路,进退绰绰,得失固无庸计较也。

　　吾此间公私平顺,惟案牍繁多,殊少暇晷,考属吏、捐纳及军功人员在省者已将次考竣,缘署中仅有花厅一处可坐,每次只能考二十人,故未免迟迟也。所考诸君虽未必尽属真才,然皆能书写且无无文理之人,至论题则均平正易做者,吾不肯故为苛刻也。督缺尚未简放有人,未识何故? 据外间传言云,有旨敦促何小宋入都,何汝转未之闻耶?

　　鄂省旸雨应时,菜麦均好,惟近来雨多而不大,故农田尚嫌秧水不足,未能插莳齐全耳。此间于廿五日已换戴凉帽而尚穿夹袍棉褂,以阴雨日多也。秋审已过堂,连省外者共二十余起,可谓少矣。明日折差起身,匆促书此,日内尚有抚署折差行,当再作书续寄。问合家近好。三月廿六日,玉甫手书。全姨侍笔问安。

　　德孙姻事,绸堂作伐说庞伯深令爱,甚好! 吾家与庞氏年世交

---

　　①　《翁曾翰日记》,第 391 页,光绪二年四月廿八日:""贡差毛凤翎来,带到三月十一日家信一函,燕窝四匣。分送伯母、叔父。"

好,可谓门当户对,且伯深忠厚谨饬,毫无纨绔习气,其内教勤俭,犹有旧家风范,更为难得。可请绷堂将庚帖请来,配合放定也。同乡公车有二十人自南来,可谓极甚,概送元卷,甚是!修葺会馆,吾捐数十金不为多,以后如再有工作尚可续捐,汝可酌定。吾意欲承先人之志设立义庄,吾此时身任封疆,俸廉优厚,亟须举办,已驰书篑生,令择良田购买,可禀汝叔父知之。

巡阅之期此时亦难预定,若升任总督则八九月即可出省,若仍任巡抚则本年科场年分,文武试毕已在十一月初,或须展至来春,届时照例带印出省。至幕友家丁,本无须多人,吾尚能驾驭,决不致骚扰地方也。楚北虽有水师,然皆隶于长江提督,其营官升迁调补皆提督主之,楚督不过会衔入奏而已,且现又有彭、杨二君每年巡阅一次,不在各省查阅之列。京察单已收到,二次圈出者已见上谕矣。

汝今年入场,未知文字如何?若侥幸能中固大佳,即不然,补阁长后功名亦有出路,可谓进退绰绰,故中则不可太高兴,不中亦不必牢骚也。至嘱,至嘱!汝祥哥得徽州盐局差,须往彼照料,据其来书云,公事尚易办,盐课皆商人包纳,须在离徽州百二十里之藤溪久住,伊薪水每月八十金,视其意甚得,吾则以为不如在省,诸事可以学习也。张词甫已于廿一日到鄂禀见,吾告以初到省人员须少安毋躁,吾谊关至戚,设不令其日久闲住也。汝信亦已送去。

汉口虽是通商口岸,各国均有领事官驻彼,然有事则与江汉关道面议,绝少见督抚商办者,故吾在此年余,尚未见彼族一面。本月十五日,有俄国驻沪总领事孔琪庭偕驻汉口领事宝诺福来见,以上年有彼国鹅生轮船在采石矶撞沉中国朱元世民船,货失命毙,溺其二子。鹅生船赔洋九百元完案。今欲覆行会审,意在翻案,吾折以当时李道四次照会会审而领事置之不答,是曲非在我,至赔款则由领事解税务司转解关道,其为允议可知,今事隔一年,地距数千里,万万不能再审以免拖累,而彼尚哓哓不休,已飞函达知总署矣。

日前贡差李清泉、毛凤翔去时,先后交去家书一纸、汉砖研两方、官燕四匣，计其到时已在四月杪、五月初矣，汝可收明为嘱。吾要九一码鱼尾底尖靴一二双，便中寄来，勿忘。又要九二大码狼皮靴亦鱼尾底一双，以备冬令巡阅时所用，七八月间寄来为嘱，此时不必早寄也。又薄染要抽顶。貂官帽，现在所有者已太旧，可买一新者，便中寄来，惟此等帽合等，须托委员或便人或托试差较妥。方可，折差则不便携带也。京报现轮船通时到此极快，家信中不必再寄矣。

　　按，由"督缺尚未简放有人"和"发信时汝正料理入场"可知，本札作于光绪二年三月廿六日。翁同爵于本年三月廿四日所得、翁曾翰于本年三月初七日所寄的第六号家书并一斤白参，可在光绪二年的《翁曾翰日记》中得到印证。① 本札为当年湖北所发第五号家书，因差弁于途中坠马，故稍晚于第六号家书送达。②

　　因翁同龢未任本科会试的主考官和房考官，故翁曾翰入场一切正常，毋庸回避。翁同爵认为这或许是天意和契机，对翁曾翰中式抱有一定希望，同时又以内阁侍读这一退路来宽慰翁曾翰进退绰绰，毋庸计较得失。此外，主札还述及湖北属官的考核情况和湖北秋审的推进情况，可见翁同爵为人平和，为官善政。

　　翁同爵写完主札后意犹未尽，又写了五纸副启，内容比主札还要丰富，涉及翁德孙的婚事，家乡的大事，湖北的军事、政事和外事，翁曾纯、张词甫等亲人、亲戚的近状，等等。其中描述最细、篇幅最长的是翁同爵处理的一件外事，即俄国领事孔琪庭（生卒年未详）等人要求重审上年俄国鹅生轮船在采石矶撞沉中国民船并致朱元世货失命

────────

　　① 《翁曾翰日记》，第 382 页，光绪二年三月初七日："缮寄第六号禀附月钞、潘信等一函。并好白参一斤交杨弁赍回，作致词甫、菘云函附家信中去。"
　　② 《翁曾翰日记》，第 387 页，光绪二年四月十三日："此信第六号，而五号尚未到，差弁云前差在途坠马，约日内可到。……暮，折弁邱连升又送三月廿六日函来。"同时参考南京博物院藏光绪二年三月廿八日翁同爵致翁曾翰家书。

毙一案,被翁同爵当场驳回。札中所提长江水师之"彭、杨二君"即彭玉麟(1817—1890)、杨岳斌(1822—1890)二君。

另外,值得一提的是,翁同爵不仅给同乡士子遍送"元卷"——银两,还积极参与常熟会馆的修葺捐款,更时刻牢记乃父翁心存之遗愿并付诸行动:令筦生择良田购买以便将来设立常熟翁氏义庄。如此种种,均可体现翁同爵身上"穷则独善其身,达则兼济天下"的家国情怀。

(五十六) 光绪二年三月廿八日(1876 年 4 月 22 日)

字付筹儿览:

昨将第五号家书交折差邱弁赍去,约计于四月初十日后方能抵京。汝今年场作如何?阁长见缺,汝可即补,而恰值礼部试,尚能一战,或者科名于无意中得之乎?此真侥幸之想也。

吾近体甚好,手战、便秘尚不见愈,想是气血兼亏之故,服白高丽参甚有益,今汝前后寄来三斤,可以日日煎服矣。两署公事虽多,精力尚可支应,惟每日闲暇时绝少。早晨见属吏时多,即见客少,亦必筹画公事,翻阅案牍,或出门拜客,或过堂,或考验,日无余暇。至饭后则摊饭午睡,或一二刻,或二三刻,从未有至半时者,起即至签押房看书写字,或至幕友处闲谈,此一时中为闲时。至申初即看稿件画行,多则至天黑,少亦至酉初,后略息片刻即复夜饭,饭时饮烧酒一杯,吃面食少许、粥一碗,即阅到文,多则至二鼓后,少则二鼓前可竣。伏案时多,便觉胸膈欠舒,啜茗散步即睡。睡后却甚酣适,夜长时及有公事筹度,间有不寐之时,否则酣睡至晓,迟至卯刻必起,若晏起便终日不适也。署中大小诸事皆吾亲自料理,非吾好为其劳,缘非吾躬亲即不免处置失当耳。庭中花木亦四时不断,然得暇赏玩时甚少,至字画则久废置不观矣。

鄂省春阴颇盛,第雨多而不大,故菜麦均好,而插秧则尚嫌塘水不足,未能葹全。此间稻虽再熟而农则稍惰,全仗天时,偶有旱潦便无所措手足，非比吾乡可以随时启水出入也。堤工各属均固，春水无盛涨，未知夏秋间如何。荆州万城大堤有倪豹岑太守留心讲求，修防均得力，较之从前为好。至汉水，则忽长忽落，来则寻丈，去亦不过一两日，但堤身夹沙，不如纯土之坚结，为可虑耳。郧襄一带民情强悍，刀匪出没，其甚者掠买良家妇女，故彼处有"审明实系刀匪就地正法"之条，第地方官稍不详慎，获者未必真盗，真盗未必就获，故吾于此等报案必兢兢致意焉，现已饬近省各属仍解省审办矣。

楚督尚未简放有人，据外间传言及见伯寅致月樵书，皆云廷旨敦促何小宋入都，故此席虚左以待，何以汝在京转未之闻耶？吾自揣才力，实难胜兼圻之任，一则威望轻，二则资格浅，且吾素性宽平，办事不肯用辣手，尤于此任匪宜，况鄂督时有外国交涉事件，须与彼族常往来，更非吾所私愿，此实由中之言也。吾到此年余，幸未与外国人晤面，至月之十五日则有俄国驻沪之总领事孔琪庭及在汉口之领事宝诺福来见，以上年四月彼国之鹅生轮船在长江采石矶撞沈民人朱元世船只一案，船断人毙，二命。轮船赔洋九百元了结。今忽欲翻案再审，吾折以当时关道四次照会会审，何以领事置之不答？是曲非在我，且所赔之九百元由领事送税务司转解关道给领，当时如有屈抑，税务司及领事何以均肯认赔？今时隔一年，地距数千里，朱元世回安徽。不能再行会审。词严义正，伊亦无可置辞，惟以彼国公使不以为然故须再审，吾令其与关道再议而去。近日复接上海道冯竹如来书云，法国驻京公使罗淑亚于廿二日由沪赴鄂有事来商，未知又有何事议论也。

滇中事，李筱荃来书云，观审之格维讷于二月十一日到彼，廿五日将人犯过堂，格酋嘿无一言，至廿九日辞行时忽挑剔数语以示未能满意，三十日即取道由缅甸回国。此案本经威公使与通商衙门订定，须在京议结，故筱翁发折后即可启程奏请陛见，仍取道鄂省，大约端节后可以抵此也。

署中上下皆好，汝升补事大概于榜后方定，若能践蹰玉堂，易彼凤池,岂非大快意事耶? 汝祥哥得盐局差,其意甚得,吾则以为不如在省多矣。手此,问合家安吉。三月廿八日,玉甫手书。全姨侍笔叩合家安。

江西许诚夫处上年冬间曾有书来,欲以京师许寄银两由鄂先行寄给。吾此间因无便人可带,遂迟迟不果。今有兴国令张南池鹏鷟。来此,寄去一函并纹银五十两,书中叙明此系吾另寄之款,与都中许寄银两无涉,但都中此款已遇便寄去否? 下次信来可告吾知之。兴国令张南池系汝叔父戊午陕西所取士,上年伊调帘差未令回任,忽来此求吾为之致书三大宪,吾不得已作函与任筱园代为说项,书中未曾言其来此。如汝叔父有专书与江西大宪时,或晤仲良中丞,可先为之一提,第此君既无差事径来鄂省殊为可怪,已嘱其赶紧回省矣。

前日王炳有一禀,请汝买黄绫折,交折差邱连升带回。缘每月需用甚多,督、抚两署月折计须六分,若折多时须分两匣,外省折件一匣不得过五件。便须添三分,加之贡差亦须安折三分、贡单一分,两署即用八分。且谢恩及万寿并元旦、冬至令节,每次须用四分,今署督篆数又倍之,故时时有缺少之虑。若已交邱弁带来,则毋庸议。如尚未带,则可令此次折差丁占魁带回,勿迟为嘱。包折黄纸、油纸等亦可少寄些来,黄绫亦要十分,缘夹板黄绫袱皆发回而黄绫必换去,故亦需用也。

按,由"楚督尚未简放有人"和"汝今年场作如何"可知,本札作于光绪二年三月廿八日,并于当年四月十三日由折差丁占魁送至翁曾翰手中。翁曾翰于收信当日的日记中写道:"得严亲三月廿八日函,近体平安,惟手战便闭尚未大愈。春阴多雨,无妨农事。丁占魁来。近有洋人求见,有要请事,稍费唇舌。且闻法酋罗叔亚将到鄂,不知何事而来也。此信第六号,而五号尚未到,差弁云前差在途坠马,约日内可到。"[1]此即本札之梗概。

---

① 《翁曾翰日记》,第 387 页。

因本札与前札仅隔两天,故二札在内容上有一定的重复。例如,二札对俄国领事孔琪庭等人要求重审上年四月俄国之鹅生轮船在长江采石矶撞沉民人朱元世的船只一案的叙述,几乎完全相同。当然,本札与前札也有很多不同之处。例如,翁同爵于本札中花费大量笔墨描述忙碌而又平常的一天,可谓"兼署湖广总督的十二时辰",这是前札所没有的,对研究清代督抚的日常生活有一定的参考价值;又如,本札提及的湖北堤工、郧襄刀匪,也是前札所未提到的;再如,苏松太道冯峻光(1830—1878)来书云法国驻京公使罗淑亚将到鄂,也是前札所未提及的。"冯竹如"实为冯竹儒,即冯峻光,广东南海人。

倪豹岑太守,即时任荆州知府的倪文蔚(1823—1890),字茂甫,号豹岑,安徽望江人。他是咸丰二年(1852)进士,在湖北荆州主政八年,官至河南巡抚兼署河道总督,是治河能臣,还是一名山水画家。

(五十七) 光绪二年四月十五日(1876 年 5 月 8 日)

字付筹儿览:

前月廿六、廿八日先后将五号、六号家书交折弁邱连升、丁占魁赍去,计此时早达。廿九日折弁罗大贵回,接汝第七号信,其时汝正二场出场也。月之十一日接汝三月廿七日第八号书,知合家安吉,甚慰远念。汝闱作颇可望中,但未知命运如何耳。十三揭晓,此间大约于廿三四方得信息。

吾近体甚健,两署公事虽多,以全副精神注之,尚无旷废。孙琴西二十后可到。鄂省春阴颇盛而总未得大雨,故前月杪农家皆虑插秧无水,至月之朔日大雨如注,一日夜得半尺许,方始沾足,但连日阴雨又恐菜麦有损,真谚所谓"做天难做四月天"矣。江水虽长,堤防无恙,各属工程以荆州太守倪豹岑为最讲求实际,故万城大堤较从前坚固,余亦以有关官之考成,修筑尚好也。长江防事虽有杨、彭督巡极力整顿,然船炮皆小,以之缉盗贼则有余,以之制夷狄则不足,言江防者尚宜深长思也。

鄂省岁拨京饷七十万两固本及工程，并协李节相每月五万。淮军者又称是，加之西征及协黔之款每年亦在百万以外，近又添海防三十万，地丁所入只一百一十余万，江汉关及盐厘既不能加多，货厘又复减色，故入款不敷出款，数目悬殊。吾上年曾经入告，而农曹不计出入，空言驳斥。今复提拨西征饷三十八万且严定迟解处分，吾极力罗掘，已起解二十万，而其余尚无指款。总之，朝廷公事，疆吏岂敢有畛域之见？第无米之炊实难为巧妇耳！鄂省善后事宜，如外州县之文武庙、衙署、监狱间有未能修葺者亟须早办，而以无款可筹遂亦中止，至积谷修城等事，则更无暇计及矣。奈何！

近日省中无事可述，吾此间于二十日后尚有折差进京，届时再布一切。手此，问合家近安，不备。四月十五日，玉甫手书。全姨侍笔问安。

法国公使罗淑亚于月之朔日来见，同来者尚有汉口领事巴世栋、翻译官阿麟、带兵官柏良士、耿美福等四人，见时执礼甚恭，自初见至去皆摘帽在手未戴。相见寒暄外，即言及上年四川夔厘局扣留其国泰昌洋商货物二月多致令霉变跌价请赔补一案。吾答以此事须川省主张，现有川省委来之原办厘局委员周道廷揆。在此，吾已饬令速行料理，但吾中国办事总要公平，英国信和洋商计船廿四只，货一千九百多件，成本十一万五千多银，今已议定以一万二千银了结，泰昌则船十五只，货九百余件，成本七万三千多两银，其数目大相悬殊，今若照英国银数赔补已属格外优待，万万不能加添等语覆之，罗使唯唯否否而去。缘来此五人中仅有巴世栋能说汉话而已，去后吾即往答，在彼船上亦未谈此事。至夜间，江汉关李道明墀。复往反复辩论，方以一万二千银议结，吾已作函飞致总署矣。总之，彼族在汉口者人数众多，或唱外国戏，或跑马赛会，时时易滋事端，文武衙门晓谕弹压已不胜其烦，且常过江至省城及汉阳，尤易生事，偶为幼孩及乡愚扰闹，便至官司理论并往总署呈诉，真防不胜防也。

张词甫至此，吾已告以初到省人员未能即有差委，顷在书局为之位置一席，每月薪水二十四金，略支旅费，拟俟稍缓再于盐局中添一差，约每月有五十余金，似足敷用度矣。恽松云到鄂亦尚无差使，稍缓当为谋一差事也。

湖南靖州边界有叛苗土匪滋事，焚烧掳掠，贵州黎平府之永从、下江厅城池竟至失事，幸湖南、广西、贵州三省合兵兜剿，现已一律肃清。至奏报情形，向由湘抚主政，以鄂省相距较远，文报不能速达也。

再，汝妇所要荆缎被面等，兹特寄去被面四个、饭单八方，又汝四哥寄安孙一裹：元料一件、阿伦袋料一件，汝可收明为要。缙绅遇便可再寄一部，荣录堂者新刻板极清楚，断断不必再买斌升堂者，至嘱，至嘱！吾所要之染貂帽及皮靴等于秋间必须寄到，以便冬令应用也。黄折等想已交折差带回矣，此间亟需用也。吾日来拟从银号再会若干银到京，一则家中上下可以分润，二则日用尚须添补也。

按，由首段回顾的收发信记录和翁曾翰本年参加会试可知，本札作于光绪二年四月十五日。札中所提的一系列家书，均可在光绪二年的《翁曾翰日记》中得到印证。本札于该年五月初五日送至翁曾翰手中，当日的《翁曾翰日记》写道："得父亲大人四月十六日函，合署平安，带来锦被面四个、被单八方，又四嫂寄安孙洋绉一端、马褂料一件。罗叔亚赴鄂，为上年爱国赔货事，议定一万二千了之。武昌得雨已透，堤工完固。"[1]

本札第二段谈及新任湖北布政使孙衣言（1814—1894），湖北省的天气、农事和堤防近况，以及值得深思的长江防事。孙衣言被任命为湖北布政使的时间是光绪元年八月，但据本札，孙衣言真正抵达湖北的时间约在光绪二年四月二十日后。湖北省的天气、农事和堤防近况，此前两札中皆已详细述及。至长江防事，翁同爵于本札中深表忧虑，他认为虽有杨岳斌、彭玉麟二君极力整顿，但根本问题是船炮

---

[1]　《翁曾翰日记》，第 392 页。

都小,不足以抵挡外国侵略者,可谓有先见之明。本札第三段谈到湖北省入不敷出且数目悬殊的真实境地。京饷、协淮军饷、西征军饷、协黔兵饷、海防款……压得翁同爵喘不过气来,使其无暇顾及那些维修善后之事。翁同爵曾入告户部被驳,故于本札直言:"第无米之炊实难为巧妇耳!"

在写完正札之后,翁同爵又写下了四纸副启。其中二纸详述法国公使罗淑亚造访湖北的全过程,一纸简述张词甫、恽菘云的近状和湖南靖州边界匪情的结局,另一纸交代托寄物品和索要物品的明细。张词甫(生卒年未详),为张祥河(1785—1862)次子,曾任湖北东湖知县,江苏娄县(今上海松江)人。恽菘云即恽祖翼(1837—1900),字叔谋,又字菘耘,同治年间举人,累官至浙江巡抚,江苏阳湖(今常州)人。恽祖翼的兄弟恽祖贻(生卒年未详),字杏耘,曾任内阁中书,与翁曾翰共事,后来成为翁安孙的岳父。

(五十八) 光绪二年四月廿三日(1876 年 5 月 16 日)

字付筹儿览:

十六日将第柒号家书交折差戴玉瑞赍去,未识何时可达?[①] 十三发榜而此间至今尚无消息,想汝又落孙山外矣。榜后得补侍读缺,亦不枉却十数年辛苦,惟恨不得一进士出身耳。阁长为诸后辈所取法,公事问答及覆阅本奏皆须经心留意,切不可稍涉忽略为嘱。廿一日圣人入学,汝叔父日侍经筵,劳辛可想,退直后尚宜稍自节力,农曹虽繁,或间日一趋衙,何如?

吾近体甚健,两署虽多,然以镇静摄之,亦日无留牍。新方伯孙

---

① 《翁曾翰日记》,第 392 页,光绪二年五月初五日:"得父亲大人四月十六日函,合署平安,带来锦被面四个、被单八方,又四嫂寄安孙洋绉一端,马褂料一件。罗叔亚赴鄂,为上年爱国赔货事,议定一万二千了之。武昌得雨已透,堤工完固。"

琴西于昨日抵鄂,定明晨寅时接印,此君清挺拔俗,当可相与有成也。李小荃端节前后可过此,其太夫人于廿一日回安庆矣。惟闻川省重庆又有民教哄斗之事,恐令其即行赴任耳。吾现在兼署督篆,廉俸较优,今从乾裕会寄阜康库平足纹无票据。贰千两,以千金分润家中上下,另有一单。以千金为添补日用所须,汝可收明回一信函为嘱。

都下闻已得雨,于麦秋已不及,或秋收可有望,然恐久晴后又有久雨也。鄂中雨旸应时,菜麦均好,江水已长,尚无妨也。手此,问合家安吉。四月廿三日,玉甫手书。

按,由翁同爵“吾现在兼署督篆”之自述和款署“四月廿三日”之写作日期判断,本札作于光绪二年四月廿三日。因为光绪元年四月廿三日,翁同爵尚未兼署湖广总督;而光绪三年四月廿三日,翁同爵早已不再兼署湖广总督。据《翁曾翰日记》,本札于光绪二年五月十一日送达翁曾翰手中。[①] 据《翁同龢日记》,与本札一函寄出的或许还有翁同爵致翁同龢的一通家书,于五月十三日由翁曾翰呈翁同龢阅看,[②]但目前尚未见到,可见的是翁曾荣致翁同龢的一通家书,同样藏于南京博物院。

光绪二年四月十八日,会试落第的翁曾翰由内阁中书得补内阁侍读。[③] 翁同爵已经预见到了,故于札曰:“榜后得补侍读缺,亦不枉却十数年辛苦,惟恨不得一进士出身耳。”翁同爵还提醒翁曾翰当阁长后,处处都要经心留意,不可稍涉忽略。“廿一日圣人入学”指光绪二年四月廿一日,光绪皇帝到圣人堂行礼后正式入学读书,由翁同

---

① 《翁曾翰日记》,第393页,光绪二年五月十一日:“接严亲四月二十二日函,从阜康送来外汇库平银贰千两,孙琴西已接印,省中一切平安。”

② 《翁同龢日记》,第1245页,光绪二年五月十三日:“得楚中四月廿三日函。”

③ 《翁曾翰日记》,第388页,光绪二年四月十八日:“余由内阁奏补侍读。”

龢、夏同善等人教授。①

　　本札透露，新任湖北布政使孙衣言（1814—1894）于光绪二年四月廿二日抵鄂，并定于四月廿四日寅时接印。这对孙衣言的生平细节是一个补充。翁同爵对孙衣言的为人、气质评价颇高，认为"此君清挺拔俗，当可相与有成也"。本札还透露，李瀚章将于端午节前后路过湖北。其实，翁同爵作本札更主要的目的是告知翁曾翰查收他从乾裕银号汇寄的两千两库平足纹银。

（五十九）光绪二年四月廿八日（1876 年 5 月 21 日）

字付筹儿览：

　　廿四日见题名录，知汝又落孙山外，为之惆怅。汝此次会试将补缺之时，机缘甚巧，吾以为或者幸获，乃竟不得，命也如何！同乡中者四人，可谓极盛，惟实逼处此者更难为情耳。汝榜后想可即补侍读，未识近日已经验放否？此缺为阁中领袖，须以不卑不亢处之，事长官宜恭敬，待僚友宜谦和，而于供事吏役人等宜稍严，方为尽善。公事有覆核考成者固须详甚，即后辈请教拟批亦须用心审度，不可随口率达，至进内回事，尤不可偷懒。吾尝见从前阁长，皆时常在内，即如验放日期，阁长固无不见面也。

　　吾近体甚健，公私顺适，新方伯孙琴西已到任，廿四接印。晤谈数次，议论皆平正通达，必可相与有成。王晓莲屡引年年六十七。乞退，固留之方止，其人亦君子也。鄂中雨旸时若，民气熙和，实守土者之福。考试候补州县，虽无不识字之人，然文理优长者甚少，实缺在省者有数员，断断不能令其赴任，所以吾上月有降调、勒休及开缺另补之奏，想已见诸明发矣。李筱荃不愿即赴川督之任，欲乞假省亲，然闻川东民教相哄，恐廷旨催其履新也。

---

① 《翁同龢日记》，第 1240 页。

都下闻已得雨，未知深透否？麦秋已不及，秋收可望，或者饥民不致流离失所耳。汝祥哥到藤溪后，尚未得其只字。家乡吾欲置田千亩立一义庄，然经理无人，为之浩叹，现虽寄归数千金嘱筦生逐渐购买，但恐有掣其肘者，则伊亦不能为力也。即如吾此次出门时，家中诸事皆拟立规条，有盈无缺，今阅开来帐目，尚不能遵守料理，真无可如何也。

署中大小均吉，天时阴则凉而晴则热，衣服须随手更换耳。日前从乾裕银号寄去二千金，有信无票。想已收到。手此，问合家近好。四月廿八日，玉甫手书。全姨侍笔请合家安。

前信所要黄白折等必须寄来，缘此间等此应用也，至嘱，至嘱！汝叔父廿一日侍圣人入学后，未知功课如何？礼节如何？饮馔如何？下次书来，可告吾知之。玉舟中式，安孙业师未知现请何人？开年尚有科场，则公车留京者必多，尽可选择也。德官亲事，庞伯深女甚佳，吾取其家风朴俭，闺教整肃，为邑中第一等人家，可请绹堂早寄庚帖放定也。

按，由"汝此次会试将补缺之时"和"新方伯孙琴西已到任"知，本札接续前札，作于光绪二年四月廿八日。据《翁曾翰日记》知，本札于当年五月十三日送达翁曾翰手中。[1] 翁同爵此时已知翁曾翰落榜，心情颇为惆怅，而就在十日之前，翁曾翰刚刚由内阁中书升任内阁侍读，故而翁同爵用了大量笔墨来教导翁曾翰如何成为一名好阁长。他认为阁长作为阁中领袖，要不卑不亢，对长官要恭敬，对僚友要谦和，对吏役要严格，对覆核考成等事要十分详细，对请教拟批等事也要用心审度，对进宫禀告一节尤其不能偷懒懈怠，方能尽善尽美。

据札，新任湖北布政使的孙衣言此前已接印，而署理湖北布政使

----

[1]　《翁曾翰日记》，第394页，光绪二年五月十三日："折差蒋祥麟来，得严亲四月廿八日信，附真君山茶一瓶，见题名，知余下第，甚为怅怅。"

的王大经屡想引年求退,被翁同爵劝留。本札透露王大经时年六十七,由此反推,可得其生年为嘉庆十五年(1810),或可成为考察王大经生卒年的一个旁证。翁同爵本札再提欲承翁心存遗志在家乡设立翁氏义庄事,但苦于经理无人,所托翁家帐房箧生能力不足且不可靠,不能胜任。据札,翁同爵已陆续寄归数千金用于置买良田,为将来的翁氏义庄做准备。

玉舟姓李,即李士瓒(1834—?),江苏昭文(今江苏常熟)人。他参加本年的丙子恩科会试,得贡士第二百五十八名,再参加殿试,登进士二甲第七十九名,分六部学习,为主事。因此,翁安孙不得不另请业师。

(六十) 光绪二年五月十九日(1876 年 6 月 10 日)

信封　平安家报。丙字第拾号。徐宗福。玉甫手缄。闰月初三日到。
钤印　富贵长寿(白文方印)

字付筹儿览:

前月十七日交折差戴玉瑞赍去第柒号家书,[①]廿三日又将第捌号家信外库纹贰千两交乾裕银号寄去,[②]廿九日又交折差蒋祥麟赍去第玖号家书,[③]计先后可达。此间月之朔日折差丁占魁回,接汝四

---

① 《翁曾翰日记》,第392页,光绪二年五月初五日:"得父亲大人四月十六日函,合署平安,带来锦被面四个、被单八方,又四嫂寄安孙洋绉一端、马褂料一件。罗叔亚赴鄂,为上年爱国赔货事,议定一万二千了之。武昌得雨已透,堤工完固。"

② 《翁曾翰日记》,第393页,光绪二年五月十一日:"接严亲四月二十二日函,从阜康送来外汇库平银贰千两,孙琴西已接印,省中一切平安。"

③ 《翁曾翰日记》,第394页,光绪二年五月十三日:"折差蒋祥麟来,得严亲四月廿八日信,附真君山茶一瓶,见题名,知余下第,甚为怅怅。"

月十六第九号书；①初四日邸连升归，接汝十七第十号书；②十三复从李处折差回，接汝廿五第十一号家书，③书中均言合家安吉，方深欣慰。而十四日阅邸抄，见四月廿九日汝叔父请假五日，昨日又见端午日抄，复续假五日，未识有何感冒？极为驰念。汝叔父气体太弱，日当内廷差使，寅入午出，率以为常，未免劳苦过甚。吾故前书嘱其退直后勿逐日趋衙，盖职守固当尽而身体亦宜保养也。嗣后汝可劝汝叔父切勿强自支撑，下直复进署，至嘱，至嘱！

　　吾近体如恒，惟月之十一日觉为暑气所袭，稍有不适，亟服正气去暑丸等以疏解之，近虽饮食起居照旧汗亦多。而头痛恶风，腠理间总不甚调贴，兼之见汝叔父请假，夜间不能安寐耳。李筱荃到鄂候批折，小住半月，今已十七启行赴安庆，伊到彼后尚要请假两月省亲，闻其颇有退志也。鄂省春阴颇甚，入夏晴旱，秧不莳全，连日设坛祈祷，今晨已得雨，惟尚未深透为虑也。江水不盛涨，堤防无恙，天时节令虽迟，而近日午后已热如三伏，挥汗治官书颇为苦耳。

　　署中上下均吉，汝四哥节前下阶伤足，今已全愈；汝三哥到藤溪局后尚无书来，到省学习而欣欣然得一省外差，以薪水稍优为幸，即此可知其志趣矣。天气渐热，京寓大小均宜格外调摄为嘱。汝在署中已作当家人，一切自不能偷闲，第处处须自己保养也。手此，问合家安吉。五月十九日，玉甫手书。全姨随叩合家安好。

　　恽松云委督销局差，每月薪水六十两；张词甫先委书局差，每月薪水廿四两，今复添一督销局差，每月薪水廿两，似可敷旅居用度矣。

------

　　① 《翁曾翰日记》，第388页，光绪二年四月十六日："寄升字第九号禀交丁占魁赍回，附月钞，并潘、张、恽家信，又李寄瞿信。又带去黄折廿分，油纸、黄绦各十分。"

　　② 《翁曾翰日记》，第388页，光绪二年四月十七日："寄升字第十号信并黄折等，折共三十四分，贺本廿分，交邸连升赍回。附杏脯二斤。"

　　③ 《翁曾翰日记》，第390页，光绪二年四月十六日："以家信一函交熊长胜带楚，内附金榜及散馆单。熊系督辕戈什，此件为李小翁递折来也。"

此二人驯谨朴实,皆有用之才也。丁芥帆随李筱翁来鄂,路上即患疟疾,至今未愈,尚未晤面,其家眷则早从安徽来此矣。同乡新中四人,殷、庞甲第及朝考均前列,必可得庶常。惟未知宝生病体如何?纲堂想引见后必早出都也。① 署中现办洋务蒋守铭勋,人甚精细,筱翁处向办熟手也。

　　按,本札首段回顾的六通往来家书均可于《翁曾翰日记》中找到记录,且都作于光绪二年。有基于此,配合信封,便可知本札紧接前札,为湖北同年所发的丙字第十号家书,作于光绪二年五月十九日。

　　本札于当年闰五月初三日送达,翁曾翰在当日《翁曾翰日记》中详细写道:"父亲五月二十日寄谕,体中甚健,为腠理不密,易袭暑风。闻叔父一再请假,夜卧为之不安。天气已热,得雨未透。李筱荃赴皖有退表,丁芥凡在鄂患虐,菘云、词甫均委督销局差。"② 由此可见,翁同爵作此札的主要原因是在邸抄中看见翁同龢先后两次请假,且多达十天之久,又不知为何缘故,心里为之不安。湖北与京城相距数千里,信息往来需要时间,所以翁同爵以为翁同龢是因为身兼两职、劳苦过甚而导致感冒等疾病。其实,翁同龢这次请假不是因为感冒,而是因为他在生日当天骑马出城的途中因马倾跌而坠马伤足,导致右脚面排骨错缝。③

---

　　① 《翁同龢日记》,第1252页,光绪二年闰五月十六日:"吴望云送信,庞宝生于本月初六日巳时长逝矣,其子纲堂以是日午刻抵家也。伤哉伤哉! 明日拟哭之于野。"

　　② 《翁曾翰日记》,第397页。

　　③ 《翁同龢日记》,第1242页,光绪二年四月廿七日:"龢生朝也。昨夕既不得眠,晨起向北叩头,不觉呜咽。比入,无书房,欲出城谒祠堂,并欲赴城南招提,寄其萧寥凄怆之意。策马而出,过前门,至珠宝市马蹶而仆,不觉堕鞍,右足被压,入一皮货局王姓,毛伙。坐,而右足痛甚,令仆人曹升揉之,乘车回城寓。入门犹可,俄顷增剧,用药水洗之,敷以……云脚面排骨错缝矣……"

　　据札,李瀚章此前半个月都在湖北等候熊长胜带回批折,但在收到批折后已于五月十七日起程回安庆省亲;翁曾荣于端午节前下阶伤足,此时接近痊愈;丁士彬随李瀚章来湖北,路上感染疟疾;在翁同爵的努力下,恽祖翼于湖北督销局得一差,每月薪水六十两;张词甫于崇文书局差外又加一湖北督销局差,每月薪水总共四十四两。这不禁让人联想起前述翁同爵婉拒钱桂森欲往湖北谋差一事,可见亲疏真有分别。

　　另,"宝生"即庞钟璐(1822—1876),此时在常熟,已病重。"䌵堂"即庞钟璐的长子庞鸿文(1845—1909),此时已中进士二甲第十四名,引见后于五月廿六日赴津南下,但最终还是未能见到乃父的最后一面。

(六十一)光绪二年五月廿六日(1876 年 6 月 17 日)

字付筹儿览:

　　月之二十日将第十号家书交折差徐宗福赍去,未知何时可达?[①]吾此间于十三日阅邸抄,知汝叔父请假五日,嗣复见续假五日,极为悬系,为之不寐者旬日。直至廿四日折差戴玉瑞回,接初七日京寓所发第十一号书,折件、缙绅、靴子均收到。知汝叔父系前月廿七日坠马伤足,幸无大损,调治已渐痊愈。次日复见初十日宫门抄,知已销假召见,忧怀方释,以后汝须劝汝叔父切勿再自策骑为嘱。

　　吾日前闻老李老李跟词甫至此。云,袁小午送汝叔父马匹,汝叔父甚喜欢,吾方拟驰书劝勿乘骑,乃今竟有失,幸未伤及筋骨,实为万幸也。夏令退直正在日午,宜先服益元散等以解暑气,少顷再进饮食,

---

　　① 《翁曾翰日记》,第 397 页,光绪二年闰五月初三日:"父亲五月二十日寄谕,体中甚健,为腠理不密,易袭暑风。闻叔父一再请假,夜卧为之不安。天气已热,得雨未透。李筱荃赴皖有退表,丁芥凡在鄂患虐,菘云、词甫均委督销局差。"

切勿陪他人多吃，致多不便。若秀姑娘及汝皆可陪吃，盖他人等候则可，不可等候他人也。城寓凉棚虽搭，然汝叔父起居处所冰桶亦须常备，夜间院内却不宜多坐，吾生平无瘰，未始非不乘凉、不开窗夜睡之故也。

汝命中不得由进士出身，今既补侍读，便当一意供职，切勿稍自抑郁。阁长任重事繁，以全副精神照料方能周到，不可怠慢轻忽，回堂事件须逐事从心上筹度一过，至言语则需简而明，即偶有驳辩，其措辞总要和婉，不可以盛气凌长官也。至嘱，至嘱！

吾近体甚好，署中上下皆安吉。汝四哥因纳妾事须回家一行，大约往返须两月。汝三哥到藤溪后杳无消息，不知光景如何，家乡信来亦未及。寿孙腿疾愈否？仲渊易医调治，亦不见效，颇为悬念。鄂省交四五月颇形亢旱，县府先已求雨，廿一日吾复亲自设坛祈祷，幸即日得沛甘霖，今复连日阴雨，农田均已沾足矣。督署现已空出，吾却不再迁移，倘实授时方移往也。手此，问合家大小安吉。五月廿六日，玉甫手书。全姨侍笔，叩合家安。

寄去纱衫料二件给祝官做衣。见新进士引见后上谕，吾邑殷、庞皆得庶常，李、钱皆用部属，可谓极盛。陕西陈屺瞻甲第甚高，不得翰林，殊为可惜。汝四哥在此稍寂寞，今春有伊相好江北熊姓者送伊一婢，已接过江来，故急须回家一行以便收纳。伊四十岁尚无子，求子之心甚切，惟愿以后家庭和睦，添丁蕃盛耳。现已部署行装，大约出月初即可启程也。

按，此家书的重点依然在翁同龢坠马伤足事件上，故可知本札作于光绪二年五月廿六日，为当年湖北所发第十一号家书，由折差张得胜带往北京。本札于光绪二年闰五月初十日送达翁曾翰手中，翁曾翰于收信当日的日记中写道："得父亲五月廿六日函，一切平安，四哥闰月初回里一行，料理家务，并欲置妾，有熊姓友人送婢，已在常矣。鄂中得雨，农人惬望。四哥信中云，二姑母之女许配俞金门表弟以亲结亲,甚善。"①

　　翁同爵自从在邸抄中见到翁同龢请假后就一直寝食难安,直到五月廿四日收到翁曾翰五月初七日所寄第十一号家书,并于次日在五月初十日宫门抄中得见翁同龢销假后,才真正放下了心中的忧虑。翁同爵想起了仆人老李之言,猜测翁同龢本次所骑之马很可能就是此前袁保恒所送的那匹军马。他还叮嘱翁曾翰时刻提醒翁同龢夏日要注意避暑,但又不能过多乘凉。翁同爵对翁同龢的关心可谓无微不至。

　　光绪二年四月十八日,会试下第后的翁曾翰由内阁中书晋升内阁侍读,故本札曰:"汝命中不得由进士出身,今既补侍读,便当一意供职,切勿稍自抑郁。"翁同爵继续教导翁曾翰如何当好一名阁长:首先,要全神贯注,诸事方能周到;其次,凡事要用心思考,不能怠慢轻忽;再次,言语要简明,措辞要和婉,不能盛气凌人。

　　此外,本札还略及翁曾荣、翁曾纯、翁斌孙、翁曾源等人之近状。札曰:"督署现已空出,吾却不再迁移,倘实授时方移往也。"可见,翁同爵自光绪元年六月十三日兼署湖广总督以来,一直没有搬进督署办公,而坚持在抚署办公。副启提到的"甲第甚高,不得翰林"的陕西陈屺瞻,即陈树勋(生卒年未详),当时高中二甲第四十一名。

(六十二) 光绪二年闰五月初十日(1876 年 7 月 1 日)

字付筹儿览:

　　前月廿七日将十一号家书交折差张得胜赍去后,嗣于廿八日由乾裕递到京寓十二号信;月之朔日折差蒋弁回,复接十三号信,知合家皆吉,汝叔父足伤亦渐次痊,可深慰远念。

　　初三日汝四哥趁轮船回家,大约六月杪即可来署。吾近体甚健,

――――――――――

　　①　《翁曾翰日记》,第 398 页。

公事亦俱顺适,汝勿悬系。兹乘赍奏销本承差叶茂林前年跟吾出京。进京,寄去摹本缎袍褂料一付,系吾寄子馨四十寿分,汝收到后即转致之为嘱。余俟折弁行时再布一切,此问合家近好。闰五月初十日,玉甫手书。

　　按,此为寄物之札,比较简略。由"寄去摹本缎袍褂料一付,系吾寄子馨四十寿分……"可知,本札作于光绪二年闰五月初十日。因为"子馨"即翁同爵的侄子翁曾桂(1837—1905),出生于道光十七年(1837),至光绪二年时正好四十虚岁。前月廿七日所寄第十一号家书即前札——五月廿六日札,[①]后于前月廿八日、闰五月初一日分别接到的京寓第十二号[②]、第十三号[③]家书,于本年的《翁曾翰日记》中均有记录,在时间上都是吻合的。

　　据札,翁曾荣已于当年闰五月初三日乘坐轮船回常熟老家纳妾,并预计六月底可以回到湖北官署中。

(六十三) 光绪二年闰五月廿三日(1876 年 7 月 14 日)

字付筹儿览:

　　前月廿六日将十一号家书交张得胜赍去后,廿八从乾裕递到京寓所发十二号书;闰月朔折差蒋祥麟回,接京寓十三号书;初三日贡

---

　　① 《翁曾翰日记》,第 398 页,光绪二年闰五月初十日:"得父亲五月廿六日函,一切平安,四哥闰月初回里一行,料理家务,并欲置妾,有熊姓友人送婢,已在常矣。鄂中得雨,农人惬望。四哥信中云,二姑母之女许配俞金门表弟以亲结亲,甚善。"

　　② 《翁曾翰日记》,第 394 页,光绪二年五月十三日:"缮寄十二号信交阜康寄。"

　　③ 《翁曾翰日记》,第 394 页,光绪二年五月十六日:"缮寄升字十三号信附月钞,又叔父拟谢赏方略折稿。交蒋弁。"

差毛凤翔回,接不列号信及参丁一匣、尖靴一双;初四日贡差李清泉回,接到十四号信及恩赐剿平粤匪、捻匪方略各一方;十九日折差徐宗福回,接十五号信,知合家康吉,汝叔父足伤亦渐愈,深慰远念。惟天时炎热,汝叔父趋直进署日以为常,未免劳顿,尚且稍自节力为嘱。汝身体亦非能耐劳苦者,起早进内固不能免,第日中时或在直房,或在城寓,总须休息一二时以避暑气,至嘱,至嘱!

吾近体甚好,公事亦顺适,汝勿悬系。汝四哥于初三日搭轮船回家,初七即至上海,伊此行专为纳妾事,但愿以后家庭和睦,早庆添丁耳。汝三哥到藤溪盐局后从未得其只字,可谓公尔忘私矣。鄂省旸雨尚应时,而近来仅十日不雨,民间已望泽孔殷。此间农事懒惰,远不如江浙,故水旱皆仗天功也。前五月天气颇寒,近日则甚热,偶一穿衣冠及握管作字便挥汗如雨,故不及缕述一切。手此,问合家安吉。闰五月廿三日,玉甫手书。全姨侍笔叩合家安。

按,由"汝四哥于初三日搭轮船回家……伊此行专为纳妾事"和"闰五月廿三日"可知,本札作于光绪二年闰五月廿三日。据《翁曾翰日记》《翁同龢日记》载,本札于当年六月十一日由折差黄在金送至翁曾翰手中,与此信同时送到的还有翁同爵致翁同龢札及翁同爵送给翁同龢的夹罗大衫、线衫等。[①] 由后札知,本札是当年湖北所发的第十二号家书。

据札,翁同爵在闰五月朔收到京寓第十三号家书之后,又陆续收

---

① 《翁曾翰日记》,第402页,光绪二年六月十一日:"得父亲闰月廿三日函,折差黄在金赍来,一切平安,气候亦热。《方略》已寄到。寄来夹罗大衫一件、线衫一件,送叔父用。闻近畿旱灾,率属捐廉助赈。倡捐五千,其余各员共凑三万,解交顺天。祥哥尚无信到鄂,可怪也。"《翁同龢日记》,第1256—1257页,光绪二年六月十二日:"得五兄闰五月廿三函。"

到了京寓不列号信①、第十四号信②和第十五号信③,且在收第十四号信时还收到了皇帝恩赐的《剿平粤匪方略》《剿平捻匪方略》各一方。而这些信件,在《翁曾翰日记》中都有相应的缮寄记录,且均在光绪二年的条目下,直接印证了本札的系年。

据札,回家纳妾的翁曾荣已于当年闰五月初七日抵达上海;翁曾纯疏懒如故,不寄一纸家书,被无奈的翁同爵戏称为"公尔忘私",颇有意思。

(六十四) 光绪二年闰五月廿七日、廿八日
(1876 年 7 月 18 日、19 日)

字付筹儿览:

廿四日将十二号家书交折差黄在金赍去,计六月初十日前可达。此间连日酷暑,吾身体虽好,然动辄挥汗如雨,未免百事俱废耳。汝四哥行后,吾稍嫌寂寞,伊在此,每日晚间可陪吾闲话片刻,至公私事却尚不能替吾心力也。吾兼权督篆已及一年,而实缺尚未简放有人,实深惶悚。盖两署公事繁多,吾本无兼人之才肩此重任,虽勉尽心力,总虑有识见不到之处也。属吏均和洽,琴西方伯和平通达,一切皆有商量,极为相得。鄂省应时雨旸,秋收可望丰稔,然邻省豫境之旱,江右之水,恐将来之流民不免入境,尚须早为布置也。

京畿亢旱,未知近日已得透雨否?吾此间率属捐备赈银三万两,细壤涓流,所裨无几,亦不过尽其心之所安而已。淮盐规复引地,鄂

---

　　① 《翁曾翰日记》,第 393 页,光绪二年五月初九日:"缮不列号信并参丁一斤、四哥要。靴一双交贡差毛凤祥带归。"

　　② 《翁曾翰日记》,第 395 页,光绪二年五月廿一日:"至阜康取银,以十四号家信考差名单附。并《方略》全部,分装两木箱交贡差李清泉由轮船带去。"

　　③ 《翁曾翰日记》,第 397 页,光绪二年闰五月初五日:"以十五号禀交折差徐宗福赍回,明日准走。"

省川盐大减而淮盐仍不能畅销,徒有损于鄂,实无补于淮,未识部议若何? 夷人要挟多端,闻以沈公为转圜地,然一允则无不允,令人愤懑! 近日尚寂寂无所闻也。苦热,不能多作字,汝叔父处不及另函,为吾道念。手此,问合家安吉,余俟续布。闰月廿七日,玉甫手书。全姨侍笔叩合家安。

淮盐规复引地,此议创之于李次青。元度。次青与沈盐政为亲家,今春有金陵之行,盖为此也。吾此间于前月接沈幼丹书,商复襄阳、安陆二府、沣州一州为请。吾以鄂饷向以川盐厘税为大宗,事关大局,行司局议覆,尚未定议。嗣见周御史奏稿,则仍是次青手笔,次青久行盐而又为湘抚入幕之宾,故于往来书札及批判案牍叙之甚详。次青,平江人,其所行专是碱盐,其所云每年能销万引,良确,第非缉私之效,乃伊越销于江西之萍乡、铜鼓、义宁州之界,皆非湘岸应销之地。以官为私之效也,听言者能不慎哉?

赐《方略》谢折稿寄来者极妥,已于廿四日照缮呈递矣。家中亲友,此次汝四哥回里,吾均有寄赠,第廉泉涓滴,不能餍众人之所欲耳。庞宝生,上年潘子昭到鄂即言其老病龙钟,今春闻其患肝痛,更为之危虑,今竟一病不起,闻之悲悼。家乡交好寥落如晨星,且渠年纪尚不大,乃以微疾殒其身,惜哉! 闻缃堂到家已迟数刻,不及见面,尤为可悯也。从九叶培恭,当留意。

吾五十以前不服药,近年则竟常服方觉气壮,白高丽参每日亦煎服贰钱。手战、便秘,近服恽松云所定之方,似有效验。今年入春来,遇大节令如立春、春分、立夏、夏至,皆煎服带出之赏参三钱,分三日服,甚觉有益,故今年体气较上年为好,可见六十衰翁竟仗药饵滋补矣。汝在京师可为吾物色真参,购一二两来以备不时之需,不可贪价廉买赝货,至嘱,至嘱! 李筱荃在此专人进京购参,吾则无须乎此矣。白高丽亦须多买常寄以日日煎服,则不能不多备也。

昨夜初更时折差张得胜回,接到十一日所发十六号家书,借悉合寓安康，深为欣慰。① 都下亢旱日久，虽得雨二寸余，恐尚不足以资耕种，若大秋无望，饥民度日为艰，易致生事，殊切杞忧。淮引复地周疏，原是淮商手笔，部议从之，徒有损于鄂而无补于淮。吾彼不敢存畛域之见，第国计不能不筹耳。至于封禁川省盐井一条则万万不能行，若果行之，必为乱始。盖吾曾入川一年，略悉其情形，如富顺一县从前盐井不过五百，今则十倍之，有五千余，衣食于是者且数十万人，同治七年因井捐过刻，仅一商人颜姓者停煎，井上无业之民已聚数千人，几致生事，幸省中委员往彼勒令颜姓开煎，方始安贴。今若封禁盐井，则此辈何术安插？川省民情浮动，此时相安无事，尚岌岌可虞，若再立法更张，恐难免挺而走险矣。谋国是者当熟筹各省情形，方可决大事也。鄂省雨水调匀，堤防无恙，尚是守土者之福。惟近日亦嫌稍旱耳。连日天气极热，见属员、看公事辄汗下如雨。今晨衙参期至午方罢，汝叔父处不及另函矣。此问合家近好。廿八日，玉甫又书。

　　按，由"吾兼权督篆已及一年，而实缺尚未简放有人"知，本组二札分别作于光绪二年闰五月廿七日、廿八日。从《翁曾翰日记》看，本组二札当时是封为一函于闰五月廿八日发出的，并于六月十四日送达翁曾翰手中。② 由后一札知，本札是当年湖北所发的第十三号家书，由折差杨得胜赍去。据札，翁同爵求购的是真参，而非党参，或为《翁曾翰日记》误记。③本札所谓"赐《方略》谢折稿"即翁同龢所拟并于五月十六日所寄的《谢赏〈方略〉折》稿。④

<hr>

　　① 《翁曾翰日记》，第398页，光绪二年闰五月十一日："缮寄十六号禀并狼皮靴一双，交张得胜带回。"

　　②③ 《翁曾翰日记》，第403页，光绪二年六月十四日："折差杨得胜来，得严亲闰月廿八日函，一切平安，谢《方略》折已于前次呈递矣，命购买党参，遇便寄去。"

　　④ 《翁曾翰日记》，第394页，光绪二年五月十六日："缮寄升字十三号信附月钞，又叔父拟谢赏方略折稿。交蒋弁。"

　　此二札围绕一个核心问题：淮盐规复引地问题。这其实是一个历史遗留问题，从"川盐济楚"到"川淮争岸"的必然结果。前任两江总督曾国藩（1811—1872）就曾致力于淮盐规复引地，但最终未能完全收复。本札重提淮盐规复引地的缘起：本年五月，时任两江总督兼南洋通商大臣的沈葆桢（1820—1879）给兼署湖广总督、湖北巡抚的翁同爵写信，商请规复襄阳、安陆二府、沣州一州为淮盐引地。翁同爵分析，沈葆桢此番关于淮盐规复引地的提议出自其儿女亲家李元度（1821—1887）之手。李元度，字次青，湖南平江人，官至贵州布政使。翁同爵甚至认为其见到的周御史关于淮引复地的奏稿也是李元度的手笔，因为后者长期运销食盐，又曾做过曾国藩的幕僚，所以对往来书札和批判案牍叙之甚详。由本札知，翁同爵认为若淮盐规复湖北为引地，则"鄂省川盐大减而淮盐仍不能畅销，徒有损于鄂，实无补于淮"。他不赞同"封禁川省盐井"一条，因为他了解四川，"川盐济楚"使四川盐井的数量呈井喷式增长，无数老百姓以此为生，朝廷若贸然封禁，必然引发动乱。

（六十五）光绪二年六月十四日（1876 年 8 月 3 日）

字付筹儿览：

　　前月廿七日折差张弁回，接汝所发十六号书，知合家皆吉，慰甚。[1] 吾此间先于廿三日交黄弁寄去一缄，[2]廿八日又交折弁杨得胜

---

　　① 《翁曾翰日记》，第 398 页，光绪二年闰五月十一日："缮寄十六号禀并狼皮靴一双，交张得胜带回。"

　　② 《翁曾翰日记》，第 402 页，光绪二年六月十一日："得父亲闰月廿三日函，折差黄在金赍来，一切平安，气候亦热。《方略》已寄到。寄来夹罗大衫一件、线衫一件，送叔父用。闻近畿旱灾，率属捐廉助赈。倡捐五千，其余各员共凑三万，解交顺天。祥哥尚无信到鄂，可怪也。"《翁同龢日记》，第 1256—1257 页，光绪二年六月十二日："得五兄闰五月廿三函。"

赍去十三号信，①未审何时可到？阅邸抄，闰月十七日京师已得透雨，为之欣忭，惜时候稍迟，秋粮仅晚收者可种耳。

鄂省闰月颇缺雨，六月朔设坛祈祷，幸次日即大沛甘霖，农田均沾足矣。江水虽涨，然堤防无恙，就日前观之，秋收可望十分也。监利乡民抗捐堤费，聚众殴官，司道请发兵往捕，吾恐急则生变，委大员会同荆州守驰往查办，而令炮船数艇至彼弹压，人即解散。今已拿获为首五犯，并将办理不善之署任傅令维祜。撤任矣。楚北乱后民情懁悍，稍不遂意即聚众滋事，故地方官亦颇难做也。

李筱翁在此为鄂省置买一轮船以备江防之用，取名"汉广"，有事则可载兵，无事则可为商，费至十四五万，其船近日方到。吾见有与合同及原议不符者数处，令原经手之盛杏生、杨艺芳逐条指驳，减其价八千四百金，然已大费唇舌矣。旬日来专办此事，今方就绪。

上洋威使至后，不知作何诡计？闻沈幼丹以总署文但令调停而不明示准驳，有切实语，于是彼计不至沪上与威使晤商，未知究竟如何办理？抱杞忧者，不能不叹国无人也！

吾近体甚健，饮食起居格外谨慎，煎药日服，恽松云所定方。白高丽参亦日煎贰钱，故体气似较上年为好，每遇大节候则日服人参一钱，三日为止，自觉有效。前书令汝购真参一二两，勿忘为嘱。汝四哥于闰月十四日到家，顷已作书令其七月中来署，并携妾同来。屡接其来书，云家中大小皆吉，仲渊疾不增不减，寿孙腿疾已全愈矣。考费吾令汝四哥给伊四十元。汝三哥至藤溪后杳无信来，不知其近况，大约薪水较优，毋须吾此间接济，故遂不作一字来此，可笑亦可叹也！

鄂省天气，前月极热，月初雨后稍凉，今则酷暑如故，每日衣冠见客及批阅公事皆汗出如浆，所幸吾敛气凝神，以为此固吾职分当尽之

---

①　《翁曾翰日记》，第 403 页，光绪二年六月十四日："折差杨得胜来，得严亲闰月廿八日函，一切平安，谢《方略》折已于前次呈递矣，命购买党参，遇便寄去。"

事，故遂不觉其苦耳。署中上下均好，家人辈亦皆勤慎，沈福新令其家乡来，邹升丁忧，暂假回家。派令司阍，老成可喜。跟班中则何顺最为得力，周兴成婚后差使稍逊。从不离开趑步且亦自知学好也。挥汗书此，不及详述一切，汝叔父处不另作函矣。此问合家安吉。六月十四日，玉甫手书。全姨侍笔叩合家安。

英人要挟多端，其所议八条，阅之令人愤懑，然闻势在必行。李节相在津未曾议妥，今廷旨令南洋大臣在沪允其议，外间传言八条外复有所添，总之，一允则无不允矣。鄂省宜昌添设马头，必有一番周折，未知届时如何办法。滇案办理固嫌稍滑，然已大拂民心。今腾越已告变，厅城为匪首苏开先占据，段镇退扎城外南甸，都司李维通亦同时背叛，彼处已拨兵数千往剿，恐一时事未易了。盖滇省兵民皆惮岑彦翁威名，故近年得少安戢，今丁忧去位，恐奸民又将多事矣。

昨承差郑瑞麟回，接汝闰月廿七日书；又杨葆初到鄂，接汝廿三日书，并酸梅糖、肥皂粉等。知合家皆吉，慰甚。[①] 安孙气体素充，何以近忽瘦弱？汝夫妇须善为调护，多服补药，场前固要用功，亦不可过于督责，须令藏修游息，活泼天机为嘱。夷酋出京，人情震动，闻有旨授李节相为全权大臣便宜行事，命至燕台与威酋会议，然此已是下着，未知能即转圜否？总之，办海防十年，而除天津外，他处有布置否？不得不令人浩叹也。

按，从翁曾荣于闰月十四日到家、翁斌孙此时在常熟、首段明确的收发信记录等信息判断，本札作于光绪二年六月十四日。由同年六月廿五日札知，本札是当年湖北所发的第十四号家书。《翁曾翰日记》和

---

① 《翁曾翰日记》，第400页，光绪二年闰五月廿七日："作不列号函交火牌差带回。夜，杨葆初来话别也。"光绪二年闰五月廿三日："又作不列号信并酸梅糖、胰皂等各一匣，托杨葆初带去。"

《翁同龢日记》都于收信之日——六月廿九日对本札作了详细记载，重点提到翁同爵处理监利乡民抗捐堤费并聚众殴官一案。①

本札还提到之前李瀚章预购的"汉广号"轮船。翁同爵在收货的过程中发现了数处与合同及原议不符的地方，以此据理力争，为湖北省下了八千四百金。翁同龢于回信中对此举作了评价和提醒："轮船船价驳减数千，乃极平允、公正之举，主其事者必不乐，此等浮华少年，它日必偾事，幸善驭之而已。"②

"上洋威使"，即时任英国驻华全权公使的威妥玛（1818—1895）。沈幼丹，即时任两江总督兼南洋通商大臣的沈葆桢（1820—1879）。本年五月廿四日，威妥玛全行翻变之前所拟八条，遽尔出京；五月三十日，威妥玛全然不顾李鸿章会商，离津赴沪。③ 故本札副启云："李节相在津未曾议妥，今廷旨令南洋大臣在沪允其议，外间传言八条外复有所添，总之，一允则无不允矣。"但翁同爵认为，总理各国事务衙门文中只让调停而不明示权限，沈葆桢也不会去上海和威妥玛谈判。事实证明了翁同爵的判断。本年六月初八日，上谕："内阁大学士、直隶总督李鸿章着作为全权大臣，便宜行事，即赴烟台，与英国驻京大臣威妥玛会商一切事物。"④最终，清廷与英国在烟台签订了《中英烟台条约》，结束了"滇案"。

① 《翁曾翰日记》，第405页，光绪二年六月廿九日："折差吴长福来，接父亲六月十五日函，身体康健，天气极热，监利乡民聚众殴官，经派大员查办，已解散获首，署之傅某亦撤任矣。"《翁同龢日记》，第1260页，光绪二年六月廿九日："得五兄六月十五函，折弁来。监利令傅某以堤工劝捐，几致激变，以兵临之，得从伙五人，而县令亦撤办，外人谓县令被戕，盖妄传也。"
② 《翁同龢家书诠释》，第23页。
③ 《大清德宗景皇帝实录》卷三三，光绪二年闰五月，叶三（上）。
④ 《大清德宗景皇帝实录》卷三四，光绪二年六月上，叶一四（上）。

（六十六）光绪二年六月廿五日（1876 年 8 月 14 日）

字付筹儿览：

　　月之十五日折差吴长福去，将十四号家书交其赍递，约计出月初方可收到。因安折内已添徽号四字，故令迟递。二十日李子达刺史到鄂，人颇历练。接汝闰月廿一日书，知京寓大小平安，深慰远念。[①]京师于十七、十九两日已得透雨，晚稼尚可补种，人心自可少定，惟愿以后旸雨应时，收成有望，则粮价可冀渐平也。

　　汝叔父日侍书斋，复时常入署治事，未免劳顿，须劝其稍自节劳，保养身体为嘱。汝署中公事既繁，兼之馆上派详校差使，则心力交劳，亦宜善自调摄。安孙诗文均有进境，闻之欣喜。近年北闱官卷获中者皆京官少年子弟居多，不可不自勉也。此时录科想已考过，场前尤宜多读多做，勿稍懈怠。二三场功夫亦须讲究，盖官卷必三场匀称方能制胜也。德孙近日读书能稍有益否？此子识见气度远不如其乃兄矣。

　　吾近体甚好，公事亦平顺，僚属皆和衷共济，毫无嫌疑。吾每日治官事近日料理科场事。至二鼓必竣，即往上房少坐遂睡，虽极热皆然，以帐中可以避蚊也。每日二餐皆以绿豆汤泡饭，食一盂，夜则吃面食时居多。惟满身痱子，近日天气已凉，渐好矣。着衣则痒，贴席则痛，深以为苦耳。

　　汝四哥于前月十四到家，此间已屡接其来书，知家中大小均好。寿孙寄文两篇来，腿疾已愈。笔气功夫皆好，闻其乡试与钱玉舫同伴，吾已作书令汝四哥给以考费四十元矣。石梅宗祠飨堂、节孝祠必须修造，顷接汝四哥来信，云已择日兴工，水木作费须洋八百元。亦了吾一大心愿也。义庄置产固当慎重，但亲友中实无可托之人，即价人亦是守成之子，非自己创业者熟悉地段、田亩，故亦不足恃。吾今令筐

---

　　① 《翁曾翰日记》，第 399 页，光绪二年闰五月廿一日："作不列号信托李子达连骑，知州。带赴鄂中。"

生辈,作书令其须要处处对得吾住。但求根脚清而田亩好者逐渐置买,看田则陆湘洲深悉其高下。或于二三年中可以集事也。① 汝三哥处杳无信来,竟不知其近况。扬州汝二姑母处上月吾曾寄一书去年屡通书并寄过二百金。并纹银贰百、金镯、衣料、锡器、瓷器等,②顷得其回书云近体甚佳,合家皆吉,惟久未得汝叔父信,深为盼望也。

鄂省雨水调匀,稻苗、棉花皆好,江水虽涨,然堤防无恙,此固小民之福,亦守土者之幸也。安徽宿州、山东鱼台复有捻匪起事,楚北边境与皖、豫接壤,今年地方亢旱,恐饥民亦复不少,已饬防军勤为侦探,严密防范矣。雨后稍凉,今日已知此间主考放叶、梅二君。手此,问合家安吉。前寄来暖帽、皮靴皆合用。六月廿五日,玉甫手书。全姨侍笔叩合家安。

按,由"此间主考放叶、梅二君"知,本札作于光绪二年六月廿五日。该年,"湖北考官放叶大焯、梅启熙"。③ 叶大焯(1840—1900),字迪恭,号恂予,同治七年(1868)进士,官至广东学政,福建闽县(今福建福州)人;梅启熙(1848—1929),字少岩,同治二年进士,曾任山东泰安知府等职,江西南昌人。

然而,《翁曾翰日记》中却找不到关于光绪二年六月廿五日翁同爵来书的明确记载。本札曰:"每日二餐皆以绿豆汤泡饭,食一盂,夜则吃面食时居多。惟满身痱子,近日天气已凉,渐好矣。着衣则痒,贴席则痛,深以为苦耳。"这与《翁曾翰日记》中光绪二年六月廿八日札

---

① 《翁曾翰日记》,第404页,光绪二年六月廿三日:"得四哥六月初八日函,一切平安,家用奢靡,颇难稽核,义庄事恐非朗生所能耳。石梅祠宇飨堂、节孝祠开工建造矣。里中年成好,米贵,拟办甲保,以查流民。兄到家月余,诸事允集,其小星是否携之入鄂,尚未定也。"

② 南京博物院藏光绪二年闰五月廿三日翁同爵致翁同龢家书曰:"扬州二妹处,近日寄去贰百金,又金镯、衣料、锡器、磁器等,尚未得其回信。"

③ 《翁曾翰日记》,第402页。

的内容精要:"两餐以饭面间食,痱子已小愈。"①高度重合。可见,本
札虽作于六月廿五日,却于六月廿八日才发出。据后札,本札为当年
湖北所发第十五号家书。

　　光绪二年六月初八日,翁曾荣在致翁曾翰札中云:"义庄事恐非
朗生所能耳。石梅祠宇飨堂、节孝祠开工建造矣。"②翁曾荣在致翁
同爵的家书中必然说了类似的话,故翁同爵本札对石梅宗祠飨堂、节
孝祠的开建给予了极大肯定。翁同爵还对翁曾荣"义庄事恐非朗生
所能耳"的质疑作出解释:"义庄置产固当慎重,但亲友中实无可托
之人。"

(六十七) 光绪二年七月十六日(1876 年 9 月 3 日)

字付筹儿览:

　　前月廿七日将十五号家书交折差张得胜赍去;③月之朔日折弁
黄在金回,接京寓六月十三日所发十七号家书;④初三日杨弁回,复

---

　　① 《翁曾翰日记》,第 407 页,光绪二年七月十二日:"折差杨得胜来,得父
亲六月廿八日寄函,一切平安,两餐以饭面间食,痱子已小愈。"《翁同龢日记》,
第 1262 页,光绪二年七月十三日:"得楚中函,折弁来。"

　　② 《翁曾翰日记》,第 404 页,光绪二年六月廿三日:"得四哥六月初八日
函,一切平安,家用奢靡,颇难稽核,义庄事恐非朗生所能耳。石梅祠宇飨堂、节
孝祠开工建造矣。里中年成好,米贵,拟办保甲,以查流民。兄到家月余,诸事
允集,其小星是否携之入鄂,尚未定也。"

　　③ 《翁曾翰日记》,第 407 页,光绪二年七月十二日:"折差杨得胜来,得父
亲六月廿八日寄函,一切平安,两餐以饭面间食,痱子已小愈。"《翁同龢日记》,
第 1262 页,光绪二年七月十三日:"得楚中函,折弁来。"

　　④ 《翁曾翰日记》,第 402 页,光绪二年六月十三日:"缮十七号禀并月抄及
户部折稿三件,并红洋布包、宝簪、绿带等件,交折差黄在金。"

接十六所发十八号书，外黄折、油纸。[①] 借知合寓皆吉，深为欣慰。初十日叶承差回，又接十三所发不列号书，并荷包、夹鞋等均收到。[②] 京师得雨后秋稼蓬茂，收成可望中稔，人心安定，此实中外之福。

鄂省旸雨尚应时，然被旱、被水之处山田苦旱，低田苦雨。亦间有，统计全省大约年岁可得八九成也。江水盛涨，堤防幸无恙，即潜江新筑之吴家改口、深河两处亦经保固，惟监利所筑之杨林洲堤荆河内堤，非江提也。仍复溃没耳。李筱翁在此，因鄂省州县积习半以堤工润其私橐，故决计不办。吾则以为当视其利害若何，州县人才若何，再定兴办与否。如吴家改口、深河潭等处溃彼者已七八年，潜、沔、监、江之田亩沦为泽国者数十万亩，且现署潜江之王令方田，实任沔阳州王牧庭桢，皆能任事而有天良之人，故发帑兴修，幸告成功。然北岸天门之人向以邻国为壑，今见南岸筑堤纷纷上控，吾以身任地方大吏必须全局通筹、南北兼顾剀切晓谕之，方无异议，可见督抚兴利除害之难也。

吾近体甚好，两署案牍虽多，然吾以为此皆分内当尽之事，绝无烦厌心，遂不觉其苦。每日批判必至二鼓方竣，觉精力尚可支持也。署中上下均好，幕友得周子京，诸事极有商量，且喜其谨饬依然，绝无署外酬应，于公牍皆细心批判，字句可商量者皆留意。吾甚钦敬之也。此间三伏颇热，交秋后早晚稍凉，近日则又大热，握管即汗如雨下，故汝叔父处不及另作专函矣。安孙近体如何？吾甚念之，场后可稍游息以养其天机，勿过于督责为嘱。秀姑娘见惠荷包甚佳，可先为吾道谢。草此，问合家安吉，七月十六日，玉甫手书。全姨侍笔叩合家安。

汝三哥到屯溪后，久未得其一书。昨月之九日，方接其六月望日

① 《翁曾翰日记》，第403页，光绪二年六月十八日："缮寄第十八号禀交杨得胜，附黄折等一包、油纸一卷。"

② 《翁曾翰日记》，第402页，光绪二年六月十二日："写不列号信并夹鞋一双、荷花翠包等一匣，交承差叶茂林赍回，云明日去。"

一函,签书第六号。言近体尚好,惟初到彼时水土不服,牙痛肠红,抱恙月余耳。吾当即驰书覆之,令其无论家事、官事,总须提起精神,逐日认真办理,勿自谓打一诳语便可掩饰得过也。汝四哥回家后却屡接其来书,昨得其初五日信,云近患小恙,大约于初十后挈其家眷同来,未知何日可到。家中少人照应,汝四嫂原可不必来,第汝四哥又不便仅携其妾来,故委曲从事,吾只好听之,所谓“清官难断家务事”也。

前信封完,适督署鲁承差回,接六月廿二日第拾玖号家信并外董画一幅、夹鞋一双。① 董画气韵浑厚,书法疏秀,洵为神品,可为吾先致谢汝叔父。顷之复接六月廿九日第贰拾号书,以监利殴官一案京师讹言官已毙命,故汝叔父及汝深不放心,询问如何办理,②其实官伤而未死也。缘先署监利之傅令维祜,四川人。派捐堤费,有大兴垸武生何家邦等抗不交纳,傅令乘下乡相验之便,黑夜锁拿,带犯人入城,乡民聚众阻止,傅令仓卒用武,致被拒伤。吾此间于闰五月朔接道府会禀请兵剿办,方伯、廉访皆以为然,吾则以为兵勇一至则乡民必畏罪相结,聚众抗拒,定成大案,乃于省中委一知府、一通判,会同荆州府倪守驰往查办,而令驻宜昌之水师副将贺缙绅督带炮船八只至彼弹压,并令多出简明告示晓谕居民。及委员、倪守至彼,则人已解散,遂拿获动手殴官人犯五名解府审办,惟肇衅之武生何家邦未获,于是委员、倪守、贺副将皆回,地方无事。今则监利已另委人往署,乡民均各帖然,傅令伤痕早经平复,吾此时须俟道府审定后再行办理也。此案之始末如此,可请汝叔父放心为嘱。草此布复,并问合家近好。七月十六日,玉甫又书。

威酋事在燕台如何了结?此间尚无消息,总之,添码头、索赔款

<hr>

① 《翁曾翰日记》,第404页,光绪二年六月廿三日:“以十九号信并董画一轴、夹鞋一双,交火牌差赍回。”

② 《翁曾翰日记》,第405页,光绪二年六月廿九日:“作寄二十号禀内言监利堤工事。交全泰盛局带,可速达。”

皆意中事。彼族此次但索一中堂往议事，因沈相不行，遂改命李相，其实沈相即行，亦未必遂能定议也。教匪，安徽英山县。拿获数名，已正法，而供内"湖北亦有党羽，约于八月中起事"行文边界密拿并委员改装易服往访，均就其所指地名。之谣语虽不足信，江督、皖抚皆有五百里文至。然不可不先事预防。吾已扎调驻襄之武毅三营来省驻扎，蕲水、黄州调忠义军三营分扎。并将查城、查街、查夜等事极力整顿，皆以文武闹在迩，人多混杂，亟需严查，却不言教匪事也。文相分吾拟送二百金，①庞宝生分已送百金寄去矣。②

按，翁曾翰十分重视父兄和自己的往还家书，几乎做到了逢札必记。只有当日期不同的多札被封为一函时，翁曾翰才会忽略靠前的日期，而仅在《翁曾翰日记》中记以最晚一札的日期或信使出发的日期。在这一规律的指导下，笔者翻阅《翁曾翰日记》，找到了本札所提六通往还家书的全部记录，不难推知本札作于光绪二年七月十六日。该年七月廿九日，翁曾翰收到本札，故于当日的《翁曾翰日记》中写道："折弁张正照来，得父亲七月十六日寄谕，合署平安，四哥将挈眷到鄂，监利事已平，江、皖督抚咨会密防教匪。"③

本札的一个关键词是"堤工"。关于堤工，翁同爵秉持与前任湖广总督李瀚章不同之态度。李瀚章因堤工极易滋生腐败，故而干脆不办，颇有"因噎废食"之意；翁同爵则主张具体问题具体分析，要"视其利害若何，州县人才若何，再定兴办与否。"比如，他在权衡吴家改口、深河潭等处决堤的利害关系，并考察署潜江令王方田（生卒年未

---

① 《翁同龢日记》，第 1243 页，光绪二年五月初五日："荣仲华来，知文相国竟于昨日申时星陨……"

② 《翁同龢日记》，第 1252 页，光绪二年闰五月十六日："吴望云送信，庞宝生于本月初六日巳时长逝矣……"

③ 《翁曾翰日记》，第 409 页。

详)、沔阳州牧王庭桢(生卒年未详)的人品和能力后,做了发帑兴修这两处堤工的决定。

翁同爵于副启中回应翁同龢之关切,将监利殴官一案之始末叙述了一番。此案同样与堤工有关,由派捐堤费引起的。署监利令傅维祜(生卒年未详)在有人抗捐时,滥用武力,处理失当,导致自己被群众围殴。当各级官员都建议翁同爵以武力镇压时,翁同爵却想到了一个文武并行、软硬兼施的办法:一方面,"于省中委一知府、一通判,会同荆州府倪守驰往查办",类似于成立联合调查组;另一方面,"令驻宜昌之水师副将贺缙绅督带炮船八只至彼弹压",以武力震慑。同时,翁同爵积极宣传,引导舆论,"多出简明告示晓谕居民"。这些举措取得了良好的效果,说明翁同爵在为官从政方面独具智慧。

(六十八) 光绪二年七月廿五日、廿六日申刻
(1876 年 9 月 12 日、13 日申刻)

字付筹儿览:

十六日将拾陆号家书交折差张正照赍去。廿一日吴弁回,接京寓初五日所发廿一号信,知合寓皆吉,欣慰之至。①汝叔父日侍书斋,兼之农部事繁稿多,未免心力交劳,汝须先意承志以侍亲欢,再勿以家务烦其指画为嘱。安孙身体已复元,闻之甚慰。此子心地纯良,志气向上,吾所钟爱,汝为父母者须善视之。考寓与伯述、哲卿同住,甚善。至场中文字,但求平顺无疵,固不敢望其侥幸获中也。场后宜多服滋补之剂为要。

吾此间公私平适,身体亦好。月初天气早晚稍凉,至中旬则复热如三伏,握管即挥汗如雨,然每日除早晨衣冠见客外又伏案时多,痱

---

① 《翁曾翰日记》,第405页,光绪二年七月初五日:"以二十一号禀交差弁吴长福赍回。"

子满身，痒而且痛，颇以为苦耳。昨日起大东北风，今日已凉爽矣。鄂省妖术剪辫之事，民间谣传数日即止。惟安徽英山县拿获会匪供称，湖北亦有党羽于八月中有起事之说，安抚迭次有五百里文来，故人心极为惶惑，吾已出示安抚，并严拿造言生事之人。第时值科场，来省者多且杂，于是狥绅士之请，在省城设一巡查公所，委四观察、四太守、四州县督率其事，而严饬查城、查街、查夜各委员实力稽查，并修造栅栏二百四十余道，并调驻襄之淮军武毅两军来省驻扎，即调本扎省城之忠义二营、扎崇阳之忠义一营分扎与皖境交界之黄州府蕲州、蕲水县各要隘，布置似已周密，此亦未雨绸缪之道也。

监利之案，民固顽梗，官亦暴戾，以致激成事端，若其时遽调兵往拿，则乡民无知，必然聚众抗拒，酿成巨案，吾故委员先往查办，而令绅耆至彼开导，仍檄水师炮船驶往弹压。今幸傅令之伤业已平复，殴官之犯擒获五人，彼处已贴然无事矣。淮盐收复引地，部议虽准，然鄂省通盘筹画，每年实缺少百万厘金，则京饷、固本饷、满营兵饷及协济各省兵饷又从何出？其势不能不力为呈请也。威使至烟台，廷旨命李相往彼会议，未识所议若何？大约于都中所定八条外必有增添，此间尚无消息也。

汝三哥处，吾此间于初九日得其六月望日一书，知身体甚好，吾于十一日即作函覆之。汝四哥于十六日自家起身，今日午刻已抵汉镇，因风大尚未过江进署，其家眷并未同来也。吾日前因天时酷暑，每日除办官事外未免诸事俱废，兼之李筱荃过鄂赴川，且本地、省外绅士送考来城者颇多，酬应甚忙，今日方凉又须捡点入闱诸事，不能缕述一切。手此，问合家安吉。七月廿五日，玉甫手书。全姨侍笔叩安。

汝四哥于今晨渡江，途中均好，身体亦如旧。家中人口皆吉，寿孙已同钱玉方赴金陵试，腿疾已愈，项瘰亦觉渐消也。家人刘元，吾到此后仍派令执帖，而察其举动，似不如从前谨饬，近复溺于赌博，经吾查出严斥之，今已告假回家去矣。赵恩人虽有才，然用心亦不能正大,吾前因邹升告假去,令其暂代司阍之职,伊即攻讦同人。今邹升已回,司阍之事吾令沈福、邹升二人照料,而令其仍当书启差使也。上年入闱带家人八名,缘用印公事皆须闱中即发,今年拟仍其旧也。廿六申刻。

　　按,由"威使至烟台,廷旨命李相往彼会议""李筱荃过鄂赴川""寿孙已同钱玉方赴金陵试"等信息可知,本札作于光绪二年七月廿五日,副启续作于同年七月廿六日申刻。当月十六日,翁同爵交折差张正照赍去的第十六号家书即前札。本札为光绪二年湖北所发第十七号家书,于七月廿七日发出,于八月初十日送达翁曾翰手中,在《翁曾翰日记》和《翁同龢日记》中都有详细记载。①

　　本年,翁安孙第二次参加顺天乡试。"伯述"即翁同龢的内弟汤纪尚(生卒年未详),"哲卿"即翁曾荣的表弟张之璜(生卒年未详),他们也参加了本次顺天乡试,和翁安孙同宿舍。

　　据札,妖术剪辫的谣言当年在湖北省传播的时间并不长;翁同爵对安徽巡抚知会的湖北或有教匪党羽拟于中秋起事的消息高度重视,提前从巡查、稽查和军事三方面做了周密的布置,说明他具备很强的社会治理能力;虽然两江总督沈葆桢(1820—1879)所提的"淮盐收复引地"经部议批准,但是湖北省每年将因此损失一百万厘金,故翁同爵准备上奏陈情;翁曾荣从常熟回鄂,已于当年七月廿五日午刻到汉镇,并于次日早晨渡江到署。

――――――――――

　　① 《翁曾翰日记》,第411页,光绪二年八月初十日:"折差魏鑫铨来,得七月二十七日函,严亲福体平安,四哥廿六抵鄂,家眷未来。刘元已告假去矣。巡阅营伍请展至明春举行。次日奉谕旨。"《翁同龢日记》,第1269页,光绪二年八月十二日:"得楚中七月廿七函,平安,即写数纸交折差。荣侄于廿六到鄂,未携眷属。"

（六十九）光绪二年七月三十日(1876 年 9 月 17 日)晚

字付筹儿览：

廿七日将拾柒号家书交折差魏弁赍去。廿八日刘弁得胜回，接到京寓所发廿二号信并人参三枝，借知合家皆吉，深为欣慰。吾日来料理科场事宜，几于日不暇给。二主试已到汉镇，明日入城，帘官亦于明日考试，后日即须往贡院查验陈设。本年考试人数大约与旧岁仿佛，则八月廿二三日吾即可出闱。署中诸事幸有汝四哥在此照料，均可放心。吾近体甚健，闱中起早睡晚，觉精力尽可支持，汝勿悬念。兹从阜康银号汇去库平足纹伍千贰百两，汝查收为要。此问合家安吉。七月三十日灯下，玉甫手书。

按，此为汇银短札，附阜康银号去。从两条收发信记录来看，本札作于光绪二年七月三十日晚。翁曾翰托刘得胜带回的廿二号信并人参三枝对应的时间是光绪二年七月十四日。[1] 翁同爵七月廿七日交折差魏弁带去的第十七号家书即前札。[2]

翁同爵作本札的主要目的是提醒翁曾翰查收他从阜康银号汇去的五千二百两库平银。据《翁曾翰日记》，本札于次日发出，并于当年八月廿四日送达翁曾翰手中，所汇五千二百两库平银是留京

---

[1] 《翁曾翰日记》，第 407 页，光绪二年七月十四日："作寄廿二号禀，并人参三枚交杨得胜赍回，附三哥寄来信数纸、月钞。信中颇言卯金事也。"

[2] 《翁曾翰日记》，第 411 页，光绪二年八月初十日："折差魏鑫铨来，得七月二十七日函，严亲福体平安，四哥廿六抵鄂，家眷未来。刘元已告假去矣。巡阅营伍请展至明春举行。次日奉俞旨。"《翁同龢日记》，第 1269 页，光绪二年八月十二日："得楚中七月廿七函，平安，即写数纸交折差。荣侄于廿六日到鄂，未携眷属。"

备用之款。① 由后札知，本札为光绪二年湖北所发第十八号家书。

（七十）光绪二年八月十八日(1876 年 10 月 5 日)

信封　平安家报。第拾玖号。内信柒纸。玉甫手缄。九月初六日到，
　　　阜康送来。
钤印　富贵长寿（白文）

字付筹儿览：

前月十六、廿七日将十六、十七号家信交折弁先后赍去，月之朔日复从乾裕银号寄去十八号家书并汇库纹伍千贰百两，想先后可达。

吾于初六日入闱后身体甚好，本科应试士子有一万一千余人，而场内外均清吉无事，深为欣幸。威使事已结，而添设码头、沿江上下货物二条，鄂省宜昌、武穴、陆溪口、沙市等处皆须妥为布置，免启事端，殊非易易！且看总署行文如何，再行办理。学政全单已见，湖北梁斗南来，大佳。此间士习嚣凌，非文望素优者不能表率也。京兆主试未知何人？安孙场作如何？江南题昨日已知，寿孙文恐难出色。

吾此间公私顺适，惟两署官事一人主持，无可商酌，深恐有疏忽不当之处耳。闱中稍清静，然披阅公牍亦少闲时，缘带印入闱，一切公事即在闱中印发也。家人刘元已遣去，易令沈福司阍，似不致有失。署中诸事有汝四哥照料皆可放心，全姨近亦稍稍历练矣。手此，汝叔父处不及另函。问合家安吉。八月十八日，今日翻译场仅廿三人。玉甫手书。

今科士子应试者有一万一千二百八十余人，号几坐满，较上科多二千人，幸三场点名日天皆晴朗，人不十分拥挤，封门亦早，头场西初，

---

① 《翁曾翰日记》，第 413 页，光绪二年八月廿四日："阜康送来八月初一家信一函，父亲福体平安，方料理入闱也。外汇库平银五千贰佰两，留此备用之款也。"

二场申初,三场未初。场内外均清吉,深为欣喜。吾身体甚好,起居如旧,点名日自起至卧总须阅十二时之久,尚不觉辛苦,自验精力仍如上年也。两主试人均和平,题目皆平正容易,内帘、同考吾皆选品端学优之人,第未知所取如何耳。

本年六七月间,安徽、江西拿获会匪,有中秋起事之谣,故鄂士庶颇多惶惑。吾先调忠义军三营分扎黄州、蕲水边界以固边围,而调驻襄之武毅军二营来省填扎,并于省城设总巡公所一处,令监司大员候补道四人。专任其事,严查保甲,今春已办,复再查。安设巷门,二百三十余处,皆官修。并令寓居考试士子另设一牌,填明姓名,悬于门首,以补门牌之不足,饬委员分段稽查,而于鸦片馆、小歇家尤严密查访,于是匪类无所托足,人心遂定,谣言亦熄。今则场期已过,民情更可帖然矣。

江汉书院明年延请彭子嘉为山长,似较魏子毅为胜。六月中,贺云甫、彭味之、王晓凤有公信来,请于武昌县所属之樊口建闸。吾委员往勘,虽其中低田诚有被淹之处,然长江盛涨之时,全恃江夏之金口、武昌之樊口为宣泄地步,若再壅塞,则不溃于上即溃于下,其害更大,故历查旧案,批驳者不止一次。今吾已婉覆之,倘有言及此者,可详告之也。玉甫又书。

内收掌一员:汪齐辉安徽举。

同考官十二员:吴耀斗、江西甲,实缺。蒋德华、浙江举,实缺。郑庆华、广西举,实缺。杨应桓、江苏举,实缺。邓树声、江西甲。杨钧、四川甲。潘康保、江苏举。陈延益、浙江举。孙承谟、浙江举。陈鏷、直隶举。徐邦基、江西举。李保澂。陕西举。

光绪二年丙子科湖北省乡试题目:第一场 四书题 ……①

按,翁同爵于札中抄录了光绪二年丙子科湖北省乡试题目,和翁

———————————

① 此处原札缺。

曾翰、翁同龢、翁安孙等人分享，故本札作于光绪二年八月十八日无疑。札首提到的第十六号、第十七号和第十八号家书，笔者均已辑证于前。此为光绪二年湖北所寄第十九号家书，于当年九月初六日送到翁曾翰手中，并于九月初八日呈翁同龢阅。①

本年七月廿六日，《中英烟台条约》签订，故翁同爵于本札曰："威使事已结。"所谓"添设码头、沿江上下货物二条"即该不平等条约中的两个通商条款：一是"增开宜昌、芜湖、温州、北海四处为通商口岸"；二是"准许英商船在沿江的大通、安庆、湖口、沙市等处停泊起卸货物"。

翁同爵已见的"学政全单"即朝廷于本年八月初一日发布的各省学政名单。② 提督湖北学政梁耀枢（1832—1888），字冠祺，号斗南，晚号叔简，广东顺德人。他是同治十年（1871）辛未科的状元，显然属于翁同爵口中的文望素优者，足以表率一方。

（七十一）光绪二年八月廿三日、廿八日 (1876 年 10 月 10 日、15 日)

信封　平安家报。福字第贰拾号。盛万年。玉甫手械。九月十二日到。

钤印　富贵长寿（白文方印）

字付筹儿览：

闱中无事，日前拉杂书数纸，为拾玖号家书，交乾裕银号寄京，未知何时可达？十九日翻译场开门，折差张正照回，接到京寓初二日所

① 《翁曾翰日记》，第 415 页，光绪二年九月初六日："得父亲八月十九日闱中信，一切平安，未言右腿麻木也。"《翁同龢日记》，第 1274 页，光绪二年九月初八日："得五兄函，亦是八月十九发，从银号来，皆好。"

② 《翁同龢日记》，第 1266—1267 页。

发廿三号书，知合家安吉，欣慰之至。

顺天考官昨日方知，题目尚未悉。于廿三下午方知。安孙场作如何？至中否，则视其命运也，其身体场后须好为调理为嘱。子松以口操乡音故而得主京兆试，可谓便宜。惟汝叔父独侍书斋须匝月余，未免劳顿。江南试题首首皆不易做，未识寿孙文能出色否？南闱官卷颇多好手，中式甚不易也。

吾今年入闱监临，应试士子有一万一千余人，点名不拥挤，封门时候早，不敢诩办理之善，第请程文告之颁多于往昔，或者因是少有效验耳。鄂省六七月之交，因江皖拿获匪人供有中秋起事之谣，讹言四起。吾出示晓谕，令查街、查夜委员先清保甲，严查门牌，凡与考士子另设一牌，令其填明府县、姓名悬于门首，以补门牌之不足，并于各街设立栅栏共有二百三十余道，而责成文武员弁分段稽查，于是奸人无所托足，谣传止息，人心大定，并调忠义军三营分扎黄冈之上巴河、蕲水之洗马畈以固边围，而调驻襄之武毅两营来省填扎，民情遂更安贴。今幸场期已过，奸宄易清，或不致有事矣。

淮盐规复引地，鄂省实少川厘一百一十余万，而江督欲令淮商以九十万助鄂期于势在必行，此时鄂省若允之，则坐失此二十余万之饷源；若与争，则部中先有成见，必不肯再议更张，吾故迟迟尚未覆奏也。总之，大臣谋国须统筹全局，不可有彼疆此界之心也。吾日来在闱中，公事虽亦不少，然省却见客应酬，转稍觉清净，故草此数行俟出闱再寄，此问合家近好。八月廿三日，闱中，玉甫手书。

廿三日将三场试卷全数进内帘讫，吾于廿四日早晨出闱。日来公事纷集，酬应较多，吾在闱中左足即觉麻木，场内阴寒颇甚，以房屋久不住人也。廿五日拜客一天，次晨遂麻木愈甚，于是亟请程丽菜观察诊视，据云湿侵经络，风袭血脉且表虚寒犯，致现此症。幸脉在半沉半浮之间，所感尚未深入，亟服煎方可期奏效，遂服其附子、当归、熟地、紫胡、虎骨等药，昨日即觉轻减。今晨惟足趾稍麻，请丽菜复来诊治，据云病已十去八九，第以后须多服煎剂丸药耳。吾现在饭后已走三百步方卧片刻也。八月廿八日,玉甫又书。

今晨魏弁回,接到京寓中秋所发廿四号信,知合家安吉,欣慰之至。[1] 汝叔父此一月余独侍书斋,兼之户、兵两署稿件繁多,劳顿殊甚。安孙闱作平平,题本不易做。得失听之。祝孙女联姻季氏,[2]可谓门当户对,但要郎官读书认真、品貌端正即可定见,择婿更难于择妇,此语良然。德孙与庞氏定亲甚好,盖人家子女凡旧家世族,总与寻常不同也。吾日来医药颇杂,起居饮食却仍如旧,会客、办事均照常。汝勿悬念。鄂省放榜大约在重阳左右,尚未定期也。八月廿八日申刻,玉甫再书。全姨侍笔叩安。

按,光绪二年九月十二日,《翁曾翰日记》载:"暮,折弁盛万年来,得父亲八月廿八日寄函,云廿四出闱,左足麻木,廿五尤甚。程丽莱诊视云湿侵经络,风袭血脉;服附子、当归、柴胡、虎骨等品,即觉轻减,惟足趾稍麻,一切起居饮食如常。饭后走三百步,方卧片刻也。祝官姻事亦云可许。鄂中发榜,约在重阳左右。"[3]次日,《翁同龢日记》载:"得五兄八月廿八函,外帘已毕,左足麻木,服桂附稍愈矣,即以函交折差。"[4]故,本组信札作于光绪二年,陆续作于八月廿三日和八月廿八日,并最终封为一函于八月廿八日寄出。其实,从夏同善(1831—1880)担任顺天主考、翁斌孙参加江南乡试等信息,也可推知本组信札作于光绪二年。

翁同爵还于札中谈及湖北乡试的办理情况、预防湖北教匪的措施、湖北面对淮盐规复引地的两难境地、对祝孙女和德孙各自婚事的

①　《翁曾翰日记》,第 412 页。

②　《翁同龢家书诠释》,第 28 页:"季士周之子年十六,诗文字皆佳,欲与祝官议姻。"

③　《翁曾翰日记》,第 416 页。

④　《翁同龢日记》,第 1274 页。

态度,以及出闱前后的病程变化。欲与祝孙女联姻的季氏是季士周（生卒年未详）之子;与德孙定亲的庞氏乃庞伯深（生卒年未详）之女。

（七十二）光绪二年九月初一日(1876 年 10 月 17 日)

字付筹儿览:

前月廿八日将贰拾号家书交折差盛万年赍去,未知何日可达。

吾日来左足麻木,服程丽芬方药颇能见效,今晨惟足趾稍麻,多走则小腿酸软,行朔望庙香拜跪俱如常。顷复延丽芬来视,据云风湿已渐清,惟营分血亏,须用补血平肝之药治之,不致有偏痹之患也。

今从乾裕复汇去足色库平纹银三千两,以为年底致送各处炭金之用,汝可查收。吾此间初五六即有折差要行,不多述,此问合家安好。九月朔日,玉甫手书。

按,光绪二年九月廿五日,《翁曾翰日记》载:"阜康送来九月初一日家信一函,外汇库纹叁千两。四哥信云父亲左腿麻木已愈,而足趾尚未脱然,寄示药方二纸,皆程丽荄所定,以和血祛风主治。"①此即本札的主要内容。由此可知,本札作于光绪二年九月初一日。此为汇银短札,由后札知,其编号为福字第二十一号。由札知,翁同爵九月就已经筹措到一部分年底致送各京官的炭金,可谓精打细算、未雨绸缪。翁同爵还于札中顺带提及自己左足麻木的医治情况。札首所云翁同爵前月廿八日交折差盛万年赍去的第二十号家书即前札。

①　《翁曾翰日记》,第 418—419 页,光绪二年九月二十五日:"阜康送来九月初一日家信一函,外汇库纹叁千两。"

(七十三) 光绪二年九月初六日(1876 年 10 月 22 日)

字付筹儿览:

八月廿八日将贰拾号家书交折弁盛万年赍去,月之朔日又从乾裕号寄去廿一号信,外足纹叁千两,想均于月望左右可达。吾自出闱后,终日忙碌,左足麻木,服程丽芬方药,大见轻减,然尚不能脱体,现仍请其诊治,据云风湿已解,惟营分血亏,须逐渐填补方能复原耳。

此间定于重九日放榜以后接办武闱,须一月为期,其劳苦却倍于文场也。禁川复淮厉害攸关,且盐课盈绌亦大相悬,吾不能不据实直陈,未知能挽回于万一否? 其稿抄寄汝叔父阅看。① 妖匪剪辫等谣,鄂省早经止息,即当时亦无疑及洋人者,因叠奉廷寄谆饬,今亦覆奏。宜昌开码头,前接总署文约于半年内举办,则以后之划定租界、置买地基头绪纷繁,办理颇不容易。至武穴、陆溪口、沙市三处准其上下货物,则厘税必大为减色也。此间秋收尚好,粮价平减,棉花、芝麻均丰收,民情安贴,深为庆幸。

都下、江南皆将揭晓,未知安、寿两孙有获中者否? 署中上下皆好,吾药方中需用人参、虎骨胶,遇便可略购些寄来。此字即问合家安好。九月初六日,玉甫手书。全姨侍笔,叩合家安。

按,由宜昌开码头约于半年内举办,武穴、陆溪口、沙市等处准其上下货物,安、寿两孙南北分试等信息可知,《中英烟台条约》已然签订,故可知本札作于光绪二年九月初六日。札云翁同爵于八月廿八日所寄第二十号家书和九月初一日所寄第廿一号家书,均载于《翁曾

---

① 《翁同龢日记》,第 1276 页,光绪二年九月廿三日:"得五兄函,并驳淮盐复地折稿。"

翰日记》之中。① 眼前此札于光绪二年九月廿一日送达翁曾翰手中，翁曾翰于当天的日记中写道："折差保宗桥来，得父亲九月初七日寄函，左足麻木渐愈，尚未复元，嘱购人参及虎骨胶。寄示禁川复淮盐务利害折稿，沥陈难复情形，饷项支绌，恐有贻误，似于本省情事说得太少耳。"②此即本札之梗概。

（七十四）光绪二年九月十一日（1876 年 10 月 27 日）

信封　平安家报。福字第贰拾叁号。玉甫手缄。九月廿八日到。
钤印　富贵长寿（白文）

字付筹儿览：

　　前月廿八及本月初七将家书两函先后交折弁赍去，月之朔日又从乾裕银号寄去一缄并足纹叁千两，计月之廿日前后皆可达。吾近日服程丽芬方药，左足麻木已愈，惟肝血尚亏，须逐渐调理耳。

　　此间于重阳日放榜，榜内多绩学之士，闱墨亦均纯正。两主试人极和平，吾将来馈送赆仪等皆照上年，似可尽地主之谊矣。南、北两闱未知何日放榜？此间得信向皆南早于北，不识吾家子弟中有获中者否？

　　吾两署公事尚能料理，不致疲乏，惟武场二十余日不能休息一天，且终日五官并用，不可懈怠一刻，稍形劳顿也。吾日来饮食起居倍自珍重，盖必须调理复原方觉自己气壮耳。

　　汝四哥在署可以照料一切，考武时每日到文，如报粮价、晴雨等，即令其打到，可省吾几分心力。汝三哥回家却无信来，不知何时赴浙，听之而已。

---

① 《翁曾翰日记》，第 416、418—419 页。
② 《翁曾翰日记》，第 418 页。

兹恐汝知吾左足麻木必然悬念,故特草数行寄汝知吾已渐愈,并外题名一本、闱墨一部,想楚省人来探听者必多也。此字即问合家大小均吉。九月十一日,玉甫手书。

按,光绪二年九月廿八日,《翁曾翰日记》载:"适得父亲九月十一寄函,并题名、闱墨各一分,知左足麻木已愈,惟肝血尚亏,仍须调摄,阅之稍慰。"①此即本札之梗概。故本札作于光绪二年九月十一日。札首所提的前月廿八、本月朔日和本月初七所寄三札,在前文中均已辑证,在《翁曾翰日记》中都有记录,皆为光绪二年之作,也印证了本札的系年。此时,翁同爵监临的丙子科湖北乡试已经放榜,而翁安孙参加的丙子科顺天乡试和翁斌孙参加的丙子科江南乡试之结果尚未揭晓,更未传到湖北。

(七十五) 光绪二年九月十四日(1876 年 10 月 30 日)

信封　平安家报。福字不列号。玉甫手缄。十月十六日到。
钤印　富贵长寿(白文方印)

信封　内平安家信,外手卷匣两个、洋表两对、袍褂料壹副,敬恳福便带至京都,饬纪送交南横街舍间小儿曾翰收为感。福字不列号。愚弟翁同爵拜干。
钤印　富贵长寿(白文方印)

字付筹儿览:

日前从乾裕号寄去一械并题名、闱墨等,未识何日可达。② 十二

---

①　《翁曾翰日记》,第 419 页。
②　《翁曾翰日记》,第 419 页,光绪二年九月廿八日:"适得父亲九月十一寄函,并题名、闱墨各一分,知左足麻木已愈,惟肝血尚亏,仍须调摄,阅之稍慰。"

日接汝八月廿八所发廿五号书,知合家安吉,欣慰之至。^① 安孙场作虽有实义,少虚神,然顺利无疵,亦殊可喜。吾近日左足麻木已渐愈,仍服药调理,武闱在迩,总期诊治复元,方能耐此一月辛苦也。

武昌方菊人大浞。太守老成干练,深资臂助,上年部调卓异引见,吾为奏留暂缓,今则格于定例不能再展,故交卸北上。缺委王开福署。今寄汝董临《自叙帖》手卷一个,王石谷《渔村待渡图》手卷一个,双播喊洋表一对,此系最好者,尚经用。凝绸袍褂一副,系吾给汝四十生辰者,汝可查收。又衿头表两个,一送秀姑娘,即交去。一给祝孙女,汝可为吾分致。菊人到京,汝酬应不可少,以在此首府兼武昌关税,督署按月均有解款也。至嘱,至嘱!

此间榜发,舆论翕然。二主试人均温厚和平,吾一切应酬皆照上年,似亦足尽地主之谊矣。偶阅《申报》,见京师盗风甚炽,居家门户,火烛须要格外谨慎,打更等人固不可少,即工食等亦宜稍从厚。家中下人外荐者多,必须添用,勿过人少为嘱。草此,问合家安吉,余俟续布。九月十四日,玉甫手书。

按,翁曾翰出生于道光十七年(1837)十一月廿七日,故由"系吾给汝四十生辰者"一句,可推本札作于光绪二年九月十四日。

约一个月后,此信送至北京,十月十六日这天,《翁曾翰日记》载:"方菊人太守大浞,武昌。到京,带来九月十四日家信一函,外董书《怀素自叙帖》卷、石谷《渔村待渡图》卷各一件,喈喊表一对,宁袖袍褂一付,系父亲赐件,因四十生辰。又小表一对,一送秀姑,一送祝官者也。"^②这详细记录了本札的核心内容。带信人方大浞(1821—1886),字守一,又字守初,号菊人,时任武昌知府,后累官至山西布政

---

① 《翁曾翰日记》,第 414 页,光绪二年八月廿八日:"过阜康寄回信,是为廿五号。"

② 《翁曾翰日记》,第 422 页。

使,湖南巴陵(今湖南岳阳)人。

　　其实,翁同爵、翁曾荣父子托方大湜带送翁曾翰四十生辰礼物是计划好的。翁曾荣在同年九月初一日致翁曾翰的家书中就曾作过预告:"此间武昌府方太守名大湜,因任满,部咨催令进京引见,大约月内起身,届时另有物件托其带去,惟伊行程较迟,恐未能迅速也。"①

(七十六) 光绪二年九月廿日(1876 年 11 月 5 日)

字付筹儿览:

　　日前将不列号家书一函,外手卷匣两个、洋表两对、凝绸袍褂料一副,交方菊人大湜。太守携去,未识何时可达?

　　吾左足已大愈,现仍服程丽芬方,竟用大温补者方能见效,即此可征气血之衰矣。二主试榜后酬应情文兼至,公私馈饯亦皆如旧。今乘梅少岩回京之便,寄去衣料二包,系汝四哥寄汝者;又袁廉叔瓒。寄青墨卿家纹银肆拾两,系托汝叔父转交者,汝可收明为嘱。

　　天气已寒,此间已穿珠毛袍褂,不识都下如何?武闱定于十月初三日开考,大约须匝月竣事也。此字,玉甫手书。九月廿日。

　　按,由首句知,本札稍晚于前札,作于光绪二年九月廿日。据札,翁同爵对湖北乡试主考官的酬应、馈饯均参照上年标准,精神和物质两个方面都照顾到了。本札托湖北乡试主考官之一的梅启熙(1848—1929)带,是寄物短札,主要托寄翁曾荣送给翁曾翰的两包衣料,顺便帮袁瓒(生卒年未详)寄四十两纹银给青麖(生卒年未详)。据《翁曾翰日记》,本札于光绪二年十一月十四日送达翁曾翰手中,并于十一月十八日呈翁同龢阅,翁曾荣所寄的"衣料二包",即"宁绸褂、

---

①　南京博物院藏光绪二年八月廿九日、九月初一日翁曾荣致翁曾翰家书。

花旗袍、蓝绉、蓝罗各一件"。①

（七十七）光绪二年九月廿日（1876 年 11 月 5 日）

字付筹儿览：

十六日早晨正在会客，得寿官中式信，令人喜极。此间候补府江麟瑞子慰祖中式四十六名，信从彼处送来。午后见题名，知刘永诗亦中，师弟同科，可称难得！同邑中五人，似皆非知名之士，"二顾"并不知其何时进学也。

连日甚盼北闱消息而今日尚寂然，殊为悬望。二主试赆仪、礼物均照上年致送，似足尽地主之谊矣。今乘叶恂予回京之便，寄汝叔父貂褂甬一件、单蟒袍料一件、凝绸袍褂料一付、平金一品补子两副，汝可为吾转呈。又金镯两副，一给汝妇，一给祝孙女。衣料二件，给汝妇。汝可收明为嘱。此字即问合家安吉。另一函并外件交梅少岩。玉甫手书，九月廿日。

按，从"得寿官中式信""知刘永诗亦中""今乘叶恂予回京之便"等信息可知，本札作于光绪二年九月廿日。

翁斌孙和其业师刘永诗——刘传祁（1843—?）一同参加了光绪二年的江南乡试，携手中举，故本札曰："师弟同科，可称难得！"据札，与翁斌孙同科中举的还有湖北候补府江麟瑞（生卒年未详）之子江慰祖（生卒年未详）。

翁同爵本札托湖北乡试主考官之一的叶大焯（1840—1900）带交，是寄物短札，主要是托寄给翁同龢的衣料和补子、给翁曾翰媳妇及女儿的金镯和衣料。据《翁曾翰日记》，本札于光绪二年十一月十

---

① 《翁曾翰日记》，第 426 页，光绪二年十一月十四日："梅少岩星使携到九月廿函，并四哥寄惠宁绸褂、花旗袍、蓝绉、蓝罗各一件。"《翁同龢日记》，第 1287 页，光绪二年十一月十八日："得五兄函，两星使带来。"

六日送达翁曾翰手中,并于十一月十八日呈翁同龢阅。①

(七十八) 光绪二年九月廿一日(1876 年 11 月 6 日)

　　寄去荆缎袍褂料一付,系全姨寄汝寿礼;又天青缎褂料一件,又大红洋绉裙料一件,系全姨寄六少奶奶寿礼,汝可查收。

　　此次长至贺表承差叶茂林即上年随吾出京者,人尚勤慎,其出京时可交带物件,第贵重与粗笨者皆不相宜也。

　　吾足麻,服温补之品颇见效,现用鹿茸即汝叔父今年寄吾者,如京师鹿角胶、虎骨胶等皆为外省难得之品,吾现服方中皆用之,可购些即交叶茂林带回为嘱。草此数行,付筹儿览,并问合家安好。九月廿一日,玉甫手书。

　　按,光绪二年十月十五日,《翁曾翰日记》载:“承差叶茂林来,得九月廿二函,并全姑娘送予荆缎袍褂一付,又送内子一群、一褂料。”②无论是折差的名字、家书的时间,还是家书的内容,都与本札完全契合。故可知本札作于光绪二年九月廿一日。

　　据札,翁同爵本次补寄给翁曾翰夫妇的寿礼是其继室全姑娘的一片心意;翁同爵当时正在用的鹿茸是翁同龢于光绪二年正月十九日所寄到者;③翁同爵于本札内嘱咐翁曾翰购买鹿角胶、虎骨胶等中药材。

――――――――――

　　①　《翁曾翰日记》,第 423 页,光绪二年十一月十六日:“叶恂予星使送来九月廿日函,外寄叔父貂褂甬一件,蟒袍一件,平金补二付,又金钏二付,一给内子,一给祝官。洋绉二端。”《翁同龢日记》,第 1287 页,光绪二年十一月十八日:“得五兄函,两星使带来。”

　　②　《翁曾翰日记》,第 421—422 页。

　　③　南京博物院藏光绪二年正月十九日翁同爵致翁曾翰家书曰:“萨令回,接汝叔父书并鹿茸一架,可为吾道谢,奶饼亦已收到。”

（七十九）光绪二年九月廿八日(1876 年 11 月 13 日)

字付筹儿览：

初七日将廿二号家书交折弁徐宗福赍去，十一日又恐汝悬念吾左足麻木，复从乾裕寄去廿三一函，想先后可达。十六日早晨得寿官中式信，为之狂喜。是日下午即见江南题名，知同邑共中三人，刘永诗亦官卷获中，师弟同登，洵为佳话也。吾于廿二日特遣家人徐贵回常，寄以纹银叁百两，似足敷其用度矣。

北闱榜发，安孙落第，其文本非命中之技，得失听之，榜后须令其保养身体，切勿牢骚为嘱。吾左足已大愈，现服附子、二分。鹿茸三分。等药颇见功效，即此可征气血之衰，惟武场有二十余日辛苦，支持过去方能少歇也。二主试于十月朔渡江，在汉镇尚稍有勾留，大约初四五始能长行。吾两处均有信件托带，到都时汝可收明。

吾署鄂督年半，时时以郧越为虞，未免心力交瘁。今得大李回镇，重负方释，但未知其须进京陛见否？若准来见，则又须担搁三两月始能交卸也。宜昌开码头事尚无眉目，吾曾作函请示总署：将来是否由江汉关统摄以一事权？尚未接其回书，彼国赫税司亦尚未到鄂也。署中上下皆好，草此，问合家安吉。九月廿八日，玉甫手书。全姨侍笔叩合家安。

吾此间于十六日早晨知寿官中式信，此间候补府江麟瑞之子江慰祖中式四十六名，旌德人。为之狂喜！该人家子弟能科第蝉联，则流泽自必绵长也。吾于廿三日特遣徐贵回常，寄去纹银叁百两以备开销报钱及进京盘费之用，以免其父母筹画，又寄去金银胈袍褂甬一副、凝绸袍褂料两身，可以添补衣服。吾日来却尚未得家乡一书也。见江南题名，知刘永诗亦中式，此次徐贵去时吾亦作一函并送贺分叁拾两，若寿官能与之结伴进京，最为妥当。至同邑五人，则皆非素交，似不如远甚，然亦难遥庆也。

　　鄂督一席仍将李筱翁调回,吾为之欣忭。①　筱翁共事有年,人亦坦白,较之易一新手彼此不知衷曲者,其相处难易有天渊之别矣。他人皆望吾升此席,吾则私心实在不愿,盖吾此时进退绰绰,若再进一阶则便不敢言退,而自揣精力实渐见衰象,真有不能支持之势。此意恐家中人皆不知,惟汝叔父知之耳。鄂省今年秋收尚好,惟豫境荒歉,北面连界处所时有刀匪出没,已令地方官及驻边各营严为防范矣。昨接雨丰兄弟书,知厚斋兄于九月十日病殁,吾为之伤感,已函致家中令送分三十元矣。

　　安孙闱作有实义,少虚神,然通篇朗润无疵,亦殊可喜,吾却不以得失分优劣也。第以后须勇猛自励,转瞬下科,何患不出人头地,切勿因弟先着鞭牢骚抑郁,有伤身体,至嘱,至嘱!盖功名迟速自有一定也。德孙姻事现说庞伯深女最佳,庞氏固与吾家累代世交,且伯深人亦忠厚载福,其夫人又贤明,可请绹堂作伐促成之。季士周恂恂儒雅,其郎君又聪俊,祝孙女即可缔姻,汝叔父来书亦谓好亲事也。②

　　按,由"吾署鄂督年半""宜昌开码头事尚无眉目"等信息可知,本札作于光绪二年九月廿八日。本札比翁同爵此前分别交方菊人、梅少岩、叶恂予和叶茂林赍去的四札都更早到北京。光绪二年十月十二日,此信送达翁曾翰手中。当日的《翁曾翰日记》记载道:"折弁郑殿元来,得父亲九月廿八日函,左足虽愈,然时作刺痛,偶尔麻木,尚未脱体。本月初三将考武场,又有一月辛苦。闻寿官捷音,为之狂

_____

　　①　《翁同龢日记》,第 1274 页,光绪二年九月十一日:"何璟到京,以为闽浙督,仍畀李瀚章为楚督,以丁宝桢为川督……"《翁曾翰日记》,第 415 页,光绪二年九月十一日:"何瑾放闽督,李瀚章仍调楚督,丁宝桢升川督,文格调东抚,潘鼎新升滇抚,杜瑞联升滇藩,方浚颐升川臬。"

　　②　光绪二年九月初五日翁同龢致翁同爵家书曰:"季士周之子年十六,诗文字皆佳,欲与祝官议姻,弟以为甚好!"见《翁同龢家书诠释》,第 28 页。

喜。已遣徐贵携银三百回贺并皮衣绸缎，俾治行装也。"①此外，翁同爵已知翁安孙北闱落第、李瀚章回任湖广总督等消息。据札，叶大焯、梅启熙"二主试于十月朔渡江，在汉镇尚稍有勾留，大约初四五始能长行"。

（八十）光绪二年十月初十日(1876 年 11 月 25 日)

字付筹儿览：

前月廿九日将廿四号家书交折弁郑殿元赍去，是日下午从信局递到京寓十四日所发廿八号书，次日折弁盛万年回，接到京寓十五日所发廿九号家信并人参两枝及闱墨、黄折等，借悉合家安吉，深为欣慰。

吾于十月初三日即开考武场，幸天气晴和，马箭、地毯六日而毕。二千〇五十二人。昨日已看步箭一天，今日慈禧皇太后万寿，停考一日。吾左足麻木渐愈，服参茸颇见效，今办武闱早起晏眠，尚可勉强支持也。寿孙，前接其书及闱作，昨又接其报到后信，惟徐贵回常后，尚未接其来函耳。吾此间公私顺适，盐务折已具奏，然措词极和平，似不致为他人所恶，盖行川行淮但求于国计有益尔，鄂督本毫无私意于其间也。李筱荃行程已过万县，未知何日方接调回鄂督谕旨？若不陛见，则吾于十一月中可交卸督篆矣。

吾连日考试武场已无闲暇，兼之回衙后尚须标判两署公事，颇觉疲惫，因今日稍空，特书此数行以待折差之行，不及缕述一切也。手此，问合家安吉。十月初十日，玉甫手书。冬令，门户火烛须格外小心，为嘱。

按，从"李筱荃……调回鄂督……""盐务折已具奏""吾于十月初

---

① 《翁曾翰日记》，第 421 页。

三日即开考武场"等信息判断,本札作于光绪二年十月初十日。札曰:"今日慈禧皇太后万寿,停考一日。"故翁同爵"特书此数行以待折差之行"。

据《翁曾翰日记》载,此次折差于当年十月十二日启行,并于十月廿八日将本札送到翁曾翰手中,同时送到的还有翁曾荣致翁曾翰的一封手书。① 翁同爵于前月廿九日交折弁郑殿元赍去的廿四号家书即前札,②且所收京寓第廿八号③、第廿九号④家书皆可佐证本札之系年。

盐务折即翁同爵所拟的驳淮盐复地折稿。翁同爵认为草拟的这份折稿的措辞极其和平,应该不会招人怨恨,毕竟他认为自己没有夹杂私人利益于其中,不管湖北是引川盐还是引淮盐,只要对国家社稷有利,他都没有意见。由此可窥翁同爵为官公正、为人平和之一斑。

(八十一) 光绪二年十月廿九日(1876 年 12 月 14 日)

字付筹儿览:

吾自初三日起考武场,至廿五日方将马步箭、技勇考毕,次日核对箭册,出挑入内场榜,廿七日进贡院,昨日考内场,夜即填榜,今日子刻发榜,武场竣事矣。解元叶凤藻,黄冈武生。此二十七日中惟初十

---

① 《翁曾翰日记》,第 424 页,光绪二年十月廿八日:"折弁魏全贵来,得父亲十月十二日函,武场未竣,左足渐愈,稍可放心。四哥信累幅,详言调理、药饵诸事,合署平安。"

② 《翁曾翰日记》,第 421 页。

③ 《翁曾翰日记》,第 416 页,光绪二年九月十四日:"缮发廿八号信,交福兴润轮局去,内言盐务。嘱其速递。"

④ 《翁曾翰日记》,第 417 页,光绪二年九月十五日:"以廿九号禀并人参一匣,二枝,重五钱三分。黄折、闱墨等交盛弁赍回。"

日慈禧皇太后万寿停考一日，余均未尝间断。虽精神稍觉勉强，然尚不致疲惫，幸天气晴和，未遇风雨，故毫无阻滞耳。左足麻木虽已十愈八九，然稍辛苦便睡后时作刺痛，参茸药品不敢间断，然气血已衰，恐药力一时未易奏效也。

鄂中年谷丰收，民情安堵，吾公私顺适，可免悬念。家乡前有书来，似寿官不能与刘永诗同行，恐此外无此妥伴矣。汝前寄来之参，吾于立冬时服之，无甚功效，盖其质地松嫩，随手掐之辄已粉碎，以后断不可买此种货色。第二次寄来者尚未煎服，验其外貌，似较前次为优也。总之，衰残年岁，欲乞灵于参苓，难矣哉！此间轺车过境者，吾均送以百金，亦可谓从丰矣。

吾昨夜子时方出闱，而折差明日即行，匆促书此以报平安而已。手此，即问合家安吉。十月廿九日，玉甫手书。

按，翁同爵任职湖北期间，只举办了光绪元年和光绪二年的文闱和武闱，光绪三年八月初一日就去世了。从本次武场于十月初三日开考且历时廿七日，可以判断本札作于光绪二年十月廿九日。因为光绪元年湖北的武场于十月初七日开考且仅历时二十日。而且，翁同爵开始出现左足麻木的症状也是在光绪二年文闱期间。

光绪二年十一月十六日，《翁曾翰日记》载："折差张荣华来，得父亲十月廿九函，武闱竣事，一切平安，左足十愈八九，惟夜卧有时刺痛，温补之药不敢间断也。"[①]这一记录与本札在时间和内容上完全吻合，印证了笔者的系年判断。除了身体近况外，翁同爵还于札中谈及频繁而繁重的社交应酬和翁曾翰两次购寄人参的品质差异。由后札知，本札系光绪二年湖北所发福字第廿六号家书。

---

① 《翁曾翰日记》，第 427 页。

（八十二）光绪二年十一月十五日
（1876 年 12 月 30 日）

信封　平安家报。福字第贰拾柒号。李得义。玉甫手缄。十二月初
　　　二日到，来差初五书。

钤印　富贵长寿（白文）

字付筹儿览：

　　前月廿九日折差张荣华去，将廿六号家书交其赍往，想日内可
达。① 十一月朔郑弁回，接京寓十月十五日所发卅二号家书，知合家
安吉，深为欣慰。并寄到人参一两、鹿茸一架，参似较新买为胜，尚未
煎服也。②

　　吾左足麻木虽大愈，然夜间时作抽痛及足边麻疼，总未能尽去。
月初，孙琴西方伯荐一针灸医生，名李春田，安徽候补知州。其法灸而不
针，于立冬到此，伊言参茸皆不宜服，定一羌活、桂枝等疏解之方。吾
不敢服其药，于初九日请其灸五处，现亦别无功效，惟夜间抽痛稍好
而已。

　　吾今年办理武闱虽是勉强支持，然未尝间断一日，居然连考廿
七日而竣事，箭支多寡、技勇优劣，出密记册与他人较对，尚无一或
爽者，似不致略有草率也。榜后亟思休息几日，但此时身握两篆，
倘请病假一月半月，则公事未免废弛，且诸君仍来请示，终亦不能
静养，是以踌躇至再，不请假期，惟少见客、减应酬，属吏非有公事

————————

　　① 《翁曾翰日记》，第 427 页，光绪二年十一月十六日："折差张荣华来，得
父亲十月十九函，武闱竣事，一切平安，左足十愈八九，惟夜卧有时刺痛，温补之
药不敢间断也。"

　　② 《翁曾翰日记》，第 421 页，光绪二年十月十四日："折弁郑殿元来见，以
三十二号禀并东参吉林六钱四分，盛京四钱。两许，小鹿茸一架交伊赍回。"

回者概谢却之，衙参日亦仅见司道及首府、县等两三班，亦可略为歇息也。

李筱荃杳无消息，昨接节相函，云须俟稚璜到后方能东下，则似须接川督印矣。若然，正未知何日方能来鄂也。遣回家乡之家人徐贵于月初回署，据云家中皆好，寿官颈项、足疾已愈，面庞亦稍胖，闻之欣慰，进京同伴不与咏诗偕行，恐同邑中难得有好伴侣也。安官身体近来如何？邵莘卿方既合宜，须多服，调理复原，不可大意为嘱。吾日来虽未添病，然手颤颇甚，作字极难，汝叔父处不及另函矣。京中年信先寄去，然尚不全，俟下次再寄，其夹单及空白纸另包寄去。手此，即问合家安吉，不备。十一月十五日，玉甫手书。

士吉今春到鄂，意欲捐教职，大四成实银可以即选，当时吾即许助伊百金。今场后复有书来云，捐此需银八百，而各处张罗仅有六百之数，求吾帮贰百金可成此事，吾已覆书许之。伊来书云，捐项托汝在京上兑，故吾作书与汝知之，俟其汇银到京，即在吾名下帮伊贰百代为上兑，以早为妙，勿迟。第恐伊所张罗六百者犹不足数，尚须汝叔父帮伊数十金也。然此子尚为吾家佳子弟，且属近支，能成此举得一美缺，岂不甚善？想汝叔父亦必以为然也。

按，从本次武闱"居然连考廿七日而竣事"可知，本札作于光绪二年十一月十五日。根据信封，此为光绪二年湖北所发福字第二十七号家书，并于当年十二月初二日送达。查当日的《翁曾翰日记》，确有本札到达的详细记载："折差李得义来，得父亲十一月十五日函，麻木虽愈，仍作刺痛，延李春田琴西荐，安徽知州。灸五处，稍效，据云参茸不可服，减应酬，少会客，以节劳勤。手战又发，不便作字，阅来信益增悬系，附来年信八十二封。"①这就是本札的内容简介。

李瀚章（1821—1899）此前已经被朝廷重新任命为湖广总督。

---

① 《翁曾翰日记》，第430页。

"稚璜"即丁宝桢(1820—1886)，咸丰三年(1853)进士，贵州平远(今贵州织金)人。据李鸿章致翁同爵札云，李瀚章先得去接四川总督印，并等到丁宝桢这个署理四川总督到任后方能离任东下，重回武昌接湖广总督印。"琴西方伯"即时任湖北布政使孙衣言(1815—1894)。"寿官"即翁斌孙(1860—1922)，于本年江南乡试中举，拟于次年正月北上参加丁丑科会试。

副启中的"士吉"即翁同爵的堂侄翁曾禧(？—1885)。翁曾禧想捐教官，翁同爵曾许诺赞助他一百金，但此时捐项已经水涨船高，故翁曾禧又请求翁同爵赞助他两百金，翁同爵还是答应了，并让翁同龢也赞助数十金以玉成此事。翁同爵的慷慨资助和大力支持是不图回报的，完全是出于对家族优秀子弟的提携和关爱，反映了他身上神圣的家族使命感。

(八十三) 光绪二年十一月十八日
(1877 年 1 月 2 日)前后

枢堂：宝中堂二百，沈中堂二百，李兰生二百，景秋坪二百。领班朱茗生一百，周鉴湖一百，其余章京每位四十，帮领班须加添，五十、六十均可。

载鹤峰一百，万藕舲一百，桑朴斋一百，毕东河因有采买交涉，不可减。一百。英香岩一百，毛旭初一百，董酝卿一百，贺云甫一百，广绍彭一百，荣仲华一百。

彭味之五十，恩禄普五十，崇文山五十，殷谱经五十，灵香生五十，徐荫轩五十，皂荫舫五十，延树南五十，童薇研五十，周苟农五十，潘伯寅五十，彭芍亭五十，夏子松五十，徐李侯五十，余绂臣五十。

张子腾三十，李仲渊三十，谢梦渔三十，吴春海三十，程容伯三十，龚叔雨五十，袁筱午五十，程罩叔三十，张家王姨太太五十。

陈小舫四十，王晓凤四十，黄泽臣四十，胡介臣四十，李小轩三十，张春陔三十，王鉴亭三十，刘宾臣三十。以上皆湖北京官，不可减。

苏菊生前年酬应颇多。三十，胡铁盦同上。三十，乐映川近寄丸药来。三十，张老三二十，汪苇村三十。

同乡中如管近仁、俞幼兰现均在吾家教读，每人可送以十二金，似觉热闹。其余二曾一赵，亦皆年世交，亦可送十二金也。如汤伯述尚未出京，亦可送以廿四金。绵(宜。)佩卿、长(叙。)彝亭皆有书来告贷，故一则送百金，一则送卅金也。

按，从"枢堂"——军机大臣的名单中有景廉(1824—1885)而没有文祥(1818—1876)可知，翁同爵这份炭金单作于光绪二年底。因为都御史景廉自光绪二年三月十五日始，在军机大臣上学习行走，[①]而军机大臣文祥则于光绪二年五月初四日申时去世。[②] 综合前札(《十一月十五日札》)"京中年信先寄去，然尚不全……"和后札(《十一月廿七日札》)"十八日复将廿八号家书并库平足纹伍千两交乾裕银号寄京……""年底炭金应添送者……"等信息判断，翁同爵这份炭金单很可能是在光绪二年十一月十八日左右寄出的。

前述上一年的炭金单中，翁同爵将致送炭金的对象分为六类，分别是枢堂、军机章京、老夫子、湖北京官、部院各堂和亲友。而本年的炭金单也基本遵照这样的分类，但不像上年那么明确，而是根据拟致送炭金的数目大体把对象分成了二百、一百、五十、四十、三十、二十、十二等数个档次。

光绪元年十二月廿一日(1876年1月21日)，欧阳保极(生卒年未详)由翰林院侍讲调任广西学政。光绪二年正月，温葆深(1800—1888)因病辞去户部右侍郎。光绪二年四月初八日，"黄孝侯以病奏请开缺，蒙允准"。[③] 光绪二年八月初一日，黄倬(？—1885)授浙江

① 《翁同龢日记》，第1232页。

② 《翁同龢日记》，第1243页。

③ 《翁同龢日记》，第1236页，光绪二年四月初八日："黄孝侯以病奏请开缺，蒙允准，以袁保恒为刑部左侍郎，调殷兆镛为户部左侍郎，调徐桐为吏部右侍郎，擢潘祖荫为礼部右侍郎，仍兼署刑部右侍郎。"

学政,孙诒经(1826—1890)授福建学政。① 光绪元年八月,钱桂森(1827—1899)丁母忧,②此时当正里居守孝。因此,本年的炭金单和上年相比,除文祥外,还少了文俊、欧阳保极、温葆深、黄倬、黄钰、钱桂森、孙诒经等人的名字。翁同爵在后一通信札中补上了文俊,但仍然没有魁龄,可见这是翁同爵的主动取舍。

当然,有减就有增,和上年相比,本年的炭金单除景廉外,还增加了彭祖贤(1819—1885)、李宏谟(1828—?)、龚自闳(1819—1879)、袁保恒(1826—1878)、张盛藻(1819—1896)、刘国光(1828—?)、胡义质(生卒年未详)、管辰熙(生卒年未详)、俞钟颖(1850—?)、"二曾一赵"、汤纪尚(生卒年未详)、绵宜(?—1898)、长叙(1837—?)等二十一人。

值得一提的是,翁同爵于光绪二年正月廿六日致翁曾翰的札中曾直言:"上年炭金应添送者汝已为吾添送,所办甚好,惟毕东河处减去五十,未免菲薄,缘仓场有海运交涉事件也。"③因此,翁同爵这次吸取教训,特地在拟定给毕东河的炭金数目下作了备注:"因有采买交涉,不可减。"由此可见翁同爵精打细算和人情世故的一面。

(八十四) 光绪二年十一月廿七日(1877 年 1 月 11 日)

信封　平安家报。福字第贰拾玖号。杨得胜。玉甫手缄。十二月十三日到。

钤印　富贵长寿(白文)

---

① 《翁同龢日记》,第 1266—1267 页。

② 《翁同龢日记》,第 1187 页。

③ 南京博物院藏光绪二年正月廿六日翁同爵致翁曾翰家书。

字付筹儿览：

　　月之十五日将廿七号家书交折差李得义递去，①十八日复将廿八号家书并库平足纹伍千两交乾裕银号寄京，未审何时可达？②吾此间于十八日晚魏弁回，接汝月之朔日三十四号书；③廿四日叶茂林回，寄梁学使信件均收到。又接三十三号书，并鹿角胶、卫生丸、长生酒、果脯等，借悉合家安吉，深为欣慰。④

　　吾左足麻木不见增减，惟手颤益甚，作字颇觉艰难，服温补之方虽亦无甚速效，然偶尔间断，便觉腿酸无力，即此可征气血之衰矣。琴西所荐之安徽李牧春田。用灸治法，吾于初九日灸五穴，时阅半月，毫无功效，已酬谢之，令其回皖矣。鄂省襄阳、施南皆已得雪，而近省一带未见三白，农田望泽孔殷，现在设坛祈祷也。吾虽未请假，然接见僚属颇减，三、八衙参期则见客三四班，余日非有公事面回及新到省并委署地方卸事回省者概未延见，已觉偷力多矣。两署公事照常办理，尚可勉强支持。

　　李筱荃于月之三日已接川督印，则俟丁稚璜到后方能来鄂，其期正难预定也。李玉阶升任闽臬，尚未接奉部文，所遗汉黄德一缺系题

---

　　① 《翁曾翰日记》，第430页，光绪二年十二月初二日："折差李得义来，得父亲十一月十五日函，麻木虽愈，仍作刺痛，延李春田琴西荐，安徽知州。灸五处，稍效，据云参茸不可服，减应酬，少会客，以节劳勚。手战又发，不便作字，阅来信益增悬系，附来年信八十二封。"

　　② 《翁曾翰日记》，第433页，光绪二年十二月廿三日："乾裕汇号送来十一月十八日家信一函，外寄银五千两，内有两千为安、祝两儿婚嫁之用，亲心筹画备至矣。"

　　③ 《翁曾翰日记》，第425页，光绪二年十一月初二日："寄三十四号禀，附邵辛卿拟方一纸。交折弁魏金贵带回。"

　　④ 《翁曾翰日记》，第424页，光绪二年十月三十日："以三十三号禀并鹿角胶十两，长生酒四瓶，卫生丸四十丸，安神丸四十丸，果脯十斤交承差叶茂林赍回。"

调之缺，颇不易择人耳。宜昌添设马头，事属创始，勘定租界，盖造房屋，与官民交涉事件甚多。顷虽府、瞿廷韶县熊銮皆易精明通达之材，然督办者，总署注意于孙稼生，令由荆移宜。此君忠厚，非能任繁剧、有机变者，恐将来章程不能定妥耳。

省城标兵冬操已阅过。此年例也。廿五。边境均安静，刀匪连获著名首恶，近稍敛戢矣。署中上下皆好，吾今年算计督抚两衙门，尚有两次折差要走，届时再详布一切。手此，即问合家安吉，不备。今日汝生辰，署中早晨备面，夜备席，词甫、葆初等均在此。十一月廿七日，玉甫手书。全姨侍笔叩安。

年底炭金应添送者：全小汀五十两，桂连舫五十两，文秋山四十两，钱笪仙三十两，可请汝叔父斟酌之。全小翁处或竟送百金亦可也。吾现在药中须用参茸，茸则颇有人欧阳崇如、倪豹岑。致送，皆真而且好，尽可服用，不必再寄。参则如有道地货物，可购买一二两来以备不时之需，毋庸亟亟也。此次汝叔父处不及另函，可为吾达意。新得陕中魏碑十四种寄去，可为吾转致。

按，光绪二年十二月十三日（1877 年 1 月 26 日），《翁曾翰日记》载："折差杨得胜来，得父亲冬月廿七日函，左足麻木，未见增减，迩日手战颇甚，作字艰涩，李君灸治无效，已遣回皖。省标冬操已阅过，汉黄道尚未委人，附来魏碑十四种赠叔父。"①这就是本札的主要内容。故可知本札作于光绪二年十一月廿七日，是当年湖北所发福字第二十九号家书。

李瀚章接四川总督印、宜昌添设码头二事都在该年。由札知，李瀚章接四川总督印的确切时间是光绪二年十一月初三日，这是很多史书中不曾记载的，可作李瀚章年谱之补充材料。丁稚璜即继李瀚章之后署理四川总督的丁宝桢。李玉阶即前任湖北汉黄德道兼江汉

---

① 《翁曾翰日记》，第 431 页。

关监督李明墀,字玉阶,号晋斋,江西德化(今江西九江)人,荫生,此时已升任福建按察使,后累官至湖南巡抚。

　　翁同爵认为处理宜昌洋务,得靠他挑选的两个精明通达之人——署湖北宜昌知府瞿廷韶(生卒年未详)和署湖北东湖知县熊銮(生卒年未详),但总理各国事务衙门却委派有外事工作经验的孙家毂(1823—1888)由荆州前往宜昌督办。翁同爵对此深表担忧,认为孙家毂忠厚老实,并不是能处理如此繁重事务且能随机应变之人。

　　翁同爵于副启中补充了应添送炭金的四位京官:全庆(1802—1882),叶赫那拉氏,字小汀,满洲正白旗人;桂清(?—1879),托活络氏,字莲舫,满洲正白旗人,此时刚刚升任仓场侍郎(满);文俊(生卒年未详),字秋山,满洲镶红旗人,道光六年(1826)正月由内阁中书入直满洲军机章京,官马兰镇总兵。① 钱振常(1825—1899),初名福宗,字笾仙,浙江归安(今浙江湖州)人,乃翁同爵妹夫钱振伦(1816—1879)的弟弟。

(八十五) 光绪二年十二月初九日(1877 年 1 月 22 日)

信封　平安家报。福字第叁拾号。周长升。玉甫手缄。丙子十二月
　　　廿二日到。
钤印　富贵长寿(朱文方印)

字付筹儿览:
　　前月十五日交折弁李得义赍去廿七号家书,②十八日复从乾裕

---

　　①　(清)梁章钜《枢垣记略》卷十七,清光绪元年刊本,叶一(下)。

　　②　《翁曾翰日记》,第 430 页,光绪二年十二月初二日:"折差李得义来,得父亲十一月十五日函,麻木虽愈,仍作刺痛,延李春田琴西荐,安徽知州。灸五处,稍效,据云参茸不可服,减应酬,少会客,以节劳勚。手战又发,不便作字,阅来信益增悬系,附来年信八十二封。"

号寄去廿八号信并外库纹伍千两，①廿七日又交折弁杨得胜赍去廿
九号书，②想先后可达。吾此间于上月十八日魏弁回，接汝冬月初二
日所发三十四号书；③廿四日承差叶茂林回，接汝三十三号书并鹿角
胶十两、卫生丸等八十九、长生酒四斤、果脯十斤；④月之初七日张弁
荣华回，接汝上月十七日所发三十五号书并外搭连、表套、眼镜袋、毛
儿窝等，⑤借知合家安吉，深为欣慰。

　　都下已得透雪，则来岁麦秋可望，粮价似可平减。鄂省虽连次得
雪，然积至寸余襄、郧有半尺。而止，未能深透，近日连阴而雨亦不大，
农民望泽孔殷也。吾左足麻木已大减，然总未能全愈，投以峻补之
剂，尚觉有效，不敢再改弦更张，或致有失也。

　　时将封篆，公私事更忙碌。李筱翁不令其接川督印，或者可于开
篆后到鄂。汉黄德道以粮道何芷涛维键。调署，粮道委张鹿仙炳堃。
署理。若孙稼生，虽系通商衙门出身且曾出使外国，然识见游移，办
事草率，实非能独当一面之才也。李薇生尚未来鄂，其缺现委崔兰

---

　　①　《翁曾翰日记》，第433页，光绪二年十二月廿三日："乾裕汇号送来十一
月十八日家信一函，外寄银五千两，内有两千为安、祝两儿婚嫁之用，亲心筹画
备至矣。"

　　②　《翁曾翰日记》，第431页，光绪二年十二月十三日："折差杨得胜来，得
父亲冬月廿七日函，左足麻木，未见增减，迩日手战颇甚，作字艰涩，李君灸治无
效，已遣回皖。省标冬操已阅过，汉黄道尚未委人，附来魏碑十四种赠叔父。"

　　③　《翁曾翰日记》，第425页，光绪二年十一月初二日："寄三十四号禀附邵
辛卿拟方一纸，交折弁魏金贵带回。"

　　④　《翁曾翰日记》，第424页，光绪二年十月三十日："以三十三号禀并鹿角
胶十两，长生酒四瓶，卫生丸四十丸，安神丸四十丸，果脯十斤交承差叶茂林
赍回。"

　　⑤　《翁曾翰日记》，第427页，光绪二年十一月十九日："以三十五号禀附月
报，芍亭信。并搭连三个，表套四个，镜套二个，皮棉鞋各一双交张荣华带回。外
有叔父致袁廉叔复函一件。黄梅县。"

馨。芬堂往署。湖北候补观察多至二十余人，可谓极盛，然人数既多，有薪水差使势难遍及也。松云、词甫现派差事均足敷衍，此二君人皆知为吾亲戚，然见其明白稳练，故皆以干才目之，而于松云尤极称道也。

刘永诗，吾先已寄贺敬三十金，今忽命驾来鄂，复赠之以大衍之数，可谓极诚尽欢矣。吾近日大便闭结，终日欲解不解，气坠不适，作字手颤亦甚，汝叔父处不及另函，可为吾达意。署中上下均好，公事亦平顺也。手此，即问合家安吉，不备。十二月初九日，玉甫手书。全姨侍笔叩合家安。

按，光绪二年十二月廿二日（1877 年 2 月 4 日），《翁曾翰日记》载："折弁周长升来，得父亲腊月初九日函，知麻木虽减，仍作刺痛，时届封印，公事更忙，手战未止，又患便秘，阅之殊增忧虑。"①由此可知，本札作于光绪二年十二月初九日。首段点到的所有收发信，均可在光绪二年的《翁曾翰日记》中找到相应的记录，这些记录都可佐证本札的系年判断。

本札主要谈湖北的公事。因湖北汉黄德道李明墀（1823—1886）当时已经升任福建按察使，故翁同爵根据资历和官阶做了人事调整，让何维键（1835—1908）署理汉黄德道，让张炳堃（生卒年未详）署理湖北督粮道。李薇生是当时新任湖北安襄郧荆兵备道的李铭皖（生卒年未详），此时尚未到达湖北，故翁同爵安排崔兰馨（生卒年未详）暂行代理。此外，由札可知，李瀚章不用接四川总督印了，或于光绪三年春节开工后抵达湖北。

刘永诗即刘传祁（1843—?），是翁斌孙的家庭老师，与翁斌孙同科中举。此前，翁同爵已托人给他送去贺礼三十金，但此时他又来到湖北，故翁同爵不得不再赠送他五十金作为程仪以再次表示祝贺。

----

① 《翁曾翰日记》，第 433 页。

（八十六）光绪二年十二月十八日（1877 年 1 月 31 日）

信封　平安家报。福字第叁拾壹号。胡正贵。玉甫手缄。丁丑新正
　　　六日到。
钤印　富贵长寿（朱文方印）

字付筹儿览：

初九日折差周弁去，吾其时适手颤殊甚，略作数行寄汝为三十号
信，未能多及也。近日手颤稍愈，足麻亦渐减，或者交春后可以复元
耳。昨日贡差回，赍到汝冬月廿三日不列号书，知合家安吉，欣慰之
至，外寄羊皮靴、糖食等均收到。

鄂省入冬雪少，十一月杪连番所得仅皆寸余，至月之十三日方连
阴两日，得雪三寸多，且雨亦有三寸，农田皆已沾足矣。此间粮价不
昂，棉花大熟，城乡尚少啼饥号寒之人，故窃盗案亦少，惟襄樊一带游
勇刀痞常时出没，幸有武毅军马队在彼随时擒捕，是以尚无大案也。
年终密考有褒无贬，其才力稍稍逊人者亦以平等考语注之而已。

时届封篆，案牍繁多，真刻无暇晷。吾左足麻木虽略好，然起跪
少力，须人扶持。大李有在夔关过年之说，若然则到鄂约在开印后
矣。吾拟俟其到后即请假一月也。

汝前所寄皮靴、毛儿窝，尺寸均合，搭连等花样亦好，糖食色味未
变。吾此间无所需，汝夫妇如要楚中物件，可作书告吾知之，便中即
寄也。手此，问合家安吉，并祝新祺。十二月十八日，玉甫手书。全
姨侍笔叩合家安。

按，光绪三年正月初六日，《翁曾翰日记》载："胡正贵赍到三十一
号信，徐宗福赍三十二号信，均于今日送到。父亲气体渐和健，大便
亦解畅，十一日未畅。足麻、手战均减。大李开印可到，俟伊到后，拟
请假静摄数日。全姑娘侍奉得力，以四哥贻封五品奉服予之，鄂境得

雪甚寒,宜昌开马头事颇费斟酌。"①信封显示,本札即前者——胡正贵所赍福字第三十一号家书。故可知本札作于光绪二年十二月十八日。光绪二年十二月初九日(1877 年 1 月 22 日),翁同爵托折差周弁赍去的第三十号信即此前一札。② 翁同爵前一日从贡差手中接到的翁曾翰于冬月廿三日缮寄的不列号书于《翁曾翰日记》中也有明确记载。③

(八十七) 光绪二年十二月廿一日(1877 年 2 月 3 日)

信封　平安家报。福字第叁拾贰号。徐宗福。玉甫手缄。丁丑新正
　　　六日到。
钤印　富贵长寿(白文方印)

字付筹儿览:

　　前日甫将叁拾壹号家书交抚署折弁胡正贵赍去,而检点督署折件,尚有八折二片须于年内出奏者,于是复派弁呈递。此间于十九日起,天寒大雪,连日已积半尺余,而至今尚未晴霁,农田皆已沾足矣。今日交立春节气,吾身体仍如旧,左足麻木虽减,然软弱未愈,起跪须人扶掖,李筱翁至后,必须请假调理也。

　　宜昌开码头,沙市、陆溪口、武穴三处上下货物,事属创始,处处须尽心经画,而江汉关监督适又新换生手,未免又多费吾一番心力。明日即有英国派往宜昌等处查勘之九江领事京华佗及新设宜昌领事

---

　　① 《翁曾翰日记》,第 435 页。

　　② 《翁曾翰日记》,第 433 页,光绪二年十二月廿二日:"折弁周长升来,得父亲腊月初九日函,知麻木虽减,仍作刺痛,时届封印,公事更忙,手战未止,又患便秘,阅之殊增忧虑。"

　　③ 《翁曾翰日记》,第 428 页,光绪二年十一月廿三日:"以不列号信一函并薄皮靴一双,茯苓饼及冰糖三匣交贡差带去。"

狄妥玛,于两点钟时来见吾也。封篆后他人以为可少清闲,不知乃更忙碌,此最可笑。兼之吾又喜管琐碎事,即往来送人礼物,亦须亲自过目,方觉称意也。

汝三哥久无信来,不知近作何状? 汝四哥在此,可稍替吾心力,伊近来身体亦好。全姨近来伺候吾稍知尽心,今拟于廿三日给予五品貤封,拟汝四哥捐一封典,貤封本生庶母。令其穿补服,挂朝珠,亦聊慰眼前人之意,特告汝知之。此问合家安吉,并贺新禧。十二月廿一日,玉甫手书。全姨侍笔叩谢。

按,由"今日交立春节气""十二月廿一日"和"宜昌开码头"知,本札作于光绪二年十二月廿一日。光绪三年正月初六日,本札和前札被送至翁曾翰手中,故当日的《翁曾翰日记》合记道:"胡正贵赍到三十一号信,徐宗福赍三十二号信,均于今日送到。父亲气体渐和健,大便亦解畅,十一日未畅。足麻、手战均减。大李开印可到,俟伊到后,拟请假静摄数日。全姑娘侍奉得力,以四哥貤封五品奉服予之,鄂境得雪甚寒,宜昌开马头事颇费斟酌。"①信封显示,本札即后者——徐宗福所赍福字第三十二号家书,《翁曾翰日记》所记的最后一句话正是本札的内容。"江汉关监督适又新换生手"指原任湖北汉黄德道兼江汉关监督李明墀(1823—1886)升任福建按察使,此时由何维键(1835—1908)暂行代理,故谓"生手"。

(八十八) 光绪三年正月廿七日(1877 年 3 月 11 日)

信封　平安家报。安字第贰号。卢得胜。玉甫手缄。二月初十日到。
钤印　富贵长寿(白文方印)

---

① 《翁曾翰日记》,第 435 页。

字付筹儿览：

　　二十日作一函交折弁杨逢春赍去，未知何日可达？廿四日胡正贵、徐宗福同回，接汝初九、初十两函，知合家安吉，欣慰之至。

　　吾自交春后，左足麻木渐好而手战特甚，几乎不能握管，交卸督篆后必须请假一月调理也。李筱荃于十九日已至宜昌，顺流东下且有轮船带行，算计日内必应抵省，而今日廿七。尚杳然，殊不可解，大约二月初方接印也。

　　南中信来，知寿官于新正十日北行，约计二月初必可到京。其朱卷宜早刻早送，切不可迟滞为嘱。奎官既得荫，自宜早考，不得因其不学而弃置之，惟近日来书云其妇患病颇重，不知若何也。

　　鄂省春雪连番，寒威尚峭，服中毛皮衣有时犹嫌冷。江水上年冬令极枯涸，今正雪水长几一丈，近又消去三四尺矣。

　　家乡石梅先祠已落成，今年春祭可将神位供奉。义庄田亩虽经理者未必得人，然吾总欲一气呵成，早为办理，方了吾愿。

　　吾此间上下人口皆吉，公事亦平顺，近日因交卸督篆在即，案牍稍多耳。吾交卸后尚有折差进京，届时再述一切。此问合家安吉。正月廿七日，玉甫手书。全姨侍笔叩安。

　　按，光绪三年正月初九日，翁曾翰"缮寄安字第一号禀，（附月钞、外信廿函。）交折弁胡正贵携回"。① 正月初十日，翁曾翰"寄第二号禀并缙绅一函交徐宗福带回，闻两弁同日走"。②二月初三日，《翁曾翰日记》载："折弁杨逢春来，得父亲正月二十日函……"③将以上三

———————

　　①② 《翁曾翰日记》，第436页。
　　③ 《翁曾翰日记》，第439页，光绪三年二月初三日："折弁杨逢春来，得父亲正月二十日函，近体尚安，而手战便秘尚未减，邵方每日服，钱、许、程方仍不轻撤也，起跪多时需人扶掖。李帅尚无到鄂准期，闵臬李玉阶已起程北上。三月间计须巡阅营伍，拟先期请假调摄也。"

条记录与本札首段对读,可知本札作于光绪三年正月廿七日。

　　光绪三年二月初十日,本札送达北京,故《翁曾翰日记》当日记载:"折弁卢得胜来,接父亲正月廿七函,足麻渐愈,手战转甚,夜卧咳嗽,胃口亦减,廿五晚间感冒寒热。李制军将到,交替后即请假也,阅之增闷。"[①]这直接证明了本札的系年判断。据札,翁斌孙于本年正月初十日起程北上,二月初可到京城;翁奎孙已得荫生的资格;前述石梅先祠新建飨堂、节孝祠工程已经落成。

(八十九) 光绪三年四月廿九日(1877 年 6 月 10 日)

字付筹儿览:

　　廿一、廿三日接京寓九号、十号书,知合寓皆吉,深为欣慰。寿孙中式,吾于二十日巳刻即知,不禁为之狂喜。伊年轻学浅,能联捷登第者,此皆先人积累所致,宜善承之为嘱。

　　吾定于五月初二日销假,而日来又连发寒热,三日始止,精神颇觉委顿,销假后亦尚须偷力节劳也。潘伟如于廿二日接印,而琴西即于次晨赶宁,以便赶于廿五日受篆。伟如阅历深,世故熟,必能相助为理也。月樵有以诽语中伤之者,制军有意督过,其书局差已撤。并局不撤。此君善捐木梢,且与琴西相好,修理藩署伊为之督工已不相宜,况未免侵及公事,同人皆为之侧目,其致此实有因耳。

　　天门案首犯已拿获奏结,惟天、潜、监、沔民气嚣凌,动辄聚众抗官,殊为可虑。鄂省麦秋中稔,江水尚无盛涨,堤防安稳,中外交涉事件皆督署主张,吾可稍为息肩。宜昌开口未见兴旺,轮船到者不过一二只,至洋商则尚无设行立栈之家也。吾署中上下皆好,家中亦时有书来,奎孙大约于秋间进京考荫也。手此,问合家安吉,不备。四月廿九日,玉甫手书。全姨随叩。

---

① 《翁曾翰日记》,第 441 页。

　　按，光绪三年五月十四日，《翁同龢日记》载："得五兄四月廿九日函，字迹稍好，定于初二日销假视事，惟自廿三以后感风发热，大便秘结耳。"①因此，本札作于光绪三年四月廿九日。此处"寿孙中式"指翁斌孙顺利通过了会试而成为一名贡士，之后还要参加复试和殿试。

　　潘伟如即潘霨(1816—1894)②，孙琴西即孙衣言(1815—1894)。"潘伟如于廿二日接印，而琴西即于次晨赶宁，以便赶于廿五日受篆。"这说明潘霨此时已经接任湖北布政使，而孙衣言此时已经赴江宁布政使任。由本札知，"月樵"——胡凤丹(1828—1889)③对新任湖北布政使潘霨颇有诽谤之语，遭到了湖广总督李瀚章的责罚，被撤去了书局差。翁同爵认为胡凤丹被责罚是有原因的：首先，他的性格有问题，很容易受人哄骗、蛊惑；其次，他和孙衣言走得太近，很多事情公私不分，惹了众怒。

　　宜昌开设码头，是《中英烟台条约》的条款之一。从本札看，宜昌开设码头没有达到英国预期的效果。另外，据札，翁奎孙此时已经决定于光绪三年秋天进京考荫。由《翁曾翰日记》可知，翁奎孙原计划于该年春天进京考荫，但其妻突然离世，④使他不得不改期。

---

　　① 《翁同龢日记》，第 1324 页。

　　② 潘霨(1816—1894)，字廖糺，号燕山，更字伟如、蔚如，号铧园、心岸居士等，江苏吴县(今属苏州)人。

　　③ 胡凤丹(1828—1889)，初字枫江，后字月樵，一字齐飞，别号桃溪渔隐，浙江永康县(今永康市)溪岸人。

　　④ 《翁曾翰日记》，第 435 页，光绪三年正月初六日："又得奎侄致安儿信，云今春欲来考荫，寿官定于正月十日动身。"

（九十）光绪三年五月廿六日（1877 年 7 月 6 日）

字付筹儿览：

廿四日接汝叔父书，知近体安吉，慰甚。惟牙根硬块尚未能消，殊为悬念。寿孙得庶常信，吾于十九早晨即知，为之喜跃。

吾近体略愈，然手颤、便秘依然，未能稍效，秋凉后拟仍作归计也。吾此间同寅和睦，属吏皆能相助为理。伟如见识老到，办事圆融，较之琴翁得力多矣。蝗虫间有飞来者，饬属捕之，似可净尽。署中上下皆好，手此，问合家安吉。五月廿六日，玉甫手书。

按，"庶常"即庶吉士。"寿孙得庶常"，即翁斌孙选庶吉士，其时间是光绪三年五月初十日。①"伟如"即潘霨，他出任湖北布政使的时间也是光绪三年。故可知本札作于光绪三年五月廿六日。由本札看，翁同爵对潘霨的评价颇高。

本札于光绪三年六月十一日由翁曾翰呈翁同龢阅看，当日的《翁同龢日记》记载："得楚信，五月廿六发，兄手颤犹昨，便秘足软，胃口不开，秋凉作归计。"②这也就是本札所谓的"吾近体略愈，然手颤、便秘依然，未能稍效，秋凉后拟仍作归计也"。

（九十一）光绪三年七月十五日（1877 年 8 月 23 日）

信封　内安要家言，即恳宝号速寄京都，饬送南横街翁海珊六少老爷收启为感。信资酌给。鄂抚署翁缄寄。禄字不列号。八月初一日到，阜康来。

---

① 《翁同龢日记》，第 1323 页，光绪三年五月初十日："斌孙、管师皆馆选，闻之欣慰。"

② 《翁同龢日记》，第 1329 页。

钤印　翁（朱文圆印）、葰卿启事（朱文方印）

字付筹儿览：

　　得汝十六、十七两号书，知寓中大小俱吉，慰甚。惟闻汝小有感冒，汝叔鼻下肿块未消，兼有请假之行，又为悬系不释。

　　吾近来身体渐次安健，饮食亦少好，腿足略胜于前，终形软弱，拜跪仍觉不便，手战依然，颇为昏闷。伟如为吾定方，服之极其合宜，今又配合丸子，气血并补，无偏畸之弊矣。此间公事顺平，省垣安谧，属境有蝗处所已报扑除净尽。吾每日办公余暇得以休息片刻，尚不觉疲倦。一切巡阅事件，现已陆续办起。日前，小荃劝我由水路往返，无庸跋涉山程徒多辛苦，可将各营就近调看。其说甚是，吾拟即坐船上下，较安逸焉。汝四哥愿随侍同去，届时即令其偕往，途次情形可以常通信息矣。

　　三哥处遣李福来此代叩一切，日内命其动身，中秋前当可赶回屯溪。奎孙进京考荫有秋间结伴北上之说，至今未接其来禀。东直一带闻饥民颇多，行李往来恐有阻梗也。余详汝兄函中。兹由乾裕号寄去库平足纹银五千贰百两，言明中秋节前交兑清楚，到日汝可照数收明，付一回条以慰吾意为要。即问汝夫妇好。玉甫手泐，七月十五。

　　调元固本丸：方中本用人参二两，换用丽参，故加至三两。大熟地六两，怀山药三两，鹿茸生剉末，不见火。二两，麦冬二两，麻仁二两，野于术六两，川附片二两，肉桂一两，五味子二两，阿胶化冲。二两，高丽参三两，甘枸杞三两，淡苁蓉二两，橘红二两。

　　按，此札显然是翁曾荣代笔的，故信封钤"葰卿启事"朱文方印，信封和正文也都是翁曾荣的笔迹。由"伟如为吾定方"一句知，翁同爵命翁曾荣作此札时，潘霨已经就任湖北布政使，故可知本札作于光绪三年七月十五日。其实，札中透露翁同龢鼻下肿块未消、李瀚章已经回归本任等信息，也都将本札的写作时间指向光绪三年七月十五日。此时，翁同爵手颤厉害，而且病重，故不能亲笔作书。

据信封知，本札为光绪三年湖北所发禄字不列号家书，于同年八月初一日送达北京。而恰恰是信到的这一天，翁同爵在湖北武昌与世长辞，而他托乾裕银号寄给翁曾翰的五千二百两也成为他向京寓所汇最后一笔款项，令人感慨！此外，代笔人翁曾荣还于本函中附呈了一张翁同爵所服调元固本丸的配方，正所谓"今又配合丸子，气血并补"。

二、翁曾翰致翁同爵

（一）同治三年十一月初九日（1864 年 12 月 7 日）

信封　钦加盐运使衔、湖南盐法长宝道翁平安家信。内家言敬祈昂
　　　千仁兄世大人福便携至长沙，送交家大人收启为感。世愚弟
　　　翁曾翰拜托。五月廿七日到，此信……年矣。
钤印　护封（朱文）

男曾翰百拜敬禀父亲大人膝下：

叩别以来，倏已十日，南辕千里，梦寐时萦。屈指行程，早过保
定，国鼎臣观察回，知在保阳相见。专盼来信，昕夕悬悬。今晨方从宋处
送到家书一函，展诵之余，敬悉一是，福躬康吉，途次顺平，大慰远念。
日来想已过顺德，任小园年丈处托寄之信约须望后方到，未知沿途遇
风雪否？保定既有酬应，顺德复作周旋，则自此而南当有尽地主之谊
者，樊襄以下更可知矣。周子京人极谨慎，诸事均有商量否？仆辈薰
莸参半，尤祈加意稽察。

天气严寒，两次大雪，都下安谧，寓中祖母安健，新制狐裘试之适
体，房中已笼炉火；叔父扃户读书，而各处酬应亦俱亲往，戚友相访者
纷绎不绝；男等无事不轻出门，以后当潜心于制义矣。安孙辈读书尚
遵功课，唐顺卿亦称尽职。伯父处日来无信，闻穆图善已到，西事不
至决裂。祥哥音问杳然，行藏莫卜，令人悬想不置。宝生世叔尚未回
京，不知涂次相遇否？借筹一节，届时当托滨舅转商也。

专肃寸禀，托昂千兄携带，惟伊到省须迟至明春，不能作速。案

头捡点一过，似无遗忘物件。询之提塘，日内有人便，容再渤禀，敬请金安。昂千兄处日前送路菜四种，六叔明日再作书交提塘带，此次不另函矣。男曾翰谨禀，十一月初九日。媳妇、安孙等随叩。

　　按，同治三年九月初三日，翁同爵补授湖南盐法长宝道。[①] 十月廿七日未刻，翁同爵登车离京，前往湖南赴任，翁同龢、翁曾桂叔侄送至彰义门，翁曾荣、翁曾翰兄弟送至长辛店。[②] 故本札曰："叩别以来，倏已十日……"十一月初八日，《翁曾翰日记》载："国鼎臣英。观察由保定回，遣人来，云月杪在保遇严亲，知身体安好，家信系托宋朗斋大令炳文。寄，尚未到也。"[③]故本札曰："国鼎臣观察回，知在保阳相见。"十一月初九日，《翁曾翰日记》载："缮禀一函，拟托任昂千携带。……今晨得严亲保定书，系三十日所寄，托宋朗斋大令由家书中递来，敬悉途次平安，南行尚暖，抵保时治军以下均遣人迎接，首县宋公朗斋，系翰章兄。送席，酬应周至。自省以南皆坦途，到顺德后再托任小园太守寄信。"[④]故本札曰："今晨方从宋处送到家书一函……日来想已过顺德，任小园年丈处托寄之信约须望后方到……"故可知本札作于同治三年十一月初九日。据札，此信随任昂千（生卒年未详），"到省须迟至明春，不能作速"；据信封，本札于同治四年五月廿七日方到。

　　周子京，即江苏赣榆人周维都（1833—1888），早在此时已经成为翁同爵的幕僚。唐顺卿（生卒年未详）是翁家此时的家庭老师。"伯父"是翁同爵、翁同龢的长兄翁同书（1810—1865），曾任安徽巡抚，因处理团练仇杀事件不够果断而被部议处，后遭曾国藩弹劾而银铛入

狱，并于同治二年底被加恩发往新疆效力赎罪。[①] 穆图善(？—1886)，字春岩，那拉塔氏，满洲镶黄旗人，乃清末著名将领。"祥哥"即翁曾纯(1834—1895)，"宝生"即庞钟璐(1822—1876)，"滨舅"即翁曾翰的堂舅杨泗孙(1823—1889)。

（二）同治四年八月初七日（1865 年 9 月 26 日）

男曾翰百拜敬禀父亲大人膝下：

前月廿二日缮一禀，并杏仁、冬菜等，交吴小邨大令携去。次日折弁行，复寄十五号信，此弁归程必速，节前亮可达览。敬维福体康和，阃署清吉，定如孺祝。三哥约在七月自里启行，若以轮船溯江而上，此时当已入湘，定省有人，私衷稍慰。

比闻湖南多雨，倍于寻常，周荇农太史为叔父言之。水灾成象，不知有妨公事否？又闻湖北流民皆来就食，不知如何安插？山东曹州五月大雪，杭州夏令春花齐放，皖豫之捻氛飘忽，陕甘之回逆披猖，近日忽有骑贼数百从山海关来，阑入顺属数州县，天时人事，岌岌可虞，顾瞻四方，蹙蹙靡骋，杞忧殊未已耳。

寓中均安，祖母康健，叔父公私交迫，颇觉劳勚，男遣愁寻乐，保摄精神，足纾慈厪。赵价人日用吉居，接济未来，鉴古斋索之甚力，年底可归款否？现届中秋，托男代为张罗，俾作敷衍之计。前日来云，去年借款务望今冬寄还一二，盼此为度岁之资。伊以前此初次通函，未便以索逋之言渎听，嘱男将此意转达，伏惟留意为祷。

兹闻陆晴杉世兄将由海舶南行，即日赴楚，专肃寸禀，托其携呈。每送楚游之人，则孺系之私辗转，无以自释。秋凉，伏祈顺时珍卫，肃敬金安。男曾翰谨禀，媳妇暨安孙等侍叩。八月初七日。

----

① 《翁同龢日记》，第 152、212、334 页。

　　按,本札作于同治四年八月初七日,约于当年十二月方由陆晴杉带到。① 该年八月初九日,陆晴杉离京前往湖南,《翁同龢日记》载"送陆晴杉星农三子"②可知,陆晴杉乃清代著名的古文字学家、金石学家和文学家陆增祥(1816—1882)的第三子。

　　经查,札及翁曾翰于同治四年七月廿三日所寄第十五号信,邮程较速,于当年八月十八日送达翁同爵手中。③ 而札及翁曾翰于同年七月廿二日所缮、交解饷委员吴小邨大令携去之信,则行程较迟,于当年八月下旬仍未到湘。④

　　从内容上看,翁曾翰写此札的主要目的是请乃父汇款接济,因为赵宗德(生卒年未详)、鉴古斋等多方前来催债。翁曾翰还对当年反常的天时和艰难的人事表达了极度担忧。该年八月初一日,《翁同龢日记》载:"山东曹州六月雪,杭州人言闰五月百花齐发……"⑤这与本札所言"山东曹州五月大雪,杭州夏令春花齐放……"高度一致,是不常见的气候现象,亦可成为本札系年之旁证。

(三) 同治四年八月初八日(1865 年 9 月 27 日)

男曾翰谨禀父亲大人膝下:

　　近来入湘者多,每去必带信函,昨日托陆晴杉携去一函。而一切要

---

　　① 国家图书馆藏同治四年十二月廿一日翁同爵致翁曾翰家书曰:"陆晴杉已到此。"见翁同爵著,李红英辑考《翁同爵家书系年考》,凤凰出版社 2015 年版,第 93 页。

　　② 《翁同龢日记》,第 446 页。

　　③ 国家图书馆藏同治四年八月廿一日翁同爵致翁曾翰家书曰:"月之十八日,折弁谢玉林回,接到汝七月廿三日书,借知京寓合宅平安,欢喜无量。"见《翁同爵家书系年考》,第 195 页。

　　④ 国家图书馆藏同治四年八月下旬翁同爵致翁曾翰家书:"委员解饷之吴小邨,回湘尚须时日。"见《翁同爵家书系年考》,第 208 页。

　　⑤ 《翁同龢日记》,第 444 页。

语俱在折便信内，想均速达。闻今夏湘中多雨，恐地气更形卑湿，官斋虽较高爽，然起居时须调护。至书籍、字画以及衣服杂件，均须不时捡点，俾免受潮。三哥到彼，自能助理一切，而官事文移等件必需亲自主裁，不可与参末议。三哥于官场情形见闻较广，当不似男之迂拙，然不可不格外谨慎也。

都门近尚安靖，五六月间宵小颇多，频有劫夺，营城缉捕较严，始少敛迹。畿东马贼充斥，由山海关外阑入，扰及遵化、玉田，而宝抵（坻）县令竟为所执，朝廷震恐，即日命文百川带神机营兵千余，驰赴隆福寺防守，京兆卜颂臣亦带兵剿捕。① 昨闻已经兽散，不知又窜何处。

山陵大事近在九月，跸路所经，防范尤宜严密，小人无知，未尝不以此虑也。詹士府人本无多，叔父派出随扈，往返约须八日，若讲官班中再行圈出，则赔累愈甚耳。内阁尚未派定，倘以有车马而论，则男亦恐有此行也。

杨濒舅移寓后仅得一见，近日病脚颇形竭蹶。陆云生课朱橄翁之世兄，今已开馆。曾印若已于月朔附海舶旋里。庞宝翁试宣化后将及承德，其夫人忽患肿疾，病象种种，医者莫识其由来，药味杂投，殊为可虑。张词甫将于节后由运河送枢南去，闻山东多雨，水程当顺利。其嫂一房附行，却亦甚是。徐李翁贫病交迫，署中差使近更淡然处之矣。何白英七月初归，而其郎君子白遽于月杪下世，贫累不堪，亲友为之料理一切，殊觉费事。朱修伯已于初六日服阕上班矣。草渺寸禀，叩请福安。朱大令今日来辞行，明日即走，兹托其带去《搢绅》二部。男曾翰百拜敬禀，八月初八日。

---

① 《翁同龢日记》，第 444 页，同治四年七月廿九日："闻宝坻县骑马贼在城外捉县官勒赎，白昼横行。卜颂臣有封事，召见。命文祥、福兴带神机营千名会同府尹出城剿捕，无明发，谕旨也。"

按,由"昨日托陆晴杉携去一函"及本札的日期、内容可知,本札接前札,作于同治四年八月初八日。"山陵大事近在九月"指咸丰皇帝于同治四年九月被下葬定陵,亦可佐证本札之系年。翁曾翰于前札云:"三哥约在七月自里启行,若以轮船溯江而上,此时当已入湘。"故其于本札续云:"三哥到彼,自能助理一切。"但事实上,翁曾纯此时尚未启程赴湘。

"畿东马贼"前札也已提及,文百川即文祥(1818—1876),卞颂臣即卞宝第(1824—1893)。"杨濑舅"即杨泗孙(1823—1889),于本年七月十一日迁居。① 陆云生即陆懋宗(生卒年未详),咸丰十年(1860)进士,得翁同龢推荐,此时正给朱橄堂(生卒年未详)、朱钤章(生卒年未详)家当家庭老师。② 曾印若已于本年八月初一日南归回里。③ "庞宝翁"即庞钟璐,其夫人此时病重。张词甫(生卒年未详)乃张祥河(1785—1862)之子,于本年八月十九日扶乃翁灵柩启行回南安葬,翁同龢前往龙泉寺送行。④ "徐李翁"即徐李侯(生卒年未详)。何白英即何国琛(生卒年未详),本年七月初六日刚扶其母灵柩回南,⑤而其子何子白——何铭寿(生卒年未详),却又于当月廿四日

① 《翁同龢日记》,第441页,同治四年七月十一日:"贺杨濑石迁居。自北半截胡同移居山西街路西。"

② 《翁同龢日记》,第445页,同治四年八月初七日:"夜应朱世兄钤章。招,陪陆云生开馆,云生余所荐也。"

③ 《翁同龢日记》,第444页,同治四年七月三十日:"印若亦于明南归也。"

④ 《翁同龢日记》,第448页,同治四年八月十九日:"寅初诣龙泉寺,送张诗龄先生灵柩启行,酬知己也。"

⑤ 《翁同龢日记》,第440页,同治四年七月初四日:"诣长椿寺,白英将于明日扶柩回南,由潞河泛舟而下。"七月初五日:"天未明,诣长椿寺送何老太太灵,又送之于东便门外。"

亥初二刻病逝于北京，①令翁同龢、翁曾翰等人心生悲痛。朱修伯即朱学勤（1823—1875），长期在军机处任职。

（四）同治五年三月初八日（1866 年 4 月 22 日）

信封　父亲大人安禀。外附瑞中堂、恭铁臣、谭云史、杜芸皋信各一函。寅字叁号。男曾翰肃械。三月初八日。四月十六日，折弁马之中携回。

帖　男曾翰率媳妇暨安孙等百拜，叩祝父亲大人寿喜。

男曾翰百拜敬禀父亲大人膝下：

　　正月廿九日折弁杨姓回，匆匆缮一函并朝群补子等一包交其携去，惟时心绪棼乱，仓猝握管，不知禀中作何语，计此时亦当上尘慈鉴矣。②盼信将四十，望眼欲穿，初六日马弁交到十九、廿一两函，③敬悉福体安和，三哥已于年杪到署，展读之下，大慰孺私。惟马弁来时，在直隶沙河地方被劫，故所有银信全行失去，空函幸达，已迟至五十日矣。初七日张执中到，复交二月初九日所发一函，敬谂大人委权臬篆，忻忻无似。④惟公事既忙，秋审尤须详慎适当，夏令未免辛劳，缺虽清苦，又有不能不署之势，李公赴任需时，此半年中又须陪累耳。

---

　　①《翁同龢日记》，第443页，同治四年七月廿四日："凌晨起，先问子白疾，云呕逆如故，乃往视之。……亥初二刻遂逝，伤哉！竟夜在彼照料一切。"

　　②《翁同龢日记》，第473页，同治五年正月廿九日："鼎官不语不笑，发毒于脑后，手腕肿，惟尚能乳食耳。……发长沙信。"

　　③《翁同龢日记》，第481页，同治五年三月初六日："得五兄长沙书。"

　　④《翁同龢日记》，第481页，同治五年三月初七日："得五兄二月初九日信，又署臬司事，本任刘达善署。"

　　三哥到后，想家事可以料理，至案头文件亦可留心学习，他日临民处事大有裨益也。大人寿诞已改在本月十五日，不知署中举动否？南望慈云，遥申祝祷。臬署湫隘，夏令须设法避暑，上年所住之花厅似所不取。兆宝翁带勇入黔，必非旦夕所能办，不知究于大局有益否？湘省东防已撤否？并力西顾，庶黔事得有起色。筹饷除盐厘外，更有大宗可恃者乎？湖北近已略定，黄陂孝。失而旋复，捻氛又炽于齐豫，分股肆扰，大为中原之患。曾侯驻节济宁，为山东长城之倚。李子和新调豫抚，亦素能办事之人，今已赴任，在都十余日。视其展布何如耳。

　　京师骤暖而少雨，外间颇有时气。寓中自祖母大人以次均安适，叔父此次折弁去，不及作信，命笔请安。于二月十七日题升侍讲，名列第四，仰蒙特简，现在照常五六日一进讲，近更派代阅圣训，此事素所优为，尚不费力也。男近日健适，惟鼎儿于正月三十日以瘟殇，殊堪悼惜，然无可如何，只得委以任运。[①] 署中该班极清闲，日内或可送实录馆，亦不强求也。肃复，叩请金安。男曾翰谨禀，三月初八日。

　　按，由"叔父于二月十七日题升侍讲"[②]知，本札作于同治五年三月初八日。[③] 据札，翁曾翰的"三哥"翁曾纯（1834—1895）已于同治四年末到达长沙；翁同爵约于同治五年二月初九日前后署理湖南按察使。"李公"当是新任湖南按察使李廷樟（1801—1878），此时尚未入湘。"兆宝翁"即前任湖南按察使兆琛（生卒年未详），同治四年十二月廿七日（1866 年 2 月 12 日）已升任贵州布政使，故本札云："兆

----

　　① 《翁同龢日记》，第 473 页，同治五年正月三十日："归视鼎官，仅有一息，申正二刻遂化去矣。伤哉！不忍视也，其父母之哭之者不忍闻也。"

　　② 《翁同龢日记》，第 477 页，同治五年二月十七日："撰谢折，昨日蒙恩授侍讲，龢名列第三，又有遇缺题奏一人锺宝华。。"

　　③ 《翁同龢日记》，第 481 页，同治五年三月初八日："作寄五兄信。"

宝翁带勇入黔。""曾侯"即当时正追剿捻军的曾国藩（1811—1872），李子和即当时新调河南巡抚的李鹤年（1827—1890）。札中还提及，同治五年正月三十日，翁曾翰一子名鼎官者不幸夭折。据信封，本札于同治五年四月十六日送到翁同爵手中，历时一月有余。

（五）同治五年四月初二日（1866 年 5 月 15 日）

男曾翰百拜敬禀父亲大人膝下：

　　廿七日缮一函交谢弁携回，并附"奎星阁"扁字，未谂何日可达？昨有新选桑植县令曾擂之叙笏来晤，云日内将赴楚，谨复略陈数语。曾君系贵州拔贡，世兄似系曾任实缺，刻将先赴山东，辗转入楚，想途次必有要事，否则何舍海舶之速而涉此仓皇戎马间也。

　　京师于立夏后得雨一昼夜，尚未深透，而热风扬尘，亢阳殊躁。寓中自祖母大人以次均臻安善，前后院中均已搭篷。男近体亦适，迩来酬应较多，赵处喜事在即，又须张罗数日也。畿南防务吃重，刘制军驻大名，日前曾报胜仗，大约不至北窜。曾侯在济宁，实有寡不敌众之势。沈事自牛庄不守后，恐又将猖獗，文百翁尚未回京。枢臣则新添胡小蘧①中丞，取其熟手也。

　　大人移署治事，谅不至如去年之湫隘。时届炎暑，伏祈随时珍卫。肃此，叩请金安。男曾翰谨禀。三哥大人近状如何？均此请安。四月初二日。

　　按，同治五年三月廿九日，《翁同龢日记》载："命都察院副都御使胡家玉在军机大臣上学习行走……"②此即本札所谓的"枢臣则新添

---

　　①　胡家玉（1810—1886），字小蘧，南昌新建人。道光二十一年中一甲第三名进士（探花），授翰林院编修。同治五年，升左副都御史，在军机大臣上学习行走。

　　②　《翁同龢日记》，第 486 页。

胡小蘧中丞"。故可知本札作于同治五年四月初二日。

"畿南防务吃重"指朝廷追剿捻军的局势并不乐观。"刘制军"指时任直隶总督的刘长佑(1818—1887),"曾侯"即曾国藩(1811—1872)。同治五年三月廿六日,《翁同龢日记》记载道:"闻捻匪聚于郓城、巨野一带,数股皆合,曾帅报至,盛言贼不易灭、马勇未能得力状。"[1]"文百翁"即带神机营前去剿匪的文祥(1818—1876)。

"赵处喜事在即"指赵宗德(生卒年未详)即将嫁女。[2] 此次带信者为新选湖南桑植县知县曾叙笏(生卒年未详),贵州拔贡,后曾修复崇文书院(即沣源书院)。

(六) 同治五年五月廿四日(1866 年 7 月 6 日)

男曾翰百拜敬禀父亲大人膝下:

自上月易弁携去一信后,忽忽一月,屈指邮筒,又深盼切矣。昨得四月廿八日所寄手谕,展读之下,敬悉福躬康泰,凡百安和,欣忭无量。秋审册籍现已办竣,则日行事件似可少省心力,且李公入湘在即,早回本任便得清暇。臬署上房东西向,值此三伏,何以避暑? 极为驰念。入黔之军能否得力? 若以有限之饷糈供无穷之糜费,真有难继之势,宝岩方伯果胸有成算乎? 湘中天气寒暖不时,最难调帖,与其受凉,宁稍偏热,惟湿气必须祛除,大人臂痛未愈,即是寒湿所袭,秋凉时可以膏药试贴之。来谕又云发白齿脱,渐增老境,阅之,孺慕不能一时释,伏祈顺时自卫为祷。

都下酷热如三伏,亢旱无雨,屡祈弗应。上月杪大雨雹,最大者竟如碗,闻山东尤大,有重数十斤者。南御河桥之水闸不火而焚,三日乃熄,其干热可知矣。西瓜已下街,尚不大,祛暑之妙非此不办。

---

① 《翁同龢日记》,第 485 页。

② 《翁同龢日记》,第 487 页,同治五年四月初六日:"出贺赵价人嫁女,坐久,颇困于热。"

寓中祖母大人以次均安善,上房棚略高,尚凉快。叔父入直如恒,现在讲书暂停两月,少为省心,每日退时在城寓憩卧数时,傍晚出城,聊避午暑,笔墨事尚不多,应酬不能不到者亦无几处,杂务一切男虽代行,仍逐事禀商,否则恐有失当耳。男体中和适,新选馆差,每校阅时必尽心力,不敢草率。寓中用度尚可敷衍,禺策之利节后已到,浮费胥除,一切丰俭适中,可纾远注。肃泐,敬叩金安。男曾翰谨禀。媳妇率安孙等侍叩。

李榕峰到此,召见时垂询语不少,奈两耳重听,未及奏对。其人是质朴一路,循名素著,必非矜才使气者之所为,且看伊到任后设施如何耳。临行时吾家送菜,再四推卸,坚不肯受,托伊带去貂褂一件、蟒袍料一个,不识何时可到? 禧吉甫久不见,闻其午节后即欲南行,故男亦送菜一席,乃半月来并未见其辞行,访之则不值,究不知何为而久居于此。贡差来,得三月十七信并龙须席一床、茶叶八匣,均已转呈祖母。席已试用,茶之香味较前寄者为佳。前日两弁归,托其携去柿霜一匣、茉莉香片一匣。此间寄茶未免为其所笑,祖母之意取其轻清,但湘中当亦有此耳。不似湘茶之寒重也。

寄来各友人信函均已分致,惟宋翰章尚未回京,想仍在乃兄处也。文百翁已回京,将去年馈岁者百韵诗并原信送去,商之叔父,并未改信,将夹单撤去。均照收矣。方子颖现为领班,伊必欲为昆季交,真不知何所用心也? 修翁归,已得京堂,仍在帮班,颇得意也。恽杏云之戚岳君仍求照拂,伊曾面言谆托也。大考诸公得失,俱详谕旨,不复赘述,其等第单则前禀已经附呈,最润者为杜莲翁,若王渔庄诚可惜,然其病亦殊怪,盖出场即霍然矣。侯寄舫先生屡屡回避,未免向隅,不知近日得有署缺否? 树斋、菊甫均尚得意,但恐家乡人闻之接踵而来则多人,不能遍给其求也。

此次寄来之薄荷、油霜各十瓶,芳烈极佳,祖母以其适用留之,颇为嘉悦。此物毕竟真者难得,都下市肆所卖无非赝品,瓶小而味淡,屡购皆不惬意也。杨濒舅行止彷徨,今必在秋初矣,分资早已送去,陆信亦交清，今有回函寄呈。伊犁于春间失守而中朝不知也，今通商衙门据俄人探报入告，究竟不知其详。果尔，则八城尽陷，玉门关外均为异域矣，可胜浩叹！陈髯亦在彼中，恐亦不免，尚云晚盖，可以无憾。若棣珊者，诚可惜耳。宝珊选甘省同知，至今未出都门，谅无意于此耳。

　　按，由"秋审册籍现已办竣""李公入湘在即，早回本任便得清暇""皋署上房东西向""入黔之军能否得力？……宝岩方伯果胸有成算乎？"等信息，可知翁同爵此时正兼署湖南按察使，兆琛（生卒年未详）此时仍任贵州布政使，故可推本札作于同治五年夏。这是因为，翁同爵兼署湖南按察使大概就是同治五年二月初九日至七月廿六日这段时间。

　　翁同龢给翁同爵寄家书，一般都是交给翁曾翰来寄，二者家书向来都是封为一函发出的。故在《翁曾翰日记》缺乏同治五年记载的情况下，《翁同龢日记》起到了很大的参考作用。查阅《翁同龢日记》，发现在同治五年五月廿一日当天，翁同龢"得五兄四月廿八日信"。①这与翁曾翰本札"昨得四月廿八日所寄手谕"的描述高度吻合。紧接着，同治五年五月廿三日，翁同龢"写长沙家信"②故可判断，翁曾翰本札也是对翁同爵同治五年四月廿八日家书的回信，作于同治五年五月廿三日前后。又，同治五年七月廿七日，翁同爵致翁曾翰家书曰："吾自五月廿日接到四月廿二日京信后，总未得北音，几于望眼欲穿。直至月之十四日折弁凌先焘方回，接到五月廿四日第七号家书……"③由此确定，翁曾翰本札作于或发于同治五年五月廿四日。

　　李榕峰，即当时新任湖南按察使李廷樟（1801—1878）。由本札知，他双耳耳聋。由后札知，他于同治五年五月初一日从北京动身，

---

①② 《翁同龢日记》，第 496 页。

③　《翁同爵家书系年考》，第 294 页。

前往湖南赴任。禧吉甫(生卒年未详)是兆琛之子,此时尚未离京。由《翁同龢日记》知,札称贡差所带的三月十七日信于本年五月十一日送到,文百川——文祥(1818—1876)也于当日由奉天回到京城。①"百韵诗"即"炭敬"一百金的雅称。翁曾翰托两位贡差带去的柿霜一匣、茉莉香片一匣于当年七月十七日送达。② 侯寄舫(生卒年未详)是翁曾纯的岳父,因与翁同爵存在姻亲关系而多次回避,错失了署理澧州、乾州厅等大好机会。③

本年五月十八日,翁同龢在京"闻伊犁失守"。④ 据札,伊犁失守的消息是通商衙门从俄人探报中所得,此时尚未传来其他详细情况。

(七) 同治五年八月十六日(1866 年 9 月 24 日)

男曾翰百拜敬禀父亲大人膝下:

自得第七号信后,屈指四十日,盼切来书,晨夕不释。初四日申刻方由折弁交到六月廿七日所寄手谕,展读之下,欣慰奚如。惟房屋窄小,天时酷热,办公之暇不得凉爽处所为静憩之地,又无瓜果消暑,阅之又增孺慕。侍姬既经看定,宜及早接入湘中,只要性情柔顺,遇事便易于教导,且严亲素性宽大,断勿求全责备也。

沣州大水前已闻之,特未知衡、永等处又患亢旱,各属如此而省中米贵,意者已有外来就食者耶? 淮盐引滞,真受邻省之累,不知此事有关盐道考成否? 盐院即系,通侯似当为湘省设法。至哥老会之事,实在根深柢固,缓急均难措置,土著之人亦且防不胜防,如应募赴营,他

---

① 《翁同龢日记》,第 494 页,同治五年五月十一日:"得五兄信,贡差带来。……文博川冢宰由奉天回京。"
② 见国家图书馆藏同治五年七月廿七日翁同爵致翁曾翰家书,见《翁同爵家书系年考》,第 295 页。
③ 《翁同爵家书系年考》,第 276 页。
④ 《翁同龢日记》,第 496 页。

日仍有流弊，而目前不得不谓之善策矣。宝岩方伯前报胜仗，似尚得手。此等时势，若再拥兵糜饷为坐老之计，其如大局何？禧吉甫云午节后成行，乃至今不通往来，询之逆旅主人，又复无可踪迹，顷又闻廿日后或即动身。殊令人捉摸不着。李廉访五月初一日动身，不知七月中能抵任否？甚念，甚念！

京师亦嫌雨少，秋来颇热，仅仅可穿单衣。祖母体中康健，近日始歇针黹。叔父入直如恒，近以兰生有事渐行着重，同人水乳，略有调停之处，杂务应酬尚不多，近在大川淀营一草圃，听秋阁西间壁，周氏家故址。位置楚楚，为莳花种竹、退食娱亲之地，离此数武，出归甚便，颇为可喜。男近体甚好，惟苦不能用心，用心即夜不能寐，从前之所无也。本月十一日派上委署票本，一切尚无头绪，惟有将天书署中亦有一分，临事可查，阁长新换鲍子年康，以何介夫丁继母忧开缺也。熟读深思，再遇事咨询，庶可无误。现在三天两班，稍觉辛劳，过九月可五日两至矣。馆上功课无多，将次告藏，一月中不过校书四卷，他日奖励至多不过加衔耳。

里中书来，知各安好，年谷可期丰稔。南通州灶户滋事尚未靖谧，吾邑颇有戒心，迩来当可安枕。杨中鲁舅南行后总未得信，恐途次必有阻滞，北路水少，南路水漫，种种不妥，甚为悬虑。来谕将外信七件交仲兄，当即遵交，其复信下次寄呈。李中丞前有信，并廿四金。已复之矣。濮君信，即寄。王胪川住吉安二忠祠。祁君不知住址，容即问交。祁信仍送四昭井。肃此，叩请寿安，并贺秋禧。八月十六日，男曾翰叩禀。

按，由"淮盐引滞……不知此事有关盐道考成否？"知，翁同爵时任湖南盐法长宝道。由"李廉访五月初一日动身"知，本札作于同治五年八月十六日，翁同爵已经不再兼署湖南按察使。李廉访即李廷樟（1801—1878）。查《翁同龢日记》，同治五年八月十四日，翁同龢

"得五兄六月廿七日长沙信,迟极矣。沣州一带大水。哥老会滋事。"①而本札曰:"初四日申刻方由折弁交到六月廿七日所寄手谕⋯⋯"虽然二者在时间上略有出入,但是在内容上高度吻合,丝毫不影响对本札系年的判断。

"兰生有事"指李鸿藻的母亲去世了。②"同人水乳,略有调停之处"指翁同龢略微调停徐桐(1820—1900)与倭仁(1804—1871)之间的意见分歧。③"大川淀草圃"是翁同龢于同治五年六月廿六日所赁,"每月六吊,横街药铺刘家产也"。④

(八) 同治五年九月十六日(1866 年 10 月 24 日)

男曾翰百拜父亲大人膝下:

前月十六日,托折弁携去信一函、靴一双;本月十三日张执中到京,送来七月廿九日所寄手谕,展读之下,敬悉福体康强,合署安吉,欢忭无量。本任政事清闲,官舍又形轩敞,正可稍憩心力。中秋之后遣人迎眷,大抵冬初方能入湘。昨接四哥书,知其旧恙又发,体中颇弱,想未必能前送,得一干仆能了事者,亦可放心矣。

新廉使循名久著,其设施当可观,重听情形,陛见时所共知也。沅翁抵鄂,旌旗生色,此等人毕竟有作用。李子和在豫亦好,今放下颂臣为藩司,尤当相助为理。豫境捻迹已报肃清,尽趋山东曹、考一带,此剿彼窜,迄无已时。通侯持重,却未闻有何妙算,奈何,奈何!

京师秋后无雨,日来渐寒,已可重棉。祖母大人寿体安和,近复

---

① 《翁同龢日记》,第 512 页。

② 《翁同龢日记》,第 504 页,同治五年七月初四日:"申刻知兰生之太夫人于本日未刻逝世,急往唁之,薄暮归。"

③ 《翁同龢日记》,第 510 页,同治五年八月初五日:"荫翁与艮翁小小龃龉,荫翁使气,余解之。"

④ 《翁同龢日记》,第 503 页。

以针黹消遣。伯母近亦能在上房侍坐。叔父入直如恒,体中安适,尚能耐劳。李兰翁未出,同人分任较重,一年渐熟,渐有把握矣。仲兄近称无恙,寄来之款已如数交清,兹将复信七函先行寄上。男近状甚健,自上委署,逐日奔走,不觉劳苦,馆上功课亦不多,约十月中可以藏事。前日署中又点送玉牒馆,此差明年须忙数月,且须贴补资斧百余金,而名次在后,未必能邀实叙,凡此皆不过游戏三昧,并不愿与人争短较长也。媳妇于本月初三日卯时生一女,产后一切安适,尚为可喜。

濒石舅八月初到济宁,曾有信来,计此刻已蚤抵里。思赞、荫眉两表弟各居甥馆,价人当差甚勤,馆中投效已办妥,庶几补缺有期矣。前月廿四日,杜鹤田太守入湘,托带家信及衣包等不知何时方能收到。胡小蘧暂时退出军机,未奉明旨。两星使之行不知何省何案。肃此,叩请金安。男曾翰谨禀。此次信中但叙家事,不及朝政,未敢妄议,非率忽也。九月十六日。

庞宝生有书来,托汇湘中一款,计三百五十两,系任小沅转托之款,[1]宝生已允之,先令伊家将银送来,于是六叔不得不收之矣。惟思大人现在入不敷出,焉能常常会此巨款?今将来件暂存此间,俟来谕到时再行动用。男思价人处明春捐办馆事,需用甚亟,必来索逋,除前已筹还一数外,再将二数还清,较为便捷。鉴古每节必索,据云从他处寄信入湘。则年底必然来要,或再凑足付还,均无不可。今年馈岁之什其必不可少者,仍须斟酌早为筹及,赐示。祁相国及李兰翁处均须致分,皆不可无之酬应也。

湖南秋审后尾情罪均协,惟缓决中有漏开一起,前禀已曾详及。上月十九日宋惠人来,云刑部堂议时将绞犯汪允罄一起,以刃伤要害奇重,改入情实,不准留养,其余均无更动。五哥云,外省秋审五十起以外如有一起不符,经部驳改者,臬台似无处分,即有,亦照例极轻者

---

① 《翁同龢日记》,第515页,同治五年九月初三日:"庞纲堂来,以任少园汇项托寄。吴年伯母面交。"

也。粟振之侍御颇铮铮有声，今放贵州镇远府，又少一敢言之人矣。近来都下传言搜拿教匪，盖因曾九先生奏来，知有奸细，在京开单指拿，五城获得数人，讯之，似是而非，然五方杂处，有之亦意中事。从此，诬扳讹索，日多事矣。

六月十三日，将家书一函并皮蟒袍一件并三哥夹宁绸袍褂一身，托张东墅太守携去。伊先回嘉定，即由轮船入湘，计此时亦应到省矣。陆星农光景如此，殊难为继，何竟不得一署缺耶？此次折弁张执中来，在直隶沙河、栾城地方两次被劫，吾家信件幸未遗失。闻其所带现银所失不少，近畿如此，实属藐法。向来带信以折差为妥速，今复屡劫，则紧要信件将从何处寄递方放心乎？

外，仲兄复信七函，孙子寿一函，彭艾圃老八。一函，陈寄吴信一函，李兰生寄讬一函，又寄汤一函，许星叔寄一总函，又夏子松交来金姓寄周玉麟一函，以上诸信倘与家书共为一函，实系太厚，故以此十四函另封。

按，由"李子和在豫亦好，今放卞颂臣为藩司"①知，本札作于同治五年。由翁曾翰曰"媳妇于本月初三日卯时生一女"②知，本札作于同治五年九月。又，札及翁同爵七月廿九日来信，而未及翁同爵八月二十来信，可得本札写作时间的区间是：同治五年九月十三日至九月十七日。③ 最后根据"前日署中又点送玉牒馆"④判断，本札作于同

① 《翁同龢日记》，第 512 页，同治五年八月十七日："卞宝第放河南藩司。"
② 《翁同龢日记》，第 515 页，同治五年九月初三日："是日卯初，筹儿得一女，产妇头眩，俄顷始定。"
③ 《翁同龢日记》，第 517 页，同治五年九月十三日："得五兄七月□日长沙函。交卸臬事。"《翁同龢日记》，第 518 页，同治五年九月十七日："得五兄八月二十函。"
④ 《翁同龢日记》，第 517 页，同治五年九月十三日："筹儿派充玉牒馆校对。内阁共十二人。"

治五年九月十五日左右。这一判断与本札末署"九月十六日"相一致。

据《翁同龢日记》载，翁同爵七月廿九日来信主要谈及"交卸臬事"①，即不再署理湖南按察使。故翁曾翰本札言："本任政事清闲，官舍又形轩敞，正可稍憩心力。……新廉使循名久著，其设施当可观，重听情形，陛见时所共知也。""新廉使"即新任湖南按察使李廷樟（1801—1878），号榕峰，广西陆川人。"沅翁"即奉命帮办湖北军务、镇压捻军的湖北巡抚曾国荃（1824—1890）。李子和即时任河南巡抚的李鹤年（1827—1890）。卞颂臣即新任河南布政使的卞宝第（1824—1893）。"通侯"即曾国藩（1811—1872）。

（九）同治五年十一月初一日（1866 年 12 月 7 日）

信封　平安家报。外任寄吴安信一函，童信一函，邵信二函，京报一分。寅字十四号。十一月初一日，男曾翰谨缄。折差李庆友回，十二月初八日。

男曾翰百拜敬禀父亲大人膝下：

廿九日折弁李庆友来，携到第十二号手谕，读悉一切。大人气体加健，勤服补剂，惟左臂尚不免酸软，则药品中应添祛湿之味为宜，或少饮五加皮酒亦可，盖从前常饮之酒似无不合也。刘升九月中旬到常，眷属料理起程未必能迅速，到湘计在仲冬矣。

周子京品学俱好，此良友之极难得者，今伊必欲省母，势难款留，可否约伊明年秋后仍来楚中？主宾相得如此，其替人诚不易也。石襄翁内召是谓之明升暗降，不知即须交卸否？兆宝岩之调回本省真好运气，或中朝有知其黔事难办者乎？如宝翁不能即回新任，则藩、

---

①　《翁同龢日记》，第 517 页，同治五年九月十三日："得五兄七月□日长沙函。交卸臬事。"

枭须照例递署否？惟闻榕廉使殊不耐事，或须严亲代主薇垣，此时已接前旨否？筹饷之难，几乎搜罗殆尽，而备荒积谷又不得不为，此未雨绸缪之计，所可惜者以无穷之费养不战之兵耳。沅翁莅鄂，耳目一新，特不知措施真得当否？倘知人不明，恐亦流弊百出。蒋香泉在粤力加整顿，尽涤积习，惟以武人不知书，乃发愤肆力于文字一道，近闻八股已完篇，何白英在彼幕中甚相洽也。

京师亢旱无雪，秋麦皆未下籽种，近日颇有喉症，亦非透雪不止。寓中祖母大人以次均安适，天寒晷短，叔父入直益形劳碌，杨性农复书尚未修缮，以其名士未免矜持，其所作颂虽好，上闻之，说容与徐公商之。大川淀之圃即程氏居址，间一坐眺，可豁尘眸。男近体甚健，署中事格外留心，遇事必问，妙在有样可查，便觉粗有头绪。八股久不用心，愈生愈怕，然既欲应试，安得舍此而他求耶？钱馨伯尚未来都，滨石舅已于九月初抵里。王蓉翁放汀漳龙道，晚景堪娱，惟道远跋涉，年内未必成行。宝生世叔尚未试毕，汴翁馆事将蒇，余人均如恒。湘坡先生之世兄捐一微员，赴粤出京时，同乡为之集资，吾家送十金。伊尚去寻宝翁，大有望愿，其人亦少不更事也。肃泐，叩请金安。男曾翰谨禀，十一月初一日。

今年馈岁之作断不能如去冬之广，诚如来谕，择要而施。其素性矫俗者，指去年未受者而言。赠之必不以为然，反不如不到之为妙。来谕约计之数，大抵当敷用矣。任小园处前托庞宝生转交吾家会寄库平足银叁百伍拾两，前禀已经述及，其信近始交来，在庞处耽阁数日。今附呈，祈查收，交去。此款且留此，待来谕应归何项支用，便可遵行。今有寄兰生处分，叔父意以早送为妙，其五十金即在此中取出，谅无不可。

明日媳妇三十初度，祖母命照例治面，至廿七日男之生辰，亦如之。椿荫遥瞻，敬谨肃丹叩贺。窃念行年三十，学术未成，冷落一官，尚赖先人之余芘，自揣才质不及中人，戊辰之役自当竭力为之，或可仰酬期望之殷，科名心本不敢遽淡，岂尽诿诸气韵也。本日吾母杨淑人诞辰,设馔展拜,伏念鞠育之恩,卅年中无以报慰万一,为之呜咽不能已。男等日侍庭闱,自顾如在童稚,原是荫下之福,但壮年以后如再无所设施,则虚生亦殊可愧。男识力不定,局量亦未恢宏,不若人者在此,此固自知之矣。

秋审事起,有汪允馨一起由缓改实,臬司例无处分,部中想已行知矣。惠人诚极关切,日前晤及已曾道谢,年底务须致信件也。禧吉甫滞留此间,不知作何事,上月月杪忽送一信来,云不日成行,川资有着,惟到省用度必须豫筹,欲向吾家借毛诗一部,当以京寓支绌,湘中又不克常川接济,适节后极窘之时,不能如命,婉言覆之。伊却未见再来,而至今仍无去志,真不可解! 即有所恋,其如凭限何? 今乃翁调湘藩矣,或许伊设法告假先回楚中,亦未可定。前事虽抱歉,实无何也。

上年所要买之朝珠、佛头等,曾屡看过,皆以价昂而货不值,故未购定,乃遂因循至此。今当再向马芝生处一商,大约百金上下之货,不过仅仅看得过耳。购定后或仍令折差带去,届时酌行可耳。挂屏亦当留心物色,总以单款出色者为合用。叔父近来无暇到厂,男无目力,仍须取归与叔父商之。且园之去,颇觉自然,待之极优渥矣。伊致同辈信,亦云即日来都也。刘升,走路是其所长,惜其气质用事,颇费驾驭,余惟食粟爱财而已,殊为可恶! 不图刘元尚能出力,可嘉,可嘉!

左季高已想起程,尚须入京陛见,乔鹤侪亦即赴任。左诚远胜于杨,而乔又远不逮刘,恐未能相助为理。陕中人皆云霞仙断不可去,如去则陕事决裂无疑。近闻捻子已入陕,陕省无完善地,恐将窥伺晋省,闻赵中丞亦不耐事,陈廉访湜虽带兵出省,然一人能顾几处耶? 晋省为京饷之源,人人皆知,而晋省必当设法保护,则竟无一人有此先见之明,但凭纸上之空谈,恐悔贻误之无及! 每思及此,忧心忡忡! 河南捻无大股,山东之曹考尚留一大队也。通侯颇自贬损,请入觐,闻已允之,不知确否。

张执中来时,在沙河、栾城两劫,吾家信件幸无遗失,其所带现银大抵尽去矣。张东墅太守携去之信件,不知已收到否? 伊回里亦不能久住,计程亦当到省矣。杜鹤田太守去时亦有信函、衣包等附带,其走旱路,更不知何日方到! 柳荫堂参军来时晤见,人颇好,旋送菜点食物,嗣后彼此往还数次,均未得晤。其行也,托其一信,信中亦无要语,盖知其在保定有耽阁也。宝楚桥从山海归来,意气洋洋,署中办事亦多率意,同事闻俱不洽,近日库司中,有一事大不满人意,于是众口交责矣。总之,兵部光景迥异从前也。秦谊亭在津门遨游年余,忽然官兴勃发,来京捐一主事,现已分部行走。何青士夫人管氏病殁,今介夫送一函来,乃是讣帖而无信,故不必寄呈,可致伊一唁函,便中寄来。

　　按,"石襄翁"是曾任湖南布政使的石赞清(1805—1869),字次泉、襄臣,贵州黄平人,于同治五年十月廿一日调太常寺卿;兆宝岩即兆琛(生卒年未详),满洲正白旗人,曾任湖南按察使,同治五年十月廿二日由贵州布政使回调湖南布政使。本札曰:"石襄翁内召是谓之明升暗降","兆宝岩之调回本省真好运气",故可知本札作于同治五年十一月初一日。

　　据信封知,本札乃翁曾翰同治五年丙寅所寄寅字第十四号信,并于同年十二月初八日送至翁同爵手中。"沅翁"曾国荃(1824—1890)奉命莅鄂帮办军务、镇压捻军、出任湖北巡抚也在此年。蒋香泉是当时刚刚升任广东巡抚的蒋益澧(1825—1874),字芗泉,湖南湘乡人。何白英即何国琛(生卒年未详),道光二十一年(1841)进士,浙江海宁人。

(十) 同治五年十二月初四日(1867 年 1 月 9 日)

信封　平安家报。内家信,外京报,并王蓉翁、汪玉森、潘味琴、吴硕卿信四函,又蔡寄杨信一函,汪寄王一函,又礼部行查底一纸交王树斋。寅字拾伍号。男曾翰谨禀。折差邓成英回,正月初三日到。

男曾翰百拜敬禀父亲大人膝下：

　　前月初旬张旭初、陈廉泉先后到京，携来七月中两信并夏布一包。日来正深悬盼，本月朔折弁邓成英来，接读十月廿八日所寄手谕，并寿幛及《岣嵝碑》两包，敬悉福体康安，诸凡顺适。衡岳之游，洵属胜事，登峰造极，足洗尘襟，展览画图，已想见七十二峰之胜，笋舆周历，益自应接不暇矣。眷属何尚未到？或过湖，不无守候，此间久未得四哥书，亦未知启程的期也。

　　湘中年谷顺成，舆情安堵，最是可喜。入黔之师如果得手，边境庶可安枕。现在兆方伯进军何处？和周、李二军能声息相通否？石襄翁内召，此时当早得信，不知何人权篆？榕公能胜任愉快乎？两星使抵鄂，已将大概查奏，其余未见端倪。官相撤任，竹翁摄督，不知他日能相与有成否？左、徐之在闽省，吏民悦服，今则左已赴陕，徐复谢世，后来者倘能守其成矩，庶彼省士民之幸耳。中原军事近无所闻，东国告警，大抵以空言塞责，开岁春融恐又别生枝节，奈何，奈何！

　　日来上屡祈雪，殊无阴意，春麦既妨，百物翔贵，近以挑剔私铸钱文，市肆颇形纷扰。寓中均安，祖母大人寿体康豫，入冬来不作针黹，观书消遣。叔父入直如恒，同事处之极和，诸老尤为嘉许，每日进讲亦能动听焉。仲兄于十一月初五日生一子，大小均安，伊旧恙虽作，尚无所苦。湘中复信廿七函，已分两次寄呈。惟其精神有限，不知书中语有舛午否，未敢信也。男近体安善，署中一月十数行票本，时不敢粗忽，实录告成后大抵可得加级之叙，闻此次加意核实，而男工课无几，不敢妄求。至玉牒馆，则派帮办尚未传到，明年即到彼当差，则言语交际之间必遵谕谨慎也。此请金安，预叩年禧。男曾翰谨禀，媳妇率安孙等侍叩。十二月初四日。

　　前禀所云任处会款系叁百伍拾两，且是库平足色，其信函亦已寄呈，想收到矣。送李兰翁分伍拾两即在此内提用。前禀亦已提及。此次寄来两票，当取来暂存，俟下次信来，当再照单分致。祁处拟送三十金，前曾屡求书铭而未允，盖以手颤目眩，不能勉强也。许仁山分似可不送,拟即以改送滇翁,似为相宜也。价人处前已归清,适金价贵时及补漕平等,多添十余金耳。今年鉴古须再还些,现觅翡翠佛头,则索一百二十两,不肯少一分两,货尚中中不惬意,现在各处购觅也。玳牙、背云等以四十五金得之矣。伊此款不赊,亦在任款内提付。

凡人作事,莫非天定,而做官为尤甚。前有学士一缺,第一应升者为汴生,其徐荫翁与叔父诸人皆在应升之列,乃题本下时,得者为钱湘吟。湘吟系馆中上次保举优先开列人员,其起复后以汴翁坚持提调不添人,乃与黄孝侯均无事事,孰知其竟由中允而超升学士耶!天也,非人也。李捷峰文敏明明是专以道用人员,乃以京察覆带记名,于无意中放一府,得失之不可拟议又如此!户部以无论题选咨留人员太多,资俸深者竟无补缺之日,闻前日奏请将此项人员轮间补用几缺后补一人,尚未议准。于是玉牒馆投效之人又不免惴惴,恐明年所要之议叙未必能如愿以偿矣。

濒石舅于九月八日抵里,昨得其来书知三婆婆精神甚健,甫归故里,费用甚多,尚须在近处一游,为张罗计。信中问及托寄湘省各省有无复音,倘有所寄,须划给思赞等语。男思欧阳令所寄四十金想严亲处已经代收,倘吾家会款分用有余,拟将此款付去。庞处补送之分似无不可,即书签称谓,当遵谕行。杜鹤田人极好,又以翰林侍御出官,上游自然器重,近见各省督抚于正途简放人员无不委以重任,此亦整饬吏治之一大端也。张东墅此次到省不知作何光景,李伯雨奉讳明春将归,伊有信一函留此,或作书唁之。王树斋托办举节事,今将礼部行查底寄去,可交伊收阅。

顷萧润宇来云,今日李中丞奏到,大人升署藩台。闻之欣贺!兆宝岩在黔军务方殷,谅非数月所能藏事,湘中情形惟筹饷为不易耳。盐道不知何人权篆?星农不至赋闲否?敬再肃丹,叩贺大喜!男曾翰叩禀。

按,根据信封编号、到信日期和前后信札的内容综合判断,本札作于同治五年十二月初四日。同治五年十一月廿三日,《翁同龢日记》载:"绵森、谭廷襄驰抵湖北,奏审明大概情形,官相国撤任听候查办,胡家玉、张晋祺道经湖北收受程仪二千两,交部议处,谭廷襄暂署两湖总督。"①故本札曰:"两星使抵鄂,已将大概查奏,其余未见端倪。官相撤任,竹翁摄督,不知他日能相与有成否?""官相"即原任湖广总督的王佳·官文(1798—1871)。"竹翁"即当时署理湖广总督的谭廷襄(?—1870),字竹崖。本年十二月朔,《翁同龢日记》载:"得五兄十月廿八日长沙函。"②故本札曰:"本月朔折弁邓成英来,接读十月廿八日所寄手谕……"本年十二月初三日,《翁同龢日记》载:"寄长沙信。五兄于十月初至南岳验工,得登祝融峰。"③故本札曰:"衡岳之游,洵属胜事,登峰造极,足洗尘襟,展览画图,已想见七十二峰之胜,笋舆周历,益自应接不暇矣。"

"石襄翁内召",在此前家书中已经提及。从本札"不知何人权篆?"一句可以看出,翁曾翰写本札前半段时尚未知晓何人署理湖南布政使。但从本札结尾"叩贺大喜"四字来看,翁曾翰写到后半段快结尾时显然已经知道了翁同爵将署理湖南布政使的消息。据《翁同龢日记》记载,翁同龢等人知晓翁同爵署理湖南藩司正是同治五年十二月初四日这一天。④

札曰:"祁处拟送三十金,前曾屡求书铭而未允,盖以手颤目眩,不能勉强也。""祁"乃祁寯藻(1793—1866),人称"四朝文臣""三代帝师""寿阳相国",于本年九月十二日与世长辞,他是翁心存的挚友。⑤

　①　《翁同龢日记》,第 529 页。

　②　《翁同龢日记》,第 531 页。

　③　《翁同龢日记》,第 532 页。

　④　《翁同龢日记》,第 532 页,同治五年十二月初四日:"萧润宇来告知五兄署湖南藩司。十一月十一日接印。"

　⑤　《翁同龢日记》,第 517 页,同治五年九月十二日:"归闻寿阳相国于今日未初长逝,往吊恸哭,先公执友至此凋丧尽矣。"

(十一) 同治五年十二月十九日(1867年1月24日)

信封　平安家报。内家言,外信十二函、京报一本。寅字拾陆号。男曾翰谨缄。

钤印　曾翰谨缄(白文方印)

帖　侄从吉曾源、桂百拜,敬请五叔父大人金安,虔贺大喜并叩谢。慈亲命笔道谢。

男曾翰百拜敬禀父亲大人膝下:

初四日甫将十五号信交邓成英去,次日又接十一月初九日信,并会券一千二百八十两,又信两总包,展读手谕,敬悉以后交信时,可嘱折弁抵京后到宅面投为安,每次发信分付此语。大人升署藩篆,定期接任,极为欣贺。藩垣为合省政务总汇之所,事事皆听主裁,贤劳可知,祈随时节力自卫。筹画饷糈入不敷出,未知减兵就饷之策可行于今日否? 石襄公何日北上? 此时想早已移署。眷属于十月廿二自里启行,计前月杪必到。奎侄读书,明年请何人教授? 久不就范围,想督课不能不严矣。

京师秋无雨,冬无雪,屡祈不应,地坼人疾,百物翔贵,贫民恐恐。寓中祖母大人寿体康健,日来受风咳嗽,服薄荷等清散之品,已见大愈。叔父入直,当此严寒,实为辛苦。初八日受书礼成,以从前杜文正家曾赏贡士,盖其在馆日多也。先文端公曾充监修,加恩赐祭,并赏叔父以四品衔。将来馆上保举,大抵得一遇缺之类。衣服不能不备,今以百余金添一貂裘矣。[①] 男署中事不忙,馆中议叙亦成画饼,体中顺

---

① 《翁同龢日记》,第533页,同治五年十二月初九日:"以百三十金购貂裘,德昌号。始意不过得一稍好者,乃仆辈赞成之,足见中无主宰耳。"

适，惟冬令不耐寒，苦伤风咳嗽，已觉惫甚。连日以德儿忽患温症，①
治而益剧，医药丛脞，心绪连日服宋伯欣药，渐见效，可放心矣。梦如。折
弁将行，草泐禀复，敬请金安，叩贺春喜。男曾翰谨禀，媳妇率安孙等
侍叩，并谢厚赐。腊月十六日。并问全姑娘安好。

寄来之款全数收明，家中应行分呈致送者均已照数分致，男亦敬
谨拜赐。至各处馈岁之什，已将紧要者先行送去，尚有小一半未送，
日内又陆续送，将毕矣。其中应行增减之处均与六叔细酌之。桑、毕诸
公均仍酌照去年之数，而朱方苹不能不添也。多至四十。许星叔已回
籍，应送之分只得暂缓。黄绫红里折廿个，黄绫黄里折十个，均速封
共为一匣寄呈。各处禀信均逐函阅过，小信中有间有不妥已改换，日
来令人分投也。祖母闻湘中易得燕窝否？如不敷用，即寄示，俾遇便
托带也。佩翁处门包竟加至六月，有不得不然之势。刘南卿已外放，
竟拟不送矣。

通商衙门新设天文馆，延揽人才，招学天文、西洋算法，凡六品以
下及进士举贡显者，即入馆大氐可得薪水，即翰林编检亦在此内，窃
恐徒伤政体而知彼知己之说未必能耳。兵部一等满五人中，有希虞
臣、宝楚桥、庆兰浦三人为旧等，新者不过崧镇青、成子和二人，汉般
则李仲远、王立之也。楚翁作事不协，此次诸堂竟不愿给一等，幸赖
中堂一言也。向来寄抄报，原拟全本寄呈，因嫌其笨，故仅将谕旨
提出。今欲知朝事，则各原折中亦大有可观，此后当尽数全寄，不
无一助，盖恐塘报迟而不全也。枢曹大老若文、宝，向不复信，今将
周芝翁、万藕翁、朱桐师、庞宝生、宋惠人、王蓉洲、李篁仙、彭芍庭、
方子颖、又寄兆一函。朱敏生、蒋椒林信十二封先寄呈。其潘伯寅、
朱修伯、汪玉生、汪芾村复信均系套语加一夹单，两行耳。故不寄
呈矣。

① 《翁同龢日记》，第533页，同治五年十二月初十日："德官发热，似出疹子。"

庞宝生世叔交来复信一函，内有致吴仲起一函并银叁拾两，又其西席李君托寄家信一函，并会银银伍拾两，其银均欲在严亲处划付，谅无不可，盖从前所欠伊家百六十金尚未还却也。划去八十金，只剩八十矣，年底或可还却。杨思赞有亟需，持濒舅信来，要男为伊措借，男竟将欧阳令托会之四十两付去矣。许星叔回南，眷属亦同去，故此时并未送分，并兆寄之四十两亦只得暂存男处矣。何受山师贫窘之至，意欲惠函向严亲告贷，又恐年杪不能得，复嘱男为之张罗，不得已竟以三十金借去。实在不能推托也。

王毓雨小山踪迹之疏，并拜年亦无来往，故此次竟尔酌裁。王莲塘极熟人也，去年因其不在京故未送，似未免恝然。今照去年单开，仍补十二金去。各处回信男竟拆阅择要寄呈，其通套语者，将来开呈一单，可嘱记室于信簿登明，以备查核耳。禧吉甫欲借毛诗，实难应命，得其复字云临行面谈一切，乃日前拜张旭初亦在升官店住。时则知其早出京去矣，并未辞行，想必不满意于男也。实在借伊浪费亦不值得耳。高升昨到京，持书来见，极言知遇之厚而交际之难，伊同辈中大氐亦难与为伍，闻其中途曾有一禀，想亦作不平之鸣耳。此君心机深而做事迥不犹人，非才大心细者，实难驾驭。古来有才而不正用，辄至自敝亦苦不自知耳。

按，由首句"初四日甫将十五号信交邓成英去"和信封"寅字拾陆号"的编号可知，本札接前札，作于同治五年十二月初四日（1867 年 1 月 9 日）后。又，同治五年十二月初六日（1867 年 1 月 11 日），《翁同龢日记》载："得十一月九日长沙函。"[①]同治五年十二月初八日（1867 年 1 月 13 日），《翁同龢日记》载："是日奉上谕：原任监修总裁大学士翁某着慈祭一坛，翁某之子翰林院侍讲翁同龢着赏加四品衔等

---

① 《翁同龢日记》，第 532 页。

因。"①可知本札作于同治五年十二月初八日后。再根据后札——丙寅除夕翁曾翰致翁同爵札之首句"十九日将拾陆号家信并黄折等两包交王起铨携去……",可知本札作于同治五年十二月十九日。翁同龢则于本年十二月十八日作有一札致翁同爵,与翁曾翰此札封为一函发出。②

　　据札,翁同爵于十一月初九日来函中,与翁同龢、翁曾翰等亲人分享了升署湖南布政使的喜讯,并寄来了一千二百八十两的年底用银,主要用于各处炭敬。翁曾翰本札还谈及通商衙门新设天文馆、兵部考核结果、京官收到炭敬后的回信情况等内容。本札还附呈翁曾源、翁曾桂兄弟恭贺翁同爵署理湖南布政使喜帖一份。

（十二）同治五年十二月三十日（1867年2月4日）

信封　平安家报。内信,外京报一本,各友人复函一总封。十七函。
　　　　男曾翰谨缄。折差丁启南回,正月廿六日到。
钤印　曾翰谨缄（白文方印）
帖　　男曾翰率媳妇暨安孙、椿孙、祝、康两孙女恭叩大喜。

男曾翰百拜敬禀父亲大人膝下:
　　十九日将拾陆号家信并黄折等两包交王起铨携去。昨得十一月廿九所寄手谕,敬悉福体康强,苾勤鲜暇,用人理财,事事皆须精核,又复兼筹四局,公牍纷纭,祇就标行画诺,想已日昃不遑,伏惟随时颐养为祷。眷属安抵湘中,兄嫂暨奎侄均能绕膝承欢,侍人亦端谨合意,闻之极慰孺系。
　　京师一冬无雪,屡祈不应,闻畿辅以至山东、河南数千里皆苦旱,

---

　　① 《翁同龢日记》,第533页。
　　② 《翁同龢日记》,第535页,同治五年十二月十八日:"作长沙函。"

来年春麦不收，农民将何以谋食？所关殊非浅鲜。京寓自祖母大人以次均安，叔父连日未入直，而岁暮赉予频仍，间日进内叩谢，新正贺年，各师及熟人处仍不能不一行也。男近体健适，封印后竟无需到署，史馆之叙竟成画饼，岁杪碌碌，徒为无益之忙，自问一年中毫无片长足述，殊为愧悚。德儿发疹渐愈，惟右腮肿毒未溃，颇觉痛愦，此子气质本弱，以后当以清补调理也。匆匆禀复，叩贺新禧，敬请金安。并问全姑娘安好。男曾翰叩禀，媳妇暨安孙等侍叩。丙寅除夕。

馈岁之什均照来谕，稍有增损，前禀已详及之矣。鉴古欠款付伊百五，勉强清帐，将带头三十之零抹去。此虽男之刻啬，然费数语而省数金，亦甚直得，且伊亦认从前之并未言明也。并嘱其将收清数目专函寄湘，故特禀闻。曹恭悫家尚无人在京，来信只好留此，或便中再寄可耳。余绂臣来京拜而未晤，伊在本籍屡得保举，均被部驳，末后得一道衔，今仍在选习总办上行走。王小山病久未愈，竟请开缺。伯寅得侍郎，甚得意。庞宝生世叔开印后方出棚。王蓉翁尚无行期，川资殊不易也。伯寅、修伯信中夹单附呈。

夹单：再敬启者，承赐厚贶，拜领之余，莫名感泐，专肃布谢，敬请台安，不戬。名正肃。

按，本札明确写了作信时间——丙寅除夕，故本札作于同治五年十二月三十日。本札所谓十九日交王起铨携去的第十六号信即前札。

据札，翁曾纯夫妇、翁奎孙等"眷属"此时已经安抵湘中；翁同龢年关和新春时应酬很多，所以很忙；翁德孙此前所得的温症至此时渐愈；翁曾翰勤俭持家，很会"砍价"。

王小山即王发桂（？—1870），字笑山，直隶清苑人，此时陈请开缺；伯寅即潘祖荫（1830—1890），字东镛，小字凤笙，号伯寅，亦号少棠、郑盦，江苏吴县人，此时正署礼部右侍郎；庞宝生即庞钟璐，王蓉翁即王宪成（生卒年未详）。

（十三）同治六年正月十八日（1867 年 2 月 22 日）

信封　平安家报。外京报一本，复信八函，又寄回朱信一函。福字第
　　　贰号。男曾翰谨缄。二月十四到，折弁王子贵回。
钤印　曾翰谨缄（白文方印）

男曾翰百拜敬禀父亲大人膝下：

　　元旦寄福字第一号信交折弁携去。十五日又接得去腊二十日所
寄手谕，敬悉福体安康，合署清吉，忻慰无似。公事冗忙几于日不暇
给，想封篆后稍可歇息数日，惟是饷源未裕而放项无穷，本省既勉强
支持，邻封复有不情之请，节之无可节，筹之无可筹，可否以支绌商之
中丞入告也？

　　援黔诸军未必皆得力，以此难继之资养不战之士，未免可惜。然
驱此游惰之众，归之军营，则地方亦隐受其福，至属员委署章程，关乎
吏治者非浅，予以定限，无怪其视官廨为传舍也。藩垣以用人、理财
二大端系乎合省之风气，大人以公正廉洁自持，誉望日隆，其他可知
矣。家人只取其谨饬，小有才者必有小弊，此时非比本任，人多则稽
察难周，且园一行，便可省心尔许矣。

　　近闻湖北德安一带捻势日炽，官军尾追不及，及之又每至挫失。
贼之行为，大类前明之流寇。当事者有办贼之名，无见仗之实，养痈
之患，可胜道哉！闻通侯有解组之意，未允其请。官相被议，朝廷念
其前劳，薄罚内召，处置得宜。筱荃中丞既调任，新放者刘韫斋久列
卿班，不知何以出为疆吏，其性情颇爽直，叔父往贺未得晤，大抵仲春
月方能出都。

　　此间连得大雪，春风甚寒，祖母大人以下合寓安平，叔父连日未
入直，以灯节前后例不到书斋，而今年尤多数日。东华门外仍赁屋三
楹，退时少休，转眴夏令，断不能无此退步也。男于封篆后一月不到
署，正月亦向来事简，史馆未经保举，闻以功课咨部，例得薄奖而已。

月杪玉牒开馆,或须传认功课,窃恐奔走一年又成画饼耳。德官一月来调理已愈,此儿本不甚壮实,今春拟配服补剂,庶可得益。

　　昨得四哥信,知其近甚健,适里中丰稔,仓谷已完。滨石母舅亦有书来,侍养康娱,不问世事。蓉翁观察月底启行,回里小住,再赴闽峤。二姑母仍住清淮,表弟今年十一岁,诗字均可,阅之想见其聪隽也。肃泐,敬请金安。蒙赐伍拾金,祗领叩谢。余容续禀。叔父新得董字手卷一个,即交折弁携呈,祈捡收。男曾翰叩禀,媳妇暨安孙等侍叩,并问全姑娘安好。新正十八日。

　　按,同治六年正月十二日,《翁同龢日记》载:"昨日刘崐放湖南巡抚,李瀚章调江苏巡抚,署两湖总督,李鸿章授两湖,郭柏荫开藩司缺,署江苏巡抚,丁日昌授江苏藩司。官文来京供职,革职留任,部议革职。八年无过方准开复。"①故由"官相被议,朝廷念其前劳,薄罚内召""筱荃中丞既调任,新放者刘韫斋"二句知,本札作于同治六年正月十八日。翁同爵此时仍署湖南布政使。本年正月十五日,翁同龢"得五兄十二月二十日函",②故翁曾翰本札曰:"十五日又接得去腊二十日所寄手谕……"二者吻合。

　　蓉翁观察指王宪成(生卒年未详),字蓉洲,江苏常熟人,同治五年十月廿五日被外放福建汀漳龙道,拟于同治六年正月底启行,先回常,再赴闽。据札,翁同龢新得一董字手卷,便寄赠五兄翁同爵,一方面说明兄弟俩感情至深,另一方面说明兄弟俩有共同的书画收藏爱好。

（十四）同治六年十月初三日（1867 年 10 月 29 日）

男曾翰百拜敬禀父亲大人膝下:

　　初一日将十二号禀并黄折一包、油纸等一卷交易焕。初二日凌

---

①② 《翁同龢日记》,第 542 页。

先鬵至，携来九月朔手谕，敬悉一切，天气秋凉，福躬康适，心胸舒泰，则治公虽忙而不倦也。入黔三军果能减其兵勇，湘省藩司受益良多，大人接到恩命后，不知抚军要请暂留署任否？极为悬念。

日下应酬大致如上年之数，且俟定行止后再为斟酌。昨寄到之存项七百，已提二百为日用之资，盖此后公帐所需专赖接济，其余以此渎听者可勿问也。男俭约自持，近尤刻苦。昨蒙寄赐五十金，又可支此冬用，至年底光景，当再禀闻。

寓中祖母大人以次均安，惟源哥病甚，昨日始有转机，断可无虑，积疴已久，亦非旦夕能疗耳。南榜仍无信，不知周子京能获隽否？高丽参一斤购就寄呈。肃复，叩请金安。并问全姑娘安好。男曾翰叩禀，媳妇等侍叩。十月初三日。

按，同治六年八月初二日，翁同龢"闻五兄简放四川按察使，不胜雀跃"。[1] 同年十月初二日，翁同龢"得五兄九月朔函，尚未知升信"。[2] 而本札曰："初二日凌先鬵至，携来九月朔手谕……大人接到恩命后，不知抚军要请暂留署任否？"故可知本札作于同治六年十月初三日。此前一日，《翁同龢日记》载："源侄夜发病尚轻。"[3] 故翁曾翰本札曰："惟源哥病甚，昨日始有转机，断可无虑……"本札还提到了京寓的日常应酬和资金使用。

（十五）同治七年四月廿三日（1868 年 5 月 15 日）

男曾翰百拜敬禀父亲大人膝下：

本月初四日寄第五号信，瞬已两旬，而来书久不至，翘盼之切，梦寐不能少释。计大人过宜昌时必寄京信，何以至今未达？真望眼屡

① 《翁同龢日记》，第 581 页。
② 《翁同龢日记》，第 590 页。
③ 《翁同龢日记》，第 591 页。

穿矣。敬维福体康强，定符孺祝。眷属舟行，何时可以抵省？极为驰念。吴制军、蒋方伯到任需时，不知江公现尚留川否？境属如何？边围均乂安否？

云贵情形此间一无闻见，陕甘军事亦不知底细，畿南捻匪或远或近，倏忽无常，欲袭天津而不果，今闻由庆、盐等处窜至武定之海丰矣。崇地翁议，欲筑长围以困之，^①此事殊难举办，且骑贼剽悍，乌肯束手就缚乎？南漕之米幸未被掠，然亦危矣。

都门恬熙如恒，天气乍暖，始穿单袍褂。祖母大人以次合寓均安，叔父隔日在东华一宿，稍节劳勤，公车星散，扇对亦渐清矣。春闱揭晓，吾邑仅中一，改归之赵林，继又殿试告假，阒然如无人，减色之至。男场作本不惬意，思以徼幸得之，岂知运不如人，竟又被摈。同人着先鞭者多矣，愈激切愈难得也。此后即能如愿，未免已嗟迟暮，且叔父与仲兄三年后均可得文差，尔时又多窒碍，而以署中资格衡之，亦为枉寻直尺之计。倘竟不作此想，又始愿所不甘，且无以对重亲之期望，辗转思维，能无于邑？试读此次闱墨，益令人疑忿并萦也。同乡落第者已数日前出都，乘轮船归去。杨荫眉表弟亦挈眷同行，思赞则于前月中赴保定军营别图机会矣。^②崇朴山之世兄嵩申中式，出赵朗甫门下，闻写得甚好，当可以入词林。

朱桐师已正揆席，协办尚未放人，总理衙门换约事闻已次第商办，约须秋间方定，外人莫知其详，据云无大要挟也。散馆已过，引见尚无定期，崇文山竟得第一。^③江苏七人，列一等者五，去取之间亦视

　　① 《翁同龢日记》，第 632 页，同治七年四月十八日："崇厚请筑八百里长围困捻，许之。"

　　② 《翁同龢日记》，第 622 页，同治七年二月廿八日："杨思赞从军，赠以四金。"

　　③ 《翁同龢日记》，第 632 页，同治七年四月二十日："崇殿撰得馆元，可喜也。"

其命。袁小午株守此间，百无一趣，今奉李营，大可展其经济矣。四哥处，得其二月底信，家中均平安，购屋事未得其详，不知另禀寄闻否？草草泐禀，叩请金安。男曾翰谨禀，媳妇率安孙等侍叩。四月廿三日。

按，"朱桐师"即朱凤标（1800—1873），字桐轩，号建霞，浙江萧山人。同治七年元旦，朱凤标授协办大学士；[1]正月廿五日，朱凤标充翰林院掌院学士；[2]三月廿八日，朱凤标拜体仁阁大学士。[3] 故由"朱桐师已正揆席"知，本札作于同治七年四月廿三日。

翁同爵此时已赴四川按察使任。"吴制军"指同治六年十二月十八日（1868 年 1 月 12 日）授四川总督的吴棠（1813—1876）。"蒋方伯"指同治六年十月十七日升任四川布政使的蒋志章（1814—1871）。"江公"指原任四川布政使的江忠濬（1815—1874），此时已调广西布政使。

据札，翁曾翰参加了本年会试，但仍然名落孙山，而且整个常昭的考生考运都不佳。完颜崇实（1820—1876）之子完颜嵩申（1841—1891），字伯屏，号犊山，考中本年戊辰科第三甲第三十八名进士。本年散馆此时也已结束，阿鲁特崇绮（？—1900）夺得馆元，江苏有七人参加，其中五人得一等。袁小午即袁保恒（1826—1878），字小午，号筱坞，河南项城人。

（十六）同治七年五月初六日（1868 年 6 月 25 日）

男曾翰百拜叩禀父亲大人膝下：

四月廿四日接抵任书，极为忻快。折弁回即附一禀去，不识何时可达？比日昕夕盼书，刻不释念，差弁月一至，此次已四十日矣，何迟

---

① 《翁同龢日记》，第 610 页。
② 《翁同龢日记》，第 615 页。
③ 《翁同龢日记》，第 628 页。

迟若此？道里愈远，家信往复愈久，孺依愈切矣。即日敬维，福躬康健，阖署绥和。起居服食较异湘中，夏令瓜果及花卉等皆足供娱悦否？眷属到彼，水土当亦相习也。秋审后尾计已办竣，月内谅即到部，部中四川司主稿系汤古如丈，已嘱其到日照应。川中案牍极烦，应亲提者多否？蒋方伯由江西入川，计已抵任，吴制军闻日内可到京，其至成都必秋初矣。

都下风雨应时，麦收中稔，银贱物贵，民力艰难。寓中无事，祖母大人福体健适，日来天气。乍热，肝胃两经火盛，故服汤饮清理之。叔父侍直如恒，功课渐多，上现读《礼记》。退食渐晚，日长人倦，益增辛苦。仲兄小愈，语气总觉模糊，二嫂昨从镇江回京，所事仍属镜水。五哥署中极忙，局务又可图一保案。男近体殊健，班期不密，比来学读《史》《汉》，虽不能窥其全，究有锱铢之得，且评点善本，丹黄烂然，易于讲解。中书俸满，此时只得就内用，主事、都事两项均选不到。盖避同知之选拣边远省分也。倘京察毂上一等，向例三人。再就记名，亦无不可耳。畿南军事未见得手，今又以都帅专事进剿，不知能所向克捷否？

四哥久无信，悬系之至。闻春收尚可，邑中小考，吾族入泮二人，一名同篆，不知何房；一名曾树，系云亭伯之子也。肃泐，叩请金安，虔贺午禧。男曾翰谨禀，媳妇率安孙等侍叩。端午后一日。并问全姑娘安好。

此信托和泰金店寄去，据云四十日可到，回信亦可付彼，可与折弁并行也。又禀。

按，从"起居服食较异湘中""川中案牍极烦""蒋方伯由江西入川""吴制军……其至成都必秋初矣"等信息判断，翁曾翰写本札时，翁同爵初任四川按察使。同治七年四月廿四日，翁同龢"得五兄三月廿三日成都信，初三日抵省，初九日接印，一切平安，欣慰之极"。[1]

---

① 《翁同龢日记》，第 633 页。

此即翁曾翰本札所谓"四月廿四日接抵任书"。故可知本札作于同治七年端午后一日——五月初六日,在四月廿四日收到四川来信之后大约四十日左右。

(十七) 同治七年五月十一日(1868 年 6 月 30 日)

信封　龙字第捌号。男曾翰谨缄。六月廿一日,折差冀占□(超)。
钤印　曾翰谨缄(白文方印)

男曾翰百拜谨禀父亲大人膝下:

待折差久不至,望眼欲穿。初八日作禀不列号。一函内附京报。交和泰金店转寄,崇秀军处必有邸抄可阅。据云四十日必可到。伊店惯走川信,如果妥速,亦可付回信递京以补折便之不及。昨初十日接到四月廿五第叁号信,此次四十五方到,较前次迟半月。敬悉一切,大为忻快。福体臻强,合署清适,案牍虽烦,宾客虽多,然皆非劳心费神之事,此境便可恬安。秋审将到部,过此以往,想日行之外无他忙也。蜀地多山,故夏令早晚亦凉爽,瓜既不甚佳,便可勿多吃。闻果木多品,绝似南中,菱藕亦当有,署中池塘有荷花否? 近来绸缎出川省者多,江浙者少,此间所用质多脆薄,偶见一二厚重者,则贾昂以倍,好在当差衣服无需华美。达川尚未到,到时将料件遵信分致,异日再有便人时,乞赐寄纺绸一二匹。或白或红,男最喜此。

昨有一彭太守钰,贵州辛亥举人,号martin相。来晤,云在泸州谒见时,严意颇优礼,此来无需引见,只领凭到省耳。据言,在川曾住年余,极服骆相之精严,而嫌崇帅失之宽,地旷民悍,似不可操之太蹙。当今时世,凡完善省分,第一须整顿吏治,休养民气。吴仲宣制军以循吏起家,必是和平一路,昨来都陛见,当有数日句留,叔父往拜过,拟送菜席而犹未定,其实同僚之谊却无妨也。达川来时当遵谕往谒,再托修丈随事照应,此君口碑尚好,大氐短于文才,未免受人欺侮耳。恕皆浪得虚名,今殊碌碌,礼丈尚未回京,两人坚愎,文字亦自信过深。何孟寅有才调，有机心，须驾驭而用之。近日川中黔士必多，多则易为出入异同之见也。北路捻匪万余，今以长围困之，或云可恃，或云不可恃，诸将多作壁上观，偶报获胜，亦不过得其边马耳。将帅愈多，事权愈紊，兵气愈懈，贼粮愈积，失此不图，后患靡已，可虑可恨！

都门静谧，比日方觉炎热，时疫甚多。若醇邸绝而复苏，亦殆矣哉。此人耿耿，语次多忠直气，天留此人，国之福也。寓中祖母大人以次均安吉。男近日略亲书史，颇觉有味，署中公事亦自留心，惜记性太坏，过目辄忘。至家庭闲事，男以"忍让"二字处之，较他人诟谇日闻者安逸多矣。媳妇亦明顺，叔父信中所言"千态万状"云云，皆指强词夺理者而言也。国事、家事近状均难以笔墨罄，面貌未改，心腹暗移，日夕渐摩，由来渐已。

寓中用度，男司其出入，不敢不力求撙节。韫师处寄款已早收到，去冬会款，前禀已将开除实在开呈，入此数月，又提用六百金，截至午节，实存二八之数。日昨蓬溪令潘席卿世叔又壬子解元，与叔父同年。有呈祖母禀一件，伴以朱提四百，初拟受半还半，询之来店，未便收回，姑且全留于此，已函复之矣。来谕乞示及。梁檀圃学使有信来，恳将伊家京信寄川，求大人饬加转递，此间由伊同乡蔡宗瀛寄蜀，叔父已允之，如伊有信时可为一递。

席宝田一军入黔，大有起色，黎平肃清。崇帅亦报偏刀水地方克巢获胜，似可从此着手进剿。西北回匪迄无确耗，庙廊不以为忧，遂无敢议之者，其实隐患殊未已也。同乡晨星寥落，贾湛田丈昨已回京，便中可函候之。鹤年舅体极柔弱，眼复作痛，思赞已从戎去。荫眉挈眷南归，又丁继母艰。濒石舅起复闻未办妥，尚未作入都计。四哥久无信来，殊为悬系。肃复，叩请金安。男曾翰谨禀。媳妇率安孙等侍叩。五月十一日，大雨乍晴，凉生几研。并问全姑娘安好。三兄嫂大人前请安，不另函。并问侄儿女近佳。

男到内阁以来，瞬已五年，试俸一年，历俸四年，与考班同。连闰扣至本年五月,计已届满,吏部文书尚未到阁,俟其来时拟即注内用。内用主事、都事两项,据云俱选不到。去年因实录馆一等功课议叙,题覆亦以主事归中书班选用,亦选不到。若外用记名同知,同知缺少,往往借选知州,而到班必在甘肃、云贵等省,与其届时趋避,不如内用之妥当也。下届京察中书向例三人。如觳得上,再得记名同知尚不迟耳。军机、御史皆不能考,惟有俟升侍读后,再由京察图外放耳。去年所得本衙门应升之叙毫无所用,现在署中定一资深,一劳绩。即算劳绩,则将来到班时资深亦可补矣。又禀。

复潘席卿另单稿:承赐兼金,△△禀知堂上,以为盛意不可虚,厚馈无以副,当即受半返半,而市人以为,未承尊命,不肯收回,不得已暂时全领。此皆阁下眷念师门,代筹甘旨,云天厚谊,感不能忘!且孙莱山学士备述,琐闱衡校之暇,屡蒙询及寒家近况,挚爱拳拳,尤所感佩!弟云云。

　　按,“达川”是江忠濬(1815—1874),“达川尚未到,到时将料件遵信分致”说明江忠濬此时在来京途中,翁同爵托其带有衣料。“吴仲宣制军”是吴棠(1813—1876)。“吴仲宣制军……昨来都陛见……”说明吴棠此时正在京陛见。这两点足以说明本札作于同治七年。同治七年五月初十日,翁同龢“得五兄四月廿五日四川函,上下平安”。[①] 而翁曾翰正好也于本札言:“昨初十日接到四月廿五第叁号信。”故可知本札作于同治七年五月十一日。前一札明确作于端午后一日——五月初六日,本札却云:“初八日作禀不列号。一函内附京报。交和泰金店转寄……”这说明五月初六日是写信日期,五月初八日则是发信日期。据札,翁曾翰到内阁已经满五年,这说明翁曾翰是同治二年到内阁的,对翁曾翰的生平是一个补充。

---

① 《翁同龢日记》,第642页。

（十八）同治七年九月十二日（1868 年 10 月 27 日）

信封　平安家报。龙字拾肆号。外朱修伯信一函。男曾翰谨缄。九
　　　　月十二日。十月廿一日到。

男曾翰百拜敬禀父亲大人膝下：

　　连日正盼家信，昨两折弁同到，接奉第九、第十两函，敬悉福躬康
适，公私顺平，欣悦无量。蜀中多山，故盛夏亦得凉爽，想向来皆系如
此，抑会逢其适耶？大吏和衷公正，为地择人，因材器使，抑奔竞，砺
廉隅，吏治之肃，民生之福也。吴仲翁宽厚长者，但能公听并观，不以
好恶为贤否，庶可徐图整饬。藩司一席颇难支拄，旁人方以蜀为利
薮，现在左公入陕，闻有添募新勇之意，恐他日筹备军粮，又须加拨川
饷，物力有限，师克无期，将何以为继耶？

　　陕甘军事，左公胸中亦无成竹，此时专任湘勇，力斥淮军，未免太
持偏见。无论淮军能否得力，即以大局而论，现在直东一带屯此十万
胜兵骄将，欠饷未给，欲散不能，闲闲者能保其不滋事乎？李协揆人
颇和平，此次入觐后仍回德州办理善后，非旦夕所能毕，大约今冬未
必即回本任也。捻匪荡平，中原略定，然道路传言有谓张逆之毙尚不
足信，则伏戎于莽，不能无杞人之虑耳。近畿一带今年可称丰稔，而
城内米麦等物价均平减，无如人心不靖，窃夺恣行，宵小仍不知敛戢，
莠民不化，或者政理有未平欤？

　　寓中一切平顺，祖母大人寿履康强，天气未寒，偶尔刺绣，目力如
前；仲兄旧疾仍发，每四五次后则精神恍惚，必浃旬而始愈。男近日
甚适，俗事纷纭，所读之书鲜能记忆。署中公事较前为熟，临事自觉
便宜。至所辑《夷务纪略》，近已藏毕，未窥全豹，亦可见其一斑。此
私自网罗，断不敢公诸同好。叔父于八月初三日奉先文端公丹旐启
行，中秋抵德州，廿一日抵临清，昨得来信知，沿途应酬尚称周到，崇
地山、李中堂均派炮船护行，故直东运河可以稳渡，乃抵临清后，则闸

河水势已落,舟行不通,必须由陆行至张秋,始能放舟南下,虽计程不及三百里,而觅夫觅杠,劳而且费矣。此行虽费跋涉,然及今尚是机会,沿河民情汹悍,寻常行旅绝迹,他日英勇一撤,则有水亦不能通行也。荣哥已得信,一切可以赶备。叔父先有书去,令须丰俭适中,然筹款已匪易矣。肃请金安。男曾翰谨禀。媳妇率孙男女侍叩,并问全姑娘安好。

京寓用度年来已觉节省,男性喜俭约,司其出入尤为谨严,重闱修醮之资、叔父差事所需,诚如严谕,不可惜费,余则乌容奢侈耶? 食指繁多,大厨粥饭有增无减,故每月米石、煤火、工食、喂养等项已不少,加之红白应酬应接不暇,亦一巨款。前禀所陈月需百五十金者,此无事至省之说也。大人宦辙辛劳,养亲自不惜费,无如家累太重,清俸几何,焉能遍给? 男等敢不兢兢自持耶? 秀姑娘年来意气渐能和平,侍奉祖母亦能用心,祖母固另眼相待,他人亦皆优礼,其起居饮食亦较前舒服多矣。虽两餐未令陪侍,祖母亦无以陪坐为不然之意,惟与男等杂坐有未便,故未令侍食,若寻常说话,则令其旁坐也。亦不至啜残茹冷。男与媳妇等相待尤亲热,伊闻优待之信极为感谢也。

绵竹令杨君尚未到,如八月初启程,则此月底可达,所寄各件谨当遵谕点收。蔡姑交涉之事,皆由贪营微利,遂至失却资斧,虽遇诓骗,咎由自取。乃复重劳亲心,尚欲赐媳妇等以手钏,读谕惶悚之至,断不敢再蹈前辙矣。扬州民夷互斗,至将常镇道署头门二堂拆毁,曾中堂派员办理,尚未完结,现在照会总理衙门,因此案颇称棘手。又臣自请撤参,幸而未动,然而危矣。虽做,亦不能长久矣。如其一旦去官,则各债主无不举发词事,牵连恐非一人一家之事。伊家昆弟非狂妄即昏溃,他日恐一败涂地也。

今年四川秋审,部议秋审改者六起,改实者三,改矜者三,想部中已行文川省。兹从宋惠人处抄得一单,附寄呈阅。四川司主稿汤古如丈,诸事不甚经意,前曾托伊照应,伊亦漠然置之,迥不及宋惠翁之精明也。惠人补缺御史。在即,再有缺出,除江南道应避外,指日可得也。郑惕盦得付宪，照例不为。军机章京，朱修伯领班，现有常卿一缺，可望升补，听候传补之记名章京不过一二人，大约年底必须考送矣。京察一等将放毕，现在剩四人，汉员。若再放二人，便可覆带，但愿阁长鲍子年公事极熟，实在佩服。得邀，记名方妙。署中固可疏通，伊亦年将六旬，亟望一麾出守也。

四川省秋审改六起：绞马登茗、绞袁汶椿、绞刘淀飚，此三起系由缓改实；绞易牛、绞刘述得、绞张山，此三起系由缓改矜。

按，由"捻匪荡平，中原略定""李协揆……此次入觐后仍回德州办理善后""现在左公入陕""叔父于八月初三日奉先文端公丹旐启行"等信息不难判断，本札作于同治七年九月十二日。信封表明，本札于当年十月廿一日送达，编号为龙字十四号。翁同爵时任四川按察使，故翁曾翰于札末附呈四川省秋审的改动情况。

同治七年，在李鸿章、左宗棠的强强联合、强势打击下，西捻军伤亡殆尽，张宗禹（生卒年未详）等头目突围后不知所踪。基于"捻匪荡平，中原略定"的大好局面，翁同龢当机立断，向朝廷奏请给假开缺、回籍葬亲，护送乃父翁心存、乃兄翁同书和其妻汤氏之灵柩归葬故里。该年七月十九日，翁同龢奉上谕："詹事府右春坊右庶子翁同龢奏请给假开缺回籍葬亲一折，翁同龢着赏假三个月，准其回籍葬亲，毋庸开缺。原任大学士翁□□灵柩回籍，着沿途地方官妥为照料，以示笃念耆臣至意。"[1]崇地山即完颜崇厚（1826—1893），"李中堂"即李鸿章。据札，此二人均派炮船护行，其实是在执行"沿途地方官妥为照料"的圣旨。

本札还透露出一个信息，那就是翁曾翰辑有《夷务纪略》一作，但可惜并未付梓，这对翁曾翰的生平是一个重要补充。

---

[1] 《翁同龢日记》，第 656—657 页。

（十九）同治七年九月十六日（1868 年 10 月 31 日）

男曾翰谨禀父亲大人膝下：

十二日将十四号禀交差带回，兹闻赍贺折之来弁日内启行，故复肃陈一二。

西风陡作，天气已寒，祖母大人以次合家康吉。昨得叔父来信，知由临清陆行两日，廿五抵东昌，再行一日抵张秋，仍可入舟矣。惟彼处觅舟甚难，如无合式者，拟即借大炮船一用，护卫既严，一切亦周妥。比至杨庄，再向清江雇船，便可径达里门，计此月二十左右必到家矣。沿河营勇未免扰夺，寻常行旅鲜通，即坞堡之雄，他日亦复可虑。

李协揆已出京回德州，京国人士随节而去者尚不少，盖冀入将来善后之一大保也。郑惕盒得副宪，已离枢廷。现在各衙门考选军机章京，笔歌墨舞者有之，车殆马烦者有之，男注回避例，不保送也。

寓中用度及去冬存款报销已于前禀详开，迩日应酬略少，稍可搏节耳。附寄珠扣、纳金、褡连各一，祈查收。肃泐，叩请金安。男曾翰百拜禀，九月十六日。

　　按，由翁同龢回籍葬亲"郑惕盒得副宪"知，本札作于同治七年九月十六日。郑惕盒即郑锡瀛（生卒年未详），于同治七年九月初七日任都察院左副都御史。[①] 本札首句承上启下，翁曾翰于九月十二日交差带回的十四号家书就是此前一札——龙字十四号。"李协揆"即李鸿章，剿灭西捻军之后仍回德州善后。

────────────

① 《大清穆宗毅皇帝实录》卷二四二，同治七年九月，叶九（下）。

（二十）同治七年九月廿三日（1868 年 11 月 7 日）

信封　父亲大人安禀。

男曾翰百拜谨禀父亲大人膝下：

十二、十六两日以拾肆伍号两函交折差带去，连日悬盼来信，恭惟福躬康泰，合署清吉，定如臆祝。吴制军想已履新，川中人士咸盼各大宪宽和持正，以养地方之元气。惟左帅西行协饷孔亟，川省频年搜括已罄，实不暇给，恐开捐亦无益耳。

都下无事，天寒已可薄皮。寓中祖母大人以次均安，可慰远念。叔父过东昌后尚无信来，如济宁以卜片帆直达，则此时计可抵里矣。章采南祭酒一缺，题本尚未上，叔父开列，应在第二，如能得此，则师道尊严名实颇相称也。男支持门户，诸事顺平。

兹有镇江同乡程玉叔天麟由部曹改捐同知，分发赴川，托其携去家言一函并女袖二副、手帕二方，系媳妇送全姑娘、三嫂者，可分收。其到省想须年底。玉叔与吾家西席戴星洲今已辞去。甚熟也。肃泐，叩请金安。男曾翰谨禀，九月二十三日。

按，由"吴制军想已履新"、翁同龢回籍葬亲等信息知，本札接前札，作于同治七年九月廿三日。本札首句所说十二、十六两日交折差带去的十四、十五两函即此前二札——龙字十四号（《九月十二日札》）和龙字十五号（《九月十六日札》）。吴制军即时任四川总督的吴棠（1813—1876）。章采南即章鋆（1820—1875），字酝芝，号采南，浙江鄞县人，其缺即国子监祭酒一职。据札，翁同龢在补国子监祭酒缺的名单上，且排名第二。此信不列号，带信人程天麟（生卒年未详），"由部曹改捐同知，分发赴川"，生平待考。

（二十一）同治七年十月初四日（1868 年 11 月 17 日）

信封　父亲大人安禀。龙字拾陆号，男曾翰谨械。十月初五日。十一月初二，冀占超回省接到。

男曾翰百拜敬禀父亲大人膝下：

九月十三、十六连次以家言交折差，廿五日又以一函并女袖、手帕等托程天麟分发同知。带去。本日冀占超至，接奉九月初八日谕函，展读之下，敬悉一切。

叔父归葬志切，决意举行，此间赶办情形已于前禀缕述。今已次第接得中途来信，诸称平顺，临清闸河阻浅，陆行三日，至张秋觅船行至杨庄，复由陆行八里达清江浦。重阳寄书云，次日便放舟南下，计八九日即到。现虽未接得抵家后书，然邮程安稳更无阻滞矣。此行不过五十日，颇得炮船护送之力，水陆屡更，诸称顺利。此固帝德之隆施，亦由先灵之默佑耳。五哥随行，极能相助，仆辈无一干练者，殊为受累。此次费用一千二百余金仅能敷衍路费，到家后一切开销先由四哥处筹措，盖此时汇付亦来不及。今奉来谕提款备用，男拟俟叔父回时，知所用若干，再由京划寄酌剂，庶不至两误耳。

叔父办事性急，来书云如九月二十前到家，则葬期必赶廿六，安窆后十日即可辞墓北行，盖假期将满，公私俱不放心，断不容稍缓也。选择之说，此间请陈小舫、江蓉舫诸人拣定，[①]至苏时拟邀何子勇前辈过常熟一看，此公议论偏处不足信，取其平易者用之，陈、江皆推荐，可备参酌。请冯敬亭之说，已赶不上矣。鸽峰穆穴如可用，则文勤公可同日安葬。叔母之灵葬厝尚未准定，四哥于小石洞附近买有一地，是否合用，须俟叔父看定也。

---

① 《翁同龢日记》，第 657 页，同治七年七月廿五日："请陈小舫、江容舫择葬期。"

都下天气已寒,近换珠毛白袖。年岁丰稔,谷价平减,其他日用之物日见其昂,煤百斤三吊四百文,较前增至三倍。食指繁多者,虽省亦费矣。寓中祖母大人寿体康强,起居饮食男等加意调护,惟瞻望蜀、吴,未免心悬莫释。男支持门户格外谨慎,入冬来公事稍忙,至寻常酬应亦懒于冒寒奔走,惟自叔父行后独行寂莫,孤陋寡闻,甚为闷事。体中甚好,右腿木处约有尺许,遇寒辄麻,无大患也。绵竹杨令尚未抵京,天成亨会信亦未到,到日当逐一收明。此间一切平安,千祈放心,勿劳过念。来谕所云具折谢恩一层,似乎可省,想已与同人酌定,无烦悬渎。来弁甚匆促,草渎数行,叩请金安,并问全姑娘安好。男曾翰叩禀,媳妇率安孙等侍叩。十月初四日。

按,翁曾翰以大量笔墨介绍翁同龢回籍葬亲的行程、费用、葬期等细节,说明本札作于同治七年十月初四日。由信封知,本札接前札,为同治七年翁曾翰缮寄的龙字第十六号家书,于同年十一月初二日由来弁冀占超送达。札云九月十三、十六、廿五日所寄家言即此前三札。

据札,翁同龢此行单程未超过五十日,得益于李鸿章、崇厚等人派炮船护送,路费大约一千二百余金;如果鸽峰墓地合适的话,翁同书的灵柩也将同日安葬;翁同爵于九月初八日信中提到已托绵竹杨令带信,并有天成亨银信将到,显然是汇寄贴补此次回籍葬亲的费用;此时京城物价飞涨,尤其是冬季多用的煤炭,涨到了原来的三倍。

(二十二) 同治七年十月初九日(1868 年 11 月 22 日)

信封　父亲大人安禀。男曾翰谨械。十月九日。十七号。十一月十二到。

钤印　花押。

男曾翰百拜谨禀父亲大人膝下：

本月初四日得九月初八日一函，次日即缮覆禀交来弁冀占超带回。昨又奉到八月三十日所寄拾壹号信，展读手谕，敬悉福体康强，凡百称意，孺怀忻慰。此信发在先而到在后，可见折便亦不能计日而至，惟绵竹杨公及天成亨会信至今未来，甚为悬盼。人自川中来者皆谓大人与蒋方伯遇事整饬，相得益彰，盖大吏有心提倡，则属下默化潜移，即合省绅民，无不向风企望。吴制军敦厚宽和，循良素著，莅任后当有一番设施也。越巂已告成功，似不烦穷兵黩武，如其素行善良，固宜相安无事，即谓种夷反侧，又乌能常胁以兵威乎？

左公自命诸葛复生，自称老亮，开船厂，习车战，所费不少，付之乌有。言大而夸，事鲜实效，其军费动辄数百万，所借夷人之款利金三分，按年在各关扣算，其他各省协拨又不知凡几，老师糜饷，他日仍恐偾事，左老一人不足惜，其如大计何？李相和平，肯听人言，能顾大局，人以此多之，今驻德州办遣勇，尚未能即赴新任。曾相移节直隶，正好整顿吏治，但闻精力已衰，颇有退志，官相休休，声名籍籍。此间当铺愈开愈多，其郎君与藕翁门者为昆昆交，他可知矣。

都下早寒，日来已换灰鼠袍褂。寓中一切谨慎，自祖母大人以次均安，早晚已笼炉火。叔父处清江信已到，计九月二十左右必可抵里，如就廿六办葬，过苏时邀何子永到常斟酌一切。则此月中旬便当辞墓而出，日来亦极盼南信。男近体甚健，读《三国》未竟，丹黄烂然，开卷有益，自恨记性太坏，数日便忘。应酬无多，车马衣服不敢华侈，但适用足矣。肃泐，叩请金安。并问全姑娘安好。男曾翰叩禀，媳妇等随叩。十月初九日。

按，本札仍谈翁同龢回籍葬亲的进展，故本札接续前札，作于同治七年十月初九日，乃当年翁曾翰所发龙字第十七号家书。翁曾翰在接到前述翁同爵寄九月初八日函后，又接到了翁同爵八月三十日来函，故又提笔作此回信。前述翁同爵交绵竹杨令一信及天成亨银信此时仍未送到。

　　札中，翁曾翰分别对左宗棠、李鸿章、曾国藩、官文等四位大人物作了评价：左宗棠"言大而夸，事鲜实效"，老师糜饷，无益于国家大计；李鸿章为人"和平，肯听人言，能顾大局，人以此多之"；曾国藩"精力已衰，颇有退志"；官文"休休，声名籍籍"，更为其子所拖累。

(二十三) 同治七年十月廿四日(1868 年 12 月 7 日)后

　　六月杪有信一函、靴一双托杨有平大使尹衡。携去，八月廿一又以一函并倭书对一副、靴一双托彭其相太守钰。带去，九月廿四又将一函并平金女袖等托程玉叔同知天麟。带川，而十五号信中附有珠扣、搭连等件，均不知何时可以收到？从前湘省折差，交伊带物无不听命，今自川中来者往往托辞推诿。今以靴一双、搢绅一函附去，祈查收，眼镜套等容再续寄。

　　吏部现在事刻核，每有保案，无不斥驳，新定章程甚多，惜未得全见也。栾映川素喜应酬，今寄参茸丸药，具见殷殷之意，年底或稍点缀，亦无不可。伊在中州馆当差，今年与价人辈同得保举，已晋四品衔矣。此次考取军机之魏邦翰，号季莼。由拔贡为吏部小京官，即魏邦庆之兄弟也。

　　傅哲生观察处信函未到，伊既寄枢堂函件，想亦由银号转递，如到时代为分送，亦甚易易，惟枢垣各处向无回信收条，但凭阍人传语，恐须多费数两门包耳，晤时可泛言及之。此次寄到各函，当逐一详阅再行封口，其数目容与叔父细细酌定，大致无甚差池，惟多者顿增一信，未免过厚，恐受之者从此视之为成例耳。如刑曹司寇等处，似尚可省，堂官究属隔膜也。京寓用度，数月来颇觉简净，今又添牲口数头，加以年底诸事冗杂，实有应给不暇之势，然亦无可如何也。

　　按，同治七年十月廿四日，上谕："李耀奎、李方豫、沈成烈、李士彬、丁鹤年、沈源深、魏邦翰、陈毓秀、冯光勋、李固恒、李芳柳、余联沇、萧韶方、恭铭、庄予桢、黄兆桎、祝维城、曾长治、柳长庚、孙纪云俱著记名,以军机章京补用。"①本札曰:"此次考取军机之魏邦翰,号季菀。由拔贡为吏部小京官,即魏邦庆之兄弟也。"故可知本札作于同治七年十月廿四日后。

又,札云托程天麟带去的《九月廿四日札》及十五号信(《九月十六日札》),前文皆已述及,均作于同治七年,故本札的写作时间又不超出同治七年底。

傅庆贻(1824—?),字哲生,号芸孙,直隶清苑人,咸丰六年(1856)进士,同治六年十月放四川盐茶道,②与翁同爵共事,累官至安徽布政使,并曾暂署安徽巡抚。

(二十四) 同治七年十一月十五日
(1868 年 12 月 28 日)

男曾翰百拜敬禀父亲大人膝下:

十月初五、初九以十六、七两号交折弁带去,旋以收到杨爽荃处携来信件,又作一禀交爽泉先行寄回。本月朔天成亨送来九月初八信一件,外会银叁千两,次日到号换票,即将回信收条交其赍去。十二日赍贺折折差邓李至京,送到家信一函,外信九函、宪书十二本,恭读手谕,敬悉福体康强,合署安吉,极慰孺念。惟谕中有折稿寄阅一语,捡视各函,未得此件,想封函时忘却叠入矣。

幕中诸友竟无契谊相投者,未免寂莫,且笔墨平常,间有不合式处,尤不能不费心手,如此次寄来各函中有作"转请升安"者,"转"字无谓,必应改作"专"字方妥,至签上衔名部分字样亦须斟酌,所谓合式者,亦难言传也。陈鹤翁夫人处已于七月初九日代缮一禀,并银四十两前谕中云送四十金。送去,想伊寄川信时尚在未送以前耳,此次来

---

① 《枢垣记略》卷五,清光绪元年刊本,叶十一(下)。

② 《翁同龢日记》,第 596 页。

函无须送矣。前晤修伯，伊闻江达川云，川省藩、臬缺分迥异，应酬则同，即督署节、寿及秋审费等项，大约已逾万金，余可知也。而京国故人不识时务者多，若郑雨香者亦未免太恃爱已。

都下甚寒，冬至后上诣大高殿祈雪，昨已渥沛祥霙，今冬米粮价轻，间阎安乐。寓中无事，祖母大人寿体颐健，针黹既停，日来颇盼归人矣。叔父南行一切安妥，九月十九日抵里，廿六日举办安窆大事，文勤公亦于十月朔安葬。昨得吴门舟次书，十月十八。知在苏具折陈请展假一月，请抚军代递，奏到已奉批准。一面兼程北上。五哥与庞劬庵迟行一日，拟在清江会齐，一同开车，计此二十前后必可抵都。叔父已于前月廿六蒙恩擢授国子祭酒，师道之尊莫与比数，洵极儒臣之荣，大人喜闻此信，亦大可放心矣。仲兄病仍作剧，服食如常而语言失次，歌啸不常时若有所闻见，医药未辍，亦漠不相干，奈何，奈何！四哥在南支持匪易，然其素性忠厚，太无主见，受人愚弄，遇事辄糟，叔父到家闻亦严加训饬，既经驰书深责，当亦立改前非，大人勿再以此动怒为祷。同乡在京者景状如恒，庞世叔最得意，陆云生近以御史记名，乃弟又将眷口送到，已移居庞宅对门，亦足乐也。寄来宪书刊板极精，除家中分留外亦可送人，程容翁得之殊珍秘耳。肃复，叩请金安。并问全姑娘安好。男曾翰谨禀，十一月十五日。

按，由"叔父已于前月廿六蒙恩擢授国子祭酒"知，本札作于同治七年十一月十五日。[1] 翁曾翰十月初五、初九日交折弁带去的十六七两号札即此前二札。此二札中提到的绵竹杨令带信和天成亨银信，至十一月朔已经全部送到。杨爽荃（生卒年未详）即绵竹杨令。据后札知，本札为龙字第十八号家书。

据原任四川布政使的江忠濬（1815—1874）言，虽然四川按察使

---

① 《翁同龢日记》，第 692 页，同治七年十一月廿三日："五十里黄村尖，遇范少泉，国栋、松侄同寅。知合宅平安，并闻授祭酒之命。"

和四川布政使职位不同，但是二者的应酬却相同，仅是督署节寿贺礼及秋审费等项，大约已经超过了一万两，极其繁重。

翁同龢回籍葬亲，不得已展假一月，此时正兼程北上。据札，他于九月十九日抵达故里，于九月廿六日安葬了翁心存的灵柩，并于十月初一日安葬了翁同书的灵柩。翁同龢于本年十月廿六日被擢升为国子监祭酒。同乡在京者，"庞世叔"即庞钟璐，陆云生即陆懋宗（生卒年未详）。程容翁即程恭寿（生卒年未详），字容伯，号人海，举人，官至光禄寺少卿，浙江钱塘（今杭州）人。

（二十五）同治七年十一月廿五日（1869 年 1 月 7 日）

男曾翰百拜叩禀父亲大人膝下：

初二日由天成亨递去回信一函，十五日以十八号家信交邓、李二弁携去。昨日叔父抵京，正欲专函禀闻，适接十一月初一日来函，展读之下，敬悉称觞介寿，阖署迎厘，快符孺忱。川中十月可穿中毛衣服，则三九定亦严寒，想未必如此间之风劲耳。

都下得雪一次，望日前后天气奇寒，近日风定，稍觉和煦。祖母大人寿履康强，较去冬为健胜。叔父于前月十四日自里启程，舟次小有耽阁，初四由王营开车，已于廿三申刻安抵都寓，身体平安，往来妥顺。五哥及庞世兄随之北来，亦属惬心贵当之事。现定明日廿六。具折销假谢恩，廿八日诹吉到任。长途跋涉，到后即直内廷，稍形辛苦，然未便久憩，不得不尔也。

男杂务纷纭，近状殊健，此后一切得所禀承，并释守舍之责，尤为欣幸。来人后日即行，匆匆禀复，叩请金安，恭贺叔父命笔请安贺喜！昨征车甫卸，客来络绎，今日备折及访兰翁等事，未及作函，日内缮出再寄。年喜。并问全姑娘安好。男曾翰谨禀，十一月廿五日。媳妇率孙男女侍叩。

按，由"叔父于前月十四日自里启程……已于廿三申刻安抵都寓……"知翁同龢回籍葬亲方归，故可知本札作于同治七年十一月廿五日。札曰"初二日由天成亨递去回信一函"，是对十一月朔天成亨会信的回信。札曰"十五日以十八号家信交邓、李二弁携去"，指上一札——十一月十五日札。本札则是对翁同爵十一月初一来函的回信。"现定明日廿六。具折销假谢恩，廿八日诹吉到任"指翁同龢谢擢升国子监祭酒之恩并拟于十一月廿八日赴国子监祭酒之任。

（二十六）同治八年三月初六日（1869 年 4 月 17 日）

信封　钦命陕西布政使翁平安家报。内家言，敬祈煦生年伯大人福
　　　便，携至西安省城饬交为荷。年愚侄翁曾翰顿首拜托。
钤印　曾翰谨缄（白文方印）

帖　男曾翰率媳妇、安孙等百叩，恭贺父亲大人大喜，并问全姑娘
　　安好。

男曾翰百拜敬禀父亲大人膝下：

　　二月廿七从袁学士处寄第二号信，次日折差康应祥赍到谢折并家言，旋询枢垣友人，知奉批毋庸来见。① 本月初一即缮三号禀函交康弁携回，计到西安正可遇递，即日敬维福星载道，凡百顺平，三春和暖，杂花竞开，沿途景色必佳。惟阁栈连云，跋涉劳顿，简书促迫，益费心神，瞻望慈云，孺私企切。陕中近情闻较有起色，北路延榆绥外，余无贼踪。凤翔境内近亦敉静，不知大帅现驻何所？袁公奏到，粮台已经接手矣。

　　天气甚暖，已换棉衣，前日祈雨辄应，惜尚未深透耳。寓中一切

---

① 《翁同龢日记》，第 711 页，同治八年二月廿九日："五兄谢折至，批毋庸来见。得五兄二月初三日函，拟于廿外起程迎折至西安。"

平安,可慰远念。姚、恒两君处信件俱交来,寿佛幛额、洋绉均呈祖母,巴缎等已命媳妇叩领矣。兹有周煦生年丈曜东壬子湖北,与贺云甫寿慈侍郎家有亲戚。选任城固县,即日入陕,特缮寸禀,敬报平安。上年九月有分发同知程天麟赴川,托其带去家信并女袖等,不知新正已到否? 便中祈谕及。专肃,叩请金安。男曾翰叩禀,三月初六日。三哥大人前请安。

　　按,同治七年十二月廿三日(1869 年 2 月 4 日),翁同爵升任陕西布政使。① 而本札言及"赍到谢折""奉批毋庸来见""计到西安正可遇递""沿途景色必佳""阁栈连云,跋涉劳顿"等,说明翁同爵早已接到陕西布政使的任命,②正在由川入陕的途中,③故可知本札作于同治八年三月初六日。"上年九月有分发同知程天麟赴川,托其带去家信并女袖等,不知新正已到否?"这问的是前述同治七年九月廿三日翁曾翰致翁同爵札,恰从侧面印证了本札的系年。
　　札称"袁学士""袁公",均指袁保恒(1826—1878),字小午,号筱坞,河南项城人,此时正负责管理西征粮务。本次带信人周曜东(生卒年未详),字煦生,与翁同龢同年(壬子)中举,与贺寿慈(1810—1891)家有亲戚关系,此时被选任为陕西城固县知县,之后带领群众修建五门堰。

　　① 《翁同龢日记》,第 697 页,同治七年十二月廿三日:"午时闻五兄升任陕西藩司之命,且感且惧,此林颖叔告养之缺,担荷匪轻也。"
　　② 《翁同龢日记》,第 710 页,同治八年二月廿五日:"得五兄正月廿二日函,初闻陕藩之信。"
　　③ 《翁同龢日记》,第 715 页,同治八年三月廿一日:"得五兄函,云二月十七日由川起程。"

（二十七）同治八年三月廿二日（1869 年 5 月 3 日）

信封　父亲大人安禀。曾翰谨缄。三月廿二日。四月十八日到，第肆号。
钤印　曾翰谨缄（白文方印）

帖　男曾翰率媳妇暨安孙等百叩，敬请父亲大人万福金安，叩贺
　　午禧。

男曾翰百拜敬禀父亲大人膝下：

　　本月朔日折差康应祥携去第三号，嘱其与批折一同交递，想不至
有迟滞。昨天成送来二月七日所寄第肆号手谕，展诵之下，敬悉福旌
已定十七日首涂，一切俱料理停当，屈指邮程，日内可抵秦省，忻忭之
余，莫名驰系。陕中军事尚无把握，楚勇临潼之溃不知是何缘起？此
时衣食无缺尚且如此，其尾大不掉盖可知已。省中良回须设法安护，
是第一要着，厚待之，密防之，不使稍有疑贰，肘腋之地，彼族极多，诚
宜慎之又慎也。西征粮台有小坞学士主持，呼应较灵，惟庆阳一席素
由藩台经理，恐未必能归甘省，闻颖翁曾以此事与大府龃龉也。

　　都下旱甚，近京却有雨。迩日渐热，寓中祖母大人以次均安，叔父
入直如恒，日长益形劳顿，圣学日新，本月初八已开笔作论矣。曾相
到任，大整吏治，畿辅重地，宜有此一番振作。换约事大约不至再有
变动，然回文闻尚未到也。专肃，叩请金安。男曾翰谨禀。媳妇率安
孙等侍叩。三月廿二日。

　　安孙年已十二，读书未能合度，近日始开书经，养不教耶！教不
严耶！深为愧恧！同年恽杏耘祖贻于春初托人来述愿缔姻事，男以
其换帖至交，尚属相当，乃禀明重闱，允将八字传去并告以尚须禀命
后方能定局。现在伊家庚帖闻系十一岁。尚未送来，即送来，尚须细
细配合，为此专禀上闻，伏乞酌示可否，俟谕遵行。杏耘，常州人，乃
翁系安徽候补府，去年保候选道。杏耘明白有才具，现由中书保候选

府,一时尚未必能到班,在通商衙门行走年余,尚无恶习也。张词甫处全家南归,媳妇之生母已于十八日出都,由陆路去。祝官住外家五六年,今始归来,亦尚童蒙无识,转眴长大,婚嫁逼人矣。

　　两次会来之款俱已如数收讫,诚如来谕,耳目众多,未便全行取归,自宜妥为安置,惟生息之说亦颇不易,年来洞悉人情种种刁险,不免有惩羹吹齑之意,今不得已拟作变通办理,以一半咏黄叶之诗,以一半设法分储妥实之处,惟数多则利少,欲为日用之助则又如九牛之一毛也。容俟办有头绪,再行缕陈。寓中用度力求撙节,琐屑款目男可专主,若大纲则仍禀叔父,酌丰俭而求其中。惟食指繁冗,煤米伙食通计已复不少,频年由男经理出入,又不敢作减而又减之计,只求其无滥费。曩日屡蒙严训,做人须从家庭间做起,敬铭此语,幸无间言耳。伏思大人在官,劳心劳力,廉俸所入赡及一家,男等足食丰衣,何敢稍萌奢念? 惟计及久远,颇乏万全之策。陕省光景不及蜀中,此后接济断不能如前宽展,惟愿军务日起有功,地方公事顺手,则区区缺分肥瘠不足言矣。天成有号在西安省内臬台衙门左近,如寄信,甚便。否则,袁家亦快,小坞必须联络地方与军营,正好借伊作枢纽也。翰敬再禀。

　　按,由"敬悉福旌已定十七日首涂……屈指邮程,日内可抵秦省"一句知,翁同爵当时已经升任陕西布政使,正在从四川省前往陕西省的途中。故可知,此札作于同治八年三月廿二日。另,翁安孙出生于咸丰八年(1858)十一月初五日,故由"安孙年已十二"亦可知此札作于同治八年三月廿二日。

　　此札于同治八年四月十八日送至翁同爵手中,故翁同爵在同治八年四月廿三日写给翁曾翰的回信中称:"十八日又从天成亨号递到三月廿三日所发第四号家书……"①翁同爵的这封家书中还提到:

———————————

　　①　《翁同爵家书系年考》,第396—397 页。

"安孙姻事，既恽杏耘有意结亲，尽可定见。盖恽氏本是世族，且杏耘又与汝同年相好，可谓门当户对，可请媒将女家庚帖传来配合之为要。"①正好与眼前此函的附札相契合。

　　札中，翁曾翰为初到陕西西安得翁同爵提供了两条寄家信的新线路：一是通过天成亨银号；二是通过袁保恒家转递。附札中，翁曾翰还谈及储蓄、理财的观念和办法，及京寓的开支情况。从中可见，翁曾翰勤俭持家，是翁同爵在京寓家庭事务的代理人，承担着赡养祖母许氏、照顾叔父翁同龢及一家老小的职责。

（二十八）同治八年四月十八日（1869 年 5 月 29 日）

信封　平安家报。第五号。外信京报一包。男曾翰谨缄，四月十九
　　　日。谢恩折差朱琳、潘昌带回。五月初六到。
钤印　曾翰谨缄（白文方印）

男曾翰百拜敬禀父亲大人膝下：

　　三月中周煦生大令、管春洲世兄各携去一函，廿四日复托天成亨寄去第四号禀，计此时已可达览。昨日朱、潘两弁至，知谢折已赍递，并送来四月初一所寄手谕，敬悉安抵秦垣，履新万福，不胜忻慰。

　　陕省局面本小，想兵燹后益形萧瑟，南数府之近楚蜀者当稍丰润，若北之延榆绥，其苦瘠尤不待言，倘得年丰麦熟，则民气稍苏，司库入款亦当渐有起色。粮台由筱坞专办，大是妙事，惟闻各营闲款所支尚复不少，各处协拨之项尚有归司库者否？楚勇屡有哗溃，其不用命可知，若再招集，实为厉阶，利少害多，惟旁观者清耳。中丞既驻营中，则省垣日行事件皆须藩台一人作主，用人、理财、安民诸政，无一非关大局，无一不费精心，又不仅劳形案牍已也。署廨破碎，想是近

────────
　　①　《翁同爵家书系年考》，第 398 页。

年光景,闻从前极宏丽,现在眷属不多,只求毂住足矣。幕友多蝉联者,甚好!熟于公事而能谨饬,便是好幕。书启一席却亦要紧,前此寄京通候各信,不知何人手笔?舛误太多。今延秦君,当胜一筹。课读却须老成人,否则便不威重,不知近已得人否?极念,极念!

都下苦旱,往往雷电不雨,天气燥热,早换纱袍。寓中平安,祖母大人康健,昨日得信,欣慰加餐。叔父入直,夏来渐觉劳苦,圣学虽云日新,而辅导匪易,兰翁通达,最契合,余则各存畛域,煞费调停,申西间退直归来,尚有待理之事,精力实觉不支,惟偷闲鉴玩古刻,尚可自怡悦耳。今年伯母五月十二。与叔父本月廿七。俱届正寿,想大人处必有惠送,便中谕示。男近体颇健适,他书尚能翻读,惟八股日荒,未免疚心。杂事尚易料理,家用惟求搏节,至处事之方今昔少异,男则以落落处之,不效浅见者琐琐为也。

彭漱芳致芍丈信已即日送去,大约午节前伊可抵都,到日当往访询悉一切也。袁小午想朝夕可晤,应商之件当亦不少,乃弟子久行四。与男同署,甚相契,将来两家家信亦可彼此附带也。专肃,叩请金安,虔贺午喜。男曾翰百拜禀上,媳妇等侍笔叩安。四月十八日。并问全姑娘安好。

三哥、嫂均此请安,吏部照已领得,暂存此间,非验看用不着也。

许星叔年丈服满来都,仍在军机处头班、帮班往还,尚未晤。从前在楚寄伊之赙分三十金已补送,并将兆宝岩及符令两银信均交去。符君一分当时寄来单开五十金,而阅其信中则云六十,想尔时开单笔误,今已添足交去,省得函问致多缪辕也。陈秋帆侍御殁后,家道甚贫,伊有赴告一函,内有将伯之呼,拟送伊赙分三十金,盖从前在局相好,不能不稍为周恤,今伊家口将归析津也。此次董韫翁信中荐一幕友,能用与否,可以"留意"二字复之。其他有贺函寄陕者,只得择要作答,似不须遍及也。

前日卓岱椿来晤云,伊补缺无期而家累甚重,今不得已作关中游,求一书为先客。男思伊在选司尚系熟人,未便坚却,故与一信带去。而日来未闻伊动身准期，不识究竟若何，秦中光景迥非昔比，却已谈及。

张词甫之弟名茂长，行四，年少无知，读书未成而官兴甚浓，久有出游之意，屡经词甫阻止。去冬程仲立到松后，伊忽欲与之同游秦中，旋闻大人擢任之信，而行意遂决。仲立在扬州致词甫信中，极言其无能而有习气，贪酒而又近利，其谬可知！此时秦中是何光景，伊竟冒昧前往，岂能以姻亲而广为张罗耶？或伊意中谓，温和公在陕有年，或有旧属可为吹嘘，岂知十数年光景已改，即有之，又将如何耶？他日到彼，岂非一累事？男思必不得已，略送盘川，令其往湖北寻郭远堂中丞去。远翁与温和公有师生之谊，可借此遣行也。至程仲立，虽则有才，究竟年轻，办事未能妥实。伊前在庆阳粮台，颇得其利，及杨简侯办报销时，颇为累坠。伊此次入秦，不知又欲何干，若驾驭而用之，尚能吃辛苦耳。

陕西知县马式金，其子在京候选员外，前日托人来求一信而未应。马某者，曾任澄城令，办防颇赔累，左帅到后另委人署其缺，于是在省候补，恐将来交代不了，故意求吹嘘。据云，徐肖坡侍御景轼贺函中已将此事述及，徐沅青贺函中亦有之。恳再于家书中一提。男于此等事最不乐闻，无如沅青谆托，故为述之，开来略节并附呈。

寄去绣褡连四个，系祖母大人今春手绣者，老年人有此目力，藏之以志喜。内均签明，即照分给。再闻陕中风土与此间略似，车驰马骤，仆仆红尘，不若川、楚之土膏水润，想胰皂等物必用得着，兹寄呈引见胰合儿皂少许，并嫩面光、红白桃粉数种，均祈鉴收。陕中距京较近，寄带为便，倘有所需，乞随时赐谕，即食物小品，似亦不难设法附带，盖径足之快者，十二三日可达也。男又禀。

按，札曰："昨日朱、潘两弁至，知谢折已赍递，并送来四月初一所寄手谕，敬悉安抵秦垣，履新万福，不胜忻慰。"札又曰："今年伯母五月十二。与叔父本月廿七。俱届正寿……"据翁同爵安抵秦垣、翁同龢时届正寿,可知本札作于同治八年四月十八日。这是因为,翁同爵于同治八年二月十七日由川起程赴陕,于四月初一日前安抵秦垣,时间和行程对得上;翁同龢出生于道光十年(1830)四月廿七日,本年——同治八年四月廿七日正好是他四十岁生日。"三月中周煦生大令……携去一函",即前述同治八年三月初六日翁曾翰致翁同爵札。

"筱坞"即小午,指此时负责管理西征粮务的袁保恒(1826—1878),乃弟子久即袁保龄(1841—1889),此时也任内阁中书,与翁曾翰共事。此时的陕西巡抚是湘军将领刘典(1820—1879),札曰:"中丞既驻营中……""兰翁"即李鸿藻(1820—1897),与翁同龢相友善,二者同列"帝师仙班"。

(二十九) 同治八年五月初七日(1869 年 6 月 16 日)

信封　钦命陕西布政使翁平安家报。内安信,敬烦吉便带至西安省城,确交为要。升字第陆号。内阁翁记。六月初七日,天成亨来。

男曾翰百拜谨禀父亲大人膝下:

　　四月十九日以第五号交朱、潘二弁携回,计已达上。初一日彭漱芳处送来家书一函、扁箱一只,展读手谕,敬悉一是。

　　陕中筹饷之难固不待言,闻用人亦颇费调停,督、抚俱重用营员,而正途及各项候补者又不能不为之疏通,颖老前以此事曾有龃龉,不知近有定章俾免偏枯否?陕捐一节,各省俱有分局,若果收有成数,不知将来报解到陕时,应归藩库收支否? 倘与协款金供西征,则本省应付之项转无通融,于公事未见得手,至现行官钱票,既为势所必需,则截清数目,另盖戳记,诚至当不易之法,惟稽查票根似属最要,一根两票等弊尤宜慎防也。秦之于蜀,肥瘠悬殊,食品一切想与京师略似,所食之米是川产否? 省中风日高燥,于大人气体相宜,官廨闳敞,亦用凉棚否? 夏令瓜果若何? 便中祈谕及。

　　都下得雨,终未渗透。寓中平善,祖母大人康强悦豫,男等体中均适。漱芳到后，彼此往还，尚未得一谈，日昨送食品去，迟日再邀宴饮以尽款曲。扁箱各件已分呈送，祖母颇喜凝绸之艳，此间难得。董卷空灵超妙，叔父亦谓出《天马赋》右。极尽能事，文迹亦极简洁，俱可宝贵，谨已什袭藏之。袍料等照单遵致，伯母及两兄各赠一端，男暨媳妇亦祗领赐件矣。节过天中，俗事粗毕，而米盐琐屑迄无心静之时，无怪乎偶读诗书移时辄忘也。专肃，叩请金安。男曾翰敬禀，媳妇等侍笔，叩安谢赐。五月初七日。并问全姑娘安好。

前此寄来之款，本拟以一半购黄叶，一半分存铺中，惟两月以来金珠之价日昂，盖以内府供用极繁，有增无减，一时未必消落，故现与该铺商定以六千暂存天成亨，按三厘五毫起息，以两千寄放公源，四厘行息，以两千取归家中，如此均匀分置，尚称妥帖。其存天成亨者，数月后如有别处妥当，还拟抽出若干再作计较也。上年用余之项，今春取出粥捐、分项、领照等费，现在过节须提数百入帐矣。去年寄川各信想俱收到，惟程玉叔者恐至今未达耳。今春之信，则嘱带信人由川递秦，当不至遗失也。

按，由首句"四月十九日以第五号交朱、潘二弁携回"知，本札接前札，作于同治八年五月初七日，为翁曾翰该年缮寄的升字第六号家书。"朱、潘二弁"即前札信封所写的"朱琳、潘昌"。

据札，翁曾翰五月初一日曾由彭漱芳——彭毓菜（1836—?）处递到一封家信和一箱物件。在这箱物件中，有一件董其昌临怀素《千字文》长卷，是翁同爵寄给四十初度的翁同龢的生日礼物。翁同龢称它"神妙得未曾有""出《天马赋》右"，并"为之叹绝，喜不能寐"。[①] 翁曾翰本札则称它"空灵超妙，极尽能事，文迹亦极简洁，俱可宝贵……"二人对此卷的评价有异曲同工之妙。

---

　① 《翁同龢日记》，第723页，同治八年五月初一日："五兄寄余董临素师《千文》长卷，神妙得未曾有，为之叹绝，喜不能寐。"

　　翁曾翰还于本札中询及筹饷、人事、捐输、协款等与陕西布政使职责相关的公事及饮食、气候等与翁同爵身体相关的私事。"颖老"指前任陕西布政使林寿图(1809—1885),字恭三、颖叔,闽县(今福建福州)人。翁曾翰于副启中则向翁同爵汇报了寄来款项的处置细节,表现出了稳妥过硬的理财能力和"均匀分置"的理财观念。

(三十) 同治八年六月初六日(1869 年 7 月 14 日)

男曾翰百拜谨禀父亲大人膝下:

　　五月初六由天成亨寄六号,初十由折差寄七号,廿五又作一函并茶叶两匣,托谢仪轩世兄带去。连日正在盼望,昨提塘送到五月廿日所寄谕函,读悉福躬康健,合署平安,甚慰私悃。公事冗忙,劳形案牍,已极辛苦,祈勿过为焦虑! 公事公商,便为尽职。至于家事琐屑,尤勿稍生闲气。时届盛暑,伏祈随意颐养,格外珍卫。

　　陕饷之绌人人皆知,惟"裁兵"二字恐做不到,若能将各营兵勇虚额查明,略微核实,使中饱者少,始为正本清源、节省于无形之妙法。开科原是粉饰太平之事,此间陕甘京官有云不必汲汲者,盖北山疮痍甫定,流徙未归,遑问功名之事,惟南三府士民得考,较为便宜。仪曹始欲驳而终准行,盖有谓此系属人心之大典耳。科场动逾数万,经费难筹,若绅士捐输一层,仓猝固不能办,恐亦非所愿也。左帅前奏陕甘二省委署州县勿泥成例,得旨准其变通办理。窃虑军营捷足者多,在省候补者难期得缺,而吏治又难言振顿矣。袁公在省,一切能和衷商榷否? 此公中事简出。

　　此月可到方略馆校书,闻总裁意在速成,将来功课必严,经费充则成书自易也。同乡如恒,宝翁舒服最得意;曾伯伟送其儿妇北行,计日内可到;①价人补缺尚无期,近惟颊上添毫耳。许诚夫表叔已回

---

　　① 《翁曾翰日记》,第 126 页,同治八年六月十八日:"曾伯伟挈其儿妇随布捐来,仆人徐贵同来。永福亦来。"

江右,其验看事县丞,分指江西。近为妥办,所费约五十金,大人闻之当无不以为然,惟其才器窄小且有烟霞之癖,恐难自致远大。陆寄庵在保十年,巡捕一旦撤去,昨来信欲谋补缺也。肃复,叩请金安,并问全姑娘安好。男曾翰叩禀,媳妇等侍叩,六月初六日。

　　按,同治八年六月初五日,《翁曾翰日记》载:"得陕西信,系五月廿日发,严亲体中安健,公事极忙,现须赶办科场事宜,尤无片刻暇。刘中丞回省,大约不再驻三原矣。"①由此可知,本札作于同治八年六月初六日。此为该年翁曾翰缮寄陕西的第八号信。②

　　翁同爵于同治八年五月廿日所发家信,今日尚可见到,实际上作于同治八年五月十九日。翁同爵来札曰:"吾意惟有裁兵就饷一法或者尚可支持。"③故翁曾翰本札曰:"陕饷之绌人人皆知,惟'裁兵'二字恐做不到,若能将各营兵勇虚额查明,略微核实,使中饱者少,始为正本清源、节省于无形之妙法。"翁同爵来札曰:"中丞现议开科……第经费尚无所著,吾意欲令绅士捐输……"④故翁曾翰本札曰:"科场动逾数万,经费难筹,若绅士捐输一层,仓猝固不能办,恐亦非所愿也。"可见,翁曾翰作为旁观者,头脑十分清醒。

　　此外,本札还谈及陕西开科的波折、陕甘二省的人事、同乡戚友的近状等内容。

（三十一）同治八年七月廿七日（1869 年 9 月 3 日）晚

信封　陕西布政使翁平安家信。内家言,敬祈子久四兄年大人附入竹报,寄至西安,饬交为感。年小弟翁曾翰顿首拜干。

钤印　花押（朱文）

---

①　《翁曾翰日记》,第 124 页。
②　《翁曾翰日记》,第 125 页。
③④　《翁同爵家书系年考》,第 402—403 页。

帖　男曾翰率媳妇暨安孙等百拜，恭祝父亲大人寿厘，虔叩节喜。

男曾翰百拜谨禀父亲大人膝下：

　　前月廿九日以第九号禀交折便带回，转瞬匝月未接来书，孺慕之殷，梦寐弗辍。想案牍倥偬，无暇握管，抑来弁在途，别有迟滞耶？伏惟福体康强，公私顺适，定如臆祷。秋征各项能否充裕？各省协款能否如期到库？一切支发尚敷通融筹垫否？均深系念。文闱伊迩，头绪繁多，中丞早经回省，想监临无须代办。此间卢、周二星使日内便启程矣。

　　都下安谧，得雨已迟，秋收歉薄。寓中祖母大人颐健，近日复以刺绣消遣，目力如前。叔父亟欲在东华左近觅屋，尚无端倪，仍借酒肆偶住以节劳勚。男近体殊健，该班之外，近添方略馆课，昨以专派覆校四人，男预其列，故须间日一往，惟西华较远，奔驰殊烦怠耳。秋暑未退，连日阴雨，早晚却凉，尚未换去亮纱袍褂。不知西安风景如何？无时不神驰膝下也。袁子久兄处以办甘捐事，常有专人来往，带信颇便，顷闻明日有差起身，草肃寸禀，叩请金安，不尽依恋。男曾翰叩禀，七月廿七日灯下。

　　按，同治八年六月廿九日，《翁曾翰日记》载："寄陕西九号信，附四哥禀，又五哥一函，宋雪翁一函。交折差焦、李二弁携回。"[1]同年七月初十日，《翁曾翰日记》载："陕西主考放卢士杰、周瑞清。"[2]故可知本札作于同治八年七月廿七日晚。因翁同爵时任陕西布政使，故翁曾翰对陕西秋征、协款、秋闱等公事颇为关心，于家书中多有询及。本札于七月廿八日交袁保恒（1826—1878）的弟弟袁保龄（1841—

---

①　《翁曾翰日记》，第127页。
②　《翁曾翰日记》，第128页。

1889），由专人带去。①

"中丞"指时任陕西巡抚的刘典（1820—1879），于同治八年五月已回西安，不再驻守三原。② 故本札曰："中丞早经回省，想监临无须代办。"本年七月廿二日，《翁曾翰日记》载："馆中知会，今日奉堂派章京李耀奎、中书汪元庆、黄贻楫、翁曾翰、曹翰书为复校官。"③故本札曰："近添方略馆课，昨以专派覆校四人，男预其列，故须间日一往，惟西华较远，奔驰殊烦惫耳。"

（三十二）同治八年八月初六日（1869 年 9 月 11 日）

信封　平安家报。外许涑文致学使一函，又吕昼堂信一函。曾翰谨
　　　缄。八月初六日。八月廿七，筱坞送来。

钤印　曾翰谨缄（白文方印）

男曾翰百拜叩禀父亲大人膝下：

前月钞缮二函，一交星使卢艺圃侍御带去，并附南中寄到之衣料等一包；一交袁子久，附伊家信，由专足去。卢信须撤棘后方能交到，袁信则中秋左右可达。连日悬盼极切，初四午后连接七月十六、十八两次所寄谕函，④展读之下，欢忻无量。陕中风景略似都门，故伏热时早晚亦凉爽，起居颇属相宜，惟水泉浑浊，想乏清泉佳茗之趣。全姑娘寒热患痢，想受暑所致，平素气体如何？ 或系水土不习，服药诊治，想早全愈矣。

---

① 《翁曾翰日记》，第 130 页。

② 《翁曾翰日记》，第 124 页，同治八年六月初五日："得陕西信，系五月廿日发，严亲体中安健，公事极忙，现须赶办科场事宜，尤无片刻暇。刘中丞回省，大约不再驻三原矣。"

③ 《翁曾翰日记》，第 129 页。

④ 《翁同爵家书系年考》，第 407—416 页。

秦省虽称肃清，伏莽正复不少，且回逆旧巢往返甚熟，防堵尤不可稍弛。雨旸应候，秋收获丰，即是合省官民之福。两帅龃龉，最足误事，今得调和冰释，以后可期彼此相顾。惟左帅到彼，未闻真见一仗，则竭天下之财以供不战之卒，其如负此重任何？将帅、兵勇两相恃，而成此桀骜不驯之气，愈纵愈骄，它日虽有可乘之机，恐责其战而不应。尾大不掉，积渐使然，政府又无驭将之方，聊且塞责，奈何，奈何！国家财赋岁入有常，年来搜索无遗，民已苦竭，乃一则曰"京饷"，再则曰"协饷"，皆是刻不容缓之款，其实内耗于工作赏予，外耗于侵扣通挪，正项实用十不得五，良可慨也！

陕捐归甘之议极是善策，中丞奏入，但未见明谕，但批户部知道，外人但知中丞力顾大局，移缓就急，末由得其委曲。小坞肯任事，微嫌其喜事，西征一席殊不易了，年复一年，必至智勇俱困耳。椒翁弹左之说，并无其事，想系传讹。李相带印带兵入川，名为查办帼匪，实则因吴制军被将军参劾，命往确查耳。吴于川事不熟而有偏私处，不洽人望，恐不能久于其任，若易一威望素著之人，庶足为边疆屏障，不独全蜀之幸也。彭漱芳系仲翁得意人，此番赴川恐不如上年之得计，过西安必小有勾留，现拟将徐贵荐伊处带，尚未定局也。

都下秋热，市肆安静，近以引见来者多，一切买卖尚好，惟皮货年贵一年耳。寓中祖母大人以次均安，叔父现定北池子屋，单地翁月底方移居。闻上房宽敞，差足称意。男馆署奔走，一月中仅得休息七八日，幸近体尚健，可耐劳辛。四哥处，前已驰函嘱其料理北上，惟旦晚亦难遽行，家事却亦不可草草也。洪分当送去，粥捐已交修伯汇收矣。肃此，叩请金安。并问全姑娘安好。男曾翰谨禀，八月初六日。媳妇率安孙等侍笔百叩。

安孙缔姻事前经禀明，旋奉到手谕后，请同年徐苑卿为冰人，向恽氏传庚帖来，右造系己未九月廿一日酉时，随托友人中善子评者及行道之选择家推算，据云年命配合，婚系上吉，今诹定八月十八日传红放定矣。闻女家媒人系潘辛芝。届期拟用四盘、庚帖之外，如意一柄、大红洋绉双匹、茶叶瓶、双凤喜饼，俱照男等从前过盘之例办理，主婚叔父，出名书帖，一切皆禀商重闱斟酌适宜也。特此禀贺大喜！男曾翰百叩再禀。

去年奏开大方略馆，内阁送校对二十人，何春纂修等官到馆分月认纂，凡军机章章(京)皆为纂修、协修，翰林院亦送五人。今夏纂有成书，乃知会校对到馆，其始谓其分班雠校，无甚为难。况男等曾经各馆当差，视之尤为易办，乃校出数卷，稿本。次第呈总裁即军机王大臣。阅看，纷纷挑斥，屡奉堂谕申饬，同人中遂有记过等事，而看书即懔懔矣。越数日，提调朱修伯茗生以校阅多草率，后同堂请派覆校，于是重派四人又章京李一人，亦系同署友新传到者。为覆校，责成綦重，而男与其列。此次成书计八百卷，稿本、正本、陈设本三分，计二千四百卷，逐卷逐字精勘，烦而且难。馆在西华门，出入尤远，日与枢垣友人晋接，又须事事谨饬，男年轻资浅，不作主张，惟有专心对勘，求其无大过耳。友人晋接，又须事事谨饬，男年轻资浅，不作主张，惟有专心对勘，求其无大过耳。

按，同治八年七月廿八日，《翁曾翰日记》载："作寄陕西信，托子久处附去，明日有人走也。午后复作一函，写廿九。托主考卢艺圃带去，并附四哥孝敬之衣料等一包，伊须撤棘后方能交送，故书中无要语也。"[1]同年八月初四日，《翁曾翰日记》载："午刻袁子久处送来陕西家信一件，系七月十六所发……午后折差又送到七月十八家信一函……"[2]这与本札首段的描述完全一致，故可知本札作于同治八年八月初六日。[3]据信封知，本札于当年八月廿七日由袁保恒处的专人送达。

---

① 《翁曾翰日记》，第130页。

② 《翁曾翰日记》，第131页。

③ 《翁曾翰日记》，第131页，同治八年八月初六日："缮家信，托袁子久处递去。内附许涑文寄周学使一函，又吕锦文一函。"

　　"两帅"指当时的钦差大臣左宗棠(1812—1885)和当时署理陕甘总督的穆图善(？—1887)。据札,左宗棠、穆图善两人常常意见不合,互相抵触,多亏翁同爵和袁保恒等人从中调停,此时关系才有所缓和;翁曾翰对左宗棠和西征军队不战而骄纵的作风很是不满。

　　"陕捐归甘",表面上看是刘典"力顾大局,移缓就急"的无私之举,实际上是刘典为避免此前"未经奏明之案"惹人非议、落人口实而不得不采取的应变措施。据同治八年七月十七日翁同爵致翁曾翰札,陕捐全数归甘的提议其实也出自翁同爵。[①]　因为此前"未经奏明之案"一旦遭到外省参劾,那么时任陕西布政使的翁同爵将第一个受到严肃处理。所以,翁曾翰此札称赞"陕捐归甘之议极是善策。"

　　"李相"即时任湖广总督、协办大学士、兼署湖北巡抚的李鸿章(1823—1901),"吴制军""仲翁"皆指时任四川总督的吴棠(1813—1876)。此时,吴棠正遭云贵总督刘岳昭(1824—1883)弹劾,清廷派李鸿章前往调查,故翁曾翰本札曰:"李相带印带兵入川,名为查办帼匪,实则因吴制军被将军参劾,命往确查耳。"

　　副启中,翁曾翰还向乃父翁同爵详细汇报了翁安孙缔姻事的最新进展和具体安排。

(三十三) 同治八年八月初七日(1869 年 9 月 12 日)

信封　　陕西布政使翁平安家报。内家言,外衣服一包,敬祈附便带至
　　　　西安,饬交为感。年小弟翁曾翰顿首拜托。
钤印　　曾翰谨缄(白文方印)

男曾翰百拜谨禀父亲大人膝下:
　　匝月不得家书,真望眼欲穿矣。初四日叠奉七月十六、十八两次

---

　　①　《翁同爵家书系年考》,第 412—413 页。

谕函,敬悉福履绥和,公私顺适,快慰莫名。

陕捐全数归甘,诚移缓就急之计。中丞疏中声明,陕西非有余款,不敢不力筹大局。惟藩库存款无多,此后何以接济?但祝年谷顺成,则丁耗征解自足矣。小坞驻省为中权,一切皆得其调停之力,催提各省协饷,呼应较灵,实为藩台分忧之人。中丞亦有血性,大人推心置腹,遇事直言,凡事以诚相感,求其有济而已。禁革水礼一节,非仅体恤属员,实是爱民之意,州县中自好之士亦当砥砺廉隅,勤求民膜矣。人自蜀中来者佥称大人良法美意,实利官民,彼都人士殊盼旌节重临也。吴仲翁被劾何款莫知其详,临淮入蜀确查,将来必持平办理。

都下安谧,练勇即日撤归,五城恐未必如总局之相安,驭之失宜,转虑散而为患。寓中自祖母大人以次均安,叔父觅屋才定,一切尚待布置,成均事极欲整饬而同人微有意见,未便操之过急,所得照费约一年可及四百金,在京堂中为最优矣。男入城之日十有七八,即在家亦有应酬及米盐琐屑等事,时或助叔父料理笔墨,凌晨即起,二鼓便睡,其间录录少暇,故不敢过于懒散。若五哥,则除趋公外,观鱼种竹,乐境多矣。同乡皆安善,伯伟住京两旬,适有事,故忽忽而去,今早抵家。南中酷热、大水,低区又报灾歉,奈何,奈何!肃叩金安。男曾翰百叩禀,媳妇率安孙等侍叩。八月初七日。

按,由"初四日叠奉七月十六、十八两次谕函"①"陕捐全数归甘"等信息知,本札接续前札,作于同治八年八月初七日。当日,《翁曾翰日记》载:"缮发第十号禀,附漱芳致程信一函。交折弁携回。"②第十号

① 《翁曾翰日记》,第131页,同治八年八月初四日:"午刻袁子久处送来陕西家信一件,系七月十六所发……午后折差又送到七月十八家信一函……"两信的具体内容见《翁同爵家书系年考》,第407—416页。

② 《翁曾翰日记》,第131页。

禀即本札。

"陕捐全数归甘"前札已述及,此处不再赘述。"小坞"即袁保恒,"中丞"即刘典。"水礼"指糕饼、水果、酒食等普通礼物。"禁革水礼"显然是当时刘典、翁同爵等官员在陕西推行的廉政措施。"吴仲翁"即当时被弹劾的四川总督吴棠。翁曾翰写此札时尚不知吴棠被弹劾的原因,但是他相信李鸿章一定能公平公正地办理。的确,后来李鸿章覆奏称吴棠是被诬告,并还其清白。

此时,翁同龢在国子监祭酒任上,因国子监的规章制度废弛得太厉害,故急欲整饬一下,但一些同事略有意见。据札,翁同龢任国子监祭酒每年可分得的"照费"大约是四百金,在京堂中算是最高的。所谓"照费",就是捐监的监生找国子监领"监照"时支付的费用。

"伯伟"即常熟同乡曾观文,他于六月十八日方自常熟来京,[①]又于七月初一日因丁母忧而匆匆离京。[②]

(三十四) 同治八年九月初八日(1869 年 10 月 12 日)晚

男曾翰百拜谨禀父亲大人膝下:

九(七)月廿九日、三十日,连发十三、十四两号信,交折弁携回。遥计此时,秦闱撤棘,卢星使处函件当已鉴及,敬惟福履康强,定符孺祝。全姑娘想已全愈,久病后宜加意调理。秦中风景略似都下,计亦当换薄皮衣服矣。传闻中丞有退志,[③]然封圻倚重,未必悬然竟去。省北数府近安谧否? 各省协陕之款能不匮否? 均极系念。

周铭五别驾来,带解照费,其应交成均者,由叔父收文发批,毫无留难,此后便可照办。铭五人颇老练,陕中情形极熟,伊系芝相族孙,

----

① 《翁同龢日记》,第 731 页。

② 《翁同龢日记》,第 733—734 页。

③ 南京博物院藏同治八年九月初十日翁曾翰致翁同爵家书曰:"中丞有退志,不知尚可挽留否?"

与袁子久有戚谊,故男得以屡晤,子久嘱恳嘘植,伏祈留意。兹托其携去阿胶两斤,可以备用。都寓平安,足慰慈廑,余容续禀,叩请金安。男曾翰谨禀。九月初八日灯下肃泐。

按,同治八年七月廿八日,《翁曾翰日记》载:"作寄陕西信,托子久处附去,明日有人走也。午后复作一函,写廿九。托主考卢艺圃带去,并附四哥孝敬之衣料等一包,伊须撤棘后方能交送,故书中无要语也。"[①]此处所记两函即本札所谓的"十三、十四两号信",而后者即本札所谓的"卢星使处函件",故可知本札作于同治八年九月初八日晚。本札首句称"九月廿九日、三十日"的"九月"显然是笔误,根据邮程推算,应为"七月"。

据札,当时京城已经传闻陕西巡抚刘典有辞官隐退之志。本次带信人周德新(生卒年未详),字铭五,是捐监的监生,刚找翁同龢办过"监照",乃"芝相"——周祖培(1793—1867)的族孙,与袁保龄有亲戚关系,故请翁曾翰为其说项。

(三十五) 同治八年九月初十日(1869 年 10 月 14 日)

男曾翰百拜谨禀父亲大人膝下:

前月中旬缮两函,一托李少兰,一托彭漱芳,廿一日以第十一号交天成亨递去,此件当可早达。廿四日另有一函交天成号友携晋转递,中无要语,应其所求耳。本月初六从袁处递到八月十一日家信,初八日差便至,又接廿一日所寄手谕,敬悉福体康健,公私顺平,惟全姑娘自七月中感冒卧病,至今未愈,极为悬念。气质本弱,想积受暑热,入秋患痢,脾虚受克,故热象未静,饮食亦少进,亟应先清其表,只可和解,不宜攻伐。再为调理本原。胡墨林者,系有辛亥世谊,似闻医道平稳,

---

① 《翁曾翰日记》,第 130 页。

次第调治，当渐见效。祖母闻之，甚为惦念，嘱勿杂投药饵为要。大人公务烦冗，诸形劳勩，勿以医药琐事过于焦虑。

陕中雨旸应时，秋成丰稔，洵是官民之福。左帅移营日远，转运日难，若非胸有成算，随便轻进，诚于陕防可虑，游勇溃逃，安插匪易。垦种一节，自是因利而利之计，惟性成桀骜，恐未必真与土著水乳耳。中丞有退志，不知尚可挽留否？此事袁子久曾一言之，男却答以无闻也。植老悃愊无华，君子者流，能维持左右之为妙。穆帅已卸督篆，想此后专办军事，倘以甘事专畀之，恐不足当一面。灵州失事，草地可虞，归绥未驻重兵，关系匪细也。

天气新凉，都门静谧。祖母大人寿体康强，今明两日均听戏，兴致颇好。叔父东华觅屋未果，现仍僦居酒家，净几明窗，聊堪容膝。男逐队奔驰，体中较曩时为健，同署谬许为熟手，故不得不遇事留心，以备商榷，至馆中既派覆校，功课较多，总裁可以按名稽核，故欲顾考成，必须多费一番心力，惟短视殊苦。若它日之能叙与否，却未必以勤惰为程也。时文一道，愈荒愈远，叔父时时以此勖励，奈读名稿则易于明晰，阅墨程则转致模糊，后年春试更无把握，思之汗下。若就当差而论，前辈多人，升补无日，截取虽注内用，而改部又非所愿，惟有委心任运而已。鲍子年放夔州守，公正人得此善地，亦足以风励有位。徐苑卿士銮已补阁长，诚时不可失，盖冬间应补者来矣。丁芥帆通商衙门传到，聊有差使，然意气总不和平。李伯雨此次销假，不愿在选司，李仲远御史打头，有缺即得。近为恭铁翁请过方可矣。山左近事具见邸钞，此事惩一儆百，颇见高阳风力，想传闻异词早悉大略也。谨此禀复，叩请金安。男曾翰叩禀，九月初十日。媳妇率安孙等侍叩，并问全姑娘安好。外名条三纸，花姓者系胡小蓬托，莫姓者系顾肯堂托，但知其名可耳，不必作回信也。

按，同治八年八月初九日，翁曾翰"缮一函并暖靴一双、天目笋一匣,托李少兰大令于过陕时带交"。① 同年八月十四日,翁曾翰"以家书一函、食物蜜饯。二匣、茶叶一篾篓交彭漱芳,知其行期又改十九矣"。② 同年八月廿一日,翁曾翰"缮寄十一号禀,交天成亨带去"。③ 同年八月廿四日,翁曾翰"以不列号信付天成亨带去,伊号友有回山西者,持此信以借差名,缘恐沿途扣官车也"。④ 同年九月初六日,《翁曾翰日记》载:"暮,子久交到严亲处八月十一日家信一函,一切平安。"⑤同年九月初八日,翁曾翰"得严亲八月廿一日函,一切平顺,惟全姑娘病久未愈"。⑥同年九月初十日,翁曾翰"缮寄十二号信,内有孙撰墓志稿,又《古文赏音》《十家诗钞》寄三哥。交折差高发新,明日走"。⑦ 将这些记载与本札对读,不难知道本札作于同治八年九月初十日。

"垦种一节"指左宗棠在西北推行屯田,以兵屯和民屯为主,努力恢复农业生产。据札,陕西巡抚刘典果有退志;穆图善已经不再署理陕甘总督;鲍子年——鲍康(1810—1881)已经外放四川夔州知府;丁芥帆——丁士彬(1836—?)被传至总理衙门;徐苑卿——徐士銮(1833—1915)递补内阁侍读。李伯雨即李之郇(1841—1874)。此外,据《翁曾翰日记》推断,本札所谓的"山左近事"指本年八月在山东德州一带,"有安姓太监冒称奉差,船插龙凤旗帜,携带男女多人,沿途招摇"⑧之事。据"惟短视殊苦"知,翁曾翰近视。

---

① 《翁曾翰日记》,第 131 页。
② 《翁曾翰日记》,第 132 页。
③ 《翁曾翰日记》,第 133 页。
④ 《翁曾翰日记》,第 134 页。
⑤⑥ 《翁曾翰日记》,第 135 页。
⑦ 《翁曾翰日记》,第 136 页。
⑧ 《翁曾翰日记》,第 132 页。

（三十六）同治八年九月廿八日（1869 年 11 月 1 日）

信封　父亲大人安禀。升字拾叁号。男曾翰谨缄。九月廿九日。十月
　　　廿三到。
钤印　曾翰谨缄（白文方印）

男曾翰百拜敬禀父亲大人膝下：

　　初十日以十二号禀交折差高发新携去，计日内当亦可达。廿六
日连接八月廿四日及九月初三日两次手谕，敬悉福体康安，公事咸
理。痔漏偶发，想是辛劳所致，宜时服凉润之品以清肺肠湿热，并祈
随时珍卫为祷。全姑娘卧病五十余日，何曰寒热尚未见退？莫非感
冒初起杂投滋补所误？外邪入腑急，宜先治表证，然体质本亏，病久
更形虚弱，此时只宜和解，不可攻伐，未知胃纳若何？仍延胡君诊视
否？极为悬系。大人公务殷繁，复以医药琐屑劳心，定增烦闷。秦云
在望，昕夕依驰，恨不飞身娱侍也。

　　省城百废具举，条理井井，惟属员中无得力之人，则上官益费心
力，但求其奉行无误，庶不负良法美意。"回众迁移"之说幸作罢论，
徒启携贰之心，无裨大局。前闻周铭五别驾德新云，陕城回众尚有五
六千丁，其壮者皆赴甘省，所留多系老弱，是其声息相通、休戚相关，
不问而知。又闻存城回众不能出城营生，贫不足以糊口，可悯亦可
虑，似宜设法拊循以消怨怼，肘腋之地诚不可忽。至楚勇入陕，皆有
不肯赴前敌之意，平时既易滋事，若饷项欠阙，势必哗溃，其潜入北
山，所患匪细。不知左公所谓招募者，亦寓收拾此等亡命之徒借弭隐
患之意否？与其糜饷于征兵，不如注力于防务，先保可守之陕，再收
残破之甘，庶几其有济乎？否则前路茫茫，恐无着手之处耳。克翁归
去，将来替人殊难，朝命未必允也。

　　都门秋燥，寓中祖母大人以次均各平安。叔父觅屋不得，今仍僦
居酒家，一切尚便，不复他寻。近得宋板苏诗一部，虽阙数卷，实系佳

檠,颇足自娱。男体中甚健,方略馆校书仅得稿本八分之一,为日方长。署中公事则自鲍年翁放后,各人须加倍用心,稍一草率便易舛误,故朝夕必将签式留心翻阅,以免临时茫昧。至诗文一道,愈荒愈怕,每读稿作尚明白晓畅,而于墨程益形隔膜,实中眼高手低之弊,奈何,奈何! 安孙能读而师失之宽,德孙顽钝如故,夏楚日施,功课无益,男间或亲加督责,终是一暴十寒,私心亦颇为恨。先缮数行禀复,叩请金安。男曾翰百叩禀,此函先交王姓折弁,即日另函交朱、李二弁,大约数人同行,各销各差也。九月廿八日。

按,同治八年九月廿九日,《翁曾翰日记》载:"缮寄十三号信,交折弁王贵,灯下又缮十四号信,交朱、李二弁,大约月初同行也。"①这与本札末句所述完全一致。虽然二者有一日之差,但是本札的"九月廿八日"是即时写下的,显然更加可靠,无疑是写信日期,而日记的"九月廿九日"则可能是交信日期,或是后补等原因造成误记。故而,本札作于同治八年九月廿八日。

札云"初十日以十二号禀交折差高发新携去",指前札——同治八年九月初十日翁曾翰致翁同爵札。② 札云"廿六日连接八月廿四日及九月初三日两次手谕"在《翁曾翰日记》中则被记在本年九月廿五日的条目之下,本札所提"九月初三日"手谕在日记中则被记作"九月初四日"家信。③

据札,翁曾翰十分反对"回众迁移"之说和左宗棠"糜饷于征兵"

---

① 《翁曾翰日记》,第138页。

② 《翁曾翰日记》,第136页,同治八年九月初十日:"缮寄十二号信,内有孙撰墓志稿,又《古文赏音》《十家诗钞》寄三哥。交折差高发新,明日走。"

③ 《翁曾翰日记》,第137页,同治八年九月廿五日:"得八月廿四日严亲处信,折差带来,一切平安。左公折差。夜,陕西折差又送九月初四日家信一函,一切平顺,惟严亲痔漏因辛苦而发。全姑娘久病尚未愈。"

的行为,而高度赞成翁同爵等人"欲图甘,先固陕"的论断。"克翁"即时任陕西巡抚的刘典(1820—1879)。翁曾翰认为朝廷很可能会因替人难寻而不批准刘典告归。本札还提及翁同龢、翁曾翰、翁安孙、翁德孙等人之近状。

(三十七) 同治九年二月廿一日(1870 年 3 月 22 日)

信封　陕西布政使翁平安家报。内家言敬祈附便寄至西安,饬交为荷。年小弟翁曾翰拜干。

钤印　曾翰谨缄(白文方印)

男曾翰百拜谨禀父亲大人膝下:

　　初八日以第二号禀交折弁带回,十四日袁子久处送来正月廿八□寄谕函,捧读之下,敬悉一是。

　　匪踪窜入北山,省防自可无虑,惟请调回援之军能否速到尚未可知,各属零星股匪必须及早剿逐,久则恐滋他变。昨闻中丞报小胜仗,近省数百里尚未肃清,不知迩日作何布置? 李帅督办援剿已奉明旨,声威所至,当足震詟。闻此事系李仲远、宋雪翁条陈,而卧雪适以此为请,政府翻然改计,庶几补救于将来。"援剿"二字为斡旋,而非更易,季公亦可以相安。若能□筹会办,则克捷有期矣。千里运粮,难以为继,即募勇护行,又属费外生费,终非持久之计。上年陕甘捐尚有起色,今年益复寥寥,不知小午别有招徕之方否?

　　天气渐暖,总嫌风多,合寓平安,足慰慈廑。天成亨信尚未到,昨日以不列号一禀并绒花一匣、食物两匣托戴巽泉廿四五日走。带去。顷闻甘捐事有专足去,匆匆缮数行,禀请金安。男曾翰百叩禀。□月廿一日。京察覆带记名各员已见邸抄,此次亦未得排单也。

　　按,同治九年二月十六日,上谕内阁:"协办大学士、湖广总督李鸿章着带兵先赴陕西督办该省援剿事宜,俟陕西肃清,仍即驰赴贵州督办军务。"①本札云:"李帅督办援剿已奉明旨,声威所至,当足震詟。"同治九年二月二十日,《翁曾翰日记》载:"过增盛店送戴巽泉,晤之。托其带不列号信一函,绒花一匣,八朵。皮糖、江摇柱各一匣,又朱中堂托寄粮道赵信一总函。大约廿三、四方成行也。"②本札曰:"昨日以不列号一禀并绒花一匣、食物两匣托戴巽泉廿四五日走。带去。"同治九年二月廿一日,《翁曾翰日记》载:"将不列号陕信一函交杏云,由甘捐差带去,大约亦须廿四五走。"③本札曰:"顷闻甘捐事有专足去,匆匆缮数行,禀请金安。"故可知,本札作于同治九年二月廿一日。翁曾翰认为朝廷派李鸿章"援剿",是斡旋之计,并非"更易"——换帅,故与"季公"左宗棠当可共存、相安。

(三十八) 同治九年四月十二日(1870 年 5 月 12 日)

信封　父亲大人安禀。男曾翰谨缄,四月十二日。
钤印　曾翰谨缄(白文方印)

男曾翰百拜敬禀父亲大人膝下:

前日甫缮一函并朱寄信一件交袁处附递,初十日午刻得三月二十八日信,此次十二天而达,何竟若是之速?展读谕函,敬悉一切。

贼踪飘忽,来去靡常,而被扰之区民生憔悴,树畜且不暇计,遑问钱粮哉!旸雨应时,麦秋可望,然恐成熟时寇氛再至,古人所以有防秋之役也。目今腹地,固须有兵设防,而陕甘交界尤须得力重兵力扼来路,方可保全完善。若待闻警征调,辄成尾追之势,而地方已不堪蹂躏矣。临淮入陕所部既多,指挥较易,惟愿天心厌乱,早就殄除正,不独秦民之福。顷闻豫抚所报五百里,乃是属境刀匪肃清好消息也。

---

① 《大清穆宗毅皇帝实录》卷二七七,同治九年二月下,叶一(上、下)。
②③ 《翁曾翰日记》,第155页。

西征粮台事本极难措手,卧雪夸大,恐终偾覆。李相到后,当可为之解铃。中朝明知之而姑用之,观其奏报非不知其有谓而然也。蒋中丞,整顿吏治是其所长,今日之陕又不徒讲求吏治所能了,屏藩三辅责备匪轻,大人左右维持,秦人极口感诵,何忍于多事之秋恝然引去?至告养一节,昨查勋司例文,尚有窒碍之处,惟祝升调近京省分,庶公私为得宜耳。

此次寄谕所需各件,容遇便一一寄呈,前此带去花翎一枝不甚好,不知合用否?翎管曾看一二,议价未成,翠货价尤昂贵,一时难定。亮纱、屯绢屯绢好者亦不多。下次即带去。至京靴、缙绅,男以为赴陕者必当携送,今既难得,当随时购寄。陕中食物闻本无多,若松花、虾米等物,不知常馈有此否?祈赐示。兹将靴一双、小九二。扇络等一包内扇络一、褡裢一、表套一、荷包一对,系祖母命寄者。先行附呈,即查收。前寄各信,除英廉访、马县丞尚未抵都外,余均递到矣。男馆课极忙,体尚耐劳,晨出暮归,苦于奔走,琐屑杂事未免疏漏耳。肃复,叩请金安。并问全姑娘安好。男曾翰百叩禀上。媳妇等随叩。

文百川尚书请假两月已奉允准,闻其有信致同人云惟步履不健,若得调理两月当可销假,计五月底假满,六月必可来京。前奉谕及伊处送一赙分,拟于伊到时交去,乞将信函寄来。签纸似可不必用素色。谭竹崖疾卒,调郑小山为司寇,虽系刑部出身,究不如谭之精明老练。庞宝翁升总宪,甚得意,所可惜者宋惠人侍御,郎舅例,须回避,今拟于宝翁未经到任之先自行告假开缺,将来仍归应补。若竟听其自然,则挈分六部再补郎中,甚无谓也。尹杏农丈来京,见过两次,意态如昔,引见尚无准期,其保案加布政使衔已经吏部议准矣。

按,谭竹崖乃谭廷襄(?—1870),郑小山乃郑敦谨(1803—1885),庞宝翁乃庞钟璐(1822—1876)。据《清实录》记载,同治九年四月初八日,"刑部尚书谭廷襄……遽闻溘逝……着加恩追赠太子少保衔……谥端恪。调兵部尚书郑敦谨为刑部尚书。……吏部右侍郎庞钟璐为都察院左都御史"。① 故由"谭竹崖疾卒""调郑小山为司寇""庞宝翁升总宪"三条信息明确可知,本札作于同治九年四月十二日。"临淮""李相"皆为李鸿章,故正札提及的"临淮入陕""李相到后",也将此札的写作时间指向同治九年四月十二日。

查《翁曾翰日记》之"同治九年四月十二日"条,确有关于此家书的明确记载,云:"缮寄升字六号信,外附一函。并扇络等共九件。一包、靴一双、搢绅一部,交折差带回。"②此可为本札系年的强有力证据。另由"大人……何忍于多事之秋翛然引去? 至告养一节……"一段知,同治九年春,时任陕西布政使的翁同爵,曾有告归奉养老母之打算。由此可窥翁同爵为官心态之变化。

(三十九) 同治九年五月十九日(1870 年 6 月 17 日)

信封　平安家报。男曾翰谨械,五月十九日。
钤印　曾翰谨缄(白文方印)

男曾翰百拜敬禀父亲大人膝下:

本月初七日将第七号禀并亮纱袍褂料一副交折差带回,此时计已可达。李相到陕,大局自可镇定,惟大人公事丛集,未免应接不暇,不知如何摒挡? 天气已热,伏祈随时珍卫为祷。昨闻蒋公所陈井井有条理,果得次第举行,陕境当可敉靖。文闱须展缓否? 若仍依限办理,则劳而且费,殊不易易耳。

关中雨旸若何? 近畿千里旱甚,无麦收,昨已三坛祈祷,而风霾大作,迄无雨意,奈何,奈何! 寓中安适,祖母近体颐健。叔父于十六日退直后感受暑热,忽作寒热,热两昼夜,昨得大解乃止,明日请假五天,庶可静养,中气虚弱,不敌亢燥之气,故易感冒,今已大

---

① 《大清穆宗毅皇帝实录》卷二八〇,叶一四(上)至一五(上)。
② 《翁曾翰日记》,第 161 页。

愈，即可放心，祈勿悬念。男奔走鲜暇，校书亦烦，近亦告假数日，借节心力。

闻袁处日内有专足行，兹寄去屯绢外褂一件，洋绉、熟罗大衫各一件，系祖母命寄者，候再有便，当以屯绢料附呈。外文秋山先生一函，两函同交来，并为一函。祈鉴及，便可泐函答覆也。专肃，禀请金安。并问全姑娘安好。男曾翰百叩禀，五月十九日。

按，同治九年五月十九日，《翁曾翰日记》载："作寄陕西信附文俊信。并衣服三件，屯绢褂，洋绒、□□大衫各一。托袁子久处便人带去。"①故可知本札作于同治九年五月十九日，亦可知日记中"洋绒"之后所缺二字为"熟罗"。

札曰"本月初七日将第七号禀并亮纱袍褂料一副交折差带回"，在同年五月的《翁曾翰日记》中有确切记载。②此外，关于"李相到陕"③、翁同龢感暑发烧而请假五天，④在本年五月的《翁曾翰日记》中也都有详细的、连续的记载。凡此种种，皆可侧面印证本札的系年。

本札所称的"蒋公"，指时任陕西巡抚的蒋志章（1814—1871），字恪卿，号璞山，江西铅山人。

① 《翁曾翰日记》，第 166 页。

② 《翁曾翰日记》，第 164 页，同治九年五月初七日："缮寄陕西第七号禀，并亮纱料二个交折差。高、张。"

③ 《翁曾翰日记》，第 164 页，同治九年五月初五日："得严亲四月廿一日书……李相约在节后到省也。"第 167 页，同治九年五月廿五日："暮，子久处送来严亲五月初十函，体中健适，三嫂小产甫复元，全姊又感冒，寒热不止。戴巽泉携去之信件，今始收到。李节相大约五月中旬入关，藩库支应一切竭蹶不遑，入款无起色，殊焦虑也。"

④ 《翁曾翰日记》，第 165 页，同治九年五月十七日："叔父感暑发烧，未能入直。"第 166 页，同治九年五月十八日："叔父醒来仍发烧……"第 166 页，同治九年五月十九日："叔父热止，仍委顿……具折请假五日。"

（四十）同治九年五月三十日（1870 年 6 月 28 日）酉刻

信封　平安家报。第八号。曾翰谨缄。六月十九日，从小午处送来。
钤印　曾翰谨缄（白文）

男曾翰百拜谨禀父亲大人膝下：

　　初七日以七号禀并亮纱袍褂交高、张二弁携回；十九日又以不列号一函并衣服三件交袁子久，转托任大令带去；廿五日袁处送来五月初十日所寄手谕，捧读之下，敬悉一切。省垣安堵而库款减色，复须筹备李相军粮支应，科场各项何以为继？不知以后报解能踊跃否？天气已热，诸祈随时珍卫。全姑娘体质太弱，易于……④时，谅已渐愈，平时可服培补之剂。三嫂甫经复元，亦以滋补为宜也。

　　此间于廿六日得快雨，昨夜又大雨如注，四野沾足，殊慰农望。寓中祖母大人颐健，尚未得尝瓜果，叔父感冒数日，廿五销假，今照常入直矣。男馆署虽忙，然亦能自偷闲憩息，故尚不至劳顿。庞宝翁升总宪，甚清闲。云生得子，已弥月。价人之第二子以宛平籍入泮，甚为得意。津门教案已见邸钞，一有龃龉遂开边衅，关系至重，忧心如焚。顷晤子久，知伊处有人便，匆匆泐禀，叩请金安。男曾翰百拜禀，媳妇率安孙等侍笔。五月三十日酉刻。外二纸系叔父昨夕书就者。

　　迩来街市纷传拍花迷孩者甚多，而天津为尤甚。五月中旬获数犯杀之，廿日左右复获数起，讯之则云将转卖于王三。王三者，闻现已拿获。津人之在教堂者也。天津道府各官向法国领事官丰大业索之，不认亦不与，遂至三公大臣崇厚署中大肆咆哮，维时民间已聚数千人至署外，丰大业先向崇放一枪。毁其花厅而出，崇方再三拦阻，不顾而出，天津县复拦之，伊又一枪仆其仆从，于是观者众怒齐上，遂奋

---

④　原件此处虫蛀。

力毙之，并伤其类及津人之吃教服役者数十人，一面将教堂焚拆，此二十三日未刻之事也。廿五日崇厚报到，明旨令曾侯赴津查办，情节是否确凿尚未可知。伊国驻京之使臣向通商衙门云，此事重大，须听伊国主作主，又云已调兵船，到时再说。此后诛求要挟固不待言，而战守之具两手空空，不知伊于胡底，实可焦虑。

　　按，"总宪"是明清都察院左都御史的别称。庞钟璐升任都察院左都御史在同治九年四月初十日。① 著名的"天津教案"，也恰恰发生于同治九年。故由"庞宝翁升总宪"和"津门教案已见邸钞"知，本札作于同治九年五月三十日酉刻。

　　当日，《翁曾翰日记》载："申刻，子久来，知明日有专差回陕，乃缮第八号禀函，托伊附寄，书中略述津门事。"② 另外，本月初七、十九、廿五等日的收发信也都能在《翁曾翰日记》中找到记录，亦从侧面印证本札的系年判断。

　　云生即陆懋宗，价人即赵宗德（生卒年未详），二人此时均有喜事。副启中，翁曾翰详细转述了"天津教案"的缘起和经过，并对此案造成的紧张局势和连锁反应深表忧虑。

（四十一）同治九年六月初十日（1870 年 7 月 8 日）

男曾翰百拜谨禀父亲大人膝下：

　　上月十九日寄不列号信并衣服三件，系由袁子久转托任大令带去。三十日复以第八号禀托子久交专足带回。昨朱、张二弁□，接奉五月廿一日寄谕，敬悉一切，福躬颐安，时以参耆佐卫，甚为合宜。排课治公，百务咸理，惟灯下看稿不可太多，目力、心思皆宜节省。既鲜朋友

---

　　① 《翁曾翰日记》，第 161 页，同治九年四月初十日："庞钟璐升左都，彭久余升吏左，邵子彝放九江府。"

　　② 《翁曾翰日记》，第 168 页。

纵谈之乐，又无杯酒饮宴之闲，不知花木池鱼有足供浏览者否？神驰膝下，莫释依驰。全姑娘感疾匝月，怯弱不胜，其寒热往来必系阴虚所致，似不可视为外邪，再投克伐之品，夏至阴生，滋补当易见效，极为悬念。西安情形与此间相似，北方高寒，想水土究不服习耳。

李相入关，供张匪易，其军需浩大，□路当有转运。金积之贼倘竟横窜，则他郡必遭蹂躏，陕防尤须严遏。季公如萌退志，未能听其远引，中朝无必欲易帅之心，亦深知其不能了，逐事敷衍，别无成算。肢体之害未除，膏肓之疾益锢，此真贾生太息痛哭之时，而当局者学识未充，张皇补苴，求目前之安而弗得，奈何，奈何！

京师及畿辅均得透雨，杂粮尚可播种，米面价值不至再长，天气未甚热，瓜果已可吃。寓中均安，祖母大人近体康强，以刺绣消永日。叔父间日在城内憩宿，借节筋力，入伏后例减半功，退食可略早矣。男趋公尚勤，在馆中诸友相得，与枢廷章京交际格外谦慎，不即不离而已，署中出路未可知，而八股久荒，会试又无把握，静言思之，惭悚无地。仲兄旧疾时发，本月初一复得一子，房闱琐琐，终不知静养之法耳。肃此禀复，叩请金安，伏祈珍卫，勿劳神、勿生气为祷。男曾翰叩禀，媳妇安孙等侍叩，并问全姑娘痊安。六月初十日。

上次递谢恩折即由原折批回，未曾发抄，故此间无由得悉。男每到署，必阅军机档，并未见此件也。马县丞山钦。到京，送来家信一函，杨（洋）绉两端，均收到。其人系马介樵本家，今住介樵处，闻尚未引见也。此次寄去靴一双，系九一尺码，据兴隆云即与小九二同，姑试之。海骝骒头已驾用月余，其前腿一蹄甚弱，或是山径崎岖、长途劳顿所致，故现在不敢用尽其力。此骒微怕骆驼，的是生力之验，但一过西四牌楼辄欲北行，而于他处路径亦熟，故仆辈疑其由京入陕者，理或然欤？前次拜伯文时，伊已见吾套车，甚言其好也。武三喂养尚去得，惟身躯雄壮，跨辕实嫌其笨，男又不肯因新骒而易旧人也。

英伯文告假一月，尚未届满，闻伊望日左右请训回任，未必畀以重任也。前月廿一日伊夫人开吊，吾家送一幛，本月初八日伊续娶，又送羊酒贺之，俟有行期，当再饯行送菜，可谓竭诚尽欢，盖僚谊不得不尔，非过于周旋也。周子京曾否到调甫幕中，容即函问，如准在彼，即以银分寄去。钱调甫朴实勤能，屡经曾、李论荐，上甚器之，其建牙开府必在指顾间矣。此次寄到四函，两朱一孙，当即送交，其分子数目亦甚恰当。文百川闻又续假，约在七八月间回京，或以现有教案促其早来，亦未可知。兹又有毕东河、彭榴仙两赴信一并寄呈，不知须应酬否？

按，同治九年六月初十日，《翁曾翰日记》载："缮寄第九号禀并靴一双，交朱、张二弁带回。附毕、彭赴信。"①故可知，本札作于同治九年六月初十日。同时，由本札副启末句可证整理本《翁曾翰日记》所记"附毕起赴信"之误，实际上应为"附毕、彭赴信"。

札云"上月十九日寄不列号信并衣服三件系由袁子久转托任大令带去。……"，指前述同治九年五月十九日翁曾翰致翁同爵札。札云"三十日复以第八号禀托子久交专足带回……"，指前述同治九年五月三十日翁曾翰致翁同爵札。札云"昨朱、张二弁□，接奉五月廿一日寄谕"，亦可于《翁曾翰日记》中找到相应记录："昨折差来，得严亲五月廿一日函，公事极烦，身体安适。全姑娘尚未愈。李相将至西安。金积堡贼有窜意。闻左帅有退志也。"②

是年，因左宗棠远在平凉，分身乏术，故朝廷另派李鸿章带兵入陕，剿灭陕西的回民起义军。札称"如萌退志"的"季公"即左宗棠，其字季高。但史实告诉我们，李鸿章入陕后不久就被调回京畿，接替曾国藩去处理棘手的"天津教案"，而左宗棠则继续留在西北，平定陕甘回变。

副启中提及的英伯文，即时任陕西按察使的英奎（？—1879），瓜

①② 《翁曾翰日记》，第169页。

尔佳氏，满洲正蓝旗人；副启中提及的钱调甫，即时任直隶布政使的钱鼎铭（1824—1875）。

（四十二）同治九年六月廿七日（1870 年 7 月 25 日）

信封　父亲大人安禀。外花翎一支，高丽参一匣。男曾翰谨缄。六月二十七日。

钤印　曾翰谨缄（白文方印）

男曾翰百拜谨禀父亲大人膝下：

本月初十日缮第九号禀，并靴一双，交朱、张二弁带回；十五日复以不列号信、屯绢袍褂料一卷托马县丞携去。日来又盼来书矣。惟闻李相于十五左右抵省，则酬应更忙，未必有握管之暇。时当溽暑，伏祈加意茵饪。全姑娘近体如何？稍凉可进清补之剂，脾胃一健，诸疾自却也。文闱事想均周妥，陆光甫、常州人，癸亥。孙子受两星使月杪即行，今夏多雨，涂次恐有积潦。

都下半月来大雨时作，湿热蕴隆。寓中祖母大人以次均安，二十四日叔父拜太仆之命，举室欢欣。津门事已奏大概情形，老成谋国，低首下心，其真不得已乎？英伯文世丈即日还陕，稍尽杯酒之敬，兹托其携去好花翎一支、四十金新购。高丽参一匣，祈捡收。余容续禀，叩请金安。男曾翰谨禀。

按，同治九年六月廿三日，翁同龢由国子监祭酒升任太仆寺卿。[1] 也是在这一年，爆发了"天津教案"。故由"二十四日叔父拜太仆

---

① 《翁同龢日记》，第 814 页，同治九年六月廿三日："兰孙告知，徐荫轩放常正，余放仆正，昨日缺本见面也，早晨上略言之矣。"

之命""津门事"及信封知,本札作于同治九年六月廿七日。①

　　同年六月廿二日,陆尔熙(生卒年未详)、孙诒经(1826—1890)放陕西乡试正、副考官。② 故本札曰:"陆光甫、常州人,癸亥。孙子受两星使月杪即行。"本月初十日翁曾翰缮寄的第九号禀(前札)和本月十五日翁曾翰托马县丞携去的不列号信,均记录于当日的《翁曾翰日记》中。③

　　本次带信人是"即日还陕"的陕西按察使英奎(? —1879)。本札还透露出一个重要信息,那就是李鸿章将于本年六月十五日左右抵达西安。

(四十三) 同治九年十二月廿一日(1871 年 2 月 10 日)

男曾翰百拜敬禀父亲大人膝下:

　　本月初三日折弁带回十八号禀并翠烟袋嘴一匣、参匣一只,计将上达。昨由子久处交到前月廿八日谕函,敬悉一切。前知和保天花见点,正深悬虑,不意中变,又复化去,闻之大难为怀。伏想大人公事勤劳,睹此定增烦闷。惟时值初春,肝木正旺,尚祈宽怀消遣,勿以拂郁致怒为祷。

　　金积之降是否可恃? 不知左公作何位置? 刘军分扎各处,陕境

---

　　① 《翁曾翰日记》,第 171 页,同治九年六月二十八日:"缮寄陕西禀,一交英伯文廉访,并附好花翎一支、四十两、德胜隆。高丽参一斤;一交陆光甫星使,并附茶叶一大包、五斤。《简明目录》一部。"

　　② 《翁曾翰日记》,第 170 页,同治九年六月廿二日:"江苏考官放铭安、林天龄,陕西放陆尔熙、孙诒经。"《翁同龢日记》,第 814 页,同治九年六月廿二日:"闻孙子受放陕西副考官,晤于门外。"

　　③ 《翁曾翰日记》,第 169 页,同治九年六月初十:"缮寄第九号禀并靴一双,交朱、张二弁带回。附毕、彭赴信。"《翁曾翰日记》,第 169 页,同治九年六月十五日:"晨送马君山钦。行,托带家信一函、屯绢料一副。"

当可籹安,所部勇丁亦赖统带得人,庶免别滋事端耳。远公在省转输,自有责成。不知藩库支应杂款,为费尚钜否?

都中得雪三次,日来虽觉春寒而地已化冻,祖母寿躬康适,今冬咳嗽未发,尤觉健胜。叔父差使吃重,精力几不能支,赵处眷属未行,一时尚难移寓。男日来奔走稍休,家事丛集,月初以麟官发疹甚剧,今已大愈。旬余未得安眠,亦颇怠倦。四哥北上计在新正,所虑王营车少,不无耽延守候耳。肃泐禀覆,叩请金安。男曾翰叩禀并问全姑娘安好。

此次袁处汇到库平足银一千两,遵即分致叩领,其给四哥者暂存男处,俟抵京日交用。馈岁函件已一一分送,书中字句不妥者亦均另行改写矣。兰翁处梅花二百韵屡推不受,复叔父一字附呈。未便固送。朱、许两领班及潘、庞二公均改为四十金,其余添送者徐李侯、宋惠人外,又送赵朗甫十六金,文秋山先生仍按二十致送,恐遂为年例也。杨分及思赞借款均交明,已有覆信。捐会馆费亦交价人置买桌凳矣。各友人覆函中如有手书要语者当汇呈,其余空套谢语均留此。朱修伯家送来穆、沈、刘三函,祈为递寄。又男致汪柳门学使贺年信一件,乞寄三原。

按,同治九年十一月初十日,翁同爵的孙女和保发热,出天花,于十一月廿六日午刻不幸夭折。[①] 十一月廿七日、廿八日,翁同爵在给翁曾翰的家书中详细讲述了不幸降临的整个经过。[②] 当时差弁从西安到北京,行程不会短于半个月,那么翁同爵所作十一月廿八日函最快也要同治九年十二月中旬送达。由"昨由子久处交到前月廿八日谕函"知,本札作于收到翁同爵十一月廿八日函之后一日或几日。再由"惟时值初春"知,本札至少作于同治九年十二月十

①② 国家图书馆藏同治九年十一月廿八日翁同爵致翁曾翰家书,参见《翁同爵家书系年考》,第514页。

五日(1871年2月4日)午刻立春之后。最后结合此后一札——同治九年十二月廿四日(1871年2月13日)翁曾翰致翁同爵札的首句"廿一日甫由袁处递去十九号禀",可知本札极有可能作于同治九年十二月廿一日。因为本札与本年十二月廿四日札的内容十分接近,而且现存资料表明,本年十二月十五日至廿四日之间,翁曾翰未曾缮寄过除此札外的其他陕信。

"金积之降"即同治九年十一月廿八日(1871年1月18日)翁同爵致翁曾翰札中所言:"金积堡先于十四日令其旁马家滩二寨出降,十六日马酋自缚投诚,其堡众二万余,一半降于老湘营,一半降于彝家营。"③"刘军"指刘铭传(1836—1896)的部队。"远公"指此时正在陕西负责粮台的林之望(1811—1884)。

(四十四) 同治九年十二月廿四日
(1871 年 2 月 13 日)辰刻

男曾翰百拜敬禀父亲大人膝下:

廿一日甫由袁处递去十九号禀,是晚折弁送到十二月初七日函,敬悉福躬康适,金石娱情,欣慰无似。省中祈雪,此时已得祥霭否?库储得三十万过年,想极力筹策,始克有此。金积归诚尚未奏报,此后如竟听命,则甘境固有转机,陕边可期无事矣。远公意气,久之必致龃龉,及早他去,斯谓知几。李伯雨不知已到否?晤时须劝其沉静寡言,看事未免太易。勿染营中习气,其实从容非所宜也。

连日春寒,寓中一切平顺,门户火烛,遵谕时刻留神,昨日祖母庆辰,亲友集者数十人,慈体健和,欣忭无量。年事丛集,未免奔忙。麟官已愈,尚须调养数日方能复元。四哥行期当在灯节左右,同乡年内无续到者。久不得信,悬盼殊深。各处函件均已改妥分送,至明年送

---

③　参见《翁同爵家书系年考》,第514页。

元卷一事，亦已禀商叔父，仍拟每人四金，不必增加矣。王思庵、陈屺瞻尚未见来，到时当可详询署中近状也。肃复，叩请金安，虔贺新禧！并问全姑娘安好。男曾翰叩禀，媳妇率安孙等侍笔请安叩谢。十二月廿四日辰刻。

按，同治九年十二月廿四日，《翁同龢日记》载："得五兄本月初六函，折差来。"①翁曾翰本札曰："廿一日甫由袁处递去十九号禀，是晚折弁送到十二月初七日函。"故可知，本札作于同治九年十二月廿四日辰刻。"廿一日甫由袁处递去十九号禀"即前札。

翁同爵于本年十二月初六日所寄函内大谈"金石娱情"："吾公暇之余，亦尚以书画金石自娱，近日复以白金三十二两买宋版《文选》一部，又以五十金买师兑父底盖均有款二行。季姞豆一对，古色斑斓。又以廿四金买古鼎一具，有款七行，令人去剔洗，尚未来。对之颇自怡悦性情，所近欲自制而不能也。"②翁同爵还于十二月初六日函内谈及陕西库款数目，金积归诚的细节，林之望与刘铭传的关系，李伯雨、翁曾荣等人的动态等，③而这些正是翁曾翰本札主要回应的内容。

据札，金积归诚这一捷报，左宗棠尚未上奏朝廷；翁曾翰认为林之望既然与刘铭传等人意见不合，及早离开是明智而有预见性的选择；翁曾翰估计翁曾荣大概元宵节左右起程北上；王思庵（生卒年未详）和陈屺瞻（生卒年未详）自陕西来，尚未到京。

① 《翁同龢日记》，第 855 页。

② 国家图书馆藏同治九年十二月初六日翁同爵致翁曾翰家书，参见《翁同爵家书系年考》，第 515—517 页。

③ 国家图书馆藏同治九年十二月初六日翁同爵致翁曾翰家书，参见《翁同爵家书系年考》，第 515—517 页。

（四十五）同治十年正月三十日（1871 年 3 月 20 日）

男曾翰百拜敬禀父亲大人膝下：

客腊廿四日寄一禀后，转眴月余，翘盼正切，顷折弁至，得新正十二日手谕，展读之下，敬悉春满庭闱，福躬集庆，欣悦无量，辖竟乂安，库款敷裕，尤为可喜。法书名画实足移情，不图兵燹之余尚有散落民间者。即如今年厂肆，物少可珍，而贾人居奇特甚，如李寄云、韩小亭及当杨家物，不论真赝、尺幅，必数十金，叔父偶往搜罗，殊无惬意之品也。金积之降，朝右尚无议论，岂季帅犹未告捷耶？闻马酋老矣，平昔不驯皆其诸子所为，不识今俱投诚否？缴械焚巢，自宜仰邀宽典，惟部下均能安分归农与否，恐当事亦无把握耳。

都下春寒渐减，惟久不得雨，疫气颇多，一切起居极宜留意。祖母寿躬康健，叔父入直如恒，现授《左氏传》而以讲贯为先务，责任至重。觅屋迄今未得定，非惜小费，实无合意之地。男近体颇安适，惟自去腊初间麟官出疹，继而安、德两孙亦均有感冒，至灯节左右始各平复。媳妇愁虑劳乏，又于十七起发热喉痛，十昼夜未能合眼，艳霞堵塞，水饮不能下至，廿七日始吐出脓血无数，方觉病去大半，连日服药调理即可全愈。此皆仰赖芘荫，化险为平，实深庆幸。庞纲堂来，知四哥约在正月杪起程，想不携眷口。由陆路行，到此将入场矣，未免过于匆促。公车多不过三十人，新贵固及锋而试，老科亦多宿学。男荒芜已甚，入春来甫欲试笔而病魔扰人，又废月余，竟无习静之清福，得失有定，诚不敢生侥幸心，然无以博重亲之欢，思之汗下。

去腊发信之日，陈屺瞻适到，家信并洋绉均收讫。屺瞻秀爽可爱，现住咸长会馆，屡往晤谈，知其尚无移寓之意，已将寓舍太小不能下榻之故详告之。以便与彼同乡联络。至将来复试取结事，曾嘱余绂臣预为照拂，当不致另有枝节。王思庵同年于十八日抵京，亦谈过一次。闻奎侄姿性聪明而无沉潜之学，且喜且虑，如得严师益友，不患不成材也。陈、王两公，日内拟招一饭，而事冗殊未暇。宗鼎臣到省闻蒙垂睐,倘得委署近楚缺分,乃得遂其迎养之计。此事王璞卿谆切言之,故为禀达。专肃禀复,叩请金安。并问全姑娘安好。男曾翰叩禀,媳妇率安孙等侍叩。正月三十日。

按,由"客腊廿四日寄一禀后,转眴月余"知,本札接前札,作于同治十年正月三十日。从本札看,翁同爵同治十年正月十二日所作家书也主要谈了金石娱情、金积之降、库款敷裕等内容。故而,翁曾翰于本札的开头就大谈法书名画的鉴藏,呈现出物少价高的特征。

据札,左宗棠仍未奏报"金积之降",翁曾翰仍对"金积之降"持怀疑态度;翁曾荣大约于正月末起程,由陆路北上赶考;陈屺瞻——陈树勋(生卒年未详)于同治九年十二月廿四日抵京;王思庵——王勷(生卒年未详)则于同治十年正月十八日抵京。

(四十六)同治十年二月初七日(1871年3月27日)

男曾翰百拜敬禀父亲大人膝下:

本月初一日以第一号禀函交折差带回,次日即见钞知左帅奏金积之捷,马酋自缚,不知伊族姓何由罗致?巢穴已犁,谅不至复合余烬,但散赈、安插颇难,善后仍由左营派人经理否?陕省边境既清,铭军似须移营进剿,惟湘、淮兵勇素不相下,能和衷共济乎?

都下春和,风日暄暖,寓中祖母大人以次均安,男三数日来方得习静,署中尚须该班,馆书虽急,拟俟试后再阅矣。媳妇已渐愈,惟心气虚怯,夜不成寐,刻犹服药调治耳。四哥行止尚无确信,同邑公车久不见到,殊为悬盼,轮船既昂其价,王营车辆亦有不给之虞矣。

昨晤胡铁盦云前曾寄函,托清涧令赵君事,兹复开具名条,嘱为代呈。又肤施署令逢吉一纸,系郑雨卿托求照拂。又代办陕甘塘务梁宗昌事由一纸,系同年牟步南前辈梁宗昌之同乡。所托,是否有款可领?既云军务告竣补发实银,似不应将未领之四千余两折兑报捐。欲求将户部覆文早日核发,均祈鉴察为祷。闻袁处明早有人便,匆匆泐禀,叩请金安。男曾翰叩禀，二月初七日。媳妇率安孙等侍叩，并问全姑娘安好。

　　按，由"次日即见钞知左帅奏金积之捷"知，本札作于同治十年二月初七日。① 首句所云二月初一日交折差带回的第一号禀即前札——同治十年正月三十日翁曾翰致翁同爵札。二月初二日，翁曾翰从邸钞中得见左宗棠向朝廷奏报金积堡大捷，马化龙（1810—1871）自缚投降，终于打消了此前的各种怀疑。据札，翁曾翰将参加本年的会试，翁曾荣此时尚未抵京；当时有很多陕西的官员、办事人员托京官说项，请求翁同爵多加照拂，而翁曾翰处就像是一个"信息中转站"，负责转达他们的各种诉求。

（四十七）同治十年二月三十日（1871 年 4 月 19 日）

男曾翰百拜谨禀父亲大人膝下：

　　初七日缮第二号禀托袁处转递，未知何日可达？昨折弁至，得十五日所寄谕函，敬悉福躬偶尔违和，现已全愈。然公私繁剧，事事亲裁，实劳心力，总祈加意珍卫，怡悦性情为祷。陕省雨雪应时，边圉无警，惟闻河狄回股蠢蠢欲动，不虞之备究不可松。近日铭军布置何如？威望所在，当有不战屈人之妙，惟祝乱萌早息，官民共享其福耳。

　　都下风狂而无雨，春麦、果蔬麦已无收。皆不相宜，迩日公车云集，物价翔贵。寓中祖母大人以次均安，叔父现购大甜水井房屋，在口袋胡同之北两箭多地。四月中可以移住，实于身体大有益处，故竟怂恿成之。男温习一切，近渐活泼，但手生不能如意中所欲出，连日楷书折卷较有把握，悔前此未曾致力于八股也。四哥于廿七日抵都，廿八日夜卧不适，廿九倦惫尤甚，入夜忽尔吐泻六七次。今晨稍愈，尚未起坐，服

----

　　① 《大清穆宗毅皇帝实录》卷三〇四，叶二（上），同治十年二月初一日："谕内阁，左宗棠等奏，平毁金积堡贼巢，首要各逆伏诛，宁灵肃清，出力各员请奖一折。"

药倦卧，未能作禀，先呈安帖一纸，三十日酉刻。海上风波颇有惊险，行李无多，易于安顿，现住东厢北屋。入场在即，未免匆忙，分部等事，遵谕于榜后办理。倘宝翁主试，例应回避，则三月中亦可验看。

合邑下场者可得二十八人，惟曹小卿未到，会馆已经住满，为从来未有之盛，每人元卷四金昨已分送矣。赵价人今春失幼子，意兴大减，归计难决，而秋间须为其次子完姻，明年方能成行，兹有求寄李伯雨函一件，并恳将京平松江较公砝小二分。十九两零由大人处暂付，伊谢函中却未提及也。有俞君培庆者，南通州籍，由光署正捐道，分发陕西，不久将到省，托人转达姓氏。此君在京已久，博弈为生，其资均出于此，人品概可知矣。黄折等件此次即交带去，余俟下回分带。肃此禀复，叩请金安。男曾翰谨禀，媳妇率安孙等侍叩。媳妇喉下疮口已平，昨日已出房门矣。并问全姑娘安好。昨日三坛祈雪，黄昏细雨，五更微雪，今早晴，仍风。二月三十日。

　　按，正常情况下，翁同爵寄往北京的家书都是封为一函，先寄到幼子翁曾翰处（南横街），再由翁曾翰分呈祖母、伯母、叔父、五兄等人阅看。因此，翁曾翰记的收信日期往往比翁同龢记的收信日期略早一些，早一日、早几日都有可能，取决于翁曾翰何日进城。本札第二句提到的"十五日谕函"就是这样，翁曾翰于本札曰："昨折弁至，得十五日所寄谕函，敬悉福躬偶尔违和，现已全愈。"翁同龢则于同治十年二月三十日的《翁同龢日记》中曰："得五兄二月望日函，小恙已愈。"①这两处记的其实是同一封家书，只不过翁曾翰于二月廿九日收到，翁同龢于次日才见到罢了。故可知，本札作于同治十年二月三十日，和前札（《二月初七日札》）是连续的。

　　由本札知：翁同龢已经购买了大甜水井胡同的一处房屋，大约四月中可以入住；翁曾荣于同治十年二月廿七日抵京，因舟车劳顿而略

---

　　①　《翁同龢日记》，第871页。

有不适;同治十年常、昭二县参加会试的共有二十八人,翁曾翰代表翁同爵一一致送元卷四金。

(四十八) 同治十年三月十八日(1871 年 5 月 7 日)

男曾翰百拜谨禀父亲大人膝下:

　　本月初一日以第三号禀并黄折等交折差赍回,此时计可上达。昨从考寓回,接奉初四日寄函,敬悉福躬安健,合署顺平,快慰无量。旸雨应时,库款渐有收项,防务稍松,杂支当亦稍省。中丞化尽町畦,公事自易尽力,造福属民即是居官之乐。书画金石借以娱情,公余坐赏亦不可少,惜关中兵燹之余,未易罗致耳。

　　京师多风,日前雷电而无雨,屡祈未应,望泽尤殷。祖母大人寿体康强,日昨肝脉偶有歇至,两天。今仍和缓,近尤以刺绣消昼,且不须眼镜也。男拨冗入场,幸无贻误,文字浅薄,既不得意,未敢录呈。难期入彀。场中非风即雨,当昼极热,入夜即寒,二场雷雨之后凉不可支。比日体中劳倦,酬应实懒得去,照例当试书折卷,非有妄想。四哥分部事日内当遵谕料理,所费约在名世之数,前有提款即于此支用矣。同乡试作,佳者必多,尚未得见,馆中鹊巢已成,不知为谁而设。仲兄病较往年稍减,而言语动作若有童心,盖闷坐闺房苦无闻见也。五哥补缺尚无准期,部中事虽谙练,而于人情世故未能斟酌得宜,叔父尝勖以读有用书而不果,禽鱼草木性喜然也。

　　单、郑郑在保定具折请假,赏二十。俱乞身,①宝生丈可升尚书。云生差运尚好,均称得意。钱馨翁意兴索然,彼计改外,来函当送交。李伯雨胸无定见,转俗转移,且名利之心太重,又不耐劳苦,作归计亦良是耳。草草禀复,叩请金安。男曾翰叩禀,媳妇率安孙侍

————————————

　　① 原任吏部尚书单懋谦(1802—1879),同治十年正月廿九日因病乞假。时任刑部尚书郑敦谨(1803—1885),同治十年春还京,至清江浦,上疏以病乞罢;同年七月乙卯病免,庞钟璐接任刑部尚书。

叩。三月十八日。并问全姑娘安好。九一尖靴一双，珠表套、镜套各一件，先行寄呈。

叔父年来精力大逊，严寒溽暑几不能支，退直奔驰，劳而生怒。东华左近觅屋已久，不得已僦居酒肆，然俗人湫隘，衣服、饮食种种不便，近始觅得大甜水井房屋一所，向系宗室德琨敬中堂微之侄孙。之屋，计有四十余间。上房三间，闳敞而有耳房，两厢均三间，余有群房十间。后上房亦整齐可住，惟二门外客厅窄小，对门马号，尚须修改，议定买价二千四百金，先经徐颂阁议定此价，旋因中人索钱又复罢议，故吾家往说不能让矣。于本月廿五日已立草契，先付一半。约定四月间交房，届时即择日移寓。上房及两厢均无须收拾。此举似稍冒昧，然为叔父身体计，实有非此不行之势，祖母亦深以为然，绝无勉强。其资用不敷者，祖母并格外贴补，来信勿提。其乐从可知也。将来亦可两边居住，盖横街之屋固不肯遽然舍去，又不可从此画分两宅，名曰"小寓"，有深意焉。

按，札曰："单、郑俱乞身，宝生丈可升尚书。""单"指吏部尚书单懋谦(1802—1879)，于同治十年正月廿九日(1871年3月19日)请开缺，得假一月，由毛旭初署理吏部尚书；[①]"郑"指刑部尚书郑敦谨(1803—1885)，于同治十年春还京途中上疏以病乞罢，据札，他"在保定具折请假，赏二十日"。"宝生"即庞钟璐(1822—1876)，于同治十年正月廿九日署理刑部尚书，[②]在本年七月廿七日郑敦谨开缺后正式升任刑部尚书。[③] 以上这些都表明，本札作于同治十年三月十八日。

---

①② 《翁同龢日记》，第864页，同治十年正月廿九日："单懋谦请开缺，给假一月。庞宝生署刑尚，毛旭初署吏尚。"

③ 《翁同龢日记》，第904页，同治十年七月廿七日："郑敦谨再请开缺，允之。以庞钟璐为刑部尚书。"

该年,翁曾荣、翁曾翰兄弟都参加了会试。三月十六日,《翁同龢日记》载:"荣、筹出场,一切皆安。得五兄三月初五函,贺折差来。"①此即翁曾翰本札所谓的"昨从考寓回,接奉初四日寄函"。此外,翁曾荣此行更主要的目的是完成捐官程序,分部学习。

副启中,翁曾翰向乃父翁同爵详细汇报了叔父翁同龢购买大甜水井房屋的具体情况和详细经过,重点介绍了购房的初衷、房屋的布局、房屋的价格等细节。据札,翁同龢购房的资金是不足的,翁母和翁同爵都进行了贴补,但考虑到翁同龢的自尊和面子,翁曾翰于札中请求乃父在来信中勿提此事。

(四十九) 同治十年四月初一日(1871 年 5 月 19 日)

男曾翰百拜谨禀父亲大人膝下:

十八日缮覆禀,并镜套、尖靴,交折弁带回,如归程迅速亦如来时,计已上呈慈览,伏维福体康和,合署清吉,定如孺祝。昨闻陇州一带回股窜突,旋即退去,未知确否? 岂华亭降众遽生反侧耶? 抑河狄贼骑分股入寇耶? 周营赴黔,铭军填扎,交替之际,尤宜防其乘隙而来也。陕境麦熟极好,上忙征解必旺,殊为可喜。

都门无雨,近京却得雨。寓中祖母大人以次均安。男调弄笔墨,试书折卷,尚未匀整,揭晓在即,得失不敢知。同乡庞、邵、钱、王诸君尤得意,余皆平妥,不知何人命好耳。姚湘渔赴大挑,同邑仅二人赴挑。得河工知县,其志却在苜蓿也。王思庵老笔简洁,叔父许以可中。陈屺瞻未见其稿,云不得意,然听其论文,似非庸庸者流,陕右有此美才,必当获隽。四哥分部事,日内为之部署,月杪可赴验看也。袁子久云明日有便人走,草草泐禀以报平安,肃叩金安。男曾翰谨禀,媳妇率安孙等侍叩。四月初一日。并问全姑娘安好。

---

① 《翁同龢日记》,第 875 页。

按，前札——同治十年三月十八日翁曾翰致翁同爵札末句曰：
"九一尖靴一双，珠表套、镜套各一件，先行寄呈。"本札首句曰"十八
日缮覆禀，并镜套、尖靴，交折弁带回"，故可知本札接续前札，作于同
治十年四月初一日。其实，从"四哥分部事，日内为之部署"一句也能
知道本札作于同治十年四月初一日。

姚福奎（1826—1900），字星五，号湘渔，咸丰元年（1851）举人，翁
心存弟子，江苏常熟人。据札，姚福奎本年赴"大挑"，得一等，故得授
河工知县。王思庵是翁同龢在陕西的门人王勤（生卒年未详），于同
治十年正月十八日抵京，①是翁奎孙（1856—?）的业师。陈屺瞻即陈
树勋（生卒年未详），于同治九年十二月廿四日（1871 年 2 月 13 日）
抵京，②翁曾翰认为他是陕右美才，定能高中。

（五十）同治十年四月十六日（1871 年 6 月 3 日）

男曾翰百拜谨禀父亲大人膝下：

前月十八日折弁带去第四号禀，本月朔日以不列号一函托袁处
转递，此时计均达览，即日敬惟，慈躬康适，合署平安，定如孺祝。男
平日未能习静，文字浅薄，复遭摒斥，虽功名有定，不敢怨尤，其如无
以博重亲之欢何？清夜扪心，惭恨无极。房批三场均荐足，黄毓恩房
中。堂批亦系备取，功亏一篑，未能入额。领阅落卷，为之气短者累
日。年将四十，进境殊难，万一署中得有升阶，此事恐遂无分，茫茫身
世，实难为怀。

都下炎风逼人，势成亢旱，昨有微雨，稍觉润凉。祖母大人近日
暂停针黹，以看书为消遣，眠食如恒，一切健适。四哥卷出杨书香房，
亦为主试所摈，现在赶办验看，下月初五掣签，即可到部。同乡惟中
蒋士骧，云贵督之后。余皆废然而返矣。

---

① ② 南京博物院藏同治十年正月三十日翁曾翰致翁同爵家书。

陈屺瞻气品不凡,此次虽未得隽,他日必登翰苑,咸长馆距此稍远,故叙晤不及十次,昨宵夜话别,略将寓次情形向述,祖母因天热怕见客,故未晋见。到时可询一切,回秦后仍延朱墨一席否? 兹将石谷画一幅,搭连、荷包二个,各一匣,托其携呈。画系叔父新得者,笔墨无多,神韵颇好,日前方始送来,匆促不及装潢,特命致意。

另有佳茗四瓶、靴一双,在王思庵同年处,伊亦定后日起程也。赵朗甫之子彻诒前月入陕投刘营效力,朗翁恐其撤营后无可位置,特恳大人留意照拂,想到秦必来谒见矣。草草禀陈,无任惶悚,虔叩金安,敬贺午禧。又叔父书一纸呈阅,祈勿以此生怒,亦防微杜渐之意也。男曾翰谨禀,四月十六日。媳妇率安孙等侍叩,并问全姑娘安好。

　　按,由常熟人蒋士骥(生卒年未详)考中进士知,本札作于同治十年四月十六日。"前月十八日折弁带去第四号禀,本月朔日以不列号一函托袁处转递"即此前二札:同治十年三月十八日札和同治十年四月初一日札。

　　据札,翁曾荣、翁曾翰、陈树勋、王勷等人皆在同治十年辛未科会试中落榜。趁陈树勋回陕之便,翁曾翰托其带去一函并王翚画作、搭连、荷包等物品;趁王勷回陕之便,翁曾翰托其带去一函并茶叶、靴子等物品。赵朗甫即赵曾向(1821—1882),替其子赵彻诒(生卒年未详)请求翁曾翰于家书中为其说项。

（五十一）同治十年四月廿日(1871 年 6 月 7 日)

男曾翰百拜谨禀父亲大人膝下:

　　月朔以不列号禀交子久寄陕。十七日又缮两函并石谷画幅、搭连、荷包、茶叶、尖靴,分托王思庵、陈屺瞻携去。是日,天成亨送到三月廿一日所寄手谕,展读之下,敬悉一切。

　　陕中菜麦丰收,民气熙皞,想征收定亦旺相。惟客军在境,酬应必烦,现在库储可支几时? 协款有鲜到者否? 前闻降众反侧,不知左公何术以拊循之？若欲移师西行，则后路布置未可草草也。刊书发学，诚为陶成士类之要，惟陕中镂板似不甚精，他日刻竣可将《朱子全书》邮寄一部为祷。

亢旱燥热，寓中祖母大人以下一一平安，大甜水井之屋一时尚未腾出，眷属移居尚有未便之处，且俟缓商。男等荐而不售，未敢怨尤，曾荣卷出杨书香房，曾翰卷出黄毓恩房。惟日来看人朝殿，蒋士骥覆试三等，写得不佳，翰林难必也。此心恻恻，实觉难堪。四哥到部事已办妥，廿八可赴验看，印结费局中毫无通融，上年用文注册，今仍补一结。五百余金，验看部费四十金，是否回避刑部一层亦于呈内声明，不知掣签时如何办理耳。

倭相颔疽肿溃，势已垂危，节近夏至，大可虑也。邵汴翁回京，意态如昔。价人颇觉颓唐，今冬明春将作归计矣。草草禀复，叩请金安。并问全姑娘安好。男曾翰谨禀，媳妇率安孙等侍叩。四月廿日。朱少愚大令处信件尚未收到，想涂次或有濡滞耳。

按，由"大甜水井之屋一时尚未腾出""蒋士骥覆试三等……翰林难必也""四哥到部事已办妥""倭相颔疽肿溃，势已垂危"等信息不难知道，本札作于同治十年四月廿日。

札曰"月朔以不列号禀交子久寄陕"，即前述同治十年四月初一日翁曾翰致翁同爵札。札曰"十七日又缮两函并石谷画幅、搭连、荷包、茶叶、尖靴，分托王思庵、陈屺瞻携去"，前札——同治十年四月十六日翁曾翰致翁同爵札为其一，而另一札（托王思庵者）暂未见到。

"倭相"即倭仁（1804—1871），此时病危，于翁曾翰写札次日离世。邵汴翁即邵亨豫（1817—1883），字汴生，道光三十年（1850）进士，江苏常熟人。价人即赵宗德（生卒年未详），前述同治十年二月三十日翁曾翰致翁同爵札曾曰："赵价人今春失幼子，意兴大减，归计难决，而秋间须为其次子完姻，明年方能成行。"故翁曾翰本札曰："价人颇觉颓唐，今冬明春将作归计矣。"

(五十二) 同治十年四月三十日(1871 年 6 月 17 日)

帖　男曾翰率媳妇暨安孙等百拜,敬贺父亲大人午禧! 媳妇叩谢
　　赏赐。

男曾翰百拜敬禀父亲大人膝下:

　　本月十七日天成亨送到第五号信并会库平银五千两,二十日缮
覆禀仍交伊号带回,而其先王思庵、陈屺瞻归时各有托带信件,王处
靴一双,茶四大瓶。陈处画一帧,荷包等二匣。想午节前后当可到也。朱
少愚司马于廿二日抵京,面交第四号家信一函,金钏、衣料等一包,展
读之下,谨已分领。昨日潘、焦两弁至,奉到四月十四所寄第六号谕
函,敬悉福体康安,公事顺适,欢忭无量。酬应太多亦劳心力,节近炎
夏,伏惟因时颐卫。秦中二麦丰登,民情恬适,边圉无事,寅僚和衷,
天其降福此邦乎?

　　都下久旱,前日始得快雨,四境当已沾足。祖母大人寿体康强,
刺绣不辍,膏方补药日进一盉,惟盛暑停数日。数年来未敢少间。叔
父入直如恒,致君尧舜之心日觉迫切,陈情乞养且俟明年。艮老医药
失宜,遽捐馆舍,老成凋谢,朝右失人,所关实非浅鲜,书斋人少,责任
愈重。大甜水井之屋约节后可以腾出,略加修葺便可移居。全眷进
城尚多牵掣,初意本不尔也。男等不学,上负重亲之期望,壮不如人,
惭悚无地。今科无能手,庸庸者遂猎高第,同邑蒋士骧如不欲战,居然三
甲。赵林补殿试,尚在前列也。此所以中夜徘徊,不甘弃去也。四哥昨
已验看,且待初五掣签看分何部,再寻熟友分司。榜后就京官者极
多,本月已有三十余人矣。

　　朱少愚人尚本色,才欠开展,不似久于外省者。据云到陕十余年。
此次解来之饭银,几于无法摆布,问其所以,不甚了了。男又熟识无
多,日来代为奔驰各处,托人照应,好在伊自己事尚无头绪,必有数十
天耽阁也。理堂先生家分金当备出送去,将来倭处应分若干,便中谕

示。草草禀复，叩请金安，并问全姑娘安好。男曾翰谨禀，四月三十日。

　　按，"艮老"即倭仁(1804—1871)。由"艮老医药失宜，遽捐馆舍""大甜水井之屋约节后可以腾出""同邑蒋士骥如不欲战，居然三甲"知，本札作于同治十年四月三十日。

　　此前一日，《翁同龢日记》载："得五兄四月十四函。"[①]故本札曰："昨日潘、焦两弁至，奉到四月十四所寄第六号谕函……"前札曰："朱少愚大令处信件尚未收到，想涂次或有濡滞耳。"本札则曰："朱少愚司马于廿二日抵京，面交第四号家信一函，金钏衣料等一包，展读之下，谨已分领。"可见二者是连贯的。

　　赵林(生卒年未详)上年因病缺席殿试而于本年补殿试，得二甲第二十三名进士。蒋士骥则得三甲第一百五十三名进士。

（五十三）同治十年五月廿七日（1871 年 7 月 14 日）

男曾翰百拜谨禀父亲大人膝下：

　　前月二十日以第五号禀交天成亨带回，本月朔日又以第六禀付潘、焦两弁赍去，计已上邀慈鉴。匝月以来未奉手谕，想因乏人便，故此迟迟，然孺恋之私，昕夕系悬，伏惟顺时颐卫，眠食胜常。节届溽暑，一切鲜能助理，总揽宏纲，幸勿以琐屑劳神为祷。

　　长安有问鼎者，彼都人士咸谓，教泽沧浃，致此盛遇。今春二麦丰收上忙，征解当旺，库款谅可支持。左老何时进攻？粮台须移动否？铭军在境，陕防自可无虞。近闻有抽调铭字数营入楚之说，不知确否？湘中会匪蠢动，龙、益两城陷而旋复，韫翁奏报并未穷其所之，恐伏莽繁冗，愈迟则蔓延愈甚耳。

---

　　① 《翁同龢日记》，第 886 页。

都下阴雨连绵，蕴隆暑热，祖母大人福躬增健，眠食如常，瓜果未熟，尚不吃也。东华门外屋尚未腾出，叔父仍每日奔走，遇雨则宿酒肆中。入六月后，工课少减，略可松动。四哥午日掣分户部，于十九日见堂到署，现在广东司行走，闻广东司可免杂差。而价人再三招呼，于是又兼四川，熟人指示一切，殊于公事有裨。男馆署奔走，差免陨越，刻下剿粤匪正本进呈将毕，事已过半，而剿捻各书阅者草率，覆校时未免益劳心力。上年寄来朱批谕旨，暇日敬谨展阅，借可仰窥成宪。

新进士入词林者纷纷而吾乡寂寂，未免减色。赵林分吏部，蒋士骥分直隶，告近须改掣。英隽如季士周，仍以主事回兵部，岂非命乎？陆寄庵表叔由石坝调署卫河县丞，临行留下一函，内有求助之语，男当即告以京寓用繁，支持匪易，实无余力及人，兹将原函呈阅，便中可覆之。顷晤子久，知明早有人行，草草泐禀，敬报平安，叩请金安。并问全姑娘安好。男曾翰叩禀，媳妇率安孙等侍叩。五月廿七日。

按，由首句知，本札接续前札。再由"四哥午日掣分户部""赵林分吏部，蒋士骥分直隶"等信息知，本札作于同治十年五月廿七日。本札所谓"长安有问鼎者"，指同治十年辛未科的"榜眼"高岳崧（生卒年未详）来自陕西西安府长安县。

"铭军"指刘铭传（1836—1896）的军队。"韫翁"即时任湖南巡抚的刘崐（1808—1888）。同治十年五月十三日，《翁同龢日记》载："刘崐报会匪滋事，连陷益阳、龙阳两县，旋经收复，惟首匪未获。"[1]这与翁曾翰本札的转述一致，再次佐证了本札的系年判断。翁曾荣前一月验看，此时已被分到户部，并在广东司行走兼四川司。据札，翁曾翰参与校对的《钦定剿平粤匪方略》进展顺利，事已过半，而《钦定剿平捻匪方略》的覆校则比较费力。

---

① 《翁同龢日记》，第 889 页。

（五十四）同治十年六月初六日（1871 年 7 月 23 日）

男曾翰百拜敬禀父亲大人膝下：

匝月无书，悬盼綦切。廿七日以不列号一函托袁子久处带去，初四日张、柯两折弁至，闻有一人在途中感疾，未能同到。接奉五月十六日所寄柒号谕函，敬悉福体康和，知公私顺适，极慰孺怀，并知三哥新得一女，大小平安，尤深欣喜。西安向称高燥，近如黄梅天气，记得去年此时亦复苦雨。想必潮湿日增，恐于起居不甚相合，且忽热忽凉，尤宜随时颐卫。瓜果既无佳者，不知何以消暑？眷昒庭闱，神驰千里。年来吏治民生日有裨益，因利革弊，百废具兴，故能上致天和，连年丰稔，谓非感应之明征乎？河狄回股梗化，自宜合力雕剿。左帅裹粮西进之说未必即能成行，若周之拥众虚糜，实属无谓。省翁作用中朝亦殊不为，然一有贪功喜事之心，其余不足观矣。定芷、伯雨本非经济才，今俱辞去，可见武人之难共事也。

此间自上月廿二起，日日阴雨，每一过午辄倾盆如注，至初三方见开霁，六街泥淖深过于膝，房屋墙垣倾塌无数，进城无路可绕，顺治门内外无不岌岌可危。十余年来未曾经此，两日来郁蒸暑湿，殊觉难堪。祖母大人寿躬健顺，仍行刺绣，上房深静，较他屋凉快多矣。叔父退直归来，轻易不会客，诸事拉杂，已觉捡点不及。男等近体均好，趋直之外绝少应酬，读书数页，写字数行，虽不克增长识见，毕竟可静摄身心，至功名失意，实由学问浅薄，何敢怨尤。惟壮不如人，无以答重亲之厚望，每念及此，无地可容。自问锐气已挫，且未来事会殊不可期，私衷不无耿结。四哥擘分户部，前禀已陈，当遵谕留心学习，现在各衙门人浮于事，而实心讲究者甚属寥寥，非精勤不能出色也。肃复，叩请金安，虔贺大喜。并问全姑娘安好。男曾翰谨禀，媳妇率安孙等侍叩。六月初六日。

偶捡上年寄来之陕刻时宪书，内有舛讹一处亟须厘正，忌辰单内及七月初九日上眉，于"孝静成皇后"仍书"康慈"字样，是大不妥！今冬刊刻样本时,伏祈留意,敬谨更正! 从前旧刻可勿宣言也。

京寓用度殊无浮滥,上年八月间入公帐银一千五百两陆续兑用,顷已告罄,现在将去年提存之五百金暂时动用,以后应由何款开支,伏祈赐谕,以便遵行。上年馈岁之项本余六百金,今春付城内房价时支用贰百,昨送伊宅帮分壹百,尚留叁百金,日内如付清房价,或需预备添补也。

书斋功课,责成愈重。自倭相谢世后,差使愈挤。兰翁每日先至枢堂办事,膳后方到殿上,故早晨功课惟叔父与荫翁同侍,每日上坐书尤为叔父专责,故迩来虽有十分要事,亦不能通融不到矣。入伏后,例将课程减少,午刻退直,略可从容,无如近日督责甚严,颇难料理。此中情形,非笔墨所能罄,即叔父亦有不能详言者,窃恐向后日难一日耳。大甜水井之屋至今尚未腾出,及早须在秋初,又多一月奔走,真无可如何! 叔父近日骑马时多,坐车时少,实缘大雨浃旬,泥深没膝,不得不作此便捷之计也。胡季临病甚不支,竟开缺矣。邵卜生、钱湘吟差旋,均得部院意者,其酬劳乎?

上年天津之事了而未结,其时布、法适有兵衅,故未暇及此。近阅新闻纸,知两国议和,兵事已解,美国与高丽构兵,不知如何? 法人尚拟申理前事,他国洋人更恐助之为虐。如以失之布国者取偿于中国,则虽力尽筋疲,不足填此巨壑。惟在当局者善于操纵,方可为国,否则危矣。此事尚未发动,然杞忧不能释也。

应敏斋方伯前月抵津,为日本换约事而来,闻日本人尚未到津也。朱修翁回籍葬亲,今与应方伯同来,其寄高隽生伟曾一信恳求必达,伏祈问明饬送。暹罗贡使已抵豫境,其驯象三只惜在湖北倒毙一只矣。顺治门内象房已料估兴修,近日工部奏请修理工程甚多,可见想发财之人实繁有徒也。

督抚大吏关系合省吏治民风,实有不可轻畀者。韫翁在湘久已不惬人望,引退之志踌躇未决,中朝亦久欲更易,一时实乏其人,龙、益两城已报收复,昨又报资江南北一律肃清,不知实在若何,殊不足

恃。原奏无一语引咎,明旨无一字谴责,俱不可解。总之,刁风悍俗,
伏莽正多,未易言治,爰石虽精明,其威望尚不足以镇抚之也。如何,
如何! 来谕示及川中情形,何竟谬戾若此! 可见圆通讲世故者,不可
膺大任。向为州县,有能声,愈迁而愈不可闻,何川民之不幸耶! 吴
效曾从前在京屡有话柄,今侥幸开复,何尚不知悛改耶? 即有议论,
其谁信之?

　　按,由"四哥掣分户部,前禀已陈"知,本札作于同治十年六月初
六日。札曰"廿七日以不列号一函托袁子久处带去",指前札——同
治十年五月廿七日札。札曰"初四日张、柯两折弁至,接奉五月十六
日所寄柒号谕函",在《翁同龢日记》中也有记载,只不过稍晚一天。
同治十年六月初五日,翁同龢于日记中写道:"得五兄五月十六函,折
弁来,即复交之。"①翁同龢所复之信当与翁曾翰本札封为一函发往
西安。
　　副启中,胡季临即时任吏部右侍郎的胡肇智(1807—1871),于本
年五月廿二日陈请开缺。② 廿四日,邵汴生——邵亨豫(1817—
1883)署吏部右侍郎,钱湘吟——钱宝廉(1820—1878)擢工部右侍
郎。③"上年天津之事"指爆发于同治九年(1870)的"天津教案"。应
敏斋即署江苏布政使、时任江苏按察使的应宝时(1821—1890)。

(五十五) 同治十年七月初七日(1871 年 8 月 22 日)

信封　平安喜报。辛字第八号。男曾翰谨缄。
钤印　曾翰谨缄(白文方印)

---

　　① 《翁同龢日记》,第 893 页。
　　② 《翁同龢日记》,第 890 页。
　　③ 《翁同龢日记》,第 891 页。

男曾翰百拜谨禀父亲大人膝下：

前月初六日以第七号禀交折差，廿六日又从袁处寄不列号一纸。日来翘盼正切，初四日叔父蒙恩超擢阁学，正欲肃禀驰报，适赍贺折之二弁来，奉到第玖号谕函，敬悉一切平安，欢悦无量。五月多雨，不知发信后便晴和否？麦既丰收，民情谅亦安帖。左老移师之说未必遽行，铭军在防，惟祝秦疆安谧耳。

都下六月苦雨，日来始晴，近京各路处处漫溢，涿州进京须用船只，前所未闻。秋冬间恐有荒歉之虞。西风一起，早晚顿觉凉爽。寓中安善，祖母大人寿躬娱适，叔父不次超迁，欣感无极。伏念先人德泽，积厚流光，大人勤宣治化，造福生民，叔父辅翊圣明，仔肩巨重，继述之善，洵无愧矣。翰等兄弟行中，惟仲渊幸掇巍科，稍足吐气，惜病魔缠绕，未能有为，余皆安居荫下，虽才力不齐，要皆无甚本领。祥哥随侍有年，正宜留心学习，泽以书卷，他日服官便益不少。四哥至性过人，孝友念重，叔父晨夕训诫，勉读有用之书，以增益其不能也。五哥颇有吏才，惟视事太易，待人亦偏于刻，阅历未深，似未可遽膺外任。男器识不闳，事多疑虑，于诵读一道又复爱博不专，故无进境，他日功业无可自信，凡庸如此，乌有教子之义方乎？当此门楣喜溢之时，实切保泰持盈之念，惟有兢兢自持，或者省愆寡过耳。

第八号信尚未到，到时当遵办。日用一切丰啬适中，此后添城寓一项，每月亦须数十金。倭处当送分五十金，禀商叔父酌定。与伊礼翁家告帮者有间也。价人归期未定，容徐商之。新亲恽杏云同年以道员分发浙江，即日挈眷南去，婚嫁事尚有六七年，只得届时再商。新放许学使尚未拜晤，行时当可托带信件。专肃，叩请金安，恭贺大喜。并问全姑娘安好。男曾翰谨禀，七月七日。外分发道三寿（壬辰年谊。）信件，又倭宅托分信件，共一总函，乞检分。

　　按，由"初四日叔父蒙恩超擢阁学"①知，本札作于同治十年七月初七日。所谓"阁学"，就是内阁学士。由后札知，本札为翁曾翰当年缮寄第八号陕信。

　　"前月初六日以第七号禀交折差"指前一札——六月初六日札。翁同爵所寄第九号函当指翁同龢七月初六日所记"六月函"。②由本札知，翁同爵所寄第八号函晚于第九号函，而此时尚未送达。

　　本年四月廿一日，倭仁(1804—1871)去世，故札曰："倭处当送分五十金。"本年六月二十日，"陕西学政汪鸣銮丁内艰，放许振祎"。③许振祎(1821—1899)，即新放"许学使"，字仙屏，江西奉新人。

　　虽然翁曾翰的辈分比翁同龢低，但是年龄却只比翁同龢小几岁。翁同龢此番升迁，对屡试不第的翁曾翰触动很大。故翁曾翰在为叔父高兴之余，也颇为感慨。他逐一评价了翁曾源、翁曾纯、翁曾荣、翁曾桂等同辈兄弟的才干和成绩，认为他们各有所长，唯独自己比较平庸。这显然是翁曾翰的自谦之辞，但确实也反映出翁曾翰未得功名的压力之大。

（五十六）同治十年七月廿四日(1871年9月8日)

男曾翰百拜谨禀父亲大人膝下：

　　初八日以第捌号禀交折弁携回，而六月十三日所寄谕函昨日甫由天成亨送到，尚未缮覆交寄，遥维福履康和，合署平善，定符孺祝。

　　铭军在陕，边境可以无虞。今闻俄人知照收复伊犁，乃遣荣全赴彼查勘而令刘军拔队出关，计不日即当奉到。方今中原未靖而

————————

　　①　《翁同龢日记》，第899页，同治十年七月初三日："荫轩遣人候于酒舍，以桂侍郎函示我，知昨日阁学两缺同日题上，蒙恩放徐桐及臣龢。"

　　②　《翁同龢日记》，第899页，同治十年七月初六日："得五兄六月函，折差来。"

　　③　《翁同龢日记》，第897页。

欲用兵于万里之外，无论兵不能到、饷不能运，即使裹粮急趋竟达伊城，岂区区兵勇遂足守此穷荒哉？且夷情诡谲，安保其不生觊觎？万一以索费等词别启他衅，则得不偿失，又将如何措置耶？铭军之行，秦中将令何人换防？中朝调度，远莫能详，倘中丞有深知可恃之军，似可及早陈请，方于地方有益也。

近畿水灾甚重，九门以内宵小颇多，入冬尤须加意。寓中祖母大人以次均安，惟秀姑娘卧病一月，诸证驳杂，极费调治，近请江西元君诊视，亦无大把握也。顷许仙平学使来辞行，送菜一席。云明早成行，匆促中将祖母命寄绣件各种匣内有单。并佳茗一匣托带，余详他函，朱少愚日内亦将回陕。不及缕禀，叩请金安。男曾翰谨禀，七月廿四日。

按，同治十年七月廿三日，《翁同龢日记》载："俄夷收复伊犁，贻书问中国尚欲得此土否？中旨命荣全往镇。荣全者，伊犁参赞，尝乞师于俄者也；又命景廉带兵复乌鲁木齐；又命刘铭传出关剿贼，拨部银二十万。此前日事，恐景、刘皆未胜此任也。"[①]这就是本札的写作背景。正如本札所言"今闻俄人知照收复伊犁，乃遣荣全赴彼查勘而令刘军拔队出关，计不日即当奉到"。故可知本札作于同治十年七月廿四日。

首句曰"初八日以第捌号禀交折弁携回"，指的正是前一札，作于同年七月初七日，寄于七月初八日。从本札看，翁曾翰对朝廷此番的决议是不太认可的。原因大体有三：一是中原内乱未平，不宜用兵于万里之外；二是伊犁乃穷荒之地，即使收复了，也很难长期镇守；三是俄国人艰险狡诈，很可能有其他的阴谋或算计。带信人许仙平学使，即前述新任陕西学使许振祎（1821—1899）。

---

①　《翁同龢日记》，第 903 页。

（五十七）同治十年九月初五日（1871 年 10 月 18 日）

男曾翰百拜谨禀父亲大人膝下：

　　七月杪奉到谕函，旋由天成亨及折差连带第九、第十两禀，八月十四日复由魏大令含忠携去信件。计已上达。匝月以来，日盼折差，而至今未到，涂次为水阻滞耶？抑西安有军情而未发月折耶？翘盼之私，刻不能释矣。秋凉已可薄棉，秦中谅亦仿佛，伏惟福躬和适，公事顺平，定如孺祝。

　　都下平安，近畿水灾甚重，闻金龙四大王现在天津。寓中祖母大人以次均安，秀姑娘已全愈。叔父八月初七日樸被移居，略加修葺，尚未竣，稍迟拟奉祖母进城暂住，上房闳敞精洁，极合意也。四哥本拟节后南行，因待严谕未至，故复迟迟，惟节届重阳，风信将至，月初在署告假，初四赴通买舟，由津搭轮船归里，只祝一路平安耳。

　　此间银米增昂，日用艰难，入冬恐多夜警。今年馈岁之资可否即将上年虎贲数内动支，毋庸另筹汇兑，便中祈谕示。顷闻朱少愚明日旋陕，匆匆泐此，余俟折差来再禀一切。叩请金安。并问全姑娘安好。男曾翰叩禀。媳妇率孙男女侍叩。九月初五日。

　　按，由"叔父八月初七日樸被移居"和翁曾荣"初四赴通买舟，由津搭轮船归里"知，本札作于同治十年九月初五日。因为这两个信息在《翁同龢日记》中均有记载。同治十年八月初七日，《翁同龢日记》载："是日申时移居新宅，子侄皆来。"①同年九月初三日，《翁同龢日记》载："明日荣侄将启程南归，或由海舶，或由运河，计未决也，不能无离别之意。"②九月初四日，《翁同龢日记》载："是日荣侄启行。"③札

---

　　①　《翁同龢日记》，第 905 页。
　　②③　《翁同龢日记》，第 909 页。

日"七月杪奉到谕函"，当指翁同龢于同治十年七月廿六日所见由折差带来的翁同爵于七月十一日所作函。①

前札——同治十年七月廿四日札曾曰："朱少愚日内亦将回陕。"而本札曰："顷闻朱少愚明日旋陕。"这也说明此二札在时间上是连贯的。

(五十八) 同治十年九月初九日(1871 年 10 月 22 日)

男曾翰百拜敬禀父亲大人膝下：

自七月廿八寄第十号禀后，四十余日无信，盼望悬悬，刻不能释。昨见中丞报潼关兵溃事，密迩省垣，必滋震动，尤深焦虑。初八申刻折差送到八月十七日所发函，展读之下，敬悉福履安康，诸凡顺意，快慰莫可言喻。西同等属，年丰物阜，北山亦流民归耕，商贾复业，此固地方之福，亦大人苦心经画之所致，岂偶然哉！左公移军静宁，九秋当有战事，筹协饷于支绌之时，此衷当为深鉴。刘军移动，填扎不敷，诚须图守御，如能奏留数营以壮声威，似较稳慎。山西驿路前闻阻水，获鹿入山仅通单骑，许学使犹迟留正定，不知近复何如？畿辅水灾颇重，金龙四大王现在天津一郡，几成泽国。

都门连日风晴，积潦甫涸，入此月来已可穿薄棉衣矣。祖母大人寿躬颐健，叔父爆直劳勚，竟无刻暇，欲求金石书画之消遣而不可得。城寓已于八月初腾出，略加修改及油饰、裱糊，尚未竣工，约初冬时方可奉祖母到彼暂住，上房闳敞精洁，极合亲意。嗣后一切用度自当从公用中支应，服食起居虽无侈靡，较昔年已渐扩充，亦分所宜尔也。男近体健适，差事依然，四哥行后殊觉寂莫，连日因自课易动肝气，哲卿卧病将一月。稍形惫倦。四哥今春入都，家务及经手事草草，未尽安排，本拟秋冬间回里布置，明年携眷北行，为一劳永逸之计。乃近

① 《翁同龢日记》，第 903 页，同治十年九月廿六日："得五兄七月十一日函，折差来。"

京积水未消,陆程不通行李,不得不趁此西风未起之时速谋航海,故已于初四日赴通州买舟放至津门,搭轮船南去。所携一仆老悖无能,男此间命一人随赴津沽送其登舟,抵沪后自有熟人照应,四哥待西信未至甚不放心,日前有禀单在朱少愚携去函中,赴津舟次当另缮禀函。稍可放心矣。

来谕置产一事诚属虑周藻密,价人归计甚决,约二三月可以成行,如哥在家多留一半年,斟酌拣择,此事无难办集也。朱少愚前日回陕,前一夕来问信件,乃付以一函。伊此来男颇为之张罗,惟因嘱担借银未遂其请,意殊快快,只得听之。王、沈、程三君现俱未到,到时当加意酬应。此间赴陕人员均有往还及带信等事,男皆淡漠置之,非故作介介之态,实以杜其请托耳。折差明日即行,而叔父尚未出城,如不及,待下次再作覆矣。顷已于灯下写数纸。专此禀陈,叩请金安。男曾翰谨禀。媳妇率安孙等侍叩,并问全姑娘安好。九月九日。

上年三月会来三千一款,令收储勿动,现在尚存天成。男意今冬馈岁等用先将此款动支,俟明年欲向家乡会兑时,再由秦中寄来,省得久存该号,可否?乞谕示遵行。其余用过各款另单开呈,祈查阅。汤家曾有信来,其大世兄号伯述,写作俱佳,未可限量,现已奉母归萧而自赴吴郡,摒挡田房屋产。吾家寄分昨禀商叔父,拟托萧山友人遇便汇去。恽次翁之世兄官直隶者已于六月回南,俟有妥人当写函寄分去也。

九年九月会到三千:遵分一千,提刻资五百,九年十、十一月入公帐六百,十年正月至六月入公用九百。

十二月会到三千:炭金用一千八百两,送杨濑舅处赙分一百,杨思赞借一百,捐会馆五十,选司团拜分五十,毕、张二处奠分五十两,年底给安孙等一百,分家人一百,捐粥厂一百,伊礼堂分一百,倭中堂分五十,添付房价四百。

又袁处会到库平一千,遵单分讫。

　　按,同治十年八月廿一日,翁同龢"得汤伯述纪尚。函,已奉枢萧山,书札极佳,此非常才矣"。① 正如本札所曰:"汤家曾有信来,其大世兄号伯述,写作俱佳,未可限量,现已奉母归萧而自赴吴郡,摒挡田房屋产。"同年九月初五日,《翁同龢日记》载:"蒋志章报潼关勇滋事。"②正如本札所曰:"昨见中丞报潼关兵溃事。"再结合"许学使犹迟留正定""城寓已于八月初腾出"、翁曾荣于九月初四日南归、"朱少愚前日回陕"等信息,可知本札作于同治十年九月初九日。

　　札曰"初八申刻折差送到八月十七日所发函",故翁同龢于次日得见此函后于《翁同龢日记》中写道:"得陕西家信,欣慰之至,四十日未接信,梦寐为之不安也。"③

　　当然,从翁曾翰信末附呈的"同治九年各款的使用清单",也可推知本札作于同治十年。其中"倭中堂分五十"就有很强的时间指向性。因为倭中堂——倭仁(1804—1871),于同治十年四月廿一日辞世。由后札知,本札于写信次日寄出,为当年翁曾翰缮寄的第十一号家书。

(五十九) 同治十年九月十五日(1871 年 10 月 28 日)

男曾翰百拜谨禀父亲大人膝下:

　　初十日以十一号禀交张弁等携回,而王、沈、程三君尚未见到,闻山路积水至今犹未干涸也。重阳已过,气候渐寒,寓中祖母大人以次均安,连日经营移居,殆无暇晷。四哥赴津,尚无登舟信息,惟愿风恬浪静,早达沪城耳。小宋移抚吾吴,鲍公开府晋中,邵汴翁督漕潞次,朝廷于九列中求吏才,故为此举。荫伯已简少宗伯,同殿侍直者均管部务矣。

---

①　《翁同龢日记》,第 907 页。
②　《翁同龢日记》,第 909 页。
③　《翁同龢日记》,第 910 页。

顷孟筠轩来晤,知系浙之绍兴人,向随父任在甘,伊曾补过甘藩照磨,旋又署过秦州等缺,上年丁忧离任,今以通判改指陕省,云曩在林远村处当差,今春远翁札调赴秦。曾至乌鲁木齐等处,颇耐辛苦,到省后只求察酌材具,量加委用。接其言论,甚为切实,伏祈留意。此系子久与恽少薇所托,故及之。今将洋表一对托带,系文端公手泽所存,祖母命分寄者,到时乞查收。匆匆禀陈,叩请金安。男曾翰叩禀,九月十五日。媳妇率安孙等侍叩。

按,同治十年八月廿三日,"邵亨豫调仓场侍郎"。[1] 同年九月初七日,"何璟调苏抚,鲍源深放山西抚"。[2] 同年九月初八日,"徐桐授礼右"。[3] 正如本札所言,"小宋移抚吾吴,鲍公开府晋中,邵汴翁督漕潞次……荫伯已简少宗伯,同殿侍直者均管部务矣"。"小宋"即何璟(1816—1888),"鲍公"即鲍源深(1811—1884),"邵汴翁"即邵亨豫(1817—1883),"荫伯"即徐桐(1820—1900)。故可知本札作于同治十年九月十五日。翁曾翰本札还有一个重要的内容是向翁同爵隆重地介绍带信人孟筠轩通判,因受友人之托。

(六十) 同治十年九月廿三日(1871 年 11 月 5 日)

男曾翰百拜敬禀父亲大人膝下:

初十日寄十一号禀,十五日又以一函托通判孟筠轩维格。携去,外附金壳表二个。次日沈、程两大令至,奉到手谕并狨皮袄、珠毛甬、凝绸、巴缎等件,均已分呈祗领。狨袄轻而且暖,尺寸恰好,年来祖母所添衣服皆喜窄小,旧时之制均已改短,故此件正合式也。

城寓修理竣工,定于十月初十移居,连日运送应用物件,颇觉繁

---

① 《翁同龢日记》,第 907—908 页。

②③ 《翁同龢日记》,第 910 页。

重。天气乍寒,已换白袖头。合寓安善。四哥抵天津,得其十四日书,知复改道运河以避风波之险,然水程纡远,扁舟南下,实切悬悬。兹有禀函一件谨代寄呈。又夏子松侍郎托高君事原信一纸,祈察阅。外有伊寄高信一件,王璥寄赵大令一件,均乞分送。王君曾为赵令说项,允为代达,不知伊此函中作何语,不得不为转寄耳。贾湛丈十月初出都,闻至西安尚须小住,故人相遇又费一番酬应。复有吴春海太史鸿恩。告假回川,老翁却在京。亦过西安,如其相晤,只可虚与委蛇,其人貌为道学,实非真才,惟略作不平之语耳。

　　顷高太史来辞行,知其即日回陕,特肃数行以报平安,禀请金安。并问全姑娘安好。男曾翰叩禀,媳妇率安孙等侍叩。九月廿三日。

　　按,由首句知,本札接续前札,作于同治十年九月廿三日。前两札提到的王、沈、程三君,此时已到两位——沈、程两大令。据札,翁同龢购买的大甜水井房屋至此时已经修理完毕,定于十月初十日移居;翁曾荣回南,已抵天津,并临时决定改道,由运河南下。从内容上看,翁曾翰作本札更多是出于说项、应酬、转递信件之需要,受夏同善(1831—1880)、王璥(生卒年未详)、吴鸿恩等人之托。由后札知,带信人高太史名为高峻生(生卒年未详)。

(六十一) 同治十年十月初七日(1871 年 11 月 19 日)

男曾翰百拜谨禀父亲大人膝下:

　　前月廿三日托高峻生太史携去一函,送行未晤,不知涂次有勾留否?昨折差王贵、张彦龄至,得十二号手谕,敬悉合署平安,公私俱顺,忻快无比。咸阳信宿,亦足稍涤尘襟,衡岳之游,至此又数年矣。刘之引退,实由于位置失当,替人曹公尚在都下。中朝不甚以西事为重,故举措转可随便,利害所关,谁能洞悉乎?

　　近畿积水未退,冰凝将坚,四野鸿嗷,方施赈恤。此间乍寒如严冬,晌午尚和暖。初九日未刻奉祖母安舆入城,一切均已周妥。移居一事,叔父极力经营,男仅稍效奔走,上房整理各件一一亲裁,媳妇等少不更事,余又无人佐理,幸时日从容,俱得料理安稳,嗣后男当间日省亲也。秀姑娘大愈复元,近且健饭,捡点零件深资臂助。四哥到津时,适连夕大风,津门所泐禀函,前托高太史携呈矣。决计由运河南下,前途是否阻浅尚未得信。据东昌人来云,今年水旺异常,临、张之交当可径渡,此月望后不知能抵里否?颇为悬念。

赵价人明年二三月间作归计,置产一节已与之当面深谈,伊虽应允而力言其难,望于岁底通候函,加手书一二纸谆托之为祷。京寓用度,既分一宅,自然多费,一切均听叔父主裁,熟商而行,不丰不俭而已。前禀所云,以上年寄存三千一款为今冬馈岁等用,是否可行,伏祈赐示。肃泐,叩请金安,并谢赐件。男曾翰叩禀,媳妇率安孙等侍叩。拾月初七日。

上年馈岁之三千金,照单开送外,复于小除夕补程容翁处三十两,缘去冬有事烦伊,故叔父命补送。余六百余金,将来元卷等项当于此中提用也。来谕云,今春拟寄数千存储备归养之用,谨当遵收勿动,惟前命收储之款为数已巨,因携取不便,遂以道德经存天成亨,仍拟陆续取回为妥。频年已如惊弓之鸟,觉贾人皆不可恃,不得不作守钱虏。窃思再有寄款,或由秦酌购金叶设法汇都,较为简便,但不知价值如何,陕金成色似不甚足,如京城现在足金每两在十五换七八钱,若秦中价在十五两左右似可合式,姑陈之,以备采择。

房师何受山先生福威。由甘凉道丁忧,起复候简一年乃得云南迤西道缺,命注远省,枢廷似有成见。无可如何。昨往谒,尚未晤,闻赴任时欲取道山陕,倘竟过秦,大人或稍酬应之。如在此间凑集川资,则门人谊不容辞,好在同门有成竹平廷尉,频年仰给于彼。男亦在所不免耳。

贾湛田丈丁忧起复,或选或放,事在两可,去年腊月始定归选,原冀得缺较早,乃云南楚雄适尔开缺,湛丈竟以应补到班,前数日询之选君,尚茫然也。实属无谓,虽得缺后可望简放道员,然迟速不可知矣。

伊意亦欲赴秦,为谋奏调之计,但不知陕西现在能算军务省分否? 如有机会,想必可为设法也。

同乡萧葵生者,现在国鼎臣观察处,董令梓枋闻曾代理帝缺,丁芥凡嘱求嘘拂。倘有信札来往,祈为一言嘘植,其才尚堪造就耳。

按,"前月廿三日托高峻生太史携去一函"即前函,故本札接续前札。另,从翁同龢奉母移居、翁曾荣水路南下等事也不难判断,本札作于同治十年十月初七日。"昨折差王贵、张彦龄至,得十二号手谕",即《翁同龢日记》所记十月初六日所得陕西函。[①]"刘之引退"指脑伤后遗症复发而头痛欲裂、又未得陕西巡抚实缺的刘铭传,告假三月回籍。"替人曹公"是接替刘铭传前往陕西统率铭军的甘肃提督曹克忠(1826—1896)。翁曾翰认为刘铭传之所以引退,是因为"位置失当",言下之意是朝廷没有任命他为陕西巡抚。翁曾翰认为朝廷的决策过于随便,透露出了一定的担忧。

副启中,翁曾翰先汇报了翁同爵上年所汇馈岁之三千金的结余情况,然后对今后的寄款方式提出了合理化建议——由秦购金叶设法汇都,再直接或间接地为何福威(生卒年未详)、贾致恩(1828—1891)、萧葵生(生卒年未详)、董梓枋(生卒年未详)等人说项。其中,贾致恩,字因卿,号湛田,山东黄县人,于光绪年间得到重用,官至浙江布政使。

(六十二) 同治十年十月上旬(约 1871 年 11 月中旬)

金积堡保案已于初三日奏到一折,所开何啻千人? 卧雪所得却不为优,在陕局员想亦尽数列入,游客投营者当亦波及矣。

沈梅史文炎。曾在吾家就馆,且认壬子年谊,到秦时谅必见过,

---

① 《翁同龢日记》,第 914 页。

今以直州留陕。此人笔下尚好,然乡评不佳,目动言肆,望而知为有道君子,倘有差委,须斟酌而用之。

沈、程两君王叔琴尚未到。在此屡相过从,饭银事已办讫,日前曾在文昌馆请伊一叙。沈,浙人,老于吏事,似不如程之笃实;程在陕廿年,何本色乃尔?引见尚未定期,约在花衣期后,行时当将貂帽托带,男本有意于此也。

按,由《大清穆宗毅皇帝实录》知,"金积堡保案"于同治十年十月初三日奏到。① 故本札作于同治十年十月。据下文同治十年十月廿一日翁曾翰致翁同爵家书知,沈、程二君于当年十月"十七日引见事毕"。而本札曰"引见尚未定期,约在花衣期后",故可知本札作于同治十年十月十七日前,且在慈禧太后生日——十月十日之前,基本上就是十月上旬。

(六十三) 同治十年十月
(约 1871 年 11 月中旬至 12 月上旬)

中秋前一日,魏古臣同年含忠以大挑赴陕,托携一函并靴一双、茯苓饼一匣,不知何日可到?天气尚热,饼恐变味。靴则近年所寄均系九一尺码,想必合式,此次托折差先带一双,下次再寄,如需暖靴,望速谕示。希虞臣丈仅有拜年往还,问之兵部执友,亦鲜见之者,吾家频年酬应,似未见其覆字,今送一函来,附以活计四件、鼻烟半瓶,用答前情,兼述近况。兹将佩件带呈,其烟遇便再寄,冬间作书时可述谢意。前月十五日托孟筠轩维格。通判携去一信并金壳表两个。孟君曾两晤,似系坚卓耐苦之人,可用材也。

___

① 《大清穆宗毅皇帝实录》卷三二一,同治十年十月上,叶一三(下)。

　　按，前述同治十年九月十五日翁曾翰致翁同爵札中曾经写道："顷孟筠轩来晤，知系浙之绍兴人……到省后只求察酌材具，量加委用。……今将洋表一对托带，系文端公手泽所存，祖母命分寄者，到时乞查收。"而眼前此札曰："前月十五日托孟筠轩维格。通判携去一信并金壳表两个。"故可知，本札作于同治十年十月，但具体日期难以确定。

（六十四）同治十年十月廿一日（1871 年 12 月 3 日）

　　男曾翰百拜谨禀父亲大人膝下：

　　昨由吴仲起带到七月朔日函，展诵手谕，敬悉一切。外附玉带钩两个，百合粉一匣，均已收讫。仲起尚未来拜，不知寓所，信件由伊戚张芝圃家送来，此公举止若此，集资捐官恐成画饼，欲从京官求助尤梦梦矣。

　　沈筠庭、程俊卿在此屡与晤谈，筠庭精明稳健，必长于吏事，俊卿亦笃实无华，谈曩时守凤翔事，娓娓可听，十七日引见事毕，定于廿二日回陕，兹将貂帽两顶，凝绸、屯绢料各一连，杏仁一匣，托二公分带。貂帽系马聚兴定做，令铺伙来装好，必可稳当。凝绸等系咸丰年间所得赏料，奉祖母命寄去，可分给三哥一二件，俾令谨藏。

　　天气渐寒，近已换白出风。祖母大人以次均安，城寓布置周妥，男等日往省视。叔父退直必须申、酉间，盖功课频添，迥非昔年可比。仲兄病体渐减，今作禀函一件寄呈，词句虽不畅达，亦无大舛错也。秦中狐皮尚好，如有现成者望寄两件来，以便分致两兄。男要二毛羊皮袍一件，须板薄而极轻者，祈遇便赐寄为祷。肃泐，禀请金安，并问全姑娘安好。男曾翰叩禀，媳妇率孙等侍叩。十月廿一日。

　　按，同治十年九月初九、十五、廿三等日翁曾翰致翁同爵的家书中都提到了沈、程二人，尤其是九月廿三日札，透露沈、程两大令已于九月十六日抵京。而本札详细介绍了沈、程二人在京状况和行程安排，显然与前三札作于同一年。故可知,本札作于同治十年十月廿一日。另外,"城寓布置周妥"指大甜水井房屋布置周妥,也可印证笔者对本札的系年判断。据札,"沈"乃沈筠庭(生卒年未详),"程"乃程俊卿(生卒年未详),皆为入京引见的陕西官吏,生平待考。

(六十五) 同治十年十一月十一日
(1871 年 12 月 22 日)

敬禀者,日前将十三号信并虎骨胶、高丽参交折差带去,顷知火牌差尚未走,再将缙绅一函、皮糖一匣交去,祈查收。祖母大人连日向愈,正气颇弱,胃口未开,□医日来诊视,仍进调中养阴之剂,冬至已过,当日增健旺矣。王叔琴到京宫晴兰已先至。已将翠镯、衣料交来,遵谕命媳妇等袛领,镯子圈口合手,衣料颜色鲜明,叩领之余,欣悦无似。叔琴寓于西城,往返尚未得晤也。肃泐,叩请金安。男曾翰百拜禀,媳妇率孙女叩谢赏赐。外潘星斋先生托带二信,祈分致。十一月十一日。

按,在同治十年九月初九、十五等日的翁曾翰家书中,除提到沈、程二人外,还提到了"王"。"王"就是本札提及的王叔琴(生卒年未详),生平待考。再根据翁同龢母亲的身体状况综合判断,本札当作于同治十年十一月十一日。日前交折差带去的"十三号信"显然是同治十年所发的"辛字十三号信"。这些判断在后札中可得到印证。

(六十六) 同治十年十一月十二日
(1871 年 12 月 23 日)

信封　父亲大人安禀。辛字拾肆号。外本色高丽参半斤。曾翰谨缄。十一月十二日。

钤印　曾翰谨缄(白文方印)

男曾翰百拜谨禀父亲大人膝下：

初八日以十三号信并虎骨胶一匣、高丽参一斤交折差,昨又以信一纸、搢绅一函皮糖一匣。交火牌车带回。日前天成亨送来九月廿五所寄手谕,读悉一切。库平足银伍千两均已收到,此项备明年置产之需,遵谕收储,不以他事动支也。

京寓日用撙节有度,此后添城内一项,每岁须增数百金,亦赖大人筹寄接济,倘叔父能得部院之缺,则所入必稍宽裕耳。祖母此次感冒较重,日来诸证渐平,惟胃有余热,饮食尚少,仍须调胃和中,再议清补。亲年日高,喜惧交集,叔父意欲陈情而未敢遽上者,此时归里亦无以为乐也。四哥十月十一由清江解维,二十左右必可抵里,挈眷北行之计明年未必遂行,今当传谕令其暂留家中谨慎办事,盖价人于购田一节只肯帮同料理,不能独力担承,非有自己人实心访察,一切不能周妥,理固然也。男循分当差,虚衷肆习,惟学识未充,殊觉自愧,家中琐屑率旧料理,大事必禀商而行,至服食起居,尤不敢萌奢侈之念,身依荫下,此即无量之福,然三十许人尚不能自食其力,难免不才之诮,如何,如何!

王叔琴昨方抵都,将家言、翠镯、衣料送来,已命媳妇等叩领,频年未添衣饰,得此实增荣宠。宫大令处绢灯亦已收到,尚未开看。向在友人扇头见琴公笔墨,颇潇洒也。天成便人日内即行,将本色高丽参半斤带呈,祈查收。此种货非上品而来者无多,目下只有此数,已嘱铺中于货到时代为留购矣。肃泐,叩请金安,并问全姑娘安好。男曾翰叩禀,媳妇率安孙等侍笔叩谢。十一月十二日。

按,由首句知,本札接续前札。札曰"此后添城内一项,每岁须增数百金",说明翁同龢已奉母亲移居"小寓"——大甜水井房屋,这个时间点就在同治十年底。再由"辛字拾肆号""明年置产""叔父意欲陈情而未敢遽上者""四哥十月十一由清江解维,二十左右必可抵里"等信息知,本札作于同治十年十一月十二日。因为同治十年为辛未年,故翁曾翰此年缮寄的家书多以"辛"字编号。"王叔琴""宫大令"等人,在前札中皆已提及。据札,翁同爵还于本年九月廿五日信中汇到了库平足银五千两,用于第二年请赵宗德(生卒年未详)在家乡帮忙购置田产。

(六十七)同治十年十一月廿一日(1872年1月1日)

男曾翰百拜敬禀父亲大人膝下:

初八、十一等日连次寄函,未知何时可达? 祖母大人连日见愈,惟攻下之后,正气不能即复,胃口已开,仍不敢多纳,昨药中用参须、白求少许,似不受补,只得仍以滋阴养胃为徐徐调治之计。叔父商量医药,未敢暂离,故十八日续假半月,如假满仍未能大愈,拟请开缺侍养,惟差使吃重,不知能邀俞允否? 大人悬念之切自不待言,若待折差带信,未免过迟,故书此数纸,转托袁子久兄交马递速便附去,以慰远怀。余容续禀,肃请金安。男曾翰百叩禀,十一月廿一日。

按,从翁同龢母亲的身体状况和翁同龢的紧张应对来看,本札当作于同治十年十一月廿一日。本年十月廿八日开始,翁母身体不适,翁同龢于十一月初二日"缮请假五日折",[①]又于十一月初八日"续假十日",[②]再于十一月十八日"递续假折,赏假十五日"。[③] 故翁曾翰本札曰:"叔父商量医药,未敢暂离,故十八日续假半月,如假满仍未能大愈,拟请开缺侍养,惟差使吃重,不知能邀俞允否?"

---

① 《翁同龢日记》,第918页。
② 《翁同龢日记》,第920页。
③ 《翁同龢日记》,第922页。

（六十八）同治十年十一月廿四日（1872年1月4日）

帖　男曾翰率媳妇暨安孙等百拜，叩请父亲大人万福金安！豫贺
　　年禧！

男曾翰百拜敬禀父亲大人膝下：

　　本月廿二日闻擢授陕抚之命，举家忻忭，感戴莫名，此固天恩祖
德，亦由大人兴利除弊，循绩蔚然，故克受此倚畀。恩命到秦计在月
初，受事后即当具折陈谢，吁请陛见，得请则开印后即可部署北上，就
日瞻云，公私两尽，否则似可于明春暂假省亲，惟既来京，自应入觐。往
返不过数月，然必新任谭方伯到后，日内尚未往见，不知何时起程。斟酌
情形，方能陈请也。前任幕中办折奏者笔墨何如？此席关系甚重，必
须延一通达之才方克胜任。所用折件必多，此后折弁来时当多带备
用也。

　　祖母大人日渐向愈，惟余热未净，饮食甚少，仍进消导之药，昨闻
恩擢，为之开颜。叔父侍奉，不敢暂离，假满能否放心入直，届时酌
行。余俟续禀，恭贺大喜，叩请金安。男曾翰谨禀，十一月廿四日。

　　按，同治十年十一月十四日，蒋志章（1814—1871）卒于陕西巡抚
任上。同年十一月廿二日（1872年1月2日），时任陕西布政使的翁
同爵被擢升为陕西巡抚。① 故由"本月廿二日闻擢授陕抚之命"一句
知，本札作于同治十年十一月廿四日。此时翁母生病未愈，翁同龢仍
续假在家。"谭方伯"即接替翁同爵出任陕西布政使的谭钟麟
（1822—1905），字文卿，湖南茶陵人。

---

　　①　《翁同龢日记》，第923页。

（六十九）光绪二年二月初六日至二月十四日
（1876 年 3 月 1 日至 3 月 9 日）之间

去冬添送炭敬，小军机四人：前已将住址名号单寄呈，每位送三十金。余联沅、谢谦亨、萧韶、庄予桢。湖北侍御四人：每位送二十金。李廷箫、小轩。张盛藻、春陔。王立清、鉴亭。刘国光，宾臣。余若夏子松、四十。周荇农、五十。程容伯、三十。孙子受、三十。张子腾、三十。亦均致送。京官穷极无聊，盼炭敬如饥渴，今年如得升授实缺总督，则应添送者正不少耳。同邑公车仅到十人，俟到齐后当遵谕普送元卷，外籍甚寥寥，苟有来往，必不挂漏也。京察单一分寄呈，初次圈出者均已照圈备览。二次圈出记名，当见明发谕旨。

按，翁曾翰本札作于翁同爵任职湖北期间。由"去冬添送炭敬""同邑公车仅到十人"等信息知，本札作于某年会试开考前夕。再由"今年如得升授实缺总督"知，本札作于光绪二年会试开考前夕。因为光绪元年无会试，且该年春天翁同爵尚未兼署湖广总督；光绪三年会试前夕，翁同爵早已不再兼署湖广总督。

光绪二年二月初六日，《翁曾翰日记》载："京察单下，刘、李两阁长、益轩、次山均圈出。"①此为初次圈出记名。光绪二年二月十五日，《翁曾翰日记》载："京察单下，记名者满九人、汉廿二人，刘星岑与焉。"②此为二次圈出记名。而且，本年二月十五日，本科复试开始。而"同邑公车仅到十人"说明写信之时尚未举行复试。故本札作于光绪二年二月初六日至二月十四日之间。

其实，翁同爵在上年年底——光绪元年十一月廿七日的家书中就已经千叮咛、万嘱咐翁曾翰："南斋孙子受、张子腾，正詹周荇农上

---

① 《翁曾翰日记》，第 378 页。
② 《翁曾翰日记》，第 379 页。

年酬应颇殷。及程容伯,可添作一函。吾意皆须送炭金,可请汝叔父斟酌之,如送则周须五十金,孙、张、程须三十金,切嘱,切嘱!"①此札反映了翁曾翰响应乃父上年的嘱托,正在和叔父翁同龢一起,积极地查缺补漏。

---

① 南京博物院藏光绪元年十一月廿七日翁同爵致翁曾翰家书。

三、翁曾荣致翁同爵

（一）同治五年八月十六日（1866 年 9 月 24 日）

男曾荣百拜谨禀父亲大人膝下：

前月由沪上交轮船递呈一械，未知何日达览？月之十日奉到严谕，敬谂福躬康泰，起居绥和，快慰悉似。并寄到库纹足漕平陆百两，如数收明，交付回条，一面遵谕将各项逐一核准，分致分给。男等应领壹百，亦叩头祗领收藏。其余各路回复信件，匆促未能收齐，俟下期汇缴，恩意所至，决不敢延缓也。

至于新增人口，其开支数目，嗣后再录单呈览。荣之私愿，惟望其到楚时能细心侍奉，举动中礼，方始欣慰。衣服等件自当粗为整备，免致临时缺乏，反分亲意。刘升南下迎接眷口，如于此刻动身，计重阳时候即可束装而行矣。惟是川资各事，皆劳筹划，为数已巨，良非易办耳。

奎保年已长成，他日来署，加以琢磨，可期早日成就，否则虚玩岁月，殊觉可惜。家中人口俱吉，京寓想信函常达，无庸赘述。专肃寸丹，敬叩福安，伏乞垂鉴。男曾荣谨禀，八月十六日。

按，由"至于新增人口……荣之私愿，惟望其到楚时能细心侍奉……"知，翁曾荣本札作于翁同爵任职湖南期间。同治五年十一月初一日，翁曾翰在致乃父翁同爵的札中写道："刘升九月中旬到常，眷属料理起程未必能迅速,到湘计在仲冬矣。"①这显然是翁曾荣本札的后续,都讲刘升南下迎接眷口入湘一事。故可知,本札作于同治五年八月十六日。翁同爵时任湖南盐法长宝道,已经不再兼署湖南按察使。

（二）同治七年十月
（约 1868 年 11 月中旬至 12 月中旬）

男曾荣百拜谨禀父亲大人膝下:

今春自到川履任以后一奉谕函,嗣于八月间陆芳回里又得三哥一书,从此悬悬日久,鱼雁罕通。家中所寄禀件共发九次,每于六弟信来借念。都寓时达音书,转述福躬康泰,起居平安,合署内外均吉,并云男处所递之禀恐有浮沉不达者,亲心时深惦念,闻之实为惶汗。蜀道与楚江诚较远已,而信局熟于往来,何至屡为遗失? 道阻且长,一纸书真作万金看也。

川省民情风土自是安和,刑名案牍甲于天下,逐一核办岂易事耶? 闻秋审一届所费必得若干,此系出入攸关之地,不得不详细推究以期允当,至缺分之廉俸所得几何,较湘藩自大异矣。升迁消息当亦不远,未知年内有佳音否?

家中各事,中秋以前前禀具呈,中秋以后即忙文端公、文勤公归葬之事,一切入城入宅礼节,合集亲友议办。叔父携五弟于十九夜扶榇到籍,次午进宅。廿六日奉文端公金棺登位,叔母于是日附厝西陂陀,初一日文勤公安葬。仓猝之际,凡大事所用者,荣向各处措借垫入。六叔以君恩高厚,沿途地方官照料如礼,兼之身膺重寄,不愿受人私情,凡馈赆之投悉屏去。所幸家乡亲友及两邑尊少有相助,不致匮乏。以外则杯奠者多,抚、藩、臬三公仅遣常、昭代祭,意甚薄也。

---

① 　南京博物院藏同治五年十一月初一日翁曾翰致翁同爵家书。

应用之数，六叔另函录陈。至川资等，书券相贷，亦无生法。此次襄助诸务、斟酌一切、筹画接济者，惟伯伟表伯暇时可致函道谢。一人，余皆碌碌而已。滨石舅犹恋恋于仕途，出处之际颇为踌蹰。姑丈在清江，并未到船，意态想必如故。里鄘中近俱安适，农民有收，租务尚好，惜谷贱不能得价耳。

男年来拘守家门，益形枯寂，治理琐碎断难见功，而精力心思自知颓废，身子虽无疾病，终亦愁闷见损，现在昆弟辈各谋自立，接替乏人，势必累年难卸。叔父南来，男已备陈委曲，明年如果祖母还家，荣即随六叔奉侍甘旨，若伯母携仲兄以归，一切似可暂脱矣。荣之居家四阅春秋，本以归葬未办，现在大事已毕，依旧困守乡间，亦非所愿，倘得别谋生计，数年之后，名与利必有可冀幸者焉。家中景象恬熙自若，人口上下均平善，肃呈寸丹，敬叩万福金安，伏乞慈鉴。并候全姑娘近安。男曾荣谨禀。

按，由"今春自到川履任以后一奉谕函""中秋以后即忙文端公、文勤公归葬之事""廿六日奉文端公金棺登位，叔母于是日附厝西陵陀，初一日文勤公安葬"等信息知，本札作于同治七年十月。因为：翁同爵到川履任在同治七年春；翁同龢回籍葬亲在同治七年七月至十月之间；翁同书的灵柩于同治七年十月初一日安葬。

（三）同治十年三月十七日(1871 年 5 月 6 日)

男曾荣百拜敬禀父亲大人膝下：

谨禀者，荣于新正本拟由陆路成行，既因时日迫促，且传言车价极昂，中途又多阻梗，是以于二月初四登舟，结陆叔文伴，到沪搭坐四川轮船，船价每人廿金。十五晚间将行李送船，舱面已满，即在夹舱位置一榻之地，复为积货所撤。酉刻从沪开行，夜半至洋，将过茶山，停泊数时，以装货不匀也。十六黎明放洋，天晴日朗。十八辰刻过黑水洋，夜抵燕台泊，狂风陡作，不能付货。十九寅卯之交，风少息，事毕复北行，不意午后暴风大作，海天一色，波浪山积，舟中坐卧饮食一切俱废，颠簸一昼夜，稍解。廿一已近大沽，见粮舶云集，复受海上风波十余时。廿二始抵津郡，在寓中憩息两天，即偕同乡诸君雇车赴都，连日狂风，尘土蔽天。廿七日于申刻入城。

寓中自祖母大人以次合家康吉，荣辞别京华倏已六载，入门叩见祖慈，精神、饮食、步履皆称健适，欣喜之至。并读第贰号手谕，敬悉起居安吉，公私顺平，陕省四境安恬，深以为慰。惟二月初旬福躬欠和，想由劳碌所致，而署中诸事琐屑必亲，辛苦可知。闻近年公事，陕甘尤非他省可比，办公之暇绝无休息，知精神虽是健旺而须发已形颁白，孺慕之忱，无时不深依恋。全姑娘身弱多病，年来谅亦调理健适矣。日前差弁回陕，荣适患吐泻，寒热交作，卧病不能握管，旋服同乡蒋若峰方，两剂而愈。初七晚入城搬小寓，三场规矩无谬，身子精神强以支持，试作久荒之下语多凌杂。出场后奉慈谕，读悉一切，即谂福体安吉，百凡如意为慰。

荣此次入都，本应省视高堂、乐叙天伦，计居乡孤陋寡闻，殊少进步，惟叩违膝下倏已数载，路途既远，信息罕传，是以入秦有志。刻接训谕，备谂起居康泰，京中月有信函往返，毋庸冒昧来陕，即令到部学习当差，勤慎供职。一切敢不谨守绳尺，恪遵慈命？其余在京各事，或禀明叔父，或就商六弟。年来荣阅历世故、情性少事拘泥，乍到以来，总觉处处生疏，手足相聚，切磋有益。荣现在仍住东厢，平居动静一如曩昔，亦无所更张也。

寓中人口均吉，里门年丰人和，荣启程时诸凡安好，亲友亦俱善。咏春舅将作皖游，濒舅明年当要出山，鹤峰舅患目未愈。各山先陇松楸无恙，已托族中格外照应。专此，敬叩金安，并候全姑娘近安。男曾荣谨肃，三月十七日。

按，由"陕甘尤非他省可比""是以入秦有志""毋庸冒昧来陕"等字眼知，翁曾荣作本札时，翁同爵正任职于陕西。这说明本札只可能作于同治八年、同治九年或同治十年的三月十七日。再由翁曾荣入都参加会试并到部学习当差一事知,本札作于同治十年三月十七日。与本札一函发出的还有翁曾翰于三月十八日写给父亲的一通家书。① 本年二月廿七日,翁同龢于日记中云:"归家,荣侄甫下车。伊于本月初四起身,十六日轮船放洋,海中六日,大风颠簸,见之甚喜。"②这与本札首段的叙述完全一致,验证了笔者的系年判断。

(四) 同治十年四月廿日(1871 年 6 月 7 日)午刻

男曾荣百拜谨禀父亲大人膝下:

前王思庵回省,曾托其携去信函等件,谅必计日可达。昨奉钧谕,借谂福躬康健,阃署平安,欣慰无量。荣抵京时偶感风寒,微患小恙,来书犹惓惓系念,捧诵之下,惶悚莫名。迩来身子壮硕,休息有时,精神饮食不减从前。

至春闱报罢,荣久荒之下本难幸获,惟六弟仍复不得,更为闷闷。荣卷出杨书香房,要认与否俟他日再行定夺。到部印结各事现已办妥,月杪验看,午节后可以到司学习。公事当以小心出之,僚友往来一以谦退持之,一切敬谨将事,或可毋误。五弟现在刑部,弟兄同官例得回避,具呈时嘱为声明。荣于刑案难以学习,掣签当可免于刑曹也。

此间自祖母大人以次俱吉,家乡自荣出门后尚无信来,闻春夏之交雨泽过甚,麦秋大减。同伴之人均已纷纷归去矣。行人匆促,不及详禀,肃此寸丹,敬叩金安,伏乞垂鉴。曾荣谨禀,四月二十日午刻。

头场　有子曰信近于义　一章　人一能之　五句

天下之善士　二句　移花便得莺　得移字

二场　日月丽乎天　二句　曰肃时雨若　骏发而私　四句

---

① 南京博物院藏同治十年三月十八日翁曾翰致翁同爵家书。

② 《翁同龢日记》,第 870 页。

春城小谷　庄公三十有二年　大夫以鱼须文竹士竹本象可也
三场　经　史　畿辅水利　练兵　劝农

此次实到者七千四百余名，江苏不及七百人，苏府一百〇二人，吾邑廿八人也。

按，从翁曾荣入都参加会试、卷出杨书香房、午节后将到部学习及记录的各场题目知，本札作于同治十年四月廿日午刻。本札与翁曾翰同日致翁同爵札封为一函发出。[1] 王思庵即翁同龢在陕西的门人王勤（生卒年未详），此前是翁奎孙（1856—?）的家庭老师。翁同龢在同治十年三月的《日记》中也对本年会试各场的题目作了详细记载，[2]与翁曾荣本札记录的一致，直接印证了本札的系年判断。据札，本年会试实到者七千四百余名，江苏不及七百人，苏州府一百零二人，常昭廿八人。这与《翁同龢日记》中"人数共七千二百有零，江南八百余人"[3]的记录略有出入。

（五）同治十年四月廿九日（1871 年 6 月 16 日）

男曾荣百拜谨禀父亲大人膝下：

月之中旬接奉手谕，敬悉壹是。旋由朱君处带到一函并寄赐衣缎各件，敬谨祗领。正在缮禀间，又奉到四月中钧谕，即谂福躬康健，起居安和，阖署亦顺平，四境均静谧，跪聆之下，欣慰颂私。

惟春闱报罢，辜负亲心，益深惶悚。日来将到部事宜办就，昨已验看，静候初五掣签，未知分在何署何司耳。乍经任事，一切茫茫，若遇熟识人导引于前，则学习工夫似易得力也。

京师亢旱已久，再三祈祷，大沛甘霖，农田可称沾足，阴云未解，似

---

①　南京博物院藏同治十年四月廿日翁曾翰致翁同爵家书。

②　《翁同龢日记》，第 874 页。

③　《翁同龢日记》，第 873 页。

有余泽。寓中一切如常,祖母寿履颐和,精神饮食均安健,近日仍以针黹自娱。叔父日侍讲席,奔驰殊苦,兼以酬应,更形辛劳。仲兄亦渐见痊愈,服药后颇有效验。五、六两弟供职甚勤,六弟兼勤馆课,看书极忙。荣身子安好,日来无事,以字作课。

南中昨有信至,人口皆吉,麦秋为春阴所伤,大为减收,入夏又遭水害,低乡已有淹没之患。应试诸君陆续归去,所有赏赐衣缎,荣谨领之下,已将两件托人带去交媳妇敬谨祗收矣。余详六弟禀中,不复缕赘。专肃寸禀,恭叩金安,并谢恩赏,伏乞慈鉴,并候全姑娘福安。曾荣谨呈,四月廿九日。

按,由"惟春闱报罢,辜负亲心"和"日来将到部事宜办就,昨已验看,静候初五掣签"知,本札作于同治十年四月廿九日。此时,翁曾荣正在北京和翁曾翰在一起,故本札曰:"余详六弟禀中,不复缕赘。"所谓"六弟禀"就是南京博物院藏同治十年四月三十日翁曾翰致翁同爵札。据翁曾翰札知,"月之中旬接奉手谕"指"本月十七日天成亨送到第五号信并会库平银五千两";"旋由朱君处带到一函并寄赐衣缎各件"指"朱少愚司马于廿二日抵京,面交第四号家信一函,金钏、衣料等一包";"正在缮禀间,又奉到四月中钧谕"指"昨日潘、焦两弁至,奉到四月十四所寄第六号谕函。"

(六) 同治十年五月廿七日(1871 年 7 月 14 日)

敬禀者,荣于前月验看,本月初五掣签户部,十六到署带见,仅来一堂,余俱十七八日进内见过,即于十九巳刻到司,一切事宜均由简南屏、赵价人两位引导。先是,堂派广东司,旋因简、赵之请,兼走四川。此后各事,得熟人照呼,可以就教,办理较为方便。至入署之期,约以十日两次。人众地促,将来或在四川司坐。公事等件,好在初到司者竟不过问也。

天时阴雨不止,同司尚未拜齐,共有百余家,姑俟晴朗再去。城厢内外泥泞不堪,请酒一层只得从缓,或有同志拟合力办之,否则为费太巨,亦觉过阔。荣当差一切谨遵训言,悉从谨慎处着力,寡言、择友二层时守弗忘也。

寓中自祖母大人以次均吉,男体亦安,家乡昨有信至,人口顺平,惟前月颇传谣言,东北民居纷纷惊徙,大约下江营伍中皆有一半在会者,一旦有警,瞬息千里,殊为可虑耳。专肃数行,敬请福安,伏乞慈鉴。男曾荣百拜谨禀,五月廿七日雨窗。

按,由"荣于前月验看,本月初五掣签户部,十六到署带见……即于十九巳刻到司……"知,本札作于同治十年五月廿七日。同日,翁曾翰也作有致翁同爵家书,内容较此札丰富,二札封为一函发出。[1]据札,翁曾荣此时已到户部广东司学习,兼走四川司,但是比较轻松,十日之间只要入署两次,且初到司者不过问公事。

(七) 同治十年六月初五日(1871 年 7 月 22 日)亥刻

男曾荣百拜谨禀父亲大人膝下:

前月廿七曾具寸丹上陈一切,想计日可达。日内正盼家言,昨折差至,奉到谕函,敬悉福躬康吉,起居绥和,阖署均安善,快慰悉如。蒙谕到部当差以及应对酬酢、立身敦行各事宜,谆切周详,敢不黾勉将慎,谨敬遵行,以答慈廑?昨日已派当月住宿,每事咨问,尚无错误。折班犹未轮到,司中人多事简,学习之员差使尤少。

此间大雨浃旬,暑湿特甚,泥深没辙,咫尺难行。寓中祖母大人以次均安,男等娱侍之暇,读书聚语,颇有乐趣。江乡前有信来,一切平善,近闻天时酷热,锡蜡自化,果尔,则人亦难支,将来恐易滋疫病也。余不赘述。肃此,敬叩金安,并贺大喜,并问全姑娘近安。男曾

---

① 南京博物院藏同治十年五月廿七日翁曾翰致翁同爵札。

荣谨禀,六月初五日亥刻。

　　按,本札接续前札,作于同治十年六月初五日亥刻。"前月廿七曾具寸丹上陈一切"指的就是前札。同年六月初六日,翁曾翰也作有致翁同爵家书,内容较此札丰富,与此札封为一函发出。① 据翁曾翰家书知,本札所曰"昨折弁至,奉到谕函"指的是翁同爵于五月十六日所寄的第七号家书,且第七号家书中对翁曾荣到部当差、应对酬酢、立身敦行等方面提出了很高的要求。

（八）同治十年七月初六日（1871 年 8 月 21 日）

男曾荣百拜谨禀父亲大人膝下:

　　月前接奉钧谕,肃复寸禀,计邀慈鉴。日来瞻望秦关,正深驰仰,今日折弁来,赍到第九号手训,跪诵之下,敬审福躬安健,起居康强,四境恬熙,百凡顺适,欣慰孺慕,式如颂私。省中久经兵燹,乍登袵席,事事皆费经营,大人勤恤民隐,讲求吏治,赈济灾黎,兴复善政,不独使实惠普周,亦于大局深有关系。今年收成丰足,小民易于复业,天时之和,未始非人心所感召也。甘肃军务,左帅未闻告捷,飞刍挽粟,全赖秦中协济,筹算经画,要非易易。加以时逢盛暑,一切僚属往来,案牍收发,皆劳心计,公事冗烦之际,还祈格外珍摄精神,随时养息为祷。

　　都下夏多阴雨,入秋晴爽,银米较昂,民志俱静。寓中一切如恒,祖母寿履颐和,精力颇健,近以看书遣怀,暂撤针黹,性情亦怡悦。叔父趋直如常,明后又全功课。城居犹未让出,秋中方能移住,烈日策骑尤非所宜,将来搬入新居当可少节劳勤矣。昨奉恩旨,叔父与徐桐同补阁学,连袂而登,一阶偕进,亦盛事也。男等近体均善,无事不轻

---

①　参见南京博物院藏同治十年六月初六日翁曾翰致翁同爵家书。

出门,在家惟看书习字。荣偶一入署,谨守训言,遇事咨询同人,自矢缄默,且不敢征逐戏游也。专肃寸丹,敬叩金安,并贺大喜,伏乞慈览,并问全姑娘近安。男曾荣谨禀,七月初六日。

　　按,同治十年七月初四日,上谕:"以太常寺卿徐桐、太仆寺卿翁同龢为内阁学士,兼礼部侍郎衔。"[1]故由札中"昨奉恩旨,叔父与徐桐同补阁学"一句知,本札作于同治十年七月初六日。同年七月初七日,翁曾翰也作有致翁同爵家书,内容较此札丰富,与此札封为一函发出。[2]从本札可以看出,翁同龢此前购买的大甜水井房屋至此时仍未腾出。

(九) 同治十年九月十四日(1871 年 10 月 27 日)

男曾荣百叩谨禀父亲大人膝下:

　　久未接奉手谕,瞻望秦关,心驰神往,伏维起居集福,履祉延和,百凡安善,为颂为祝。省中岁稔民熙,政事想有日新之象,惟甘军未易奏功,防务难以裁撤,西隅不靖,饷糈日糜,源源筹济,终无已时。近来战功能小有所利否? 左帅亦久无军报入告矣。

　　京中景状如恒,祖慈福躬安健,新居上房宏厂,将有移徙之计。入城小住,叔父趋公之余朝夕侍养,能免奔驰劳苦,三冬风雪尤其要紧,刻下虽费经营,终究获益非小,惟日用琐屑皆须亲自料理耳。城外有六弟主持,悉臻妥洽。

　　荣于月朔请假,初四出都,初八抵天津,轮船俱南去。明日有山西一号,船小而傲空。昨夜狂风大作,顿生戒心。荣素畏风波,屡遭险恶,实有望洋惊惧之意,万一受惊,徒自悔恨,而此行又乏伴侣,因之踌躇再四,决计改道由运河南下。为时较迟,而安危悬绝,何必轻

　　① 《大清穆宗毅皇帝实录》卷三一五,同治十年七月上,叶九(上)。
　　② 参见南京博物院藏同治十年七月初七日翁曾翰致翁同爵家书。

身以试,舍稳路而蹈危机哉?

现在船价已议成,行资有六弟助备,不致支绌矣。以后程途,相时行止,谨慎以将,断不冒昧。诸蒙垂念,详细直陈,统祈宽怀勿虑。明早解维下去。舟中踞促,肃此寸禀,敬请金安,余俟抵家日续禀。先将行期报慰,伏乞慈鉴,并问全姑娘近体安吉。临颖不胜依恋之至。男曾荣谨肃,九月十四蓬窗剪烛书。

　　按,由"新居上房宏厂,将有移徙之计"和"荣于月朔请假,初四出都……"知,本札作于同治十年九月十四日。"新居"指翁同龢本年新购的大甜水井房屋。翁曾荣告假南归,本是计划中事,但因陆路积水不得已提前,正如翁曾翰在同年九月初九日致翁同爵家书中所言:"四哥今春入都,家务及经手事草草,未尽安排,本拟秋冬间回里布置,明年携眷北行,为一劳永逸之计。乃近京积水未消,陆程不通行李,不得不趁此西风未起之时速谋航海,故已于初四日赴通州买舟放至津门,搭轮船南去。"但随着本年十二月廿四日(1872年2月2日)翁曾荣祖母许老夫人去世,[①]翁曾荣次年携眷北上的计划又彻底泡汤了。

(十) 同治十三年十月初三日(1874年11月11日)

男曾荣百拜谨禀父亲大人膝下:

　　前月十七在上海接阅邸抄,欣悉大人已拜恩命简放鄂抚,不胜欢忭。旋即肃陈寸丹,恭叩大喜,想日内已邀慈鉴。回里后连得家言并奉手谕,敬谂慈躬康健,福履安和,合寓平善为慰。迩来恭祝圣母万寿,随班祝嘏,兼有酬应,奔驰之劳自不能免,未卜何时启程南行?请训陛辞当在十五以后,窃思寒冬就道,长途风雪,易于感触寒威,皮衣

---

　　①　《翁同龢日记》,第931页。

必须添制周备，且奉来谕知右手战弱较甚，尤宜格外带暖为是。三哥领凭到省有限，既已另走，六弟升补有期，不获随行，仅全姑娘侍从就道，未免寥寂，孺私甚切悬系，荣拟于年内趋省一走，即或家中有事，轮舶往返数日间耳。所有一切衣箱、书籍、字画等件，当次第收拾捆好，届时交令徐、王二人送呈，其他未经奉谕，却之以缓计可也。

近闻日本事议有定约，人心少靖。家乡年岁有获而村民十病七八，元气有伤。今冬漕务汪君意欲大加整理，未知作何结束？吾家一切照章完纳，不值受人指摘也。所有托盛处经理之事当时时留意，详述六弟书中。衣食之原，岂敢少忽？荣近状平适，惟肝胃失和，时形寒热，渐渐调摄，入冬拟服补剂矣。报录人尚未遣去，其望太奢，报单所写无多，择近亲友而已。日内各山扫墓，松楸皆茂，兴福石工下拜台。略有罅隙，以土伏之，故大寒再修，余俱安固也。家中人口均吉，仲兄日来亦安健，二嫂回杭，半月可返，三嫂月之四日四十寿辰，亲友到者备面饭款待之。余不赘陈。肃此，虔叩金安，伏乞慈鉴，并问全姑娘坤祉。男曾荣谨禀，媳妇随叩。

按，翁同爵补授湖北巡抚的具体时间是同治十三年九月初八日。"圣母万寿"指慈禧太后（1835—1908）的生日——十月初十日。由"前月……大人（翁同爵）已拜恩命简放鄂抚"和"迩来恭祝圣母万寿"推知，本札作于同治十三年十月上旬。再查阅《翁曾翰日记》，本年十月十七日条目下明确记载："得四哥本月初三日函，云肝胃不和，时有寒热，无甚大苦，赴沪寻盛杏生不值，报录人尚未开发。大嫂思念寿官甚切，二哥近健，嫂氏赴杭未回。"[①]这就是本札的内容摘要，当时翁同爵和翁曾翰都在北京，故由此进一步推测，本札作于同治十三年十月初三日。

---

① 《翁曾翰日记》，第 305 页。

四、翁曾纯致翁同爵

（一）同治十一年二月十八日(1872 年 3 月 26 日)后

男曾纯百拜敬禀父亲大人膝下：

敬禀者，叩别慈颜，转瞬已二十余日，孺慕之私，别离之念，无时去怀。

廿八日宿蓝田，廿九日宿蓝桥，初一日至黑龙峪口，初二日宿商州城内。连日媳妇牙痛颇甚，舌强喉肿，彻夜不能成寐，初三日寒热阵作，肿痛更甚，赶延山阳郭学博诊视，云是牙骨疔稍前，名"锁口疔"，稍后即骨槽风症，势颇恶，因用篦疔散敷治，服清心解毒散，二更后痛稍定。曹绩堂来，留调治数天，稍愈再行起程。初四、初五两天阴雨，且因媳妇抱幼孩坐轿力不能支，是以即在彼服药敷治，是日午后牙龈内溃出紫黑血无数，痛即渐止。

初六日黎明起程，夜宿夜村，初七日抵龙驹寨，初八日宿武关，初九至商南县，初十宿三官庙，十一日傍晚抵荆紫关，日来媳妇已渐就复元矣。自省城至商州路虽崎岖，尚不甚险，由商州到龙驹寨路途平坦，惟过河数道，河水甚深耳。由龙驹寨到荆紫关四站，山既险峻，路又陡滑，羊肠一线，横亘山腰，较之蜀栈秦岭，尤为难走，且一路人烟稀少，既无尖站，并宿站亦狭窄不堪，只有茅屋数椽而已。

十二日点清行李什物，雇定小划子船十五只，水浅船小，不能装载过重也。十三日将行李上船，每船仅容一两人，因分坐各船，转运局派来炮船一只护送。十四日黎明开舟，行一百十里泊舟。十五日行一百十里，连日南风大作，舟行甚迟。十六日行一百二十里，泊老河口。此地为三省交界之地,五方杂处,向来不甚安靖,现有统带水师周军门有全在彼驻扎,行旅得安,派来炮船一只送至汉口,受之。十七日舟行一百三十里,泊白马洞。十八日行六十里,抵樊城,盛元等已先在彼等候。雇定二号巴杆船一只,船价足银壹佰贰拾两,托襄阳转运局委员徐星甫名荫溥。所雇也。樊城船只本少,适值……①

　　按,同治十年十二月廿四日(1872年2月2日)酉正一刻,翁同爵、翁同龢的母亲许老夫人在京去世。② 同治十一年正月,接到上谕和凶信的翁同爵"援案发报",请求朝廷指派护篆,以便更早地起程回京。朝廷于同治十一年正月十一日下旨,在新任陕西巡抚邵亨豫(1817—1813)到任以前,由新任陕西布政使谭钟麟(1822—1905)暂行护理陕西巡抚一职。③ 而在谭钟麟到来之前,翁同爵安排仆人于正月廿三日先押走一拨行李,又安排翁曾纯(1834—1895)于正月廿八日携其妻、儿女由商州至荆子关,从水路先回常熟老家。④ 翁曾纯本札正作于此次回家的途中。由"叩别慈颜,转瞬已二十余日"及"十八日行六十里,抵樊城"(本札不完整,这是提及的最迟日期)知,本札写作时间的上限是同治十一年二月十八日。换句话说,本札作于同治十一年二月十八日后。从内容上看,翁曾纯此札向翁同爵详细汇报了出发后每一日的行程及见闻。

① 原信此处残缺。
② 《翁同龢日记》,第931页。
③ 《翁同龢日记》,第935页。
④ 参见南京博物院藏同治十一年二月初一日翁同爵致翁曾翰家书。

五、翁曾文致翁同爵

（一）咸丰三年（1853）前

五叔大人尊前：

所有致曾仲才书，前已令人送去。越数日，仲才来，云其捐项必欲从吾家汇付，当即面辞之。而越数日，仲才年伯又来，复道前意，又即坚辞之。越数日，而蔡君自来，文告以吾家断无此款，且亦断不能冒昧应命，至汇付银两，自有京庄在，何必定向吾家划付耶？如是而去。越数日，而曾年伯又来，云彼于京庄俱未熟悉，须从吾家交付，文又辞以现在都中家内两未汇寄，无从认识。而曾年伯云，彼处实在未熟，可否遣人至汪鉴斋处一问？而是日适接小珊世伯信，因吉庆房屋价银，其族中之典已盘去，本利俱在小珊处，或归或再存别处，须及早定见。文作回书云，当禀明重闻，渠来书亦提及。俟有回信即趋诣商酌也。此信到京祈即酌示，并作书致汪小珊，为感。

文因是事，令赵升持书至苏复之，并代蔡处问及京庄事。据小珊世叔云，有蒋姓者，系彭咏莪先生之亲家，现在开设京庄，在都中煤市街同泰号。甚为妥……致，而小珊世丈并作字告之。随即告知蔡氏。而蔡氏至苏兑付讫，仍将汇票纹银一千六百两。交下，文固辞之，谓吾家寄信亦不过从信局往来耳，恐有遗失。渠意必不肯自寄，且谓照已在京，必欲吾家始终是事。文思此事系银钱重大交关，而在仲才交情上，又不得固辞之，现在再四斟酌，仍令赵升将此信并之会票托汪处转交蒋君，附其店便寄上而乞其店中一收条，似为妥帖。此等人缠绕不清，殊为可厌，然情意恳求再三，亦不能过却，不得已应之，非好与闻其事也。蒋君情意颇厚，并云既有汪处来头且系托吾叔收者，一概会费均不必较。然到京时自当酌付，文亦告知蔡氏，据云总任吾叔若何办理再行核算也。

近日颇觉头痛目眩，作字几不成，想因风热所致，当即愈也。金陵行期已定于初八日，特此禀闻，顺请福安。侄曾文百拜谨禀。

按，翁曾文(1830—1853)，字绂卿，是翁同书的长子，可惜英年早逝。此为翁曾文为数不多的书札，甚至可谓存世仅见，由此可窥其书迹之一斑。"五叔"显然是在叔伯兄弟中排行第五的翁同爵。本札的主要内容是：蔡君托人三番五次地找翁曾文，想让翁家在京代其汇付捐项，但每次都遭到翁曾文的严词拒绝。中人曾仲才(生卒年未详)只好退而求其次，请翁曾文帮忙牵线银号的熟人。最终，翁曾文碍于情面，帮其找了熟人汪小珊(生卒年未详)，在后者的介绍下，找到了彭蕴章(1792—1862)的亲家蒋君，并顺利地将蔡君的捐项汇往北京。但此类琐事因无明显的时间指向，故很难成为本札系年的有力证据。因此，只能大体判断本札作于咸丰三年翁曾文去世之前。

六、翁曾桂致翁同爵

（一）同治八年六月廿九日（1869 年 8 月 6 日）

叔父大人尊前：

春间曾肃贺函，谅蒙垂鉴。嗣屡读家信，敬谂福体安绥，政事顺吉，欣抃良深。惟秦中余匪虽报肃清，然边防吃紧，筹饷殷繁，况又举行秋试，更多一番经费，大人夙夜忧劳，殚尽心力，定当日有起色，但不知各省协饷能源源接济否？天气炎热，尚祈珍卫为祷。前蒙赐袍料谨已拜领，兹又因慈亲六秩复承厚锡，铭感无既。仰见大人于退食余闲，犹时念及家人，精神周匝，事无巨细，悉皆躬亲，尤深钦佩。吉卿兄随侍左右，定可学习公事，体中谅必安好，奎侄辈读书想亦勤奋。

京寓自祖慈以次均安，源兄旧疾不减，现从南中觅得小生地青果膏试服，似略愈。侄白云听鼓，毫无善状，仍在河南司主稿，兼覆看秋审，颇觉忙碌。京师久旱，五月始得霖雨，幸去岁丰稔，食物尚不昂贵耳。谨此中谢，恭请福安，全姑娘近安。侄曾桂谨禀。侄媳率侄孙女随叩，并候吉卿兄嫂俪安、诸侄女辈好。慈亲命笔候安道谢。源兄嫂暨侄孙男随叩。

按，从"秦中"二字可以看出，翁曾桂本札作于翁同爵任职陕西期间。从"天气炎热"和"五月始得甘霖"知，本札作于夏天。札曰："春间曾肃贺函……"翁曾桂给翁同爵寄贺函，肯定是重大喜事，一般与翁同爵升迁有关。而翁同爵与陕西有关的升迁只有两次：一次是同治七年十二月廿三日（1869 年 2 月 4 日），翁同爵升任陕西布政使；

一次是同治十年十一月廿二日（1872 年 1 月 2 日），翁同爵升任陕西巡抚。后者可以被排除，因为翁同爵升任陕西巡抚后很快就丁忧离任了，翁曾桂不可能在翁同爵丁忧的夏天再往陕西寄信。故而，本札只可能作于同治八年夏天。

　　本札曰："况又举行秋试，更多一番经费。"这说明翁曾桂写信当年陕西有秋试。而同治八年，陕西确有秋试，因为左宗棠于该年奏请特开一科，最终得到批准。查阅同治八年五月以后的《翁曾翰日记》，发现同治八年六月廿九日载："寄陕西九号信，附四哥禀，又五哥一函，宋雪翁一函。交折差焦、李二弁携回。"[①]故可知，本札极有可能作于同治八年六月廿九日。翁曾桂本次写信的目的或是对此前蒙赐袍料等物件表示感谢。

---

　　① 《翁曾翰日记》，第 127 页。

七、翁曾翰致翁曾纯

（一）同治五年三月初八日（1866 年 4 月 22 日）

昨日缮数纸未缄，晚间万寿折弁送到二月初九家书，得悉兄体偶尔违和，极为悬念。严亲暂权臬篆，公事多于本任数倍，又须移署等事，吾兄相助料理一切，定增忙碌，仍祈随时珍摄为祷。此次折弁马之中行至直隶沙河，竟被抢劫，闻湖北贺寿折竟尔失去。我家空信幸无遗失，惟闻仆人等有托带银两亦被劫去，故伊现在匆匆出京，尚须在保定控告，其能否返取物件却不可知，回湘之期必然耽阁。所有要语容再细书，俟万寿折弁张姓，初十后动身。归时再寄，较为妥速。贾、周、曹、杨各信均已分致。

伯父灵柩于正月初八抵京，停天林寺。二月初六日领帖来者七百余号，共发一千零。分子收六百余金。各处外讣亦已陆续分寄，今寄去小讣及启各四十分，有单，在包内。只就搢绅可查者开一单，其余可请慈亲酌送，此间实不知其详也。吏部奏请赠右都御史衔已于去年出奏，兵部近日方题：照提督例给恤银二百两，礼部得吏、兵文书后，照例请予祭葬，闻兵部既照提督给恤，则系一品阶，礼部或可请谥也。吏部请给荫知县，不能得世职，盖军营病故回，不能如阵亡之优。寿官本已过继绩卿兄为后，此次讣上即书承重，将来承荫即将其名开报。志铭能得何子贞撰书，当代名人，其文章必非凡。近况素所契合者，手。

按,同治四年十月廿七日巳正,翁同书病逝于宁夏花马池公寓。[①] 本札云:"伯父灵柩于正月初八抵京,停天林寺。"故可知,本札作于同治五年三月初八日。同治五年为丙寅年,故本札的编号为寅字第三号。与本札封为一函寄出的,还有当日翁曾翰致翁同爵家书。[②] 由本札知,翁同爵当时已经暂时署理湖南按察使。

据札,翁同书病逝于军营后,朝廷采取了一系列抚恤措施:吏部奏请赠右都御史衔并请荫知县;兵部则下令按照提督例给抚恤银二百两,这就相当于给了他一品阶的待遇;礼部则按吏、兵二部的定位请予祭葬,同时为其请谥。众所周知,翁同书最终追复生前官爵,赠右都御史,谥文勤。本札还透露,翁同书的墓志铭当时拟请何绍基(1799—1873)写作并书丹。翁同书生前与何绍基有非常密切的交往,而且前者曾提议后者作为翁心存墓志的书丹人。

(二) 同治七年八月十八日(1868 年 10 月 3 日)

三兄大人尊前:

得家书知吾兄又获掌珠,忻慰之至,当即泐函上贺,计早达览。晨间缮拾叁号禀,交折弁带去。顷闻陈子卿县佐即日入蜀,复泐数行奉报平安。子卿遇识于和泰,屡烦转递蜀函,接其言论,似精明而熟于地方者也。

吴仲宣制府此时计当履新,彭漱芳同年携去小件想亦收到。漱芳有才,亦须驾驭而用之,曩在江北颇有作为,此严亲所熟闻者。来谕中言张竹楼观察,叔尊。此公神相,其在京师得挟术以游于贵人之间,其底蕴不可知也。江方伯带来之衣料,除藕色及蓝洋绉呈祖母,袍褂一副呈叔父外,余以大红洋绉一匹送伯母,所有茶色袍料却未分送,缘弟酷爱此花色,故舍不得耳。乞将此意代禀。专布,敬颂兄嫂

---

① 《翁同龢日记》,第 460—461 页。
② 南京博物院藏同治五年翁曾翰致翁同爵家书。

川中藤镯甚佳,弟妹要,乞三嫂代拣数付,须色紫而纹直者,便中寄下为幸。大人侍安,问侄儿女近佳。弟翰顿首启,八月十八日。

　　按,由"顷闻陈子卿县佐即日入蜀""屡烦转递蜀函""川中藤镯甚佳"等信息知,翁曾翰本札作于翁同爵任职于四川按察使期间。据《翁同龢日记》,翁同爵于同治六年八月初二日升任四川按察使,但至同年九月初一日仍未知升信。① 而此札并无恭喜乃父之语,故可首先排除同治六年。而同治七年十二月廿三日(1869 年 2 月 4 日),翁同爵升任陕西布政使。② 故本札只能作于同治七年八月十八日。

　　吴仲宣即时任四川总督的吴棠(1813—1876),此时早已就任。江方伯即原任四川布政使、新调广西布政使的江忠濬(1815—1874),此时已到京城陛见。前述同治七年五月十一日翁曾翰致翁同爵札曾言:"达川尚未到,到时将料件遵信分致。"③而本札曰:"江方伯带来之衣料,除藕色及蓝洋绉呈祖母,袍褂一副呈叔父外,余以大红洋绉一匹送伯母,所有茶色袍料却未分送,缘弟酷爱此花色,故舍不得耳。"这显然是前后连贯的,也印证了本札的系年。彭漱芳即翁曾翰的同年彭毓菜(1836—?)。

(三) 同治七年八月十九日(1868 年 10 月 4 日)

信封　钦命四川按察使翁平安家报。内家言,敬恳升便,携至成都,确交为感。愚弟翁曾翰拜干。十二月十二到。

钤印　花押(朱文)

帖　男曾翰百拜叩请亲大人万福金安。

---

① 《翁同龢日记》,第 581、590 页。
② 《翁同龢日记》,第 697 页。
③ 南京博物院藏同治七年五月十一日翁曾翰致翁同爵家书。

三兄大人尊前：

十八日渤一函交和泰号陈子卿县左庆祥。携去，闻伊由陆路入川，则陕省通塞未可知，抵省亦不能早，妙在书中无要语耳。

连日寓中无事，重闻康顺。昨接叔父青县舟次书，青县在津南二百余里，布帆安稳，沿途照料亦能齐备。沿河撤勇，尚称肃静，现有崇地山侍郎派弁二人。护送，前途且可借小炮船。探闻张秋一带前数日已无水，近又忽长三尺许，或者先灵默佑，故归旐得此遄速也。

红旗捷奏，京城各衙门保举纷纷，惟人多缺少，实无术以处之。价人在中州馆当差，或可加头衔耳。

兹有靴一双、对一副，近日求艮峰相国者，李兰翁处一付尚未写来，只得续寄。均托彭其相太守携去，到日即禀呈。专渤，敬请双安。弟曾翰谨启，八月十九日。

按，由"十八日渤一函交和泰号陈子卿县左庆祥。携去"知，本札接前札，作于同治七年八月十九日。因为前札云："顷闻陈子卿县佐即日入蜀，复渤数行奉报平安。"此时，翁同龢正在回籍葬亲的途中。翁曾翰在作于本年十月廿四日后的一札中提到："八月廿一又以一函并倭书对一副、靴一双托彭其相太守钰。带去。"①由此可知，虽然本札作于八月十九日，却于八月廿一日才交带信人发出。带信人彭钰（生卒年未详），在前述同治七年五月十一日翁曾翰致翁同爵札曾被提及，贵州辛亥举人，号其相。

（四）同治七年十月初四日（1868 年 11 月 17 日）

日前得四哥九月初八日一函，内有致三哥一椷嘱作速转递，兹特寄呈。环秀屋事未成，已为丁醨庭购去，今乃议定浦姓房屋一

---

① 南京博物院藏同治七年十月廿四日后某日翁曾翰致翁同爵家书。

所,价位稍多而修理较省。得之原无不可,以弟思之,则四哥尚未体会亲意也。盖环秀为严亲少时游历之地,故愿得之为他日奉亲娱老之计,非游官归林必欲置广厦也。乃四哥先未探明环秀荒略情形,遽禀可买,今知修理过巨,又有人夺买,事在两难,乃就浦姓以成交易,不知亲意如何?下次信来祈示及。此请外附丁芥帆、张词甫信各一函。词甫信,措词失当处,殊可笑。三兄、嫂大人侍安,问侄儿、女近佳。弟翰顿首谨启。

按,本札与前述同治七年十月初四日翁曾翰致翁同爵札封为一函发出,编号为龙字第十六号,故本札作于同治七年十月初四日,并于当年十一月初二日送达。本札主要议论翁曾荣代表翁同爵在常熟寻觅、购置房屋一事。翁同爵心仪的是顾氏的"环秀居",位于常熟城西翁府前环秀街。因为翁同爵少时曾经游历其间,所以对它有美好的回忆和情结。翁同爵让翁曾荣打听,翁曾荣则未探明"环秀居"的真实情形就禀称可买。但翁曾荣后来又得知它其实荒略不堪,修缮成本极高,且还有人抢购。于是,翁曾荣干脆放弃了"环秀居",直接购买了一所浦姓房屋。翁曾翰认为翁曾荣此事办得不好,没有真正领会乃父翁同爵买屋的心意和情结。

(五) 同治八年八月初六日(1869 年 9 月 11 日)

三兄大人尊前:

四十日未得家信,令人夜不成寐。昨方梦入秦关,今日迭接严谕,其忻忭盖可知也。折弁之行,月有定期,他处专差亦难数遇,或遇便人急促而严亲公事适忙,未暇握管,莫若吾兄时作一二纸交天成银号,嘱其随时带京以报平安,便足慰合寓悬盼也。

秦中军事,具悉梗概,大帅各有短长,只求其作速办贼,便是上策。靖甘即以固陕,察吏安民,乃可次第照例奉行,否则动以军务牵掣,实有劳而鲜获之势。

　　都下安靖,寓中祖母以次均安。弟馆署奔驰,录录乏善,天寒日短,将益辛劳。昨已驰书嘱四哥料理来京,惟其经手事件斯绪极繁,旦夕难言就道。奎侄读书要紧,其善导之。弟之两儿学无进境,极愧,极愧! 草泐,肃请双安,问侄辈近佳。弟翰顿首谨状,八月初六日。

　　前奉严谕,令刘升毋庸到陕。今伊来都,遵命留京当差,或迟迟另为设法。昨伊面禀云,从四川动身时行李无多,所有衣箱一只,已交刘姑携赴西安。现在恳求恩施,妥托星使回京之便,乞将箱只酌改衣包携回。似无不可。伊到此,极言受恩最厚,力图报效,却无觖望之辞也。

　　按,由仆人刘升"从四川动身时行李无多"和翁同爵谕翁曾翰"令刘升毋庸来陕"知,本札作于翁同爵入陕任职初期。而翁同爵升任陕西布政使在同治七年十二月廿三日(1869 年 2 月 4 日),[①]翁同爵由四川起程的时间则是同治八年二月十七日。[②] 据此可知,本札的写作时间当为同治八年八月初六日。当日,《翁曾翰日记》写道:"缮家信,托袁子久处递去。"[③]这说明翁曾翰此日确实寄了陕信。

　　本年六月廿六日,翁曾翰"得父亲六月初七日信,一切平安,现为四哥报捐郎中分发……",[④]故而,翁曾翰于本札曰:"昨已驰书嘱四哥料理来京,惟其经手事件斯绪极繁,旦夕难言就道。"

(六) 同治八年八月廿四日(1869 年 9 月 29 日)

信封　平安家报。不列号。曾翰谨缄,八月廿四日。九月廿六日到。
钤印　花押(朱文)

---

① 《翁同龢日记》,第 697 页。
② 《翁同龢日记》,第 715 页。
③ 《翁曾翰日记》,第 131 页。
④ 《翁曾翰日记》,第 127 页。

帖　男曾翰百叩,敬请亲大人万福金安。

三兄大人尊前:

昨从天成亨递到七月十九日家书,敬悉严亲以次合署康吉,甚慰远念。秦中风物略似京都,燥湿寒暖大致亦相似,每出必车,想见软红十丈尘也。藩署公务本多,文闹伊迩,案牍益复劳形,吾兄分劳一切,谅亦笔墨填委矣。卢星使处曾托其携去家信并衣包一个,须撤棘后方能交送,届时祈收明。彭漱芳行期屡改,二十方得成行,到西安当小有勾留,正好询悉一切。

都寓自重慈以下均安。叔父拟定东华门北池子屋,有成说矣。乃昨日单地山移寓,旋即往看,而房东忽然变计,坚欲自己留住,竟又成画饼,无以,仍僦酒肆为憩足地,惟冬间饭食终不便耳。弟馆署奔忙甚属无谓,阁长鲍子年外放夔府,徐沅青同年可补侍读,看人骑马着先鞭,自叹徒劳无益。本月十八日,为安儿订姻于常州恽氏。女家四合极丰盛。十年转眴,婚嫁逐人,自顾无能,徒滋惭惧。

四哥信来,家乡安谧,惟多雨水患,稻谷歉收。日用更难敷衍,经手事头绪极烦,且夕难即就道。昨晤天成银号,知其铺友即日将归,缘恐沿途关津扣其车辆,故恳吾家付以一信,聊借差名,尚无他故,伊到山西再将此信递入秦中也。此请双安,并问侄儿女近佳。弟翰谨启,八月廿四日。

按,同治八年八月十八日,《翁曾翰日记》载:“今日为安儿定姻于恽氏……得七月十九日严亲手谕,一切平安,从天成送来,附虎贲。”[1]本札曰:“昨从天成亨递到七月十九日家书……”又云:“本月十八日,为安儿订姻于常州恽氏。”同治八年八月十九日,《翁曾翰日记》载:“沅青来,知鲍年翁放四川夔州府矣。”[2]本札曰:“阁长鲍子年

---

[1][2]　《翁曾翰日记》,第133页。

外放夔府,徐沅青同年可补侍读。"同治八年八月廿四日,《翁曾翰日记》载:"以不列号信付天成亨带去,伊号友有回山西省,持此信以借差名,缘恐沿途扣官车也。"①本札曰:"昨晤天成银号,知其铺友即日将归,缘恐沿途关津扣其车辆,故恳吾家付以一信,聊借差名……"故可知,本札作于同治八年八月廿四日。

(七) 同治八年九月初十日(1869 年 10 月 14 日)

三兄大人尊前:

　　得八月廿一日手函,具悉侍祺康吉,公私顺平,惟全姑娘卧病匝月尚未见愈,殊切悬系。体质虽虚,然外感未祛,断不可骤用滋补,须次第调理,尤忌杂投药饵,医药等事须加意照料,勿以此重劳亲心为祷。

　　文闱事烦,日内正当入场,想弹压稽查,更无暇晷。陕境乂安,甘防不容稍弛,即馈饷一事已足竭陕之力。欲兼圻者,乌可不兼筹全局乎?甘事寂莫,中朝无注意者,但觉边隅未靖耳,并无选将厉兵之意,椒翁之论左亦非弹劾也。

　　都下日内秋躁,仅穿单夹。祖母大人以次合寓平安,弟馆阁奔驰,随行逐队,绝无聊赖,殊少机缘,诗文荒废殆尽,徒切惄中,益增惭悚。《古文赏音》坊间亦少,今将旧读本一部,并《十家诗钞》附去,新刻试帖容再续寄。

　　四哥久无信来,家事且晚难得头绪,南中水灾不亚己酉,恐资用更难料理。徐贵随漱芳去,计已将到。李福求五哥荐周牧处,即日成行。刘升在此无甚差事,昨求荐鲍子年太守处,或可成也。

　　俗冗草草,专复数行,即请双安,并问侄辈近好。弟翰谨启,弟妹率儿子等侍叩。

---

①　《翁曾翰日记》,第 134 页。

按,同治八年九月初十日,《翁曾翰日记》载:"缮寄十二号信,内有孙撰墓志稿,又《古文赏音》《十家诗钞》寄三哥。交折差高发新,明日走。"①本札亦言:"《古文赏音》坊间亦少,今将旧读本一部,并《十家诗钞》附去……"可见,本札即《翁曾翰日记》所谓的"十二号信"。故可知,本札作于同治八年九月初十日。

同治八年九月初八日,翁曾翰"得严亲八月廿一日函,一切平顺,惟全姑娘病久未愈"。②故本札开头即曰:"得八月廿一日手函……惟全姑娘卧病匝月尚未见愈,殊切悬系。"这也进一步佐证了本札的系年判断。

(八) 同治九年六月廿八日(1870 年 7 月 26 日)

信封　陕西布政使翁平安家信。内家言,外书目一部,茶叶一包,敬祈光甫年伯大人台便,携至西安,饬交为感。年愚侄翁曾翰顿首拜托。

钤印　曾翰谨缄(白文方印)

帖　男曾翰率媳妇暨安孙等百叩,敬请父亲大人万福金安。

吉卿三兄大人尊前:

昨缮一禀并花翎、高丽参托英伯文廉使带去,顷闻陆光甫星使即日启程,特再泐布数行,并将茶叶一包、简明目录两小函此系翻刻本,不佳,好者殊难觅。附去,到日即转呈。光甫系壬子乡榜、癸亥会榜,与叔父、仲兄均有年谊,品学俱优,弟曾屡亲其言论而不熟也。

都下入六月来,几乎无日不雨,湿热如南中之黄梅,几席生润,出门则涂泥如酱,车中之人不啻转丸。寓中祖母大人以次均安,本月二十四日仆卿本上,叔父名列本末,蒙恩擢授,欣忭无已。惟成均南学

---

① 《翁曾翰日记》,第 136 页。

② 《翁曾翰日记》,第 135 页。

粗有端倪,尚无就绪,离任后任人自为之,未必惬意。京朝官三品,得食白米俸,秋季便可领矣。

弟奔走少暇时,游心于秦云之间,伏愿侍奉曼福,合署康吉,定如私祝。津门事已具邸钞,舆论籍籍,此后推波助澜正恐未艾,奈何,奈何! 南中可望有年,四哥尚无北行之期,同乡来应北闱者已到五六人矣。奎侄得师,日来当有进境。安儿辈读性不好,弟又不善教导,私心负疚,实愧义方。专泐,敬请兄嫂大人双安,问侄儿女辈近佳。堂上乞代禀叩金安。弟曾翰顿首敬启。六月廿八日。

按,同治九年六月己未(廿四日),清廷"以翰林院侍读学士徐桐为太常寺卿,国子监祭酒翁同龢为太仆寺卿"。① 故由"本月二十四日仆卿本上,叔父名列本末,蒙恩擢授,欣忭无已"知,本札作于同治九年六月廿八日。当日,《翁曾翰日记》载:"缮寄陕西禀,一交英伯文廉访,并附好花翎一支、四十两,德胜隆。高丽参一斤;一交陆光甫星使,亦附茶叶一大包、五斤。《简明目录》一部。"②这与本札首句的叙述完全一致,交英伯文者即前札,交陆光甫者即本札。所谓"津门事",即爆发于同年的"天津教案"。

---

① 《大清穆宗毅皇帝实录》卷二八五,同治九年六月下,叶一〇(下)。
② 《翁曾翰日记》,第171页。

八、翁曾荣致翁曾纯

（一）同治十年（1871）前

三哥大人左右：

相暌数千里，揖别四五年。兄随伍驰驱，备历艰险。山川之宏壮，足以扩襟怀；阅历之功夫，足以助学问。案牍劳形，借识时务。庭闱侍养，乐叙天伦。俯仰俱宽，身心自泰。今日所游之地，安知非它年从仕之方？随处随时，皆可以增长知见。弟久因江乡僻陋穷居，绝无是处，每念兄之踪迹，其景遇之悬殊，福分之深浅，何可言喻？辰维俪祺双吉。

按，同治三年九月初三日，翁同爵补授湖南盐法长宝道。[①]同治五年十月廿二日，翁曾纯携"眷属于十月廿二自里启行"[②]入湘。自此，翁曾纯与翁曾荣长时间分别。直到同治十一年二月，翁曾纯在父亲的安排下，携眷从西安沿水路回到常熟奔祖母丧，兄弟二人才久别重逢。札曰："相暌数千里，揖别四五年。"若以同治五年十月廿二日计，则至同治十年，大约四五年。"弟久因江乡僻陋穷居"，说明翁曾荣作本札时尚未赴京捐官，也就是在同治十年之前，翁同爵正任陕西布政使，翁曾纯正在西安侍奉乃父。

另外，由翁曾荣说翁曾纯"庭闱侍养，乐叙天伦""今日所游之地，

---

① 《翁曾翰日记》，第 60 页，同治三年九月初三日："暮，方子颖来，知今日奉上谕：湖南盐法长宝道员缺，着翁同爵补授，钦此。"

② 南京博物院藏同治五年十二月十九日翁曾翰致翁同爵家书。

安知非它年从仕之方"等语可知,翁曾纯尚未赴浙江做官,且此时正在翁同爵身边侍奉,说明本札作于同治十年十二月廿四日(1872年2月2日)翁同爵、翁同龢之母许老夫人去世之前。这也完全符合本札的系年判断。

(二) 同治十年四月十六日(1871年6月3日)

三哥大人尊前:

场后曾布寸函,计已早达。未获手书,益深驰系。伏想侍奉万福,琴瑟谐和,以祝以颂。省中民乐年丰,四境安谧,邻疆军务少有起色,一切协饷筹防,无分畛城。大人昕夕办公,勤劳案牍,兼之合署事件躬亲琐屑,精力虽能充裕,而心神无或休养,一切起居饮食,全赖调护合宜。年来须发已白,老境渐形,弟七载远离,孺慕尤挚。兄既随侍在任,可于定省之余略示近况,借以慰怀。手足情深,相思若渴,亦望寄我数行为祷。

京寓自祖母以次均安善,叔父日日趋直,加之车马驰驱,笔墨酬应,精神近形疲倦。弟等闱艺俱不惬意,报罢竟未得幸获一第,以慰高堂期望之心,尤觉不安。六弟屡经挫折,此次又复堂备,更属可惜。新科闱墨亦无甚佳篇,同乡仅中一蒋若峰,余皆纷纷归去。弟到部事皆由海珊斟酌妥办,月杪验看,掣签各事当在午节左右。弟居家几年,来都概觉生疏,衣帽服饰亦都短少,酬应往来,除同乡外,皆不敢轻出,昔时旧友落落如晨星矣。涉世一道,择交最难,肝胆相许、切磋有益者真不易觏。

此间天气亢旱,烈日狂风,燥暑逼人,家乡半月阴雨,南北偏灾,皆关生计。弟频年主持家务,入不敷出,刻下虽经脱卸,补苴弥缝,终多漏隙,以致匆促登程,航海北行,受尽波涛惊险,亦出无奈耳。再遇凶岁,更增愁思。弟近体健硕,独左目酸痛夺光,不解其由,迩来意绪恬淡,习字消遣,愧乏进步,又苦目力不支,早晚惟与六弟杯茗聚谈而已。仲兄偶获一见,未能久坐。五弟趋公甚忙,侄辈读书均能□进,余皆平善,不复缕述。

兹乘王思翁回省之便,专肃寸启,敬请外托带去茶叶四罐、京靴一双,严谕所需,查收转呈。双安,并问奎侄近佳。此次陕中所到诸君榜发即去,故不及寄他件也。弟荣谨呈,四月十六日。

按,由翁曾荣与翁曾翰一年落榜、翁曾荣即将到部学习、蒋若峰——蒋士骥考中进士等信息知,本札作于同治十年四月十六日。翁曾荣此札托翁同龢的陕西门生王思庵——王勷(生卒年未详)带去,稍晚于同日翁曾翰托陈树勋带去的致翁同爵札。翁曾翰当日致乃父翁同爵札中曾云:"另有佳茗四瓶、靴一双,在王思庵同年处,伊亦定后日起程也。"①故翁曾荣本札亦云:"外托带去茶叶四罐、京靴一双,严谕所需,查收转呈。"另外,由"弟七载远离"知,翁曾荣此时与翁同爵已有七年未见了。

(三) 同治十年九月初一日(1871 年 10 月 14 日)

三兄大人左右:

忆自河干分手,光阴迅驶,五易葛裘矣。别后情怀各不相知,而思念之衷刻不能去。我哥随任在署,日侍严亲,定省之余,作何消遣?仰事俯育,欣悦可知,近体当必纳福。三嫂分娩以来,想已调理复原,起居饮食能如常否?环侄女用乳妪伏伺,须令护持得宜。奎侄读书能渐臻佳境否?貌既长成,礼法亦须讲求,俾知敬长爱亲之道也。

秦省时和岁丰,人民安乐,较胜他处,公事当可顺意。父亲大人勤求吏治,关心民瘼,无形之德化,将来流泽正长,实惠及远,一番筹划,具见心思,从政之劳,巨细皆备焉。年来福躬虽健,而批阅案牍、酬应僚属等事,日无休暇,未免烦神。我兄朝夕侍侧,熟悉梗概,当有

---

① 南京博物院藏同治十年四月十六日翁曾翰致翁同爵家书。

指臂之助。弟等远阻数千里外，孺慕之私，憾不能插翅飞渡秦关，一省起居，庶几寸衷依恋，少慰为快。近时水梗邮程，一书往返，每多稽迟，尤切悬悬也。

弟今春入都，本拟场后偕六弟到秦一伸侍奉之职，兼叙手足之欢。亲谕先颁，不敢违忤，随即中止。六弟亦蓄志久矣，寄信南来，屡订是约。而弟又迫于缠缚，将欲航海归去，现拟初四日动身。天气渐冷，诸多为难，势不可缓。骨肉聚散，各抱离愁，且子身长行，辛苦艰险，茫茫前路，益增我黯然销魂之感。计弟廿岁以后屡走南北，其间跋涉颠危，愈经愈畏，至庚申避乱迁徙情形，尤属侥幸以生，全赖祖宗荫庇，神明护持，始获保平安也。今昔情形判若霄渊，弟处事居心，但求无愧衾影，谁毁谁誉，好恶在人，常怀"慎独"二字在心，一切未敢纵肆而已。至阴骘工夫，尤深凛凛，终身吃重关键，推之承先启后，皆赖乎此，苟能守其本真，固我根基，事事诚实做去，即俯仰无愧怍之意，修德多福，积厚流光，效如响应，敢不勉？

诸寓中一切平安，祖母寿履颐和，精神健旺。叔父任重事繁，驰驱甚苦，内城居住可少节车马之劳矣。即此，敬颂双安，问奎孙、环孙均佳。弟曾荣顿首谨肃，九月朔日。弟曾翰附笔请安。四哥远行，寂寞之至，心驰数地，甚觉悬悬。初五日附泐。

　　按，由"弟今春入都，本拟场后偕六弟到秦一伸侍奉之职"和"而弟又迫于缠缚，将欲航海归去"两句知，翁曾荣本札作于同治十年九月初一日。本年春，翁曾荣因参加会试和捐官到部学习而入京；本年九月初四日，翁曾荣又因家务琐事和糟糕天气而匆匆南归，本拟次年重新北上，却不料其祖母于该年底离世，使其回京的计划又成泡影。由翁曾翰于札末附泐的那句话可知，翁曾荣本札预写于同治十年九月初一日，最终于九月初五日由翁曾翰交朱少愚（生卒年未详）带回西安。与本札封为一函寄出的还有南京博物院藏同治十年九月初五日翁曾翰致翁同爵札。

九、翁曾纯致翁曾翰

（一）同治十三年十一月十九日(1874 年 12 月 27 日)

海珊六弟手足：

前在顺德曾泐寸椷，谅早达览。嗣于初六日行抵卫辉，初八日由荥泽过河，岸既不宽，淄亦不大，经一时许，车辆行李已渡至南岸，可称稳速。十一日抵襄城，十七日申刻已抵樊城。途次一路平安，严亲大人福体康强，上下人口亦均安吉，堪纾远注。此次旱路二十四站，计走二十六天，每日黎明开行，到宿站将及酉正，沿途未遇雨雪，亦从未走一天黑路，真极难得之事也。

前日进公馆，昨晚卸车，行李一切均未损坏。所有行李、什物均已搬上船矣。现在雇定巴杆船三只，另雇一船为会客之用，船颇宽展。襄河水亦不大，此时尚好走，大约月杪必能到鄂省也。今日憩息一天，明早登舟即行开驶。

兄抵鄂后，拟耽搁数日即趁轮船南旋，一路决不耽延，望勿悬念。吾弟由保定回京，未识何日方到？都寓自叔父大人以次谅均平安，甚为系念。草泐数行，即颂俪安，并问合寓均吉。十一月十九日，兄曾纯顿首。

按，翁曾纯本札作于同治十三年十一月十九日，与翁同爵当日致翁同龢札、致翁曾翰札一同寄出，于当年十二月初十日送到翁曾翰的手中。① 此时,翁曾纯正在陪同翁同爵前往武昌就任湖北巡抚的途中。本札的核心内容是分享行程并报平安,与翁同爵当日所作的两通家书并无二致。当然,翁曾纯此札还记录了乃父家书没写到的部分细节,比如旱路多少站、走了多少天,水路雇什么船、雇几只船,等等。总之,此三通家书可以对照阅读。

① 《翁曾翰日记》,第314页。

十、翁曾荣致翁曾翰

（一）光绪元年二月廿五日（1875年4月1日）

海珊六弟如面：

新春初旬由家中曾布一缄，想已早经收览。嗣以整束行装，匆匆就道，即将各件交吉兄汇寄，日来当亦可达到。兄本拟于正月启程，因各事羁绊，至月朔解维，绕过金闾，直抵申浦，勾留五日，与杨艺芳一同来鄂。自初十寅刻动轮，至十三申刻泊汉口镇，舟中幸俱熟识，不致十分辛苦。长江数千里，景象万变，名区胜迹如眼底浮云，倏忽过之，朝旭暮霭，幻化无穷，乘风破浪，稳坐天上，夜色苍茫，水月交流，平生快游，最足乐也。同是轮船，江海迥别，追忆昔年泛洋之役，其劳逸平险不啻判然两境。兄叩违亲侧转瞬一年，孺慕依驰，日夕悬系，今者趋侍膝前，朝夕定省，不离跬步，伦常至性，其乐无疆。

鄂中民情安恬，四境平康，公牍披阅及僚属禀谒者尚不至十分繁多。父亲精神充满，处之裕如，内外往来亦有数十步，出入其间并不形劳力，每日卯正起身，亥初进内休息，饮食一切均称如常，不增不减。兄来此间原不能少分辛苦，然办公之暇未免寥落，现在少慰岑寂。亲心悬望亦殊殷殷，所有兄住房屋亦俱先时布置，慈爱之怀，盼念之切，概可知矣。署中上房宽敞，庭院皆宽展，不至蒸潮，点缀树石尚不繁俗，花草亦有姿致，足以怡情娱目。严亲寿履康吉，惟右手仍战，似属肝经未伏之故，日内大便艰涩不爽，肠腑积热所致，今始略松，余无他恙。兄到此十日，身子安适，水土亦服，独左颊连太阳经络及牙齿上下皆为寒风所袭，入春迄今治之乏效，甚觉累事，一切起居饮食俱胜于在家多矣。神思专一，中怀廓如，为二十岁以后未有之景象。

三哥之浙行约在月中，未卜何日启程，迟徊审顾，天性使然。家中眷属兄行时皆称安吉，奎侄亦能自束，尚肯聆我之训言。侄孙肥硕可喜，殊堪解颐，期周当知学语，哑哑而笑，不作呱呱以啼也。三嫂以易侄女抱病颇形憔悴。仲兄嫂安处如恒，上海书院一席已托人谈过，据云许其蝉联。恩、虎、康三子俱入书房，恩不如虎，康则甫经识字，不直计较焉。大嫂思子情深，近日未知若何。兰官将分娩，大嫂须往照料。

都寓想各安好，六叔出差，城内宜随时往察。安、寿二人功夫闻有进步，不求太急，能自勤求，不患无益。德官亦勿懈忽。侄女均安否？念念。专此，即颂双安。兄荣顿首，二月廿五日。

按，此札作于光绪元年二月廿五日，与同年二月廿六日、廿八日翁同爵致翁曾翰札及二月廿八日翁同爵致翁同龢札封为一函寄出。翁曾翰于当年三月十四日收到这些来信后，即于《翁曾翰日记》中写道："四哥已到，亦有信，稍患牙痛，二月初十寅刻从上海开轮船，十三申刻泊汉口，随叩膝前，极为欣悦。"[1]翁曾翰所提翁曾荣来信，即眼前此札。此时，翁曾荣刚到武昌不久，侍奉新任湖北巡抚的翁同爵。

"吉兄"即翁曾禧，字士吉，为翁同福（？—1862）长子，翁人镜（1774—1844）长孙。"三哥"即翁曾纯（1834—1895），"三嫂"为翁曾纯妻，"易侄女"为翁曾纯女；"奎侄"即翁奎孙（1856—1920）；"侄孙"即大保翁之缮（1874—1918）；"仲兄"即"小状元"翁曾源（1834—1887），曾代上海县学和龙门书院批阅课卷，故本札曰："上海书院一席已托人谈过，据云许其蝉联。""大嫂"即翁曾文妻，兰官为其女。"恩"即翁曾源次子翁熙孙（1862—？）；"虎"即翁曾源三子翁顺孙

---

① 《翁曾翰日记》，第330—331页。

(1866—1918);"康"即翁曾源的第四子翁康孙(1870—?)。

(二) 光绪元年五月廿九日(1875 年 7 月 2 日)

海珊吾弟足下:

　　月之十九布复一函,交折弁带京。廿四辰刻接制军处来信,知有兼圻之命。随见谕旨一道,恭阅之下,欣抃莫名。今日得十六日所发十一号信,由局递来,计十二日,为期甚速,即谂寓中自叔父大人以次,内外两宅人口均安,快慰远臆。前次折差亦应回省,盼甚!

　　此间天时阴雨,途次泥泞,匝月有余未见晴爽。今日开霁,地犹蒸湿,无物不霉,无屋不漏,困人之至。江流淼浸,日涨数寸,滔滔东下,江西、安徽亦有淹浸之患,必须晴朗过时,或可容纳入海。闻北边亢旱为忧,倘能匀遍各省,共庆有年,何妙如之。

　　父亲大人福躬安适,起居如常,虽阴湿蒸潮,而日间办事悉复照旧。惟自十五早上赴武庙拈香,微受凉气,伤风咳呛,至今未止,饮食一切均无增损。刻下兼署督篆,两处之案牍,两省之文件,披答更繁,加以僚属往来接见,武营调动升迁,其忙不啻一倍。况科场监临未能委代,入闱须半月余,而武闱又是抚院专政,更为辛苦,届期须带印入场,文件由包封出入也。

　　李制军料理各事,交卸未能甚速,现择六月十三吉辰派员赍送来署。父亲接篆后又多忙碌一番,谢恩折稿已嘱拟矣。闻制军行期尚未能决,随从人员拣择不易得,此去云南亦有半万里之遥,奉命出差,其劳不待言,其事实棘手,往返程途迟速不可必也。

　　京师祷雨,已沛甘霖否?传言久旱之后有患蝗害者,未知确否?关东一路马贼纵横,剿除不易,一经征调,又增许多顾虑。李节相移兵之说谅非虚语,特未知能否得手耳。大局如是,深切杞忧。洋务诪张为患,江海防策空匮难办,山陵工巨已有成说,未识能陆续解到否?

　　叔父近体想安健,轮应住工当在深秋时候,平日可免驰驱。内城屋宇凉爽否？安、寿二侄延师已定否？均深念念。兄近状平善，署中一切皆吉，全姑娘前患感冒今亦大愈矣。专此，敬问伉俪纳福，并问侄辈近佳，即贺合寓大喜。兄曾荣顿首，五月廿九日。

　　按，由翁同爵"有兼圻之命"知，本札作于光绪元年五月廿九日，为湖北所发福字第八号家书，由折差安成华带去，于当年六月廿一日送达。① 与此函一同寄出的还有翁同爵致翁同龢札和翁同爵致翁曾翰札。相对翁同爵的两札而言，翁曾荣本札的内容更为全面，叙述也更为细致。除翁同爵两札提及的各个要点外，翁曾荣还于本札中提出了对马贼纵横、洋务诪张、江海防策空匮难办、山陵工巨费多等艰难时局的深切杞忧。此时，由于湖广总督李瀚章调动，翁同爵即将兼署湖广总督一职。

（三）光绪元年五月廿九日（1875 年 7 月 2 日）

信封　湖北巡抚、部院翁平安家报。内寄信，外衣料一包，赍至都中南横街确投本宅查收，勿误。福字不列号。鄂垣抚署寄。

钤印　富贵长寿（白文方印）

六弟足下：

　　折差之便，已布一械。明日赍皇太后圣寿折子张承差亦启程来京，计行程亦快，兹交带去夏长衫衣料两件、荆缎军机褂料两件，此系严亲寄付安、德两孙者，到时可收明分给之。前书所要银灰色袍，兄处亦未买得，已由父亲买寄来京，想收到后无须再寄矣。如需他物，

---

① 《翁曾翰日记》，第 344—345 页，光绪元年六月廿一日："昨承差来，接五月廿五日函，今日折差安成华来，又接五月廿九日函，已拜恩命，定于六月十三接署印，公事极忙，身体康健，秋闱仍须监临，向无奏请学政代办之例也。鄂中久雨未晴，年成锐减，堤工亦岌岌，甚焦虑。"

随时示及,折差往来亦易带呈也。祥哥赴浙曾有一信来,虽委差未得,身子尚安好,不知都中一通音书否?家中频有信至,眷属皆平善,余不屡陈,已详前函。即此,敬颂合寓长幼安吉。兄曾荣顿首又启,廿九酉刻。

　　按,"折差之便,已布一械"指前札——福字第八号家书,由折差安成华赍往,于光绪元年六月廿一日送达。而本札稍晚,为不列号短札,作于光绪元年五月廿九日酉刻。缘于递皇太后圣寿折子的承差张正林要于次日启程,翁曾荣又提笔书写此札,主要交代寄去夏长衫衣料两件、荆缎军机褂料两件给安、德两孙等事项,于该年六月廿八日送达翁曾翰的手中。因此,翁曾翰于收信当日的《翁曾翰日记》中记载道:"承差来,又得四哥五月廿九函,并荆缎夏布料四端。"[1]

（四）光绪元年六月初五日、初八日
（1875 年 7 月 7 日、10 日）

海珊吾弟鉴及:

　　五月廿八日折弁与承差先后起身,匆匆布述近况,想次第到京各自投递,望日左右必达览矣。今日折件回辕,贡差亦至,赍来各件均无损失。接阅家言,详悉城寓自叔父大人以次均各安适,城外伯母以次亦皆康吉,吾弟伉俪双佳,侄辈幼体俱好,欣慰无似。惟接奉衣箱一只,单开各件系先文端公并许太夫人遗衣,开箧谨视,泪下心酸,追忆前事,悲不自胜!缓日当抖晾一过,珍惜守之,不敢忘先人俭德之意焉。寄到荷包的是新式,极好!豆粉、罐胰尚未潮损,琐屑屡烦,亮不为责。水烟套子定做方得,未免无谓耳。

　　此间天气晴热,因时之宜。署中屋宇缘山层上,阶级重重,最高

---

　　① 《翁曾翰日记》,第 346 页。

无屋,次层在半腰,高阁轩敞,暑气疏宕,犹可住息。签押房仅有一处,终日坐办公务之地,惜未能位置一北窗耳。东另三间半住家人,其一间即为兄之书斋,再东则上房矣。签押房对门一室留作用印之所,后住杨葆初。西二堂三楹,客厅更在其西也。余外颓垣破屋,不合于用。三堂向不作卧室,凡委员对本阅卷则登之。一署局度尚属舒展,介于两山之间,前后高耸,苍翠环列左右,民居炊烟稀少,远不如藩司街之稠密也。后坡可眺江景,惜不能结茅为亭。父亲大人办公余时,偶向庭除散步。以后事繁,恐少休息闲暇,两辕文案,岂仅加增?所喜亲体安健,办事虽忙,悉心披答,不厌其烦,既无积滞,自无拥挤。惟帮手不得力,笔墨乏良材,勉强敷衍,终是窒碍。督署向有旧人,当较胜也。一时延访,难得难信,品学兼优,不傲不滥,尤非寻常可比。奏稿章疏,非强作解人所能胜任,虽经亲自阅看,究未能逐字研求,况数十百件一气汇呈,目不暇给,心不尽记,苟其得人经理,必无舛误之患矣。即各省往来信函,亦须逐一经目,然后封发,未免太劳。且葆初明年必赴春闱,其接替正是需人,若能以熟手充任,则大妙也。

兄来鄂将及四月,于批判等事不甚了了,亦不轻见得,各有专司,未便攙越,无从学习也。迩来旧疾少发,精神差壮,既无私事,又无公务,手足分处数千里外,友朋契合阒无一人,不免孤寂。日间大人办公之际,晨起接见属下之时,兄彷徨无聊,惟向书房自寻消遣而已。节交小暑,尚未尝瓜,两楚之人素不喜食,想种者亦不多也。江乡食品如黄鱼、鲥鲜亦偶或登盘,果品荔支橘柚亦能到得,特不多见耳。本地茶食等类固无佳味,可口者亦少。平日菜蔬二荤二素,鱼虾尚不缺,晚膳间用面食,似觉松动。小厨房每日连煤火共需钱一串光景,其丰俭亦可想见,起居用度未尝少宽也。粢粉之物,大人素喜,惟高年齿脱,入肚不易克化,故不敢轻进,即清淡浓厚亦要调和得宜,自无凝滞之患也。便结一层终未畅适,每一登厕,汗必雨下,总觉表里不固、气血两虚之故。寻常所服之方,如黄芪、当归助补之品,皆属本有。或是火旺燥结、水衰艰涩，未能顺下，现增蜜抄知母与柏子仁二味，当可获效。高丽参前因伤风咳呛久不能服，近始试食，仍用麦冬以助气分兼清内热。头目偶觉不爽，亦缘腑气不能下达，火炎在上，便有此象。饮上清丸即愈，余俱平善。全姑娘初交夏令颇形欠适，今则诸恙悉除，起居饮食皆如常矣。

三哥赴浙，书信罕通，望其早得差使，庶几旅费不致绌乏。闻杭郡一带亦患水灾，苏、松、常皆复河平于市，低区早被淹没，奈何！扬州久无信来，未知姑母近体何如，姑丈一再置妾，急切求嗣，三表妹今冬亦欲遣嫁，膝下不免寂莫，晚境如此，殊出意外。许诚夫一官托足，性情懒惰，不能振作自立，惜哉！专此，敬问伉俪曼福，并问侄辈安善。兄荣顿首。六月五日挥汗书三纸，余于八日续赘也。

按，光绪元年五月十三日，翁曾翰于日记中记道："今日以家信一函、白高丽参一斤衣箱一只，寄四哥。交贡差带回。又附贾宅托寄信一封。"①故而，收信后的翁曾荣于本札曰："惟接奉衣箱一只，单开各件系先文端公并许太夫人遗衣……"文端公即翁心存。同年五月十五日，翁曾翰又"寄第十号禀，附京报、杨葆初信，外信七件，又附潘伯寅寄潘秋谷信。带去靴一双，又四哥所要荷包两个，豆粉等一包"。②故而，收信后的翁曾荣于本札曰："寄到荷包的是新式，极好！豆粉、罐胰尚未潮损。"可见，本札作于光绪元年六月初五日、初八日。

翁曾荣于本札中花费了大量的笔墨描绘鄂省抚署的区位和布局，给翁曾翰和读者以身临其境之感受。但是，查阅《翁曾翰日记》和《翁同龢日记》，并未见到光绪元年六月初八日鄂省发信之记录。笔者结合后一札——光绪元年六月二十日翁曾荣致翁曾翰札中"十三谢恩折弁去，附呈一械，想已达览"之句判断，本札当是翁曾荣于六月

---

① 《翁曾翰日记》，第339页。
② 《翁曾翰日记》，第340页。

初五日、初八日预写，最终于六月十三日由谢恩折弁赍去。

（五）光绪元年六月二十日（1875 年 7 月 22 日）

六弟如见：

日来深盼张正照回辕，当有家书带到。十三谢恩折弁去，附呈一械，想已达览，比维起居并吉，合寓康和为颂。

叔父福躬谅必安适，署中公事清闲，借免奔逐，炎暑静养读书，计亦甚得。吾弟趋公酬应，自不能不驱车出入，然烈日当午，宜稍避之。迩来当欲为安、寿两人报名国子监，计考到录科七月中事也。阁长已放其一，刘君谅亦不远。子馨一麾出守，未知将来简放省分若何耳。送考、看寓等事有所倚赖，伊亦十分精到，琐屑之件，初次观场尤须一一周备。

此间天气极热，署内一切安吉，自接印后各事倍形忙碌。兄近体亦好，家乡信息频至，眷属皆安，余不详赘。草此，布候暑安，并问侄辈均好。六月二十日，兄荣顿首。

按，光绪元年六月初四日，《翁曾翰日记》载："折弁张正照来，得严亲五月十九日寄谕，合署平安。"[1]故而，本札首句曰："日来深盼张正照回辕，当有家书带到。"本年，翁曾翰拟令翁安孙和翁斌孙首次参加科举考试，故翁曾荣于札中推测翁曾翰近来正忙着给两侄报名参加录科考试。"阁长已放其一"指丁士彬（1836—？）已于之前外放，"刘君"指另一位内阁侍读刘哲泉（生卒年未详），生平待考。"子馨"即翁曾桂（1837—1905）。

---

① 《翁曾翰日记》，第 342 页。

（六）光绪元年七月廿一日（1875 年 7 月 23 日）午刻

海珊吾弟足下：

日前折差回署，连得家言，欣悉内外寓中长幼咸吉，吾弟俪祉双佳，甚以为慰。都门久雨，入秋当可晴朗。叔父内城居住，趋公较便，休暇有时，得二三友人往来过从，谅不嫌寂莫，唱酬诗句果有赏音否？陵工住宿，耳目一清，如入山中，无尘嚣之象，亦足静养襟怀，惟途中有无积潦？车马以往要加慎焉，衣服铺盖宜多带，防其骤寒。

畿辅农事，丰歉如何？朝中清晏，勤于政事，气象肃穆，九门安谧如常。迩来讲求贤才，一切江海防御皆需得人而理，然膺是选者亦难以空拳支持也。至于出使他邦，聘问邻邑，又非庸庸之流所能胜任耳。滇事关系非小，果起兵戎，有碍大局，未知小荃制军已于十八启程。能弭其患否？

此间天时亢晴，望泽尤亟，祈而不雨，田禾成灾矣。署中上下均吉，秋气乍凉，顿觉快爽。自六月初至月之十五六，此数十日中，暑气虐人，殊为所苦。正值父亲大人接署督篆，两处公事岂止倍增？每日晨起接见僚属，午后披阅文件，汗如雨下，笔不停手，终日伏案，刻无或息，更余方罢，略憩片刻，便就寝矣，然夜寐不安，中宵频起。今则起居和适，爽气袭人，即公牍稍繁，亦不觉烦苦矣。

入闱在即，一切所需衣服等件已饬人逐一检点置办，各项文书禀件均由闱内发行，二十日之辛苦昕夕无已也。兄侍奉左右察看，福躬虽健而手战便涩，终是气血之病，特邀程君诊视，据云症由血肝家之血。虚所致，服其方药补气和血之品。尚属相宜，以后渐渐进补必有效验。此外别无他恙，现在精神饮食均一切照常。兄体质素弱，程君之意亟欲填补，否则恐成虚损，言近理似，服药无疵也。草此，即问双安，侄辈均好！兄荣顿首，七月廿一日午刻。

按，由"正值父亲大人接署督篆"一句知，本札作于光绪元年七月廿一日午刻。因此,该札同样是湖北所发福字十一号家书之一。但有别于翁同爵写的另外两札,翁曾荣此札以个人视角,对乃父翁同爵兼署湖广总督后的工作状态、作息时间和身体状况做了最详细的描述,并对畿辅农事、朝廷动静、人才使用、财政危机、滇案处置等国家大事表达了关心。此外,翁曾荣还于本札中关心、询问乃叔翁同龢的近状。"唱酬诗句果有赏音否?"指翁同龢与醇亲王奕譞(1840—1891)之间的诗文唱和。

(七) 光绪元年八月十五日至八月十九日 (1875 年 9 月 14 日至 9 月 18 日)

海珊我弟如见:

　　昨张、郑两火牌回省,带到不列号信并潘、金、彭各件,均经收明。都门夏热过甚,闻之令人悬系莫释,入秋后当渐凉快。寓中自伯母以次大小平安,内外杂务一身支撑,奔走之劳在所不免,吾弟年来闻气体较健,能耐辛苦,甚为欣慰。秀姑娘移在内城助理家政,照料安、寿二子衣服饮食,尤臻妥洽。弟夫人想亦时可出入,兼破岑寂。祝官犹住外家否? 此时当已长成,针黹一切定能熟谙。比来吾弟正为子侄布置考事,定小寓、置考具、送场、接场,亲自照顾,虽云辛劳,终是乐事。二子考作想必完善,三场身体俱好、规矩无误,足矣。大主考及同考名单须二十以后方能知悉,试题好做否? 均属悬盼。叔父于七月廿四请训赴工,中秋以先必能到京覆命,闻住工时颇多唱酬之句,想山中安处不嫌寥落也。萃仙丸服之获效否? 旧疾得脱,精力当益见强固,饮食滋补宜稍求适口者,勿太刻苦为要。

　　班升到鄂,先将交带各件送来,伊于主人入闱日进署一见,匆匆而去,略询都寓平安近状耳。承寄参丁及麋茸片,兄正值合用之际,拜领、谢谢! 烟筒袋并桃粉转交全姑娘收明,嘱笔鸣谢,伊近体颇健,远胜从前。署中上房亦极清闲,事简人静,无可消遣,反形冷静。兄内外彳亍,踽踽独行,无可解闷,周旋于书房、卧室间,胸中积累迄无一发泄之处，虽语言消遣，亦无其人，不亦闷闷。近来两署公事尤多，终日乏暇，大人披判之际，未能混扰他言，惟退守一室寻些活计而已。至看书写字片刻之间，心烦神躁，汗下如浆，昏沉不支，只好抛弃不顾，此由本元之病，非轻易可求速全者。程君看脉亦云，我之病根百端交集，虚弱如是，去怯症一间耳。倘虚火一经上冲，便无治法，现在赶紧填补，日服煎饮，入冬则膏丸并进，一周年后当有成效。此时趁无要事劳神，正好静心调理，否则错过光阴，欲求他治恐不及矣。故每作一书，或屡写屡辍，或杂沓重复，非草率了事，实心神不贯所致，自问年华如是，境遇如是，而精力衰颓又如是，不禁哑然失笑，慨然自伤焉。仰承膝下，见父亲大人事无巨细，烦简概由躬亲料量，不惮繁多，井井有绪，自朝及暮，按时卧起，心思细密，精力充满，寿履何如强固，小子后生反形竭蹶耶？

湖北历届科场颇称难办，士子极为疲玩，独今年种种安静，人人守法，点名向来拥挤迟缓，今则循序以进。申刻封门，二、三场尤早，午、未间即能竣事。号舍中亦清吉，无一人病苦。内外帘及各执事人员无不称颂监临之福所致，从未见有如此之平稳迅速者。亲体康和，能耐劳苦，且称欢悦也。专此，敬问双安，并贺节禧，侄辈均此。八月十五日，兄曾荣顿首。

再禀者，日来布置入闱事宜，匆匆未及发信。父亲大人进内后屡有传谕，知福体安善，初一考爷，初二贡院验工，初六巳刻入闱。初五、六天气极躁，监临堂上房甚小，加以终日终夜衣冠办事，不特辛苦，又值酷暑，殊为悬悬。昨早忽起大风阵雨，气始凉爽，午后知父亲一切照常，终日坐龙门点名，傍晚即封门竣事矣。今日微风，可穿一夏一单，当不至挥汗如雨。家人辈共带八名，兼有两署公文，门印、签稿之外，跟役仅三人耳。巡捕一文二武，戈什八人，文案一人。此次两印并入闱中，亦罕有之遇，一切事皆照旧样式也。署中一切均交侄看管，内外静肃如常，家人亦遵约束，无事不轻出去。师席仅又添请一人，专掌咨达文件。周子京计又赴考，无从邀请，须俟榜后方能约来，拟于场后致书招之。杨君笔墨不甚合格，明年入都赴试，必得请一接手，惟良材难觅耳。督署向有书启二人，今皆归试，现请一朱君，名承钧。系浙江人，笔札亦平平。洋务事件悉由关道处创稿，本是熟手，免致歧误。

署中迩来光景颇称严肃，平日二鼓必锁宅门，无人出入，仆役一切尚守规矩，从无深夜出游之人，凡属公事，非由巡捕交至宅门不准接受，并不准径至大堂与人交接，可谓防微杜渐，弊绝风清矣。省垣中素称朴野，寂寞异常，江流如带，南北悬殊，汉口繁华，不异上洋，五方杂处，良莠不一也。至游息之地，黄鹤一楼，外此别无所有。抚署左右尤为僻野，炊烟稀少，惟见山坡叠石而已。至内外巨细事宜，均须亲自主张定夺，毋敢忽略，故百事井井有条不紊焉。两署公文多寡不定，多则数百件，甚至盈千，少则百余件。父亲精神周密，饮食卧起皆有定时，步履亦轻健。荣在此侍奉，扶持调护，刻刻小心，不敢少有怠忽，统祈放心。居恒用度，未尝妄有开销，每月零用四千，每节给银百两，守此以资添补衣食之费也。

祥哥到浙曾来两信，父亲亦寄银济之，刻下已得省局帮办厘务之差，以后当可敷衍，然懒于发信，令人悬悬莫释。家乡亲友纷纷赴试，余皆安守。源兄久无消息，病状未减，惜神志恍惚，不能与之通音信，大为闷闷。两嫂各炊，势难强合，丰俭自主，可无訾议。恩、虎诸子读书要紧，若任其疲玩，将来必贻后悔，望切实寄谕训之。奎保性情转变，刚克以柔，必有效验，苟能知礼不逾，守家不出，即是好处，倘肯用心书本，则禀资敏悟不减昆弟辈也。吾屡寄言勖之。阅其来函，似亦能领悟焉。

今年此地科场极其平安，各学士子循谨异常，确守规矩，点名毫无拥挤，挨定次序鱼贯而入，每至申、酉必能扫数封门。天气凉爽，可穿夹衣，考生亦平安，无一病苦者，此数十年中历届办考从未有如此稳速，内外当差人役无不称快。楚省风气素不遵监临约束，考生动尚聚众，凡市厘店铺，一言不顺便生事端，畏之如虎。此次安静殊常，居者、行者莫不欢然称庆焉。

昨夕知父亲微有感冒，今早着人省视，归述一切平安，仅属伤风，邀程君看过无他，外感系受新凉云。探悉，起居饮食亦均如常，去人即刻遣回，大人要点翻译生员，随即封门，十八日竟日封闭以后可开，早晚有人出入矣。廿二监临可以出闱，辛苦半月余，回署当能休息一二日。刻知藩司奉旨进京，官场又有一番更动，颇费斟酌，未知新任来此能得一臂之助否耶？十七日。

今早得闱信，知严亲身体已健，服程道方药，伤风已止，寒热亦解，饮食一切均照常，大解得畅快矣。近知彭雪琴来此专候大人出闱，有面商事件，现定廿二辰刻出来以便会晤也。此信书就迟迟未发，因述及大人欠安，恐劳远系故耳。十九日午刻书。

　　按，根据翁安孙、翁斌孙同时参加顺天乡试，"叔父于七月廿四请训赴工"，杨葆初"明年入都赴试"，"藩司奉旨进京"等关键信息，可知本组信札陆续作于光绪元年八月十五日、八月十七日、八月十九日等日期。札首提到的张、郑两火牌差带到的不列号信，即翁曾翰于该年七月十四日、十八日所寄的不列号信。[1] 由《翁曾翰日记》知，本组信札最终于光绪元年八月十九日由正福胜轮船局发出，[2] 正如翁曾荣

---

　　① 《翁曾翰日记》，第347页，光绪元年七月十四日："以不列号信交承差张姓，即前次带衣料包来者。"第348页，光绪元年七月十八日："以不列号信付承差带回，外有周供事恳寄前应城县李昭萱信一件、诰轴五分带至汉口。"

　　② 《翁曾翰日记》，第355页，光绪元年九月初五日："得四哥八月十九日函，从正福胜轮船局来，与广通在一局。知严亲廿二出闱，曾患伤风已痊愈，天气已凉，考政严肃，一切平安。四哥服程丽芬补药亦有效，惟颇寂寞耳。潘椒坡、李干吾均分房。共十二房。书启添一朱君，承钧，浙人。朱墨笔添一汪君也。湖北试题：'君子尊贤而容众，嘉善而矜不能'，'自诚明'四句，'古人所以大过人者无他焉'两句，'晓江晴觉蜀波来'得'来'字。二场'为金为玉'；'昔在文武，聪明齐圣，小大之臣，咸怀忠良'；'绥万邦，屡丰年'；'滕侯、薛侯来朝'；隐公十一年。'黍曰芳谷'四句。三场经史、兵制、仓储、训诂。"

于八月十九日午刻书中自言："此信书就迟迟未发，因述及大人欠安，恐劳远系故耳。"

光绪元年六月十四日，翁曾翰曾将仆人班升推荐给湖北乡试主考官之一的恽次远。① 同月廿二日，翁曾翰"以家言一函，茶叶四斤，并寄四哥之鹿茸、参丁，寄全姑娘烟袋套、桃粉共为一匣，交恽次远星使带赴湖北"。② 故而，八月十五日札曰："班升到鄂，先将交带各件送来，伊于主人入闱日进署一见，匆匆而去，略询都寓平安近状耳。承寄参丁及麋茸片，兄正值合用之际，拜领，谢谢！ 烟筒袋并桃粉转交全姑娘收明，嘱笔鸣谢。"

从《翁曾翰日记》看，"知严亲廿二出闱，曾患伤风已痊愈"是八月十七日札和八月十九日午刻札透露的关键信息；"考政严肃，一切平安"和"四哥服程丽芬补药亦有效，惟颇寂寞耳"则是八月十五札大幅介绍的内容；而本组信札中至少还有一札是目前尚未见到的，重点介绍湖北试题、分房阅卷等科场情况。③

八月十七日札中提到的周子京，即周维都（1833—1888），原名原祁，字子京，廪贡生，江苏赣榆人，最终于本年冬月抵鄂；杨君，即杨葆初——杨寿昌（生卒年未详）；"刻知藩司奉旨进京"，指湖北布政使林之望（1811—1884）奉旨赴京候简。④ 八月十九日午刻札中提到的彭雪琴，即彭玉麟（1817—1890），字雪琴，号退省庵主人、吟香外史，湘军水师的创建者，祖籍湖南衡阳，生于安徽安庆。彭雪琴与翁同爵面商的当为江防之事。

---

① 《翁曾翰日记》，第344页，光绪元年六月十五日："昨恽次远来晤，将班升荐定。"

② 《翁曾翰日记》，第345页。

③ 《翁曾翰日记》，第355页。

④ 《翁曾翰日记》，第350页，光绪元年八月初三日："林之望、应宝时均来京候简。"

（八）光绪元年九月廿二日、廿三日
（1875 年 10 月 20 日、21 日）

信封　六少老爷收启。内家信，外湘衣料一包，扇袋一个，赍呈。鄂抚署翁寄。十一月，班升赏来。

钤印　谨慎（朱文）

　　祥哥得委后有一信来云秋中抱疴，发信时已痊愈，将作计要搬寓，房子看而未定，大约到局较远，亦嫌借居之不安也。薪水月得四十金，不无所补。浙省人多事少，特设一席以位置之，上司未尝不垂意，亦可感焉。奎孙在家循规蹈矩，吾频频劝之，庶几默化潜移，渐臻佳善，为之欣快无量。里门闻秋潦特甚，米棉大损，家中人口平平，惟兰侄女产后婴疾，竟尔萎化，大为伤心。长嫂此日，其痛惜更难言矣。士复长儿锡保亦以时疾殒命，其养媳许守贞节，情殊可悯，志实可嘉，令人起敬，为翁姑者要怜惜以处之也。士吉老态慌涩，又不获隽，志亦衰矣。荣又启，廿二日灯下。

海珊吾棣足下：

　　自前中泐呈寸楲，忽忽重阳又过，每逢佳节更系怀思。昨李仙根来，携到手书，具悉种种。比来文闱事毕，两星使匆匆俶装，轺车将发，所取士极称得意，闱墨亦清真雅正，归计在迩，形色亦称壮矣。此处局面素所朴实，再三谆嘱，一切概加丰厚也。

　　都门十五放榜，寿官果能获隽否？此亦徼幸万一之想，盖官卷中好手必多，未免拥挤。安官场作清顺，微嫌薄弱，初次观光一无错误，大为欣慰。江南题名想已见得，吾乡一曾一庞本属健将、战无不利者，此外褚、薛、吴、叶皆好学之徒，叶寿松即士吉之婿，副则有一张锡钊。一丁。焕章。共有八人，可谓盛矣。若得北榜再中一二，尤征文运昌明。近日深盼捷音，刻不能释。

叔父奉宝差使，日内正在奉移之际，未知途次有风雨否？车马之劳自不待言矣。刑曹事繁，日常进署，五弟虽无回避之文，亦冀其早日外放为妙。吾弟趋公之余，兼忙酬应，比兄之终日坐废，其劳逸相去远矣。楚境人情朴野，良莠杂出，田禾丰歉各殊，省垣一切安平，两署案牍虽烦，尚无窒碍之处。父亲大人寿履颐健，昕夕办公，精力充裕，兄体亦差强，全姑娘近颇信佛，身子亦好，堪以报慰廑念。专此，即候双安，并问侄辈均佳。兄荣手肃，菊月廿三日。

又启者，班升此来，一事两勾当，极好，极好！其来时携到惠件，一一拜领，刻将去矣，而无物寄意，不禁恶然。此处所产实无一得用之品，而前书嘱觅红灰荆缎袍至今不得，容购着寄去。兹带上米色宁绸袍料一件、被面一个，乞晒入。又荆缎褂、扇袋各一给安官，余物不能交带，惟鹅毛将意耳。

张诚来署，派门签稿差，待之以恩，不为不厚。乃于中秋后忽尔乞假欲去，准之，即由轮船绕海北归。适兄处携一童儿亦有事南行，遂束装偕去。计张到京必在数日之内，严亲交带衣料三卷。伊来都叩见，当可详询此间大略也。伊在署中办理一切，于其去后，吾却细细考察，平日尚无过误，惟素性迂拙，事繁任重，力与才均形其绌耳。自揣怯弱，决然求去，恐致陨越故也。

班升此来，次远派其值帖，故每来必匆遽而行，恐误所司之职，以致署中一切未能深详。伊于差事犹知谨慎，在同事中未免有枯窘之虑，闻公项、随礼殊属淡泊，而格外生法又非熟于此道者所可启齿也。班升囊中去得，无所欣羡。伊到此间，严亲分给三十金，而同人又以其情寒苦禀请提公助，给三十，此外各有交道，各尽其情，于是集有成数，其差事之出息则末也而已。此亦非他人所可欣羡者焉。

按，光绪元年十一月十一日，仆人班升跟随湖北主考官恽次远和朱酉山一起从湖北回到北京。同月十三日，翁曾翰于日记中写道："班升赍来四哥交代信件，赠我宁袖袍一件、荆缎被面一个，给安儿荆缎褂一件、扇络一个,全姑娘寄内子红绿布、水烟筒等。"①这段话描述的正是翁曾荣此札和其托带的各物件。故可知,本札作于光绪元年九月廿二、廿三日。

本札也提到了江南题名。据札,本年江南乡试,常昭中举者共有八人,"一曾一庞"即南京博物院藏光绪元年九月廿七日翁同爵同日致翁曾翰札中所提的曾之撰(1842—1897)和庞鸿书(1848—1915);"褚"是褚宗亮(生卒年未详);"薛"是薛树培(生卒年未详);"吴"是吴似麟(生卒年未详);而"叶"是叶寿松,即翁曾禧之婿叶茂如。

(九) 光绪元年十月初五日(1875 年 11 月 2 日)

海珊我弟如晤:

日来正盼信,适折弁至,奉到九月十八手书,知先后递寄各械均次第达览,即谂起居双吉,合宅平康,快慰颂忱。山陵之行,何日回銮? 两弟俱未派差,叔父随扈偕行,途次辛苦,奔驰车马,得毋劳勚? 还京后宜休息二三日,再趋衙办公,旧疾未脱,福躬虽能耐劳,究须时时调摄,饮食口味中,亦可借助滋补之力也。刑曹旧游之所,例案素熟,简牍之繁,又岂能一一驳斥? 委曲讲求,持平酌当,自毋枉纵之患。顺天榜发,二子皆荐而未售,鼓其锐气,何难奋翅云霄? 观场者如是,亦差慰已。侍读一缺,刘郎去后又出一刘,足见升阶之难。或为吾弟当得问鼎,故有此阻塞,亦未可知。拟名须引见,此日当必定夺,千里之外,不识更有刘郎争路焉?

都下人心安定,外间传言煽惑众志,殊不足据。闻种种计策皆威酋独一意见,要挟实甚,朝廷苟且就合,贻毒将无底止,若所议决裂,又恐兵单饷绌,干戈四起,难以收束,当局谋国,诚不易易。刻下格姓已至汉镇,续有来者,因之逗留在此,而取道川境之计名为游历,实则

---

① 《翁曾翰日记》,第 365 页。

诡谲难知,亦听其所往,正不识何时得入滇界。李筱翁到彼尚未可草率定案,要候观审之酉抵省方能成谳,如此迁延,明年春末了结已算极迅速者,倘通商牵并一气,则归期遥遥矣。岑公镇抚黔滇十余年,尽心竭力,方有今日局面,威酉衔恨,若果移之,恐失民望焉。

两星使于场毕后按日酬应,疲劳已极,前月廿八辞别渡江,闻在汉皋小住,月初想即返辐,差囊各逾《礼记》全部,行色亦云壮矣。吾家托带有洋表、衣料等,均交恽处。班升来署,亦十分满意,较寻常奚啻倍数。兄亦有些些鹅毛之意交伊转呈者,约出月可到京也。

此间连日阴雨,寒气骤至,今早始晴和。初七开考武场,校阅一切弓箭技勇,十日为期,恐复不止。父亲大人起居康健,公事披览盈千累百,逐日扫数。今届武场,从早至黑方能回署,终日堂皇,归宜休憩,仍须伏案批判,不免劳益加劳,殊为踌躇。拟将两署公件分作二起,要紧禀牍及行文各处必须过目酌夺者,入夜呈览,寻常例行及各属禀报晴雨粮价者,由兄代为打到,仍择要呈阅,如此斟酌,不过少分片刻之劳耳。至校场箭亭,不免受风,已再三申说,后面用屏障风,并饬家人届期察看情形,或加布围幔一层,严密遮护也。

父亲气体饮食近俱安适,前服程方附子、桂枝等而火炎上冲,头目不爽,自用玉屏风散加减服之,即舒泰晴朗矣。全姑娘夏秋以来身子大健,一切平安。兄药石未断,高丽参尚不缺,此地良材毕集,远胜江南,药好而价贱,入冬后要服参茸、附桂诸品,庶使阴阳并补,水火两足,则诸凡虚象当可悉除,否则怯弱太甚,几成废人矣。前病,逢节令无不发作,蒙叔父寄我萃仙方,碌碌未经配合。此地潮湿,易于虫蛀,现交冬令,拟照方配合,早晚服之。家中书信少疏,人口皆安好。大嫂留此一女,常常归省,亦足慰意,乃以产后失调遽尔姐谢,深为悼惜。寿官千里言旋,值此三冬,更非易事。然母子情切,两相悬悬,亦不得不遣归也。专此,静候俪安,侄辈均好!兄荣顿首,三兄处由洪庆来携到一信,近体安好,并以告慰,兄已屡有信嘱其作复寄都也。十月五日未刻。

按，本札作于光绪元年十月初五日，与翁同爵同日致翁曾翰家书一起，合为福字第十七号家书，于十月十九日送达翁曾翰手中。① 第一段中，翁曾荣对翁同龢、翁安孙、翁斌孙和翁曾翰的近状表达关切。"侍读一缺，刘郎去后又出一刘"，指内阁侍读刘哲泉（生卒年未详）"放贵阳遗缺府"②后，刘淮�（生卒年未详）补内阁侍读。③ 刘淮�，字星岑，咸丰五年举人，直隶盐山（今属河北沧州）人。第二段谈论"滇案"的进展，翁曾荣发表了个人看法。"岑公"即兼署云贵总督、时任云南巡抚的岑毓英（1829—1889），字彦卿，号匡国，广西西林人。第三段主要汇报湖北方面的近状，详细介绍了湖北武场的情况和翁同爵的身体状况。

（十）光绪元年十一月初七日、十一日、十三日
（1875 年 12 月 4 日、8 日、10 日）

信封　兼署湖广总督、湖北巡抚、部院翁平安家报。内安要家言，外库平足纹银伍千两整，敬烦天成亨宝号寄至京都，确交南横街翁海珊六少老爷查收为荷。福字第拾玖号。鄂垣抚署翁缄寄。十一月廿九日到。

钤印　富贵长寿（白文）

海珊六弟手足：

前日折差北行，适为病魔缠扰，卧床未起，不获泐复。今者服药

---

①《翁曾翰日记》，第 362 页，光绪元年十月十九日："得父亲十月初五日寄谕并宪书廿本，折差徐△△赍来。"

②《翁曾翰日记》，第 356 页，光绪元年九月十四日："刘哲泉放贵阳遗缺府，即额健庵所放之缺，额未出京昨病故矣。"

③《翁曾翰日记》，第 357 页，光绪元年九月十七日："署中知会侍读缺，刘星岑拟正，余拟陪。拘定资深，而仍以余作陪，无谓之至。"

小愈,惟风热未清,头目昏眩,畏寒怕风耳。迩来想兴居安吉,伉俪谐和,百凡馨宜为祝。都下年岁如何? 天时和暖否? 朝政清晏,民志熙悦。传言科场磨勘事宜,独梁君苛求刻责,众论纷如,未免令主文者胆寒,士子作文风檐寸晷,难保必无小疵,周公之奏痛切直陈,曲全不少,未知覆勘后作何议结耶? 叔父内城安居,酬应较简,刑部事繁,不时进署,平常友朋往来,契合之交亦不多得,蒿目时艰,胸怀抑塞,久有退志,此愿何日克偿耶? 廊庙山林,奚啻渊霄之别? 倘能身际其艰,展布一番功名事业,与世同垂,然后奉身而退,逃隐于湖田山麓间,柴扉竹屋,啸傲烟霞,尤为快意也。

　　昨折弁回鄂,携到家言,承惠貂帽、袍料各件均收领讫。兄今年刚值四旬,又在父亲膝下朝夕承欢,署中一切虽不能分任厥职,然起居动静深悉情形,孺怀欣悦,较之远处乡间碌碌终岁时差胜多矣。光阴迅速,回忆童年,慈母见背,彼时景象,手足三人,何等凄恻! 清夜以思,不禁泪下! 今者少壮已过,一无可慰亲怀者,曷胜惶悚! 吾弟供职有年,自立之计借此可期,安、德两侄黾勉读书,后起亦快如,兄之境遇未尝有异,而福之浅深乌能强比哉! 近岁以来,百念灰冷,奉佛则尘虑渐除,事亲则孺子自命,借此怡怡以安吾志焉。兄身体素弱,今已差强,终究受病太深,不耐辛苦,几乎有衰颓成废之象,柔脆万分,仗药延年,言之堪噱也。

　　天寒日短,父亲大人自朝至暮勤恳办公,无刻休憩,虽精神充固,究属过形劳勚,转瞬残冬,更多一番辛苦。李筱翁归计尚远,两署事务繁杂,真有目不暇给、手不停披之势,须二鼓后方可就寝。签押房高深,多阴寒气,用微火烘之尚嫌燥烈。手战之症略好,似得虎胫骨之效,步履亦清健,惟膝理不固,易于伤风,夜卧稍凉即有咳呛,得暖便止,大肠枯涩时食润泽之物,近觉松利矣。署中一切如恒,周子京将抵鄂,素所契合之友,果能到此,必有臂指之助,何快如之! 赵恩亦由扬州来,书启等件足可料理。

　　钱楞仙姑丈处带有信来,姑母老境颓衰,近举一子聊以为慰,身子亦平善。家中昨有书来，人口皆安吉，大嫂心境恶劣，亟盼子归，兰保惨遭酷殃，不忍言及。亲友族郦均各平适，祥哥一官入浙，书信之难实所不解，函去必谆嘱其多寄家言，竟尔杳然，奈何！昨李福持家言来鄂，遣伊代叩大人起居，据述近况安好，惟书来又求寄款接济云，云月杪大约仍须命来人返浙也。十三日又及。余言续布，专此，敬候伉俪双安，并问侄男女均佳。兄曾荣顿首。十一月七日作半幅，十一日续书完。

　　按，本札是断断续续完成的，据翁曾荣自言，十一月初七日完成半幅，十一月十一日续书完，而且十一月十三日翁曾荣又补写了一句话，这些都说明本札的日期下限是某年十一月十三日。由札曰"兄今年刚值四旬"及《翁曾翰日记》中记载①可推，本札陆续作于光绪元年十一月初七日、十一日和十三日，并于当年十一月廿九日送达翁曾翰手中。② 而"李筱翁归计尚远""周子京将抵鄂""赵恩亦由扬州来""钱楞仙姑丈……近举一子"等重要信息都可成为本札系年的旁证。

　　"传言科场磨勘事宜"指《翁同龢日记》光绪元年十月朔日所记载的："磨勘官梁僧宝分磨七卷皆签应议，解元一本下廿余签，以五策空疏，照十不忆五例加说帖二百余字，又以考官、同考批语如出一手，签应议。"③"周公之奏"指"御史周声澍劾奏梁僧宝逞臆行私，旨着复勘大臣详细察核所签是否允协"。④

　　对读《翁曾翰日记》，可知翁曾荣写信前一日接到的家言是翁曾翰十月十一日所发乙字廿四号家书，并库缎袍料一件、貂帽一顶，交

---

　　① 《翁曾翰日记》，第 368 页，光绪元年十一月廿八日："今日四哥四十生辰。"

　　② 《翁曾翰日记》，第 368 页，光绪元年十一月廿九日："天成亨送来十一月初八家信一函，外带《道德经》一函。"

　　③④ 《翁同龢日记》，第 1197 页。

火牌差赍回。① 翁曾荣本年正好四十岁,缎袍料和貂帽是翁曾翰送给翁曾荣的生日礼物。翁曾荣收到礼物后于本札中感慨万千,不仅回忆童年与过往,对比兄弟境遇之差异,还对自己柔脆衰颓的身体充满了无奈。

(十一) 光绪二年二月十八日
(1876 年 3 月 13 日)午后

致翁同龢帖　侄曾荣百拜敬请叔父大人福躬万安! 恭叩大喜,并贺合家大喜! 秀姑娘寄惠物件均已收领,谢谢! 并候近佳!

海珊吾弟足下:

新正得诵手书,具悉种种。昨见邸抄,知叔父补授户右,刑右以潘伯寅代之,朝廷恩泽之隆,亦优待儒臣之意,闻之欣慰。农曹公事素繁,且此时库款支绌,筹拨为难,叔父到署,兼有内廷一差,似可毋庸常往。近来进殿礼仪如何光景? 转瞬开课,又未知书帏规矩已议妥否?

吾弟场期伊迩,一切琐碎之劳暂作息肩,须养得元神,笔机活泼,文思沛然,入场玄著,一挥而就,必可操券得之矣。至于问鼎一层,尤为意中事,且今值丙子之科,其应运以起者非吾弟,谁能当之耶? 槐花黄候,静俟好音。惟弟身体素弱,场前宜格外珍重,场后亦须留意也。安官近来进境若何? 寿子南行,顿形寂寞否? 念念。

此间自父亲以次合署安好,无劳远思,专心下场是嘱。即颂元安,匆匆封信,不及赘语。兄荣顿首,十八日午后。

按,由《翁同龢日记》和《翁曾翰日记》可知,翁同龢补授户部右侍

---

① 《翁曾翰日记》,第 361 页。

郎,兼管钱法堂事务是在光绪二年正月廿三日,①翁曾荣和乃父翁同爵在湖北得见邸抄当在二月份,故本札作于光绪二年二月十八日午后。所以,翁曾荣本札附呈致叔父翁同龢升迁贺帖,恭贺翁同龢由署理刑部右侍郎补授户部右侍郎。

本年丙子科,翁曾翰将再次参加会试,而翁曾荣因为体弱多病、侍奉乃父等原因放弃了赴京赶考,因此翁曾荣于本札中花费大量的笔墨为六弟翁曾翰打气助威,预祝其金榜题名,正所谓"槐花黄候,静俟好音"。

(十二) 光绪二年三月初五日(1876 年 3 月 30 日)

信封 　兼署湖广总督、部堂、湖北巡抚翁平安家言。内家言,外桂花木耳一件,屏一卷,敬恳福便携至京都,饬送南横街舍间收明为荷。鄂垣翁缄寄。

钤印 　富贵长寿(白文)

海珊六弟足下:

场期在即,计日内料理移寓事矣。此意悬悬,维祝元祉增佳,百凡如意为慰。榜前酬应繁多,宜节劳勘。大卷想不时书写,若得捷报传来,定可卜问鼎也。

叔父城内居住,逐日入直,散后仍可进署治事。牙痛大愈否?旧疾不作,精神当能健旺,饮食起居勿太刻苦。安官随侍在侧,亦可解闷破寂。寿官抵里,早有信否?张词甫尚未入鄂,菘云到此会晤两面,性情相契,踪迹宜远,嫌疑之际,不得不尔。

---

① 《翁同龢日记》,第 1220 页,光绪二年正月廿三日:"刑部笔政秀昌来告,今日有旨擢任农曹,已正军机信来,录上谕一道,出城泣告祠堂。"《翁曾翰日记》,第 376 页,光绪二年正月廿三日:"午刻领事回知,奉上谕:户部右侍郎、兼管钱法堂事务,着翁△△补授。"

　　此间天已和暖,仅穿薄棉,四境均敉平,堤工赶筑未竣,麦田芃芃可丰收也。父亲福躬颐健,近来分期考试,属员庸庸者众。兹乘金子白乞假来京,寄去桂花、木耳二匣,朱拓汉器画屏四张,到时亲命转呈叔父查收。余不赘及。专此,即颂捷安。兄荣顿首,三月五日。

　　按,本札作于光绪二年三月初五日,为寄物短札,故不列号,主要目的是告知翁曾翰注意查收所托寄物品:桂花、木耳和朱拓汉器画屏。其中,朱拓汉器画屏显然是翁同龢所好。据《翁曾翰日记》载,本札于该年三月十七日送至翁曾翰手中。[①] 带信人金子白,生平信息待考。此外,本札还略及张词甫(生卒年未详)、恽祖翼(1837—1900)等人之动态。

(十三) 光绪二年四月十五日(1876 年 5 月 8 日)

海珊我弟足下:

　　十三礼闱揭晓,如老弟获中,则捷报当已在途。此间题名传来约于二十以后,日内令人心旌摇摇,梦寐不稳,恨未能插翅云霄一瞻金榜也。斗室听雨,殊增闷闷,兄虽置身局外,作壁上观,然得失之心不免有动于怀,若吾弟二十年辛苦,一旦飞上蓬瀛作神仙伴侣,亦足快慰素愿,此兄所默祷而心祝者焉。

　　北地苦旱,民生之患,大是可忧。鄂中多雨,沉阴积湿,江流滚滚,涨痕渐高,幸各堤安稳,时逾立夏,人犹重棉,恐未能速霁耳。省中种殖之功较异江南,近日秧针乍插,无虑水淹,故民志尚安。今羊茶市甚旺,各商贾四方云集,一切关市征税皆赖于是也。

　　署中公私平顺,父亲大人寿躬颐健,眠食俱安,批判余间偶尔散步以舒气血,惟天阴地潮,其滑如油,郁蒸多湿,甚于梅时,寸步须留

---

　　① 《翁曾翰日记》,第 383 页,光绪二年三月十七日:"金子白太守带来家信一函、木耳两匣、画屏四张。"

意也。全姑娘近体亦适,课佛甚勤,信行颇笃。兄一春写得数种经本,草草装订。日来小憩无事,逍遥畅适,长夏永昼,拟另觅生活。身子素弱,年来较胜,旧疾间发,漏卮难补,然心气凝定,清虚之气,尚足支持,将来遇有妥便,乞买丽参钉一斤寄下为祷,勿买全支,价昂而不合用也。

祥哥近赴徽州局差,未接其信,彼处一切皆归盐商包办,坐而理之无甚难事。家中亦日久无信,令人悬悬。扬州解饷,时有轮船前去,姑母处久未通音,月内拟作书寄之,并闻姑母意欲将三表妹许配俞金门表弟以亲结亲,甚相当也。寿官回里后,知其两腿疲软依然,良医罕遇,求治却不可缓,家乡消息可时通,宜嘱其赶紧调治。安官功课不懈,自见进业,近体结实否?衣料二件,四大妈寄给者。念念。雨窗闷坐,书此数行,即颂撰安,并问伉俪双佳,侄辈均吉。兄曾荣顿首,四月望日。

钤印　哲华龛主人(朱文长方印)

按,在翁同爵任职湖北期间,朝廷共举办了两次科举考试:一次是光绪元年乙亥恩科,一次是光绪二年丙子正科。也就是说,其间共有两次会试,分别在光绪二年和光绪三年。而《翁同龢日记》《翁曾翰日记》等资料表明,翁曾翰只参加了光绪二年的会试。首段提及,翁曾翰当年参加了会试,故可推知本札作于光绪二年四月十五日。

翁曾荣的家书比较生活化,所涉内容非常琐碎,本札也不例外。首段以大量的笔墨表达了期盼兄弟科举高中从而平步青云的美好愿望;第二段介绍湖北天气、农事、羊茶市等情形;第三段描述翁同爵、全姑娘及翁曾荣的身体和精神状态,并求购高丽参钉;第四段转述翁曾纯、二姑母翁端恩、翁斌孙等人的近状,并问候翁安孙的学业和身体。值得一提的是,札中提到二姑母翁端恩有意将三表妹许配给俞金门表弟以亲上加亲。"三表妹"即钱云辉(生卒年未详),字云孙。俞金门即俞钟銮(1852—1926),字金门、荆门,又字次辂,号养浩,别号一舟行人，江苏常熟人。俞钟銮是翁同龢的大姐夫俞大文和续娶的龚氏所生，与"三表妹"钱云辉并无血缘关系。

（十四）光绪二年五月十六日(1876 年 6 月 7 日)

海珊我弟足下：

日前，李小翁处折弁回鄂，送到四月廿八日手书，并题名、胡信，即日饬送矣。均领悉，即谂伉俪双吉，合宅平安为慰。惟阅邸抄，见叔父忽请假期五日，甚为驰系。是否感触暑热所致？抑系眠食失慎之故？身体劳倦，供职之暇总望随时养息，每晚能静摄心神，坐定片刻，久久自有效焉。署中公事虽繁，能否二三日一到？趋直功夫既长，散后一切琐碎事宜勿过烦扰为要。入夏以来，旧恙能不发否？销假时精神、饮食均复元否？惦念之至。吾弟侍读一阶循例奏补，功名自有定数，安而行之，不必计较彼此之得失也。同乡竟有四人，未知引见后如何耳。北方久旱，祷祈迭伸，铁牌到京，仍不得透雨，有应有不应，民生之困厄，殊可虑也。

此间插莳未遍，亦盼大雨，今闻雷声隐隐，云霓之望极切矣。天气盛暑已同三伏，仅可绤衣。署中人口皆安，父亲大人寿躬颐和，公事虽平顺而批判之繁，挥汗如雨，操心致虑，无形之劳正复不已。督篆兼摄已届一年，何以即真之命久而不下，亦未见派有人来？两处之事汇萃一身，尤觉忙碌，官廨无凉爽地，签押房一椽亦不透风，终日坐息其间，汗浆不止也。蓬虽搭起，徒形黑暗而漏太阳，故从朝至暮暑气逼人，尤不能障焉。闻南城一署较胜于此，若果升授，移住南辕，则大妙矣。李小翁十七启程，奉批准其入都，现在携眷东下，先至安庆省亲，再过南京位置眷属，由彼取道赴京，一路小有耽延，夏末秋初方可趋觐，长途辛苦，未免视为畏途耳。孙琴西履任，新政无甚变更，此君名士气重，公事率由旧章，伊子由海道而来，尚称平稳，未受风波之险，闻前乎此者却已吃惊不小矣。丁芥帆调补川中，极便宜事，今随李制军同来，病虐甚困，伊眷口亦由皖到此，特溯流而上，江水涨流，由陆行亦殊不易。恽松云、张词甫均经严亲设法位置,恽则月支六十金,张则月支二十金,仍留书局差,每月廿四金。计共月得四十四金,其旅况甚俭,借此当可敷衍,不致亏缺也。

　　迩来兄身子尚好,值此酷暑炎风,大为所苦,再加以一足受伤,月之三日倾跌下阶,挫折左足,筋骨皆损,剧痛号呼一昼夜,少止。至今肿痛略消,步履未能如常,起跪更属窒碍,惟静心耐气以待其愈,终日颠蹶,几同废人,想亦时日中之灾厄耳。甚闷,甚闷!今晨严亲出门,回辕时颇觉不快,服藿香丸、六一散等少好,饮食一切,盛暑时向喜清淡,肚腹尚好,惟大便不润,未知何故。兄本拟回家一走,一切琐屑私事未能交他人代理者,必须抽空到家布置妥洽方免顾虑。然值此酷暑,未敢遽离膝下,故迟徊久之,尚无定见。若待秋凉,则文武闱入场尤忙。一届冬令,出省巡阅,更不可少人照应也。草草布此,敬问双安,并问侄辈均佳。五月十六日,兄荣顿首。

　　按,光绪二年二月廿五日,"丁士彬调四川建昌道"。[①] 故由"丁芥帆调补川中"一句知,本札作于光绪二年五月十六日。翁曾荣云李瀚章处折弁回鄂,递到四月廿八日手书,实际上写信、交信日期应为四月廿六日。[②] 而翁同龢不慎坠马伤足就在次日,且这天恰逢其生日。十余日后,身在湖北的翁曾荣于邸抄中得知翁同龢请假五日,但不知具体情况,猜测翁同龢因太过劳累而生病了,故于本札中急切询问道:"是否感触暑热所致?抑系眠食失慎之故?"

　　本札再提前往湖北谋求差使的恽祖翼和张词甫。结合稍晚的翁同爵致翁曾翰札(《五月十九日札》)可知,恽祖翼得到的是湖北督销

　　① 《翁曾翰日记》,第380页,光绪二年二月廿五日:"丁士彬调四川建昌道,许培身补云南迤东道。"

　　② 《翁曾翰日记》,第390页,光绪二年四月廿六日:"以家信一函交熊长胜带楚,内附金榜及散馆单。熊系督辕戈什,此件为李小翁递折来也。"

局的一个差使,月薪六十两;张词甫在已有崇文书局差使的基础上又增加了一个湖北督销局的差使,月薪共计四十四两。①

据札,翁曾荣此时已开始计划回一趟常熟老家,料理"一切琐屑私事未能交他人代理者",实际上更是为了回家纳妾。②

(十五) 光绪二年五月十九日、二十日
(1876 年 6 月 10 日、11 日)

海珊吾弟足下:

日来盼折差归,迟迟未到,而邸抄中见叔父两次请假,未识福履何以欠安? 是否外感暑热所致? 此地远隔数千里,想书斋差事自圣上入学后为时既久,每当散直正是炎午,不免益见辛苦。今得续请假期之信,令人增忧,驰念尤深。近来闻叔父旧恙少发,气体当见健旺,发汗之症谅不至复作,十日之后一切果否复元? 起居饮食均能如常否? 销假趋直,精力必须强固,断勿勉强,调治之方延请何人? 平时宜加意,祛暑之第六散、金衣丸、绿豆汤可随时进饮,夏令食味清淡为妙,肚腹尤须保护。老弟入署时多,可在城寓位置一榻,兼可照料各事,药物等件自己检点更觉安心,恐仆辈粗率性成,未能细密也。部中办事,叔父身在内廷,职任之重特过于百僚,退后要必量度自己精神何如,或间日一至,返寓尤须片刻静息,涵养心性为定课,否则养之无时,耗之不已,岂能久久强支哉! 北方苦旱,万物焦枯,人身亦形燥烈,稍有失慎,便易致疾,此意虑之既深者矣。

此间年谷中稔可望,间有未经插莳处,近亦盼雨颇切。天气盛暑,绤衣犹嫌其暖,与三伏无异。署内上下皆吉,父亲寿躬安适,公事

---

① 参见南京博物院藏光绪二年五月十九日翁同爵致翁曾翰家书。

② 《翁曾翰日记》,第 398 页,光绪二年闰五月初十日:"得父亲五月廿六日函,一切平安,四哥闰月初回里一行,料理家务,并欲置妾,有熊姓友人送婢,已在常矣。鄂中得雨,农人惬望。"

照常料理,而肌肤间易袭风寒,腠理总不和洽,微有伤风之象,终日挥汗似觉受用,偶尔汗止便形不爽,而凉散药味皆不宜进,头痛咳呛俱是外感,拟以温通之苏叶、霜桑叶白参麦冬汤日服一盂。以和解之,或有效焉。比来因知六叔请假、续假,甚为惦念,夜卧亦不稳,悬系莫释,急盼一信俾知所患轻重情形也。兄于初三晚间下阶倾跌,蹒伤左脚,剧痛一昼夜,外用敷药,医治至今,始获痊可,步履能如常,略有隐痕未消,身体健硕,特酷热时气弱不胜耳。全姑娘今夏气体较胜去年,一切均安吉。家中昨有书来,眷属都平善,惟寿官腿疾如何,久未述及,先生延请何人,亦不得知,甚念于怀。祥哥昨有人从彼处来,却无托带之家信,据述云知伊初到,诸凡安好,有带信之说,终未交付也。已到厘局,徽州光景尚好,抵局任事后一切情形不通一信,令人闷极。余不赘述。专此,布问近安,并询老李昨日辞去,令其随饷差同行,一切必可妥速,草布数言交其携呈,当可计程前进,出月中旬必可到也。叔父大人如何欠安? 祈速付一音。十九日,兄荣顿首。

南辕自去年权篆后一切开销,均由此处按月支付,每月修金、工食、各项差弁计七百余金。今筱帅挈眷而行,官署交代过来,归此信本拟交局径寄,适值拜折,故仍附便交带也。严亲掌管,即以所荐家丁五六人。派令住署,看守一切。今晨侍亲至彼察度,屋宇局面宏宽,较胜北山,惟上房不如此间之轩爽高大耳。二十日午刻,又书。

按,从内容上看,本札接续前札,作于光绪二年五月十九日和二十日,比前一札仅晚三四日。翁曾荣作前札时,已从邸抄中得见翁同龢请假五日;作本札前,翁曾荣又于邸抄中得知翁同龢续假五日,其忧虑自然倍增。翁曾荣猜测,翁同龢之疾当是外感暑热所致,而非旧疾复发,故所谈多为一些祛暑之法。同时,他还建议翁同龢要多休息以涵养心性。字里行间,皆可窥翁曾荣对叔父翁同龢身心健康之关心。

本札的第二段汇报了湖北的近况,有农事动态,有天气情况,有乃父的身体近况，有他自己的身体近况，还有全姑娘的身体近况。据札，翁同爵微有伤风之象，且因担心翁同龢之疾而寝食难安；翁曾荣于五月初三日下阶倾跌，蹶伤左脚，至此时方近痊愈。

（十六）光绪二年五月廿五日(1876 年 6 月 16 日)

海珊六弟足下：

日来极盼家信，驰系正深。昨折差始回辕，赍到手书，详悉合寓康安，叔父偶尔骑马颠蹶，伤及脚腕，因之请假调治十日，可以趋直，步履亦无恙，阅之顿慰悬念。特未知肿胀已全消否？畿辅旱魃为虐，未沛雨泽，易致疾病，平日起居饮食一切宜格外详慎，保身之法亟须讲究为嘱。

鄂中连日阴雨，天亦凉爽，农田沾足。父亲福躬康健，眠食如恒，终日伏案办公，精力尚觉宽裕，前小有感冒，今大愈矣。全姑娘近体安适，兄左足伤痕已平复也。明日有火牌北上，兹带去墨锭一匣、安孙辈可分用。六安新茶二匣，可呈叔父一匣。即查收。此请俪安，并问合寓大吉。五月廿五日，兄荣顿首。此信行程较迟，余言另函奉达。

按，由翁同龢骑马颠蹶、翁曾荣左足伤痕平复等信息可知，本札作于光绪二年五月廿五日。本札为寄物短札，因火牌差行程较迟，故内容较为简略，主要目的是报平安并告翁曾翰知其所托寄之物品。据《翁曾翰日记》载，本札于当年闰五月十五日送达，①比日期在后的后札——《五月廿六日札》晚到。五月廿四日——作本札的前一日，折差戴玉瑞回，翁同爵、翁曾荣父子接到翁曾翰于五月初七日所发第十一号家书，②方知翁同龢前月廿七日坠马伤足一事之始末。

---

① 《翁曾翰日记》，第 399 页，光绪二年闰五月十五日："火牌差带来五月廿五信一函、墨一匣、六安茶两匣。"

② 《翁曾翰日记》，第 392 页。

（十七）光绪二年五月廿六日（1876 年 6 月 17 日）

海珊吾弟足下：

前日折差戴玉瑞回鄂，接奉手书并黄折、靴包、缙绅等件，均已照收。昨火牌车去又布一函，外茶叶一麻包、墨一匣，计程较迟，故略述数语交其赍呈，比维侍奉康娱，起居双吉，合宅平安为颂。

都下苦旱，米值日昂，民食维艰，困穷益甚，殊为可虑。近日已得透雨否？叔父据鞍偶尔失挫，请假调治即能痊愈，知已照常入直，大慰悬系。此间相隔数千里，天各一方，乍知请假并又续假，不卜因何缘故，极为惦念。书殿差使日无休息，在廷诸司亦无此劳勤，第一要紧在乎保身，必须精力强固方能恪恭厥职，嗣后或拜客或出城，宜婉劝坐车为要。赶车一切须饬随时留意，自能驾驭有方，不致惊逸之患也。

吾弟侍读已补，署中公务更忙，而同事倚赖，实为主脑，一切情形迥异于寻常，想到署之期亦为时较多，料理事毕，然后可以退直也。天气已热，车马奔波于烈日暑风之中，尤祈格外慎护。伯述姻叔来京，留住城寓，其学业识见超于庸俗，与叔父谈论当有契合之处，特虑命笔太高，趋时者未能鉴到耳。乡会场中倘降格以求之，庶几无投不利焉。安孙能专心用功，浑朴之质，无所分志，近延管近仁授课，必当师弟相得，慰甚。德官读《左传》，今年能试笔否？及时努力，自有进而益上之效。来信云要古文一部，未知要《观止》抑要《赏音》？是否付德官读本？祈示我，以便购寄。

兄日内整束行装，暂时回家一走，往返多至两月以后，此间正是办理科场署中需人照应之际，且远违膝下诸多依恋，不甚放心也。日来求雨得雨，地气又蒸湿，父亲大人福躬安健，公事按日办理，精神周密，眠食如常，幸四境平安，秋成可望丰稔，无复忧虑。专布寸械，即颂双安，并问侄辈均好。五月廿六日，兄荣顿首。

按，由"吾弟侍读已补"可知，本札作于光绪二年五月廿六日，与当日翁同爵致翁同龢札、致翁曾翰札封为一函，编为第十一号家书发出，于当年闰五月初十日送达翁曾翰手中。① 三札均作于知晓翁同龢坠马伤足事件始末之后，自然少不了关心和婉劝，故翁曾荣此札请翁曾翰婉劝翁同龢今后拜客或出城都尽量坐车，并要告诫赶车人时刻注意。

伯述姻叔，即翁同龢亡妻汤氏之弟汤纪尚（生卒年未详），字伯述，浙江萧山人，著有《槃薖纪事初稿》四卷、《槃薖文甲乙集》五卷等。据札，汤纪尚此时正在北京，在翁曾荣眼里，其学业识见超于庸俗。

翁安孙此前预定的业师是同乡举人李士瓒（1834—?），字玉舟。他本年进士及第，分配到六部学习，为主事，故不再出任翁家的家庭老师。由本札知，翁同龢和翁曾翰此时已聘请了同乡举人管辰熙（生卒年未详）为翁安孙的业师。据札，翁德孙此时正读《左传》。札中的《观止》即《古文观止》，《赏音》即《古文赏音》。此外，由本札知，翁曾荣回乡纳妾并料理家务的计划已定。

（十八）光绪二年七月初七日（1876 年 8 月 25 日）晚

海珊我弟如见：

今午由漱青处递到惠函，详悉种种。昨殷庶常归里，携来手械并宝簪、粉匣，均已收明，即各各分致，嫂氏一分亦交领讫，另图报谢。即辰敬维起居双吉，伉俪并佳，合寓增胜为颂。

安官场期辛苦，身体虚弱，宜及时珍护，不可因循。此子禀质较厚，人欲之念未夺天真，读诵之余须养其优游之性，勿令其寂守一隅，

① 《翁曾翰日记》，第 398 页，光绪二年闰五月初十日："得父亲五月廿六日函，一切平安，四哥闰月初回里一行，料理家务，并欲置姜，有熊姓友人送婢，已在常矣。鄂中得雨，农人惬望。四哥信中云，二姑母之女许配俞金门表弟，以亲结亲，甚善。"

至要,至要!寿官还家数月,起居日用尚属调适,近来诸恙稍好,精神亦觉渐爽,平时功课之暇,二三兄弟彼此共处一堂,似已得埙篪之乐。安孙独行无聊,不免寥落耳。叔父日侍书殿,早晚忙碌,城寓至东华门,往来车马,炎日烈风中,亦殊劳人也。宾客交游半在城外,近时过从契合者谁欤?

世事纷更,人心日幻,补救弭缝,咎将谁任?李相烟台之行如何了结?西人虽是虚疑恫喝,而各路邪术炽昌,其焰益张,其术更幻,蔓延数千里,勾结数万众。九龙山之巢穴,供口金同而官场讳言,无人敢过而问询。刻下传说江西已屡有劫掠情形,实为切肤之忧。南京今科秋闱势亦可危,据云教民之多莫甚于彼,且萧县近有失守之信,淮城饥民滋事,行李戒严。闻陈国瑞因案遣解,中途截夺,种种骇论,令人寒心。邑中赴试诸亲友大半改计,寿官此去虽得玉方偕行,而权衡进止及彼处光景,要在当人相机而动也。

家中两宅人口大小均安,仲兄病痴如故,忽昧忽明,眷属和睦往来,无争无竞,惟讹言日出,不免各怀惊惧。近时城乡四路皆见黑眚,甚至压伤气绝或露人形,或似禽兽虫蛇破屋入室,遇害者不易救治。一朝哄起,终夜防维,锣鼓振地,爆竹盈衢,遂致农失其田,市失其业,日衔西山即有鸣金击鼓之忙矣。闻西路常州而下瘟疫大行,蝗蝻遍地,民真有水火之患,商旅贸易百里以外音声不洽,即有杀身之祸,天意未厌乱,灾象屡见,东南之厄正未有艾耳。吾来家将及两月,静参世事,殊增忧思。返鄂之计,恨未能飞身速去,依慕益切,不意此身多病魔纠缠,忽于前月廿六夜卧中寒热交作,泄泻大下,转而成疟,日服疏解之剂,至初三刚值一候,形势少减,头目亦清,饮食可进,目下赶紧调理,迟至初十后必欲就道,一面收拾行箧,恐大人倚闾望切,不敢少有延缓也。意绪茫如,言不罄意,世事变幻莫测,未免多我一番顾虑。

祥哥久不得其一字,天涯地角,一纸可抵千金,未识办公之忙,何竟无半刻之暇乃尔耶!奎侄行止安详,一时或有出入,然性情意态大致无谬也。草草布此,敬颂双福,并问安佺兄弟姐妹均好。兄曾荣顿首,嫂氏随笔请安并谢寄物。七月初七日灯下。

　　按,"漱青"即光绪二年新进士钱禄泰(生卒年未详),字鲁詹,号绥卿,别号香民、漱青,江苏常熟人。"今午由漱青处递到惠函"即翁曾翰于光绪二年六月廿一日托南归的钱禄泰附递的"寄鹿卿兄信"。① "殷庶常"即光绪二年新进士、新用庶吉士殷李尧(1845—约1904),字瀛琛,一字厚培,昭文(今江苏常熟)人。殷李尧"携来手椷并宝簪、粉匣"即翁曾翰于光绪二年六月初九日所托之信和物。② 因此,翁同爵本札显然作于光绪二年七月初七日晚。

　　据《翁曾翰日记》,本札于作信次日寄出,并于该年七月二十日送达翁曾翰手中。③ 翁安孙和翁斌孙此时都在努力备考,以参加本年的顺天乡试和江南乡试。翁曾荣于本札中以小见大,从"邑中邪教滋事,彻夜不安"谈到"大江南北同时不靖,殊可虑也",使翁曾翰和后之读者都能从纸上感受当时弥漫全国的妖术恐慌。

　　"李相"即时任直隶总督兼北洋通商大臣的李鸿章。翁曾荣于札中问:"李相烟台之行如何了结?"由《翁曾翰日记》知,在翁曾荣作本札之前,李鸿章已于当年六月廿八日由天津赴烟台。④ 李鸿章烟台之行,显然是去和英国驻华全权公使威妥玛谈判的。

---

　　① 《翁曾翰日记》,第403页,光绪二年六月廿一日:"绥卿来,以寄鹿卿兄信一函托其附递。"
　　② 《翁曾翰日记》,第402页,光绪二年六月初九日:"作寄四哥信并宝簪三支、粉三匣,托厚培带回常熟。"
　　③ 《翁曾翰日记》,第408页,光绪二年七月二十日:"正甫来,得四哥七月初八日函,时感冒患痢甫愈,拟于中元节后赴鄂。邑中邪教滋事,彻夜不安,大江南北同时不靖,殊可虑也。"
　　④ 《翁曾翰日记》,第405页,光绪二年六月廿九日:"夜卧躁热,闻李相昨日启节赴烟台。"

（十九）光绪二年七月三十日(1876 年 9 月 17 日)

海珊吾弟如晤：

　　兄自武昌发轮，居乡两月，正值三伏，盛暑逼人，一切事草草布置，未能尽善尽美焉。手书三至，备悉种种，泐覆各械，想均察人。辰下即惟侍奉康乐，伉俪谐和，俯仰欢悦为颂。安官应试，①日来检点考具、寓中饮食等事皆须亲自劳神，逐一料理，方为妥善。场前曾否服过补剂？身体一切均健硕否？矮屋辛苦虽已经历，然寒暖衣服早晚尤须称宜。伯述世叔、质卿表弟俱是同寓，自不寂寞。官卷中有相识者可托照应，方能放心。一切场规亦要留意，吾甚为悬悬。今年主考叔父未必能派，书殿人少，尤形吃重，回避一层自可无忧矣。寿官赴南闱，月初开船，赶录科者例得早去，以后未接其信，幸与刘永诗有约，师弟相亲，当必有照应。家乡因有教匪混扰群志，张皇改计不去者十之三四。金陵谣传颇多，近状若何却无消息。

　　鄂省士子云集，诸凡安静，城中巡防等事已举行合法，民心大定，营伍调省亦能整肃，各门稽查及巡察事添派委员实力整顿，外来奸徒藏匿无地，偶有拿获，从严究办，戢暴安良，众疑遂释。刻下科场各事业经循章备办，主试已抵汉皋，明早进省署中考取帘官。父亲福躬安顺，公务极忙而精神尚见有余，大小事宜皆先时筹维，身亲经理，操心劳神实为甚矣。初六入闱，所有携带各物已全行周整，两处秋节酬应及人情往来赠答之礼亦悉备送也。兄于月之十六登舟，从昆山一路三日水程径达沪渎，廿三子刻动轮逆流而上，舟行较迟，抵汉口已廿六巳正，时当狂风大作，波浪掀天，胆怯未敢冒险而渡，即借榻一宿。次早风少缓，水力稍平，辰刻挂帆稳渡，来署叩见。父亲大人起居如恒，百凡平善，全姑娘身体康和，其余上下皆吉，大为快慰。兄跋涉程

----

①　参见《翁同龢日记》，第 1268 页，光绪二年八月初八日："安孙今日于申正入场。"

途,尚耐劳碌,气体犹安,堪以告慰远注。家中事已详前函。不复赘,此请双安,并问侄辈近好。安官入场当必得意,预贺捷喜。兄荣顿首。

　　按,虽然本札结尾未署日期,但是根据内容初步判断,其写作日期当在光绪二年七月廿八日至八月初六日之间。查《翁曾翰日记》,在这个时间段内,湖北仅有八月初一家信一函寄出。[①] 再将本札与翁同爵七月三十日致翁曾翰札对读,发现二札对湖北二主试行程的描述完全一致,都是已抵汉镇,"明早"入城考试帘官,二札显然作于同一日。因此,可推本札的写作时间为光绪二年七月三十日。

　　本年八月,翁斌孙和翁安孙一南一北,分别参加江南乡试和顺天乡试。刘永诗即翁斌孙的业师刘传祁(1843—?),字永诗,江苏吴县(今苏州)人,官至霸州知州。"伯述世叔"即翁同龢的内弟汤纪尚(生卒年未详),"质卿"即哲卿,乃翁曾荣的表弟张之璜(生卒年未详)。

(二十) 光绪二年八月十七日、十八日
(1876 年 10 月 4 日、5 日)

海珊我弟足下:

　　月初接到家言,得悉侍奉康娱、起居安适为慰。叔父住城内,照常入直,福躬健顺,农务事繁,不时进署理治。钱法是专任,随时讲求,当有益处,炉房人众,考察须严,良非易易,司员有得力者,可少分心矣。试铸大钱式样精致,将来可寄示一二枚。都下现钱供用能添数十万,则市廛大有利益,即部库岁需饷项亦复不少,特未知此后铜本一款能源源筹解,及时采办否? 书房功课无多,主尚幼弱,未可遽

---

　　① 《翁曾翰日记》,第 413 页,光绪二年八月廿四日:"阜康送来八月初一家信一函,父亲福体平安,方料理入闱也。外汇库平银五千贰百两,留此备用之款也。"《翁同龢日记》,第 1271 页,光绪二年八月廿六日:"得楚中月初函。"

议加增，然蒙养初基，一切主敬主诚工夫要在此时着力，他日用人行政自必措施咸宜也。

吾弟近年气体闻较胜昔时，当差日久，磨炼既深，精神亦健，秋来一切节务及为安官经理考具等事，忙碌可知。安官入场时身子若何？三场辛苦，不形劳倦否？闱中题目尚无消息，文章谅能充满，可期入彀否？今年二子南北分试，寿官自必得意，未知题能应手否？中秋月色何如？此间阴云四匝，未见流辉，千里怀人，不免结想于遥天也。父亲入闱监临，自初六午刻放晴，浃旬以来绝无风雨，士子应试计有一万一千余人，极为整肃，由点名至出场皆循循然无喧嚣傲慢之习，号中无越次争坐之弊，每场临点，各分府县排队以进，头场封门三点钟，二、三尤早，不及午刻已毕事也。免得拥挤参差、放卷抽乱之患，考生亦以为乐也。各省科场情形当以此间为最胜已。严亲在内日有信到署，知寿履安健，意兴欢悦，公事包封出入虽是甚忙而精神充固，如此操劳，不以为苦，众论慑服，以孙方伯老态疲惫不支，未及封门已先退去。相较，则景象悬殊矣。

省中屡有谣言，人心惶惑，一切防御之计不能不办，而外貌绝无矜张之势，镇之以静，其添设栅栏、扎调营勇，皆为安定人心之策。保甲举行，清查未办，须严密整顿一番，方可别其良莠，否则溷迹来省者亦无从拿究。此时添有二万多人，必待考生散归后始可挨户查察耳。今岁考卷比前科又增二千余套，誊录告竣总在廿三四日，早则书写不及，大人须全数封送内场方可出闱，光景亦得廿四午刻回署。今日翻译试竣，省却许多忧虑，否则各号舍火烛，刻刻担心者。其他诸事，只须充任之人细心办理，自无谬误焉。

署内一切平安，规矩严肃，上下内外时常稽察，不准稍有迁就，门禁以二炮为度，有早无迟，平日亦不许出游等事，恐由渐而致。卯金之去，大局为之一新，舆论帖服，却亦时不可失也。伊自恃旧人，素有恩惠，故日久弊生，其人既去，从此各守各职，知所儆惧，不至别有逾越。吾在此间，耳目所及，尚有顾忌，且不时出入稽查，迟早无定，倘有端倪，便欲追究，则诡谋诈术难以躲藏矣。每遇细小事件随时了却，亦不能数数向父亲前禀陈，徒多费气而已。兄事奉之道兢兢小心，平日饮食衣服一切无敢少忽，不惹生气，能得欢心，可以告慰者焉。专此，静候双安，即问侄辈均好。兄曾荣顿首，十七日。

正械函间，适折弁张正照还辕，奉到惠云，诵悉侍祺万福，伉俪双佳，京师安谧，叔父起居健顺，入直趋衙一切如常，甚慰远念。安官应试，身体大健，矮屋中辛苦当足支矣。搬小寓及置考具等事，吾弟又添一番忙碌，然子侄辈奋发自立、求取功名是得意事，不厌其烦也。吾于斯境欣羡已久。今年同乡仅有十人，较昔日少形寂寞，然贵精不贵多焉。中秋月色佳否？坐对清光，不免动人千里之思乎？吾家长幼南北东西各务所事，值此良宵，情味迥殊。兄在署两度秋节，父亲进闱后，踽踽独行，最为寥落，廊下瞻眺，十五无月，十六大佳。惟向清池皓月证印禅心耳。

烟台定议，目前苟安，贻害在远。然教匪蔓延数省，群推九龙山主为头目，飞书络绎，祸患已萌，终不知此山巢穴属于何省，及时厚集兵力剿除其魁，可以各省并力围剿，无分限界，庶可弭患。党羽自必阴散。而此计绝无一人议之，它日大队充斥，云集响应，奈何，奈何！外洋屯兵境上，要挟索诈，犹有李相与之交谈，杯酒宴饮，可以撤兵。若如此种内患，官场讳言，深恐牵涉洋务，其实倚托教民为藏身地步。三江大吏知争利而不知惜民，有岌岌不可支持之势，危乎殆矣！沿江上下数千里，居民无宴安之家，同惊弓之鸟，设使小有蠢动，则瓦解之象谁能禁之哉！今年漕事万分棘手，民有畔怨之心，官知钱粮之急，横征强索，无有不生患者。夏秋之交未需甘霖，农家为妖风所扰，不暇顾禾苗枯润矣。吾邑濒海之区，近有浙中巨商驾数百号私立之炮划，招数千众无业之游民，横行乡里，间搜索私盐，劫掠所有，残害人命，如此明目张胆、狂妄不法，而盐局方欲倚为指臂，任令其到处骚扰，以为张姓本是革员，无治之术，岂知北沙私枭，将聚集大队强行登岸，激而成事，则营勇炮划逃避一空，土著之户遭其蹂躏也。沈制军确有所闻，竟不为地方计及，奈何！刻下欲来鄂省索归淮盐引地，其实三面受害，无益于彼，有损于此。年来楚省饷项赖此厘为一大宗，若云江南包办，尚须待畅销之后方可提拨，而各省协济之款未能停待，且闻川中向有官井四百多口，自楚界分销以来增至七千数百口，一旦禁绝，则地方素食者必不能强食淮盐，川贱于淮之故。而私灌之来路近货高，易于销售，倘禁例少松，则淮不敌川，设缉捕过严，则祸在顷刻。将来川私不绝，淮纲滞销，饷项固无所出，恐酿成事变，反致糜费军需。今日时势，为国办事不可不筹全局情形，仅以彼此疆界相争，实无益也。此局一改，于川省大有关系，于楚民大有不便，于淮地亦有名无实。吾知沈幼丹易地以处，亦当于此事三反熟筹焉。

宜昌设立口岸，洋人虽力争，其实分去汉口生意无大便益，不过注目于川省，为后来西路通商之计而已。至民教肇衅一层，似可无忧。迩来洋人住汉口多年，楚省市商与之相处惯习已久，闻近有人向宜昌广买空地，为它日转售洋人可获倍利之计，其中土著之民亦或有沾其利者，然滋事一说可无深扰耳。八月十八日，蓉卿又书。

按，由"今年二子南北分试""兄在署两度秋节""烟台定议"等关键信息可知，本组信札陆续作于光绪二年八月十七日、十八日，并于八月十九日发出。本组信札于同年九月初三日送达北京，《翁曾翰日记》和《翁同龢日记》对此都有记载。翁曾翰先见到该信，于《翁曾翰日记》中写道："得四哥八月十九函，云父亲右腿微有麻木，考政平安，省垣静谧。"[①]翁同龢次日见信后，于《翁同龢日记》中作了类似记载："得荣侄八月十八函，楚闱一切平安，士子称颂监临不置也。五兄右足麻木，发信时尚未出闱，须廿四方出。"[②]

"未及封门已先退去"的"孙方伯"，即时任湖北布政使的孙衣言

① 《翁曾翰日记》，第 414 页。
② 《翁同龢日记》，第 1273 页。

（1815—1894），接印时间是光绪二年四月廿四日寅时；"卯金之去"指仆人刘元被翁同爵遣去。"省中屡有谣言"指安徽省英山县拿获的教匪中有人供述湖北亦有党羽，约于八月中起事之说。翁同爵采取了一组防御措施：行文边界，并委员改装易服往访，密拿生言造事之人；扎调驻襄之武毅三营来省驻扎，蕲水、黄州调忠义军三营分扎；在省城设巡查公所，修造栅栏二百四十余道，严饬查城、查街、查夜之委员分段密查。

　　翁曾荣于八月十七日封函时，新接到张正照带回之函，乃翁曾翰于八月初三日缮寄的第廿三号家书。[①]"烟台定议""宜昌设立口岸"，都说明《中英烟台条约》已经签订。翁曾荣认为此条约贻害深远。翁曾荣还对蔓延甚广的教匪之患表示担忧，甚至认为内忧大于外患。此外，翁曾荣还提及两江总督沈葆桢力主的淮盐规复引地一说，他认为此举令鄂、川、淮三面受害，并无益于淮商。

（二十一）光绪二年八月廿九日、九月初一日
（1876 年 10 月 16 日、17 日）

海珊吾弟手足：

　　前奉惠书，具悉种种。昨日又得八月十五日所发一缄，[②]即谂起居安善，合寓平康为慰。吾弟仰事俯育，迩来忙碌可知。叔父城内居住，趋公较便，早辰入直，午后到署，奔驰车马，已乏余闲，城外想偶尔一到。吾弟补得侍读，公事尤繁，起早亦多，退直时正好在城中小憩，兼省叔父起居一切。伯述世叔场后迁徙否？安官出城，寓中不无寂寞，秀姑娘是否入城？上房琐屑事件得伊照管自可周备，仆辈经理一

------

　　①　《翁曾翰日记》，第410页，光绪二年八月初三日："缮寄廿三号禀附月钞、外信。交张正照带回。"

　　②　魏弁所带京寓第廿四号家信，参见南京博物院藏光绪二年八月廿三日、廿八日家书。

切,终恐未必尽善也。北方天气早冷,叔父夜起,衣服等宜加意小心,勿令晓寒相侵。

此间时令不一,晴燠阴凉要随时更换。鄂境民情安帖,年亦中稔。科场事十分静肃,专待发榜,无它顾虑矣。闻各邻省皆有波澜,监临任重,颇不易易。父亲大人此次住闱内,因卧室阴寒,加以潮湿蒸郁,夜眠着凉,左腿麻木。出来又连日劳乏,觉血气凝滞,麻木酸软,腿足寒冷无力,步履不快。遂邀程君来视,服温补之药,次早已愈其半,复进数剂,似血气渐和,寒湿渐解,惟足趾间尚酸,脉络犹未融合。现又易方调理,据云血分已亏,肝家有风,必须多用补剂,久久真阳充足,自无外袭之患。兄侍奉汤药,诸凡加慎,即起居饮食,亦时刻留意,出入步履嘱何顺等左右小心,不致少有怠忽。吾弟在京,倘有虎胫骨及真正杜煎虎骨胶,觅寄来鄂以便配合丸方,勿忘为祷。

日来兄体粗适,承事膝下,中怀欣悦,祥哥到家,小有勾留,里门妖氛少息,眷属俱安。专此,敬问伉俪双福,安侄兄弟姊妹均好。兄荣顿首。

又启者。八月十七日,父亲自闱中发出一函,交乾裕银号转寄,兄布一缄未能入函,即交信局递去,想可陆续收到。前次折差张正照回省,得手书,具悉种种,旋有折还辕,又赍到十五一缄,备谂寓中安吉,近状平康,快慰,快慰!叔父起居如恒,入直书斋尤形劳苦,子松主试入闱,又兼兵部,两署案稿皆繁,分期往看亦非易易,钱局一经整顿,当有起色,必须求一诚朴司员督理其事,则堂官可省些心力也。安官场作平稳无疵,规矩不错,已足慰意。至于功名,则定于命数,或能徼幸亦未可知。惟闻其近年气体稍逊于前,深切悬系,弟一要调理完善,不可少涉迂就也。此子性情笃实,载德之器,吾却喜其浑穆,求之近时子弟中,大抵佻达者多而真率者少,用力栽培必能成材焉。德官与庞氏联姻,极为佳耦。祝官出帖季氏,亦属相宜,惟内政宽严及平日阃范如何,似宜访问确切为是,他日承侍翁姑亦要期其能得欢欣也。安官现已应试,人亦长大,似宜计及,婚礼将来如何办法当先期说妥，吾弟之意是令安儿就浙入赘，抑令女宅送至都中？兄妄参末见，以为将安儿携来鄂省，就在此间举办喜事，借以承侍高堂。而女宅松云夫人将至，一切可以致意。从省。杏云夫人必须亲身送嫁，来此亦一水可达，满月之后或入京，或回南，甚属便捷。即在署多住数月，尤觉仰慰亲怀。倘要送至浙中，兄可暂时抽身为之料理妥善，仍携以偕行也，此事可先行计定，如何办法禀请亲命定夺施行为要。桂月卅日灯下书。

再者，八月初旬曾从乾裕银号寄去银信一件，嘱其赶速寄京，守候回条，未知何时收到？十五以前知不及交兑也。今又寄去库平纹银叁千两，到时祈照收，亦付一回字为要。九月初一日，兄荣又启。此间武昌府方太守名湜，因任满，部咨催令进京引见，大约月内起身，届时另有物件托其带去，惟伊行程较迟，恐未能迅速也。

　　按，由"吾弟补得侍读"一句可锁定本札的写作年份——光绪二年。"桂月"即农历八月，但光绪二年八月并无"卅日"，作者误记的"桂月卅日"应该是八月晦日—八月廿九日。故本组信札陆续作于光绪二年八月廿九日和九月初一日。

　　本札和光绪二年九月初一日翁同爵致翁曾翰短札封为一函寄出，同时汇有库平纹银三千两。本札到达北京当日——九月廿五日，《翁曾翰日记》载："阜康送来九月初一日家信一函，外汇库纹叁千两。四哥信云父亲左腿麻木已愈，而足趾尚未脱然，寄示药方二纸，皆程丽荪所定，以和血祛风主治。"[1]

　　此外，翁曾荣还于札中叮嘱翁曾翰觅寄虎胫骨及真正杜煎的虎骨胶以配合丸方。"八月初旬曾从乾裕银号寄去银信一件"，即前述翁同爵于光绪二年七月三十日晚作、八月初一日发之本年第十八号家书，当时汇去的库平银有五千二百两。

---

　　① 《翁曾翰日记》，第418—419页。

（二十二）光绪二年九月初六日(1876 年 10 月 22 日)

海珊六弟如晤：

　　日前由乾裕寄去廿一号信并银三千，嘱其速递，未知何时可到？辰维伉俪双福，合寓均安为颂。

　　安、寿两侄南北听榜，不免为之悬悬，侥幸得中，大快意事。叔父大人想趋直如常，福躬当亦健适，两署轮一日一往，忙碌几无暇日，深切孺系。

　　此间天气躁暖，仅穿夹衣，夜凉亦一棉已足，节交霜降，尚无寒冷之象，各属秋收丰欠不一，禾稻登场，民情欣悦。省中稽查既密，万姓安居乐业，静谧之至。署内一切顺平，父亲大人左腿麻木，现已渐就和平。风在肝经，未能祛散，外感寒湿似已解化，惟血气过弱，真阳不足，是以手战便艰，种种见症。迩来服程丽荣温补方，调养营分兼治腿足，颇有功效。据云血气充固，风必自解，诸恙亦将渐除也。煎剂日服，借以调补，入冬后还加丸药，方可相助为力。高年气质，事繁任重，操心劳神，耗损实多，有药力资补，较为妥善。刻下披阅案牍，办理公事，接见属员，天时益短，一日之间，实有应接不遑之势。文闱甫毕，初九放榜便欲举行武场，逐日校艺，须月余方能蒇事，实则武场辛苦倍于文闱，不仅风雨侵人，其中技射刀石等类也终日危坐，目注手记。回署后文稿山积，逐件过押标，日非三鼓，不毕其事，劳形如此，求片刻休憩不可得焉。

　　制台一缺现署至年余，而不下即真之命，何迟徊乃尔？令人莫测其故。兄近日身子粗健，常服补药。侍奉父亲起居，不敢少有忽略，汤药饮食等亦当小心谨慎，吾弟可无远忧。祥哥回家小住，未有信来，亦不知何日赴局，颇为驰念。南中前有书来，两宅俱好，妖氛亦息，亲友皆无恙。闻浙中于场后小有蠢动，旋即散去。扬州久不通信，未识姑母近状安否？余不多述，专此布达，即问双安，并问侄辈均好。兄曾荣顿首，菊月初六申刻。安孙场后身子康吉否？捷音伊迩，盼甚，念甚。

按，由"制台一缺现署至年余，而不下即真之命""安、寿两侄南北听榜"等信息知，本札作于光绪二年九月初六日申刻。"菊月"即九月。"日前由乾裕寄去廿一号信并银三千"，即前述九月初一日翁同爵、翁曾荣父子致翁曾翰银信。据札，此时湖北文闱刚刚结束，只等重阳节发榜，紧接着就开始武闱。翁同爵"左腿麻木现已渐就和平"，翁曾纯此时回家小住，家乡的妖术恐慌已经渐渐平息。

（二十三）光绪二年九月廿五日（1876 年 11 月 10 日）

信封　署湖广总督、部堂、湖北巡抚翁平安家报。内信，外湘莲子肆拾斤，带至京都，赍呈南横街本宅查收为要。福字不列号。鄂垣翁缄寄。十一月十一日，贡差带来。

钤印　富贵长寿（白文）

海珊六弟如晤：

昨得廿七号家言，知合寓安吉，慰甚。潘君其钤。亦由洞庭来省，携到手书，具悉壹是。此间两主试行将起程，交有信件、衣料托其分携以去，计到都尚需时日也。

迩来父亲大人寿躬安健，腿足亦渐复元，近服附子、一分。鹿茸三分。颇著效验，高年气血虚弱，得温和之品，助以行运之功，故能使血气融合焉。武场开考在即，又增一月劳苦，今年天气尤冷，风雨严寒，只好停歇一二日，其箭亭等处均经修理严密，当较上届差胜矣。

鄂督一缺兼理年余，以何小宋之迟徊，仍调大李回任，此中消息殊令人不可意度焉。所喜筱帅同官数任，凡事有可商量耳。抚署本任之事专顾一面，父亲处之省力多矣。公余之暇，兼可调养身心，亦是一好机会，否则终日勤劳，实有自顾不遑之势，目睹情形，时深焦灼也。

署中上下清吉，兄近体亦适。家乡久无信来，寿官中后，已命徐桂携资以归也。兹有两署冬贡进京之便，带去新莲子四十斤，以二十斤转呈叔父，二十斤给吾弟手收。余不赘述，此颂双安。兄荣顿首。

　　按，由"鄂督一缺兼理年余，以何小宋之迟徊，仍调大李回任……"可知本札的写作时间是光绪二年的下半年。再根据信封上的送达时间——"十一月十一日"，查《翁曾翰日记》，可得本札的缮寄日期——九月廿五日。① 因此，本札完整的缮寄时间是光绪二年九月廿五日。

　　翁曾荣"昨得廿七号家言"，即翁曾翰于该年九月十二日所缮寄的家书，与之同寄的还有顺天乡试的题名和关于调整各省督抚藩臬的上谕，其中就有"李瀚章仍调楚督"的消息。② 虽然翁曾荣认为朝廷的安排"令人不可意度"，但是考虑到翁同爵的身体健康，还是能坦然接受这样的结果。本次带信者为两署冬贡之差，涉及大宗货运，行程较慢，故本札不列号。翁曾荣托贡差带四十斤新鲜湘莲子给翁同龢和翁曾翰，一人二十斤。

（二十四）光绪二年九月廿八日
（1876 年 11 月 13 日）

海珊我弟足下：

　　前得廿七号手书，诵悉种切，即谂近祉双佳，合寓康吉，慰甚。六叔城内居住，想亦时能出城。寿官捷音到都，诸尊长定臻欣悦，此皆由先世遗泽所致，叔父教育之殷，期望之切，亦深且远也。安官未经获中，亦迟速有时，无庸闷闷，要专志用功，他日前程未必让人居先焉。身体似嫌虚弱，宜早为调补，万勿因循为嘱。德官近有进境否？

────────

　　① 《翁曾翰日记》，第 426 页，光绪二年十一月十一日："贡差带来九月廿五日四哥信一函、莲子四篓。"

　　② 《翁曾翰日记》，第 416 页，光绪二年九月十二日："缮寄廿七号禀，交全泰盛局。附《题名》、上谕。"

庞氏订姻已定计否？祝官许于季氏，将来仍在同里，较易照应，极好，极好！

　　两主考回京大约十月初起身，兄附去袍褂一身、衣绸料两件，为吾弟双寿之敬，到时祈晒收。外荆袍套一副送子馨者，另信一件。即为转交。此间一切平安，父亲大人近日足疾亦大愈，起居如常，可以告慰。专此，布候冬安，余详另函，不赘。兄曾荣顿首。

　　按，由"为吾弟双寿之敬""寿官捷音到都"等信息知，本札作于光绪二年。"前得廿七号手书"即翁曾翰于该年九月十二日缮寄的家书，和它一起寄出的还有顺天乡试的题名和涉及多省督抚藩臬调整的上谕。① 据上札"昨得廿七号家言"知，京寓廿七号手书约于九月廿四日送达，而本札的写作时间晚于上札的写作时间，也就是说，本札的写作时间之上限是光绪二年九月廿六日。札曰"两主考回京大约十月初起身"，"大约"说明未发生，言下之意是当时还是九月。因此，本札的写作时间在光绪二年九月廿六日至九月三十日之间。再查阅几乎每札必记的《翁曾翰日记》，发现在这个时间段内，湖北仅在九月廿八日寄过一函家书。因此，本札极有可能作于光绪二年九月廿八日。

（二十五）光绪二年十月初十日
（1876 年 11 月 25 日）

　　又启者，近来严亲正办武闱，黎明起身，日入而返，劳苦较文场为甚。腿足麻木虽云平复，实则勉强支持，究竟高年之体气血衰弱，借药力行运，尚未能十分融洽。每值阴雨发风之时，犹作针刺之痛。左脚倍形寒冷，夜卧伸缩常觉欠适，现服鹿茸，小有效验。惟入闱以来

---

　　① 《翁曾翰日记》，第416页，光绪二年九月十二日："缮寄廿七号禀，交全泰盛局。附《题名》、上谕。"

衣冠危坐，终日堂皇，午餐时仅一刻，绝无运动工夫，迨回署又值曛黑，晚饭初罢便须披阅文稿，时分匆促，不特散步为难，而且停食堪虑，幸食不逾量，先时留意也。如此辛苦、努力、耐劳，目睹情形，寸衷深切忧惧。马箭、球子六日考毕，昨校二场步箭，今日恭逢祝嘏之期，得一日休息。连内外场，竣事必须一月光景。此间两司无事，每场一到即散，共投考者有两千余人，步箭一场逐名校射，非十日不可，月底放榜已算赶紧。此后倘能专办一分公务，或可省却许多顾虑，少节劳勤，先将身子养息复元方好。

鄂省诸凡安谧，民情野顽。湘中人心刁诈，恃势横行，士气益骄，官长法令不从，隐祸已伏，殊为大害。洋务与彼省毫无干涉，而捕风捉影，屡欲与大吏为难，一倡百和，哄然而起，恐再三之扰，借端启衅耳。教匪之害，蔓延数千里，搜捕稍松，死灰复炽，要各省通行保甲，严密稽查，使之根株净尽，然后此患可除，否则法网易漏，愚氓易惑，一入教中，久久广布，更复无从收拾矣。都中五方杂处，尤须慎密防范，辇毂之下，勿令邪民溷迹。全赖坊城得力查拿究办，庶几良民安业，奸徒潜踪也。

李筱翁此次重来，适偿所愿，自必十分欣悦，履鄂后尚需照例请旨是否进京后，九月秒才到四川万县。再令接印。一切公事有不可延缓者，迟迟我行，尚无消息，轮船往迎已得四艘，皆由伊子带往宜昌守候者。监务一折粗陈盈亏大概，是据实之词，并无偏执之见。蜀帅纷纷更换，尚未议覆只字，半年限期万赶不及。两江亟切欲复，其如川中之无言何哉？宜昌添设码头，章程规矩煞费斟酌，而改行淮盐、堵截川私，皆与民间大有关系，数事并营，欲求完全之策难乎其难，身当斯任者，安能缄口不言他日利害？地方官责有攸归，国计民生，统筹全局，不能有此疆彼界之分焉。传言民教互斗，实无其事，汉口镇相习已久，不致滋患，惟内地民人素未见此异种，则一履其地，环观群聚势所难禁，所谓保护一说，亦非先事可以逆料，要在彼族之人自能相时权变耳。初十日书。

　　按，此为副启，尚未见到同一日的主札。由"李筱翁此次重来"知，本札作于光绪二年。再根据"今日恭逢祝嘏之期，得一日休息"和"初十日书"可知，本札作于十月初十日，恰逢慈禧太后的生日。因此，本札作于光绪二年十月初十日。读《翁曾翰日记》可知，本札最终和后一札封为一函，于当年十月十二日发出，并于十月廿八日送至翁曾翰手中。① 此时武场未竣，虽然翁同爵左足渐愈，但是监临工作十分辛苦。"盐务一折"即翁同爵所拟、准备上奏的驳淮盐复地折稿。

（二十六）光绪二年十月十一日
（1876 年 11 月 26 日）晚

海珊我弟如晤：

　　前月折弁回辕，接到九月十五日手函，敬谂叔父大人以次合寓康胜，欣慰之至。寿官得中捷音何日到京？谅诸尊长闻之极为喜悦。伯母老境安健，近来犹以针黹自勤，目光之好可想而知。叔父照常趋直不觉辛苦，书房情形日久契合，课读一切子松能少分任乎？近时福躬安善，退食之余能于空旷处所游息片刻否？

　　吾弟署内事繁，公私兼营，忙碌可知，近得袁子久帮办，当有一臂之助。馆差人所愿求，例有定额，无可如何，现在想已派定周全，寅友势难遍及也。安官近已大愈否？报罢无聊，努力勤学，勿牢骚伤身为要。俞幼兰住京，聘请教读当必合宜。德官近有进业否？汤伯述世叔仍旧留京，此时还在城内下榻乎？同乡应试者想均南归，曾氏昆仲卓如久有此志。有捐就外官之说，果否？钱绥卿农曹供职，秋后欲出京措资，久居之计却不易易。

---

　　① 《翁曾翰日记》，第 424 页，光绪二年十月廿八日："折弁魏全贵来，得父亲十月十二日函，武场未竣，左足渐愈，稍可放心。四哥信累幅，详言调理、药饵诸事，合署平安。"

都下米珠薪桂，贫民糊口维艰，入冬饥寒交迫，赒恤之政，目今要务也。五弟派理浙案，何日能结？研究多时，当见眉目。平情断狱，真伪难辨，近日意兴若何？半年以来不通音问，手足情深，思念尤切。兄在署寥寂，侍奉之外，一室徘徊，回忆昔岁京华东厢聚处，或翦烛谈笑，或驾车逍遥，怡怡之乐，恍如昨梦，不禁有感于怀焉。此布，敬问近安。兄荣顿首，十一日灯下。

折差此次带回参枝，较上届相等，枝头少粗，力量似亦厚些，价值比前反逊，实则无甚高下也。以后可照样买二三两，倘有吉林差使中熟识友人素所考究者，托之必可得道地真品，何妙如之。鹿茸现在尚余一架，平时所用者即以去年寄来之物，叔父所送。据云此为上等，故先以佳品食服，非比入药可稍次也。熊油虎骨膏一时敷用，近贴新摊一种，竟将皮膜搜动，随药揭起一层，似乎力量太猛，以后不敢再贴矣。丽参刻下入药所必需，将来或有高一等而力味俱厚者，可觅寄一斤。虎骨胶、鹿角胶，关东之物胜于寻常，无腥膻气且收藏亦能耐久，遇有妥便可备置些些寄来，配丸子用也。时在冬令敛藏之际，添补结实，春气温和，当可通体安健，否则肺金肝木皆形虚象，一经风鼓，易袭外感，不得不先为防护，故补剂一日不能间断也。兄荣又泐。

按，由"寿官得中捷音"知，本札作于光绪二年。再由"接到九月十五日手函"和"十一日灯下"可知，本札作于十月十一日晚。综合起来，本札作于光绪二年十月十一日晚。

光绪二年十月廿八日，《翁曾翰日记》载："折弁魏全贵来，得父亲十月十二日函，武场未竣，左足渐愈，稍可放心。四哥信累幅，详言调理、药饵诸事，合署平安。"①这说明本札与上一札封为一函于十月十二日发出，故翁曾翰云："四哥信累幅。"至于"详言调理、药饵诸事"，

---

① 《翁曾翰日记》，第424页。

则主要指本札的副启：详谈参枝、鹿茸、丽参、虎骨胶、鹿角胶等珍贵药饵及外用的熊油虎骨膏的具体情况。札曰"折差此次带回参枝"，即翁曾翰于廿九号家书外附寄的一匣人参：二枝，重五钱三分。①

　　翁曾荣的"伯母"，即翁同书之妻钱夫人。俞幼兰即俞钟颖（1850—？），字幼莱，号君实，江苏昭文（今江苏常熟）人。汤伯述即翁同龢的内弟汤纪尚（生卒年未详）。钱绥卿即光绪二年的新进士钱禄泰（生卒年未详），字鲁詹，号绥卿，别号香民、漱青，江苏常熟人。

（二十七）光绪二年十月中下旬
（1876 年 11 月 25 日至 12 月 15 日）

海珊我弟足下：

　　日前折弁魏金贵去，交赍一件，月内当必达都。迩来正办武场。初三开考，父亲大人刻无少休，从朝至暮巍然高坐，竟不能运动，饮食虽不多而积滞堪虑，兼之大便艰涩，传送不爽，脾胃未能克化，故由药力温补，亦因水亏火旺所致。左足之患时轻时发，每值阴雨风寒，夜卧更觉不适，虎骨等味久服亦未见大效，内风未净，血分仍欠融洽。身体如是，而日以考校武生束缚，形神烦扰，心思实为苦累。日入还辕，稿案山积，批判竣事，灯火逼人，头目亦觉眩花。计二场步箭必得十余日才可看完，弓刀石一场又少松动矣。

　　父亲大人每日升坐，竟至散闱方始起立，是以腰际酸涩。兄侍奉膝前，频以少节劳勚、勿过自苦为劝，然高堂办理公事素喜迅速，勉强支持，犹复汲汲不遑，积久功深，不免倦乏矣。年来精神身体迥不如前，兄伺察情形，时抱忧惧，虽梦寐中亦觉神魂惊悸。所愿寿履康宁，旧恙渐愈，属境之内，民人安静，舍之中上下和乐，我等得依福荫，俯仰怡如，志意畅适，百凡无虑焉。

---

　　① 《翁曾翰日记》，第 417 页，光绪二年九月十五日："以廿九号禀并人参一匣，二枝，重五钱三分。黄折、闱墨等交盛弁赍回。"

刻下亲年已逾六旬，每有拂意之处辄自愁叹，此固意兴衰颓所致。兄近于起居等事无不用心照看，办公既毕，即在左右陪奉言笑，凡笔墨事件，权度轻重，逐日助理，亲心尚觉欢悦，内外琐屑可调处者随时了之，不敢令堂上再为添出烦恼也。此布，即问双安，并问侄辈均佳。兄曾荣顿首。

按，本札稍晚于前札，作于光绪二年十月中下旬，湖北当年的武闱尚未结束。首句"日前折弁魏金贵去，交赍一件"即此前的十月初十日、十一日晚两札。① 从内容上看，翁曾荣本札主要告知翁曾翰父亲翁同爵忙碌的工作状态和糟糕的身体情况，以及他如何用心地照料乃父的生活起居。

（二十八）光绪二年十月廿九日
（1876 年 12 月 14 日）

海珊吾弟足下：

月初折弁魏金贵赍呈一械，计可早达。旋以考校武闱，自初三举行至廿九揭晓，一切内外场均极平顺。小春天气尚称和暖，偶值三五日风雨阴寒，余皆晴朗。父亲大人力疾从公，黾勉支持，一月以来可谓劳苦备至，校阅精详，勤恳自矢，未尝有一息或懈。目下左腿麻木略形松动，鹿茸、虎胫服久似乎得力，惟大便时患坚涩，温补中仍须润肠方好。近日肝脉和平，肺气易泄，咳呛殊甚，夜卧亦频频作咳也。程君现赴皖省，俟伊来时尚须与商治法。

其余一切皆臻康健，两署公务悉称安吉，此数日中正好稍节劳勚，暂且休憩矣。至日行事件，从无留滞者。僚属周旋、进退照例，衙

---

① 《翁曾翰日记》，第 424 页，光绪二年十月廿八日："折弁魏全贵来，得父亲十月十二日函，武场未竣，左足渐愈，稍可放心。四哥信累幅，详言调理、药饵诸事，合署平安。"

参有期,酬应终朝至午方罢。星使往来络绎,本省学政尚未见到,朱世兄已经过境,任、刘两仆皆来叩安,询悉京寓情形一是平顺,叔父近躬健适,差事辛苦,吾弟补缺以来奔驰亦忙,时常起早,现届严寒,衣服一切须随时留意。弟体素弱,不可着寒,宁多带些为妙。安官近已入城否? 身子全愈否? 甚为悬念。寿官书来云咏诗今冬即欲起身,伊不及同伴,未知何时可以就道? 长途跋涉,正须人照料也。深为惦念。余俟续布。专此,敬请双安,并问侄辈近佳。兄曾荣顿首,廿九日。

　　按,由湖北武闱"自初三举行至廿九揭晓"的进度可知,本札作于光绪二年。又"小春"即农历十月,故可知本札的写作时间是光绪二年十月廿九日。而"月初折弁魏金贵赍呈一械"即前述作于十月初十、十月十一晚两札。[①]"程君"即程丽荄。"本省学政"即新任提督湖北学政梁耀枢(1832—1888),此时尚未到达湖北。咏诗即刘永诗——刘传祁(1843—?),寿官即翁斌孙(1860—1922),该师生二人于本年江南乡试中携手中举。

(二十九)光绪二年十一月初四日
(1876 年 12 月 19 日)

　　昨郑弁还辕,赍到家书并参茸等件,均照数收迄。开械捧诵,欣悉两宅安吉,大小平康,借以慰念。来书嘱多寄安报,以后当由局递加。日来冬至降临,凡堂上起居等事,尤当加意护持。药味素服合宜,不敢轻改,鹿茸、虎胫拟增添二分,取其血肉之性,易于助力,参枝现以吉林一种,于冬至前分服,力量较厚也。

---

　　① 《翁曾翰日记》,第 424 页,光绪二年十月廿八日:"折弁魏全贵来,得父亲十月十二日函,武场未竣,左足渐愈,稍可放心。四哥信累幅,详言调理、药饵诸事,合署平安。"

日来科场事毕，顿觉轻松。父亲办理公事素喜快速，故寻常例行文稿逐日披判，尚不嫌其烦，每日早晚两次。余闲得空，便可小憩一刻，或坐息，或散步，似乎行住坐卧，身心舒泰，非比终日拘束、五官并用之际犹复汲汲不遑，此中劳逸真相去悬殊也。今日谢恩，午前事毕，诸士子皆衣冠肃穆，颇有可观。

衙参之期，其有要话禀陈者仍令晋谒，其有虚与委蛇者暂且止之，免得多少劳碌，俟养息数天再行传见。至司道等随时可以往来，其在省人员此番辛苦亦所目睹，无不以为当得休沐者，故具折请一层似可不必，且孙琴西亦非能耐劳力之人，有名无实，不如现在相度情形通融办理之为妙也。

寿躬近日少安，饮食一切照常，步履尚能平稳，意兴亦少好，公务虽忙，勉强支拄过去。惟节届冬至，左足仍形麻刺，夜卧不甚安，血气衰弱，穿着一（不）得不从暖厚，现用艾绒做套裤以当寒凉。近知皖中有吕姓者能用药丸灸穴法，其效神速，是孙西翁所身经著验，已函邀来，日内可到，约在节后当可试之。据云西翁之兄亦有是疾，故延来灸治也。

鄂中民情安堵，无所新闻。宜昌开立口岸，已檄道府诣勘地方情形，但期民教相安，便为可慰耳。川督盐事未经具奏，深以为盼。余不尽言。此布，即报平安，顺颂近福。兄荣又顿首。

此信另号封发，因来人述知频行时吾弟谆嘱再三，自必以思恋堂上起居悬悬莫释之故，今特专布一缄，备详近况，以安远念，借报平善。惟刻下洋船北行已经停止，各处走信皆由陆路，恐未能迅速耳。此间侍奉一切，兄当加意承事，诸凡放心。叔父手谕已领悉，迟日再行禀复矣。荣又及。

按，光绪二年十月十四日，《翁曾翰日记》载："折弁郑殿元来见，以三十二号禀并东参吉林六钱四分，盛京四钱。两许，小鹿茸一架交伊赍回。"①光绪二年十一月十五日,翁同爵致翁曾翰札曰:"十一月朔郑弁回,接京寓十月十五日所发卅二号家书,知合家安吉,深为欣慰。并寄到人参一两、鹿茸一架,参似较新买为胜,尚未煎服也。"②由此可知,本札作于光绪二年十一月初。再根据"日来冬至降临""节届冬至""另号封发"及后续家书"月之四日草布寸笺"等相关记载综合判断,本札作于光绪二年十一月初四日。

据札,湖北当年武闱于此时结束,翁曾荣作札当日恰逢士子谢恩;经湖北布政使孙衣言推荐,翁同爵邀请了安徽一个擅长药丸灸穴法的候补官员李春田(生卒年未详)来湖北,在冬至节后为其治疗;翁同爵草拟的"驳淮盐复地折稿"早就寄往京城,就等四川总督关于盐务的奏折了,因为"淮盐规复引地"的提案直接关系到四川省的核心利益,对四川的影响甚至大于对湖北的影响。

(三十) 光绪二年十一月十一日
(1876 年 12 月 26 日)

海珊我弟如见:

月之四日草布寸笺,由局递去,借报平安,未卜能速达否? 迩维起居双安,合宅康吉为颂。

吾弟馆课较忙,署中办事尤形吃重,奔走之劳自不待言,今年四十正寿,家庭欢聚,友朋称祝,当必有一番热闹,惜手足各处一方,未克周旋其际。署中为吾弟遥祝华诞,届时亦备酒筵以宴内外人等,亦借称觞以介亲寿,愿康强逢吉,福庇一家,其乐无极。

刻下冬至大节已过,父亲大人起居饮食尚属平善,惟因腿足麻木,孙琴西引荐一李姓者,名春田,号杏村,河南光州人。向在皖省候补,曾经邀伊灸过,屡有效验,故招之来。伊用熬就药膏黏在穴上,以火

---

① 《翁曾翰日记》,第 421 页。
② 南京博物院藏光绪二年十一月十五日翁同爵致翁曾翰家书。

点膏，外即盖以膏药。察其情形，似亦于医理不甚精者，所开方子散味居多，不敢轻试，即置之而已，但用灸法。原服补药经伊再三劝停，拟暂缓数天，俟其灸力得效，仍照常用补调理也。所灸五处，左右手腕各一，左膝下两处，左足大指上一处，而功效尚未见得，独手腕及膝下颇形疼痛，未知究竟何故，于心终觉有不惬也。据云十日左右必见大功，吾却颇为踌躇，不愿再求试治耳。闻其名不如目见，诚哉至言也！

　　此间天气尚暖，雪花未见，时冷时热，无一定气候。兄近体粗适，节后旧疾频作，凝神一志，静养数宵，似觉少止矣。家乡一切妥善，徐桂回署销差，知寿官中后身子健胜，颈项腿疾均已霍然。刘咏诗先期入都，大约偕薛君敏同行，定于新正初四起身也。余容续布。兹乘元旦贺本承差之便，泐此即颂俪安。兄荣顿首，冬月十一日。

　　按，由翁曾翰"今年四十正寿"知，本札作于光绪二年十一月十一日，乘元旦贺本承差之便赍至北京。"月之四日草布寸笺"即前一札。该年十二月初八日，《翁曾翰日记》载："得鹿卿兄冬月十一日函，承差张正林、丁宏烈带来。"[1]本札重点描述了延请安徽候补李春田（生卒年未详）以灸法为翁同爵治疗的详细经过。据札，翁斌孙计划于次年正月初四日动身赴京赶考。薛君敏即薛培树（生卒年未详），与翁斌孙一同参加光绪三年丁丑科会试，他们是常昭同乡。

（三十一）光绪二年十一月十五日
（1876 年 12 月 30 日）

海珊我弟如见：

　　月之四日由局递去一械，旋以元旦贺本承差张正林十一起身，又布数语交去。日来极盼京信，计折弁叶茂林当可回辕，未知何以迟迟

---

① 《翁曾翰日记》，第 431 页。

乃尔？迩维起居安吉,合家康和为祝。

转瞬旬余正是老弟四十华诞,想寿筵开处儿女奉觞,自多乐趣。叔父城寓居住,谅亦不时出来。安官近体健适否？现在移至内寓否？五弟署中劳碌奔走,闻浙案有平反消息,确否？北地天时严寒,雨雪沾足否？五城分设粥厂,贫民游手当免啼饥之苦,九门想可安静矣。

此间久晴且暖如三春气候,风雪俱无,人仅穿一薄羔皮,绝不知有冷意,寒燠失宜,恐入春大冷易致疾也。省中一切平善,两署公务照常例而行,大李入蜀接印任事,其来正不知何日,闻眷属将之任所。川盐一疏,未知归何人主张？若江南,则望为一大利薮,有刻不容缓之势。近知沈幼丹抱恙请假,具折乞退,未识后来如何结束此事耳。

父亲大人日内起居尚安健,而手腕颤动未能少减,足疾灸后未见大效,少作抽痛,麻木犹时时有之,现在服调理药中。程君加用八分桂枝,汗下殊盛,今减去五分,鹿茸入药五分,俟天气稍冷仍可加服冲酒二分,此系血肉之品,当无妨也。兄近体如恒,惟亲躬欠安,孺怀正切忧虑,寝食皆觉不安耳。专此,布陈近况,即颂双安,问侄辈均好。兄荣顿首,十五日。

按,翁曾翰出生于道光十七年(1837)十一月廿七日,故由“转瞬旬余正是老弟四十华诞”可知,本札作于光绪二年十一月十五日。同年十二月初二日,本札送达,故当日的《翁曾翰日记》载:“折差李得义来,得父亲十一月十五日函,麻木虽愈,仍作刺痛,延李春田琴西荐,安徽知州。灸五处,稍效,据云参茸不可服,减应酬,少会客,以节劳勚。手战又发,不便作字,阅来信益增悬系,附来年信八十二封。”[①]

“五弟”即翁曾桂,当时供职于刑部浙江司,正承办“浙案”——“杨乃武与小白菜案”。“大李”即李瀚章。“川盐一疏”显然又是针对淮盐规复引地一事的。沈幼丹即时任两江总督的沈葆桢。据札,沈

葆桢当时抱恙请假,并具折乞退,可见淮盐规复引地的进展并不顺利。

(三十二) 光绪二年十二月初九日
(1877 年 1 月 22 日)

海珊我弟如晤:

前月连布数函,谅次第得达。昨折差张荣华回辕,赍到三十五号家书,外所有交带各件镜袋、表套、搭连、皮棉鞋。均经验收,即谂近祉安吉,伉俪双绥。

寓中上下平顺,城内自叔父以次各各康健。安官服邵辛卿方药,身体渐好,现亦搬入城寓,仅以诗字消息,停课文章,借养心神,极为得宜。伯述世叔竟就外职出都,叔父得头条胡同房屋,是一劳永逸之计,惟恐年久失修,土木之工必须加饰,明春当可迁居也。伯母老境日臻,作何消遣?子馨侍奉之余,署中奔走,闻亦忙碌,浙省一案迄未定谳,平反无证据,如何了结?甚为悬悬。都门已得透雪,农情欣慰。米银百货种种腾贵,小民糊口益艰,殊可忧惧,岁阑之际尤易滋事,各城粥厂其功不小,赖以得生者正多耳。

此间冬至后仅得微雪两次,气候甚暖,冬不藏阳之象,连日沉阴,雨而非雪也。省垣人情安帖,一切如恒,官场亦整肃严静,公事将及岁终渐渐繁多,幸皆例行之牍,无须操忧,折奏、咨题各件封印前有需赶办者,陆续打扫出去。李筱翁仆仆道涂,此次又奉命促之回任,当速为束装出蜀,惟计其行程,年内未必能到,总在新年始可接任也。

父亲大人左足之恙近少愈矣,步履亦健,独是便结一层甚为所苦,欲解不下,气滞腹痛,坐卧亦有时不适,浊气壅中,胃口减纳,以致手战足麻,通身气血未能调达,老年体质如此,可见血气衰弱之象。此时导利之品非可轻投,恐伤气分,方中有淡苁蓉润而不滑。一味,苟能得其润泽之功,渐渐分解,则诸恙当可自退也。时已大寒,转瞬春令，节候迁移于高年人大有关系，一切饮食起居尤当格外小心侍奉，不敢疏忽。吾弟身离在远，谅亦孺慕依依，望云念切也。三哥寄迹屯溪，惜字如珠，不轻通一信，再三中说，疏懒如故，令人愤闷。家乡亦月余无书至，寿官有新春四日就道之说，陆路虽多辛苦，而无风波之险，较为稳妥。专此，敬贺岁安。腊月九日，兄荣顿首。

又启者。此间往来宾客缤纷络绎，正如入山阴道中，有应接不遑之势。各省主考、学台及他处升调之现任督抚司道，终年奔走酬应，或酒席，或银钱，几无虚日。此外，翰林部员，皆例得投赠者。近时各路孝廉公亦以送朱卷而来，不嫌跋涉，由轮船三日而至矣。于是一创于前，群趋于后，摩肩接踵，突然贲临，令人莫测其志，未免可厌。安、寿之师刘君咏诗自中举后，父亲特申函往贺，并赠以白镪三十金而无一字谢者，乃于月朔得其沪上来书云将来武昌一游。初五晚间抵汉，初六日专人送信欲渡江，因即为之整备往迎。雇一江船并轿子、夫役等河干俟候。次日来城至寓，署内拥挤，无下榻处，为之觅一近地寓所。大为拂意，以为轻亵之至，此间规矩，非现任钦差及翰詹人员来拜，例不开正门，而彼以为藐视也。遂种种挑剔，昨晚邀伊夜饭，来去大开正门，昂然得计矣。虚为周旋，又赠以大衍之数，今日尚在孙琴西处张罗，未知如何，尽欢以去。明日可以行也。

按，光绪二年十一月十九日，《翁曾翰日记》载："以三十五号禀附月报，芍亭信。并搭连三个、表套四个、镜套二个、皮棉鞋各一双交张荣华带回。外有叔父致袁廉叔复函一件。黄梅县。"①而本札曰："昨折差张荣华回辕，赍到三十五号家书，外所有交带各件镜袋、表套、搭连、皮棉鞋。均经验收。"故可知，本札作于光绪二年十二月初九日。本札与同日翁同爵致翁曾翰札一同寄出，编号为福字第三十号，于当

---

① 《翁曾翰日记》，第 427 页。

年十二月廿二日送达翁曾翰手中。①

"伯述世叔"即翁同龢的内弟汤纪尚,他此时验放后得一京外官职,临走之前把头条胡同的汤氏老屋赠予翁同龢,但翁同龢"书九百金券与之",并约定"将来赎此屋须过千金",因为重新装修了。②"浙省一案"指"杨乃武与小白菜案",翁曾桂作为刑部浙江司郎中,正是本案的承办人员之一。此外,本札还谈到了李瀚章、刘永诗、翁曾纯、翁斌孙等人当时的最新动态。

(三十三) 光绪二年十二月廿二日
(1877 年 2 月 4 日)

海珊六弟如晤:

新春残腊,倍切驰思,北望都门,尤深怅怅。日前折差、贡差陆续还辕,接奉家言,并佩件、糖匣各事,均经收呈。今日将欲拜折,因督署尚有许多应奏稿片,故特派弁赍进。正在缄函,又得月之十四日所发手书并叔父谕言,读悉一是,快慰无量。

畿辅雪泽已遍,明年当可丰熟,民生之计全赖乎"食"之一字也。都下米银俱昂,小户度日益窘,殊为可忧。寓中上下安吉,吾弟公私交集,忙碌可知,加以新年酬应,仆仆车马自不待言,身体健适,亦须随时调护为要。叔父书帷劳苦,退食宜休息,部中事繁,亦须量力行之。代阅书册,恭立以读,未免苦事,新正数日当可憩息。此后功课日增,责任偏重,益非易易。安官服邵方有效,极以为慰。

此间天气极形寒冷,屡需大雪,檐溜凝冰,室中亦添炭火以祛冷

---

① 《翁曾翰日记》,第 433 页,光绪二年十二月廿二日:"折弁周长升来,得父亲腊月初九日函,知麻木虽减,仍作刺痛,时届封印,公事更忙,手战未止,又患便秘,阅之殊增忧虑。"

② 《翁同龢日记》,第 1288 页,光绪二年十一月十九日:"遣仆人李元等点头条胡同屋装修,伯述以此屋赠余,余书九百金券与之,将来赎此屋须过千金。"

气，各属亦俱报得透雪矣。四境亦平安无事，省中民情尤称静谧。惟宜昌口岸一节，经营规画，事属创始，尤烦布置。署内人口皆安吉，公私顺适。大李闻于夔关度岁，计其履任必在开印时节，果能早日来此，则可分却一肩，亦省许多心力，届时或请假休养数日更好。

　　近来，今日二点钟，有夷人来求谒，须与之周旋，故父亲大人不再作书，且手战，写字尤觉苦难，命笔告知。父亲大人起居颐顺，便秘气滞之患亦松，足疾已去八九，偶尔作麻，入春温和之候，定可霍然而愈。手战或轻或重，仍未见止，步履精神皆形强健，外象充固如常，实亦勉力支拄，饮食一切亦逊于前，出入等类虽无借乎扶掖，却今左右无人恐有失足之时，拜跪偶尔须人护持，行香、祭祀均无误也。邵方拟配就试服，惟荆沥难觅耳。平日所服程方尚不为谬，交春后当邀来察脉，或将温补之味更改一二，加祛散内风者以易之，再当与之商酌。

　　兄近状如恒，惟以亲体未安为忧耳。全姑娘侍奉汤药一切周至，月之廿五是伊诞辰，即以吾虎封补褙付之，亦借一命之荣以慰其毕生之志也。专此，布候双安，并贺新禧，合寓均此。兄荣顿首，廿二日。

　　按，由"宜昌口岸一节""大李闻于夔关度岁，计其履任必在开印时节"等信息可知，本札作于光绪二年十二月廿二日。本札与前述该年十二月廿一日翁同爵致翁曾翰札一函寄出，编号为福字第三十二号。"又得月之十四日所发手书并叔父谕言"之"十四日"当为翁曾荣笔误，实际上是十二月初四日，翁曾翰"寄三十六号禀，并黄折等件交李得义赍回"。①

　　所谓"今日二点钟，有夷人来求谒，须与之周旋"，指英国派往宜昌等处查勘之九江领事京华佗及新设宜昌领事狄妥玛要来拜见翁同爵。翁同爵拟配就试服的"邵方"，指翁曾翰于本年第三十四号家书

①　《翁曾翰日记》，第430页。

中附寄的邵辛卿为翁同爵所开之药方。① 据札，翁同爵的继室——
全姑娘的生日是十二月廿五日。

（三十四）光绪三年正月廿七日(1877 年 3 月 11 日)

海珊吾弟如面：

　　日前督署折差北行，赍去一号家言。旋于胡、徐两弁还辕，携到
安字第一、缙绅一部。二两械，读悉壹是，即谂新岁以来起居双吉，合
寓均佳，城内自叔父大人以次上下平安，极为快慰。

　　都下例不拜年，省却车马劳顿，同乡中有杯酒之叙否？厂肆偶尔
一到否？光景不如从前繁盛耶？书房照常入直，可见圣学之勤日进
无疆焉！寿官就道半月，昨有信云初十开船。计日内已过清江，登车以
行，二月初旬必可到京。安官考荫约于何时？近体已健，学业亦不可
荒。奎保入都其志颇切，或于春杪可以起身，惟昨得南音知其妇病类
伤寒，势却甚危，未卜能得医治速愈否？殊为忧虑。其余家中大小人
口，两宅俱安。祥哥在屯一切如恒，十四日得其一信，系腊月所寄者。新
年未知要进省一走否？公事平平，惟闻其牙痛未止耳。

　　此间近日阴寒特甚，雨雪频作，气候不减三冬，惊蛰已见雷动矣。
署中案牍应行应发、或题或奏者，俱已打扫清楚。大李迟迟而来，今
明或可到，接任有二月初三之说，好在一切整备，专待交卸也。父亲
大人近日手战甚剧，不能执笔。夜卧咳呛殊甚，胃口亦减，恽云峻补伤
脾故也。前夕忽作寒热，屡次发汗，肺气台虚之故。足疾似已平和，
仍形酸软，起跪不便，现值仲春祭祀极多之际，只好一面委代，一面请
假也。交替以后本任事件少松，由藩司代办，倘有要紧事禀商再为接
见，似可省却许多操劳酬应。俟休息一月，调养复元，然后任事，方可

---

　　①　《翁曾翰日记》，第 425 页，光绪二年十一月初二日："寄三十四号禀，附
邵辛卿拟方一纸。交折弁魏金贵带回。"

放心,否则力疾从公,愈劳愈倦。吾于亲疾昕夕怀忧,苟非兼摄两篆,早当乞假调痊也。专此布达,即颂伉俪双安,并问侄辈均好。正月廿七日,兄荣顿首。

钤印　菉卿启事(朱文方印)

按,由回任湖广总督的李瀚章"今明或可到,接任有二月初三之说"可知,本札作于光绪三年正月廿七日。"日前督署折差北行,赍去一号家言"即翁同爵、翁曾荣父子于光绪三年正月二十日所寄的安字第一号家书。① 他们于胡、徐两弁手中接到的安字第一、二两械,则是翁曾翰于本年正月初九、初十两日连发的两函。②

光绪三年二月初十日,《翁曾翰日记》载:"折弁卢得胜来,接父亲正月廿七函,足麻渐愈,手战转甚,夜卧咳嗽,胃口亦减,廿五晚间感冒寒热。李制军将到,交替后即请假也,阅之增闷。"③其中的很多细节都出自翁曾荣本札。

本年,翁安孙和翁奎孙都将考荫生。翁安孙因是翁同龢嗣长孙而得此资格,翁奎孙则因是翁同爵长孙而得此资格。

(三十五) 光绪三年三月十五日(1877 年 4 月 28 日)

信封　平安家报。安字不列号。梅光裕。三月十五抚署械。五月初四日到。

钤印　富贵长寿(白文方印)

---

① 《翁曾翰日记》,第 439 页,光绪三年二月初三日:"折弁杨逢春来,得父亲正月二十日函,近体尚安,而手战便秘尚未减,邵方每日服,钱、许、程方仍不轻撤也,起跪多时需人扶掖。李帅尚无到鄂准期,闵臬李玉阶已起程北上。三月间计须巡阅营伍,拟先期请假调摄也。"

② 《翁曾翰日记》,第 436 页。

③ 《翁曾翰日记》,第 441 页。

海珊六弟如晤：

前由信局寄到安字六号家书，敬悉叔父大人以次合寓皆吉，都下妖氛已息，九门清晏，甚慰远系。寿官覆试二等，日来正值场期，题目能得手否？闱作能合法否？均为悬悬。大总裁未知简派何人？此间尚无消息也。

今有贡差进京之便，带去荆缎袍褂料一身，命给德孙者；又五彩小方新样定织双料被面两个，前信要办者；又云南自然铜小手盆一个，内水盂、唾盒一分，命给祝孙女者，均交差弁梅光裕赍呈，到时收明。外湘莲两篓，转呈叔父查收，煮食可也。如有需用物件，来信告知，随时再寄。

此间一切安善，天气亦渐暖，今春阴雨特甚，潮气颇重，近见晴朗。父亲大人日前因触受风寒，小有感冒，今服疏解之剂已见痊愈，余俱如恒。贡差照例按站以进，行程甚迟。日内另有折差起身交带信件，兹不赘赘。专此，敬请近祉双安，并问安官昆弟姊妹均好。兄曾荣顿首。十五日灯下。

日来欲寻扇面册页不得，既无以消遣闷怀，反增添一番气恼。仆辈记忆不清，遍翻杳然，恐被遗失。此册向无上下夹板，大小不齐，用蓝布包袱包起。却将出京之账检查，无之，或系当时留下，未曾携来，亦未可知，祈吾弟代为一查。此在二百甲之外者，约有六七十页光景，如其在京师，示及，倘查不得，令张升家信中提及一语为要。

六少爷钧座：

叩禀者，近日老爷要看扇面册页，各处遍寻不见，帐上亦无此件，因思或系留于都中装潢用，特禀求六少爷赶速检查是否在都，函复四少爷处转谕，是所叩祷。谨肃，叩请钧安。小的周兴叩禀。

按，光绪三年二月十九日，《翁曾翰日记》载："寿侄覆试二等。一百八十名。"①光绪三年二月廿六日,《翁曾翰日记》载:"缮寄安字六号信,交全泰盛轮船局递去。"②因此,本札作于光绪三年三月十五日。"大总裁"指本科会试主考官:宝鋆(1808—1891)、毛昶熙(1817—1882)、钱宝廉(1820—1878)和爱新觉罗·昆冈(1836—1907)。该名单于当年三月初六日发布,翁曾荣写此信时尚未知晓此名单。

　　每年的三月中下旬,是湖北向皇帝进土贡的时间之一,这批土贡一般在端午前后送达。本札所托之人正是土贡之差,故"按站以进,行程甚迟",由信封知,于当年五月初四日方才送到。翁同爵安排翁曾荣借贡差之便,托运衣料、被面、小手盆、水盂、唾盒、湘莲等日用品和食品给翁德孙、翁曾翰、祝孙女、翁同龢等人。故本札写作的主要目的还是寄物。

　　本札后还附有翁曾荣、仆人周兴分别书写的两张便条,围绕着同一件事:请翁曾翰在京寓核查一套扇面册页。因为正在休假的翁同爵想看这套扇面册页以消遣闷怀,但遍寻不得,害怕遗失,所以请翁曾翰在京寓核查。由此可见,翁同爵对书画其实很感兴趣,只不过平时因为工作忙,才有所取舍。

（三十六）光绪三年三月廿七日（1877 年 5 月 10 日）

信封　湖北巡抚、部院翁平安家信。内家言,外画一轴、铜壶一木匣,赍至京都,确呈南横街本宅查收为要。安字不列号。鄂垣抚署翁缄。四月廿二日到。

钤印　富贵长寿(白文方印)

----

① 《翁曾翰日记》,第 443 页。

② 《翁曾翰日记》,第 444 页。

海珊我弟如见：

日前二十日。罗大贵赍去续假折子，并将第五号家书交伊带呈，计月之初旬可达左右。旋接来函并折件、帽合、烟荷包等，借悉叔父大人以次合寓安吉，欣慰之至。

吾弟馆课既忙，署中人少事繁，奔驰不暇，加以酬应一切，尤形烦杂，场后更有同乡接场等事主持各节，亦非易易。寿官闱作何如？少年英锐，视科名如拾芥，未知今届能联捷否？同里应试共得二十六人，可称一时之盛，佳作谅必不少，静听好音，何日揭晓？江苏中额有若干数，未知吾邑能得几人耳。

此间诸凡顺平，天时寒暖不常，日闻雷霆，阴雨蒸湿，令人难耐。父亲大人近躬安健，微觉脾胃受困，饮食不香，肢体倦乏，此亦潮湿过甚之故，现在服药仍守前方，随时增减，尚属合宜。手战略轻，匕箸一切勉强自持，腕力终弱，作字握管仍形不便也。

兄近日加意保摄，一切复元，药石亦用峻补矣。全姑娘气体虽虚弱，近来照应琐屑颇耐辛苦，余俱安善也。今有本辕杨巡捕，名运升。系千总俸满，到部验放，六年，由制军给咨来京。令其带去麓台画一轴、上林宫铜壶一匣，收明转呈叔父为要。专此布达，即颂双安，并问侄辈均好。兄荣顿首，三月廿七日。

按，光绪三年四月廿三日，《翁同龢日记》载："得楚中三月廿八日函，兄体渐旺，手战亦轻，荣侄亦调理稍愈矣。巡捕某来验看带来也。"[1]这与本札的内容高度契合，"巡捕某"即杨运升。故可知，本札作于光绪三年三月廿七日。

翁同爵、翁曾荣父子于本年三月二十日交罗大贵带呈的续假折和第五号家书，于光绪三年四月初七日送达翁同龢手中。[2]另外，札

---

① 《翁同龢日记》，第1320页。

② 《翁同龢日记》，第1318页，光绪三年四月初八日："昨日楚中（转下页）

曰"旋接来函并折件、帽合、烟荷包等",指翁曾翰于光绪三年二月廿九日所寄安字不列号信。①

不过,翁同龢并未在日记中记载翁同爵于此函外附赠其王原祁画轴和上林官铜壶一事。众所周知,翁同龢是一位收藏家,"四王"画作一直是其收藏的重点之一,金石无疑也是其收藏偏好之一。上林官铜壶属于"金"的范畴,翁同爵此前多次寄赠汉砖砚给翁同龢,则属于"石"的范畴。翁同爵也爱好收藏,他曾于离开陕西前的一通家书中自言:"吾到此三年,稍买书籍、字画及铜器,此时携之远行皆成累事,可见作宦之人即此嗜好亦不宜有。"②由此可窥翁氏兄弟鉴藏爱好之一斑。

（三十七）光绪三年四月十九日(1877 年 5 月 31 日)

信封　内家言,外汴绉衣料一包、茶叶两包、麻包铜盆一个,敬恳贞甫仁兄大人福便携至京都,饬交南横街舍间收启为感。愚弟翁同爵拜干。

海珊我弟如晤:

春光已去,夏日正长,瞻望燕云,时深往复。前次续假折行,附呈寸纸,略述近状以安远怀,比维起居安善,合寓康和为祝。当此春闱榜发之际,凡在功名中人,无不以得失之念有动于中,惜吾弟以补官不能应考,负此笔墨,然命不犹人,天之位置人材,原不在乎一第,而

(接上页)折弆带来家信,二月廿一日。续假一个月,得旨着再赏假一个月。兄手书一纸,字迹如七八十岁人,诸症皆减,手战未平。荣侄患伤寒,初一自月半始痊,故一月无函也,且慰且念。"

①　《翁曾翰日记》,第 445 页,光绪三年二月廿九日:"作安字不列号信并帽合一个,珠绒、薄貂各一顶。本色丽参一斤,张送。交火牌差带回。"

②　南京博物院藏同治十一年正月十五日翁同爵致翁曾翰家书。

必靳而不予，亦令人抱屈不伸，只好度外置之，毋庸深为抑郁也。

寿官少年英锐，其气自雄，场作何如？迩来日盼榜信，令人此意悬悬。或者趁此锋利之际，登龙门，上玉堂，联步以升，亦未可知也。后生可畏，不免使我顾影滋惭，反躬自责，悔无及已。兄于诗文久经荒废，中年以后胸次落落，"名利"两字无所萦情，喜读释典，亦聊以涵养性心，使之澹然自适焉耳。年来依依亲侧，犹是孩提意态，侍奉晨夕，怡然自足。回忆昔时颠沛流离、朝不谋夕时，其境遇判若天渊矣。又何欣羡之？足动于中哉！

今春父亲大人寿躬欠适，步履未健，孺怀焦灼，无一刻安。入夏以来，福体渐见安和，腿足亦日强固，精神容貌次第复旧，膝下瞻依少形宽慰，惟便艰、手战忽轻忽甚，终属气血未充之象。日来亦觉湿气未化，舌苔屡屡见灰，胃口不健，且恶厚味，天热时常茶泡饭，取其清淡也。近时料理公事俱已照常，晨起仍见客数班，所谓代行者亦徒袭其名也。潘君将履任，孙公候之已久，亟欲赴宁接印，拘于俗说"五月不上官"，其如迟迟而来者何哉！

家乡前有书来，人口皆吉，闻祥哥要到家，计此时必当赴浙矣。二叔送表妹于归，月内想必在家小住也。兹有候补道叶君，名含章，号贞甫。到京引见，由海入都，行程必速，特托其带去汴绸四匹、命分给安官兄弟。新碧螺春两匣、六安芽茶两大瓶，以一半呈叔父，以一半给弟等分尝。新采春茗香浓味厚，色亦可爱。又麻包铜面盆一个给祝官，到时一一查收。余俟续布。月秒当具折销假，再行详布一切。专此，即颂双安，并问侄辈均佳。清和月十九日，兄曾荣顿首。

按，由"潘君将履任，孙公候之已久，亟欲赴宁接印"、翁斌孙参加会试等信息可知，本札作于光绪三年四月十九日。"潘君"即新任湖北布政使潘霨（1816—1894）。"孙公"即前任湖北布政使孙衣言（1815—1894），此时迫切希望赴任江宁布政使。二君在湖北交接的时间正是光绪三年。

　　光绪三年丁丑科会试于四月十一日发榜,翁斌孙得中贡士,但该喜报此时尚未传到湖北。翁曾荣于信中有感而发,对自己半生求功名而不得感慨万千,阐发了对得失、人才、境遇等方面的一些理解和看法。

　　翁曾荣作本札的另一个目的是告知翁曾翰他托信使带的物件:汴绸四匹、新碧螺春两匣、六安芽茶两大瓶和麻包铜面盆一个。

(三十八) 光绪三年四月廿七日、廿八日
(1877 年 6 月 8 日、9 日)

海珊吾弟如见:

　　日前南辕折差回鄂,携到家言并惠寄家伙筒一个。旋由叶观察名含章。进京之便布达一椷,外带去衣料、茶叶、铜盆各件,伊由海赴津,行程必速,日内当可抵都。昨罗大贵亦回差,接奉初十日手函,具悉种种。吾弟操劳琐碎,兼有馆署之奔忙,人事之酬应,身心无逸,精力形倦,停饮不化,宜宽胸利气,使之消导下行,自可速愈。慧女种牛痘,何以阅时既久尚未结痂? 深切驰念。虽小儿气血虚弱所致,然亟需补助之功,不可久稽时日为要。病苦磨人,幼体不耐,无怪呻吟之声聒耳也。

　　寿官扶摇直上,趁此英锐之气、顺利之运一往无前,令人慨然兴嗟,岂天心独厚乎? 抑我命不犹邪? 安官敦厚之器,敏慧不若寿侄,宜努力自进,勿荒嬉优游,抛此春秋佳日,黾勉前修,时不我待,切要毋忽尊长期望之殷怀,挚爱之深衷,不可一日忘焉。细阅题名中有一苏州之管辰熙,未知即是常熟管纯燮否? 若然,则师席可以蝉联,无庸另请生手,甚好,甚好! 吾邑应试者二十五人,两科俱中多名,可知文运之盛。日内朝考、覆试,寿官于引见后能得用一庶常,年少者当必便宜也。

　　叔父福躬安适,闻已须发皆白,用心之劳可知。近悉牙根结有硬块,大抵胃热太重之故,服清胃散久之当能化去,勿以无关痛痒置之不治，苟常服元参亦可获效。天时酷暑，入直毓庆宫何时可以退班？出入之际，晓寒午热，宜格外留意。来谕云拟于便中面陈请假一节，恐同直不甚得力，未能即邀俞允，且值炎夏，跋涉数千里尤非所宜，不如缓至秋间为是。吾知叔父之意，专主于鄂中之游耳。

比来父亲大人气体精神渐见康复，腿足亦少健，故五月初二日即拟销假，然表分不固，易袭外感，起居饮食、衣服寒暖已属事事谨慎，而偶有所违便形欠适。月之廿三夜初更时有客来见，勉强迎送，冒触晚凉，次早头目昏沉，午睡即壮热异常，得汗则解，至夜分热又作。廿五邀程、恽来视，云外感尚轻，惟蕴湿挟食，阻滞中宫，须导之使下，得大解自无热象。日来迭服润肠之品而便涩依然，热仍不止，舌苔前布满白且腻，今已薄聚，似湿滞俱化而未能速下耳。廿七夜得解后，腑气稍舒，惟形神觉困倦耳。胃口乏味，仅饮焦炒米汤以醒之。一切公事照常披阅，屡次发烧大伤气分，手颤又重，写字颇形不便，通身经络亦觉困倦，筋骨尤见酸疼，气分不舒之故，亟盼一解以冀安健也。

天时燥热已如三伏，烈日中天，暑风扑地，令人焦躁不耐。兄近服峻补温品，似觉得力，旧病间作，牙亦频痛，却无大害，脉象细弱无比，现已差胜。此间气候不准，冷热靡常，葆摄殊难合度，侍奉高年尤在平时调护得法，此次寿履违和亦由伺候之不周，衣服之单薄所致，孺私耿耿，益形不安焉。久晴酷暑，新雨骤凉，他方无此光景。全姑娘近体安吉，事奉一切极诚尽力且能耐劳，上房琐碎杂务主持有方。署中内外安和，仆辈俱奉职惟谨，尚无过误，何顺当差，志专心壹，随伺左右，较胜他人也。里中自徐贵等去后，尚无信来，计寿官报捷又添一番忙碌，日内分甲第消息，家中当已早知之矣。大嫂得信后必多顾虑，而父亲于贵等叩辞已早为料及，奉命传知四媳：俟得喜音，即令拨给银钱五百千文以助其开销各项之用。俯体其情，可谓至周且备！伊有一款，当必展布从容，十分欢悦也。专此布达，即送双绥，并问侄辈均佳。慧官幼躯大好否？尤切悬悬。四月廿七日，兄荣顿首。

迩来胡月樵观察将假装言旋矣，此次筱帅重临，浮言盈耳。其取怨之由，亦因不自检点之故，以致同僚忌嫉，种种指摘，一经传播，便成口舌。月前南辕专札恭道，赴书局查办，随又勒限撤局。幸月樵尚无亏空，办理移交不至短缺，然积有十余年之久，其中开销或有多寡，须俟逐一核清方可卸责，倘从中故为挑剔，亦难言矣。大抵驾舟东下，以后旁人为之缓颊，既去其地，或可无事耳。日前传说有被劾之说，似亦太觉过甚，细考情形则未确也。孙琴西方伯幸调吾吴，否则名士意态，久之必不相安。此次月樵之龃龉，亦未始不因方伯而起。虽荃相是蕙田门下，而筱帅之与琴西却是统属，不得以私废公，故彼此各有所怀，未能降心相从也。

刻下伟如来此，伊亦阅历深长，当必十分周旋，处之谅能裕如。藩司为承上启下之关键，得人任之可使一省和洽，不令属员受挤，亦是要紧之人焉。此间候补道极为拥挤，人数太多，位置殊不易易，如恽松云已派军需老总，可谓得意之人，差使中第一等事，要在谨慎持躬，和平处事，数年中必可出头。其余终年不得一差者，亦正多也。至于州县佐二各职，一省候补者动以千计，无怪乎饔飧不给、贫苦无聊者之比比皆是，盖事少人多，浮过数倍，况一缺用一人，其中亦有肥瘠，轮委一次毫无所长而欲求后日之委署补缺者，正如水中捉月，杳无踪迹之可凭，实为可悯。然而每届一月必有数人到省，源源而来，正无限量，令人冷眼观之，不禁蹙额兴嗟焉。张词甫回南续胶，六月中旬当来销假。杨葆初拟补汉川，尚恐一时不能履新耳。外附对纸四副，系署中友人子京交来。嘱求叔父书者，遇便寄下。天气炎暑，不必汲汲为祷。廿八日又书。

又启者。今将销假折缮出，定于五月初二吉日专差赍京，即于是日销假任事，其实办公一切早经照常，特不出门拜客耳。至接见僚属，有要事者未尝不见，不过少见而已。此后天气渐热，迎送出入亦殊劳苦。虽然销假无事，虚与委蛇者只好少从删减焉。朔望行香拜跪等事，礼仪甚烦，亦不必逢期亲行，腿足力弱，犹未能十分轻健。好在制军主祭行礼,文武庙只到一处,督抚不分往也。有人不虚其位便可已也。廿八日。

　　按,由"旋由叶观察名含章。进京之便布达一械,外带去衣料、茶叶、铜盆各件"知,本札紧接前札,作于光绪三年四月廿七日、廿八日。
　　翁斌孙此前已经通过会试,此时也已经完成覆试,位列二等三十八名,①正准备殿试和朝考。管辰熙(生卒年未详)是翁家的家庭老师,本年会试中式三十四名,而后殿试高中二甲。
　　据札,翁同爵此时的身体状况不佳,手颤加重。"子京"即翁同爵的幕僚周子京——周维都,正托翁曾荣向翁同龢求书对联。

(三十九) 光绪三年四月廿九日
(1877 年 6 月 10 日)午刻

海珊吾弟足下:

　　前书正在械发,适得十二所寄喜信此信独迟。并十九日第十一号书,知吾弟起居安适,合寓均吉,深以为慰。寿官飞腾直上,固是福命所致,亦由累世严亲因手战不能多写,已勉作前函,不再续布也。祖宗德泽荫庇而成,长房有此,亦足以伸二十年困厄之气矣。覆试列二等,未知甲第如何?午节左右此间当可得消息。鱼龙变化或易或难,真不可测也。余详前函,不赘。清和廿九午刻,荣又书。

　　按,光绪三年四月十七日,翁斌孙覆试结果揭晓,位列二等三十八名。②故由"覆试列二等,未知甲第如何"知,本札作于光绪三年四月廿九日午刻,与前述四月廿七日、廿八日翁曾荣所书数纸及四月廿九日翁同爵致翁同龢札、翁同爵致翁曾翰札封为一函发出。翁曾翰

――――――――――

　　①② 《翁同龢日记》,第 1319 页。

于本年四月十二日所寄喜信，即报翁斌孙会试中式之喜。[①] 翁曾翰于四月十九日所寄第十一号书，当报翁斌孙覆试二等第三十八名之喜。

（四十）光绪三年五月十一日（1877 年 6 月 21 日）

信封　钦命湖北巡抚、部院翁平安家报。内安信，外黄布包袍料一包，即赍至京都，确呈南横街本宅查收为要。安字不列号。鄂垣翁缄。六月初一到。

钤印　富贵长寿（白文方印）

海珊吾弟足下：

　　日前罗弁回省携到手书，并四月十九第十一号信亦由局交来，欣悉近祉安吉，合寓平顺为慰。

　　叔父福躬畅适，城内安居，寿官应试诸事指示周祥，未免加一番忙碌耳，苟能用一庶常，亦不负数年来教育成全之心也。吾弟署中公事多忙，天气正热，一切宜格外慎重。安官近体健适，书房功夫努力自强为要。管师既中，此席定可蝉联也。德官姻事已经订定，极好，极好！慧官近已大愈否？深为悬念，气血不足，当以药力补助之为嘱。

　　此间气候已如三伏，严亲起居颐适，公事勉力支持，一切照常。惟咳呛不止，精力形倦，便艰不化，手战益甚。今届夏至大节，日进参苓一杯以助正气，常服方中减轻附子，用一分。尚属平稳也。省中民情安顺，四境亦敉平。农田盼雨又殷，属境偶有蝗虫，幸未伤禾稼，已严饬各州县设法搜捕，务期净尽。特闻邻境江西以下，直达苏省锡金一带，遍

---

①　《翁同龢日记》，第 1318 页，光绪二年四月十一日："闻西席管先生之捷，三十四名……闻斌孙之捷，一百四……"四月十二日："寄楚信。"

地皆有,一经展翅,其害有不可胜言者矣,吾虞亦岌岌可危,苟能大雨
迭沛,或可一扫而净也。

兄近状粗差,虽值盛暑,亦日饮峻补之剂而不觉其温,本元之弱
亦可概见。兹有万寿贺本进京,例有火牌者,交带去漳纱袍料三件,
到时命分给安、寿、德三子,祈即查收给领为属。余俟另布。专此,即
颂双安,并问侄辈均好。五月十一日,兄荣顿首。

按,由"寿官应试""管师既中""德官姻事已经订定"等信息判断,
本札作于光绪三年五月十一日。由信封知,本札于该年六月十一日
送达翁曾翰手中。故,光绪三年六月十二日的《翁同龢日记》载:"得
楚中五月十一函,鹿卿云堂上诸疾稍平,惟便艰、咳呛、手战如旧,仍
服暖剂。……楚信云自武昌沿江直达无锡皆有蝗孽。"[1]"管师"即翁
家为翁安孙聘请的家庭老师管辰熙,本年与翁斌孙同榜登进士。罗
弁回省携到手书和四月十九日第十一号信,翁曾荣在前一次家书中
都已经提及。

(四十一)光绪三年五月廿二日(1877 年 7 月 2 日)

信封　钦命湖北巡抚、部院翁平安家报。内安信,外蓝布包燕窝四
　　　匣,赍至京都,确呈南横街本宅查收为要。鄂垣抚署翁缄。
钤印　富贵长寿(白文方印)

海珊吾弟足下:

屡诵手书,具悉种种。月之十四日接奉叔父寄函,敬审合寓康
吉。寿侄甲第虽后,朝考幸列一等,安官亦令其验到考荫矣,闻之欣
慰。此间于十九日得阅进士引见单,安官何日引见?想可内用得一京秩

————

① 《翁同龢日记》,第 1327 页。

也。知斌孙得用庶吉士,同邑惟管谨仁同入馆选,余则部属、知县、归班各有不同,此中尺寸之地,真不啻有仙凡之别焉。

日来贺客纷至,署内亦添一番酬应。父亲大人寿履颐和,起居顺适,办理公事一切照常,然肌肤益形减瘦,筋骨常觉酸疼,精神亦形困倦,近来大解已下,终见艰涩,腿足力弱,时发麻木,全是气不充足所致,咳逆、手战亦日久未愈,盖昕夕从公实系勉强支拄也。省中民情安帖,属境均平平。

家乡信来,眷口皆吉,奎孙须秋初赴京,姑母尚住常熟,余不多赘。兹乘捧表承差叶茂林。之便,寄去燕窝四斤,到时两匣呈送伯母,两匣呈叔父,查收。缘一时无物可寄意,特命赍呈,祈即日分呈为要。即问近佳,兄荣顿首,廿二日。

按,光绪三年四月廿四日,翁同龢"知斌孙列三甲七名",[1]这是殿试排名;四月廿九日,翁同龢"申初闻斌孙列一等十六名",[2]这是朝考排名。端午日,《翁同龢日记》载:"安孙考荫生赴吏部验到。"[3]五月初十日,《翁同龢日记》载:"斌孙、管师皆馆选,闻之欣慰。……同邑潘幼南,主事;曹蕴生,知县;管少溪,归班。"[4]而这些信息都出现在了本札中。故可知,本札作于光绪三年五月廿二日。

(四十二) 光绪三年五月廿五日(1877 年 7 月 5 日)

信封　平安家报。安字第柒号。蒋祥麟。曾荣手械。六月十一日到。
钤印　富贵长寿(白文方印)

---

①　《翁同龢日记》,第 1321 页。
②　《翁同龢日记》,第 1321—1322 页。
③　《翁同龢日记》,第 1322 页。
④　《翁同龢日记》,第 1323 页。

海珊我弟足下：

日前承差叶茂林去，将燕窝四斤、信一函交其赍呈。日来正盼北音，昨又奉到叔父自城寓十三日寄械，备悉内外两宅人口皆吉，甚为欣慰。

此次斌孙引见，得入词林，举家欢悦，遥想叔父之指示教诲及照料各事，劳苦功深自不待言矣。云孙用以检讨已属万幸，良缘偶值，岂易易事？若非人力，乌能至此？安孙考后而不令其当差，俾可专志学业，亦是长者玉成之意，转眼之间秋闱又届，倘得联步以上，棣萼争辉，何快如之！

都门景象熙熙，人情安帖，朝政清晏无事。西北之师连克坚巢，捷音屡布，而悍酋未擒，终难深恃，飞符催饷，急如星火，各省库藏罄竭，来源有限，协拨无穷。今年三江旱灾、蝗害，民志惶惶，而游兵溃勇到处劫掠，使小有惊慌，又将何策以御之？倘江省一经成灾，米价必昂，济食不足，漕运将如何办法？甚可忧也。山左右之荒拯救乏术，他省再遇凶岁，大局难以支持，闻之殊切隐忧。鄂中间有蝗孽，已得透雨，不致为祸农田，似可有秋，生民之福，亦地方官之幸也。

比来天气俱热，终日挥汗，父亲大人每日晨起衣冠见客，午刻公事毕，可以少休片晌，午后略卧即起，夜至二鼓方可安寝，惟咳呛频作，虽梦寐中，亦常有腿足麻木无力，步履近觉滞涩，大便秘结，腑气为之壅塞，胃口亦形受困，即四肢血气复不能畅达，累日不下，殊为苦窘，而于清润之品盖不宜用，仅芝麻一味可以服食耳。手战前月少轻，迩日又剧，每遇公事辄捉笔不能成字，即家信、日记等件，皆不能随意书写，又恐京寓盼切手书，亲心极为焦亟，然腕下力弱未可勉强。兄故婉言力劝阻之，且俟手战略松，执笔有准，再行付谕。刻下批判等皆兄在案头恭代行之也，其为写字之不便可不待言矣。时届夏至，减附片，去鹿茸，虑节候之不宜温热。今据程、恽诸君云，严亲年逾周甲，气血俱亏，火衰之体，非助其火不能得力，仍须加用鹿茸、附片，服数剂后似乎有验。此中精微奥妙，真令人莫测其故焉。至于饮食肴馔，无可口者，厨夫愈趋愈下，手段越换越坏，其如名不副何？

兄自病后连服温补峻剂七八十副，却于本原培补有效，旧疾间作，无从前之苦也。惟鬓发已霜，徒嗟老大，未免对镜慨然。侍亲余闲，一室枯坐，焚香抄经，消遣暑夏，世俗纷华之境，不足以动我淡定之怀焉。宅心有主，处境靡常，参得静中工夫，识得动中滋味，质之吾弟，是乎？否乎？里门盗贼充斥，乡间尤多闻，浙省裁撤之勇游荡来苏，以致积案多多，无从缉捕，甚为可忧。幸城中栅栏重叠，夜禁极严，居民得以安枕。家书时至，近状安平，昨遣归之戈什张、杨回辕销差，详询情形，知两宅均好。奎孙进京大约秋初起身；二姑母尚住在宅内，俟天凉再行还扬，近体亦健；寿官报录于十五到家，贺官云集，喜溢门楣也。飞蝗过境，人心惶惶，农田待泽，插莳盼切霖甘，闻祈祷即应，或不至于成灾耳。明日折差蒋祥麟赍折北行，匆匆布此，略陈近状，以慰远念。专此，即颂双安。炎暑伏惟珍重，并问侄辈均吉。五月廿五日，曾荣顿首。灯下书此，挥汗如雨，拉杂不成文也。

另启者。前月二十左右，杨福穷无所之，忽尔奔投来署，欲求赏差。此人素无材干，又复直率，不耐劳苦，伺候父亲亦不甚合宜，且此次既从里中来，当必带得家信借为叩谒之计，而又空空妙手，兄再四踌躇，未敢令其进见。彼时亲体正值违和之际，并因仆辈中有以求荐事触怒者，倘遽然叩见，必多一番气恼。而人既到此，察其情状甚为窘迫，不得已代托恽松云兄向孙琴西正赴任去。说及可否收录，而琴西竟允所请，携之以行，未知此后能否立足，亦只得听之而已。此事便中向叔父述及颠末，如有禀来时可知其梗概也。来函中不必说及为要。

按，由"此次斌孙引见，得入词林"知，本札作于光绪三年五月廿五日。据信封知，本札为湖北当年所发安字第七号家书，并于六月十一日由蒋祥麟送至翁曾翰的手中。

当时与本札封为一函寄出的，还有前述光绪三年五月廿六日翁同爵致翁曾翰札。故而，光绪三年六月十一日，《翁同龢日记》载："得楚信，五月廿六发，兄手颤犹昨，便秘足软，胃口不开，秋凉作归计。"①

札曰："日前承差叶茂林去，将燕窝四斤、信一函交其赍呈。"这指的是前一札——光绪三年五月廿二日札。"云孙"即陆懋宗（生卒年未详），字云孙、云生，江苏常熟人，本年散馆引见，在翁同龢的努力和运作下，最终得用翰林院检讨。② 故翁曾荣于本札曰："若非人力，乌能至此？"

翁曾荣于札中对西北之师的处境、各省罄竭的库藏、三江的旱灾蝗害表现出了高度的担忧，而这样的担忧更多是考虑民生和大局，这说明翁曾荣有一颗"位卑未敢忘忧国"的爱国之心。

（四十三）光绪三年五月廿九日、六月初三日、初八日 （1877 年 7 月 9 日、13 日、18 日）

海珊我弟足下：

日来天气酷暑，汗如雨下，几令百事俱废。前承差北行，草布一缄交去。昨折弁蒋祥麟行，又泐寸函。而来书亦陆续递投，先得十三城寓寄局之信，今早杨巡捕至，携呈一件十一日所交之信。并补子、帽子、饽饽等，晚间折差丁占魁还辕，奉到十六日第十三号信。连篇读竟，如亲晤语，积悃有时，顿慰饥渴。即谂伉俪欢娱，起居康适，寓中自伯母以次皆吉，城内一切安平，甚慰下怀。

叔父趋公之余，常与安、斌二子课业，借以为欢。内廷入直悉有定章，日夕讲贯能领会否？ 责任既专，此中难易局外人未必深知。三伏甚暑，退直后休息心神，勿过劳勤。农曹稿件繁多，间日一到当可随时阅画矣。牙龈结核未消，虽不关痛痒，终究多此一患，可以膏药消散尤妙，平日起居服食更要留意。秀姑娘近体如何？ 奉事一切当

---

① 《翁同龢日记》，第 1329 页。

② 《翁同龢日记》，第 1320 页，光绪三年四月十九日："散馆题：……阅卷：李鸿藻……"第 1322 页，光绪三年四月廿九日："访兰孙，为云生事也……"

能周备。寿侄拜客酬应，车马奔走势所不能免，团拜及开课事毕便可休养矣。安侄考荫署正一途，到署当差亦有印结，可分闲曹，无事暂缓行走亦好，引见奉旨后，叔父须具折谢恩，大约京官子弟内用者多也。

吾弟向平之愿分年办理，祝官遣嫁，今秋为之料量事毕，明春当议安子完姻，其琐屑细微处，嫁女更烦于娶妇焉。持家一道，巨细躬亲，诚非易易，德官能少助指臂之力，将来可以分任其劳，岂不大妙？此亦各有材力，能否非可强就也。慧官近体安适，结痂已平，累月以来深切悬念，今闻此信方始释然。都下连得透雨，麦秋获稔，农田无忧，市肆粮价日平，闾阎气象渐复否？各直省飞蝗又起，人情惶惶，幸禾苗尚不及时，下江一带仅止秧针插莳甫毕而已，闻沼江蒲苇业已食尽，未知能就此消灭否？楚境各属现报搜捕殆尽，大雨连番，或可淹溺无余耳。

省垣诸凡平善，今年茶叶较逊于去岁，厘金关税亦为减色，而西北一军如火如荼，锐利无笔，飞符索饷，刻不容缓，来源有限，协拨无穷，中原财赋已竭，边缴征伐不已，搜罗帑项，博取数千里，沙漠战场，意之所在，正令人无可拟议也。内地洋务缪辀不清，各国议约此是彼非。伊于胡底低首下心，惟命是听，长其骄志，夺我利权，数年之后，不堪设想矣。盐事改章，沈幼丹终乏善策，各商包完之结至今未具，可见虚言搪塞，其端已露，此外别无良法。刻下川盐依旧畅销，会议之说将来还是展缓办理最妥当，又合法也。以上廿九书就。

迩来天气燥烈，早晚凉爽，午未办事，汗流如注，庭院暑热逼入帘栊，无可避处。父亲起居衣食格外加慎，寿躬尚安适，精神亦健。每届多日大解不下，遂形烦闷，胃口渐觉呆滞，得解则愈。足趾麻痹，微有刺痛，步履偶见蹒跚，出入有人扶持，惟出门及迎送等事不甚放心。手战不便写字，未能随意挥毫，尤为沉闷。至公事一切，与制军皆有斟酌，彼此水乳，无嫌疑处，用人、行政亦极和衷。

枫江一端咎由自取，总之，热心肠做事，不免顾此失彼，结怨于人，弥缝无术，遂至忌嫉中伤，刻已伪装待发矣。十数年辛功付诸东流，殊为可惜。书局之撤，亦限于力，未了之事，并归善后也。恽菘云气度开展，制军极器重之，却为同班中矫矫者，吾每晤谈，必劝其敛抑自慎，刻下为军需局老总，分位已居人上，尚能尽职，众心亦悦服。至谊关亲戚，不足为意。若盐道蒯、汉关道何，皆与南辕有亲情，只须恪守官箴，便可安居其位也。词甫完姻匝月，未见来此销假；闻挈眷同行，又多一番顾虑，差使薪水恐不敷公馆用度也。

此间局面褊小，各项人员愈来愈多，万分拥挤，差事日渐裁减，道班积有廿余人，可称极盛，惜未能一一位置，贤否智愚因材任使，颇不易易也。潘方伯熟于世故，办事勤敏，承接上下之交，亦能恰如地位。椒圃、秋谷应行回避，将束归装，例章所在，不能不去。余不多赘，专此布达，即请双安，问侄辈均好。炎暑，诸凡珍卫。六月初三日，兄荣顿首。上半是廿九起，下半是初三续毕。

去秋自父亲腿足麻痹后，彼时有督院幕友来署谈悉，伊有友人姓任名吁者，系本地奇士，自幼患瘫痪，至八岁时遇一仙道，不通姓氏，叩其门，扶之使出，为之治疾，顷刻而愈，遂授济世之法，医卜星象、奇门六壬，无不精妙入神。数十年来，群求治病，随处施行，屡有奇验，名亦振时，人皆目之为"半仙"，且于身心之学亦知讲究，与仕宦中人往来从未尝有所干求，并不妄取小利。苟能建功，亦无贫富贵贱之别，闻而知之者颇不乏人，于是以书招之，久而未来，在皖中为制军家觅吉壤也。至前月杪还鄂，督署友朱裳吉引之偕来，谒见之下，知其艺术甚精，遂令其诊视，而彼之看法与人不同，但以手按捺筋络，不在骨节，须以推拿法轻轻推过，便可见愈。遂订于初三日来推，而是日正司道衙参之期，早晨潘方伯来，公事谈毕即请诊视，据云看程、恽方，觉用药太重，易定一方，将参、茸等味一概删去，添入川芎、白芍为血分中轻灵者，嘱服数剂。于是停彻补味，照方试服。午后任君来，推遍身经络，前身甚轻，前身较用力，摆动上下，计逾时许，而当时不乏力，次日仍服潘方，午后微倦，就卧片刻，晚间困顿尤甚，步履软弱不自知觉,在上房廊东首小解,竟不由自主头目眩晕,撞至东墙始克站定。夜来倦容如故,随加服高丽参汤,进鹿茸丸三分,初五早起即彻潘药,仍服程定原方,一面邀之进署诊视,据云脉象受亏,推拿虽是外治,终属伤气,加以药又轻清,致形劳倦,必须加重茸七分。附,四分。添入桂心,一分。以助真阳,参术尤是得力之品,万不可彻。订方后连服数剂,顿觉精神步履健旺多矣,以后仍守常方进服为宜也。潘方伯用药喜灵动,嫌程方为笨,然药不胜病,稳则稳矣,而未能所效。

程究熟悉情形,久久服之,未尝不合,似以服程方为妙,虚弱之体非此药力扶助,断不能如是之得力也。即如兄之身子年仅四旬,而附术、芪苓、参桂等味,服之近有百日,可谓有功无过,况如此高年,更属无妨,可想而知也。程君,吾服其识见高超,用药不轻更易,真能看到底蕴者,以时医观之,却多奇异处,有病当之,实见功效,此人治症非常情可测,药到病除,岂虚语哉?日来每早起身总觉疲惫,浊不降,清不升,亟求大解,腹中亦偶然作痛而不得下,未知传送无力,抑系干枯秘结,吾因之亦日夕焦灼,寸心百结,无可如何。至内外一切杂务尚多,搅扰不了者尤见讨厌,盖亲体有一事之未安,孺怀增一分之忧虑。其余琐屑细故,终属无关紧要。所愿寿履安全,公事一切勉可支持,他日扁舟归去,安享林泉之福,逍遥山水之间,奉侍之乐,乐且无疆。此吾日夕焚香祷祝者焉。六月初八日午刻,菉卿又泐。

按,由"安侄考荫""枫江一端咨由自取……刻已做装待发矣""书局之撤"等信息知,本札作于光绪三年。再由"以上廿九书就""上半是廿九起,下半是初三续毕""六月初八日午刻,菉卿又泐"等日期知,本札陆续作于光绪三年五月廿九日、六月初三日和六月初八日午刻,并于当年六月初八日寄出。

本札于同年六月廿一日送呈翁同龢阅看,故翁同龢于当天的日记中这样写道:"得六月八日荣侄函,由全泰信局来。云初三日邀一任姓吁门。者按摩，又服潘伟如方，尽撤茸、附等味，是日精神大减，便旋几晕仆，次日仍进热药始稍安云云，为之彷徨不适，即作函交轮船寄去。"①此即六月初八日午刻所书札之核心内容。

"昨折弁蒋祥麟行，又泐寸函"，指的是此前一函——光绪三年五月廿五日函。"晚间折差丁占魁还辕，奉到十六日第十三号信"，指的是翁同龢、翁曾翰于五月十五日所作、五月十六日所寄的第十三号家书。②

(四十四) 光绪三年七月初八日(1877 年 8 月 16 日)

海珊我弟足下：

月初曾布一椷，将近事备详梗概，可以少慰悬念。日昨得叔父书，具悉一切，并嘱速覆以安吾心云云，今特专寄一函以报近况。吾弟于发信日忽患腹泻，倚枕布笺，附示数语，阅之甚深驰系。刻又新秋，气候日凉一日，衣食寒暖务祈珍重，勿涉大意。

此间一切安好，父亲身体健顺，凡事兄在左右，不敢少有怠忽，吾弟尽可放心，无庸忧虑。近来亲意亦娱悦，并不至于生气，所有出省事宜已陆续整理起来，届时兄能随行，诸事有可帮助，亦少替心力，吾弟闻之当亦必欣慰也。即颂大安，兄荣顿首。

又启者，此次承差赍本按站到京，未必能速，故兄又附一椷交去人带呈以通平安而已。父亲因手颤殊甚，标判公事颇觉不便且形酸疼，不再握管作书也。特再布闻。兄荣又启。

按，翁曾荣本札在内容上与前述光绪三年七月初八日翁曾荣致翁同龢、致翁曾翰两札的内容高度一致。典型如，此三札都提及翁曾

---

① 《翁同龢日记》，第 1331 页。

② 《翁同龢日记》，第 1324 页，光绪三年五月十五日："作楚信。"

翰"于发信日忽患腹泻"，这在《翁同龢日记》中有明确的记载。① 因此我们基本可以确定，翁曾荣本札与前述光绪三年七月初八日翁曾荣致翁同龢、致翁曾翰两札封为一函发出。所以，虽然本札未署日期，但是我们仍然可以从内容上判断它也作于光绪三年七月初八日。

本札所云"日昨得叔父书"，即前述光绪三年七月初八日翁曾荣致翁同龢札中所云"由局递到廿三日所寄谕函"。翁同龢之所以叮嘱翁曾荣"速覆以安吾心"，是因为光绪三年翁同爵的身体状况确实令人担忧。本札所谓"出省事宜"指翁同爵将于光绪三年九月初出省会到各地阅兵的相关准备事宜。

（四十五）光绪三年七月十四日(1877 年 8 月 22 日)晚

又启者，此次叔父来信有"燕园易主，为顾姓所有"一节，阅之深为骇异。自去年兄回家时即探听消息并向庞昆圃说及，伊与园主人兄妹之亲，嘱其留意，如有送人之话，代为留住，示我一音。待后在君梅座中，又以斯言托之。嗣又在次侯处饮酒，君梅云如有钱万串，吾现住之屋亦肯送人，故又密嘱价人，如季氏果有此意，恳其代为说话。今年遣人回家时，又询及价人，据云实无其事，盖君梅本不必售屋者。至燕园既真卖屋，吾家正好买之，以为他日娱亲之计，城市中不可多得者，即价值少昂，亦属适意之举。坐失良缘，殊为可惜！

此间竟无所闻，虽经飞函告知家中，未知能否挽回？或有一线可图，必须竭力补救，以期事在必成。惜吾分身无计，不获先事订约。倘顾氏尚未成交，即照价少增亦无不可。在若辈得此园亭，亦无甚争取，吾家若能有之，则将来义庄、屋宇最为相宜也。吾向者拳拳于斯

---

① 《翁同龢日记》，第 1331 页，光绪三年六月廿四日："筹儿腹泻，今日稍愈，卧时多。"

地亦有年矣，何至他姓可有而吾家独无人过问乎？事在人为，要彼此关心，自易成就，漠然置之度外，则错却事机，徒有闻见，于无闻无见亦何殊哉！十四日灯下书。

　　按，由"自去年兄回家时"知，本札作于光绪三年。"燕园易主，为顾姓所有"出自翁同龢的一纸副启，原话是："燕园已为顾氏所得，价值甚廉。"①此则副启中有这样一句话："太庙已定，照道光元年奉先殿并龛成案。"查《翁同龢日记》知，内阁这一决策的时间是在光绪三年六月初五日，翁同龢当日"偕子松赴内阁画恭议穆宗升祔位次稿，礼部定稿，援道光二年奉先殿并龛例，至是三易稿矣，画奏而出"。②当时，家书从北京寄到湖北至少需要半个月的时间，故可知翁曾荣此札作于光绪三年七月十四日晚。从札首"又启者"可知，本札也是副启，附于正信中，但正信未见，仅有前述光绪三年七月十五日翁曾荣代笔的翁同爵致翁曾翰家书存世。

　　"燕园"是常熟的一处私家古典园林，现为全国重点文物保护单位，是清台湾知府蒋元枢（1738—1781）所建，初名"蒋园"。庞昆圃即庞钟琳，与翁同爵、翁同龢兄弟相友善，是翁德孙妇庞氏之祖父。季君梅即季念诒（生卒年未详），道光三十年（1850）进士，祖籍江阴，随父季昌芝迁居常熟，曾任多个书院的山长。

（四十六）光绪三年七月廿二日、廿三日
（1877 年 8 月 30 日、31 日）

信封　平安家报。安字第十号。刘得胜。曾荣手缄。八月初八日到。

钤印　富贵长寿（白文方印）

---

① 《翁同龢家书诠释》，第 41 页。
② 《翁同龢日记》，第 1328 页。

海珊我弟足下：

月之十六日将家书一械并库平足纹五千二百两交乾裕号寄京，据云月杪必可达到。前承差叶茂林回，捧读手书，欣悉起居安善，饮食一切均已如常，快慰无量。惟新秋天气凉燠不常，要在随时适宜，即入署到馆趋公之际，衣服总须宽备也。

叔父南游之计能否如愿以行？夏子松偏劳两月当可商允，特虑圣衷不甚乐从耳。此间读邸抄知，月朔召见叔父，次日又见子松，未知即是商议书殿事否？令我极深悬系，行止之计想已定夺矣。寿官得意言旋，此日当已首涂，抵里后尚有一番忙碌。安官静住城寓，正好埋头用功，努力前修，勿负重闱期望之意，名师难得，现在延聘有人否？念甚。

都下景状静谧，米粮价平，民间困乏者，当早开粥厂，俾得就食有所。畿辅一带得雨已迟，禾稼枯槁，一经沾足，杂粮或可补种。连年凶荒，其惨苦情形，《申报》屡屡言之，山左、山右尤其甚焉。近闻江南各属亦遭蝗害，天心未转，人力难施，杞人之忧正未艾耳。

左相雄镇西北，声震边庭，各军亦锐厉直前，无战不胜，今者借用洋债，约以八年由各省关抽还，虚糜利金已三百万矣。中原财力来源有限，将来恐有顾此失彼之患，至于江汉一关每结洋税，除部款提成外，所有协拨各项皆赖乎此。而金将军亦效左相，以置买俄粮指令湖北一关兑付洋商粮银三十五万两，殊出人意，将来商人持票到汉必有一番周折。现已具折奏请分关匀拨，倘荷俞允，或不至临时贻误，否则独力难支，届期必无以应付也。

此间各属秋收丰欠不一，虽有蝗虫，幸未害田畴，北路有伤于旱者，刻下早稻登场，补救不及，木棉利厚，借可获益。省中试事已竣，士习不端，易于滋事，逐队成群，掀波作浪，阛阓之间，无一日安者，幸而未有他患。所有聚殴洋人之案，经印委各员访拿数名到案，已知照领事，就此可期了结矣。宜昌设关以来，商贾货物绝少往来，近闻赫总税务司到彼察看情形，归途并不与地方大吏见面，其心狡诈，或者别有意思不合，故径行东下也。川盐复引洋洋大文，今者议缓之说如何措施？三省之中绝无一字道及，亦迫于事之无可奈何，两淮包课，商力不逮，四川封井，官法亦穷，未能更新，不如循旧。鄂省之议，但求饷源不匮，得以支持过去，便是目前要着，若一经改章，立见竭蹶，其受害有不可胜言者。丁治翁入川后，迭有参劾，下车伊始，大加整顿。闻蜀中官吏萎靡成风，纲纪不振，苟非雷厉风行，极力收拾，则吏治无澄清之日，官方无整肃之期矣。为政在得人，蜀省气象当为之一新焉。

楚北官场局面甚窄，属吏中无敢违礼者，随时考察，随时举劾，俾各知所儆戒。书局裁撤，枫江引疾而退，经手之事大致平稳，今已挂帆东去矣。其余皆碌碌，无所短长，松雪能自谦谨，词甫亦知勤慎当差也。署中公事平顺，现在正办巡阅，文稿一切俱照从前之例。至调阅营分及往返程途，皆由制军商量定夺，所有犒赏员弁、兵勇等款历届成式，有案可稽也。至中秋节后，休息数天，便要到校场阅视省标各营矣，惟祝天气晴和，勿遇风雨，为快意耳。

父亲易方调理，福体日见康强，表分亦固，大便润而得解，胃口渐醒，中宫开爽，惟胸脘（脘）似有湿痰，频频咳逆，气急不舒，夜卧未能酣适，起居仍复如常，步履亦见稳实，特逢典礼，屡起屡伏，尚形酸软，恐致愆仪，必须十分轻健，方有把握。丸药试服半月，尚觉平和，营卫兼顾，当无不宜也。兄近状粗适，侍奉晨昏，欢娱无极，亲躬日健，孺忧亦安。专此布慰远怀，并颂近祉双吉、侄辈均佳。兄曾荣顿首，七月廿二日。

前函书就，明日封折交递。今早张得胜回，得初八日所交十八号手书，具悉种种，甚为欣慰。叔父定于十二日具折请假，计此时当已定见行止，果能成行，极快意事，且能到鄂一游，得慰积年之思。父亲亦深欣盼，惟虑任重不能抽身，又闻奉旨允准后，欲由轮船东下，历涉重洋，尤切悬系。秋气渐凉，西风云劲，未卜行止，专盼纶音也。此间一是顺平，通省年皆中稔，黄陂、孝感得雨较迟，略有减色，不至成灾，何传言之甚耶！父亲寿躬颐和，精神渐复，较春夏时康健多矣。手战不能作书，腕下无力，故令兄代为付训，余无所苦，吾弟可无庸过虑。三哥处派李福来代叩一切，今日遣伊回屯，节前定可到彼。奎保信来，拟于八月杪结伴北行，到京后诸事皆赖弟为之照料，伊之川资，此间拟寄给三百金，日内当为兑去。余详前函，不赘。曾荣又启，七月廿三日。

按，"寿官得意言旋"指翁斌孙中进士，并被选为庶吉士后，荣归故里，时间是光绪三年。故本札作于光绪三年七月廿二日、廿三日。但从《翁同龢日记》来看，本札于当年七月廿六日方寄出。①

"此间读邸抄知，月朔召见叔父"指光绪三年七月初一日，翁同龢蒙"召见于养心殿西暖阁，首问功课，具陈近来不能着力，谕令仍从严，委任奖励之词不敢悉记。次及各省水旱，因力言吴中风灾，并陈回籍修墓，欲乞假而未敢也。垂谕肫挚，并以五十日为期，叩头而出"。②

翁曾荣"月之十六日将家书一椷并库平足纹五千二百两交乾裕号寄京"即光绪三年七月十五日由其代笔的翁同爵致翁曾翰札，以及翁曾荣写于七月十四日晚的副启，被合编为"禄字不列号"家书，于当年八月初一日送达。

"左相"是当时以钦差大臣督办新疆军务的左宗棠，无须多言；"金将军"是时任伊犁将军的金顺（1831—1885），字和甫，伊尔根觉罗氏，帮办军务，是西征军的第二长官；"丁治翁"是时任四川总督的丁宝桢，字稚璜，故被翁曾荣称为"治翁"。

---

① 《翁同龢日记》，第1341页，光绪三年八月初五日："得楚中七月廿六日信，皆平安，可喜也。"

② 《翁同龢日记》，第1332页。

（四十七）光绪元年二月至光绪三年八月
（约 1875 年 3 月至 1877 年 9 月）

今有人要由双月从九加足各班，并捐指项巡检，分发湖北省分，及代办验看，约共需银若干？祈托人询明，开单示下。原捐监生系由同治六年户部捐铜局捐者，银十九两，票四十六两。刻未知要加缴四成实银否？祈查示。

又捐生因族中近枝有同名者现在办捐，拟将原捐部监官照寄京，一并更一名字，未知能否？亦乞查示。之后本人欲求兄为之寄京代办，届时当将银、照一并带呈，即由吾弟托熟悉钱店为伊办妥可也。先此奉答，祈察及。兄荣另启。前信已封，故又赘述一纸。

按，由"前信已封，故又赘述一纸"可知，本札是翁曾荣致翁曾翰的一纸副启，因札中没有明确的时间标志和内容指向，故已经很难将其与某正札匹配起来，这给本札系年带来了很大的困难。信札的内容是翁曾荣替湖北某人打听捐官及监照更名事宜。如今，我们也只能从某人"分发湖北省分"等信息作出大体判断：翁曾荣本札作于其随宦湖北时期：光绪元年二月到光绪三年八月间。

十一、翁曾翰致翁安孙、翁德孙

（一）光绪三年十一月初三日（1877年12月7日）

付德儿览：

得信知合家安好，甚慰，甚慰！汝侍母要敬慎无违，读书要勤奋多讲，写字要端正凝重，做事要细心，说话要大方，不许说谎。在家照料，早晚要小心门户火烛。不许借事出门，粥厂有人监放，不用多去。姊妹闲话要和平，不可急躁，尤不许戏谑。仆人等要查察，不可苛细，修身而后齐家，汝其知之。

吾近日甚适，终日在汝四伯处，室中较暖。夜宿船室亦不冷。李全回京，不能强留，李顺、杨四两人服侍足矣。李顺颇盼家信，可告伊家多寄信来，并禀汝母先给银四两，俾资零用，年底再酌给数两，本人在外，宜厚待也。海珊字，十一月初三。

按，光绪三年八月初一日，翁同爵逝世于湖北巡抚任上。八月初七日，请假回籍修墓的翁同龢接到噩耗，第一时间携侄孙翁奎孙前往湖北武昌。九月廿四日，翁同爵的灵柩被护送回常熟。但翁同龢迫于有限的假期，不得不于十月初四日乘船北上，[①]并于十月十六日抵京。翁曾翰则在妥善安排公私之事后，于当年九月十二日出京，以

---

① 《翁同龢日记》，第1357页，光绪三年十月初四日："巳正饭，饭罢哭辞兄前，敬拜祠堂，诣各房谈，诸侄、侄孙送者哽咽。……此别为平生最难，清雨泣然有以也。"

水、陆换乘的方式,于当年十月廿二日回到常熟家中。① 约十日之后,光绪三年十一月初三日,翁曾翰写下了此札,付翁德孙览。这是翁曾翰定居北京以后第一次长时间离京,所以他很放心不下京寓,对翁德孙可谓千叮咛、万嘱咐,涉及侍母、读书、写字、做事、说话、消防、出门、仆人等方方面面。

(二) 光绪三年十一月十九日(1877 年 12 月 23 日)

付安、德两儿同览:

吾到家廿四即寄京信,计此时必到。旋闻轮船已停,则续发之信必迟也。此间接十月廿二京信后,倏已半月,极为悬盼。汝等务必多寄数封。每次不必多写,数语平安足矣。德官前两函中竟无一字,何耶?务写数行来,俾可看其字迹,至嘱,至嘱!

寓中想均安吉,一切事不许轻议更张。玉子想已早去,近日添用何人?祖父常出城否?近服调理药否?汝母近体想健,祝官嫁妆应用物件,开春缓缓措办,深冬勿为劳顿。汝等学问有进否?门户火烛,不可一日懈忽。眴届新年,不许多出门。

吾起居甚便,冬至夜受寒发烧,今已愈,勿念。惟寒风敞屋总觉不惯,卧室虽暖,他屋皆冷。稍迟一二日□出门矣。余、孔二函到日即封送,勿忘。此问合家安吉。海珊字,十一月十九日。

公帐存项无多,用度要省些。外帐时常要查看,自己房中零用不可多费。另有三十六两一包不可动,吾到京时别有用处。此地珠宝甚贵,四嫂替我略略买些,遇便寄京。今年小米必贵,粥捐银子不知觳用否?如不觳用,可在柜内取,必须记明帐目。临走时所交玻璃匣一只,要留心。卧房中新糊顶棚,今冬可不必扫房,如出门及到西院坐谈,祝

---

① 《翁同龢日记》,第 1356 页,光绪三年九月廿七日:"得京中九月十三函,筹儿于十二日出京,水路至德州起旱也,意甚悬悬。"

官可在房中照看。须将房门锁好，不可大意。

　　按，此札付翁安孙、翁德孙二人同览，作于光绪三年十一月十九日。当时，翁曾翰正在常熟老家料理乃父翁同爵的丧事并守孝，翁安孙、翁德孙二人则在北京。安、德二孙的嗣祖父——翁同龢已于当年十月十六日回到北京。据札，当时给翁曾翰写信的多为翁安孙，而翁德孙很少动笔，翁曾翰则希望通过翁德孙的来信判断他是否用功练字。副启中，翁曾翰交代京寓用度的一些注意事项，尤其提醒要节俭和防盗。

（三）光绪三年十二月初八日（1878 年 1 月 10 日）

信封　付安、德两儿同览。外杨正甫家信一函，即送去。又谢王耕、
　　　　虞中丞一函，俟伊到京时送交，勿忘。

付安、德两儿览：

　　自接十月廿二信后，晌已逾月，北音不至，悬念已深。昨询曾处，知印若十一月初七日所寄信已经收到，何以吾家竟无一纸？殊觉闷闷。吾出京时，谕令汝等十日寄一信，何竟迟迟不发耶？若谓轮船停后书信较迟，尤应多发数封以慰吾念。转晌新年，不可徒事嬉游致荒正业，即家事亦应学习料理，勿梦梦也。

　　都中气候如何？寓中祖父大人以次想均安吉，夜间安静否？祝官常在家中否？汝母一冬曾发咳呛否？慧官肯稍稍认字否？均深系念。安儿咳嗽亦系气弱所致，六味丸及补药方仍可酌服。书房烟火要小心，临睡时必须撤去。毛升当差如何？李全起身已经三十五天，当已到都，所带微物均收明否？下次信来告我知之。

　　吾到此身体甚好，卧室亦暖。别处皆冷。惟五十日中，晴朗仅得五日，街头雪冻，河干冰合。闻近年来无此奇寒，闷坐家中，意兴不畅。汝三伯早晚必见，汝四伯近状稍充，然畏寒亦甚，觉骨节寒冷，非外

感,乃阳虚也。茸桂等药仍不撤也。此间用度、食物未必省于京师,珠宝绸缎价亦南北相仿,吾稍买数十番,俟明年二月有人进京当托人寄去。汝四伯母问汝母向来做群尺寸如何?是否身长二尺五寸不连腰?腰身三尺二寸?信来亦开及之,如要此地零星小物,亦开来。勿忘。

幼莱师想不轻出门,伊家中均好,上月杪伊太夫人曾送我盛筵一桌,可为我道谢。杨、曾二处家信甚勤,汝等可随便写数行,问何家发信即托何处附来。德儿亦可写字,不必定需安儿也。安儿在城内,不如德儿近便。李顺、老杨伺候尚勤,李顺家中亦嘱其写点信来。近更添一吕升,病已愈。足敷用矣。时届年底,两位先生须送节敬,仆辈及女使亦须赏给,请汝母酌量可耳。李顺家再给四两,此间别无出息也。诸事谨慎小心,不多嘱。以后务必常寄信,至要,至要!此问合家大小安吉。如有友人寄我信件,亦即封来,俾知近事。十二月初八日,海珊书。

按,前札曰:"此间接十月廿二京信后,倏已半月……"本札曰:"自接十月廿二信后,晌已逾月……"故可知,本札接续前札,作于光绪三年十二月初八日,付翁安孙、翁德孙二人同览。

翁曾翰以曾印若——曾金章(生卒年未详)等人寄家信的频率为参照,认为翁安孙、翁德孙二人有偷懒之嫌,故于札中叮嘱二人:"不可徒事嬉游致荒正业,即家事亦应学习料理,勿梦梦也。"

"幼莱师"即俞钟颖(1850—?),字祐莱,号君实,江苏昭文人,当时是翁家的家塾教师,官至河南布政使。

(四) 光绪三年十二月初十日(1878 年 1 月 12 日)

昨总总发信,将庞云槎寄俞祐莱一函忘却封入,兹特托曾处附递,到日即交明。为我请安。

吾日来盼信极切,苏州来往舟楫不通,至今严寒未解,信件迟迟或因此耳。汝等总须多寄数封,将京寓情形详悉告我。前两次信中所问之话,亦须逐条复我。京报中所刻折稿,择有关系者寄来可也。

庭中雪积尺许，并无打杂扫雪。屋檐冰筋垂垂，据云辛酉以后无此奇寒，何吾所遇之巧耶？吾室中炉火不断，尚不冷，他处竟不耐也。此付德儿览，问汝母近好。十二月初十日，海珊字。

按，本札接前札，作于光绪三年十二月初十日，单写给翁德孙。翁曾翰之所以刚寄完前札又复作此札，是因为他寄前札时忘记把庞云槎寄俞祐莱的一函封入。

据札，这一年江南地区遭遇了十五年未有之奇寒，严重影响了南北两地的往来通信。俞祐莱，即前札提到的"幼莱师"——俞钟颖。

《中国近现代稀见史料丛刊》已出书目